엑셀2016과
파워포인트2016

내멋대로 요리하는 Office Cafe

엑셀2016과 파워포인트2016

발행일 | 2023년 3월 2일 초판 3쇄 발행
지은이 | 김효정, 이경미, 이명숙
발행인 | 오성준
발행처 | 카오스북
등록번호 | 제2018-000189호
주소 | 서울 은평구 통일로73길 31
전화 | 02-3144-8755, 8756 **팩스** | 02-3144-8757
홈페이지 | www.chaosbook.co.kr
디자인 | 디자인 이룸
인쇄처 | 부건애드

값 25,000원
ISBN 979-11-87486-30-5

엑셀2016과 파워포인트2016

좋은 IT 기초교육팀 지음

내멋대로 요리하는 Office Cafe

데이터를 내 맘대로 주무르는 엑셀 마스터!
청중을 내 뜻대로 끌어당기는 파워포인트 마스터!

카오스북
CHAOS BOOK

PREFACE

현대 사회에서 대부분의 사무 업무는 컴퓨터로 처리되고 있고 교육 현장이나 기업 환경에서는 컴퓨터 활용 능력을 기본 항목으로 여기고 있습니다. 많은 사람들이 쉽게 접근할 수 있는 분야이므로 일부 소홀하게 생각하는 경우가 있습니다. 그러나 실제 문제에 부딪치면 의외로 시간이 많이 소요되어 당황하거나 결과물의 완성도가 떨어지는 경우가 종종 있습니다. 학교나 사무 업무에서 널리 사용되는 엑셀과 파워포인트를 빠르고 정확하게 사용하는 것은 매우 중요한 일입니다.

따라서 본 교재는 실무 현장에 필요한 부분인 엑셀 2016과 파워포인트 2016으로 구성되어 컴퓨터 활용 능력을 향상시키는 데 중점을 두었습니다. 전체 구성은 두 파트로 구분되는데 각 파트의 구성을 살펴보면 다음과 같습니다.

첫 번째 파트인 엑셀 2016은 실무 예제를 통해 실무 적응력을 익힐 수 있도록 구성되었습니다. 엑셀의 기초를 위해 1장은 엑셀의 화면 구성과 엑셀 데이터 입력하기, 데이터 다루기 등 기본적인 엑셀 다루기로 구성하였습니다. 2장은 엑셀에서 필요한 서식과 통합 문서에 대한 내용으로 구성됩니다. 3장과 4장은 엑셀에서 가장 중요한 부분인 수식과 함수 사용하기와 실무 함수 활용하기로 구성하였습니다. 5장은 대용량 데이터를 빠르게 찾고, 관리하고, 요약 분석할 수 있는 데이터관리 분석하기와 6장은 차트와 피벗 테이블 만들기에 대한 내용으로 구성되었습니다.

두 번째 파트인 파워포인트 2016은 프레젠테이션을 위한 도구로 텍스트 슬라이드와 도형, 이미지, 표와 차트를 이용하여 청중들과 공감하기 위한 도구로 널리 사용되어왔습니다. 특히 파워포인트 2016 버전에서는 다른 이미지 처리 프로그램의 도움 없이도 자체적으로 이미지를 처리하는 기능이 확대되었으며 인포그래픽 슬라이드 만들기가 추가되었습니다. 1장 파워포인트 시작하기와 텍스트 슬라이드 만들기는 텍스트 슬라이드의 작성에 관련된 내용으로 구성되었습니다. 2장 테마와 슬라이드 마스터에서는 테마를 활용하는 방법과 슬라이드 마스터 활용하는 방법을 소개하고 있습니다. 3장에서는 도형과 이미지를 이용한 슬라이드 만들기를, 4장에서는 스마트아트와 다이어그램 슬라이드 만들기 기능을 소개하고 있습니다. 5장에서는 원

하는 내용을 표와 차트, 인포그래픽 슬라이드로 표현하는 방법을 살펴보았으며, 6장에서는 멀티미디어, 애니메이션 기능을 이용해 청중의 관심을 유도하는 방법에 대한 내용으로 구성되었습니다.

이 교재는 독자들이 엑셀과 파워포인트를 별도로 떼어내어 스마트하게 학습할 수 있도록 구성했습니다. 각 파트별로 실무 예제를 중심으로 학습하는 방식이므로 누구나 쉽게 따라할 수 있을 것입니다.

끝으로 이 책이 만들어지기까지 많은 도움을 주신 카오스북 오성준 대표께 감사드립니다. 특히 봄부터 시작하여 겨울방학을 반납하고 꼼꼼하게 집필해주신 교수님들께도 감사의 말씀을 전합니다. 본 교재가 그동안 실무 활용과 관련된 교재를 기다려 온 독자들에게 도움이 되기를 기대해 봅니다.

저자 일동

CONTENTS

CONTENTS

엑셀 2016 시작하기

내멋대로 요리하는 Office cafe

EXCEL & POWERPOINT 2016

Preview

01 CHAPTER 엑셀 2016 시작하기

CHAPTER 01

엑셀 2016 시작하기

- 엑셀은 수치 데이터를 쉽고 편리하게 다룰 수 있게 해주는 스프레드시트 프로그램이다. 엑셀 2016의 기본 구성을 살펴보고 문서 작성을 위한 기본적인 글자, 숫자, 특수 문자, 한자 등의 입력 방법과 데이터 유효성 검사 방법을 익혀보자. 또한, 간단한 수식의 경우 직접 계산하여 페이지 레이아웃을 조절하고 인쇄해보자.

1.1 엑셀 2016 화면 구성 익히기

엑셀은 Microsoft사의 **스프레드시트** 프로그램이다. 스프레드시트는 직역하면 '펼쳐진 종이'라는 의미로, 연속적인 행과 열을 가지고 있는 표 형식의 워크시트에 수치 데이터를 입력, 계산, 분석 및 관리하고 이를 기초로 차트, 피벗테이블 등과 같은 다양한 형태로 작업할 수 있는 프로그램이다. 기본적으로 엑셀 2010의 파일 형식과 같은 .xlsx형식으로 저장되고, 이전 버전의 통합 문서로 저장할 수 있다.

1.1.1 2016의 화면 구성 살펴보기

엑셀을 실행하면 표와 같이 행과 열이 교차로 형성된 엑셀 초기 화면이 나타난다. 엑셀 2016의 새로운 인터페이스인 리본 메뉴와 엑셀만의 독특한 구성 요소인 워크시트, 셀, 수식 입력 줄 등을 살펴보자.

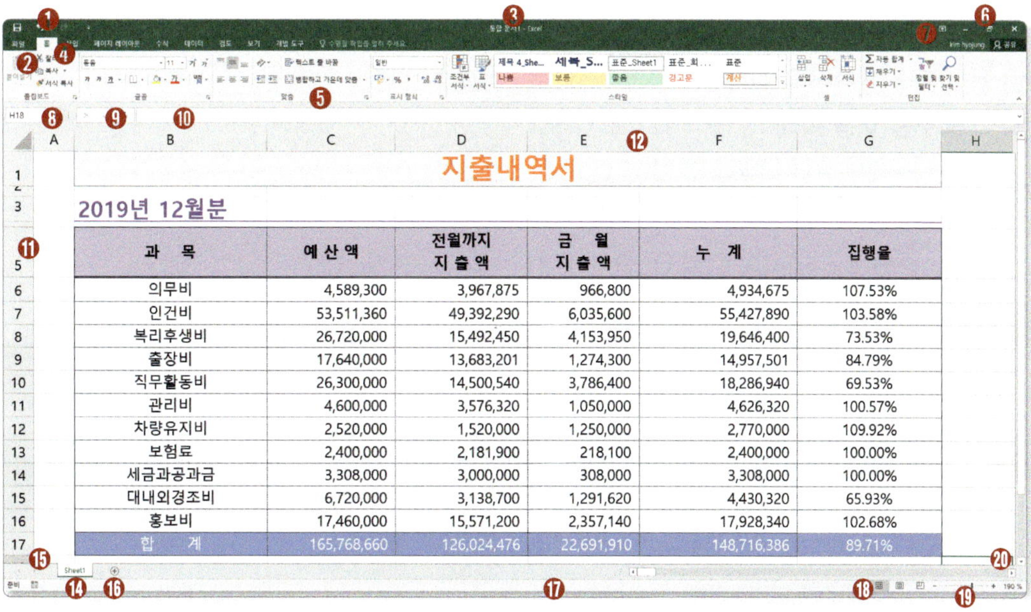

지출내역서

2019년 12월분

과 목	예 산 액	전월까지 지 출 액	금 월 지 출 액	누 계	집행율
의무비	4,589,300	3,967,875	966,800	4,934,675	107.53%
인건비	53,511,360	49,392,290	6,035,600	55,427,890	103.58%
복리후생비	26,720,000	15,492,450	4,153,950	19,646,400	73.53%
출장비	17,640,000	13,683,201	1,274,300	14,957,501	84.79%
직무활동비	26,300,000	14,500,540	3,786,400	18,286,940	69.53%
관리비	4,600,000	3,576,320	1,050,000	4,626,320	100.57%
차량유지비	2,520,000	1,520,000	1,250,000	2,770,000	109.92%
보험료	2,400,000	2,181,900	218,100	2,400,000	100.00%
세금과공과금	3,308,000	3,000,000	308,000	3,308,000	100.00%
대내외경조비	6,720,000	3,138,700	1,291,620	4,430,320	65.93%
홍보비	17,460,000	15,571,200	2,357,140	17,928,340	102.68%
합 계	165,768,660	126,024,476	22,691,910	148,716,386	89.71%

❶ **빠른 실행 도구 모음**: 자주 사용하는 기능을 빠르게 실행하며, 사용자가 추가 삭제할 수 있다.
❷ **파일 탭**: 파일 관리 메뉴로서 개인 정보, 저장, 공유, 인쇄 및 옵션을 설정할 수 있다.
❸ **제목 표시 줄**: 현재 작업 중인 파일 이름이 표시되며, '통합 문서 1'로 자동 표시된다.
❹ **탭**: 비슷한 종류의 명령을 그룹별로 모아 놓은 형식으로 7개의 탭이 있다.
❺ **그룹**: 각 리본 메뉴 탭에 해당하는 명령을 그룹으로 모아 놓은 것이다.
❻ **창 조절 단추**: 작업 창이나 프로그램을 최소화 또는 최대화화거나 종료한다.
❼ **도움말 단추**: 엑셀 도움말 창을 보여준다.
❽ **이름 상자**: 현재 선택된 셀 주소와 수식 및 함수 목록을 나타낸다.
❾ **함수 삽입**: 함수 마법사를 실행하여 함수를 삽입한다.
❿ **수식 입력 줄**: 선택된 셀의 데이터나 수식을 표시한다.
⓫ **행 머리글**: 1~1,048,576행까지의 행 번호를 나타낸다.
⓬ **열 머리글**: A~XFD 열까지의 열 번호를 나타낸다.
⓭ **셀**: 행과 열이 교차하면서 만들어진 사각형의 영역으로 데이터나 수식을 입력할 수 있다.
⓮ **시트 탭**: 시트 이름이 표시되며, 기본 시트는 'Sheet1', 'Sheet2', 'Sheet3'으로 표시된다.
⓯ **시트 이동 단추**: 보이지 않는 시트를 볼 수 있게 해준다.
⓰ **워크시트 삽입 단추**: 새로운 워크시트를 삽입한다.
⓱ **상태 표시 줄**: 현재의 작업 상태를 표시하며, 마우스 오른쪽 버튼을 누르면 표시될 항목을 사용자가 지정할 수 있다.
⓲ **보기 모드 아이콘**: 기본, 페이지 레이아웃, 페이지 나누기 미리보기 등 워크시트 보기 상태를 선택한다.
⓳ **확대/축소 슬라이드**: 화면 보기를 10% 단위로 확대/축소하거나 드래그하여 조절한다.
⓴ **수직/수평 이동 막대**: 양 끝의 화살표 막대를 누르면 한 행, 한 열씩 이동하고, 막대를 직접 드래그하면 원하는 만큼 이동할 수 있다.

1.1.2 사용자 인터페이스 사용하기

엑셀 2016은 이전 오피스 시스템보다 유연한 사용자 인터페이스를 포함하며 화면 상단의 리본 메뉴에서 필요한 내용을 쉽게 찾을 수 있다.

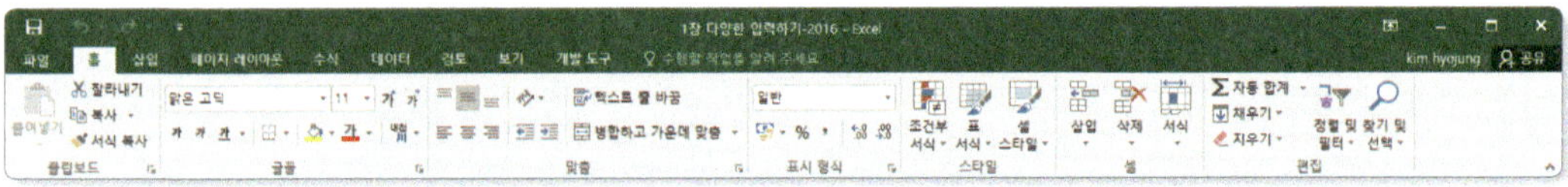

1.1.3 엑셀 시작하고 끝내기

엑셀 2016은 워크시트와 셀 관리를 위해 **'통합 문서'**라는 용어를 사용한다. 오피스 단추 대신 엑셀 2016의 초록색으로 표시된 [파일] 단추를 클릭하여 [새로 만들기]를 선택한다. 새 통합 문서뿐 아니라 다양한 서식 파일도 제공되며, Office.com을 통해 다운로드할 수도 있다.

1 서식 파일로 새 통합 문서 만들기

엑셀의 실행 및 종료 방법은 다른 응용 프로그램과 크게 다르지 않다. 엑셀을 좀 더 빨리 시작하고 종료하는 다양한 옵션에 대해 살펴보자.

MS 오피스 2016이 설치되어 있다면 엑셀 프로그램 아이콘을 찾아 선택한다. 엑셀이 실행되면 시작 화면에 최근 사용한 엑셀 문서 목록과 마이크로소프트 온라인에서 제공하는 서식 파일 목록이 나타난다.

새 통합 문서 열기

빈 워크시트에서 작업을 시작하기 위해 시작 화면의 [새 통합 문서]를 클릭한다.

❶ [파일] 탭을 클릭한다.

❷ [최근 항목]에서 파일명을 클릭하면 바로 해당 통합 문서가 열린다.

온라인 서식 파일 검색하기

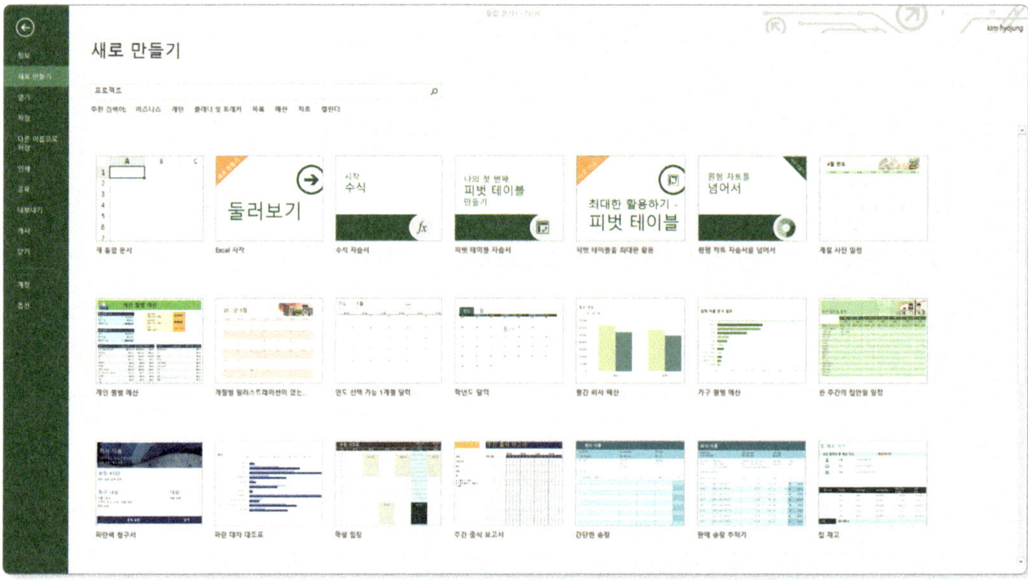

❶ 온라인 서식 파일을 사용하기 위해 [파일] 탭–[새로 만들기]를 선택한다.

❷ [온라인 서식 파일 검색] 란에 '프로젝트'를 입력한다.

❸ [검색 시작]을 클릭한다. 검색 결과가 많으면 [범주]에서 원하는 분야를 선택하여 결과를 필터링할 수 있다.

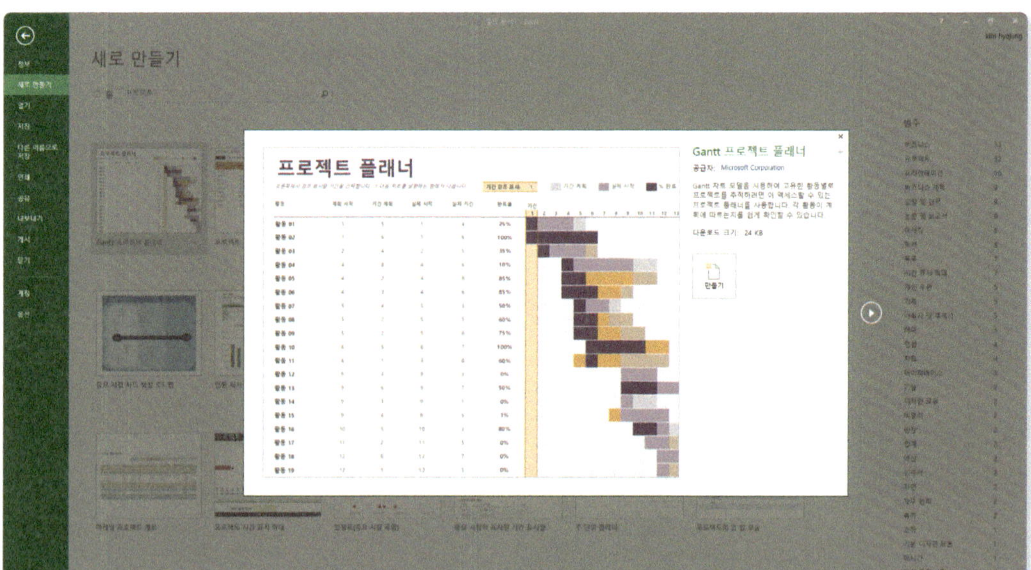

❹ [범주]에서 '프로젝트 플래너'를 선택한다.

온라인 서식 파일 다운로드하기

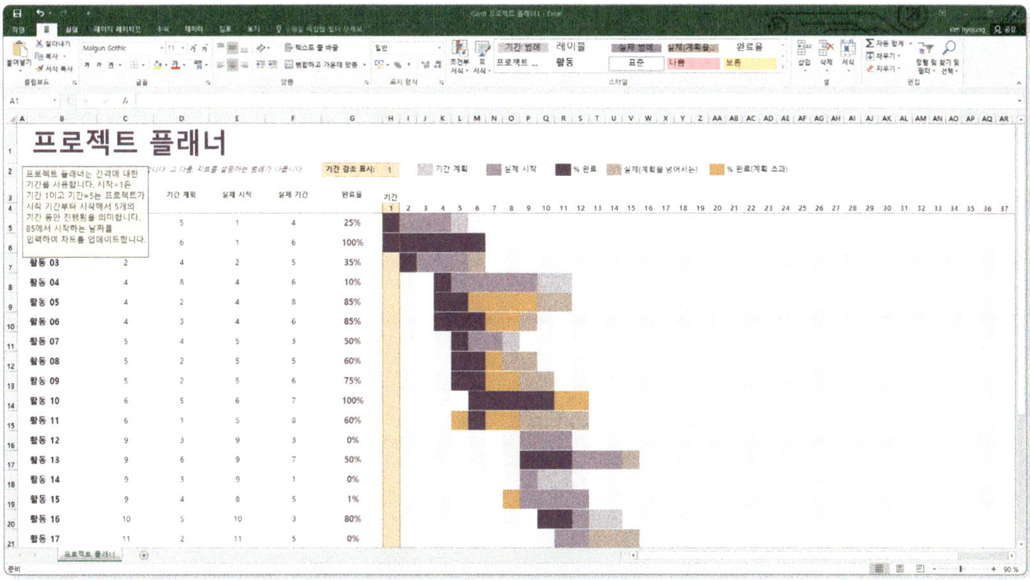

❶ 표시된 서식 중에서 '프로젝트 플래너'를 클릭한다.

❷ 서식 파일 미리보기 창이 열리면 [만들기]를 클릭한다.

엑셀 종료하기

다운로드한 서식 파일이 열린다. 원하는 부분을 수정한 후 다른 이름으로 저장하여 사용할 수 있지만 지금은 저장하지 않고 엑셀을 종료하자. [닫기]를 클릭한다. 수정한 내용이 없으면 특별한 메시지 없이 엑셀이 종료된다.

1.1.4 엑셀의 다양한 화면 보기

엑셀에서는 다량의 데이터를 다루는 작업이 많기 때문에 작업 상황에 따라 적절한 화면을 선택하는 것이 좋다. 앞에서 살펴본 화면은 가장 많이 사용되는 기본 화면이다. 엑셀의 화면 종류를 살펴보고 화면 구성 요소의 표시/숨기기 설정에 대해서도 알아보자.

백스테이지 화면

[파일] 탭을 클릭하거나 파일 관련 명령을 선택하면 백스테이지(backstage) 화면으로 전환된다. 이 화면에서는 엑셀 프로그램과 관련된 작업을 수행한다. 통합 문서 정보, 새로 만들기, 열기, 저장, 인쇄, 공유 등의 작업과 엑셀 계정 및 환경을 설정할 수 있다.

페이지 레이아웃

페이지 레이아웃 화면에서는 인쇄 용지 모양과 용지 여백을 확인할 수 있고 눈금선의 여백 경계선을 드래그하여 직접 여백을 조정할 수도 있으며, 머리글/바닥글 영역을 클릭하여 페이지 번호 등을 입력할 수 있다. 공백을 클릭하면 여백을 숨기거나 다시 표시할 수 있다.

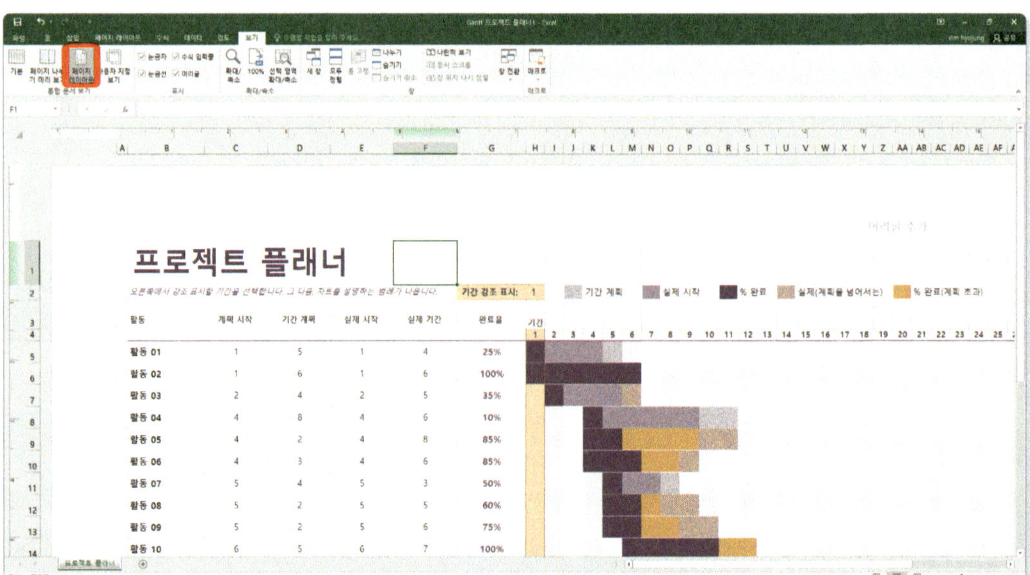

❶ [보기]–[통합 문서 보기]–[페이지 레이아웃]을 클릭한다.

❷ 상태 표시줄의 [페이지 레이아웃]을 클릭하면 페이지 레이아웃 화면으로 전환된다.

페이지 레이아웃 조절해보기

머리글에 설정된 페이지 번호를 삭제하고 위쪽 여백을 직접 조절해보자.

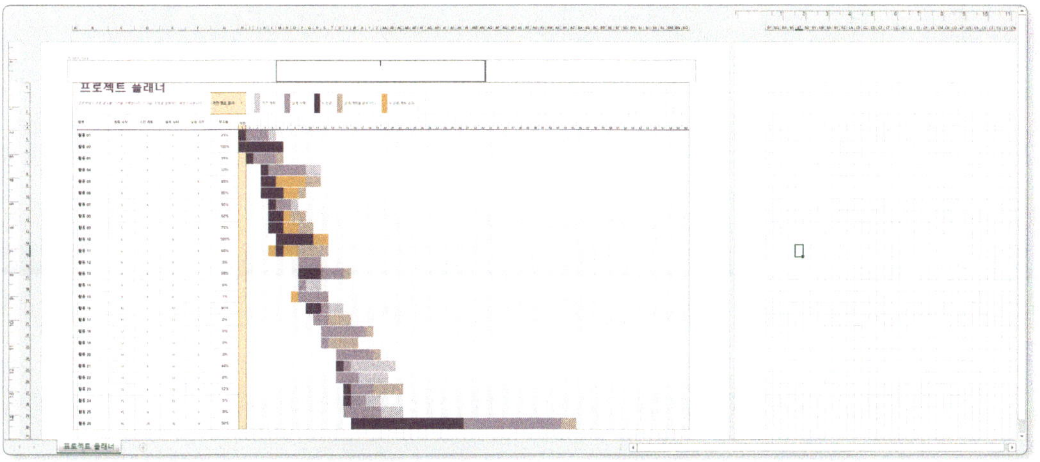

❶ 머리글 영역을 보기 위해 [보기]–[통합 문서 보기]–[페이지 레이아웃]을 클릭한다.

❷ 페이지 번호가 입력된 머리글의 오른쪽 영역을 클릭하고 Delete를 눌러 내용을 삭제한다.

❸ 위쪽 여백 경계선에 마우스 포인터를 놓고 마우스 포인터가 크기 조절 모양으로 변하면 아래쪽으로 드래그한다.

페이지 나누기 미리 보기

여러 페이지로 나누어진 문서에서 나누어진 페이지를 살펴보고 효과적으로 페이지 구분선을 조절할 수 있는 화면이다.

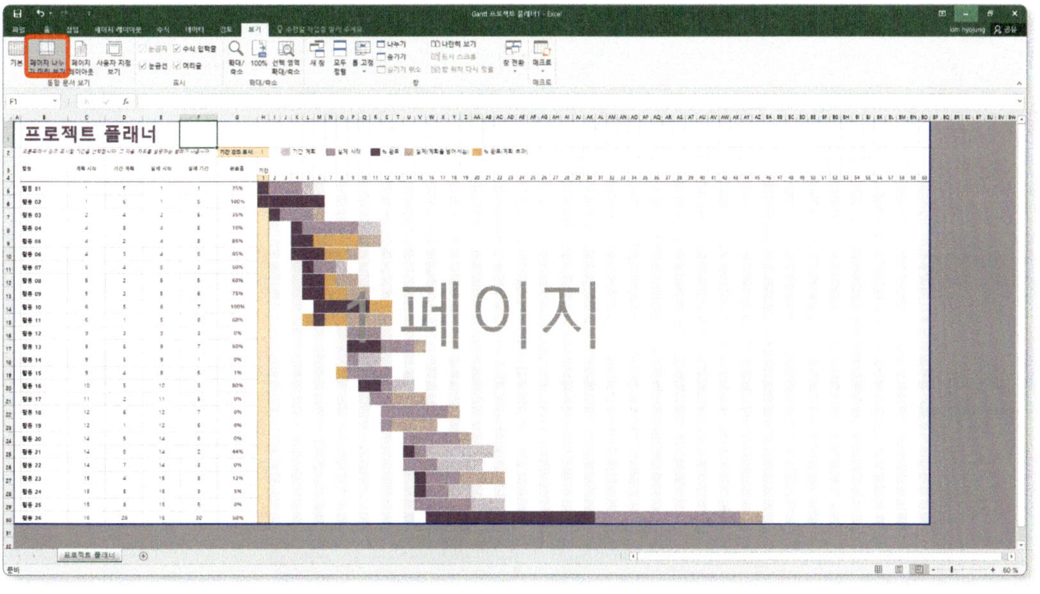

❶ [보기]–[통합 문서 보기]–[페이지 나누기 미리보기]를 클릭한다.

❷ 오른쪽으로 나누어진 페이지를 한 페이지에 인쇄하기 위해 푸른색 선으로 표시된다.

1.2 엑셀 데이터 입력하기

문서 작업의 기본은 데이터 입력이다. 엑셀에서는 데이터의 종류에 따라 기본 서식이 다르다. '물품 판매 일지'를 작성하면서 각 데이터의 유형을 살펴보자.

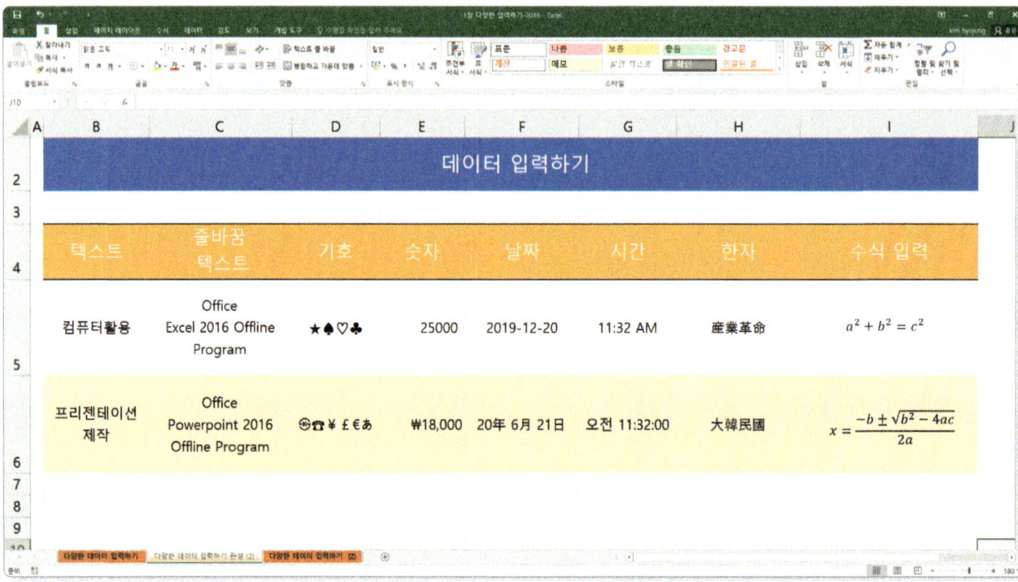

1.2.1 텍스트 입력하기

영문자나 한글, 숫자나 문자의 조합으로 이루어진 데이터로서 셀의 왼쪽에 맞추어 입력된다. 열 너비보다 긴 문자는 오른쪽 셀에 이어서 표시되지만, 오른쪽 셀에 데이터가 있는 경우에는 나머지 데이터는 숨겨져 표시된다.

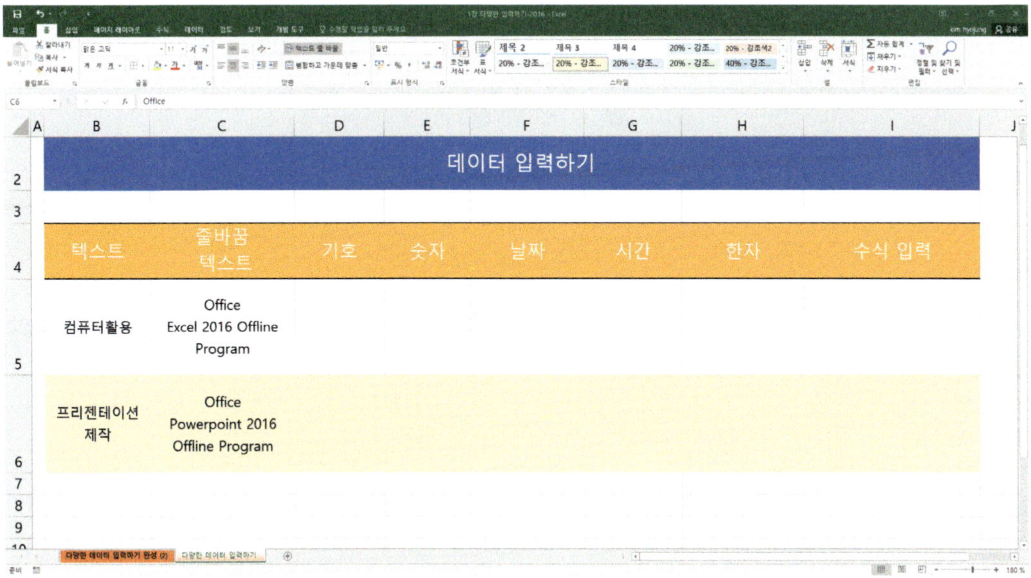

❶ [B5] 셀에 '컴퓨터 활용'을 입력한 후 Enter를 누른다.

❷ [B6] 셀에 '프레젠테이션'을 입력한 후, Alt + Enter를 눌러 줄바꿈한 다음 '제작'을 입력하여 Enter를 누른다.

❸ [C5] 셀에 'Office'를 입력한 후 Alt + Enter, 'Excel 2016' Alt + Enter, 'Online' Alt + Enter, 'Program'을 입력하여 Enter를 누른다.

❹ [C6] 셀에 'Office'를 입력한 후 Alt + Enter, 'Powerpoint 2016'을 입력한 후 Alt + Enter 'Online'을 입력한 후 Alt + Enter, 'Program'을 입력하여 Enter를 누른다.

1.2.2 특수 문자 입력하기

특수 문자는 리본 메뉴에서 [삽입]–[텍스트 그룹]–[기호](Ω)를 선택한다. 기호 대화 상자에서 글꼴과 하위 집합 목록을 선택하여 다양한 특수 문자를 입력한다. 혹은 한글 자음(ㄱ~ㅎ)을 입력한 후 한자 키를 누르면 해당 자음에 포함된 특수 문자 목록이 나타난다.

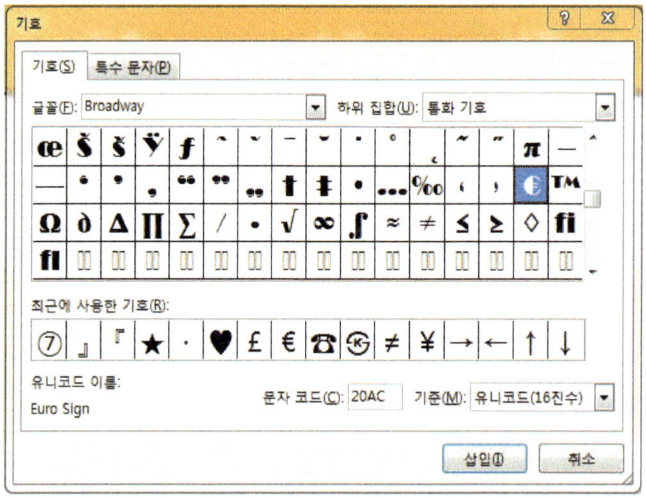

1.2.3 숫자/날짜/시간 데이터 입력하기

1 숫자 입력

숫자는 0~9, +, −, /, $, %, 콤마(,), 소수점, 지수 형태 등으로 이루어진 데이터로서 셀의 오른쪽에 맞추어 입력된다. 열 너비보다 긴 숫자는 지수 형태로, 숫자의 셀 너비보다 커지면 '###'으로, 열 너비를 넓히면 숫자로 표시된다.

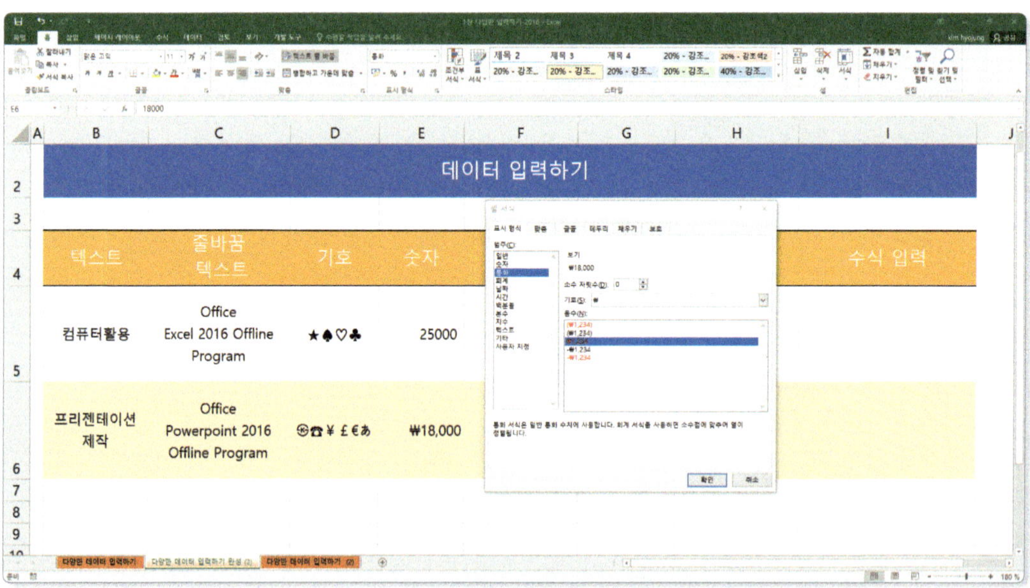

❶ [E5] 셀에 '25000'을 입력하고, [표시 형식]에서 '숫자'로 지정한다.

❷ [E6] 셀에 '18000'을 입력하고, [표시 형식]에서 '통화'로 지정한다.

2 날짜/시간 입력

날짜는 연, 월, 일을 하이픈(–)이나 슬래시(/)로 구분하여 입력한다. 시간은 콜론(:)으로 시, 분, 초를 구분하여 입력된다. 날짜/시간 데이터도 수치 데이터에 속하므로 오른쪽으로 정렬된다.

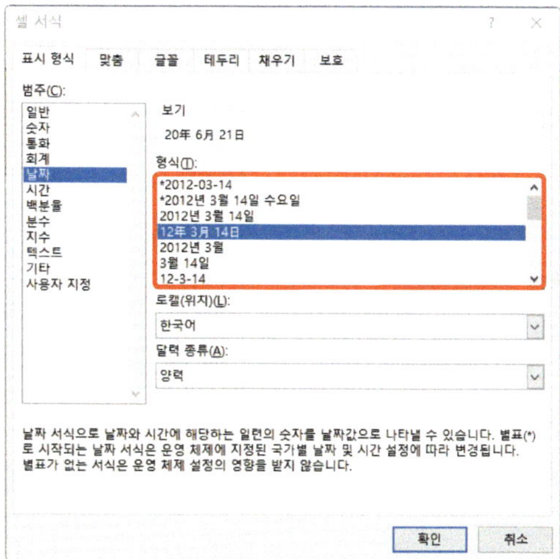

❶ [F5] 셀에 '2019–12–20'을 입력하고, [표시 형식]에서 '날짜'로 지정한다.

❷ [F6] 셀에 '2020–06–21'을 입력하고, [셀 서식]–[표시 형식]에서 '날짜'에서 형식을 '20年 6月 21日'로 지정한다.

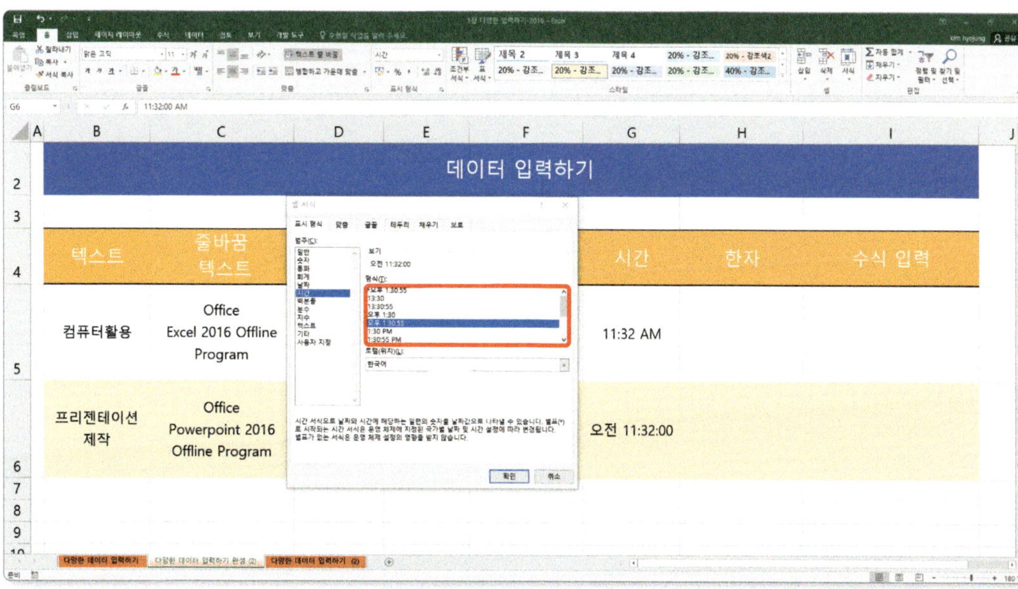

❸ [G5] 셀에 '11:32'를 입력하고, [셀 서식]–[표시 형식]에서 '사용자 지정'에서 형식을 'h:mm AM/PM'으로 지정한다.

❹ [G6] 셀에 '11:32'를 입력하고, [표시 형식]에서 '시간'을 지정한다.

TIP

- 현재 날짜 입력 단축키: Ctrl + ;(세미콜론)
- 현재 시간 입력 단축키: Ctrl + Shift + ;(세미콜론)
- 문자를 숫자로 입력하기: '(어포스트로피) 기호를 입력하고 데이터를 입력하면 문자로 입력되어 왼쪽 정렬된다.

1.2.4 한자 입력하기

한자를 글자 단위로 변환할 경우에는 글자를 입력한 다음 한자키를 누르면 [한글/한자 변환] 대화 상자가 나타난다. 단어 단위로 변환할 경우 단어를 입력하고 한 칸을 띄운 후 한자키로 바꿀 수 있다.

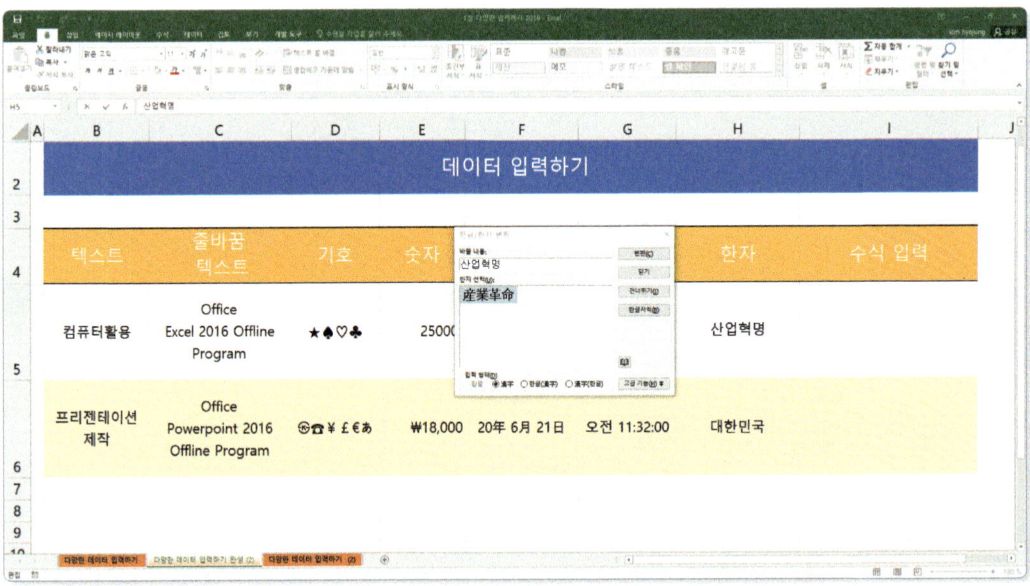

1.2.5 수식 데이터 입력하기

수식 데이터는 반드시 '='(등호)로 시작해 입력해야 한다. 셀에는 수식의 결과가 표시되고 수식 입력 줄에는 입력된 원본 수식이 표시된다.

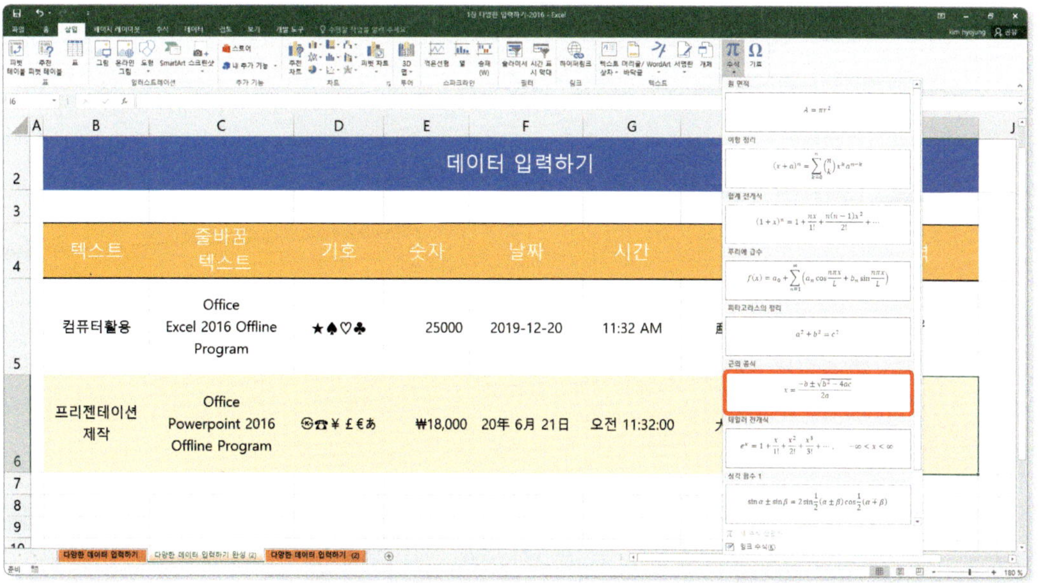

❶ [삽입]–[기호]–[수식]의 내림 단추를 클릭한 후 '피타고라스 정의', '근의 공식'을 선택한다.

❷ 수식 개체가 삽입되면 크기를 변경하고 원하는 위치로 이동한다.

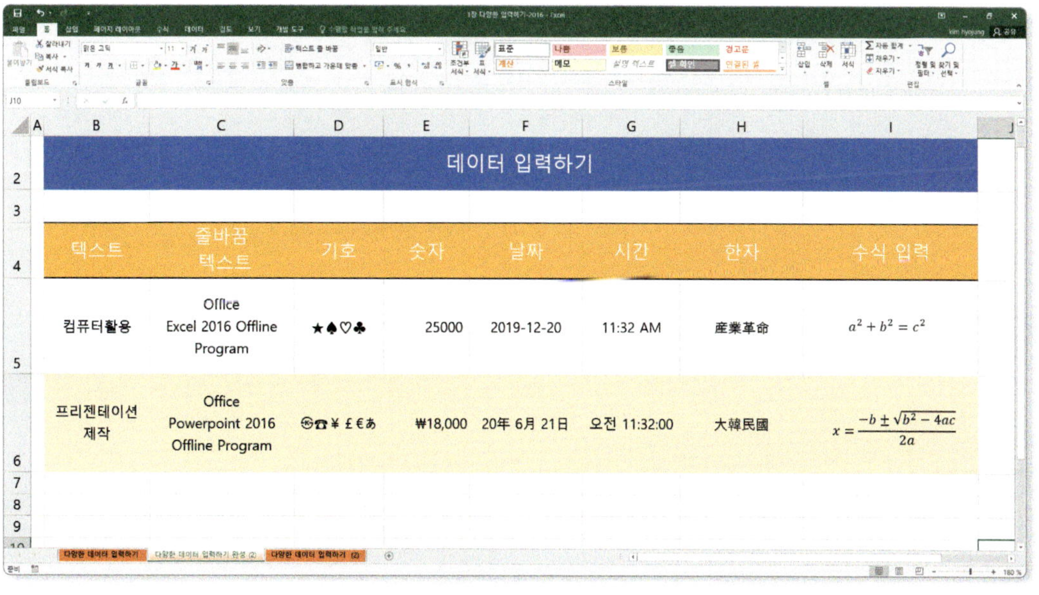

데이터 수정하고 지우기

- 간단한 데이터를 수정할 때는 해당 셀을 선택하고 데이터를 입력하면 자동으로 수정된다.
- 셀에 입력된 데이터 중 일부 글자만 수정하려면 셀을 더블 클릭하거나 수식 입력 줄에서 수정한다.
- 데이터를 삭제할 경우 Delete키로 내용만 삭제하거나 **[지우기]** 명령에서 서식만 선택해 지운다.
- 이미 입력이 완료된 상태에서 취소하는 방법은 실행 취소 (Ctrl + Z)( )를 클릭한다.

1.3 엑셀 데이터 다루기

1.3.1 데이터 자동 채우기

채우기 핸들은 셀 포인트 오른쪽 아래에 위치하는 검정색 점으로서 드래그하여 놓는 셀까지 데이터가 복사된다. 연속적인 의미를 갖는 데이터들은 자동으로 채우기가 된다. '강의 시간표'를 완성하면서 채우기를 익혀보자.

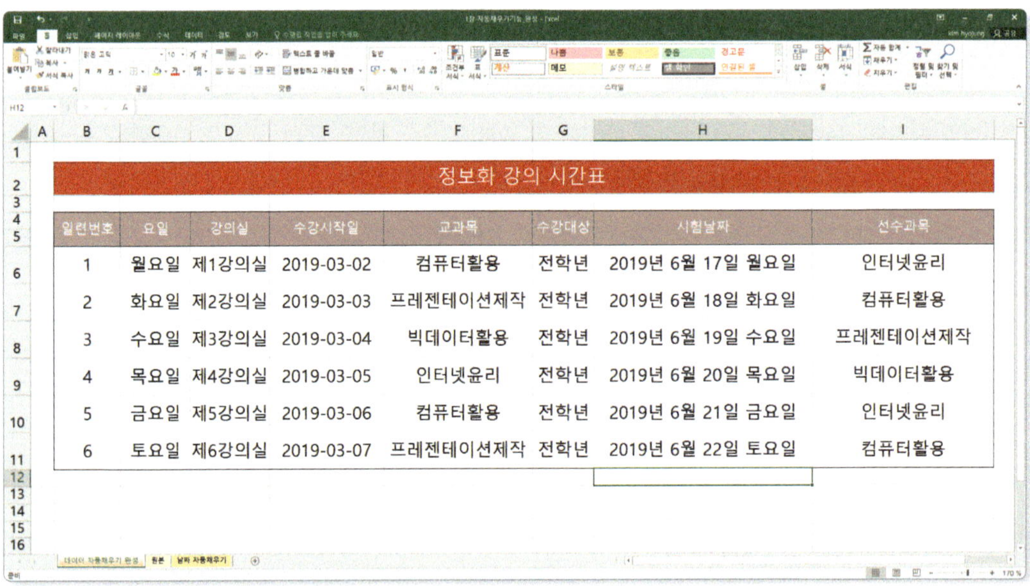

정보화 강의 시간표

일련번호	요일	강의실	수강시작일	교과목	수강대상	시험날짜	선수과목
1	월요일	제1강의실	2019-03-02	컴퓨터활용	전학년	2019년 6월 17일 월요일	인터넷윤리
2	화요일	제2강의실	2019-03-03	프레젠테이션제작	전학년	2019년 6월 18일 화요일	컴퓨터활용
3	수요일	제3강의실	2019-03-04	빅데이터활용	전학년	2019년 6월 19일 수요일	프레젠테이션제작
4	목요일	제4강의실	2019-03-05	인터넷윤리	전학년	2019년 6월 20일 목요일	빅데이터활용
5	금요일	제5강의실	2019-03-06	컴퓨터활용	전학년	2019년 6월 21일 금요일	인터넷윤리
6	토요일	제6강의실	2019-03-07	프레젠테이션제작	전학년	2019년 6월 22일 토요일	컴퓨터활용

1 숫자 데이터

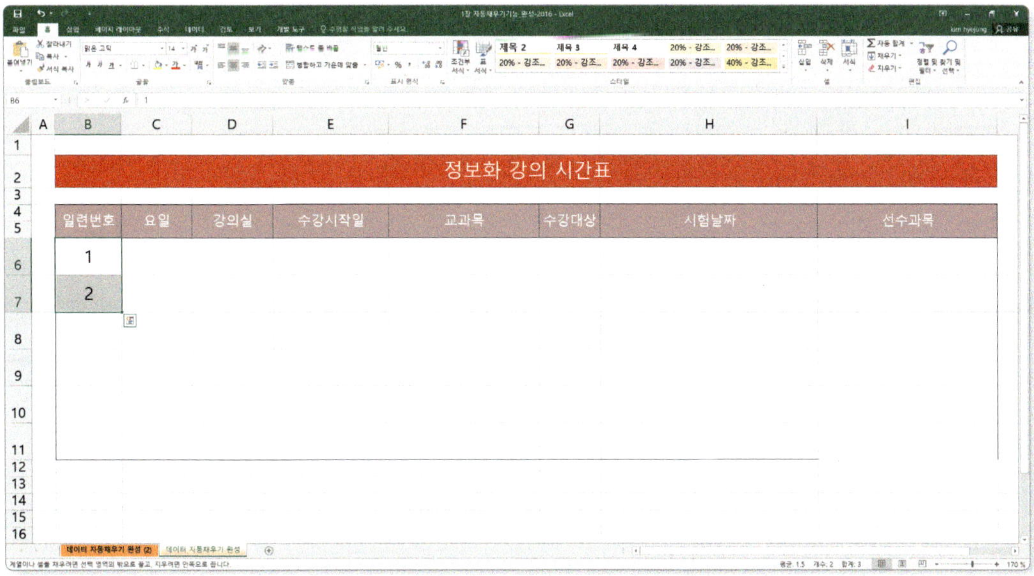

❶ [B2] 셀에 '정보화 강의 시간표'라고 입력한 후 [B2:I2] 셀까지 **병합하고 가운데 맞춤**을 클릭한다.

❷ [B6] 셀에 '1', [B7] 셀에 '2'를 입력하고 두 셀을 블록으로 범위 지정한 후 채우기 핸들을 [B11] 셀까지 드래그한다.

❸ 숫자 데이터는 한 셀만 채우기하면 단순 복사되고, 범위를 지정하여 채우기하면 두 셀의 차이만큼 증감하면서 채워진다.

2 문자 데이터

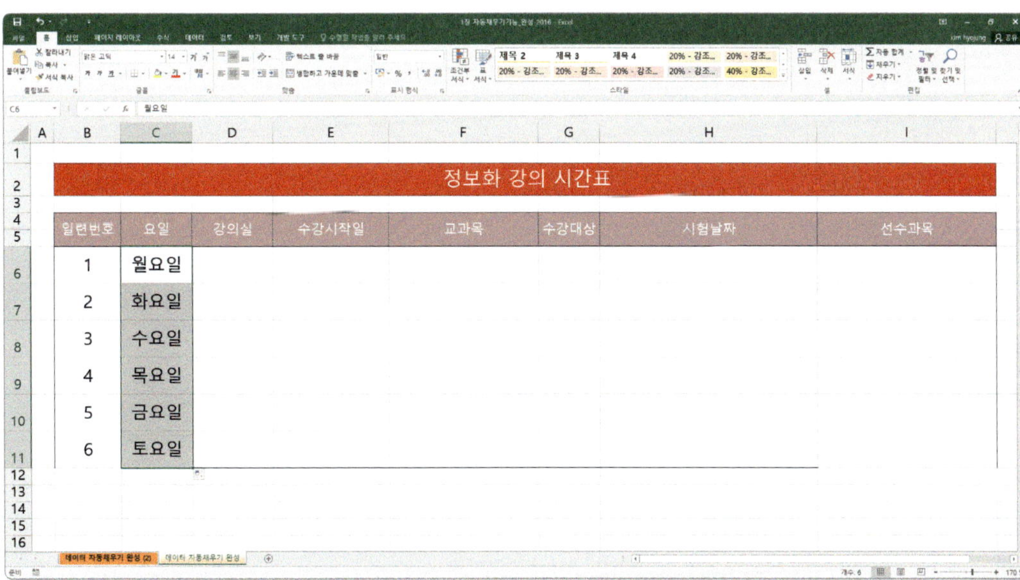

❶ [C6] 셀에 '월요일'을 입력한 후 채우기 핸들을 [C7:C11] 셀까지 드래그해준다.
❷ [C7:C11]까지 '화요일, 수요일…'과 같이 자동으로 채워지는 것을 확인할 수 있다.

3 혼합 데이터

[D6] 셀에 '제1강의실'이라고 입력한 후 채우기 핸들을 더블 클릭한다. 연속 데이터로 취급하여 '1'씩 증가하며 [D11] 셀까지 자동으로 입력된다.

4 날짜 데이터

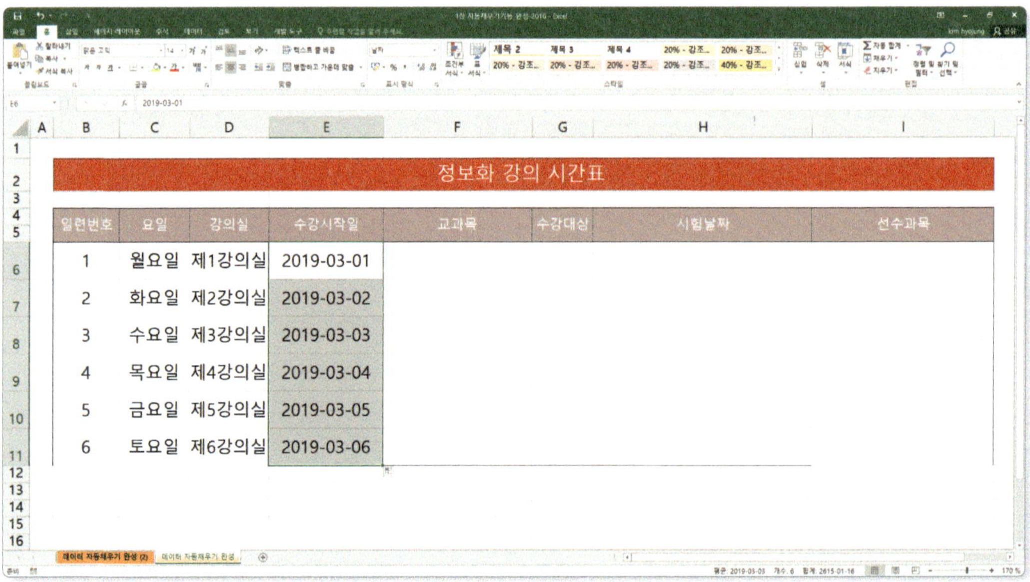

❶ [E6] 셀에 '2019–3–01'을 입력한다.
❷ [E6] 셀에서 채우기 핸들을 [E11] 셀까지 드래그한다.
❸ [E11] 셀에 '2019–3–06'으로 채워진다.

5 사용자 지정 목록

자주 사용하는 연속 데이터를 지정해둔 목록으로 채우기 핸들을 이용해 쉽게 연속 채우기를 할 수 있게 해준다. 필요에 따라 직접 추가하여 사용할 수 있다. 다음의 순서에 따라 사용자 지정 목록을 등록해 보자.

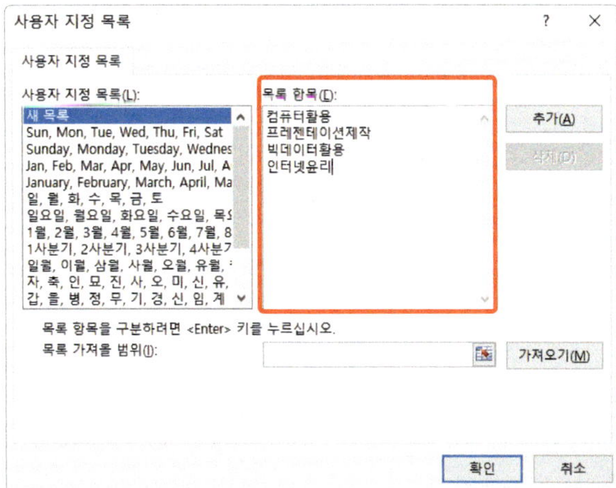

❶ 수강 지역을 사용자 지정 목록으로 등록하기 위해 [파일]–[옵션]을 선택한다.

❷ [Excel 옵션] 대화 상자에서 [고급] 항목을 선택하고 일반 영역에서 [사용자 지정 목록 편집]을 선택한다.

❸ [목록 항목]에 '컴퓨터활용, 프레젠테이션제작, 빅데이터활용, 인터넷윤리'를 입력하고, [추가]–[확인]을 클릭한 후 엑셀 옵션을 닫는다.

❹ [I6] 셀에 '인터넷윤리'를 입력하고 채우기 핸들을 [I11] 셀까지 드래그한다. 사용자 지정 목록에 추가해 놓은 순서대로 목록이 채워지는 것을 확인할 수 있다.

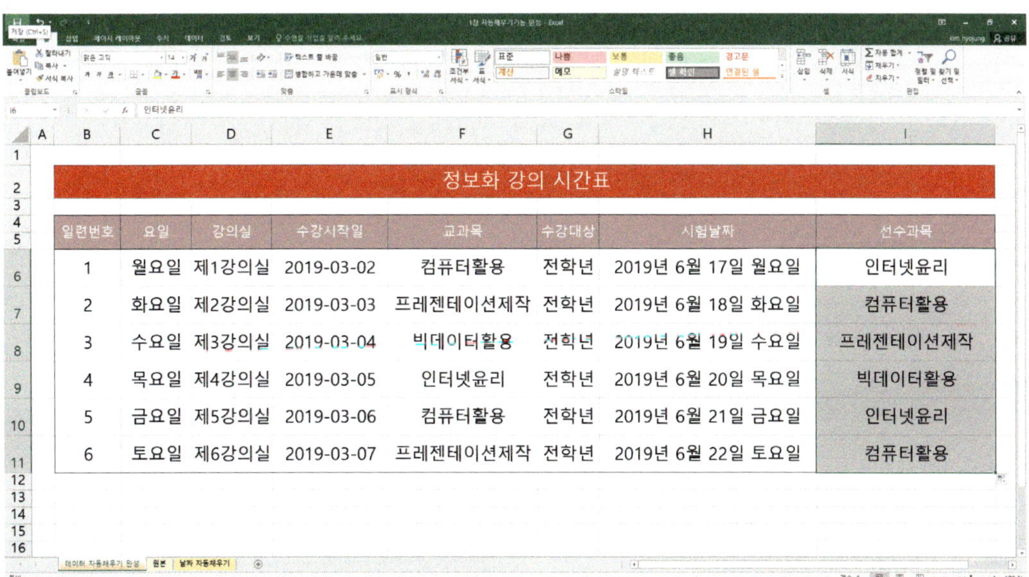

자동 채우기 옵션 버튼

- 채우기 핸들로 데이터를 채우면 마지막 셀 아래쪽에 자동 채우기 옵션( )이 나타난다.
- 셀 복사: 데이터 값과 서식을 그대로 채우기한다.
- 연속 데이터 채우기: 숫자 값은 1씩 증가, 서식은 그대로 채우기한다.
- 서식만 채우기: 값은 무시되고, 서식만 그대로 채우기한다.
- 서식 없이 채우기: 서식은 무시되고, 숫자 값만 1씩 증가한다.

1.3.2 간단한 수식 직접 계산하기

수식은 엑셀의 기본 기능이다. 간단한 수식은 셀을 참조하여 셀 주소를 직접 입력함으로써 계산할 수 있다. 셀에는 수식 결과 값이 표시되고 실제 입력한 수식은 수식 입력 줄에 표시된다. 간단한 수식을 입력하여 '지출내역서'를 완성해보자.

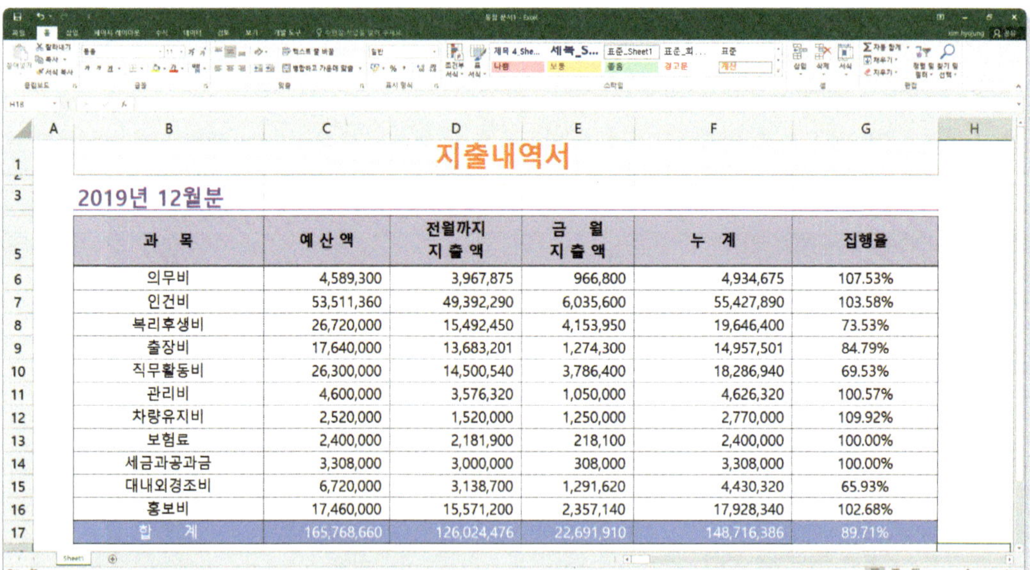

지출내역서

2019년 12월분

과 목	예 산 액	전월까지 지 출 액	금 월 지 출 액	누 계	집행율
의무비	4,589,300	3,967,875	966,800	4,934,675	107.53%
인건비	53,511,360	49,392,290	6,035,600	55,427,890	103.58%
복리후생비	26,720,000	15,492,450	4,153,950	19,646,400	73.53%
출장비	17,640,000	13,683,201	1,274,300	14,957,501	84.79%
직무활동비	26,300,000	14,500,540	3,786,400	18,286,940	69.53%
관리비	4,600,000	3,576,320	1,050,000	4,626,320	100.57%
차량유지비	2,520,000	1,520,000	1,250,000	2,770,000	109.92%
보험료	2,400,000	2,181,900	218,100	2,400,000	100.00%
세금과공과금	3,308,000	3,000,000	308,000	3,308,000	100.00%
대내외경조비	6,720,000	3,138,700	1,291,620	4,430,320	65.93%
홍보비	17,460,000	15,571,200	2,357,140	17,928,340	102.68%
합 계	165,768,660	126,024,476	22,691,910	148,716,386	89.71%

수식 입력은 항상 등호(=)로 시작해야 한다.

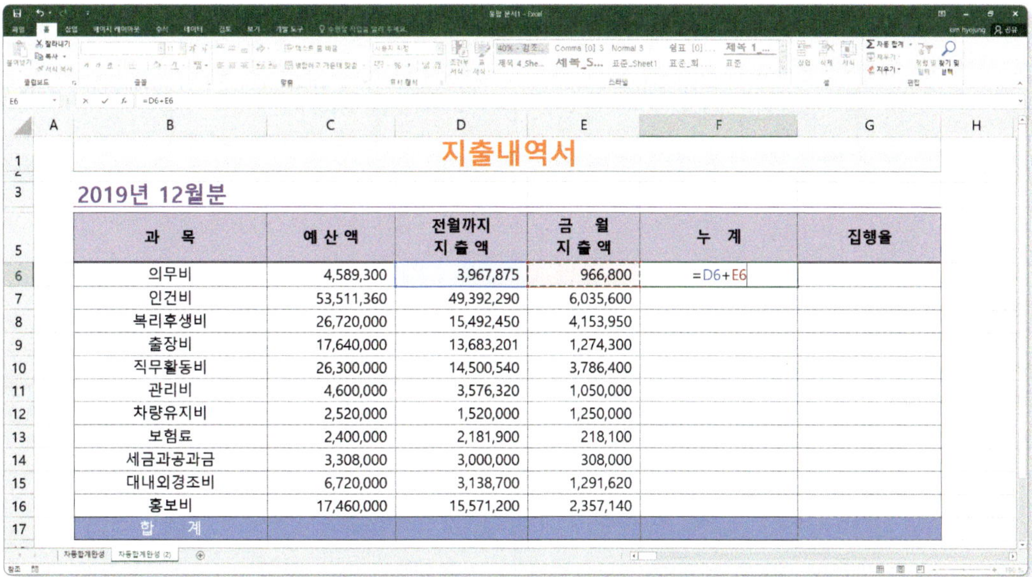

지출내역서

2019년 12월분

과 목	예 산 액	전월까지 지 출 액	금 월 지 출 액	누 계	집행율
의무비	4,589,300	3,967,875	966,800	=D6+E6	
인건비	53,511,360	49,392,290	6,035,600		
복리후생비	26,720,000	15,492,450	4,153,950		
출장비	17,640,000	13,683,201	1,274,300		
직무활동비	26,300,000	14,500,540	3,786,400		
관리비	4,600,000	3,576,320	1,050,000		
차량유지비	2,520,000	1,520,000	1,250,000		
보험료	2,400,000	2,181,900	218,100		
세금과공과금	3,308,000	3,000,000	308,000		
대내외경조비	6,720,000	3,138,700	1,291,620		
홍보비	17,460,000	15,571,200	2,357,140		
합 계					

❶ [F6] 셀의 '누계'는 '전월까지의 지출액+금월 지출액'으로 계산한다. [F6] 셀을 클릭하여 수식 입력 창에 '=D6+E6' 수식을 직접 입력하거나, 각 셀을 클릭하여 지정한 후 Enter 혹은 수식 입력줄의 입력 단추(✓)를 클릭한다.

❷ [F6] 셀의 채우기 핸들을 더블 클릭하여 금액을 완성한다.

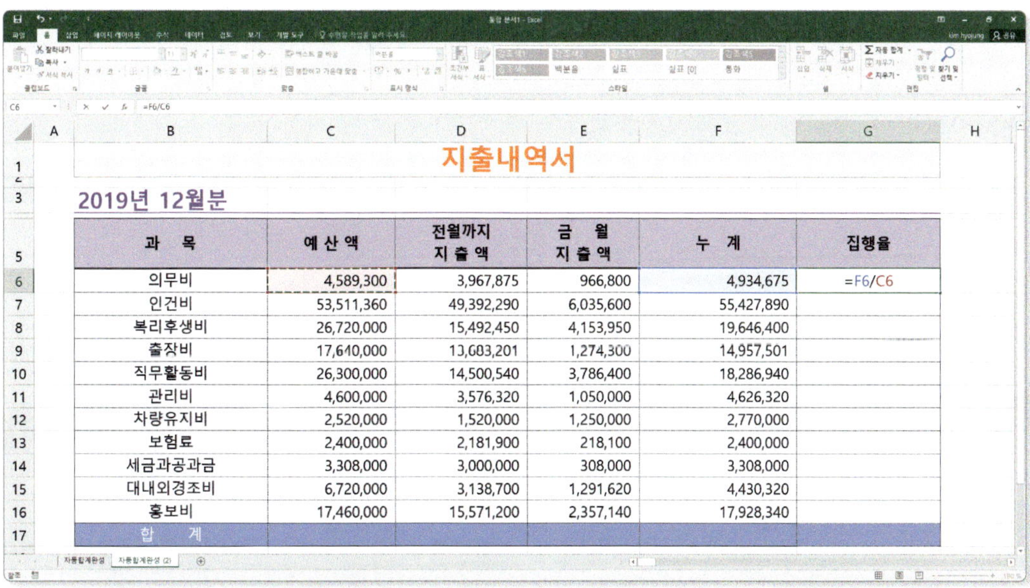

지출내역서

2019년 12월분

과 목	예 산 액	전월까지 지 출 액	금 월 지 출 액	누 계	집행율
의무비	4,589,300	3,967,875	966,800	4,934,675	=F6/C6
인건비	53,511,360	49,392,290	6,035,600	55,427,890	
복리후생비	26,720,000	15,492,450	4,153,950	19,646,400	
출장비	17,640,000	13,683,201	1,274,300	14,957,501	
직무활동비	26,300,000	14,500,540	3,786,400	18,286,940	
관리비	4,600,000	3,576,320	1,050,000	4,626,320	
차량유지비	2,520,000	1,520,000	1,250,000	2,770,000	
보험료	2,400,000	2,181,900	218,100	2,400,000	
세금과공과금	3,308,000	3,000,000	308,000	3,308,000	
대내외경조비	6,720,000	3,138,700	1,291,620	4,430,320	
홍보비	17,460,000	15,571,200	2,357,140	17,928,340	
합 계					

❸ [G6] 셀의 '집행률'은 '누계/예산액'으로 계산한다. [G6] 셀을 클릭하고 수식 입력 창에 '=F6/C6' 수식을 직접 입력하거나, 각 셀을 클릭하여 지정한 후 Enter 혹은 수식 입력 줄의 입력 단추(✓)를 클릭한다.

❹ [G6] 셀의 채우기 핸들을 더블 클릭하여 금액을 완성한다. [홈]–[표시 형식] 그룹에서 '백분율'을 선택한다.

❺ [C17]의 '합계'는 [홈]–[편집]에서 '자동 합계' 기능을 이용해 완성한다.

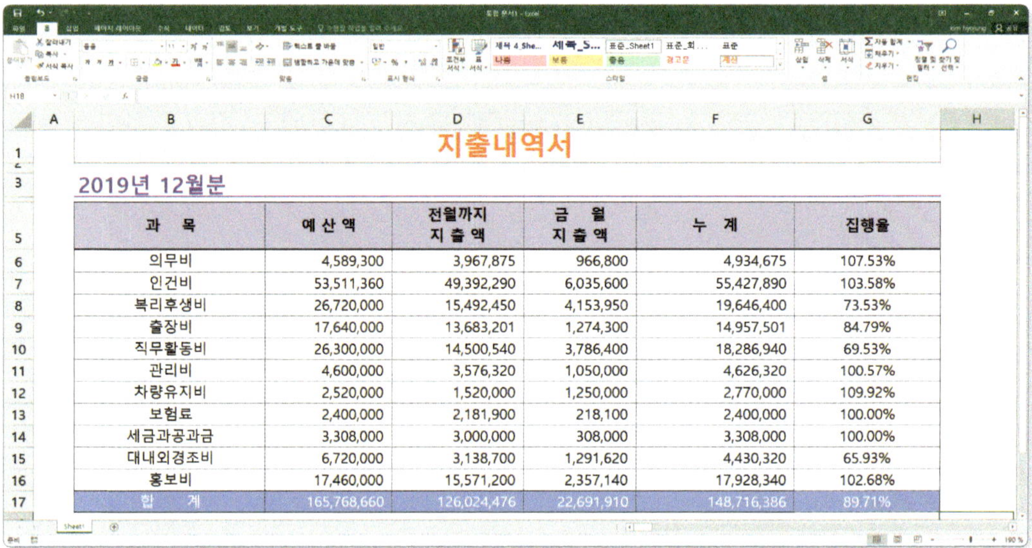

지출내역서

2019년 12월분

과 목	예 산 액	전월까지 지 출 액	금 월 지 출 액	누 계	집행율
의무비	4,589,300	3,967,875	966,800	4,934,675	107.53%
인건비	53,511,360	49,392,290	6,035,600	55,427,890	103.58%
복리후생비	26,720,000	15,492,450	4,153,950	19,646,400	73.53%
출장비	17,640,000	13,683,201	1,274,300	14,957,501	84.79%
직무활동비	26,300,000	14,500,540	3,786,400	18,286,940	69.53%
관리비	4,600,000	3,576,320	1,050,000	4,626,320	100.57%
차량유지비	2,520,000	1,520,000	1,250,000	2,770,000	109.92%
보험료	2,400,000	2,181,900	218,100	2,400,000	100.00%
세금과공과금	3,308,000	3,000,000	308,000	3,308,000	100.00%
대내외경조비	6,720,000	3,138,700	1,291,620	4,430,320	65.93%
홍보비	17,460,000	15,571,200	2,357,140	17,928,340	102.68%
합 계	165,768,660	126,024,476	22,691,910	148,716,386	89.71%

1.3.3 셀 참조 적용해보기

셀 주소는 행 머리글과 열 머리글의 조합으로 이루어진다. 수식을 입력할 때 셀에 입력된 숫자를 직접 적용하지 않고, 숫자가 입력된 해당 셀 주소를 적용하는 것을 셀 참조라고 한다. 셀 참조의 유형에는 상대 참조, 절대 참조, 혼합 참조가 있다.

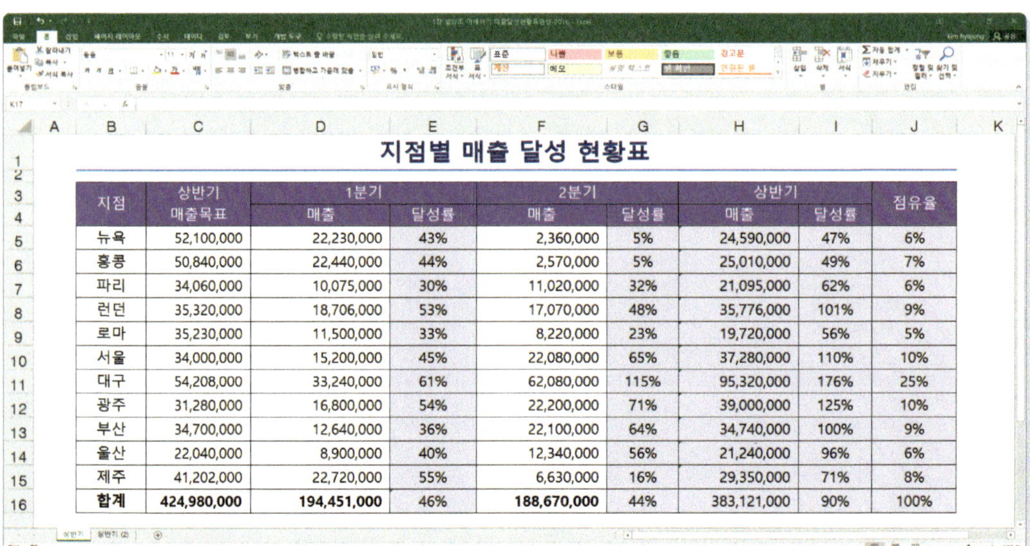

지점별 매출 달성 현황표

지점	상반기 매출목표	1분기 매출	1분기 달성률	2분기 매출	2분기 달성률	상반기 매출	상반기 달성률	점유율
뉴욕	52,100,000	22,230,000	43%	2,360,000	5%	24,590,000	47%	6%
홍콩	50,840,000	22,440,000	44%	2,570,000	5%	25,010,000	49%	7%
파리	34,060,000	10,075,000	30%	11,020,000	32%	21,095,000	62%	6%
런던	35,320,000	18,706,000	53%	17,070,000	48%	35,776,000	101%	9%
로마	35,230,000	11,500,000	33%	8,220,000	23%	19,720,000	56%	5%
서울	34,000,000	15,200,000	45%	22,080,000	65%	37,280,000	110%	10%
대구	54,208,000	33,240,000	61%	62,080,000	115%	95,320,000	176%	25%
광주	31,280,000	16,800,000	54%	22,200,000	71%	39,000,000	125%	10%
부산	34,700,000	12,640,000	36%	22,100,000	64%	34,740,000	100%	9%
울산	22,040,000	8,900,000	40%	12,340,000	56%	21,240,000	96%	6%
제주	41,202,000	22,720,000	55%	6,630,000	16%	29,350,000	71%	8%
합계	424,980,000	194,451,000	46%	188,670,000	44%	383,121,000	90%	100%

1 상대 참조 이해하기

'B2' 또는 'C2'와 같이 열 머리글과 행 머리글을 조합해 만든 일반적인 셀 주소로서 참조 위치가 상대적으로 변한다. 새로 만드는 수식에는 기본적으로 상대 참조가 사용되며, 수식이 입력된 셀의 위치가 바뀌면 참조한 셀 주소도 바뀐다.

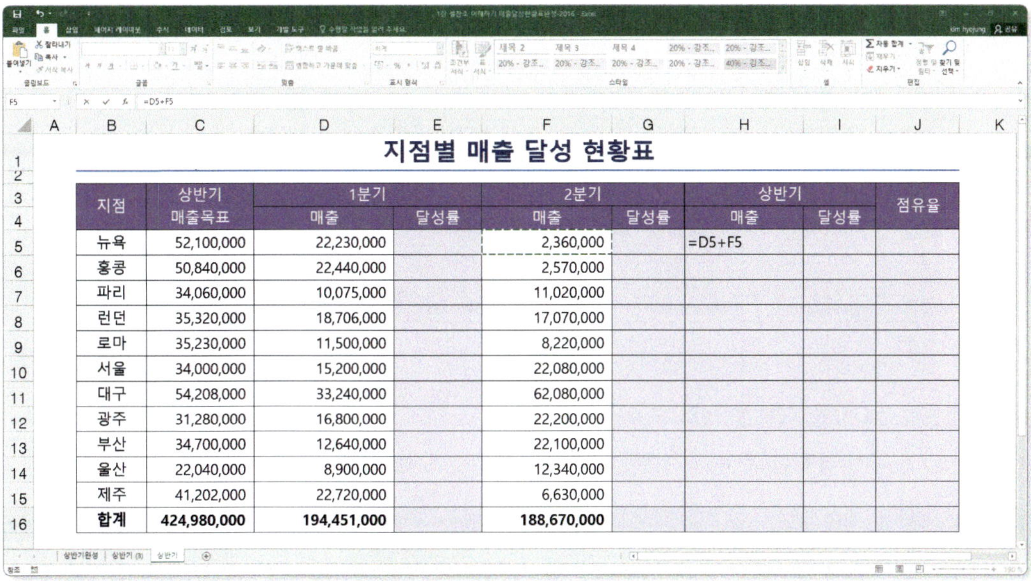

지점별 매출 달성 현황표

지점	상반기 매출목표	1분기 매출	1분기 달성률	2분기 매출	2분기 달성률	상반기 매출	상반기 달성률	점유율
뉴욕	52,100,000	22,230,000		2,360,000		=D5+F5		
홍콩	50,840,000	22,440,000		2,570,000				
파리	34,060,000	10,075,000		11,020,000				
런던	35,320,000	18,706,000		17,070,000				
로마	35,230,000	11,500,000		8,220,000				
서울	34,000,000	15,200,000		22,080,000				
대구	54,208,000	33,240,000		62,080,000				
광주	31,280,000	16,800,000		22,200,000				
부산	34,700,000	12,640,000		22,100,000				
울산	22,040,000	8,900,000		12,340,000				
제주	41,202,000	22,720,000		6,630,000				
합계	**424,980,000**	**194,451,000**		**188,670,000**				

❶ [H5] 셀에 '=D5+F5'를 입력하고 Enter를 누른다.

❷ [H5] 셀을 다시 클릭한 후 채우기 핸들을 [H15] 셀까지 드래그하여 수식을 복사한다.

2 절대 참조 및 혼합 참조

절대 참조는 '$H$16'과 같이 열 머리글과 행 머리글 앞에 달러($) 기호를 붙여 특정 위치를 고정시키는 셀 주소를 참조한다. 혼합 참조(=$C5)는 상대 참조와 절대 참조를 혼합한 형태로 행과 열 중 달러($) 기호가 붙어 있는 하나의 셀만 고정시키는 참조 형식이다.

절대 참조(=$H$6)와 혼합 참조(=$C5) 기능을 이용해 '지점별 매출 달성 현황표'를 완성해보자. 이때 수식을 복사해 수식(F) 붙여넣기 기능을 이용해보자.

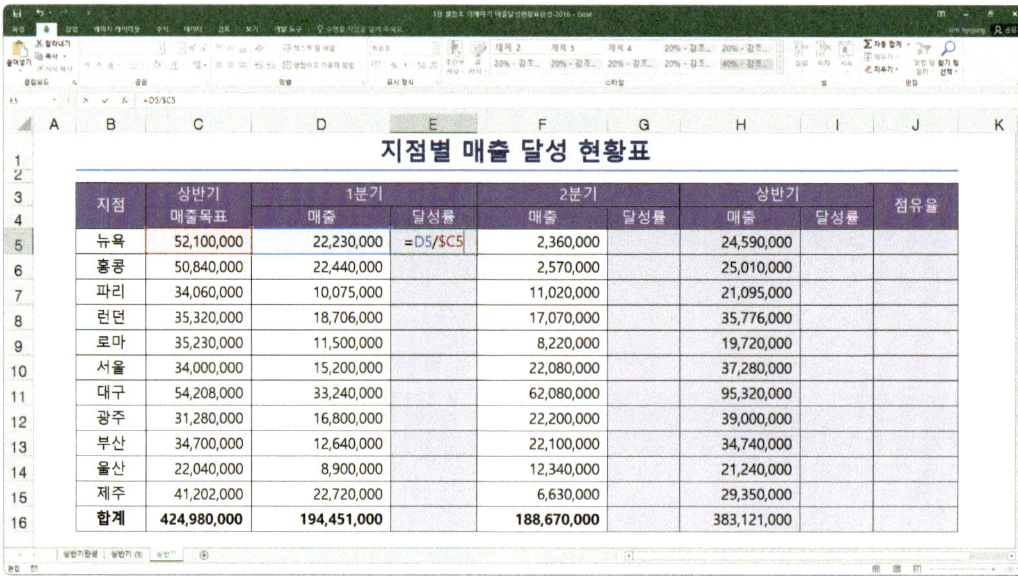

지점별 매출 달성 현황표

지점	상반기 매출목표	1분기 매출	1분기 달성률	2분기 매출	2분기 달성률	상반기 매출	상반기 달성률	점유율
뉴욕	52,100,000	22,230,000	=D5/$C5	2,360,000		24,590,000		
홍콩	50,840,000	22,440,000		2,570,000		25,010,000		
파리	34,060,000	10,075,000		11,020,000		21,095,000		
런던	35,320,000	18,706,000		17,070,000		35,776,000		
로마	35,230,000	11,500,000		8,220,000		19,720,000		
서울	34,000,000	15,200,000		22,080,000		37,280,000		
대구	54,208,000	33,240,000		62,080,000		95,320,000		
광주	31,280,000	16,800,000		22,200,000		39,000,000		
부산	34,700,000	12,640,000		22,100,000		34,740,000		
울산	22,040,000	8,900,000		12,340,000		21,240,000		
제주	41,202,000	22,720,000		6,630,000		29,350,000		
합계	**424,980,000**	**194,451,000**		**188,670,000**		383,121,000		

❶ [E5] 셀에 '=D5/$C5'를 입력하고 Enter를 누른다.

❷ [E5] 셀을 다시 클릭한 후 채우기 핸들을 [E16] 셀까지 드래그하여 수식을 복사한다.

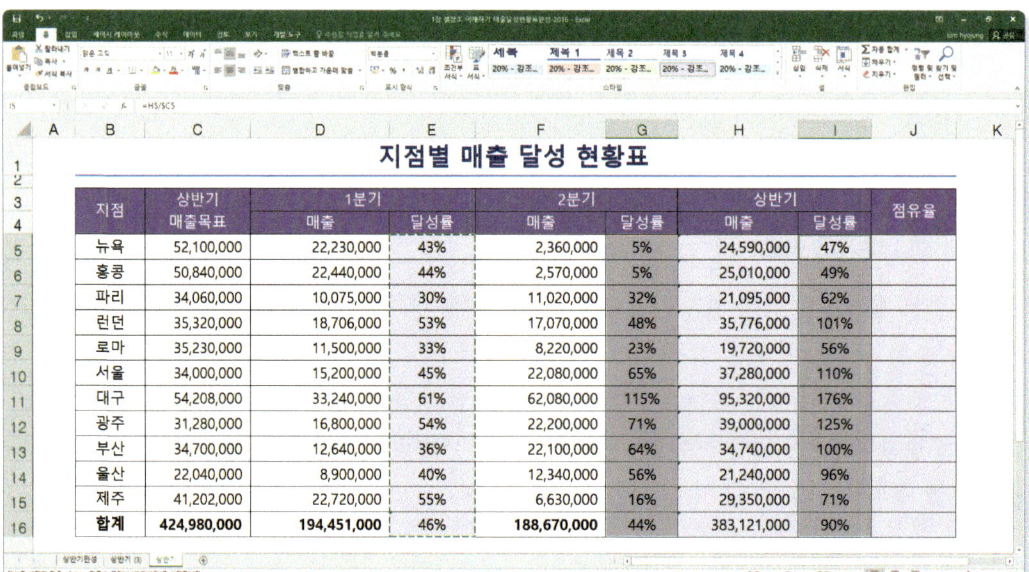

지점별 매출 달성 현황표

지점	상반기 매출목표	1분기 매출	1분기 달성률	2분기 매출	2분기 달성률	상반기 매출	상반기 달성률	점유율
뉴욕	52,100,000	22,230,000	43%	2,360,000	5%	24,590,000	47%	
홍콩	50,840,000	22,440,000	44%	2,570,000	5%	25,010,000	49%	
파리	34,060,000	10,075,000	30%	11,020,000	32%	21,095,000	62%	
런던	35,320,000	18,706,000	53%	17,070,000	48%	35,776,000	101%	
로마	35,230,000	11,500,000	33%	8,220,000	23%	19,720,000	56%	
서울	34,000,000	15,200,000	45%	22,080,000	65%	37,280,000	110%	
대구	54,208,000	33,240,000	61%	62,080,000	115%	95,320,000	176%	
광주	31,280,000	16,800,000	54%	22,200,000	71%	39,000,000	125%	
부산	34,700,000	12,640,000	36%	22,100,000	64%	34,740,000	100%	
울산	22,040,000	8,900,000	40%	12,340,000	56%	21,240,000	96%	
제주	41,202,000	22,720,000	55%	6,630,000	16%	29,350,000	71%	
합계	**424,980,000**	**194,451,000**	46%	**188,670,000**	44%	383,121,000	90%	

❸ [E5:E16] 셀 범위가 선택된 상태에서 Ctrl + C를 눌러 수식을 복사한다.

❹ [G5] 셀을 클릭한 다음 Ctrl + [I5] 셀을 클릭한 후 Ctrl + V를 눌러 붙여넣기한다.

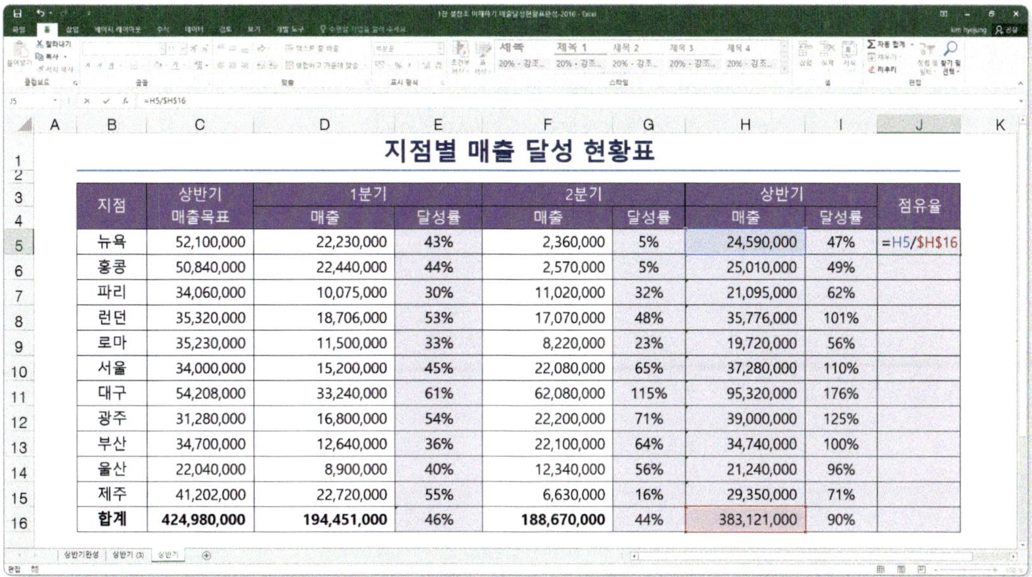

지점별 매출 달성 현황표

지점	상반기 매출목표	1분기 매출	1분기 달성률	2분기 매출	2분기 달성률	상반기 매출	상반기 달성률	점유율
뉴욕	52,100,000	22,230,000	43%	2,360,000	5%	24,590,000	47%	=H5/$H$16
홍콩	50,840,000	22,440,000	44%	2,570,000	5%	25,010,000	49%	
파리	34,060,000	10,075,000	30%	11,020,000	32%	21,095,000	62%	
런던	35,320,000	18,706,000	53%	17,070,000	48%	35,776,000	101%	
로마	35,230,000	11,500,000	33%	8,220,000	23%	19,720,000	56%	
서울	34,000,000	15,200,000	45%	22,080,000	65%	37,280,000	110%	
대구	54,208,000	33,240,000	61%	62,080,000	115%	95,320,000	176%	
광주	31,280,000	16,800,000	54%	22,200,000	71%	39,000,000	125%	
부산	34,700,000	12,640,000	36%	22,100,000	64%	34,740,000	100%	
울산	22,040,000	8,900,000	40%	12,340,000	56%	21,240,000	96%	
제주	41,202,000	22,720,000	55%	6,630,000	16%	29,350,000	71%	
합계	**424,980,000**	**194,451,000**	46%	**188,670,000**	44%	383,121,000	90%	

❺ [J5] 셀에 '=H5/$H$16'을 입력하여 Enter 키를 누른다.

❻ [J5] 셀을 다시 클릭한 후 채우기 핸들을 [J16] 셀까지 드래그하여 수식을 복사한다.

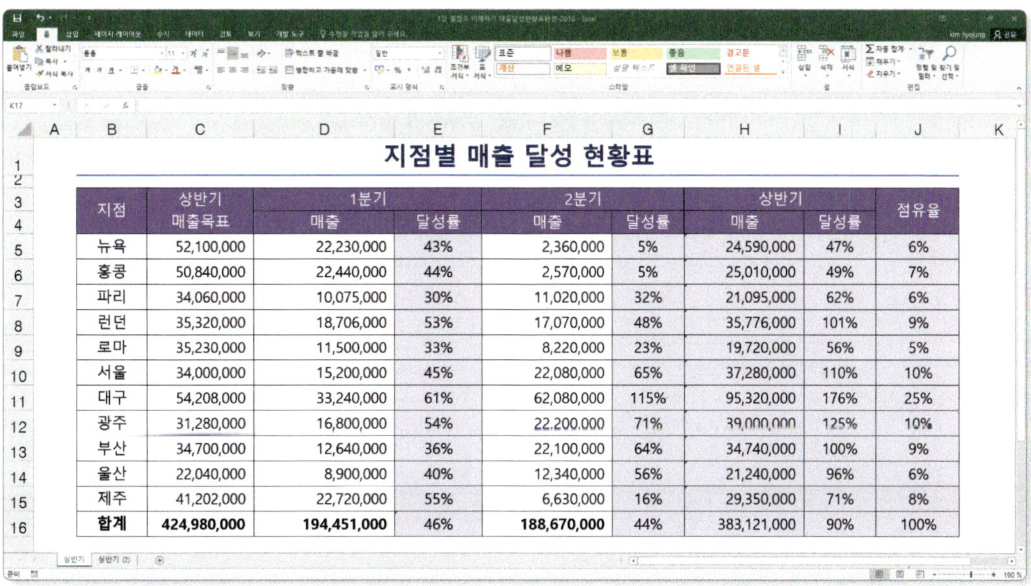

지점별 매출 달성 현황표

지점	상반기 매출목표	1분기 매출	1분기 달성률	2분기 매출	2분기 달성률	상반기 매출	상반기 달성률	점유율
뉴욕	52,100,000	22,230,000	43%	2,360,000	5%	24,590,000	47%	6%
홍콩	50,840,000	22,440,000	44%	2,570,000	5%	25,010,000	49%	7%
파리	34,060,000	10,075,000	30%	11,020,000	32%	21,095,000	62%	6%
런던	35,320,000	18,706,000	53%	17,070,000	48%	35,776,000	101%	9%
로마	35,230,000	11,500,000	33%	8,220,000	23%	19,720,000	56%	5%
서울	34,000,000	15,200,000	45%	22,080,000	65%	37,280,000	110%	10%
대구	54,208,000	33,240,000	61%	62,080,000	115%	95,320,000	176%	25%
광주	31,280,000	16,800,000	54%	22,200,000	71%	39,000,000	125%	10%
부산	34,700,000	12,640,000	36%	22,100,000	64%	34,740,000	100%	9%
울산	22,040,000	8,900,000	40%	12,340,000	56%	21,240,000	96%	6%
제주	41,202,000	22,720,000	55%	6,630,000	16%	29,350,000	71%	8%
합계	**424,980,000**	**194,451,000**	46%	**188,670,000**	44%	383,121,000	90%	100%

3 셀 참조 이해하기

수식에서 피연산자로 셀 주소를 사용하는 것을 셀 참조라고 한다. 셀 참조 유형에 따라 수식을 복사했을 때, 셀 주소의 열 이름, 행 번호가 바뀌기도 하고 고정되기도 한다. 지금까지 사용했던 셀 참조 유형은 상대 참조였다. 셀 참조의 유형에는 상대 참조, 절대 참조, 혼합 참조가 있다. 상대 참조 외에도 절대참조, 혼합참조를 사용해야 하는 경우도 살펴보자.

상대 참조, 절대 참조, 혼합 참조 유형은 F4 키를 이용하여 변환이 가능하다.

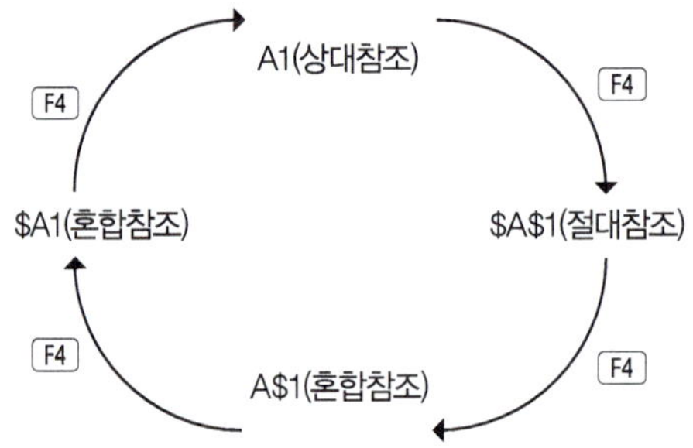

유형	형태	설명
상대 참조	A1	수식을 오른쪽으로 이동/복사하면 열 이름이 변경되고, 아래쪽으로 이동/복사하면 행 번호가 변경된다. 주로 피연산 셀의 개수와 방향이 같을 때 사용한다.
절대 참조	$A$1	행/열 모두에 $ 기호가 붙은 형태로 수식을 어느 방향으로 이동/복사해도 셀 주소가 변경되지 않는다. 하나의 고정된 셀을 여러 셀과 연산할 때 하나의 셀은 절대 참조로 사용한다.
혼합 참조	$A1 또는 A$1	행/열 중 한 군데에만 $ 기호가 붙은 형태로 수식을 이동/복사하면 $ 기호가 붙지 않은 부분만 변경된다. 수식을 오른쪽과 아래로 모두 복사해야 하는 경우 사용한다.

오류 표시 종류와 대처 방법 알아보기

수식에 오류가 있거나 인접 셀의 수식과 다른 수식인 경우에는 셀의 왼쪽 위에 초록색 오류 표시가 나타나는데, 해당 셀을 선택하면 왼쪽에 [스마트 태그] 아이콘이 표시된다. [스마트 태그] 아이콘에 마우스 포인터를 놓으면 오류에 대한 설명이 표시된다. 마우스를 클릭하면 오류 관련 메뉴를 선택할 수 있다. 오류 관련 메뉴에서 오류에 대한 도움말을 확인할 수 있다. 여덟 가지 오류 표시에 대한 주요 원인과 대처 방법은 다음과 같다.

오류 표시	원인	대처 방법
#DIV/0!	숫자를 0으로 나누었을 때 나타나는 오류	나누는 숫자를 0이 아닌 다른 숫자로 바꾼다.
#N/A	VLOOKUP, HLOOKUP, LOOKUP, MATCH 등의 함수에서 찾을 값이 없을 때, 배열 함수 등에서 열 또는 행 범위의 인수가 일치하지 않을 때 나타나는 오류	찾는 값을 바꾸거나 참조 범위의 값을 바꾼다.
#NAME?	함수명을 잘못 입력하거나 잘못된 인수를 사용했을 때, 즉 엑셀이 인식할 수 없는 이름이나 함수명이 사용되었을 때 나타나는 오류	사용된 함수나 이름에 오타가 있는지 인수가 제대로 사용되었는지 확인한다.
#NULL!	범위 연산자를 잘못 사용했거나 교차하지 않는 영역을 참조할 때 나타나는 오류	참조 범위를 다시 지정한다.
#NUM!	함수의 인수나 수식이 잘못된 형식으로 입력되었을 때 나타나는 오류	함수의 형식을 확인하고 알맞은 형식으로 수정한다.
#REF!	참조된 셀 주소가 잘못되었거나 참조했던 셀이 삭제되었을 때 나타나는 오류	참조된 셀이 삭제되었거나 공백이 아닌지 확인한다.
#VALUE!	논릿값 또는 숫자가 필요한 수식에 텍스트를 입력했거나 배열 수식을 입력한 후 Ctrl + Shift + Enter를 누르지 않았을 때 나타나는 오류	인수의 데이터 형태나 함수의 종류 등을 확인하고 수정한다.
#####	셀 값보다 열 너비가 좁거나 날짜/시간 서식 셀에 음수 값이 입력되었거나 엑셀에서 처리할 수 있는 숫자 범위를 넘었을 때 나타나는 표시	열 너비를 늘리거나 셀 서식을 확인하고 조정한다.

C 실무 활용 문제 1 거래명세표 만들기

다음 작성 조건에 따라 거래명세표를 만들어보자.

결과 화면

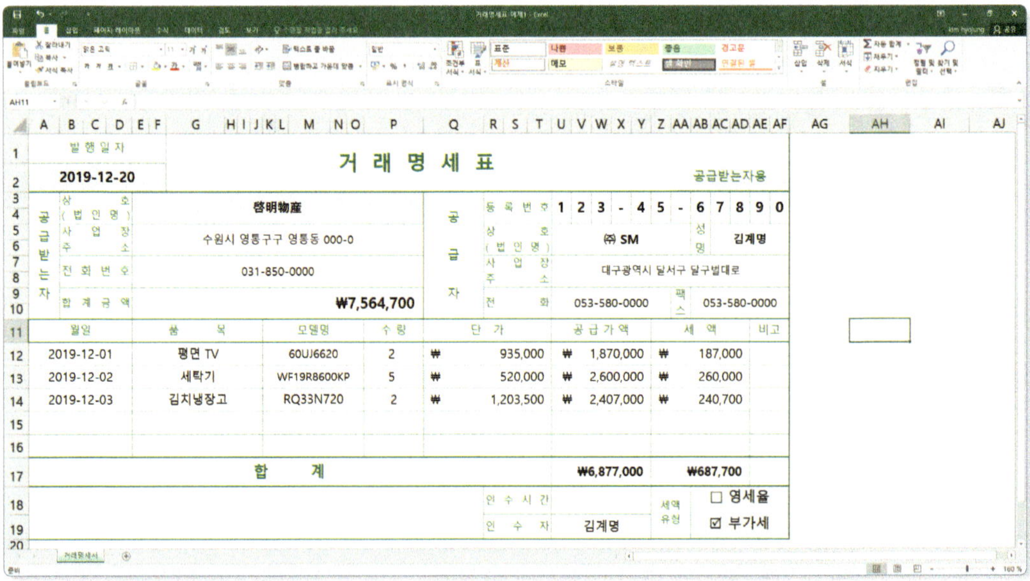

발행일자	거 래 명 세 표					
2019-12-20						공급받는자용
공급받는자 상호(법인명)	啓明物産	공급자 등록번호	1 2 3 - 4 5 - 6 7 8 9 0			
사업장주소	수원시 영통구구 영통동 000-0	상호(법인명)	㈜ SM	성명	김계명	
전화번호	031-850-0000	사업장주소	대구광역시 달서구 달구벌대로			
합계금액	₩7,564,700	전화	053-580-0000	팩스	053-580-0000	

월일	품목	모델명	수량	단가	공급가액	세액	비고
2019-12-01	평면 TV	60UJ6620	2	₩ 935,000	₩ 1,870,000	₩ 187,000	
2019-12-02	세탁기	WF19R8600KP	5	₩ 520,000	₩ 2,600,000	₩ 260,000	
2019-12-03	김치냉장고	RQ33N720	2	₩ 1,203,500	₩ 2,407,000	₩ 240,700	
합계					₩6,877,000	₩687,700	
				인수시간		세액유형	☐ 영세율
				인수자	김계명		☑ 부가세

작성 조건

❶ [A2] 셀에 '2019–12–20'을 입력한 후 Enter를 누른다.

❷ [A12] 셀에 '2019–12–1'을 입력한 후 Enter를 누른다.

❸ [A13] 셀에 '2019–12–2'를 입력한 후 Enter를 누른다.

❹ [A14] 셀에 '2019–12–3'을 입력한 후 Enter를 누른다.

❺ [P12] 셀에 '2'를 입력하고 Tab을 누르고, [Q12] 셀에 '₩935000'을 입력하여 Enter를 누른다.

❻ [P13] 셀에 '5'를 입력하여 Tab을 누르고, [Q13] 셀에 '₩520000'을 입력하여 Enter를 누른다.

❼ [P14] 셀에 '2'를 입력하여 Tab을 누르고, [Q14] 셀에 '₩1203500'을 입력하여 Enter를 누른다.

❽ [E3] 셀에 '계명물산'을 입력하여 Spacebar를 눌러 한 칸 띈 다음 한자를 누른다. **[한글/한자 변환]** 대화 상자에서 '계명물산'에 대한 한자 '啓明物産'이 선택된 상태에서 **[변환]**을 클릭하여 한자가 입력되면 Enter를 누른다.

❾ [삽입] 탭–[기호] 그룹–[기호]를 클릭한다. [기호] 대화 상자 [글꼴] 목록에서 [Wingdings 2]를 선택한 후 ☑를 찾아 더블 클릭하여 [닫기]를 클릭한다.

❿ 결과 화면과 같이 자료를 입력하여 완성한다.

C 실무 활용 문제 2 상반기 제품 보유 현황 만들기

'상반기 제품 보유 현황'을 만들기 위해 다양한 데이터들을 입력해 봄으로써 엑셀의 기본 구성과 기본적인 입력, 자동 채우기를 익혀보자. 문서의 서식은 작업 문서에 맞게 직접 지정해보자.

결과 화면

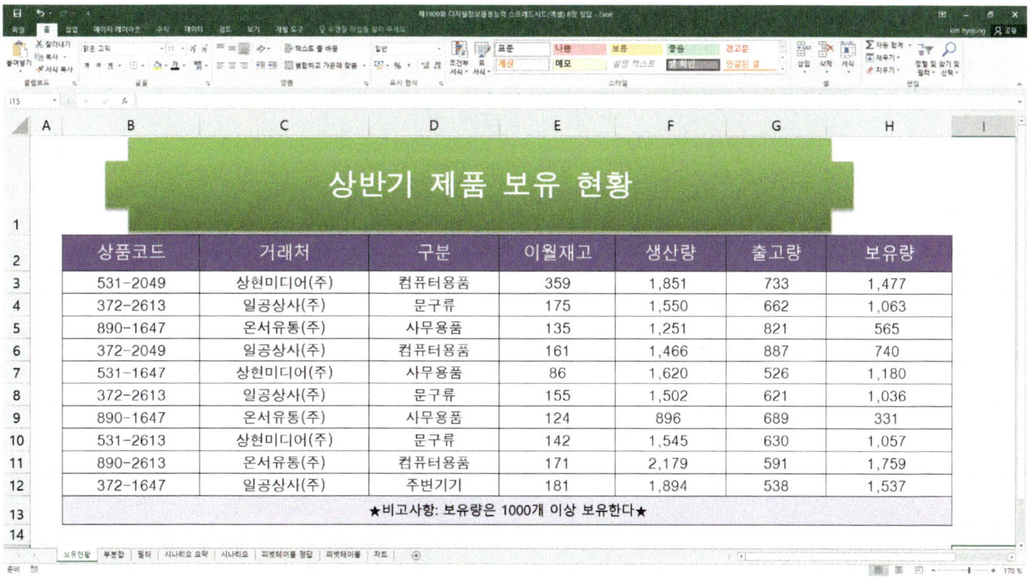

상반기 제품 보유 현황

상품코드	거래처	구분	이월재고	생산량	출고량	보유량
531-2049	상현미디어(주)	컴퓨터용품	359	1,851	733	1,477
372-2613	일공상사(주)	문구류	175	1,550	662	1,063
890-1647	온서유통(주)	사무용품	135	1,251	821	565
372-2049	일공상사(주)	컴퓨터용품	161	1,466	887	740
531-1647	상현미디어(주)	사무용품	86	1,620	526	1,180
372-2613	일공상사(주)	문구류	155	1,502	621	1,036
890-1647	온서유통(주)	사무용품	124	896	689	331
531-2613	상현미디어(주)	문구류	142	1,545	630	1,057
890-2613	온서유통(주)	컴퓨터용품	171	2,179	591	1,759
372-1647	일공상사(주)	주변기기	181	1,894	538	1,537
★비고사항: 보유량은 1000개 이상 보유한다★						

작성 조건

❶ 1행의 행 높이를 '80'으로 설정하고, 2행~15행의 행 높이를 '18'로 설정하라.

❷ 제목('상반기 제품 보유 현황') : 기본 도형의 '십자형'을 이용하여 입력하라.

❸ 도형 위치는 [B1:H1], [그리기 도구]–[서식]–[도형 스타일]은 '보통 효과'–'황록색, 강조 3', 글꼴은 '돋움체, 24pt, 굵게' 지정한다.

❹ [B2:H12]: [셀 서식]–[테두리]를 '안쪽, 윤곽선 모두 실선', '검정, 텍스트 1', 전체 가운데 맞춤으로 한다.

❺ [B2:H2] 셀을 선택하고 [홈]–[스타일]에서 '자주, 강조색 4'를 선택한다. 글꼴은 '맑은고딕, 14pt, 흰색 배경 1'을 선택한다.

❻ [B13:H13] 셀을 선택하고 '병합하고 가운데 맞춤' 한 후, [홈]–[스타일]에서 '연보라, 20%–강조색 4'를 선택한다. 글꼴은 '맑은고딕 11pt, 검정 텍스트 1'을 선택한다.

❼ [E3:H12]는 [셀 서식]–[표시 형식]에서 숫자를 이용하여 '1000단위 구분 기호'로 표시한다.

❽ 완성된 파일은 '상반기 제품 보유 현황.xlsx'로 저장한다.

실무 활용 문제 3 월별 입금표 만들기

다음과 같이 데이터를 입력하고 완성해보자.

결과 화면

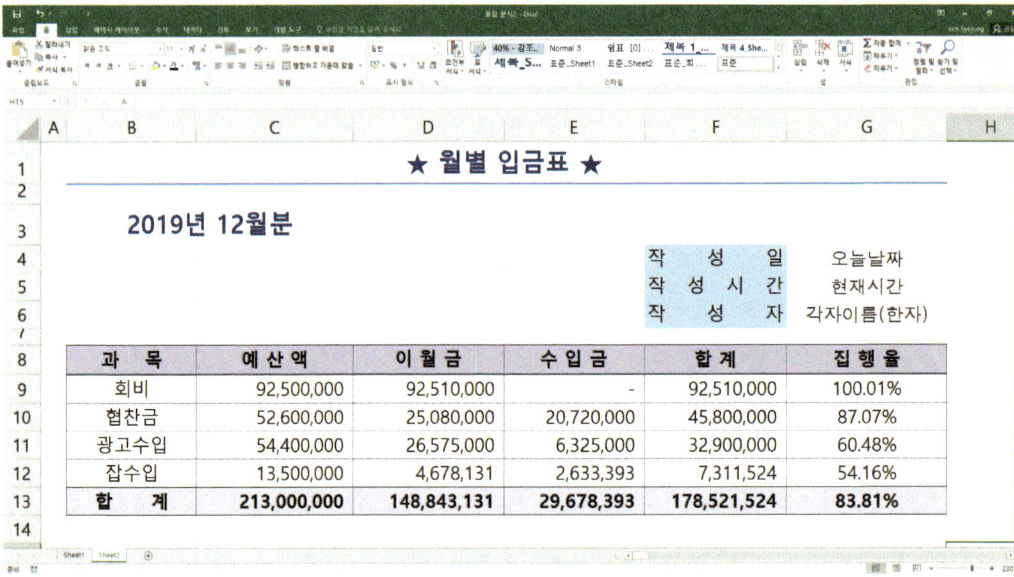

★ 월별 입금표 ★

2019년 12월분

작 성 일	오늘날짜
작 성 시 간	현재시간
작 성 자	각자이름(한자)

과 목	예 산 액	이 월 금	수 입 금	합 계	집 행 율
회비	92,500,000	92,510,000	-	92,510,000	100.01%
협찬금	52,600,000	25,080,000	20,720,000	45,800,000	87.07%
광고수입	54,400,000	26,575,000	6,325,000	32,900,000	60.48%
잡수입	13,500,000	4,678,131	2,633,393	7,311,524	54.16%
합 계	**213,000,000**	**148,843,131**	**29,678,393**	**178,521,524**	**83.81%**

작성 조건

❶ [A1] 셀은 열 너비 '2'로 지정한다.

❷ [B1:G1]까지 '셀 병합하고 가운데 맞춤', [삽입]에서 특수 문자 입력, 글꼴은 [셀 스타일]–[제목 및 머리글]에서 '제목 1'을 선택한다.

❸ [B3:B4]까지 '셀 병합하고 가운데 맞춤', '2019년 12월분'을 입금하고, 글꼴은 [셀 스타일]–[제목 및 머리글]에서 '제목 1'을 선택한다.

❹ 작성일은 오늘 날짜, 작성 시간은 현재 시간, 작성자의 이름은 한자로 입력한다.

❹ 작성일, 작성 시간, 작성자는 [셀 서식]–[맞춤]에서 '가로 균등 분할'을 선택한다.

❺ [F4:F6]을 선택하여, [홈]–[스타일]에서 채우기 '40%–강조색 1'을 선택한다.

❻ [F9] 셀의 합계 = 이월금+수입금을 직접 입력하여 계산한다('=D9+E9').

❼ [F13] 셀의 합계는 금액의 합계를 직접 입력하여 계산하고 셀 서식에서 회계 단위를 붙인다.

❽ [G8] 셀의 집행율=합계/예산액을 직접 입력하여 계산한다('=F9/C9').

❾ 7행 머리글을 선택하고 행 높이 '10'으로 설정한다.

❿ 그 밖의 서식은 문서 모양과 같이 지정한 후, 완성된 파일은 '월별입금표.xlsx'로 저장한다.

Preview

02 시각적인 데이터로 표현하기

CHAPTER

CHAPTER

02 시각적인 데이터로 표현하기

- 데이터를 다양한 표시 형식으로 입력하고 셀 서식을 이용하여 문서를 보기 좋게 정리해 보자. 이때 사용자가 서식을 지정하여 문서를 꾸밀 수도 있지만 엑셀에서 기본으로 제공되는 표 서식이나 셀 스타일을 적용하여 보다 쉽고 빠르게 문서를 작성할 수 있다.

2.1 셀 서식 다루기

엑셀에서는 날짜, 숫자, 문자 등의 데이터 종류에 따라 다양한 표시 형식을 지정할 수 있다. 간단한 서식은 리본 메뉴 [홈] 탭의 [표시 형식] 그룹에 있는 각 메뉴들을 사용하여 지정할 수 있다.

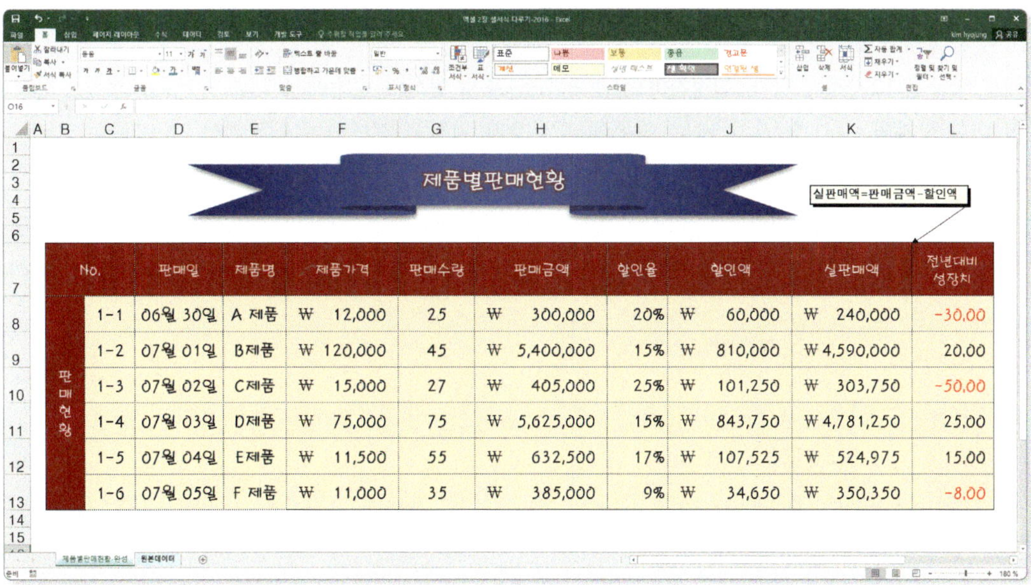

2.1.1 표시 형식 지정하기

1 빠른 표시 형식 지정하기

기본적인 표시 형식은 [홈]–[표시 형식] 그룹에서 쉽게 선택할 수 있다.

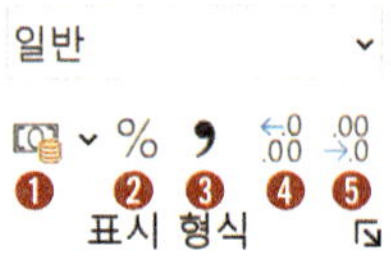

❶ 회계 표시 형식: 각국 통화 형식으로 표시한다.
❷ 백분율 스타일: 백분율 '%'로 표시하는데 '0.1'의 경우 '10%'로 표시된다.
❸ 쉼표 스타일: 천 단위마다 쉼표를 표시한다.
❹ 자릿수 늘림: 소수점 아래 숫자를 늘린다.
❺ 자릿수 줄임: 소수점 아래 숫자를 줄인다.

2 셀 서식에서 표시 형식 지정하기

서식을 지정하는 경우 셀 서식 대화 상자를 이용할 수 있는데, 리본 메뉴의 대화 상자 표시 단추 (⧉)를 클릭하거나 워크시트에서 셀 범위를 지정하고 마우스 오른쪽을 눌러 [셀 서식] 메뉴를 선택한다. 셀 서식의 항목은 표시 형식, 맞춤, 글꼴, 테두리, 채우기, 보호 등 6개의 탭으로 구성되고 표시 형식의 세부 항목은 12가지가 있다. 지정하고 싶은 서식을 표시 형식의 범주에서 찾을 수 없는 경우는 셀 서식 대화 상자의 [표시 형식] 내 세부 항목에서 '사용자 지정'을 선택하여 엑셀에서 사용할 수 있는 서식 코드를 지정하면 사용자가 직접 만들 수 있다.

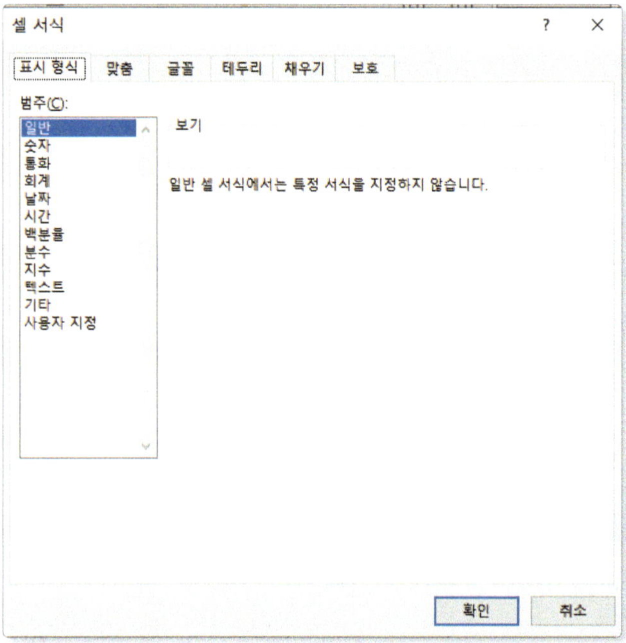

사용자 지정에서 사용할 수 있는 서식 코드는 다음과 같다.

서식 코드	기능	서식 코드	기능
G/표준	숫자를 일반 표시 형식으로 지정	,	천 단위 구분 기호
;	지정된 조건에 따른 표시 형식을 구분	$, ₩	화폐 단위 표시
#	자릿수 표시(필요 없는 자릿수의 숫자는 제외)	" "	임의의 문자열 삽입
0	자릿수 표시(필요 없는 자릿수의 숫자까지 0으로 표시)	[ ]	색상이나 조건 지정
?	필요 없는 자릿수의 자리에 공백 추가	*	*뒤에 입력한 문자를 반복 표시
.	소수점 구분 기호	@	특정한 문자를 붙여서 표시

• 숫자 입력 시 특정 형식으로 저장하고자 할 경우 해당되는 모든 셀에 대해 원하는 숫자 형식을 미리 지정해야 한다.

예제 파일을 직접 입력하면서 표시 형식을 적용해보자.

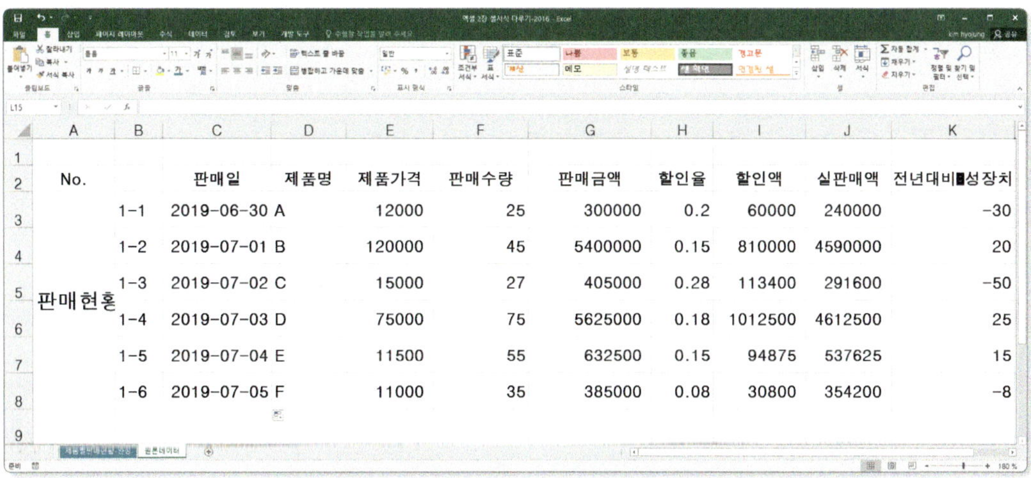

	A	B	C	D	E	F	G	H	I	J	K
2	No.		판매일	제품명	제품가격	판매수량	판매금액	할인율	할인액	실판매액	전년대비성장치
3	판매현황	1-1	2019-06-30	A	12000	25	300000	0.2	60000	240000	-30
4		1-2	2019-07-01	B	120000	45	5400000	0.15	810000	4590000	20
5		1-3	2019-07-02	C	15000	27	405000	0.28	113400	291600	-50
6		1-4	2019-07-03	D	75000	75	5625000	0.18	1012500	4612500	25
7		1-5	2019-07-04	E	11500	55	632500	0.15	94875	537625	15
8		1-6	2019-07-05	F	11000	35	385000	0.08	30800	354200	-8

❶ [A2] 셀부터 차례대로 기본 데이터를 입력한다. [A3:A8] 셀을 '병합하고 가운데 맞춤'을 선택하고 '판매 현황'을 입력한다.

❷ [B3:B8]을 셀 범위 지정하고 ['](어포스트로피) 기호를 입력하고 데이터를 입력하면 문자로 입력되어 왼쪽 정렬된다.

❸ [C3:C8]을 셀 범위 지정하고 [홈]–[표시 형식] 그룹에 있는 대화 상자 표시 단추 ⧉를 클릭한다. 셀 값에 '–'를 적용하기 위해 범주 목록에서 '날짜', 형식 목록에서 형식을 선택한다. 보기에서 데이터에 지정된 서식을 미리 확인할 수 있다.

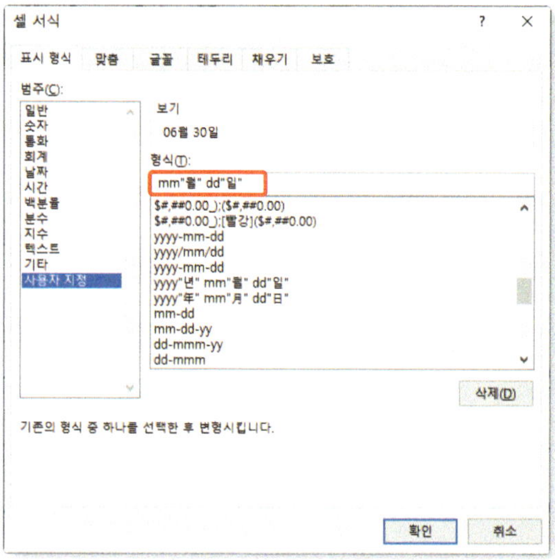

❹ [C3:C8]을 셀 범위 지정한다. 날짜 지정을 위해 [셀 서식]–[사용자 지정]에서 '형식'에 'mm"월" dd"일"'을 입력한다.

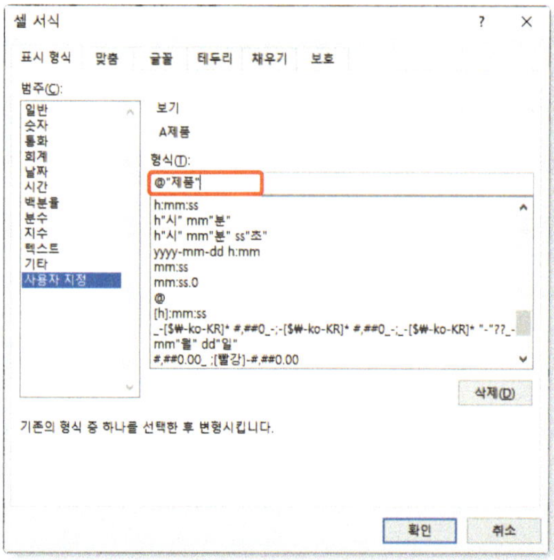

❺ [D3:D8]의 셀 범위를 지정한다. 문자 형식 지정을 위해 [셀 서식]–[사용자 지정]에서 '형식'에 '@"제품"'을 입력해준다.

❻ [E3:E8]의 셀 범위를 지정하고 통화 단위로 나타내기 위해 [홈]–[표시 형식] 그룹에서 내림 단추를 이용하여 '통화'를 선택한다.

❼ [G3]의 셀을 선택하고 '=E3*F3'을 수식 입력창에 직접 입력하여 '판매 금액'을 계산한다. [G3:G8] 셀까지 드래그하여 계산을 완성한다.

❽ [G3:G8]의 셀 범위를 지정하고 통화 단위로 나타내기 위해 [홈]–[표시 형식] 그룹에서 내림 단추를 이용하여 '통화'를 선택한다.

❾ [H3:H8]의 셀 범위를 지정하고 통화 단위로 나타내기 위해 [홈]–[표시 형식] 그룹에서 내림 단추를 이용하여 '백분율'을 선택한다.

❿ [I3]의 셀을 선택하고 '=G3*H3'을 수식 입력 창에 직접 입력하여 '할인액'을 계산한다. [I3:I8] 셀까지 드래그하여 계산을 완성한다.

⓫ [I3:I8]의 셀 범위 지정하고 통화 단위로 나타내기 위해 [홈]–[표시 형식] 그룹에서 내림 단추를 이용하여 '통화'를 선택한다.

⓬ [J3]의 셀을 선택하고 '=G3–I3'을 수식 입력 창에 직접 입력하여 '실판매액'을 계산한다. [J3:J8] 셀까지 드래그하여 계산을 완성한다.

⓭ [J3:J8]의 셀 범위 지정하고 통화 단위로 나타내기 위해 [홈]–[표시 형식]그룹에서 내림단추를 이용하여 '통화'를 선택한다.

⓮ [K3:K8]의 셀 범위를 지정하고 음수 표현을 위해 [셀 서식]–[표시 형식]에서 숫자 범주에서 음수를 나타내는 방법을 선택한다.

⓯ 셀 서식이 모두 적용된 상태를 확인할 수 있다.

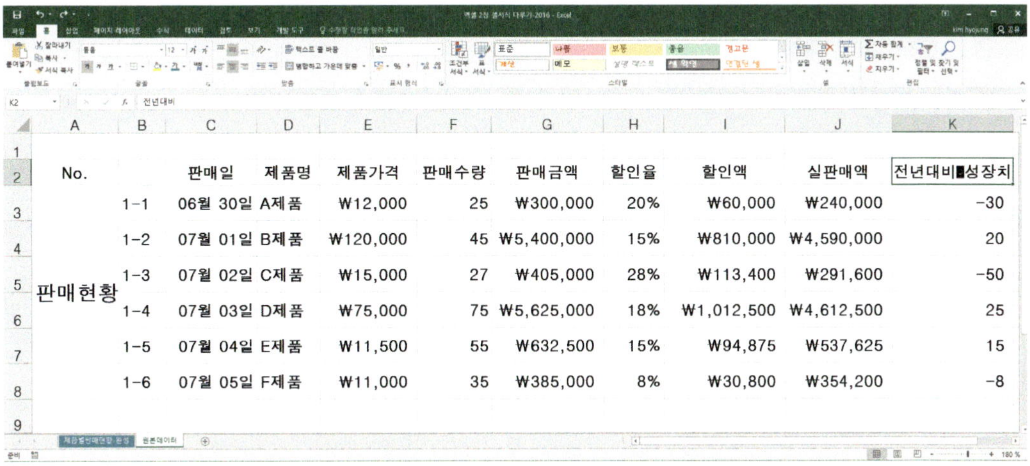

No.		판매일	제품명	제품가격	판매수량	판매금액	할인율	할인액	실판매액	전년대비■성장치
판매현황	1-1	06월 30일	A제품	₩12,000	25	₩300,000	20%	₩60,000	₩240,000	-30
	1-2	07월 01일	B제품	₩120,000	45	₩5,400,000	15%	₩810,000	₩4,590,000	20
	1-3	07월 02일	C제품	₩15,000	27	₩405,000	28%	₩113,400	₩291,600	-50
	1-4	07월 03일	D제품	₩75,000	75	₩5,625,000	18%	₩1,012,500	₩4,612,500	25
	1-5	07월 04일	E제품	₩11,500	55	₩632,500	15%	₩94,875	₩537,625	15
	1-6	07월 05일	F제품	₩11,000	35	₩385,000	8%	₩30,800	₩354,200	-8

서식 복사하기와 서식 지우기

- 원하는 서식을 복사해 다른 셀에 적용할 경우 서식 복사 기능을 사용하면 된다.
  ① 복사할 셀 서식이 적용된 셀을 선택한다.
  ② **[홈]** 탭–**[클립보드]** 그룹–**[서식 복사]**( )를 클릭한다.
  ③ 셀 포인트가 모양으로 변하면 셀 서식을 적용할 셀을 클릭하거나 범위를 드래그한다.
  ④ 적용된 서식을 지울 경우 **[홈]** 탭–**[편집]** 그룹–**[지우기]**–**[서식 지우기]**를 한다.

2.1.2 맞춤 서식 지정하기

홈 탭 [맞춤] 그룹에는 텍스트 정렬, 셀 병합, 텍스트 방향, 텍스트 줄 바꿈 등의 명령들이 있다.

1 하나의 셀에서 줄 바꿈하기

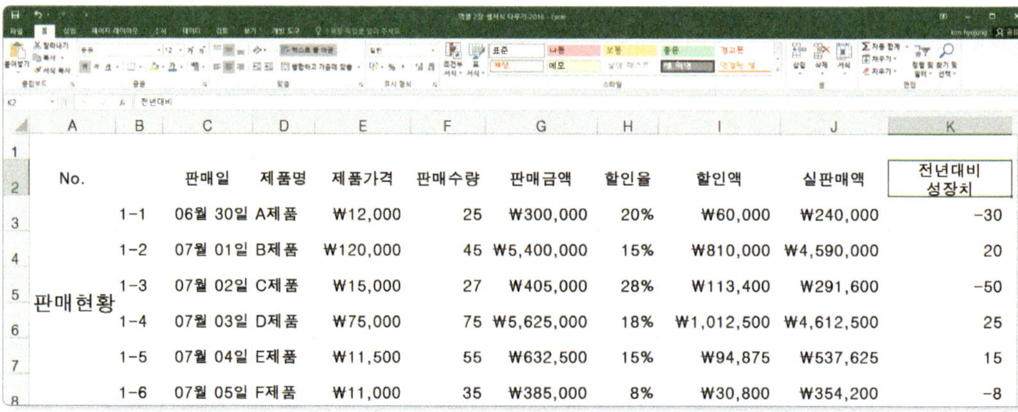

❶ [K2] 셀의 '전년 대비 성장치'와 같이 셀의 특정 지점에서 텍스트의 새 줄을 시작하려면 줄을 바꾸려는 위치를 더블 클릭하여 Alt + Enter를 누른 후 입력(✓)을 클릭한다.

❷ [A2:B2]까지 셀을 병합하고 텍스트 방향을 조절하기 위해 셀 범위를 지정한 후 [홈]–[맞춤]에서 병합하고 가운데 맞춤( )을 클릭한다.

2 텍스트 방향 설정하기

❶ [A3:A8]까지 셀을 병합하고 텍스트 방향을 조절하기 위해 셀 범위를 지정한 후 [홈]–[맞춤]에서 병합하고 가운데 맞춤( )을 클릭한다.

❷ [A3:A8]까지 셀 범위 지정하고 [홈]–[맞춤] 그룹의 [방향]에서 '세로쓰기'를 선택한다.

2.1.3 글꼴 서식 지정하기

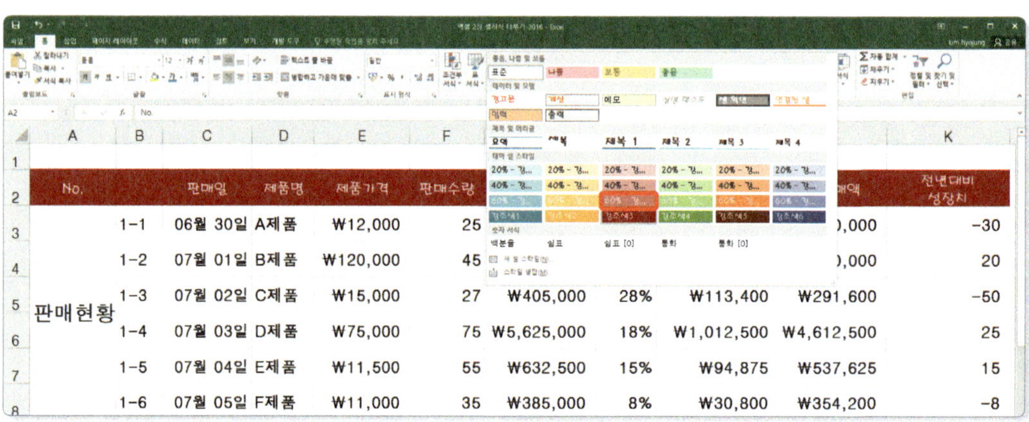

❶ [A2:K2],[A3:A8] 셀 범위를 지정하고 [홈]–[셀 서식]–[글꼴]에서 'HY엽서L', '보통', '12pt'로 지정한다.

❷ [A2:K2],[A3:A8] 셀 범위를 지정하고 [홈]–[맞춤]에서 '가로, 세로 가운데 맞춤' ≡을 선택한다.

❸ [A2:K2],[A3:A8]의 셀 범위를 지정하고, [홈]–[스타일]에서 테마 셀 스타일에서 '빨강, 강조색 3'을 선택한다.

2.1.4 테두리 서식 지정하기

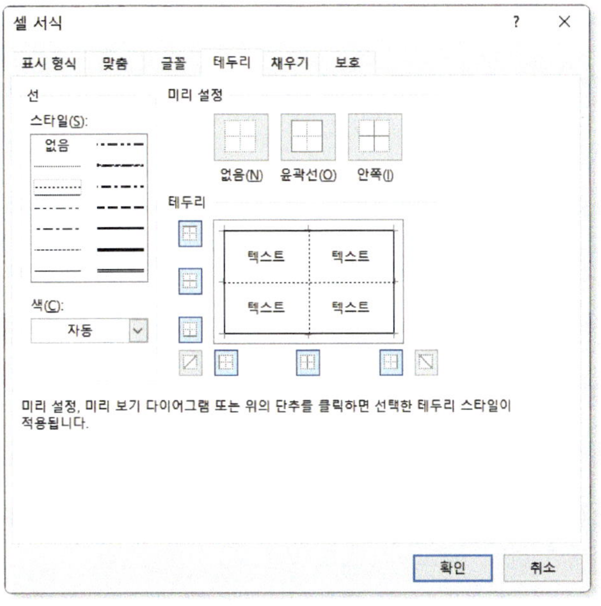

❶ [A2:K8]의 셀 범위를 지정하고 [홈]–[셀 서식]–[테두리]에서 선에서 스타일을 선택한 후, '윤곽선'을 선택한다. 혹은 [홈]–[글꼴]에서 테두리(⊞)를 선택한다.

❷ [B3:K8] 셀 범위로 지정하고 [홈]–[셀 서식]–[테두리]에서 선에서 스타일을 선택한 후 '안쪽'을 선택한다.

❸ [B3:K8]을 셀 범위로 지정하고 [홈]–[스타일]에서 테마 셀 스타일에서 '연한노랑, 20%–강조색 2'를 선택한다.

서식 복사하기와 서식 지우기

- 연속되는 셀을 선택하려면 첫 번째 셀을 클릭한 상태에서 마지막 셀까지 드래그한다.
- 연속적인 셀은 Shift키로 모두 선택한다.
- 비연속적인 셀은 Ctrl키로 클릭한 셀만 더해가면서 선택한다.
- 일부 행 전체나 열 전체를 선택하려면 머리글을 클릭한다.
- 방향 키와 이름 상자를 이용해서도 셀을 선택할 수 있다.

2.1.5 메모 기능 넣기

입력된 데이터에 대한 보충 설명을 추가할 경우 사용한다.

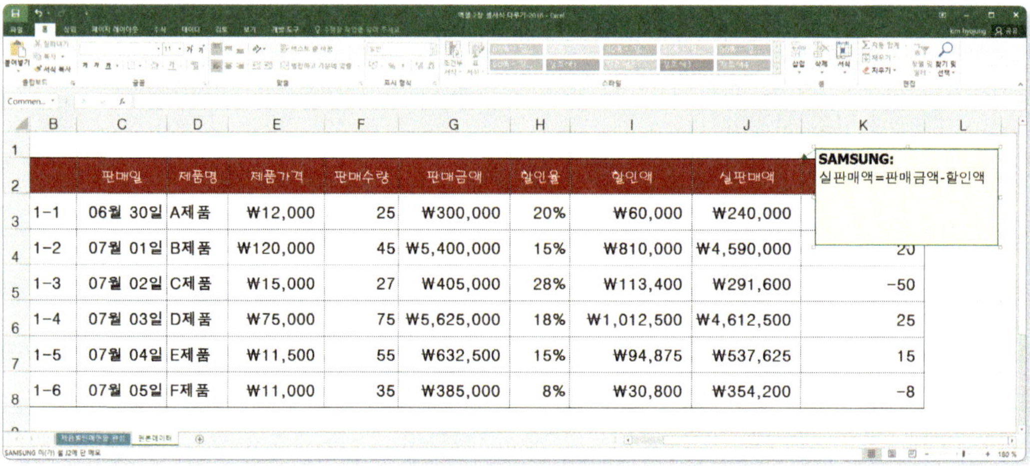

	판매일	제품명	제품가격	판매수량	판매금액	할인율	할인액	실판매액	
1-1	06월 30일	A제품	₩12,000	25	₩300,000	20%	₩60,000	₩240,000	
1-2	07월 01일	B제품	₩120,000	45	₩5,400,000	15%	₩810,000	₩4,590,000	20
1-3	07월 02일	C제품	₩15,000	27	₩405,000	28%	₩113,400	₩291,600	-50
1-4	07월 03일	D제품	₩75,000	75	₩5,625,000	18%	₩1,012,500	₩4,612,500	25
1-5	07월 04일	E제품	₩11,500	55	₩632,500	15%	₩94,875	₩537,625	15
1-6	07월 05일	F제품	₩11,000	35	₩385,000	8%	₩30,800	₩354,200	-8

❶ 1행을 선택한 후, [홈]–[셀]–[삽입]에서 1행에서 6행까지 삽입한다.

❷ 메모를 삽입할 [J7] 셀을 선택하고, [검토]–[메모]–[새 메모]를 선택한다.

❸ 메모 상자에 '실판매액=판매금액–할인액'이라 적고, 조절점을 이용해 크기를 조절해 적당한 위치로 이동한다.

❹ 메모는 처음엔 화면에 보이지 않고 셀 오른쪽 모서리 빨간색 삼각형 표식으로만 나타난다. 메모가 항상 보이게 하려면 [검토]–[메모]–[메모 표시/숨기기]를 선택한다.

• 메모 삽입은 셀에서 [마우스 오른쪽]-[메모 삽입]을 선택할 수도 있다.

2.1.6 셀 서식 꾸미기

도형을 이용하여 문서의 제목을 꾸며 보자.

❶ [삽입]–[일러스트레이션]에서 '별 및 현수막'에서 '위쪽 리본'을 선택하고 셀을 추가한 1행에서 6행의 가운데에 그려준다.

❷ [서식]–[도형 스타일]에서 '보통 효과–남색, 강조 6' 도형 스타일을 선택한다.

❸ 도형 위에 '제품별 판매 현황'을 입력하고 'HY엽서L', '16pt', 가운데 정렬한다.

❹ 제목 개체가 선택된 상태에서 [서식]–[워드아트 스타일]–[텍스트 효과]–[네온]에서 '밤색, 8pt 네온, 강조색 5'를 적용한다.

❺ [보기]–[표시]에서 눈금선 체크를 해제한다. 서식 꾸미기가 완성된 상태를 확인한다.

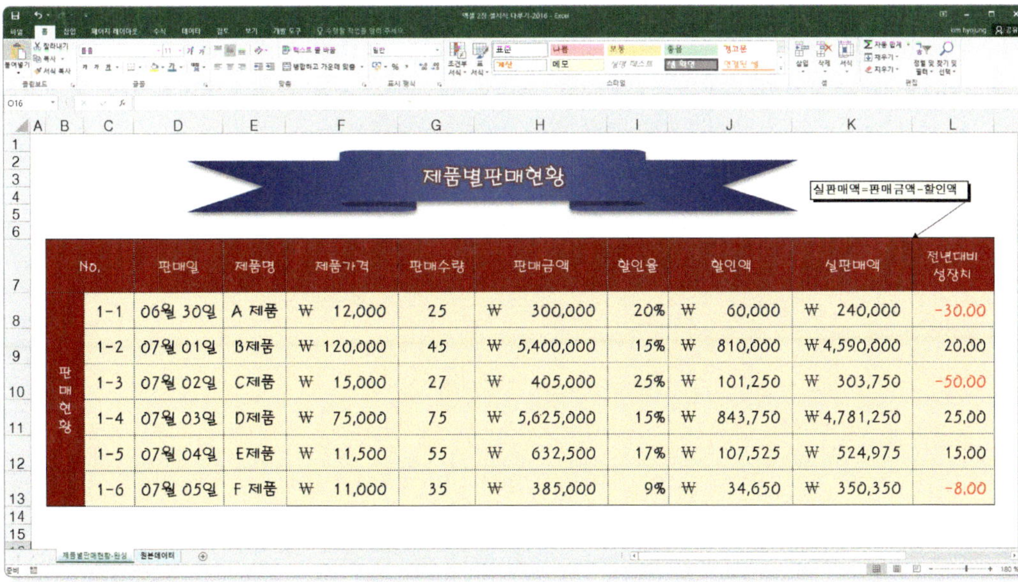

제품별판매현황

실판매액=판매금액-할인액

	No.	판매일	제품명	제품가격	판매수량	판매금액	할인율	할인액	실판매액	전년대비 성장치
판매현황	1-1	06월 30일	A 제품	₩ 12,000	25	₩ 300,000	20%	₩ 60,000	₩ 240,000	-30.00
	1-2	07월 01일	B제품	₩ 120,000	45	₩ 5,400,000	15%	₩ 810,000	₩ 4,590,000	20.00
	1-3	07월 02일	C제품	₩ 15,000	27	₩ 405,000	25%	₩ 101,250	₩ 303,750	-50.00
	1-4	07월 03일	D제품	₩ 75,000	75	₩ 5,625,000	15%	₩ 843,750	₩ 4,781,250	25.00
	1-5	07월 04일	E제품	₩ 11,500	55	₩ 632,500	17%	₩ 107,525	₩ 524,975	15.00
	1-6	07월 05일	F 제품	₩ 11,000	35	₩ 385,000	9%	₩ 34,650	₩ 350,350	-8.00

2.2 조건부 서식 지정하기

셀 서식은 범위로 지정한 모든 셀에 동일한 서식이 적용된다. 하지만, 조건부 서식은 사용자가 지정하는 조건에 따라 셀 서식이 다르게 적용된다. 조건부 서식을 사용하면 셀이나 셀 범위가 강조되어 표시되고, 데이터 막대, 색조, 아이콘 집합 등으로 시각화되므로 데이터의 상황을 보다 쉽게 알 수 있다. '지점별 제품 매출 자료' 파일에 조건부 서식을 이용하여 완성해 보자.

2019년도 지점별 제품 매출 자료

상품번호	서울지점	부산지점	광주지점	대구지점	매출 합계	평균 매출
1-1	330,000	220,000	123,000	130,000	803,000	200,750
1-2	136,000	50,000	58,000	710,000	954,000	238,500
1-3	120,000	40,000	35,000	36,000	231,000	57,750
1-4	820,000	64,000	21,000	728,000	1,633,000	408,250
1-5	20,000	48,000	33,000	20,000	121,000	30,250
1-6	84,000	348,000	64,000	4,000	500,000	125,000
1-7	930,000	770,000	95,000	8,000	1,803,000	450,750
1-8	112,000	4,000	84,000	172,000	372,000	93,000
1-9	4,000	412,000	61,000	420,000	897,000	224,250
1-10	44,000	65,000	23,000	450,000	582,000	145,500

2.2.1 셀 강조 규칙 지정하기

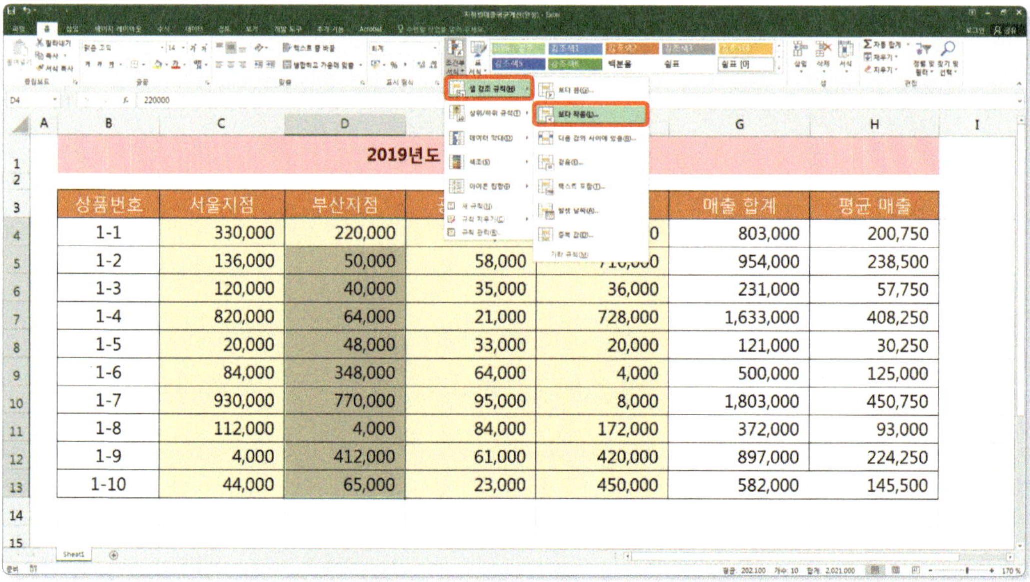

상품번호	서울지점	부산지점			매출 합계	평균 매출
1-1	330,000	220,000			803,000	200,750
1-2	136,000	50,000	58,000		954,000	238,500
1-3	120,000	40,000	35,000	36,000	231,000	57,750
1-4	820,000	64,000	21,000	728,000	1,633,000	408,250
1-5	20,000	48,000	33,000	20,000	121,000	30,250
1-6	84,000	348,000	64,000	4,000	500,000	125,000
1-7	930,000	770,000	95,000	8,000	1,803,000	450,750
1-8	112,000	4,000	84,000	172,000	372,000	93,000
1-9	4,000	412,000	61,000	420,000	897,000	224,250
1-10	44,000	65,000	23,000	450,000	582,000	145,500

비교 연산자를 기준으로 셀 범위에서 조건이 지정된 셀을 보다 쉽게 찾을 수 있다.

❶ [D4:D13]을 셀 범위로 지정하고 [홈]–[스타일]–[조건부 서식]의 [셀 강조 규칙]에서 [보다 작음]을 선택한다.

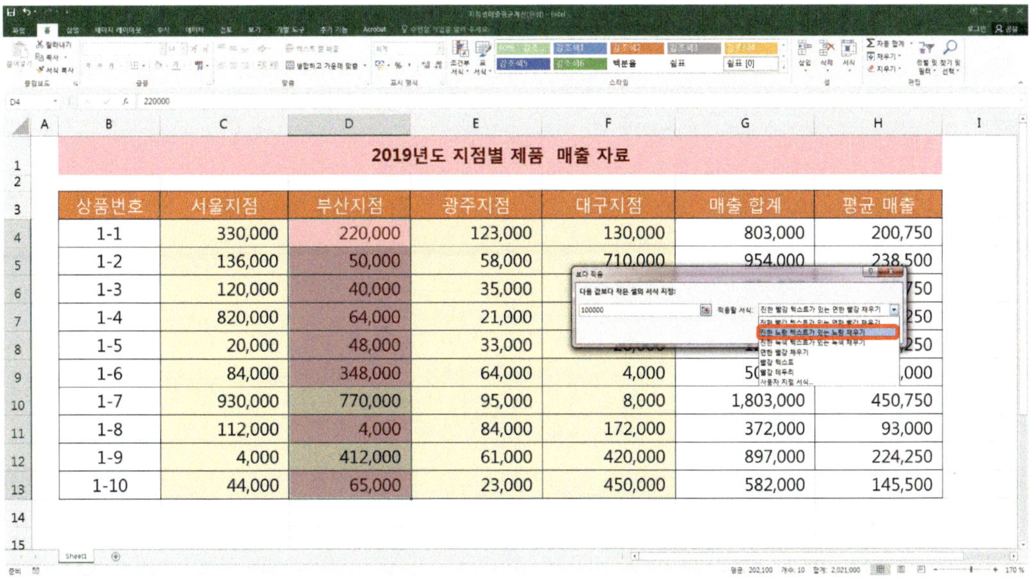

❷ 입력 값에 '100000'을 입력하고, 적용할 서식 목록에서는 '진한 노랑 텍스트가 있는 노랑 채우기'를 선택한다.

❸ 판매 수량이 '100000'보다 작은 값들에 대해 서식이 적용된다.

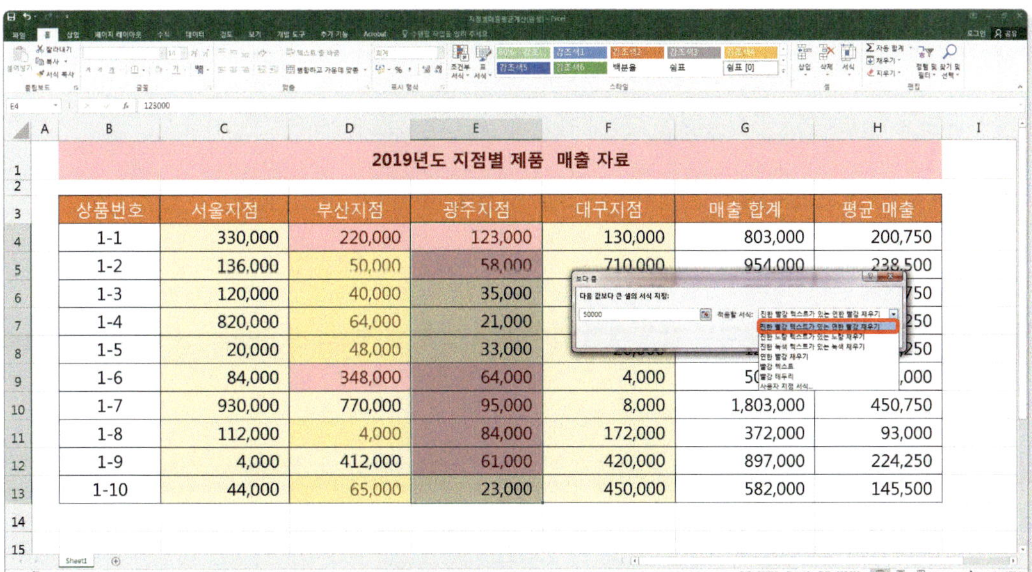

❹ [E4:E13]을 셀 범위로 지정하고 [홈]-[스타일]-[조건부 서식]의 [셀 강조 규칙]에서 [보다 큼]을 선택한다.

❺ 입력 값에 '50000'을 입력하고, 적용할 서식 목록에서는 '진한 빨강 텍스트가 있는 연한 빨강 채우기'를 선택한다.

❻ 판매 수량이 '50000'보다 큰 값들에 대해 서식이 적용된다.

- 조건부 서식을 지정할 셀을 먼저 블록으로 지정하고 규칙을 적용한다.
- 각 서식에 마우스 셀 포인트를 위치하면 바로 적용된 결과를 확인할 수 있다.

2.2.2 상위/하위 규칙 지정하기

지정하는 기준 값에 따라 셀 범위에서 최상위 값과 최하위 값을 찾을 수 있다.

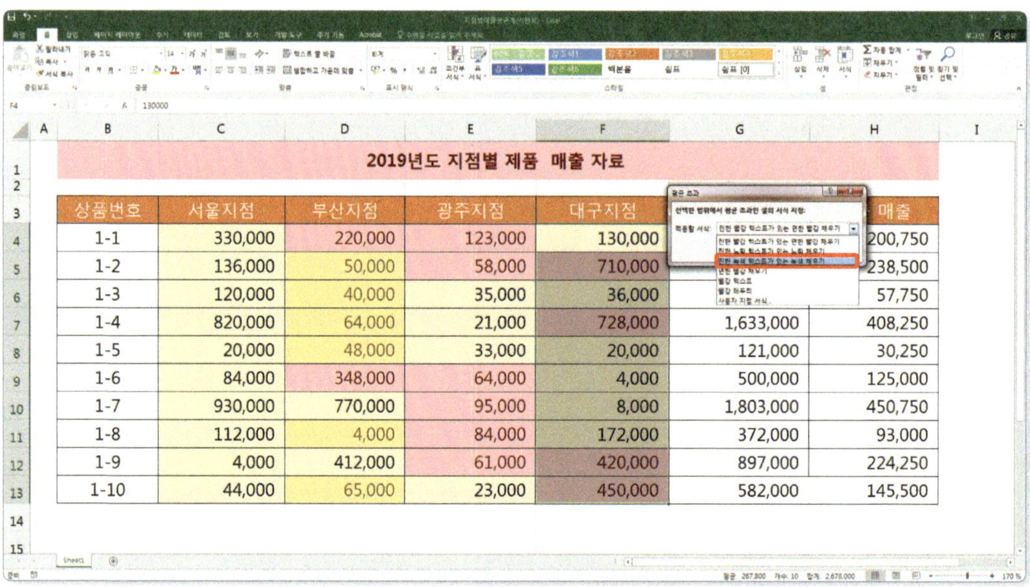

2019년도 지점별 제품 매출 자료

상품번호	서울지점	부산지점	광주지점	대구지점		매출
1-1	330,000	220,000	123,000	130,000		200,750
1-2	136,000	50,000	58,000	710,000		238,500
1-3	120,000	40,000	35,000	36,000		57,750
1-4	820,000	64,000	21,000	728,000	1,633,000	408,250
1-5	20,000	48,000	33,000	20,000	121,000	30,250
1-6	84,000	348,000	64,000	4,000	500,000	125,000
1-7	930,000	770,000	95,000	8,000	1,803,000	450,750
1-8	112,000	4,000	84,000	172,000	372,000	93,000
1-9	4,000	412,000	61,000	420,000	897,000	224,250
1-10	44,000	65,000	23,000	450,000	582,000	145,500

❶ 재고율에서 평균 미만의 하위 값을 찾기 위해 [F4:F13]을 셀 범위로 지정하고 [홈]-[스타일]-[조건부 서식]을 클릭한다.

❷ [상위/하위 규칙]에서 [평균 초과]를 선택한다.

❸ 평균 초과 대화 상자에서 '진한 녹색 텍스트가 있는 녹색 채우기'를 선택한다.

❹ 판매 수량이 평균값보다 높은 셀들에 대해 녹색 서식이 적용된다.

2.2.3 데이터 막대

데이터 막대를 사용하여 특정 셀 값을 다른 셀 값과 비교하여 볼 수 있다. 즉, 데이터 막대의 길이는 길수록 높은 값을, 짧을수록 낮은 값을 나타낸다.

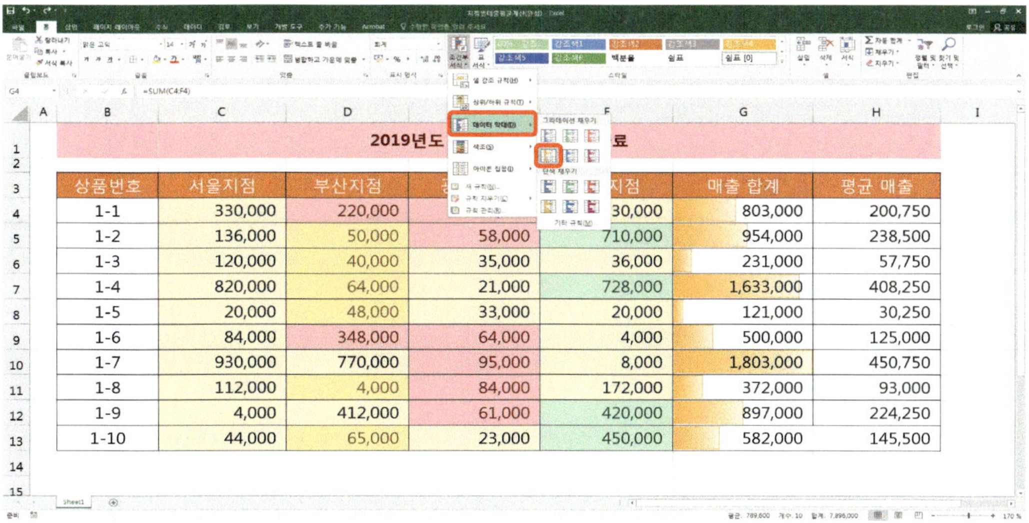

❶ [G4:G13]을 셀 범위 지정하고 [홈]–[스타일]–[조건부 서식]을 클릭한다.

❷ [데이터 막대]–[그라데이션 채우기]에서 '주황 데이터 막대'를 지정한다.

❸ [H4:H13]의 셀 범위를 지정하고 [홈]–[스타일]–[조건부 서식]을 클릭한다.

❹ [데이터 막대]–[기타 규칙]을 선택하여 [새서식 규칙] 대화 상자를 실행한다.

❺ 규칙 유형 선택에서 '셀 값을 기준으로 모든 셀의 서식 지정'을 선택한다.

❻ 서식 스타일에서 '2가지 색조'를 선택한다. 색상에서 2가지 색상을 선택한다.

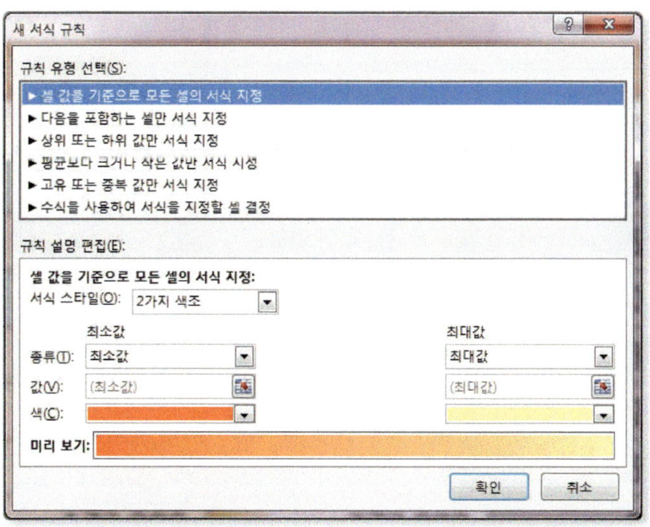

❼ 평균 매출에 대한 데이터 막대가 다음과 같이 나타난다.

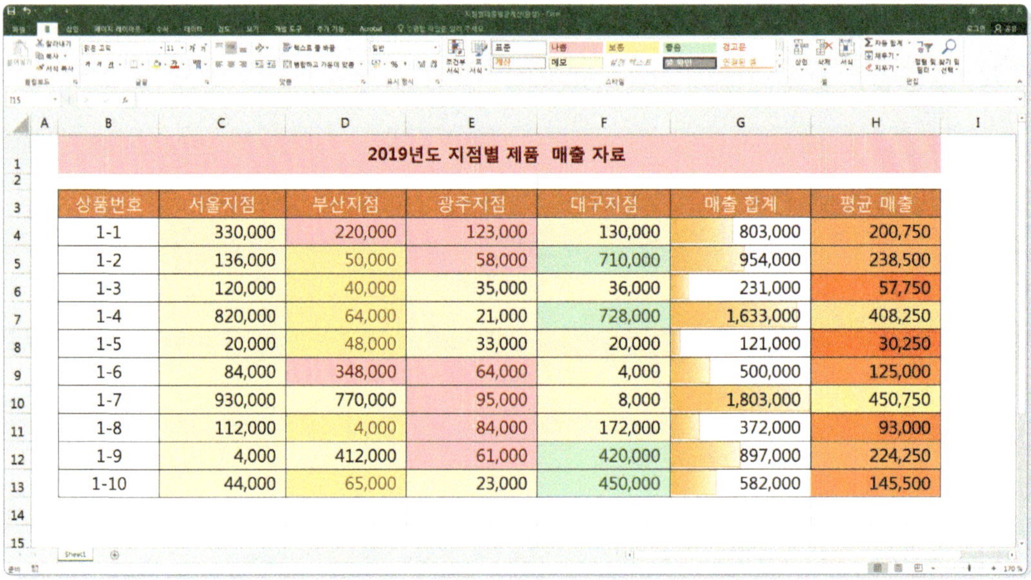

2.2.4 색조와 아이콘

색조는 데이터 분포와 변화를 파악하는 데 도움이 되는 시각적인 표현으로서 2색조나 3색조를 사용하여 그러데이션으로 셀 범위를 비교할 수 있다.

❶ 우선, 단가를 높은 값, 중간 값, 낮은 값으로 나타내기 위해 이미 적용된 조건부 서식을 지워보자. [D4:D13]의 셀 범위를 지정하고 [홈]–[스타일]–[조건부 서식]–[규칙 관리]를 클릭한다.

❷ [조건부 서식 규칙 관리자] 대화 상자에서 [규칙 삭제]를 선택하고 확인한다.

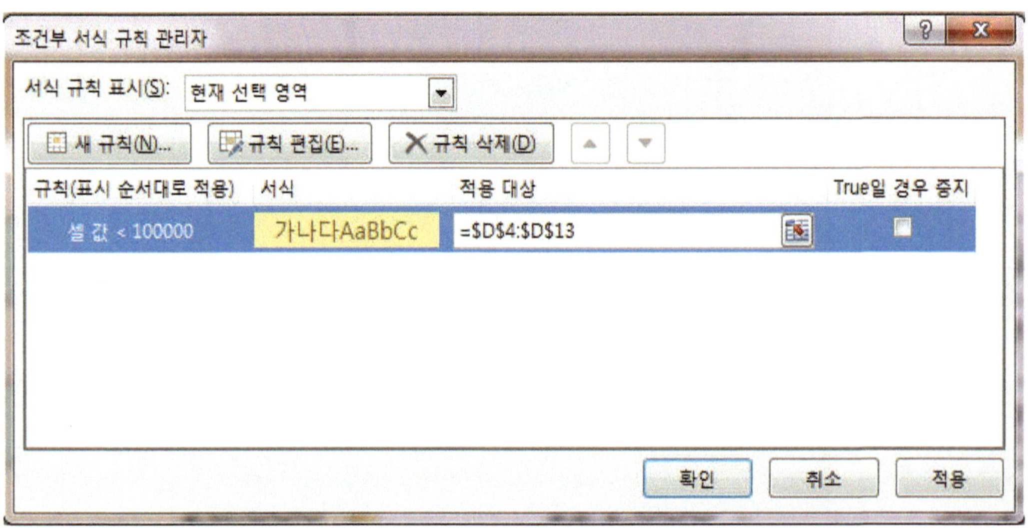

❸ 단가 [D4:D13]의 셀 범위를 지정하고, [홈]–[스타일]–[조건부 서식]–[색조]에서 '녹색–흰색–빨강'을 선택한다.

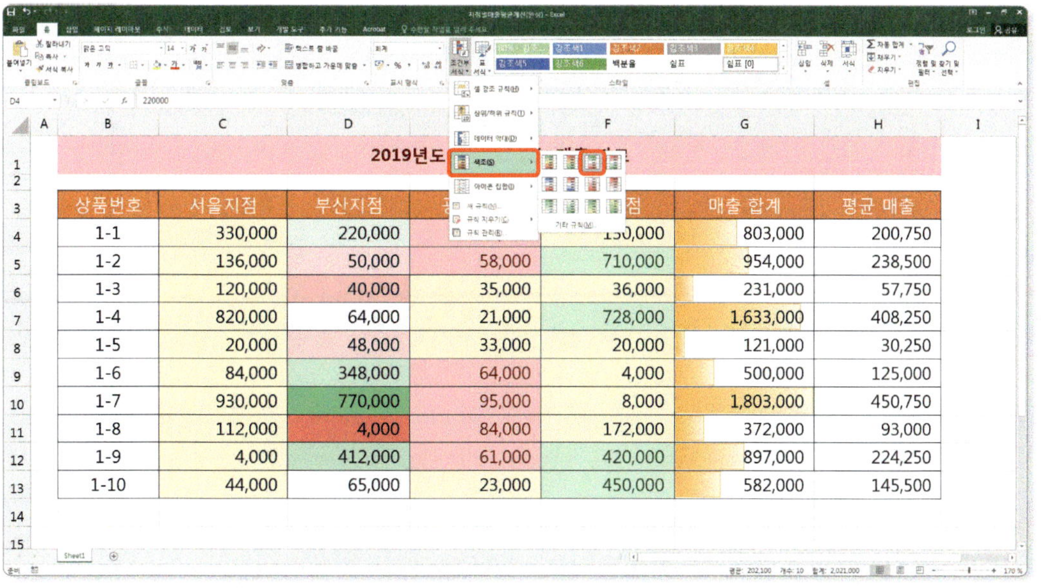

❹ 입고 수량에 아이콘을 적용하기 위해 [E4:E13]을 셀 범위로 지정하고 [홈]–[스타일]–[조건부 서식]–[아이콘 집합]에서 '3색 플래그'를 선택한다.

❺ '3가지 모양'의 아이콘이 적용된 것을 확인할 수 있다.

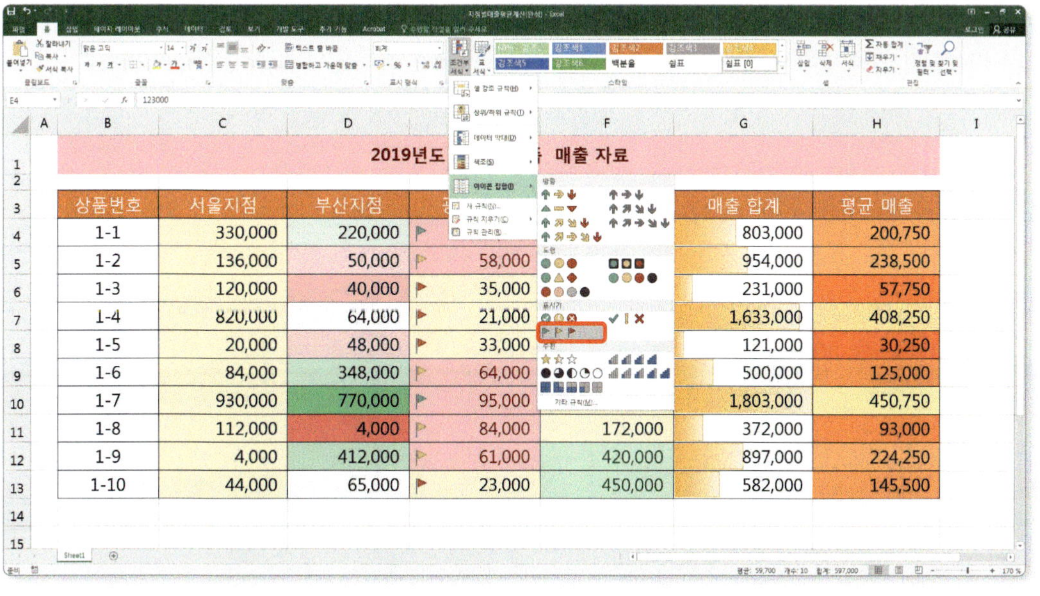

2.2.5 규칙 관리하기

[조건부 서식]–[규칙 관리]에서는 적용된 규칙들을 모두 확인할 수 있으며, 필요에 따라 새 규칙 적용, 규칙 편집, 규칙 삭제가 가능하다. 또한, 조건부 서식 규칙의 우선순위를 조절할 수도 있다.

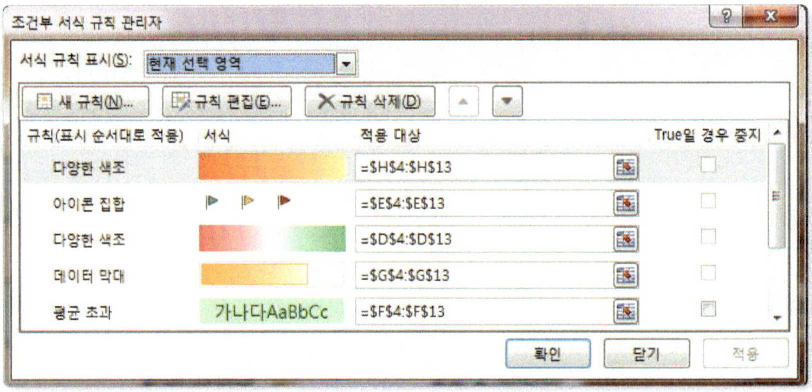

2.2.6 수식을 사용한 셀 강조 규칙

논리 수식을 사용하여 셀에 입력한 수식이 참일 때 서식이 적용된다. 또한 조건이 해당되는 행에 서식이 적용된다. '2019년도 지점별 제품 매출 자료' 파일에서 '매출 합계'가 '1,000,000원' 이하인 행에 조건부 서식을 적용하여 보자.

❶ '상품별 판매 현황' 시트에 적용된 모든 조건부 서식을 삭제한다.

❷ [B4:H13] 셀을 범위 지정하고 [홈]–[스타일] 그룹에서 [조건부 서식]–[새 규칙]을 선택한다.

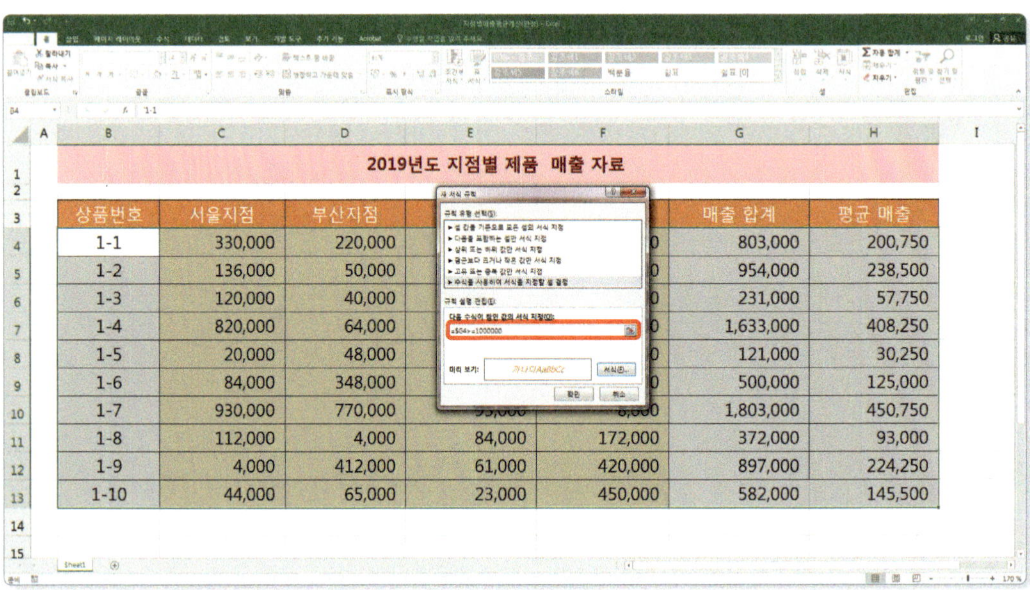

❸ [규칙 유형]에서 '수식을 사용하여 서식을 지정할 셀 결정'을 선택한다.

❹ [규칙 설명 편집]에서 '=$G4>=1000000'을 입력하고 서식을 선택한다.

❺ [셀 서식]–[글꼴]에서 '기울임꼴', 색상–'주황 강조2'을 선택한다.

❻ 수식을 사용한 셀 강조 규칙이 적용된 것을 확인할 수 있다.

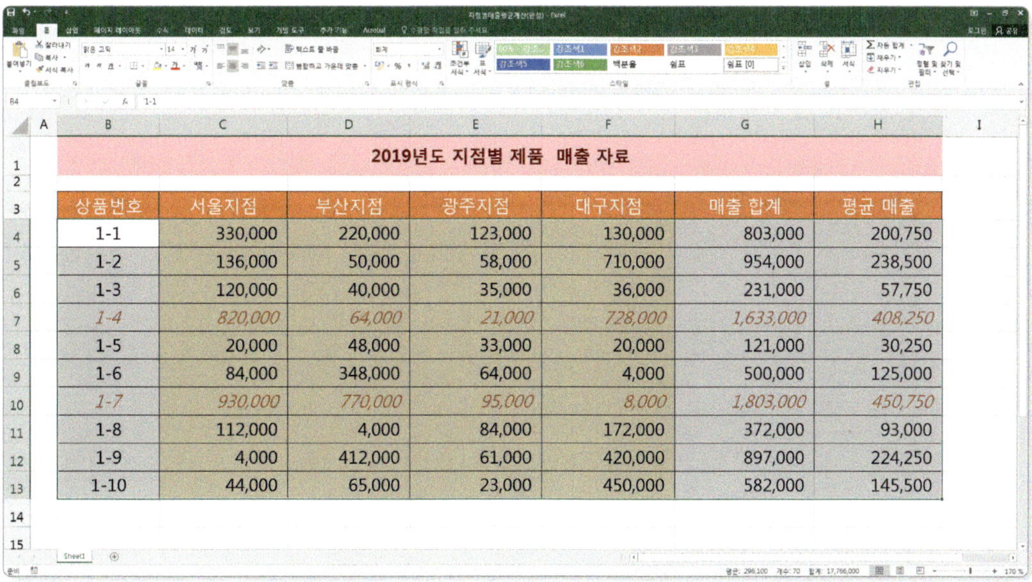

2019년도 지점별 제품 매출 자료						
상품번호	서울지점	부산지점	광주지점	대구지점	매출 합계	평균 매출
1-1	330,000	220,000	123,000	130,000	803,000	200,750
1-2	136,000	50,000	58,000	710,000	954,000	238,500
1-3	120,000	40,000	35,000	36,000	231,000	57,750
1-4	*820,000*	*64,000*	*21,000*	*728,000*	*1,633,000*	*408,250*
1-5	20,000	48,000	33,000	20,000	121,000	30,250
1-6	84,000	348,000	64,000	4,000	500,000	125,000
1-7	*930,000*	*770,000*	*95,000*	*8,000*	*1,803,000*	*450,750*
1-8	112,000	4,000	84,000	172,000	372,000	93,000
1-9	4,000	412,000	61,000	420,000	897,000	224,250
1-10	44,000	65,000	23,000	450,000	582,000	145,500

2.3 표에 슬라이서 삽입하고 스타일 지정하기

표에 슬라이서를 삽입하면 데이터 중에 내가 원하는 조건에 만족하는 값만 쉽게 추출할 수 있다. '안전관리 진행보고서' 파일에 슬라이서를 삽입하여 원하는 데이터만 추출해보자.

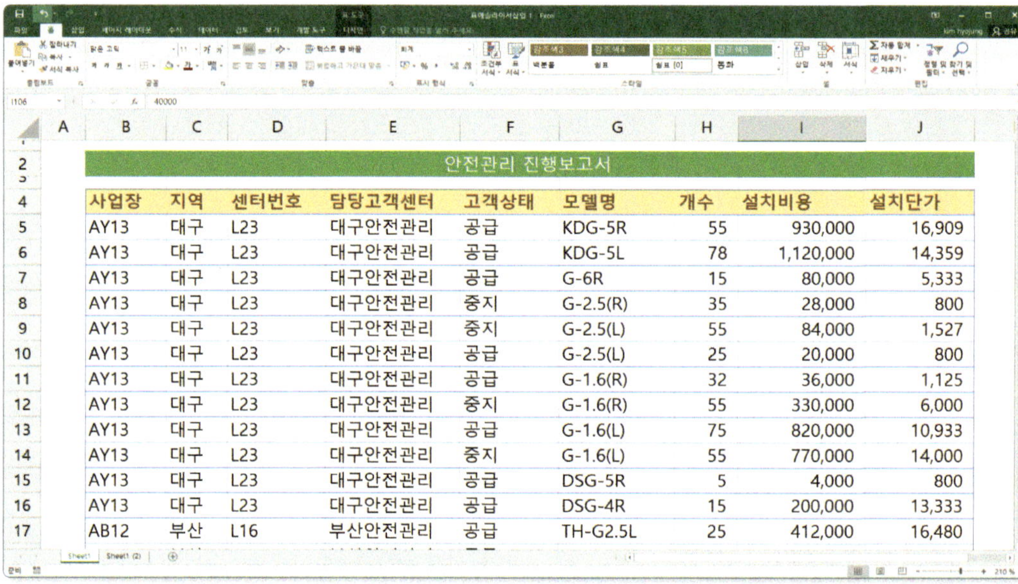

안전관리 진행보고서

사업장	지역	센터번호	담당고객센터	고객상태	모델명	개수	설치비용	설치단가
AY13	대구	L23	대구안전관리	공급	KDG-5R	55	930,000	16,909
AY13	대구	L23	대구안전관리	공급	KDG-5L	78	1,120,000	14,359
AY13	대구	L23	대구안전관리	공급	G-6R	15	80,000	5,333
AY13	대구	L23	대구안전관리	중지	G-2.5(R)	35	28,000	800
AY13	대구	L23	대구안전관리	중지	G-2.5(L)	55	84,000	1,527
AY13	대구	L23	대구안전관리	공급	G-2.5(L)	25	20,000	800
AY13	대구	L23	대구안전관리	공급	G-1.6(R)	32	36,000	1,125
AY13	대구	L23	대구안전관리	중지	G-1.6(R)	55	330,000	6,000
AY13	대구	L23	대구안전관리	공급	G-1.6(L)	75	820,000	10,933
AY13	대구	L23	대구안전관리	중지	G-1.6(L)	55	770,000	14,000
AY13	대구	L23	대구안전관리	공급	DSG-5R	5	4,000	800
AY13	대구	L23	대구안전관리	공급	DSG-4R	15	200,000	13,333
AB12	부산	L16	부산안전관리	공급	TH-G2.5L	25	412,000	16,480

❶ 표 서식이 적용된 데이터 중에서 원하는 조건에 만족하는 값만 쉽게 추출해보자. [Sheet1] 시트에서 표 서식 기능이 적용된 데이터 영역에 있는 하나의 셀을 클릭하고 [표 도구]–[디자인]–[도구]에서 [슬라이서 삽입]을 클릭한다.

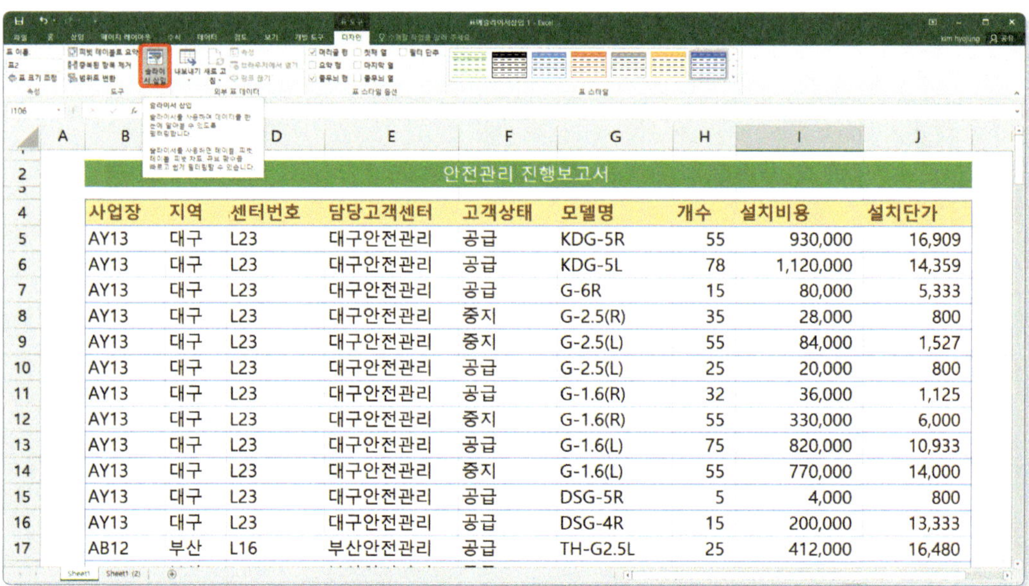

안전관리 진행보고서

사업장	지역	센터번호	담당고객센터	고객상태	모델명	개수	설치비용	설치단가
AY13	대구	L23	대구안전관리	공급	KDG-5R	55	930,000	16,909
AY13	대구	L23	대구안전관리	공급	KDG-5L	78	1,120,000	14,359
AY13	대구	L23	대구안전관리	공급	G-6R	15	80,000	5,333
AY13	대구	L23	대구안전관리	중지	G-2.5(R)	35	28,000	800
AY13	대구	L23	대구안전관리	중지	G-2.5(L)	55	84,000	1,527
AY13	대구	L23	대구안전관리	공급	G-2.5(L)	25	20,000	800
AY13	대구	L23	대구안전관리	공급	G-1.6(R)	32	36,000	1,125
AY13	대구	L23	대구안전관리	중지	G-1.6(R)	55	330,000	6,000
AY13	대구	L23	대구안전관리	공급	G-1.6(L)	75	820,000	10,933
AY13	대구	L23	대구안전관리	중지	G-1.6(L)	55	770,000	14,000
AY13	대구	L23	대구안전관리	공급	DSG-5R	5	4,000	800
AY13	대구	L23	대구안전관리	공급	DSG-4R	15	200,000	13,333
AB12	부산	L16	부산안전관리	공급	TH-G2.5L	25	412,000	16,480

❷ [슬라이서 삽입] 대화 상자가 열리면 필터링할 필드에 체크하고 [확인]을 클릭한다. 여기서는 [지역]과 [모델명]에 체크한다.

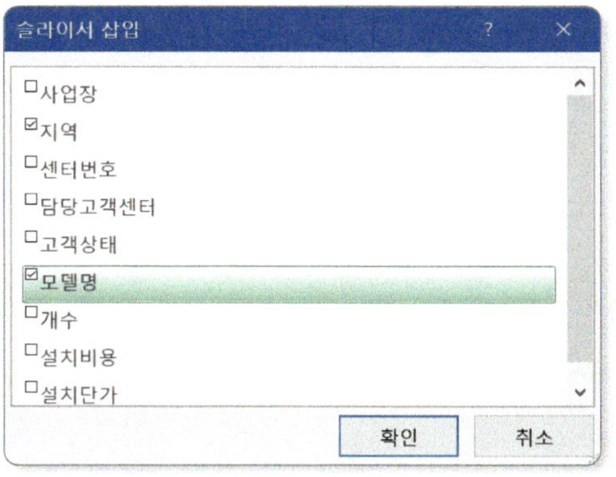

❸ [지역] 슬라이서와 [모델명] 슬라이서가 삽입되면 슬라이서의 제목 부분을 클릭한 상태에서 오른쪽으로 드래그해 이동한다.

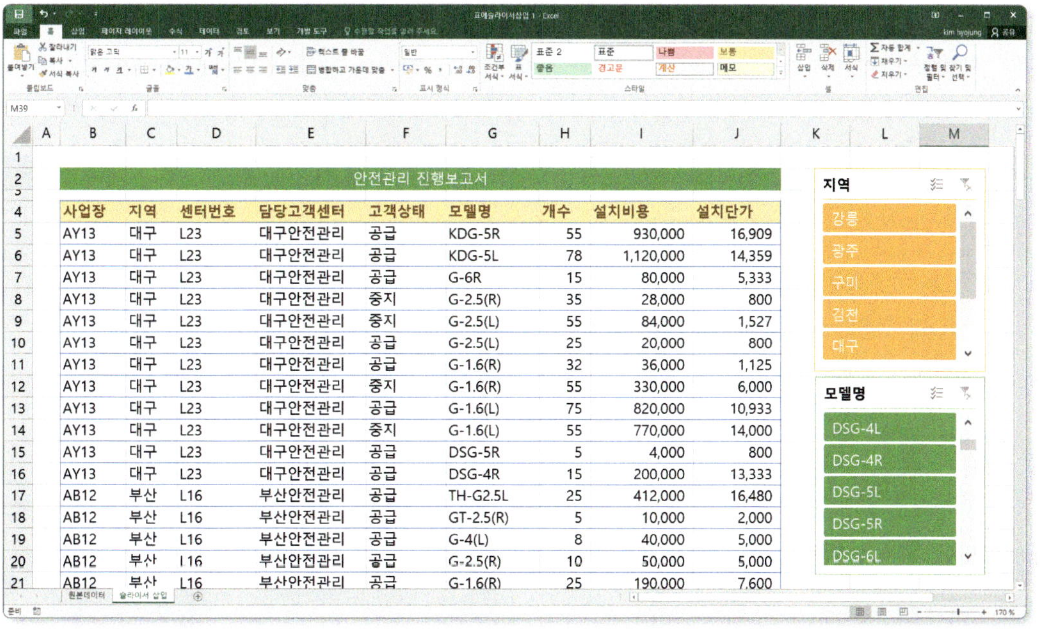

❹ [지역] 슬라이서를 클릭하고 [슬라이서 도구]–[옵션]–[슬라이서 스타일]에서 '어둡게'에서 '연한노랑, 슬라이서 스타일 어둡게 4'를 [모델명] 슬라이서에는 '연한녹색, 슬라이서 스타일 어둡게 6'을 지정한다.

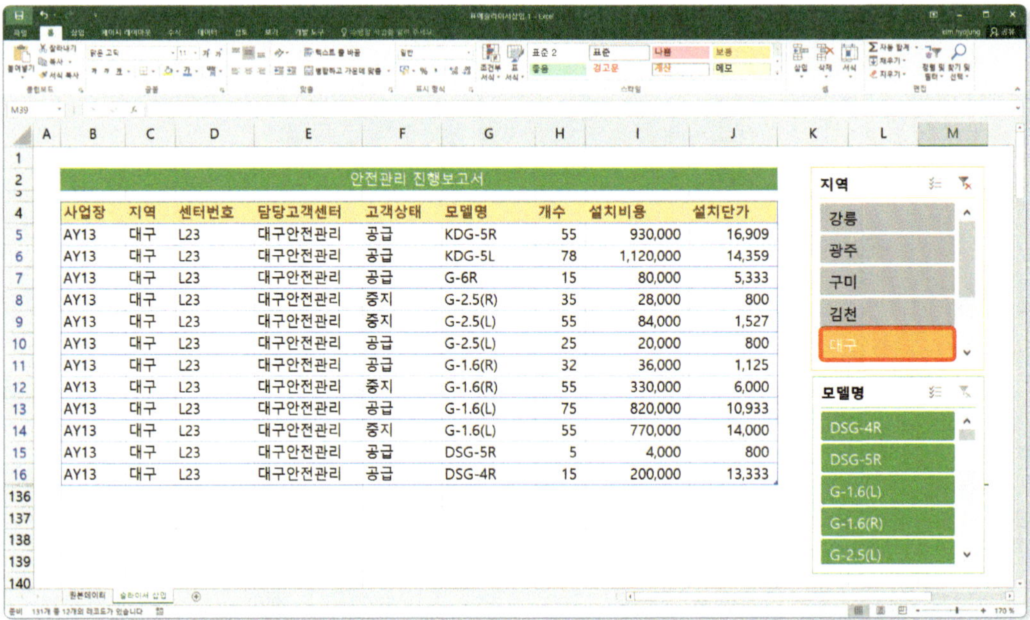

❺ [지역] 슬라이서의 스타일이 변경되었으면 전체 데이터 중에서 '대구' 지역의 데이터만 보기 위해 [지역] 슬라이서에서 [대구]를 선택하면 [대구] 지역 데이터만 필터링된다.

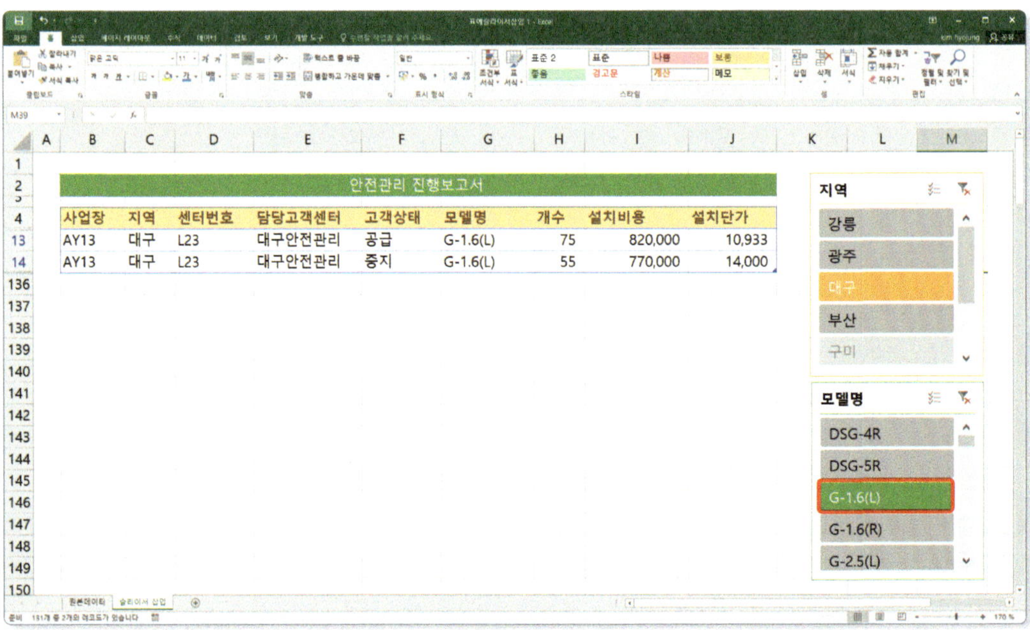

❻ [모델] 슬라이서에서 G-1.6(L)을 선택한다. 대구 지역의 G-1.6(L) 모델에 해당하는 데이터만 필터링 된다.

2.4 페이지 설정과 통합문서 다루기

2.4.1 인쇄 미리보기 및 페이지 레이아웃 설정하기

1 인쇄 미리보기

파일을 완성하고 인쇄하기 전에 미리 확인할 필요가 있다. 엑셀 2010에서는 백 스테이지 보기에서 워크시트를 미리 확인할 수 있다.

❶ [파일]–[인쇄]를 클릭한다.

❷ [페이지 확대/축소] 버튼을 클릭한다.

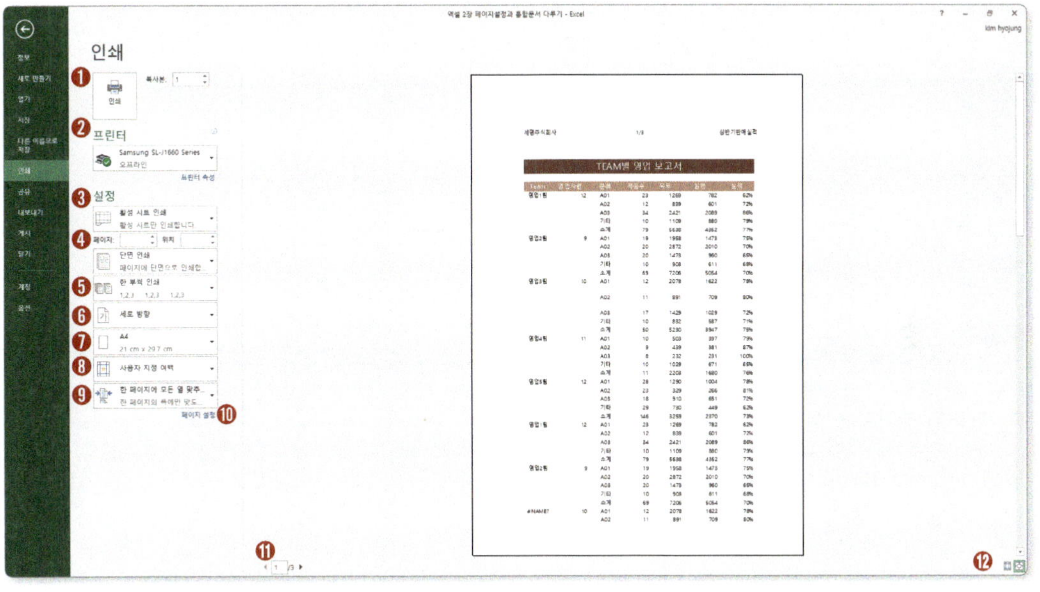

❶ 인쇄: 인쇄할 수량을 정하며 인쇄를 시작한다.

❷ 프린터: 인쇄할 프린터를 선택한다.

❸ 설정: 인쇄할 범위를 [활성 시트 인쇄], [전체 통합 문서 인쇄], [선택 영역 인쇄] 중 선택할 수 있다.

❹ 페이지: 인쇄할 페이지를 직접 입력할 수 있다.

❺ 한 부씩 인쇄: 여러 장으로 구성된 문서를 인쇄할 경우 낱장 또는 한부씩 인쇄한다.

❻ 가로/세로 방향: 용지의 방향을 설정한다.

❼ A4: 인쇄할 용지를 선택한다.

❽ 보통 여백: 인쇄 용지의 여백을 설정한다.

❾ 현재 설정된 용지: 데이터 내용을 용지에 어떻게 맞출 것인가를 결정한다.

❿ 페이지 번호: 현재 페이지 번호와 전체 페이지 번호를 볼 수 있다.

⓫ 페이지 확대/축소: 한 페이지가 한 화면에 보이도록, 혹은 페이지 여백이 보이도록 설정할 수 있다.

⓬ 페이지 설정: 페이지 설정 대화 상자를 나타낸다.

TIP

- 백 스테이지 미리보기를 종료할 경우 리본 메뉴의 임의의 탭을 클릭한다.

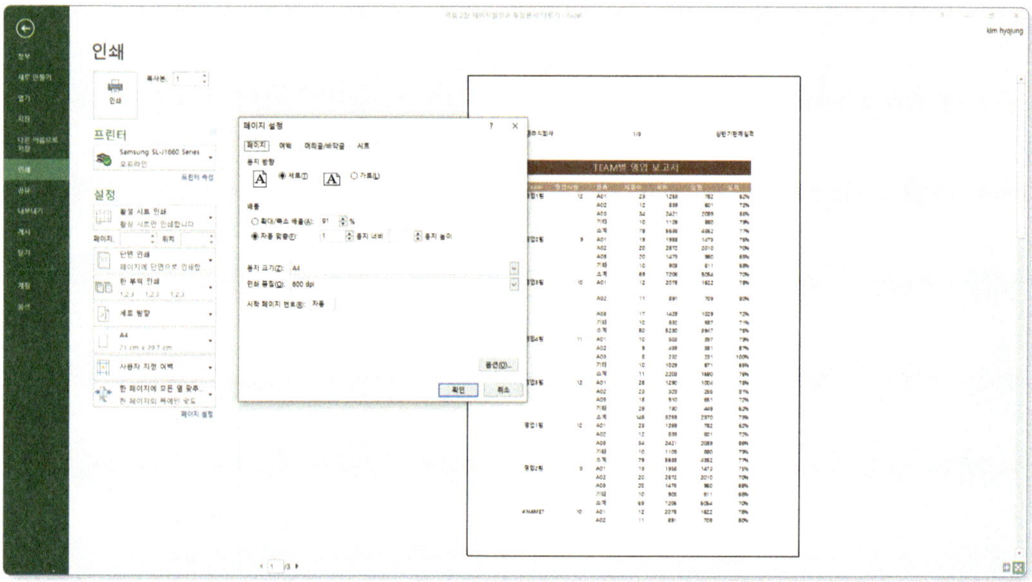

2 페이지 레이아웃 설정과 인쇄

인쇄하기 전에 [페이지 레이아웃]을 이용해 용지 방향, 여백 등의 페이지 설정과 크기 조정, 시트 옵션 등을 조절하고, 인쇄 내용을 미리 확인할 수 있다.

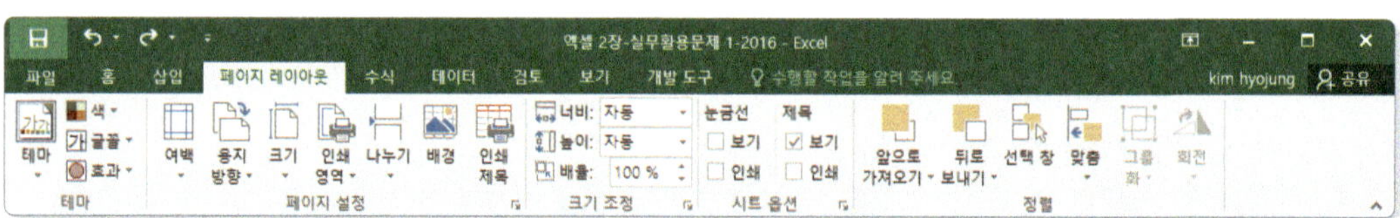

3 용지 방향/여백 지정하기

페이지 영역은 기본적으로 세로 방향 A4 용지로 설정되어 있다.

❶ 용지 방향을 변경하기 위해 [페이지 레이아웃]–[페이지 설정]–[용지 방향]을 가로로 설정한다.

❷ 여백은 눈금선을 직접 마우스로 드래그하여 조절 가능하지만, 미리 정의된 목록 중에서도 선택 가능하다. [페이지 레이아웃]–[페이지 설정]–[여백]을 선택한다.

❸ 혹은 [사용자 지정 여백]–[페이지 설정 대화상자]–[여백] 탭에서 직접 입력할 수도 있다.

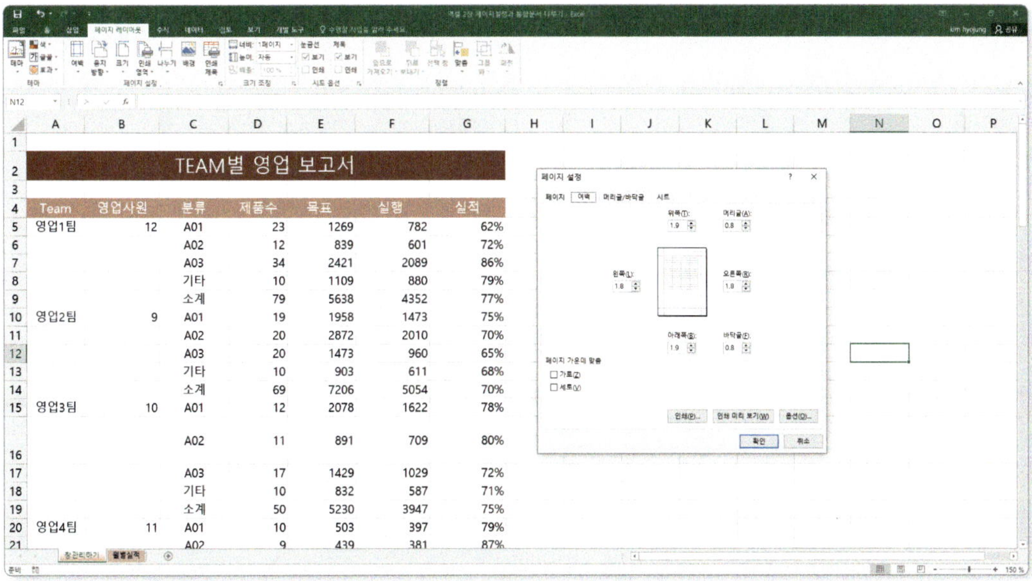

4 인쇄 제목 지정

❶ 인쇄되는 모든 페이지에 표 제목이 인쇄되도록 하기 위해 [페이지 레이아웃]–[페이지 설정] 그룹에서 인쇄 제목을 클릭한다.

❷ [페이지 레이아웃]–[페이지 설정]–[시트]에서 [반복할 행]에 '$1:$4'행을 선택하고 확인한다.

❸ 다음 페이지에 머리글이 반복되어 나타난다.

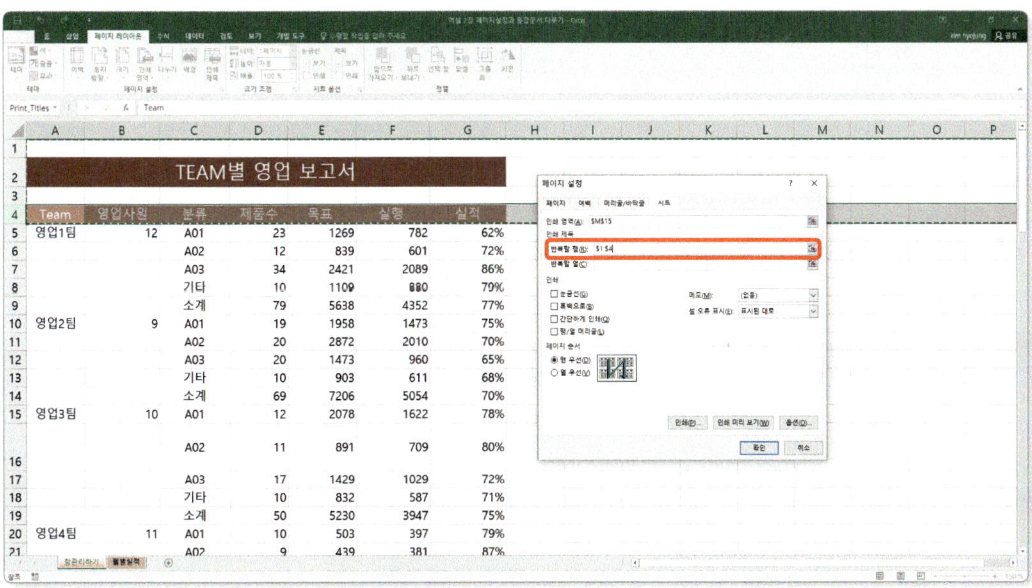

5 머리글/바닥글 입력하기

각 페이지의 위(머리글), 아래(바닥글)에 페이지 번호, 날짜 및 시간, 파일 이름 등의 요소를 추가할 수 있다.

❶ [페이지 설정]–[머리글/바닥글]을 선택하여 '머리글 편집' 부분을 선택한다.
❷ 왼쪽 구역에 '세명주식회사'를 입력하고, 오른쪽 구역에 '상반기판매실적'을 입력한다.
❸ 가운데 구역에 [그림 삽입] 버튼을 이용해 '페이지 번호', '/', '전체 페이지 수'를 클릭하여 입력한다.
❹ 머리글 영역에서 머리글을 삭제하고자 할 때는 Delete키를 선택한다.

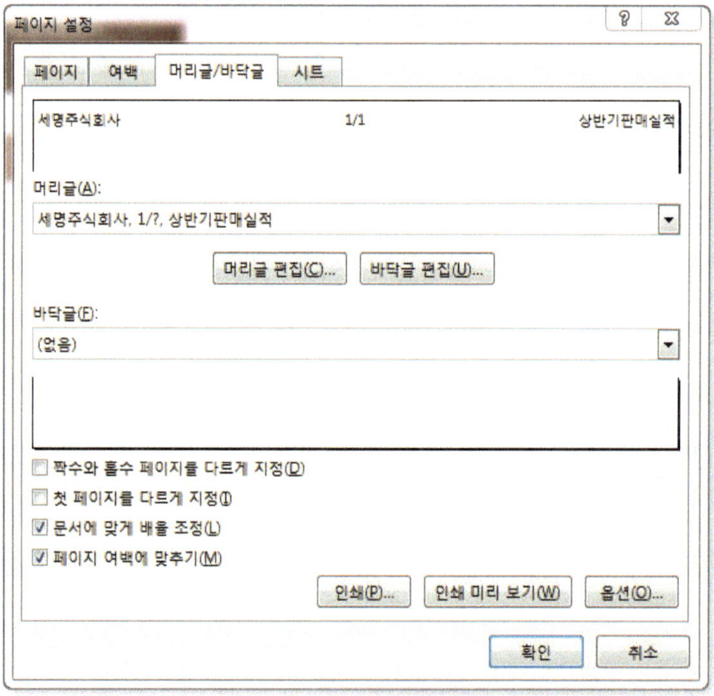

❹ 인쇄 미리보기에서 머리글 '세명주식회사'와 '2/3' '상반기 판매실적'이 삽입된 것을 확인할 수 있다. 2페이지에 제목행 『'$1:$4'』이 반복해서 인쇄되는 것을 확인할 수 있다.

2.4.2 창 관리하기

워크시트에 많은 양의 데이터가 있을 경우 스크롤바를 사용하여 아래쪽 데이터를 확인해야 한다. 하지만 제목 행이 보이지 않아 데이터를 구분하지 못할 때가 있다. 이때 제목 행이나 제목 열에 해당하는 특정 셀을 고정시키면 더욱 편리하게 데이터 작업을 할 수 있다.

1 틀 고정하기

❶ 머리글을 고정하기 위해 5행을 선택한다.

❷ [보기]–[창]–[틀 고정]을 선택한다. 셀 포인트의 위쪽이 고정된다.

❸ 4행은 고정되고 4행 다음에 16행이 나타나는 것을 확인할 수 있다.

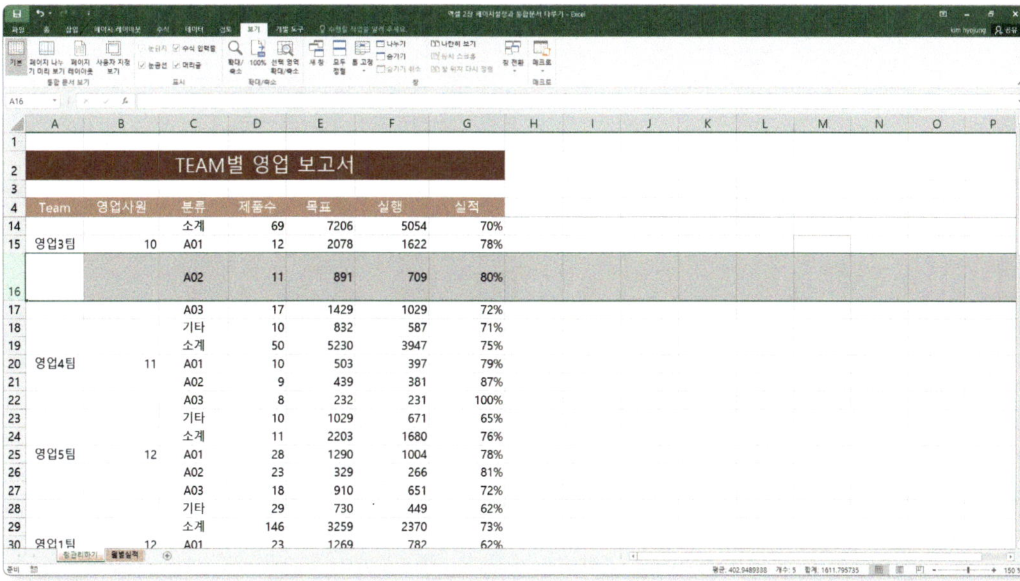

• 틀 고정을 취소하려면 **[보기] 탭–[창] 그룹–[틀 고정 취소]**를 선택한다.

2 창 정렬하기

관련 있는 여러 개의 문서를 불러와 각각 작업할 때 문서 간 이동을 자유롭게 할 수 있다.

❶ 하나의 파일을 두 개의 화면으로 보려면 [보기]–[창]에서 [새 창]을 클릭한다.

❷ 작업 표시줄에 '창 관리하기', '월별 실적' 작업창이 생긴다.

❸ [보기]–[창] 그룹에서 창 전환을 선택하고, '창 관리하기' 작업창에서 '월별 실적' 시트를 선택한다.

❹ 두 개의 창을 동시에 볼 수 있도록 정렬하기 위해 [보기]–[창]–[모두 정렬]을 선택하고 [창 정렬] 대화 상자에서 '세로' 모양을 선택한다.

❺ 두 개의 작업창이 나란히 보이는 것을 확인할 수 있다.

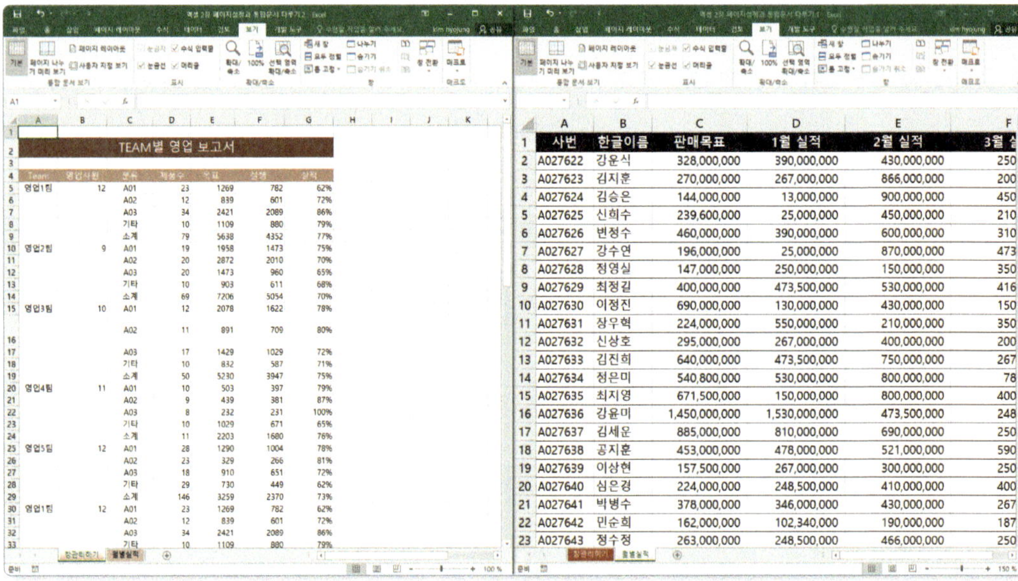
TEAM별 영업 보고서
사번
한글이름
판매목표
1월 실적
2월 실적

실무 활용 문제 1 판매보고서 만들기

예제 파일을 직접 입력하고 '지역별 판매보고서'를 완성해보자.

결과 화면

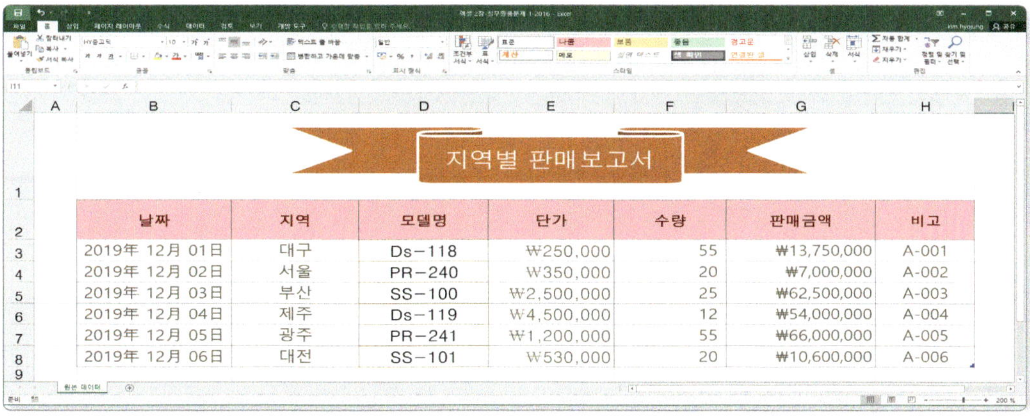

날짜	지역	모델명	단가	수량	판매금액	비고
2019年 12月 01日	대구	Ds-118	₩250,000	55	₩13,750,000	A-001
2019年 12月 02日	서울	PR-240	₩350,000	20	₩7,000,000	A-002
2019年 12月 03日	부산	SS-100	₩2,500,000	25	₩62,500,000	A-003
2019年 12月 04日	제주	Ds-119	₩4,500,000	12	₩54,000,000	A-004
2019年 12月 05日	광주	PR-241	₩1,200,000	55	₩66,000,000	A-005
2019年 12月 06日	대전	SS-101	₩530,000	20	₩10,600,000	A-006

작성 방법

❶ [B2:H2] 셀에 차례대로 기본 데이터를 입력한다.

❷ [B3:B8]의 셀 범위를 지정하고 [홈]-[표시 형식] 그룹에 있는 대화 상자 표시 단추 를 클릭한다. 셀 값에 '-'를 적용하기 위해 범주 목록에서 '날짜', 형식 목록에서 형식을 선택한다.

❸ [B3:B8]의 셀 범위를 지정한다. 날짜 지정을 위해 [셀 서식]-[표시 형식]-[범주]-[사용자 지정]을 선택하고 '형식'에서 『yyyy"年" mm"月" dd"日"』을 선택한다.

❹ [C3:C8], [D3:D8]의 셀 범위를 지정하고 [홈]-[표시 형식] 그룹에서 '일반'을 지정한다.

❺ [E3:E8]의 셀 범위를 지정하고 통화 단위로 나타내기 위해 [셀 서식]-[표시 형식]에서 내림 단추를 이용하여 통화를 선택한다. 화폐 단위 '₩'을 선택한다.

❻ [F3:F8]의 셀 범위를 지정하고 [홈]-[표시 형식] 그룹에서 '숫자'를 지정한다.

❼ [G3] 셀을 선택하고, 수식 입력 창에 "=E3*F3"을 입력하여 계산하고 드래그하여 계산을 완성한다.

❽ [G3:G8]의 셀 범위를 지정하고 [셀 서식]-[표시 형식]에서 내림 단추를 이용하여 통화를 선택한다. 화폐 단위 '₩'을 선택한다.

❾ [H3:H8]의 셀 범위를 지정하고 [셀 서식]-[표시 형식] 대화 상자의 사용자 지정 범주에서 『"A-000"』을 입력한다.

❿ [B1:H1] 셀을 병합하고 [삽입]-[도형]에서 '아래쪽 리본'을 삽입한다. [그리기 도구]-[서식]-[도형 스타일]에서 '밝은색 1 윤곽선, 색 채우기-주황, 강조 2'를 선택한다.

⓫ '지역별 판매보고서'를 입력하고, [그리기 도구]-[서식]-[WordArt 스타일]에서 '채우기-흰색, 윤곽선-주황, 강조색 2, 진한 그림자-주황, 강조색 2'를 선택한다.

⓬ 그 밖의 서식은 문서 모양과 같이 지정한 후, 완성된 파일은 '지역별 판매보고서.xlsx'로 저장한다.

실무 활용 문제 2 고객 관리 대장

자동 서식과 조건부 서식을 이용하여 데이터를 다양하게 표현해보자. 표시 형식을 이용하여 '고객 관리 대장'을 완성하고, 조건부 서식을 적용해보자.

결과 화면

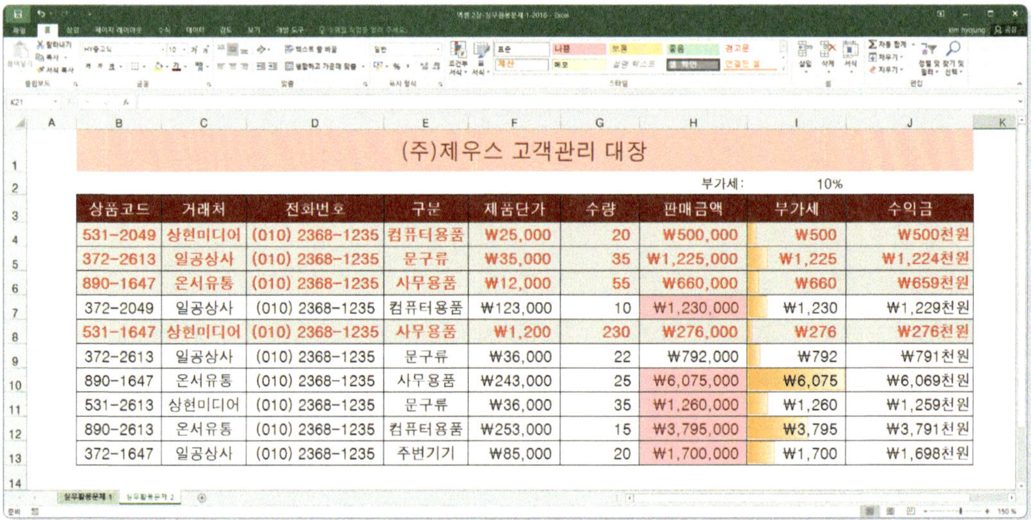

(주)제우스 고객관리 대장

부가세: 10%

상품코드	거래처	전화번호	구분	제품단가	수량	판매금액	부가세	수익금
531-2049	상현미디어	(010) 2368-1235	컴퓨터용품	₩25,000	20	₩500,000	₩500	₩500천원
372-2613	일공상사	(010) 2368-1235	문구류	₩35,000	35	₩1,225,000	₩1,225	₩1,224천원
890-1647	온서유통	(010) 2368-1235	사무용품	₩12,000	55	₩660,000	₩660	₩659천원
372-2049	일공상사	(010) 2368-1235	컴퓨터용품	₩123,000	10	₩1,230,000	₩1,230	₩1,229천원
531-1647	상현미디어	(010) 2368-1235	사무용품	₩1,200	230	₩276,000	₩276	₩276천원
372-2613	일공상사	(010) 2368-1235	문구류	₩36,000	22	₩792,000	₩792	₩791천원
890-1647	온서유통	(010) 2368-1235	사무용품	₩243,000	25	₩6,075,000	₩6,075	₩6,069천원
531-2613	상현미디어	(010) 2368-1235	문구류	₩36,000	35	₩1,260,000	₩1,260	₩1,259천원
890-2613	온서유통	(010) 2368-1235	컴퓨터용품	₩253,000	15	₩3,795,000	₩3,795	₩3,791천원
372-1647	일공상사	(010) 2368-1235	주변기기	₩85,000	20	₩1,700,000	₩1,700	₩1,698천원

작성 방법

❶ [B3] 셀부터 기본 데이터를 입력한다.

❷ [D4:D13]의 셀 범위를 지정한 후, [홈]–[표시 형식] 그룹에 있는 대화 상자 표시 단추 를 클릭하여 [표시 형식]–[기타]에서 '전화번호(국번 4자리)'를 선택한다.

❸ [B4:B13][C4:C13][E4:E13]의 셀 범위를 지정한 후, [홈]–[표시 형식]에서 '일반' 서식으로 지정한다.

❹ [F4:F13]의 셀 범위를 지정한 후, [셀 서식]–[표시 형식]에서 내림 단추를 이용하여 '통화'를 선택한다.

❺ [G4:G13]의 셀 범위를 지정하고 [홈]–[표시 형식] 그룹에서 '숫자'를 지정한다.

❻ [H4] 셀의 '판매 금액'은 '=F4*G4'로 계산한 후, [셀 서식]–[표시 형식]에서 내림 단추를 이용하여 '통화'를 선택한다.

❼ [I4] 셀의 부가세는 '=H4*($I$2/100)'으로 계산한 후, [셀 서식]–[표시 형식]에서 내림 단추를 이용하여 '통화'를 선택한다.

❽ [J4] 셀의 '수익금'은 '=H4–I4'로 계산한다.

❾ [J4:J13]을 셀 범위 지정한 후, [표시 형식]–[사용자 지정 서식]에서 서식을 지정하고 '형식' 창에『 ₩ #,###, "천원"』을 입력한다.

⑩ [J4:J13]의 셀 범위를 지정한다. [홈]–[스타일]–[조건부 서식]에서 [셀 강조 규칙]–[보다 큼]을 선택한다. '1000000'을 입력하고 '진한 빨강 텍스트가 있는 빨강 채우기'를 선택한다.

⑪ [I4:I13]의 셀 범위를 지정한다. [홈]–[스타일]–[조건부 서식]에서 [데이터 막대]–[그라데이션 채우기]에서 '주황 데이터 막대'를 선택한다.

⑫ [B4:J13]까지 셀 범위를 지정한다. [홈]–[스타일]–[조건부 서식]–[새 규칙]을 선택한다.

⑬ 새 서식 규칙 대화 상자에서 '수식을 사용하여 서식을 지정할 셀 결정'을 선택한다. 수식은 제품 단가가 35000 이하(=$F4<=35000)를 입력하고, 서식을 선택하여 글꼴에서 '굵게', '빨강'을 선택하고, 채우기 '연회색'을 선택한다.

⑭ 그 밖의 서식은 문서 모양과 같이 지정한 후, 완성된 파일을 '고객관리대장.xlsx'으로 저장한다.

실무 활용 문제 3 청구서 작성하기

다음과 같이 데이터를 입력하고 완성해보자.

결과 화면

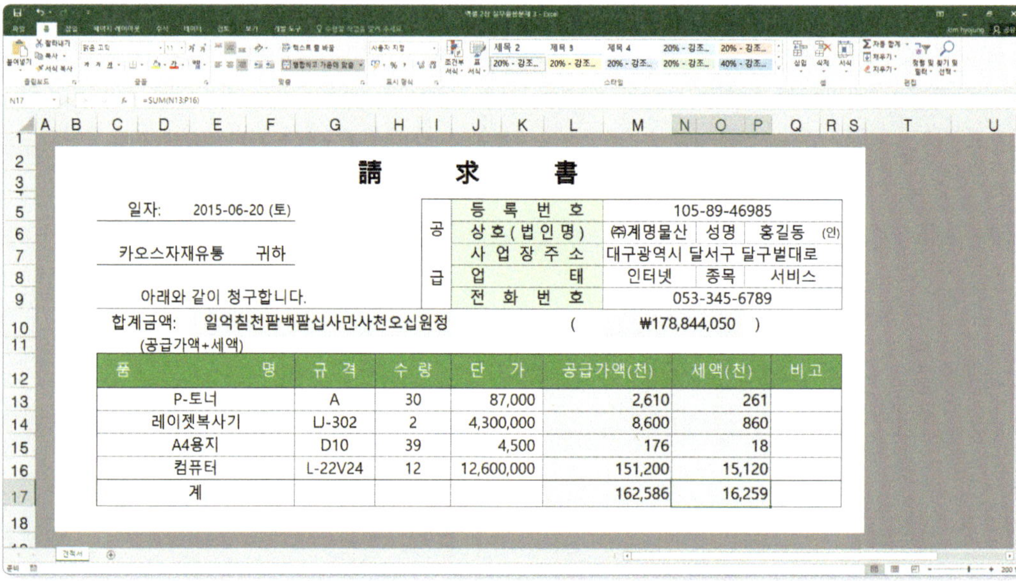

작성 조건

❶ [C2:R4]의 셀 범위를 선택한 후, [홈]–[맞춤]에서 '병합하여 가운데 맞춤'을 선택한다.

❷ '청구서'를 입력 [홈]–[글꼴]에서 '맑은고딕', '18pt', 글꼴색 '검정, 텍스트 1'을 지정한다.

❸ 날짜는 [홈]–[표시 형식]–[사용자 지정]에서 'yyyy–mm–dd(aaa)'를 선택한다.

❹ '등록번호', '상호(법인명)', '사업장 주소', '대표자 성명'은 맞춤 탭에서 가로 균등 분할을 선택한다.

❺ [J5:L9]의 셀 범위를 선택하고 [홈]–[스타일]에서 채우기색–'연한녹색, 60%, 강조색 6'을 선택한다.

❻ 공급가액=수량*단가, [표시 형식]–[사용자 지정]에서 "#,##0,"를 입력한다.

❼ 세액=공급가액*10%, [표시 형식]–[사용자 지정]에서 "#,##0,"를 입력한다.

❽ [E10] 셀의 합계 금액은 '=L17+N17'

❾ [E10] 셀의 숫자를 한글로 표시하기 위해 [표시 형식]–[기타]에서 숫자(한글)를 지정한다. [확인]을 선택하지 말고 다시 [사용자 지정]에서 『[DBNum4][$–KO–KR]G/표준"원정"』을 입력하고 확인을 선택한다.

❿ [보기]–[표시] 그룹에서 눈금선을 해제한다.

⓫ 그 밖의 서식은 문서 모양과 같이 지정한 후, 완성된 파일을 '견적서.xlsx' 로 저장한다.

Preview

03 CHAPTER 수식과 함수 사용하기

CHAPTER

03 수식과 함수 사용하기

- 엑셀에서는 계산기를 사용하는 것보다도 쉽게 수식 계산을 할 수 있다. 복잡한 계산 과정을 미리 함수로 정해 놓고 함수를 사용하여 수식을 간단히 해결함으로써 보다 강력한 계산 기능을 제공한다. 예제를 통해 함수 사용의 실무를 익혀보자.

3.1 함수 다루기

엑셀에서 복잡한 데이타를 계산할 경우 미리 작성된 함수를 활용하여 편리하게 수식 작업을 할 수 있다. 수식의 사용은 미리 작성된 함수 마법사를 사용하여 함수의 인수를 정확하게 입력함으로써 활용할 수 있고, 함수 사용이 익숙한 경우 셀에 수식을 직접 입력해 사용할 수 있다.

'사원 인사 평가 정보'를 완성하면서 기본 자동 함수를 익혀보자.

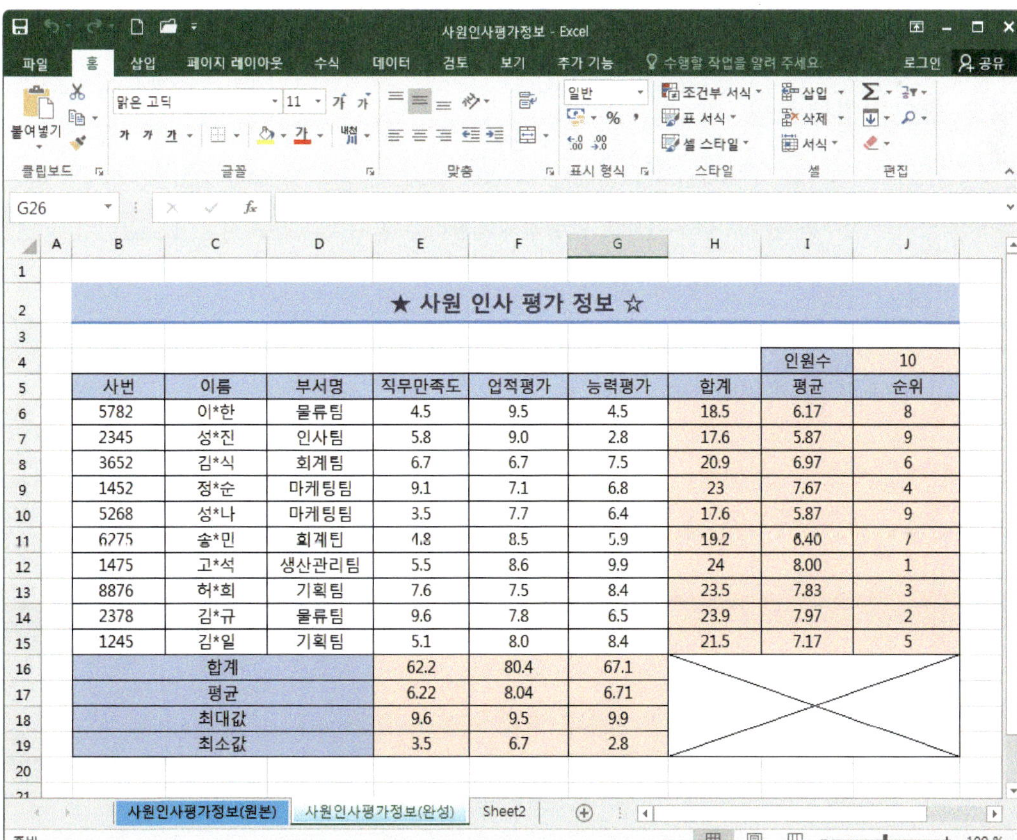

						인원수	10
사번	이름	부서명	직무만족도	업적평가	능력평가	합계	평균	순위
5782	이*한	물류팀	4.5	9.5	4.5	18.5	6.17	8
2345	성*진	인사팀	5.8	9.0	2.8	17.6	5.87	9
3652	김*식	회계팀	6.7	6.7	7.5	20.9	6.97	6
1452	정*순	마케팅팀	9.1	7.1	6.8	23	7.67	4
5268	성*나	마케팅팀	3.5	7.7	6.4	17.6	5.87	9
6275	송*민	회계팀	4.8	8.5	5.9	19.2	6.40	7
1475	고*석	생산관리팀	5.5	8.6	9.9	24	8.00	1
8876	허*회	기획팀	7.6	7.5	8.4	23.5	7.83	3
2378	김*규	물류팀	9.6	7.8	6.5	23.9	7.97	2
1245	김*일	기획팀	5.1	8.0	8.4	21.5	7.17	5
합계			62.2	80.4	67.1			
평균			6.22	8.04	6.71			
최대값			9.6	9.5	9.9			
최소값			3.5	6.7	2.8			

3.1.1 함수의 기본 알아보기

함수는 복잡한 계산을 정해진 수식에 따라 할 수 있도록 미리 만들어 놓은 수식 기능이다. 계산에 필요한 인수 값을 받아서 함수 수식으로 계산한 결과 값을 반환한다. 함수를 사용하면 복잡한 계산도 간단하게 할 수 있다.

함수를 처음 시작할 때는 반드시 등호(=)로 시작해야 한다. 함수는 함수 이름, 왼쪽 괄호, 인수들, 오른쪽 괄호로 구성되며 함수 이름과 괄호 사이에는 공백이 없어야 한다.

수식 입력 줄에 적용된 함수식의 기본 모양이다.

❶ 등호(=): 수식임을 나타낸다.

❷ 함수 이름: 엑셀에서 정의된 함수 이름을 입력한다.

❸ 괄호: 함수의 시작과 끝을 의미하며 계산에 사용될 인수들을 묶어준다.

❹ 인수: 함수 계산을 하는 데 필요한 데이터 등이 입력된다. 함수에 따라서 사용되는 인수 종류와 개수가 다르다. 개개의 인수들은 콤마(,)로 구분되며 범위는 ':' 로 나타낸다.

3.1.2 함수 마법사 사용

엑셀의 함수는 미리 약속된 계산식이다. 각 함수는 재무, 논리, 텍스트, 날짜 및 시간, 찾기/참조 영역, 수학/삼각, 기타 함수의 범주로 나누어진다. 엑셀에서 제공하는 함수식의 인수 사용이 다양하기 때문에 함수 마법사의 도움을 받는다. 함수 마법사는 함수에 필요한 조건과 인수를 알려주는 도우미다.

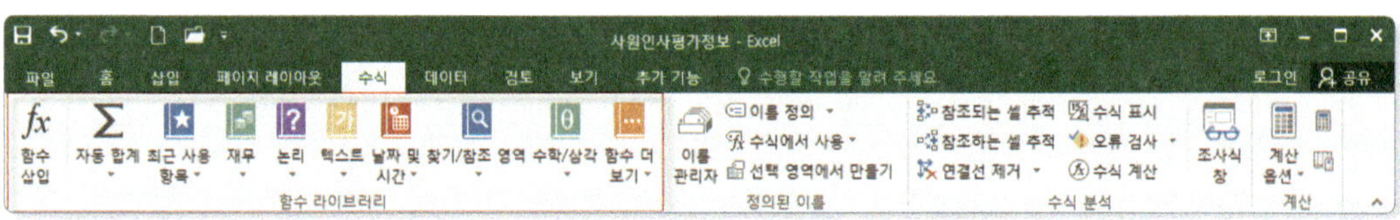

함수 마법사는 [수식]–[함수 라이브러리]에 있는 [함수 삽입]을 선택하거나 수식 입력 줄의 함수 마법사()를 선택하면 나타난다.

엑셀에서 자주 사용하는 함수를 살펴보면 다음과 같다.

범주	의미	
수학/삼각 함수	수학적인 계산에 사용하는 함수	SUM, SUMIF, ROUND,...
통계 함수	통계를 구할때 사용하는 함수	AVERAGE, COUNT, MAX, MIN,...
논리 함수	조건에 맞는 답을 적용할 때 사용하는 하무	IF, AND, OR, NOT,...
텍스트 함수	문자열을 구할때 사용하는 함수	LEFT, MID, RIGHT,...
찾기/참조 영역 함수	참조하여 값을 구할 때 사용하는 함수	LOOKUP, INDEX, CHOOSE,...
날짜/시간 함수	날짜와 시간 계산에 적용되는 함수	TODAY, YEAR, DAY,...
재무 함수	제무에 관계되는 값 적용에 사용하는 함수	FV, PMP,...
기타 함수	기타 함수	DSUM,...

함수 선택(1단계)

❶ 함수 마법사 대화 상자가 나타나면 원하는 함수가 포함된 범주를 선택한다. 범주를 모르는 경우 '최근에 사용한 함수' 혹은 '모두'를 선택하거나 함수 이름으로 검색할 수 있다.

❷ 함수 선택 목록에서 사용할 함수, 예를 들면 'SUM' 등을 선택한다. 이때 아래쪽에 나타나는 함수 설명을 살펴보면 도움이 된다.

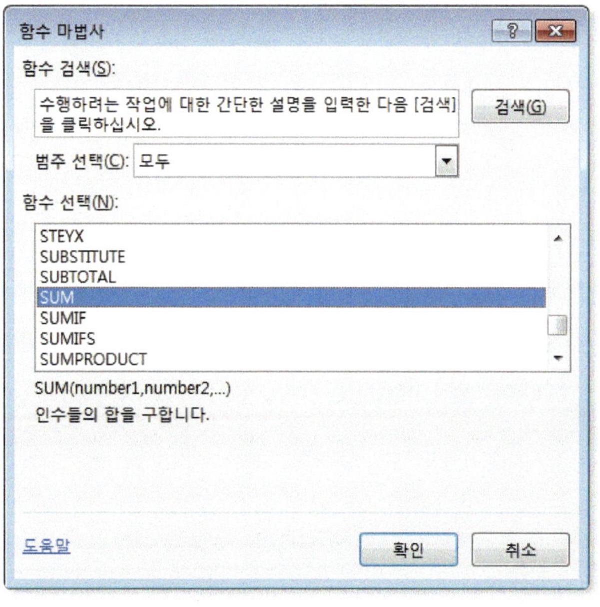

인수 입력(2단계)

해당되는 함수에 포함될 값들(인수)을 선택하고 입력한다. 미리보기에서 계산된 값을 미리 확인할 수 있다. 만약 텍스트가 인수로 사용될 경우에는 큰 따옴표("")로 묶어준다.

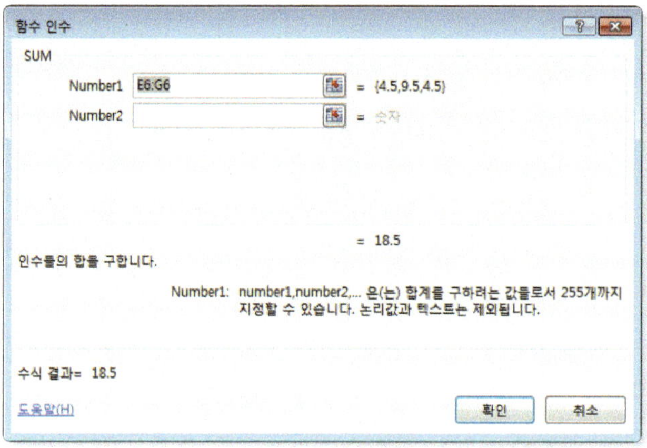

함수 수정

함수 식에서 입력된 함수 식을 다시 수정할 경우, 함수 식에 포함된 셀을 더블 클릭하거나, 수식 입력 줄을 클릭하거나, 수식 입력 줄의 함수 마법사를 클릭한다.

3.1.3 수식에서 사용되는 연산자의 종류

엑셀에서 사용되는 연산자는 크게 산술, 비교, 논리, 연결 참조 연산자 등이 있다.

연산자	의미	종류
산술 연산자	엑셀에서 기본되는 연산자	+, -, *, /, %, ^
비교 연산자	값을 비교하는 경우의 연산자	=,<>, <=, <, >=, >
논리 연산자	논리적인 비교에 사용되는 연산자	AND, OR, NOT,...
연결 연산자	문자와 문자나 숫자, 수식 결과 등 두 값을 연결하는 연산자	&
참조 연산자	인수의 셀이나 범위 지정에 사용	:(콜론), ,(콤마)

3.2 기본 함수 사용하기

엑셀에서 자주 사용하는 합계(SUM), 평균(AVERAGE), 개수(COUNT), 최댓값(MAX), 최솟값(MIN) 등 가장 기본이 되는 함수는 단축 버튼으로 만들어 보다 쉽게 사용할 수 있다. [홈]–[편집]–[자동 합계]나 [수식]–[함수 라이브러리] 그룹의 자동 합계를 이용한다.

① 엑셀에서 수식의 시작은 반드시 '='를 사용한다.

② 일반적으로 사칙 연산의 기호 '+, –, *, /'를 사용하여 계산 식을 작성한다.

③ 계산 식에서는 실제로 데이터를 이용하거나 셀 주소를 이용한다.

④ 같은 형식의 수식인 경우 복사하여 활용한다.

3.2.1 합계(SUM) 함수

❶ 기본 데이터를 입력한다.

❷ "사원 인사 평가 정보" 표에서 합계는 직무 만족도, 업적 평가, 능력 평가를 더하여 구한다.

❸ [H6]을 선택하고 [홈]–[편집]의 자동 합계(Σ)를 선택한다.

❹ 지정된 셀의 범위를 확인하고 Enter나 수식 입력 줄의 입력 버튼 ✓을 클릭한다.

❺ [H15] 셀까지 자동 채우기를 이용하여 합계를 완성한다.

❻ 같은 방법으로 [E16:G16] 셀까지의 세로 합계를 완성해보자.

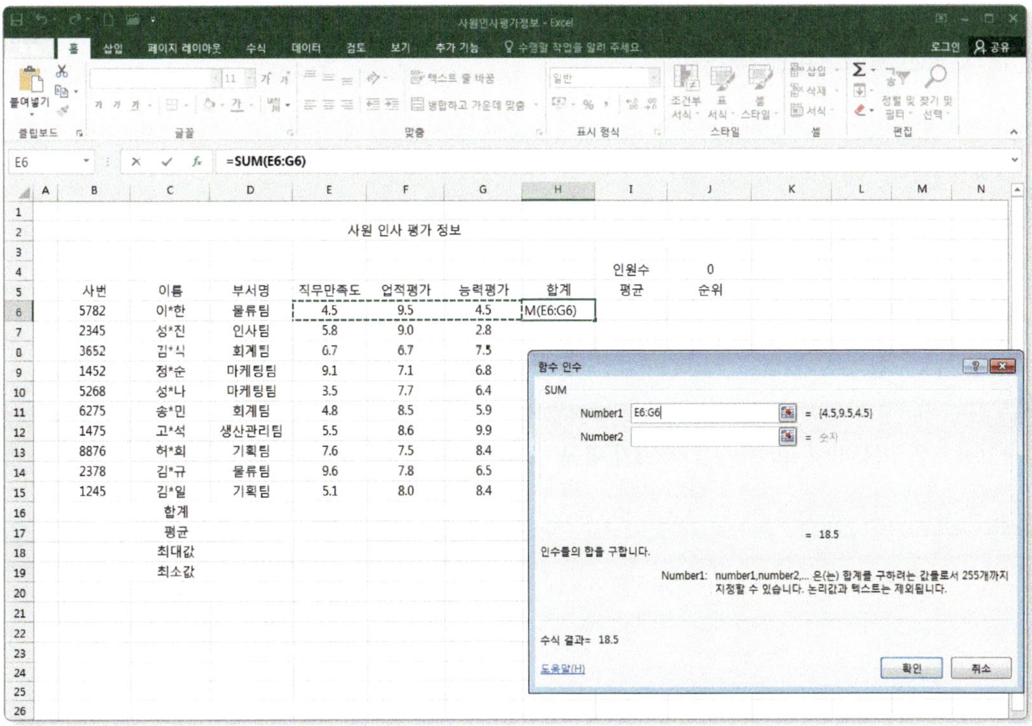

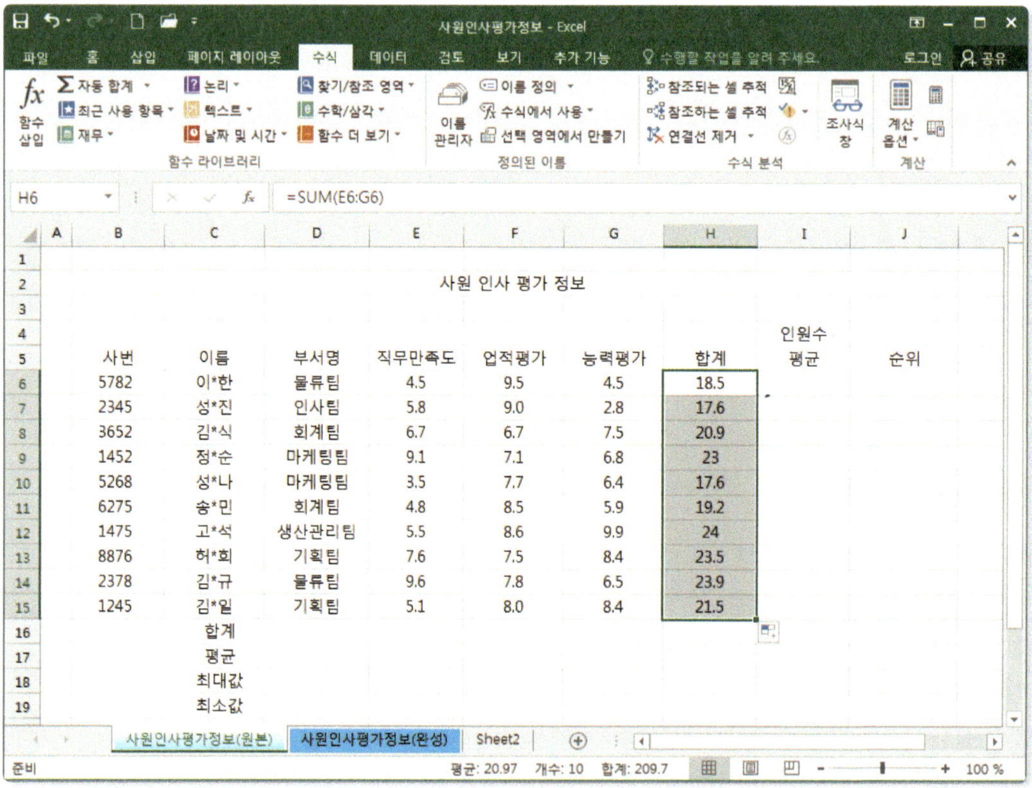

3.2.2 평균(AVERAGE) 함수

❶ 평균을 구하기 위해 [I6]을 클릭하고 [홈]–[편집]에서 자동 합계의 내림 단추를 클릭하여 평균을 선택한다.

❷ 평균을 구할 인수의 범위를 확인하고, 셀 범위를 [E6:G6]으로 지정한다.

❸ 자동 채우기로 [I6:I15]까지 평균을 완성한다.

❹ 각 과목의 세로 평균을 구하기 위해 [E17] 셀을 클릭하고 [홈]–[편집]에서 평균을 선택한다.

❺ 평균을 구할 인수의 범위를 확인하고 [E6:E15]까지의 셀을 범위로 지정한다.

❻ 자동 채우기로 [E17:G17]까지 평균을 완성한다.

❼ Ctrl키를 이용하여 [I6:I15], [E17:G17] 평균 값의 셀들을 범위 지정하고 표시 형식으로 소수 둘째 자리까지 나타낸다.

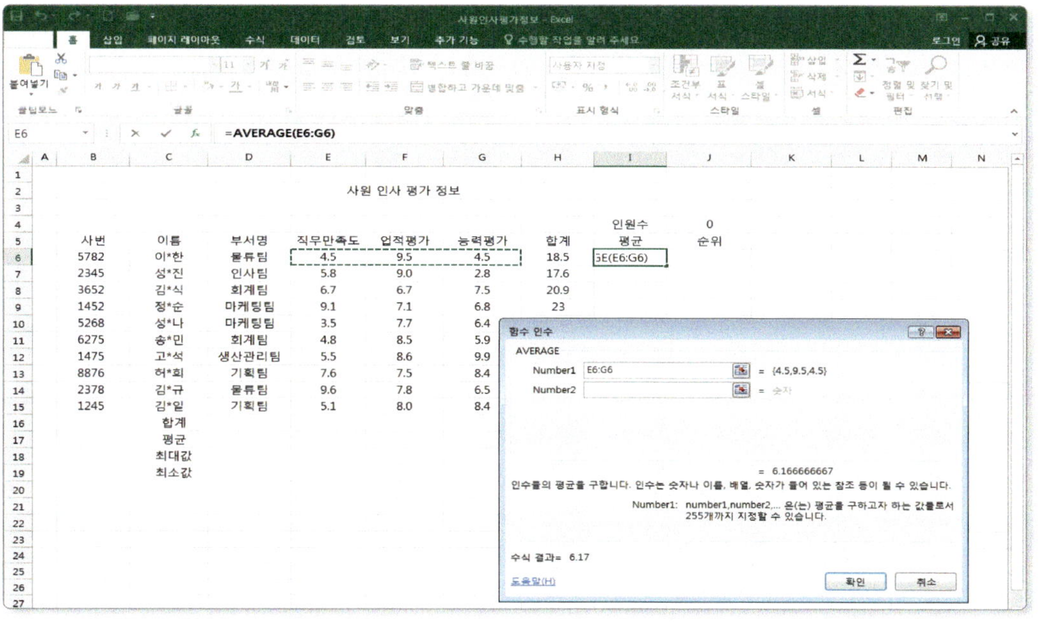

3.2.4 최댓값(MAX) 함수

❶ 각 평가 항목에서 각각의 최댓값을 구하기 위해 [E18] 셀을 클릭한다.

❷ [홈]–[편집]에서 최댓값을 선택한다.

❸ 최댓값을 구할 인수 범위를 [E6:E15]까지 지정하고 입력을 선택한다.

❹ 자동 채우기를 이용하여 [E18:G18]까지 최댓값을 완성한다.

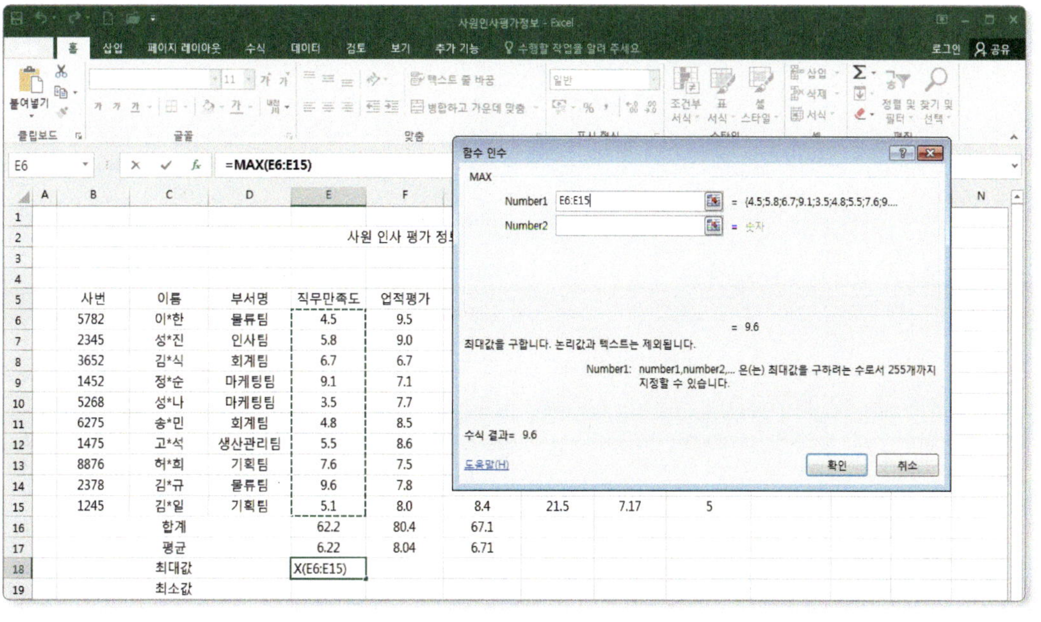

3.2.5 최솟값(MIN) 함수

❶ 각 평가 항목에서 각각의 최솟값을 구하기 위해 [E19] 셀을 클릭한다.
❷ [홈]–[편집]에서 최솟값을 선택한다.
❸ 최솟값을 구할 인수 범위를 [E6:E15]까지 지정하고 입력을 선택한다.
❹ 자동 채우기를 이용하여 [E19:G19]까지 최솟값을 완성한다.

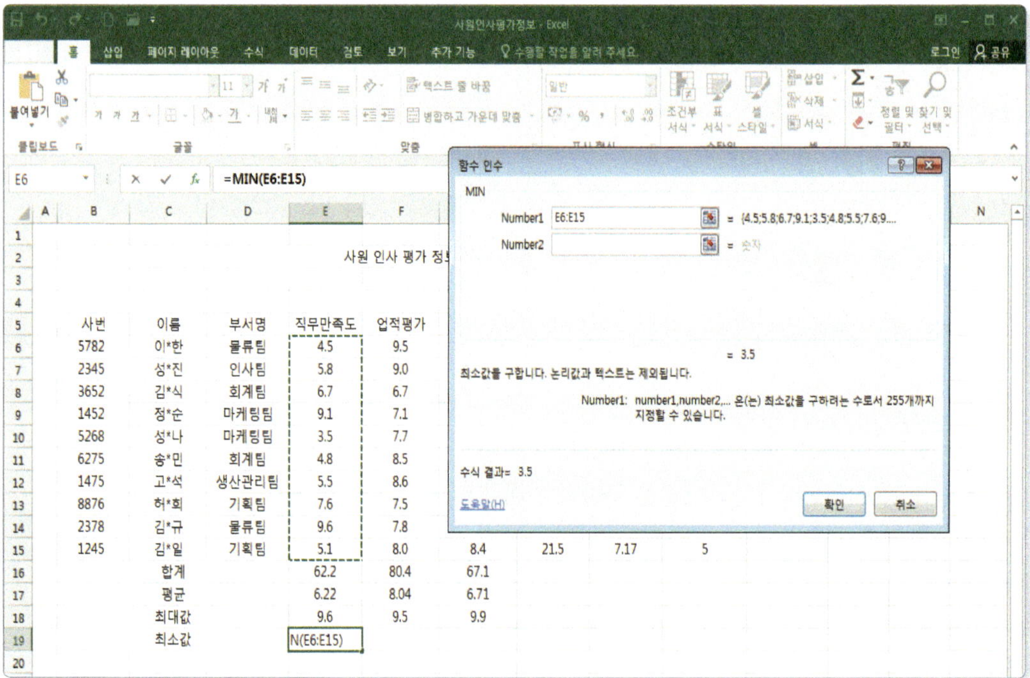

3.2.6 개수 구하기(COUNT, COUNTA, COUNTBLANK) 함수

❶ 인원 수를 구하기 위해 [J4] 셀을 클릭한다.

❷ [홈]–[편집]에서 숫자 개수를 선택한다.

❸ 숫자 개수를 구할 인수 범위는 [B6:B15]의 셀 범위를 지정하고 입력을 선택한다.

❹ 셀 서식을 적용하여 '사원 인사 평가 정보' 표를 완성해보자.

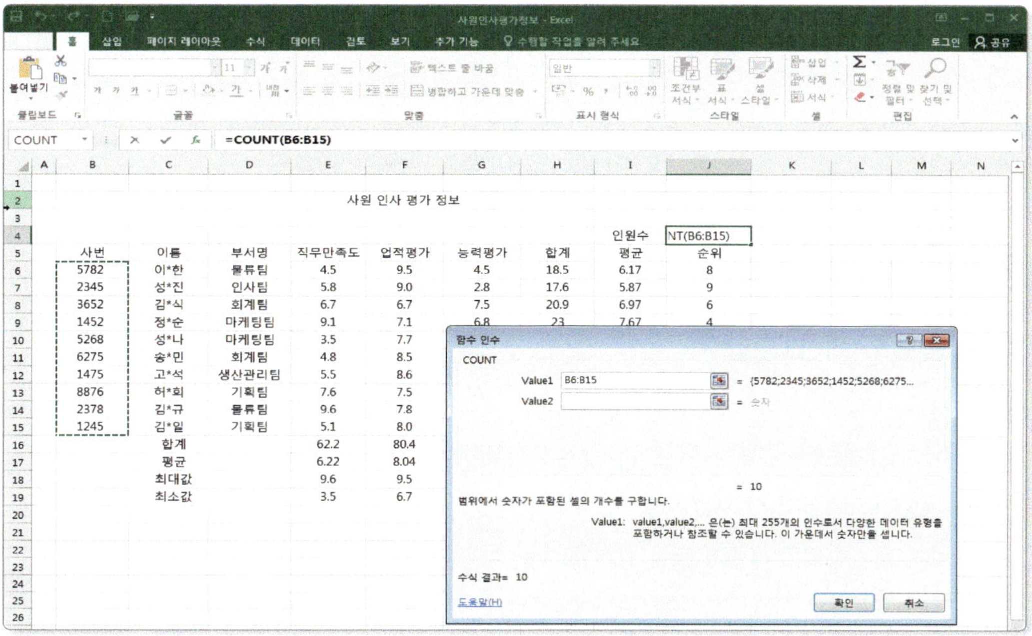

TIP

개수 구하는 함수

▷ **COUNT 함수**

- count 함수는 숫자를 포함하고 있는 셀의 개수와 인수 목록에 포함된 숫자 개수를 센다. count 함수를 사용하여 특정 범위 또는 숫자 배열에 포함된 숫자 필드 항목의 개수를 구할 수 있다.

▷ **COUNTA 함수**

- 빈 셀은 counta 함수에서 개수를 셀 때 제외된다. 논리 값, 텍스트 또는 오류 값의 개수를 셀 필요가 없는 경우, 즉 숫자가 포함된 셀의 개수만 세려는 경우에는 count 함수를 사용한다.

▷ **COUNTIF 함수**

- 통계 함수 중 하나인 countif를 사용하여 기준을 충족하는 셀의 개수를 계산할 수 있다.

▷ **COUNTBLANK 함수**

- 통계 함수 중 하나인 countblank 함수를 사용하여 셀 범위에서 빈 셀의 개수를 계산한다.

엑셀에서 나타나는 오류 메세지를 잘 파악하면 수식을 수정할 수 있다.

종류	의미
#####	현재 값을 나타내기에 셀의 길이가 충분하지 않은 경우
#VALUE!	변수의 형식이 달라 값이 잘못되었을 경우
#DIV/0!	값이 포함되지 않은 셀이나 '0'으로 나누는 경우
#NAME?	범위 입력이나 수식 입력이 잘못된 경우
#N/A	수식에 이용될 수 없는 값이나 함수에서 사용한 인수가 부적절할 경우
#REF!	유효하지 않은 셀을 참조한 경우
#NUM!	수식이나 함수가 잘못되었거나, 결과가 너무 작거나 클 경우
#NULL!	존재하지 않는 값을 사용한 경우

3.2.7 순위(RANK.EQ) 함수

❶ 순위는 합계를 기준으로 내림차순으로 구한다

❷ 합계에 대한 순위를 구하기 위해 [J6] 셀을 클릭하고, [수식]–[함수 라이브러리]–[함수 추가]–[통계]에서 RANK.EQ 함수를 선택한다.

❸ Number에는 순위의 기준이 되는 합계 [H6]을 입력한다.

❹ Ref에는 합계의 전체 값인 [H6:H15]를 입력한 후 F4키를 한 번 눌러 절대 참조로 지정하고, Order는 생략하거나 '0'을 입력하여 내림차순으로 지정하고 확인한다.

❺ [J6] 셀의 채우기 핸들을 더블 클릭하여 수식을 복사한다(이때 공동 순위에 대해서는 앞선 순위와 두 번째 순위의 평균 순위가 나타난다).

❻ 같은 순위가 있을 때 평균 순위를 구하기 위해 [수식]–[함수 라이브러리]–[함수 추가]–[통계]에서 RANK.AVG 함수를 선택한다.

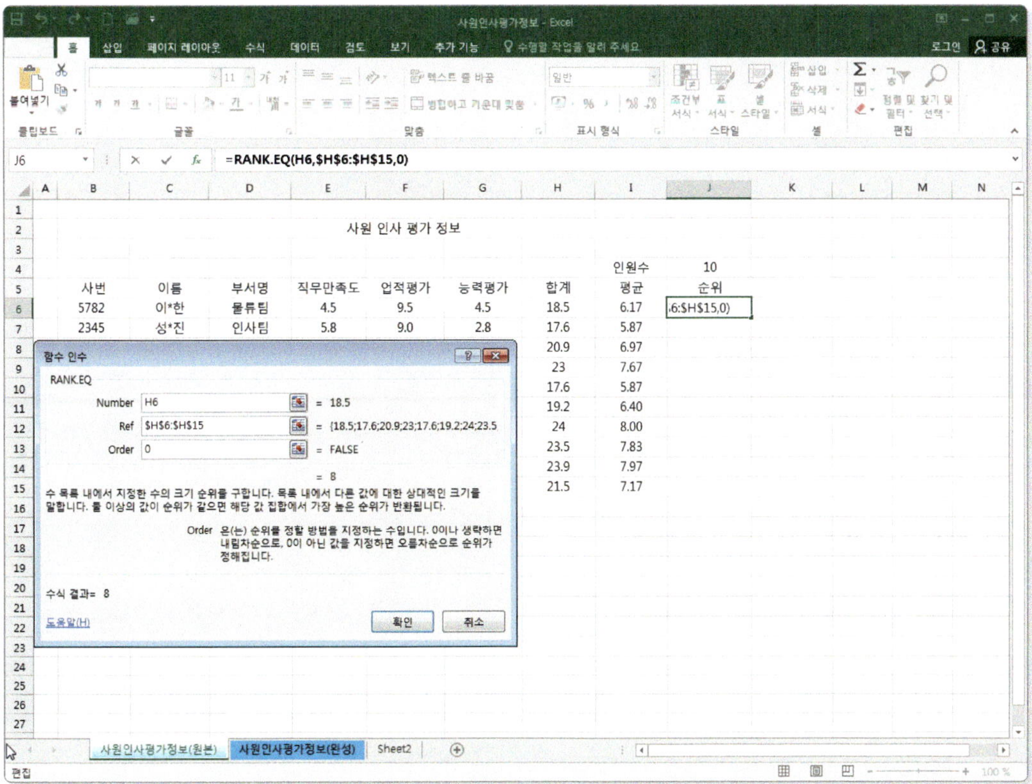
사원인사평가정보 - Excel
=RANK.EQ(H6,$H$6:$H$15,0)
사원 인사 평가 정보
인원수 10
사번 이름 부서명 직무만족도 업적평가 능력평가 합계 평균 순위
5782 이*한 물류팀 4.5 9.5 4.5 18.5 6.17
2345 성*진 인사팀 5.8 9.0 2.8 17.6 5.87
함수 인수
RANK.EQ
Number H6 = 18.5
Ref $H$6:$H$15 = {18.5;17.6;20.9;23;17.6;19.2;24;23.5
Order 0 = FALSE
= 8
수 목록 내에서 지정한 수의 크기 순위를 구합니다. 목록 내에서 다른 값에 대한 상대적인 크기를 말합니다. 둘 이상의 값이 순위가 같으면 해당 값 집합에서 가장 높은 순위가 반환됩니다.
Order 은(는) 순위를 정할 방법을 지정하는 수입니다. 0이나 생략하면 내림차순으로, 0이 아닌 값을 지정하면 오름차순으로 순위가 정해집니다.
수식 결과= 8
도움말(H)
확인
취소
사원인사평가정보(원본)
사원인사평가정보(완성)
Sheet2

3.3 날짜, 시간 함수 사용하기

함수 식은 함수 마법사로 만들어 사용할 수도 있고, 함수를 중첩 사용하여 복잡한 계산식을 활용할 수도 있다. 날짜 계산에 필요한 다양한 함수들을 익혀보자.

함수 이름	함수의 형식	함수 이름	함수의 형식
TODAY	현재 날짜 표시	HOUR	시간으로 반환
DAYS	날짜에서 일만 표시	MINUTE	분으로 반환
MONTH	날짜에서 월만 표시	WEEKDAY	날짜에서 요일을 숫자로 표시
YEAR	날짜에서 연도만 표시	DATEDIF	두 날짜 사이의 일, 월 또는 연도 수를 계산한다. 옵션에 따라 년, 월, 일로 결과 표시

3.3.1 날짜(DAYS, DAYS360) 함수

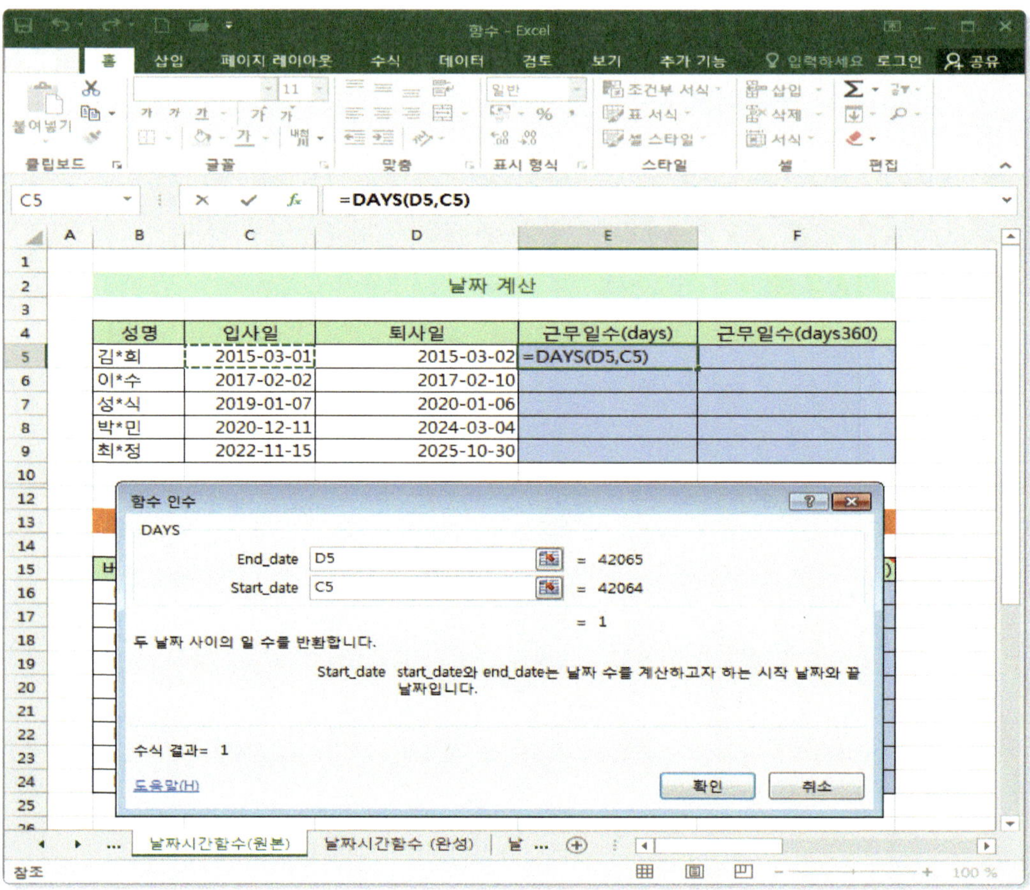

❶ 기간(일수)을 계산하기 위한 함수와 시간 계산 함수는 일상에서 많이 사용하는 함수이다. 다음 예를 통해 DAYS 함수와 HOUR, MINUTE 함수를 익혀본다.

❷ 다음 날짜 계산 표에서 근무 일수를 구해보자.

❸ 근무 일수를 구하기 위해 [E5] 셀을 선택하고, 함수 마법사를 이용하여 DAYS 함수를 선택한다.

❹ End-date에는 퇴사일 [D5], Start-date에는 입사일 [C5]를 입력한다.

❺ [E5] 셀의 채우기 핸들을 더블 클릭하여 수식을 복사한다.

❻ 1년을 360일(30일 기준 12달)로 하여 두 날짜 사이의 날짜 수를 계산하는 함수는 DAYS360 함수를 사용한다. days360 함수는 1년을 360일로 보고 계산하기 위한 함수로, 회계 등에 많이 이용하지만, 실제 일수와의 차이가 발생한다. DAYS 함수와의 차이점은 Start-date, End-date 순서가 다르며, U.S 방식과 유럽 방식으로 구분한다는 점이다.

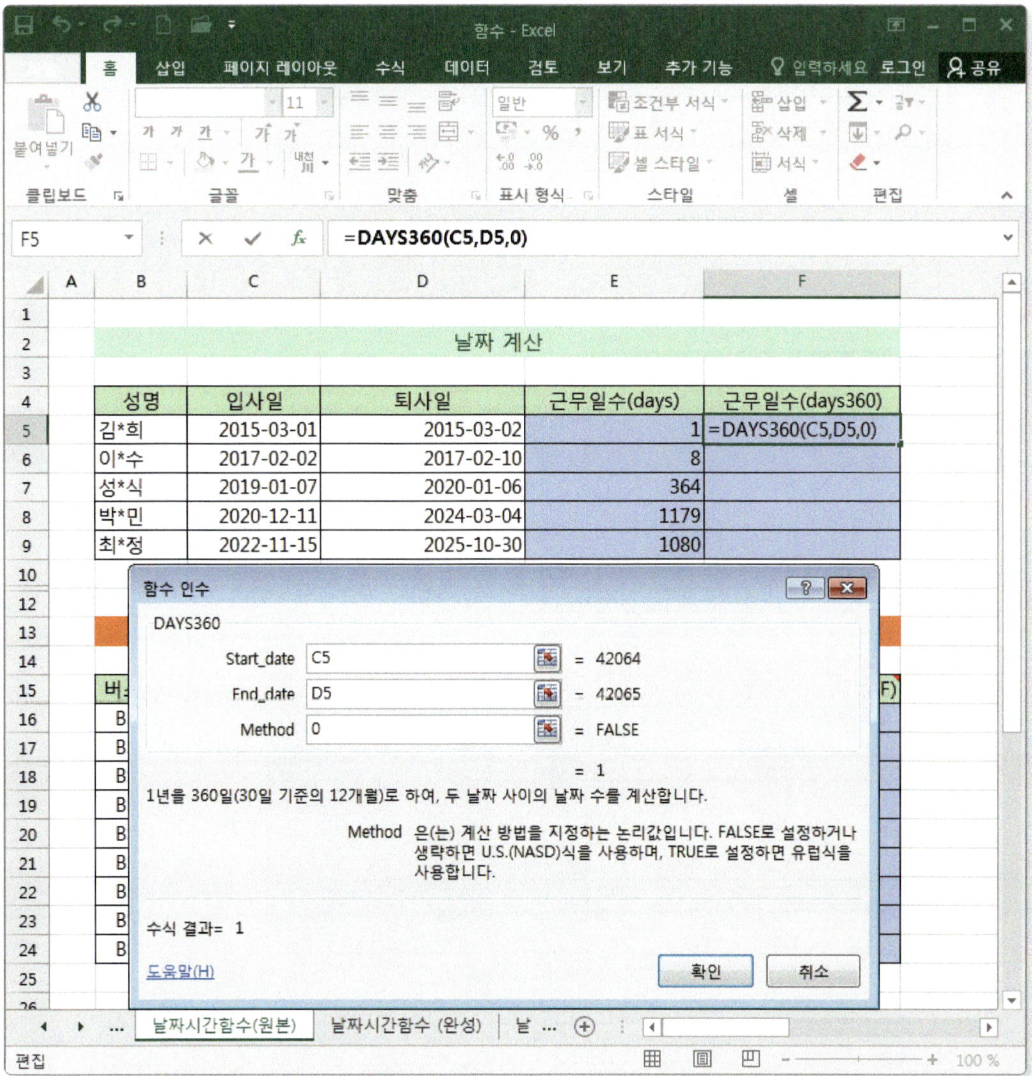

3.3.2 시간 계산(MINUTE) 함수

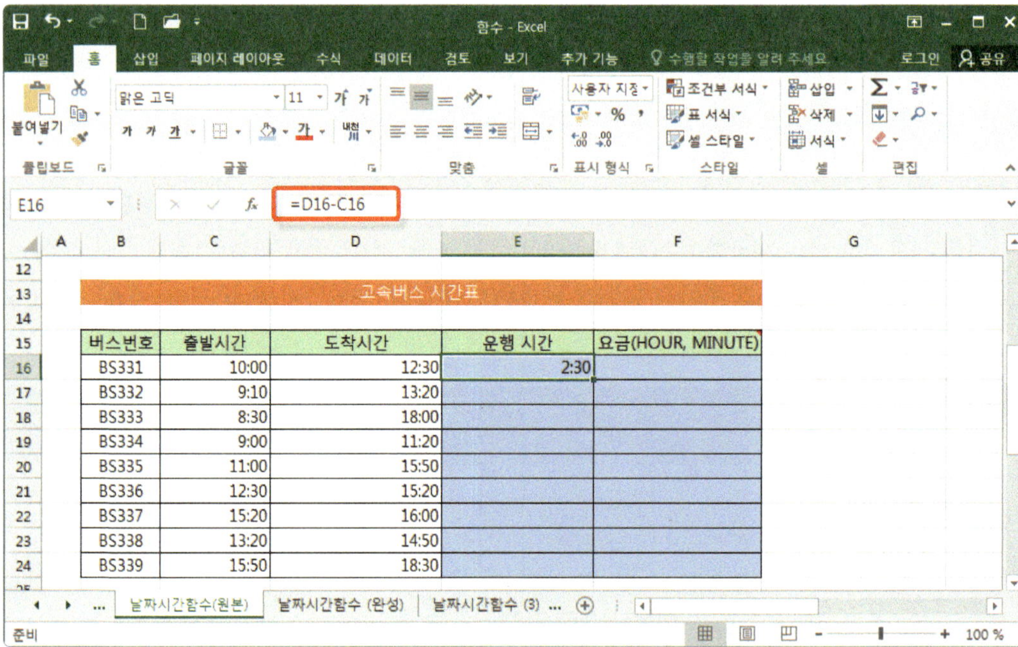

❶ 날짜 시간 함수 표에서 운행 시간을 계산하기 위해 [E16] 셀을 선택한 후 수식 입력 줄에 'D16−C16'을 입력한 후 자동 계산한다.

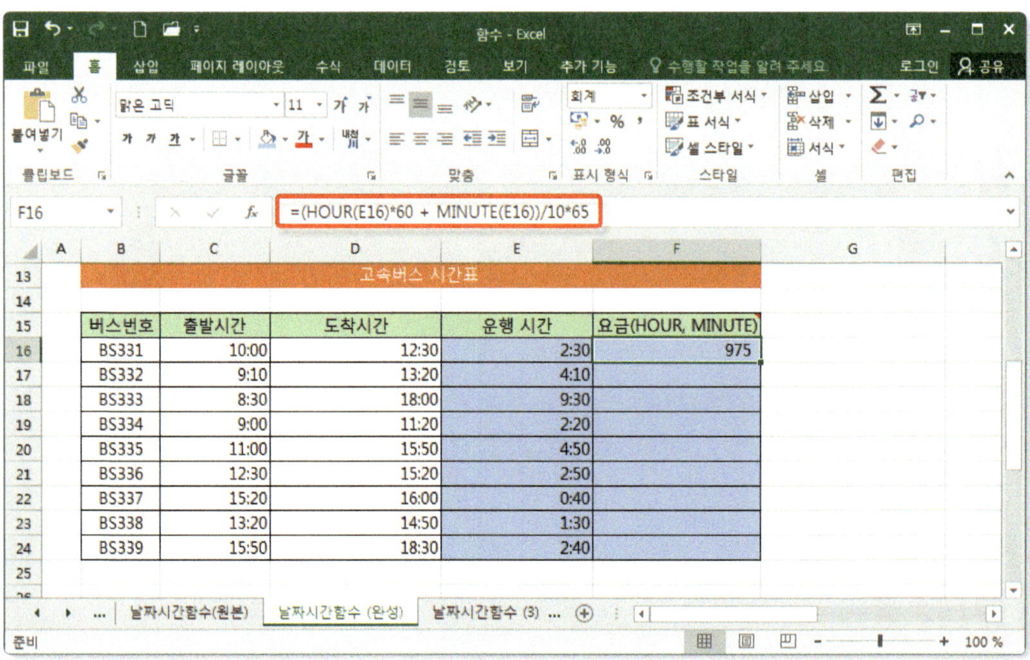

❷ 운행 요금은 10분당 65원이다. 운행 시간에 따른 요금을 계산하기 위해 [F16]을 분으로 환산한 후 10분당 65원을 계산한다.

❸ 수식 입력 줄에 "=(HOUR(E16)*60+MINUTE(E16))/10*65"를 입력한다.

❹ 함수 마법사를 이용하려면 HOUR 함수를 선택한 후 Serial_number에 [E16]을 입력한다.

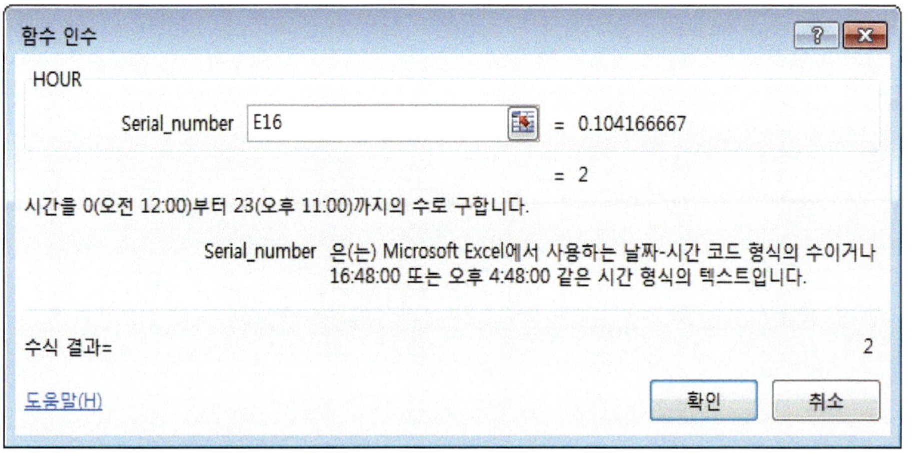

❺ 시간을 분으로 환산하기 위해 HOUR 함수에 60을 곱한다.

❻ 다시 MINUTE 함수를 불러서 Serial_number에 [E16]을 입력한다.
수식 입력 줄에 (=(HOUR(E16)*60+MINUTE(E16))/10 * 65)를 입력한다.

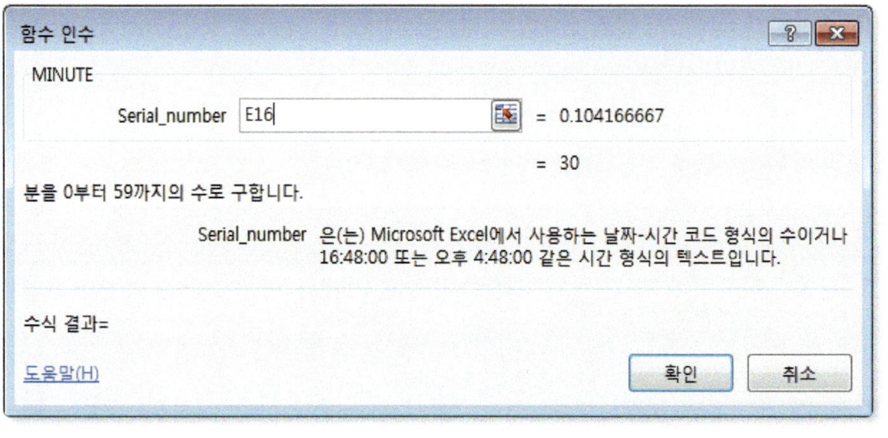

3.3.3 나이 계산(YEAR, WEEKDAY, DATEDIF) 함수

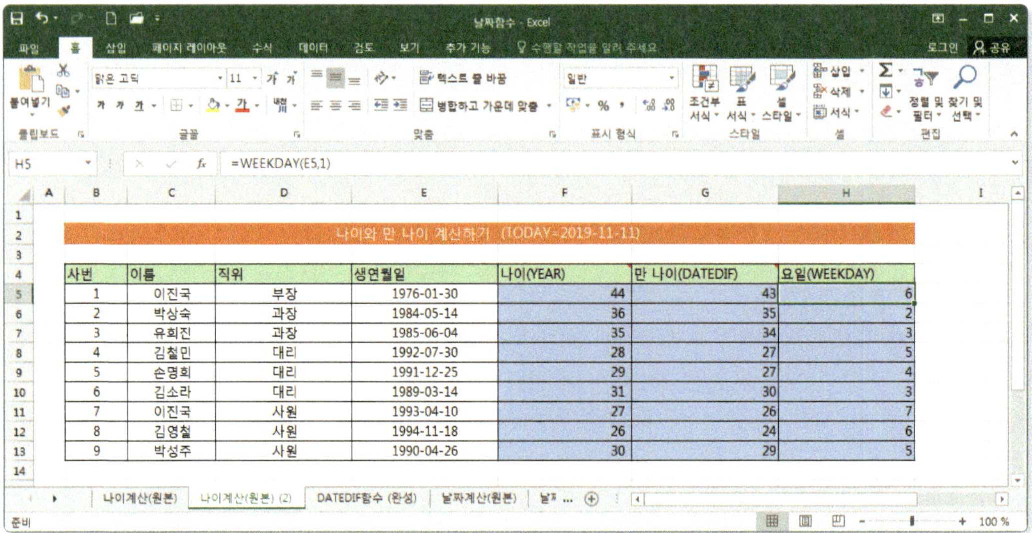

나이 계산 함수(YEAR, WEEKDAY)

❶ 나이를 계산하기 위한 함수와 요일 계산 함수를 알아보자. 다음 예제를 통해 YEAR 함수와 WEEKDAY 함수를 익혀보자

❷ 일반적으로 나이는 매년 1월 1일을 기준으로 한 살씩 늘어난다.

❸ 나이를 계산하기 위해 [F5] 셀을 선택하고, 함수 마법사에서 YEAR 함수를 선택하여 오늘의 년도를 구한 후 E5 셀의 년도를 빼 나이를 계산한다.

= “YEAR(TODAY()) − YEAR(E5) + 1”

❹ [F5] 셀의 채우기 핸들을 더블 클릭하여 수식을 복사한다.

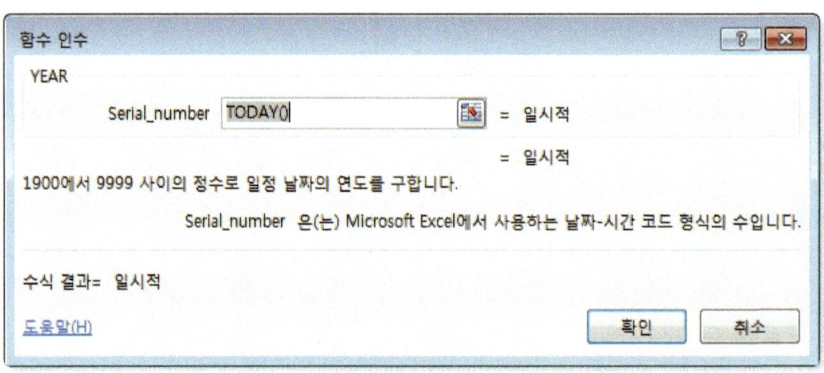

❺ 태어난 날의 요일을 구하기 위해 [H5] 셀을 선택 후 WEEKDAY 함수를 삽입한다.

❻ Serial_number에는 생년월일 [E5]를, Return_type에는 1을 입력한다. 일요일을 1로 하는 유형은 1, 월요일을 1로 돌려주는 유형은 2를, 월요일을 0에서 시작하는 유형은 3을 입력한다.

❼ 아래로 드래그하여 완성한다.

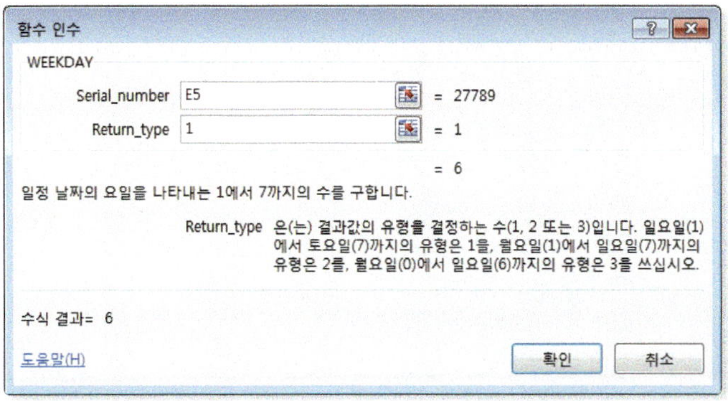

만 나이 계산(DATEDIF) 함수

❶ 두 날짜 사이의 일, 월 또는 연도 수를 계산한다. DATEDIF 함수는 엑셀에서 제공되는 함수가 아니므로 함수 마법사에 포함되지 않는다. 따라서 수식 입력 줄에 직접 입력해 사용해야 하는 함수다.

❷ 연도를 구할 때는 "=DATEDIF(기간 시작일, 기간 종료일,"Y")"
월을 구할 때는 "=DATEDIF(기간 시작일, 기간 종료일,"M")"
일을 구할 때는 "=DATEDIF(기간 시작일, 기간 종료일,"D")" 그 외 옵션은 다음 표와 같다.

❸ 만 나이는 생일이 될 때마다 한 살씩 늘어난다. 만 나이를 계산하기 위해서는 [G5] 셀을 선택한 후 DATEDIF 함수와 TODAY 함수를 사용한다. "=DATEDIF(E5, TODAY(),"Y")"

❹ [G5] 셀의 채우기 핸들을 더블 클릭하여 수식을 복사한다.

DATEDIF 함수 옵션			
Y	두 날짜 사이의 연의 차를 구한다	YM	두 날짜 사이의 연의 차를 구하고 남은 개월 수를 구한다
M	두 날짜 사이의 월의 차를 구한다	YD	두 날짜 사이의 연의 차를 구하고 남은 일수를 구한다
D	두 날짜 사이의 일의 차를 구한다	MD	두 날짜 사이의 연, 월의 차를 구하고 남은 일수를 구한다

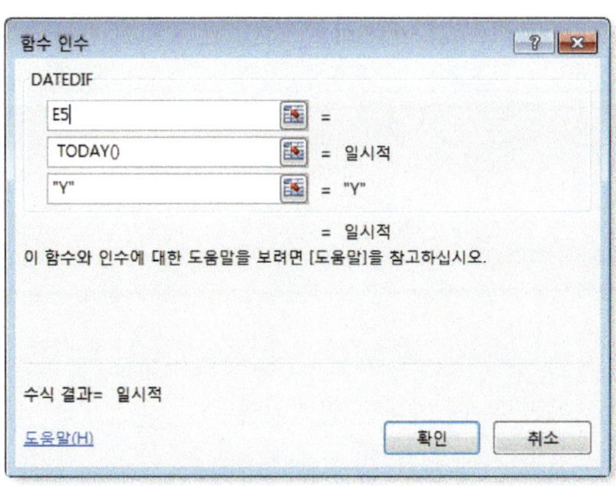

3.4 IF 함수 사용하기

함수 이름 (함수 범주)	함수의 형식과 사용 예
IF (논리)	=IF(Logical_test, Value_if_true, Value_if_false) • 조건 검사를 한 후 조건에 만족하는 값(TRUE), 만족하지 않는 값(FALSE)을 돌려줌
AND (논리)	=AND(Logical1, Logical2,...) • 인수가 모두 참일 때 조건을 만족
OR (논리)	=OR(Logical1, Logical2,...) • 인수 중 하나라도 참이면 참
NOT (논리)	=NOT(Logical) • 인수의 반대 논릿값을 표시

IF 함수는 가장 많이 사용하는 Excel 함수 중 하나로, 특정 값과 예상 값을 논리적으로 비교하는 함수이다. 따라서 IF 문에서는 두 개의 결과가 나타날 수 있는데, 첫 번째 결과는 비교가 True인 경우이고 두 번째 결과는 비교가 False인 경우이다.

다음 "1차 창의경진대회 성적" 표에서 IF 함수를 사용해보자.

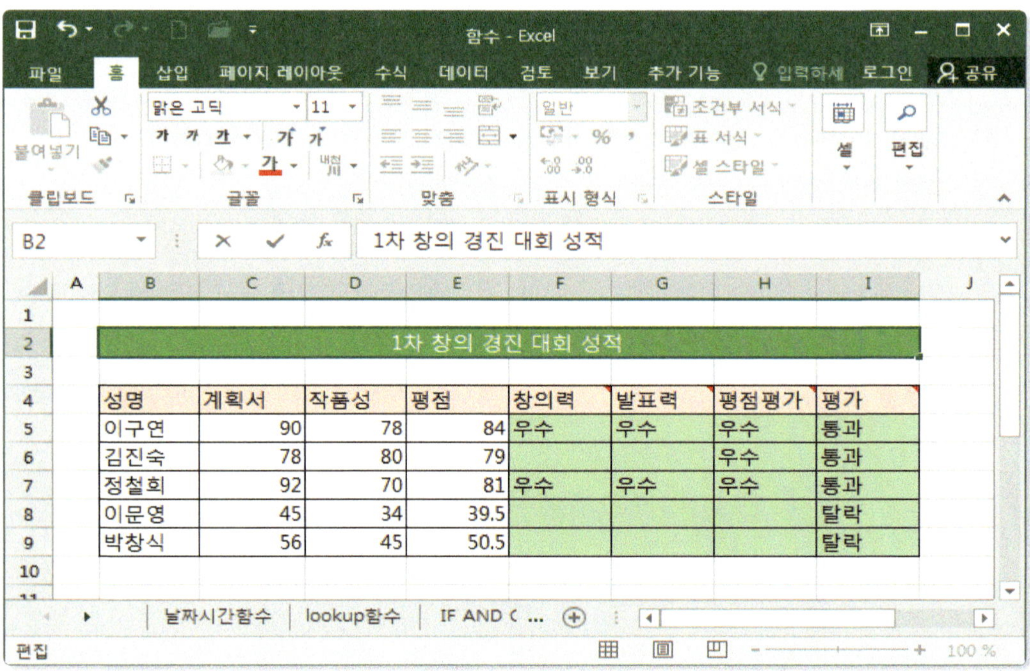

3.4.1 IF 함수

❶ 창의력은 평점이 80 이상이면 우수, 아니면 공백이다.

❷ [F5] 셀을 선택한 후 함수 마법사에서 IF 함수를 선택한다.

❸ 첫 번째 값은 IF문의 조건이므로 "E5>=80", 두 번째는 조건이 TRUE일 때 실행할 내용이므로 "우수", 세 번째 란에는 결과를 공백으로 해야 하므로 인용부호(" ") 2개를 입력한다.

❹ [F5] 셀의 채우기 핸들을 더블 클릭하여 수식을 복사한다.

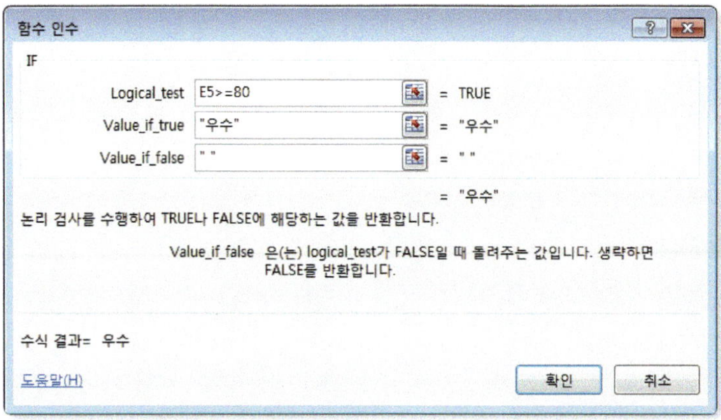

3.4.2 IF, AND 함수

❶ 발표력은 계획서가 90 이상이고, 작품성이 70 이상이면 "우수", 아니면 공백이다.

❷ [G5] 셀을 선택한 후 함수 마법사에서 IF 함수를 선택한다.

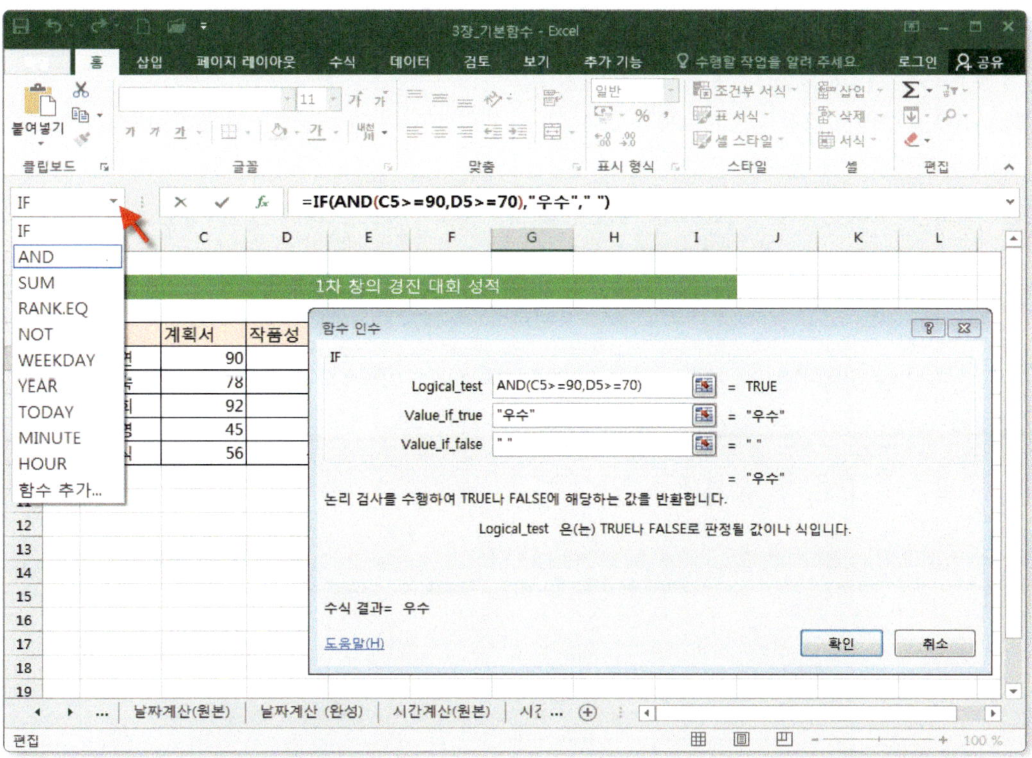

❸ 조건이 (C5>=90 AND D5>=70)이므로 IF 문에서 AND 함수를 삽입한다. 함수 안에서 함수를 삽입할 때는 이름 상자 자리의 함수 추가에서 AND 함수를 추가한다.

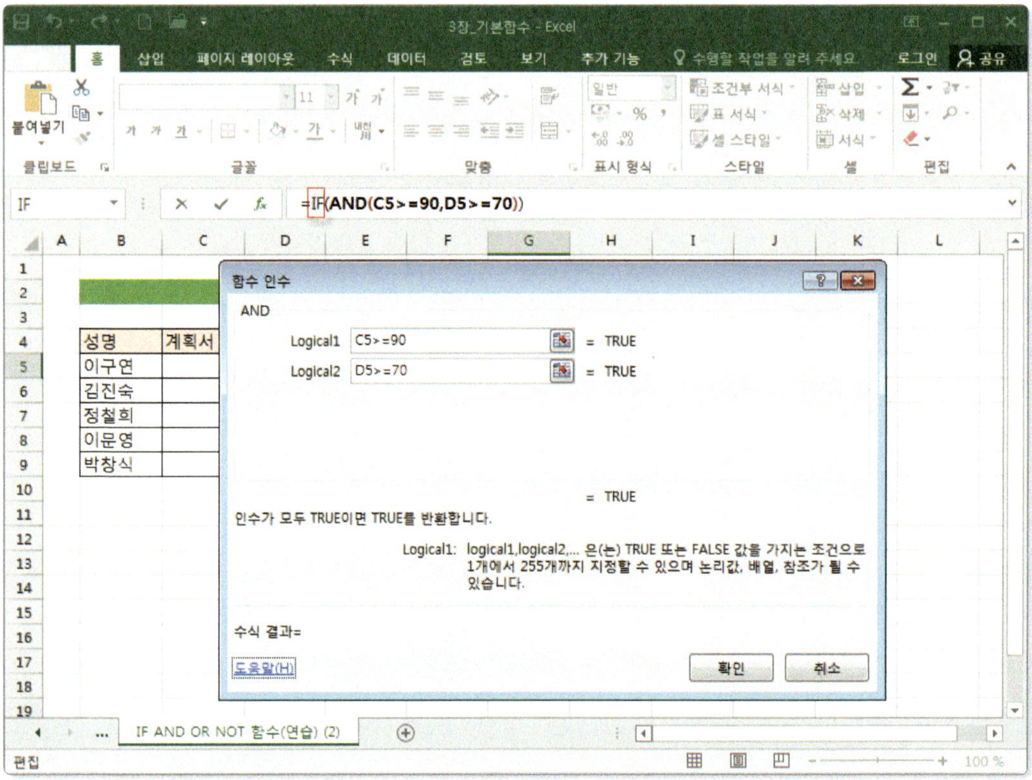

❹ AND 함수에서 조건을 "C5>=90", "D5>=70"을 입력한 뒤 확인을 클릭하지 않고, 수식 입력 줄의 IF를 클릭하여 IF 문으로 돌아온다.

❺ Value_if_true는 조건이 TRUE일 때 실행할 내용이므로 "우수", Value_if_false는 결과를 공백으로 나타내므로 인용 부호(" ")를 입력한다.

❻ [G5] 셀의 채우기 핸들을 더블 클릭하여 수식을 복사한다.

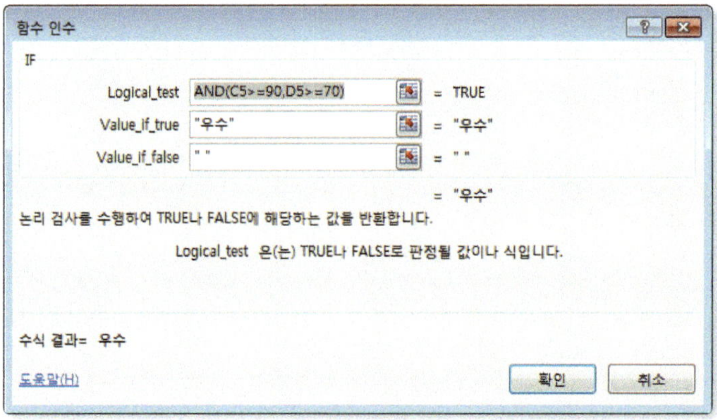

3.4.3 IF, NOT 함수

❶ 평점 평가는 평점[E5]이 70보다 작지 않으면 "우수", 아니면 공백이다.

❷ [H5] 셀을 선택한 후 함수 마법사에서 IF 함수를 선택한다.

❸ IF 문에서 다시 NOT 함수를 삽입한다.

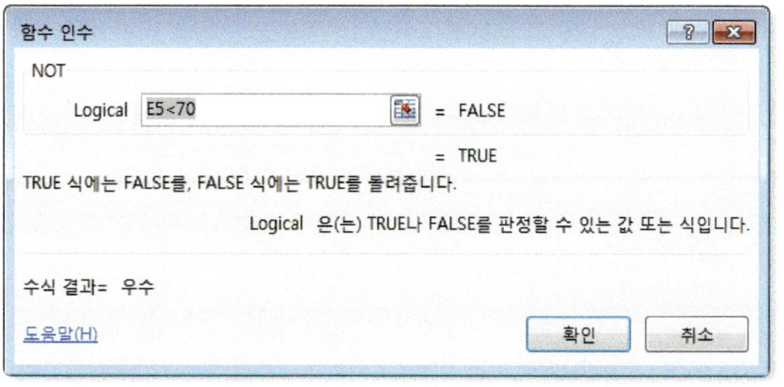

❹ NOT 함수에 "E5 〈 70"을 입력한 후 수식 입력 줄의 IF를 클릭하여 IF 문으로 돌아온다.

❺ Value_if_true는 조건이 TRUE일 때 실행할 내용이므로 "우수", Value_if_false는 결과를 공백으로 나타내므로 인용 부호(" ") 를 입력한다.

❻ [H5] 셀의 채우기 핸들을 더블 클릭하여 수식을 복사한다.

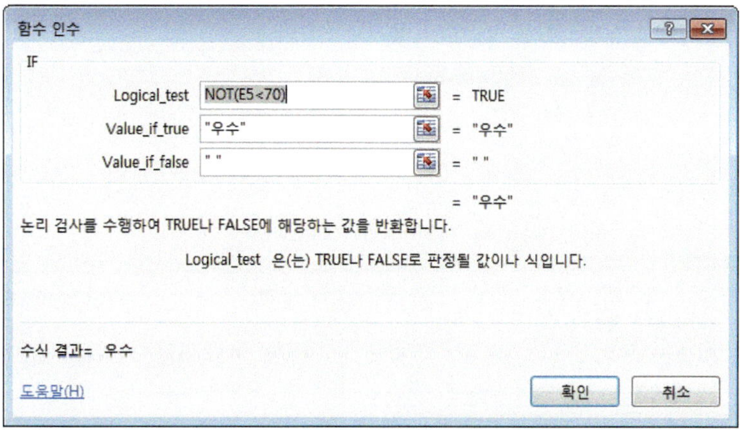

3.4.4 IF, OR 함수

❶ 평가는 계획서[C5]가 70보다 작거나, 작품성[D5]이 70보다 작거나, 평점[E5]이 70보다 작으면 "탈락", 아니면 "통과"이다.

❷ [I5] 셀을 선택한 후 함수 마법사에서 IF 함수를 선택한다.

❸ IF 문에서 OR 함수를 추가한다.

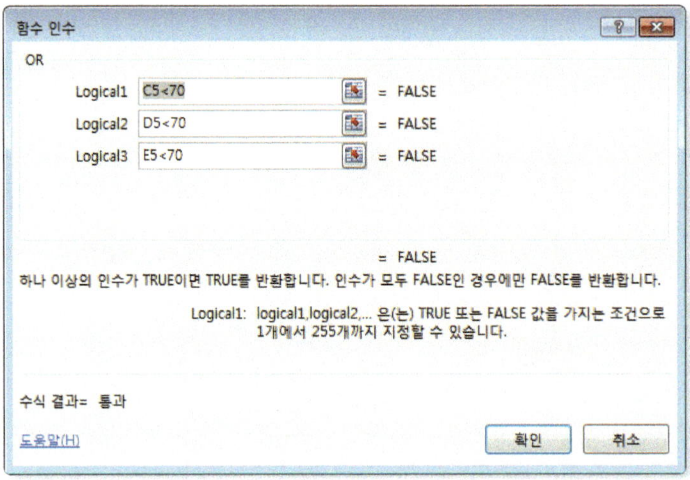

❹ OR 함수에서 C5〈70, D5〈70, E5〈70을 입력한 후 수식 입력 줄의 IF를 클릭하여 IF 함수로 돌아온다.

❺ Value_if_true는 조건이 TRUE일 때 실행할 내용이므로 “탈락”, Value_if_false는 “통과”를 입력한다.

❻ [I5] 셀의 채우기 핸들을 더블 클릭하여 수식을 복사한다.

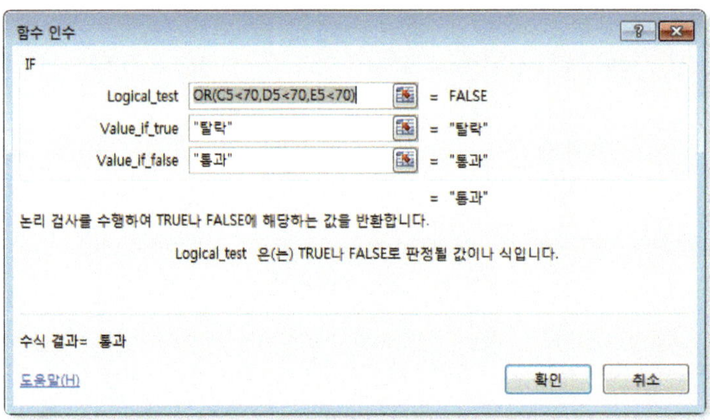

실무 활용 문제 1

다음 "근속기간 계산" 표에서 입사일과 퇴사일을 기준으로 총 근무한 일자와 연, 월, 일을 계산해보자.

결과 화면

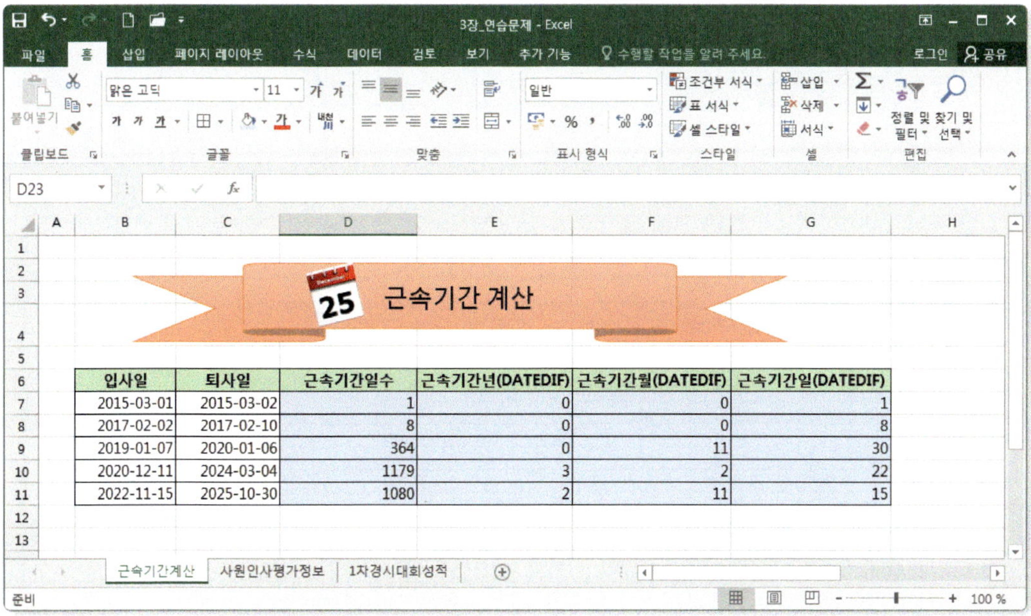

작성 조건

❶ 총 근무한 일수를 계산해보자. [D7] 셀을 선택한 후 퇴사일에서 입사일을 빼 계산한다(=C7−B7). 아래로 드래그하여 자동 계산을 완성한다.

❷ 총 근무한 근속 연수를 계산해보자. [E7] 셀을 선택한 후 수식 입력 줄에 "=DATEDIF(B7,C7,"Y")"를 입력한다. 아래로 드래그하여 자동 계산을 완성한다.

❸ 총 근무한 근속 연수를 제하고 남은 개월 수를 계산해보자. [F7] 셀을 선택한 후 수식 입력 줄에 "=DATEDIF(B7,C7,"YM")"를 입력한다. 아래로 드래그하여 자동 계산을 완성한다.

❹ 총 근무한 근속 연수와 개월 수를 제하고 남은 일수를 계산해보자. [G7] 셀을 선택한 후 수식 입력 줄에 "=DATEDIF(B7,C7,"MD")"를 입력한다. 아래로 드래그하여 자동 계산을 완성한다.

실무 활용 문제 2

다음 "사원 인사 평가 정보" 표에서 직무 만족도, 업적 평가, 능력 평가를 기준으로 합계, 등수, 승진 여부를 구해보자.

결과 화면

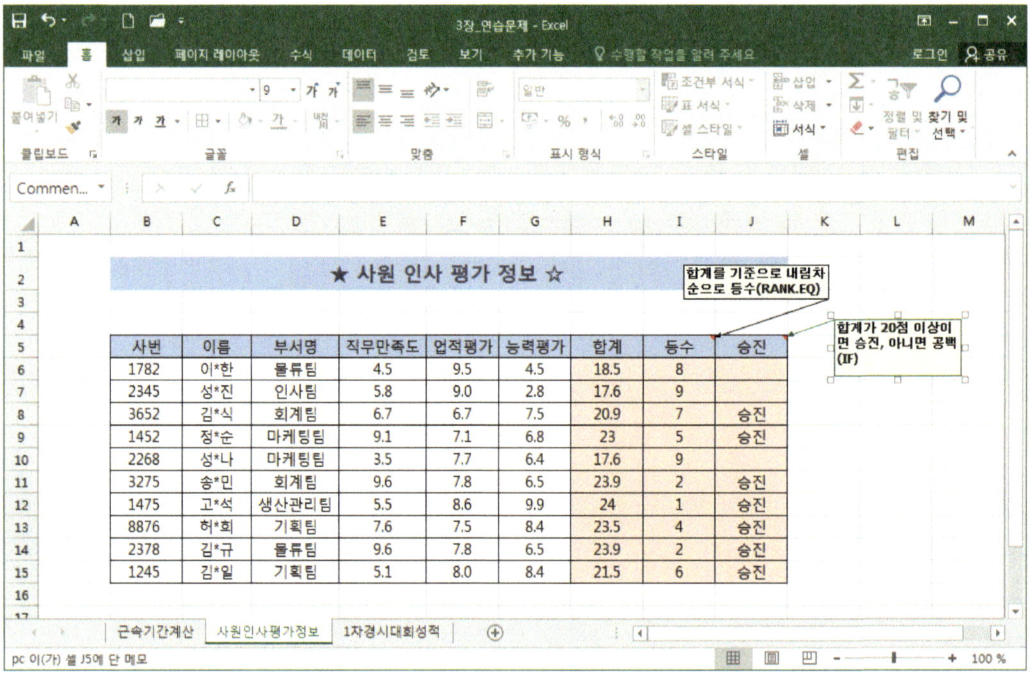

사번	이름	부서명	직무만족도	업적평가	능력평가	합계	등수	승진
1782	이*한	물류팀	4.5	9.5	4.5	18.5	8	
2345	성*진	인사팀	5.8	9.0	2.8	17.6	9	
3652	김*식	회계팀	6.7	6.7	7.5	20.9	7	승진
1452	정*순	마케팅팀	9.1	7.1	6.8	23	5	승진
2268	성*나	마케팅팀	3.5	7.7	6.4	17.6	9	
3275	송*민	회계팀	9.6	7.8	6.5	23.9	2	승진
1475	고*석	생산관리팀	5.5	8.6	9.9	24	1	승진
8876	허*희	기획팀	7.6	7.5	8.4	23.5	4	승진
2378	김*규	물류팀	9.6	7.8	6.5	23.9	2	승진
1245	김*일	기획팀	5.1	8.0	8.4	21.5	6	승진

작성 조건

❶ 합계는 직무 만족도, 업적 평가, 능력 평가를 더하여 계산한다(=SUM(E6:G6).

❷ 등수 항목은 합계를 기준으로 내림차순으로 계산한다.

❸ [I6] 셀을 선택한 후 RANK.EQ를 삽입하여 계산식 "=RANK.EQ(H6,$H$6:$H$15)"를 입력한다.

❹ 아래로 드래그하여 자동 계산을 완성한다.

❺ 승진은 합계가 20점 이상이면 승진, 아니면 공백이다.

❻ [J6] 셀을 선택한 후 IF 함수를 삽입하여 조건식 "H6>=20"을 입력한다. 조건이 맞으면 "승진", 아니면 공백 ""을 입력한다(=IF(H6>=20,"승진","").

❼ 아래로 드래그하여 자동 계산을 완성한다.

실무 활용 문제 3

다음 "1차 경시대회 성적" 표에서 계획서, 작품성, 평점을 기준으로 평가와 성적을 구해보자.

결과 화면

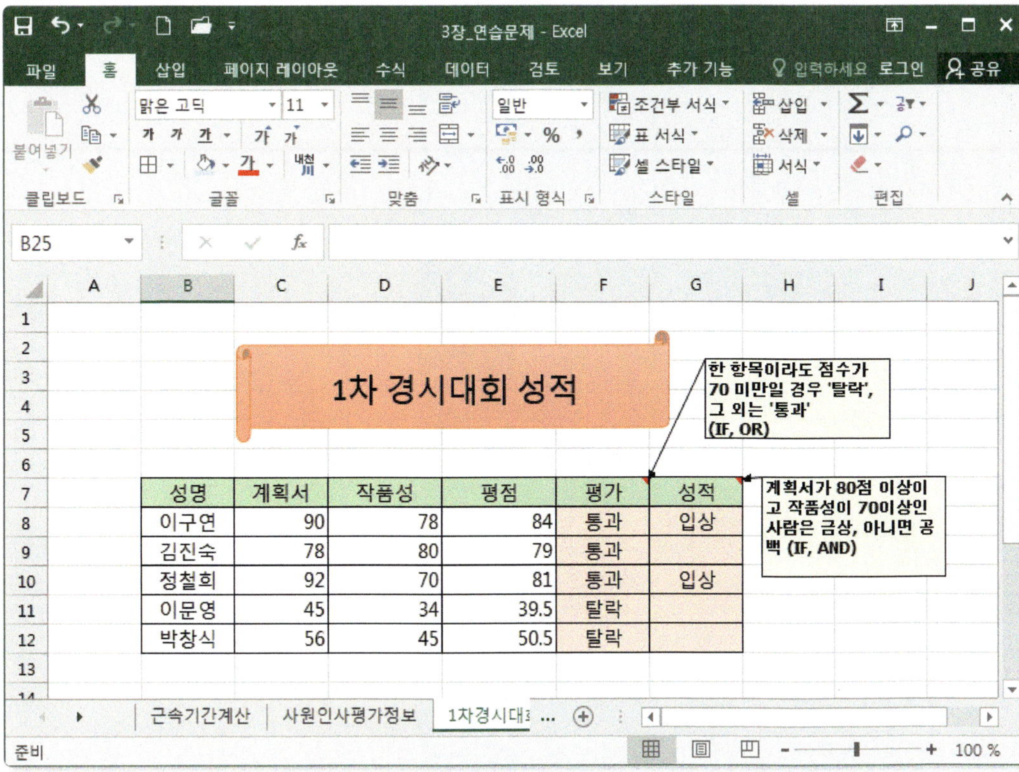

작성 조건

❶ 평가 항목은 한 항목이라도 점수가 70 미만일 경우 '탈락', 그 외는 '통과'이다.

❷ [F8] 셀을 선택하여 IF 함수를 삽입한 후, 각 조건이 OR 조건이므로 OR 함수를 추가한다.

❸ OR 함수에서 "C8<70,D8<70,E8<70"을 입력한 후 IF 함수로 돌아와 조건이 맞으면 "탈락", 아니면 "통과"를 입력한다. 아래로 드래그하여 자동 계산을 완성한다.

❹ 성적은 계획서가 80점 이상이고 작품성이 70 이상인 사람은 "입상", 아니면 공백("")이다.

❺ [G8] 셀을 선택하여 IF 함수를 삽입한 후, 각 조건이 AND 조건이므로 AND 함수를 추가한다.

❻ AND 함수에서 "C8>=80,D8>=70"을 입력한 후 IF 함수로 돌아와 조건이 맞으면 "입상", 아니면 ""를 입력한다. 아래로 드래그하여 자동 계산을 완성한다.

Preview

CHAPTER 04

실무 함수 활용하기

CHAPTER

04 실무 함수 활용하기

• 엑셀에서는 계산기를 사용하는 것보다도 쉽게 수식 계산을 할 수 있다. 복잡한 계산 과정을 미리 함수로 정해 놓고 함수를 사용하여 수식을 간단히 해결함으로써 보다 강력한 계산 기능을 제공한다. 실무 예제를 통해 함수 사용을 익혀 보자.

4.1 함수 활용하기

4.1.1 텍스트 함수

텍스트 함수는 셀의 내용에서 일부분을 원하는 길이만큼 추출하거나 특정 텍스트의 위치를 숫자로 반환하는 등의 함수이다.

함수 이름 (함수 범주)	함수의 형식과 사용 예
MID (텍스트)	=MID(Text, Start_Num, Num_chars) • 지정한 중간 문자부터 지정한 개수만큼 문자를 추출
LEFT (텍스트)	=LEFT(Text, Num_chars) • 셀 값의 왼쪽부터 지정한 문자 수만큼 문자를 추출
RIGHT (텍스트)	=RIGHT(Text, Num_chars) • 셀 값의 오른쪽부터 지정한 문자 수만큼 문자를 추출
LEN (텍스트)	=LEN(text) • LEN 함수는 텍스트 문자열의 문자 수를 반환
FIND (텍스트)	=FIND(find_text, within_text, [start_num]) • 두 번째 텍스트 문자열에서 지정된 텍스트 문자열을 검색하고, 두 번째 텍스트 문자열의 첫 문자를 기준으로 첫 번째 문자열이 시작하는 위치에 해당하는 숫자를 반환

- find_text: 필수 요소로 찾으려는 텍스트.
- within_text: 필수 요소로 찾으려는 텍스트를 포함하는 텍스트.
- start_num: 선택 요소로 검색을 시작할 문자를 지정. within_text에서 첫 문자의 문자 번호는 1이며 start_num을 생략하면 1로 간주.

MID 함수

주민번호에서 MID 함수를 이용하여 성별을 구한다.

❶ 성별을 구하기 위해 [I5] 셀을 선택한 후 MID 함수를 삽입한다.

❷ Text에는 주민번호가 있는 [D5]를 선택한다.

❸ Start_num에는 성별이 있는 "8"을 입력한다.

❹ Num_chars에는 가져올 텍스트 개수인 "1"을 입력한다.

❺ 밑으로 드래그하여 자동 채우기를 실행하여 완성한다.

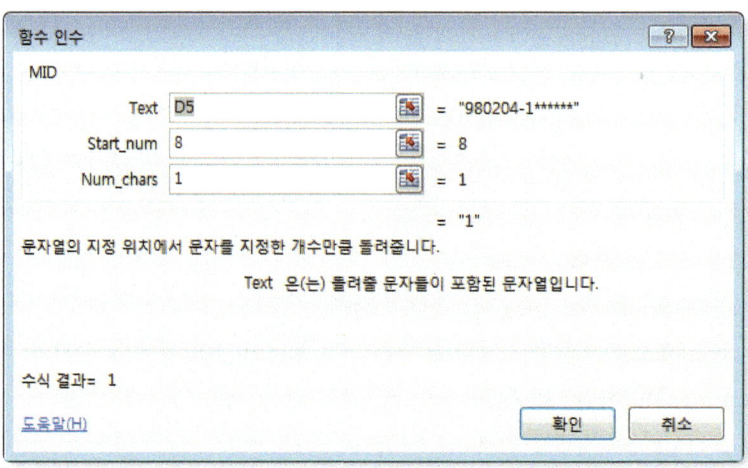

LEN 함수

메일 주소에서 **LEN** 함수를 이용하여 메일 주소의 길이를 구한다.

❶ 메일 길이를 구하기 위해 [J5] 셀을 선택한 후 **LEN** 함수를 삽입한다.

❷ Text에는 메일 주소가 있는 [E5]를 선택한다.

❸ 밑으로 드래그하여 자동 채우기를 실행하여 완성한다.

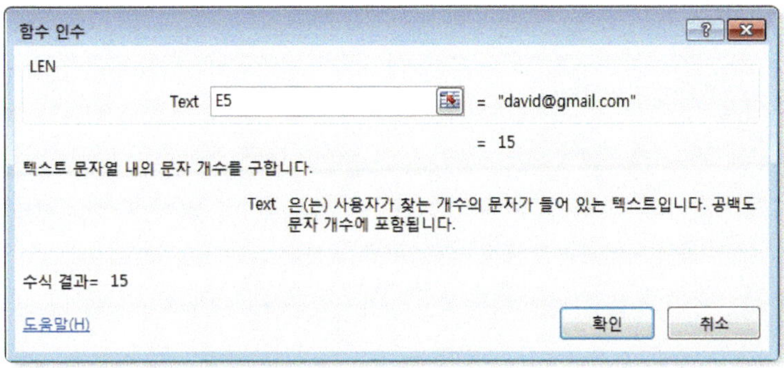

FIND 함수

메일 주소에서 **FIND 함수**를 이용하여 "@"의 위치를 구한다.

❶ [K5] 셀을 선택한 후 **FIND 함수**를 삽입한다.

❷ Find_text에는 "@"를 입력한다.

❸ Within_text에는 메일 주소가 있는 [E5]를 선택한다.

❹ Start_num은 생략한다.

❺ 밑으로 드래그하여 자동 채우기를 실행하여 완성한다.

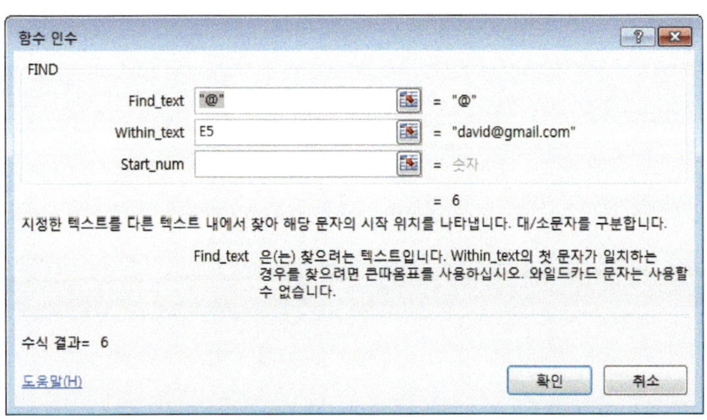

LEFT 함수

메일 주소에서 **LEFT 함수**를 이용하여 아이디를 구한다.

❶ 아이디를 구하기 위해 [L5] 셀을 선택한 후 **LEFT 함수**를 삽입한다.

❷ Text에는 메일 주소가 있는 [E5]를 선택한다.

❸ Num_chars에는 "@"이의 위치에서 "-1"을 한다.

❹ 밑으로 드래그하여 자동 채우기를 실행하여 완성한다.

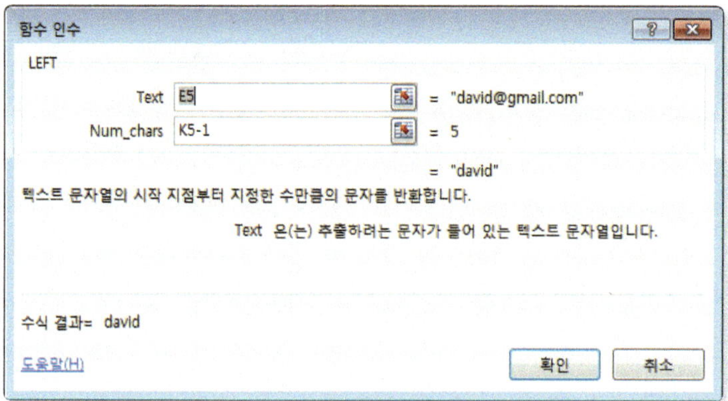

RIGHT 함수

메일 주소에서 **RIGHT 함수**를 이용하여 도메인을 구한다.

❶ 도메인을 구하기 위해 [M5] 셀을 선택한 후 **RIGHT 함수**를 삽입한다.

❷ Text에는 메일 주소가 있는 [E5]를 선택한다.

❸ Num_chars에는 메일 길이 [J5]에서 "@"의 위치인 [K5]를 뺀다.

❹ 밑으로 드래그하여 자동 채우기를 실행하여 완성한다.

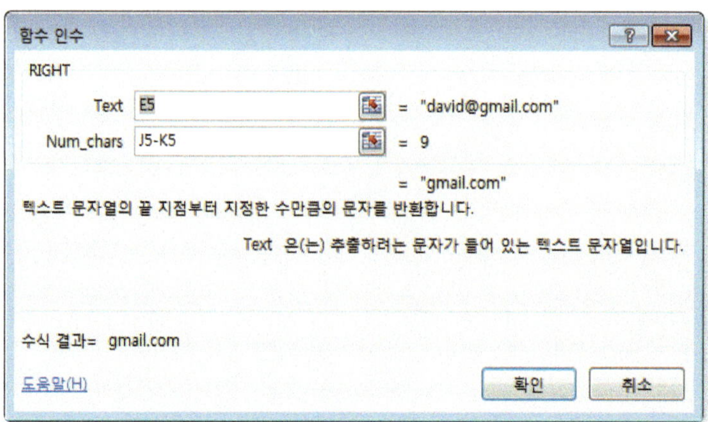

4.1.2 CHOOSE 함수

함수 이름 (함수범주)	함수의 형식과 사용 예
CHOOSE 함수 (찾기/참조)	=CHOOSE(index_num, value1, [value2], ...) • index_num을 사용하여 인수 값 목록에서 값을 반환

CHOOSE 함수는 1에서 시작하는 일련번호를 다른 값으로 표현하고자 할 때 IF 함수 대신 사용하면 좋다.

CHOOSE 함수에서 index_num을 기준으로 수행할 작업이나 값을 선택하는 데 사용하는 인수(value1, [value2], ...)는 1개부터 254개까지 지정할 수 있다. 인수는 숫자, 셀 참조, 정의된 이름, 수식, 함수 또는 텍스트가 될 수 있다.

index_num이 1이면 CHOOSE에서는 value1이 반환되고, 2이면 CHOOSE에서는 value2가 반환된다.

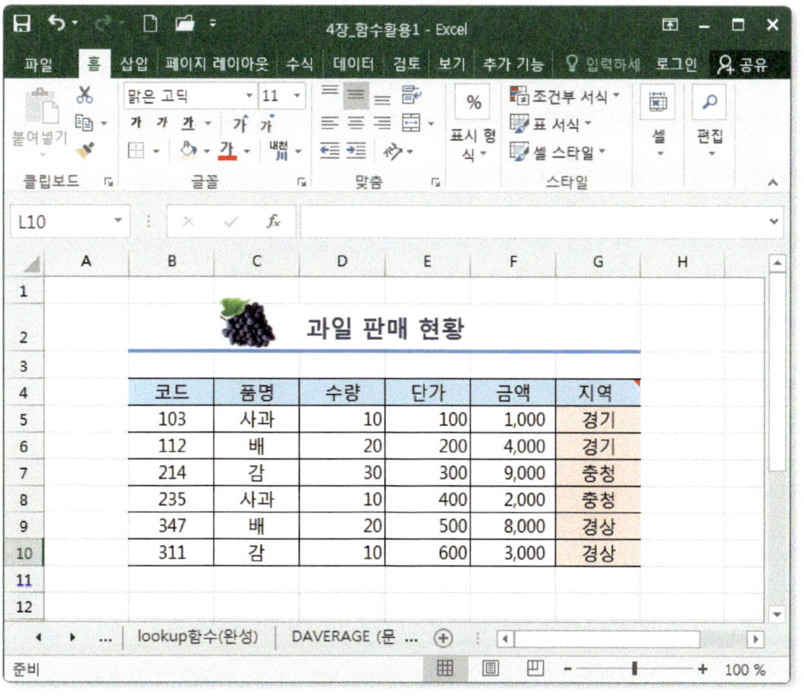

"과일 판매 현황" 표에서 코드 값을 기준으로 지역을 구해보자.

지역은 코드의 첫째 자리의 값이 "1"이면 "경기", "2"이면 "충청", "3"이면 "경상"이다.

❶ 코드가 103인 자료의 지역을 입력하기 위해 [G5] 셀을 선택한 후 CHOOSE 함수를 삽입한다.

❷ index_num 필드에는 [B5]의 첫째 값이 필요하므로 LEFT 함수를 추가한다.

❸ LEFT 함수에는 [B5]와 "1"을 지정한 후 CHOOSE 함수로 돌아온다.

❹ value1 필드는 **"1"**이면 **"경기"** 조건이므로 "경기"를 입력한다. value2 필드는 **"2"**이면 **"충청"** 조건이므로 "충청"을 입력한다. value3 필드는 **"3"**이면 **"경상"** 조건이므로 "경상"을 입력한다.

❺ 아래로 드래그하여 자동 채우기를 실행하여 완성한다.

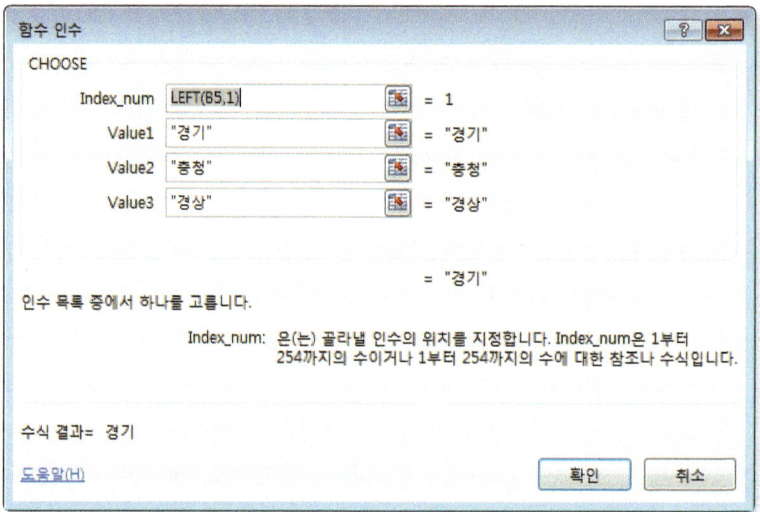

4.1.3 VLOOKUP/HLOOKUP 함수

VLOOKUP, HLOOKUP 함수는 표나 배열의 첫 번째 열에서 세로 방향(VLOOKUP)이나 가로 방향(HLOOKUP)으로 원하는 값을 추출하는 함수이다. 이 함수를 이용하기 위해서는 반드시 미리 제시된 정보표가 있어야 한다. 조건에 정확하게 일치하는 값을 찾기 위해서는 옵션을 '0'으로 지정하고, 근삿값을 찾을 때는 '1' 또는 '생략'을 할 수 있다. 조건의 정보표는 반드시 절대 주소를 사용하거나 미리 설정된 이름표를 사용한다.

함수 이름 (함수범주)	함수의 형식과 사용 예
VLOOKUP (찾기/참조)	=VLOOKUP(Lookup_value, Table_array, Col_index_num, Range_lookup) • 표나 배열의 첫 번째 열에서 세로 방향으로 원하는 값을 추출하는 함수이다. (Range_lookup에 1은 근삿값, 0은 일치하는 값을 나타낸다.)
HLOOKUP (찾기/참조)	=HLOOKUP(Hookup_value, Table_array, Row_index_num, Range_lookup) • 표나 배열의 첫 번째 행에서 가로 방향으로 원하는 값을 추출하는 함수이다. (Range_lookup에 1은 근삿값, 0은 일치하는 값을 나타낸다.)

- **Lookup_value:** 필수 요소로 표의 첫 행에서 찾을 값이다. lookup_value는 값, 참조 또는 텍스트 문자열일 수 있다.
- **Table_array:** 필수 요소로 데이터를 찾을 정보 표다. 범위에 대한 참조나 범위 이름을 사용한다. table_array의 첫째 행의 값은 텍스트, 숫자 또는 논릿값이 될 수 있다.

- **Range_lookup:** TRUE면 일부만 일치하는 값이 반환된다. table_array의 첫째 행 값은 반드시 오름차순(...–2, –1, 0, 1, 2,... , A–Z, FALSE, TRUE)으로 정렬되어 있어야 하고, 그렇지 않으면 HLOOKUP에서 정확한 값을 찾을 수 없다. range_lookup이 FALSE이면 정확히 일치하는 경우로 table_array가 정렬되지 않아도 무방하다. 대/소문자는 구분하지 않는다.
- **Row_index_num:** 필수 요소로 반환하려는 값이 있는 table_array의 행 번호이며 row_index_num이 1이면 table_array의 첫 번째 행 값을, 2이면 두 번째 행 값을 반환한다.

HLOOKUP 함수

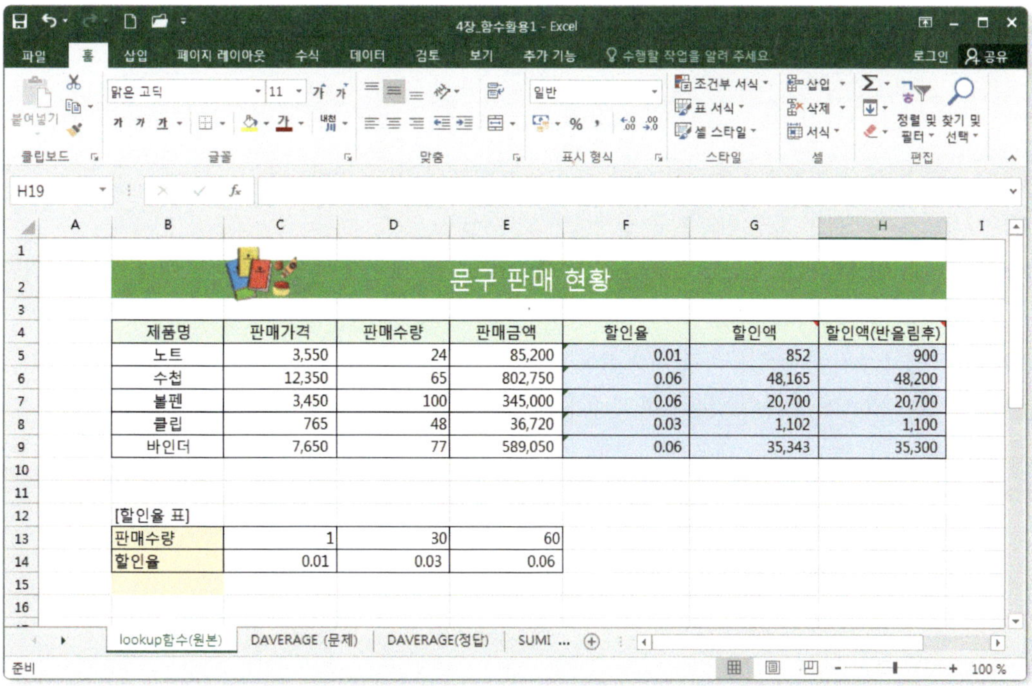

❶ "문구 판매 현황" 표에서 판매 수량으로 할인율을 구하기 위해 [F5] 셀을 선택한 후 HLOOKUP 함수를 삽입한다.

❷ Lookup_value 필드에는 판매 수량 [D5]를 입력한다.

❸ Table_array **필드**에는 [할인율 표] [C13:E14]를 입력한 후 절대 주소로 설정한다.

❹ Row_index_num 필드에는 할인율을 가져오므로 "2"를 입력한다.

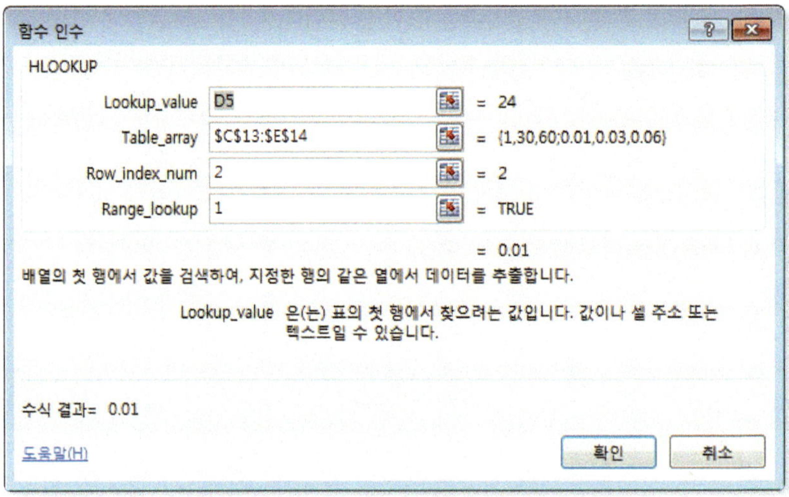

❺ Range_lookup 필드에는 비슷하게 일치하므로 TRUE나 “1”을 입력한다.

❻ 아래로 드래그하여 자동 채우기를 실행하여 완성한다.

❼ 할인액은 판매금액*할인율이므로 수식 입력 줄에 “=E5*F5”를 입력하여 계산 후 자동 채우기를 한다.

❽ 할인액을 100원 단위로 구하기 위해 10의 자리에서 반올림한다.

❾ [H5] 셀에 ROUND 함수를 삽입한 후 [G5]와 “–2”를 입력한다.

❿ 아래로 드래그하여 자동 채우기를 실행하여 완성한다.

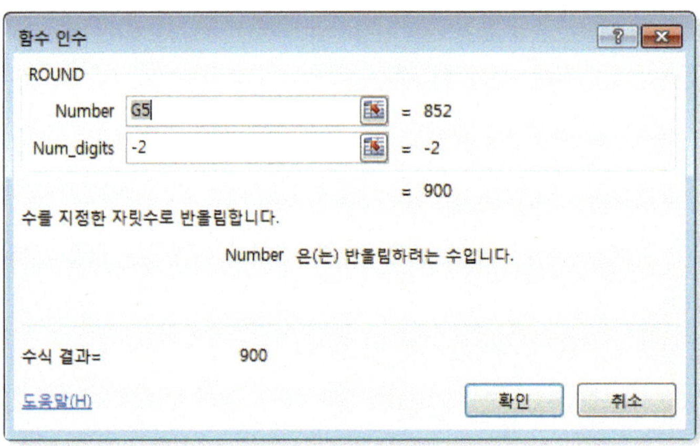

VLOOKUP 함수

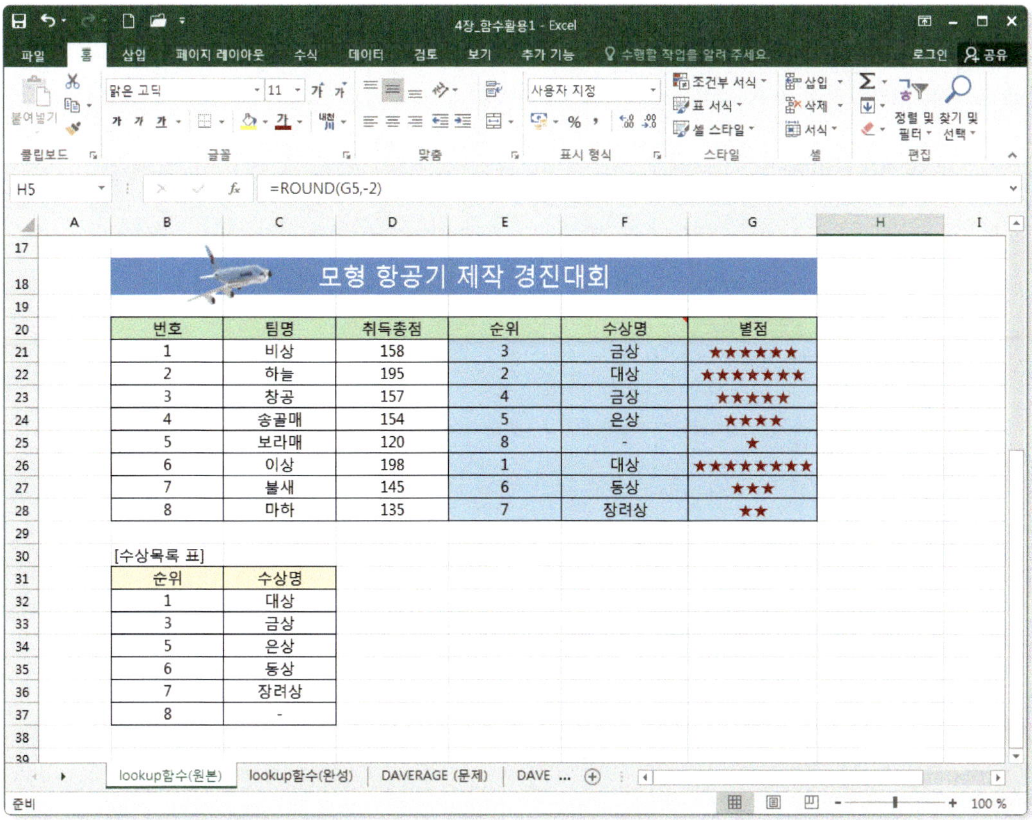

❶ 표에서 취득 점수를 기준으로 [E21] 셀에 RANK.EQ 함수를 이용하여 순위를 구한다.

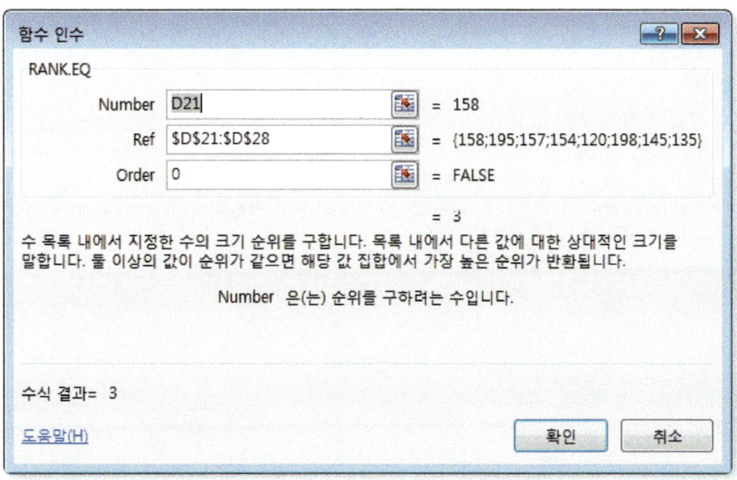

❷ 순위를 기준으로 수상명을 입력하기 위해 [F21] 셀을 선택한 후 VLOOKUP 함수를 삽입한다.

❸ Lookup_value 필드에는 순위 [E21]을 입력한다.

❹ Table_array 필드에는 기준표 [B32:C37]을 입력한 후 절대 주소로 설정한다.
❺ Row_index_num 필드에는 수상명을 가져오므로 "2"를 입력한다.
❻ Range_lookup 필드에는 비슷하게 일치하므로 TRUE나 "1"을 입력한다.
❼ 아래로 드래그하여 자동 채우기를 실행하여 완성한다.

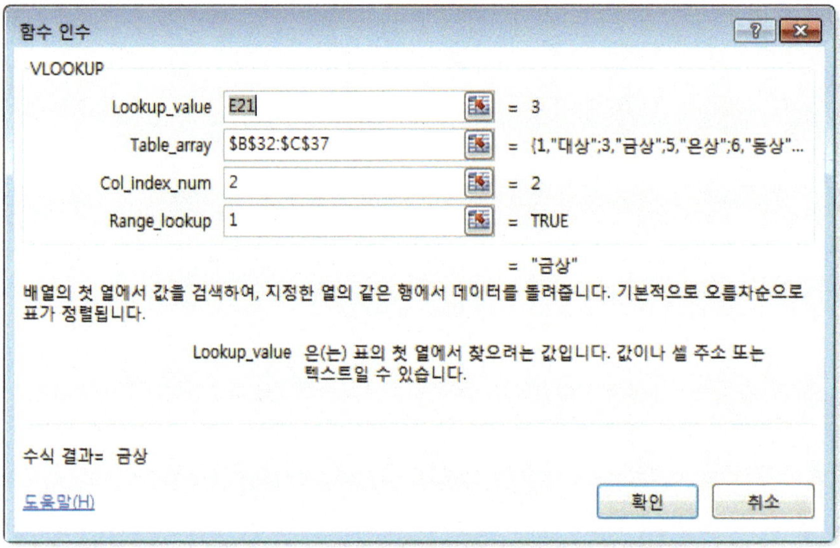

❽ 별점을 채우기 위해 [G21] 셀을 선택한 후 REPT 함수를 사용한다.
❾ Text에는 "★"을 입력한다.
❿ Number_times에는 반복 횟수이므로 1등이 별 8개를 가지기 위해 "9–[E21]"을 입력한다.
⓫ 아래로 드래그하여 자동 채우기를 실행하여 완성한다.

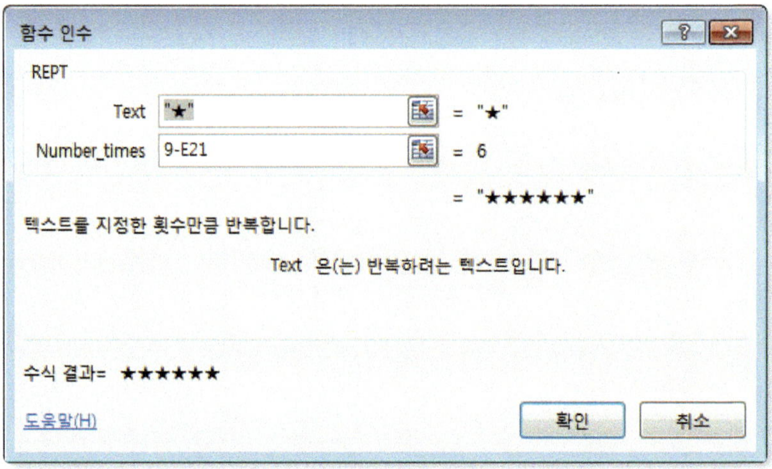

4.1.4 INDEX 함수

함수 이름 (함수 범주)	함수의 형식과 사용 예
INDEX (찾기/참조)	=INDEX(array, row_num, [column_num]) • 테이블 또는 배열에서 행 및 열 번호 인덱스로 선택된 요소의 값을 반환한다.

- 테이블 또는 배열에서 행 및 열 번호 인덱스로 선택된 요소의 값을 반환한다.
- **array(배열)**: 필수 요소로 배열 상수나 셀 범위이다.
- **row_num**: 필수 요소로 값을 반환할 배열의 행을 선택한다. Row_num을 생략하면 column_num이 필요하다.
- **column_num**: 선택 요소이며 값을 반환할 배열의 열을 선택한다. Column_num을 생략하면 row_num이 필요하다.

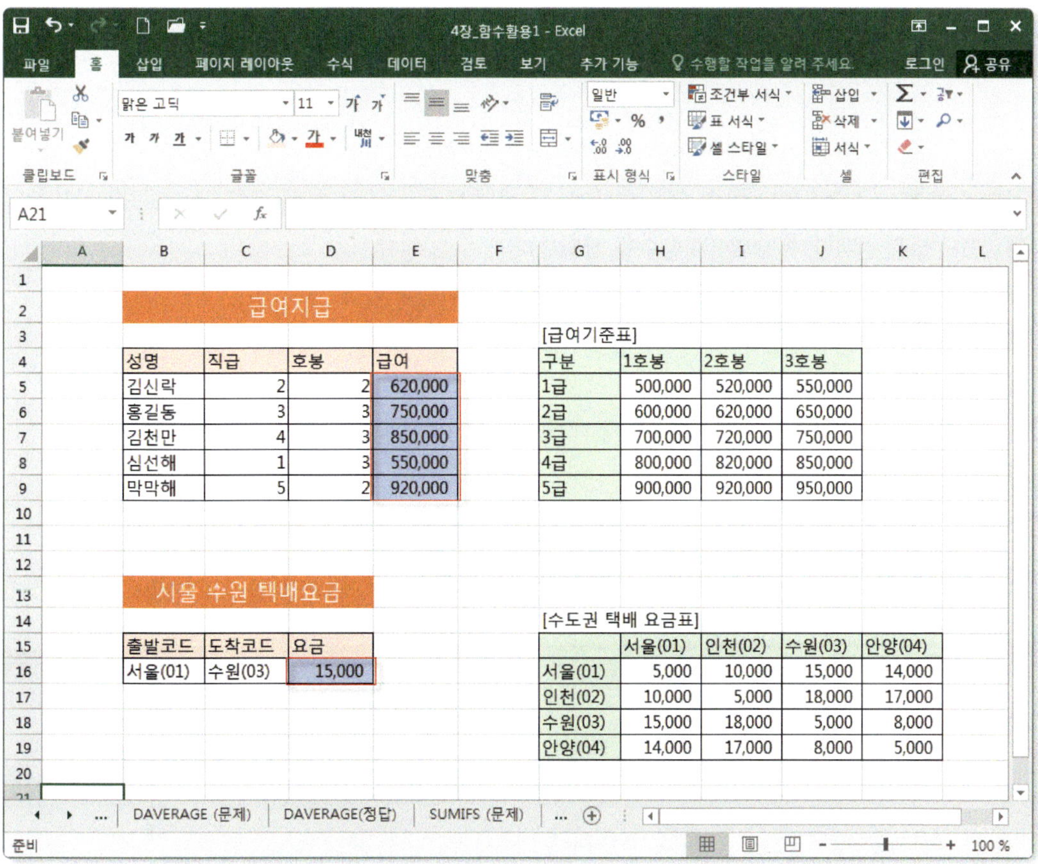

급여를 구하기 위해 "급여 기준표"에서 직급과 호봉에 따른 급여를 찾아온다.

❶ [E5] 셀을 선택한 후 INDEX 함수를 삽입한다.

❷ Array에는 급여 기준표의 데이터 [H5:J9]를 선택한 후 절대 주소를 만든다.

❸ Row_num에는 직급에 해당되는 [C5]를 입력한다.

❹ Column_num에는 호봉에 해당되는 [D5]를 입력한다.

❺ 아래로 드래그하여 자동 채우기를 실행하여 완성한다.

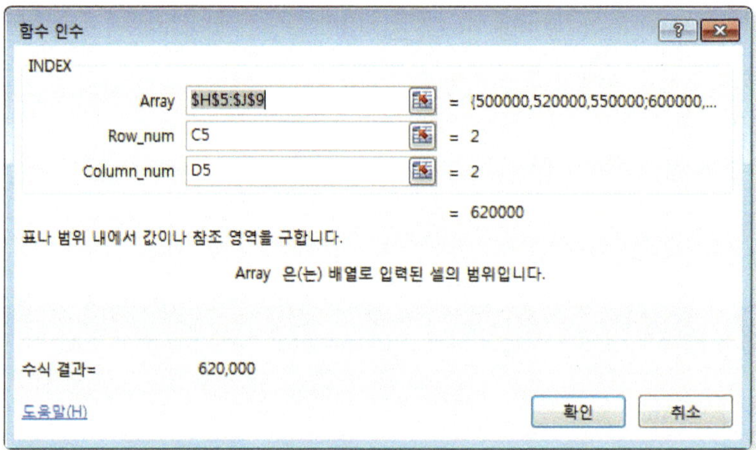

서울 수원 택배 요금을 구하기 위해 수도권 택배 요금표에서 출발, 도착에 해당되는 요금을 찾는다.

❶ [D16] 셀을 선택한 후 INDEX 함수를 삽입한다.

❷ Array에는 수도권 택배 요금표의 데이터 부분 [H16:K19]를 이력한다.

❸ Row_num에는 출발 코드의 5번째 텍스트를 가져오기 위해 MID 함수를 추가한다.

❹ MID(B16,5,1)을 입력한다.

❺ Column_num에는 도착 코드의 5번째 텍스트를 가져오기 위해 MID 함수를 추가한다.

❻ MID(C16,5,1)을 입력한다.

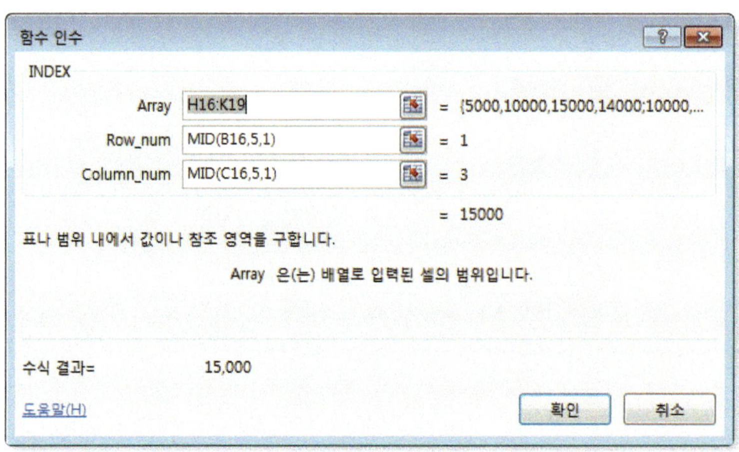

4.1.5 SUMIFS, COUNTIFS 함수

사용자가 지정한 조건을 만족하는 범위 값의 합계를 계산할 때 SUMIFS 함수를 사용한다.

함수 이름 (함수 범주)	함수의 형식과 사용 예
SUMIFS (수학 및 삼각함수)	=SUMIFS(sum_range, criteria_range1, criteria1, [criteria_range2, criteria2], …) • 여러 조건을 충족하는 모든 인수를 더한다
COUNTIFS (통계함수)	=COUNTIFS(criteria_range1, criteria1, [criteria_range2, criteria2],…) • 여러 범위에 걸쳐 있는 셀에 조건을 적용하고 모든 조건이 충족되는 횟수를 계산

- **sum_range**: 필수 요소로 합을 구할 실제 셀 범위다. 각 범위의 셀은 숫자나 이름, 배열 또는 숫자가 들어 있는 참조여야 한다.
- **criteria_range1**: 필수 요소로 criteria1을 사용하여 평가하는 범위다.
- **criteria1**: criteria_range1에서 어떤 셀을 더할지 지정하는 조건이다.
- **criteria_range2, criteria2, …**: 추가로 지정할 범위 및 관련 조건이다. 최대 127개의 range/criteria 쌍을 입력할 수 있다.

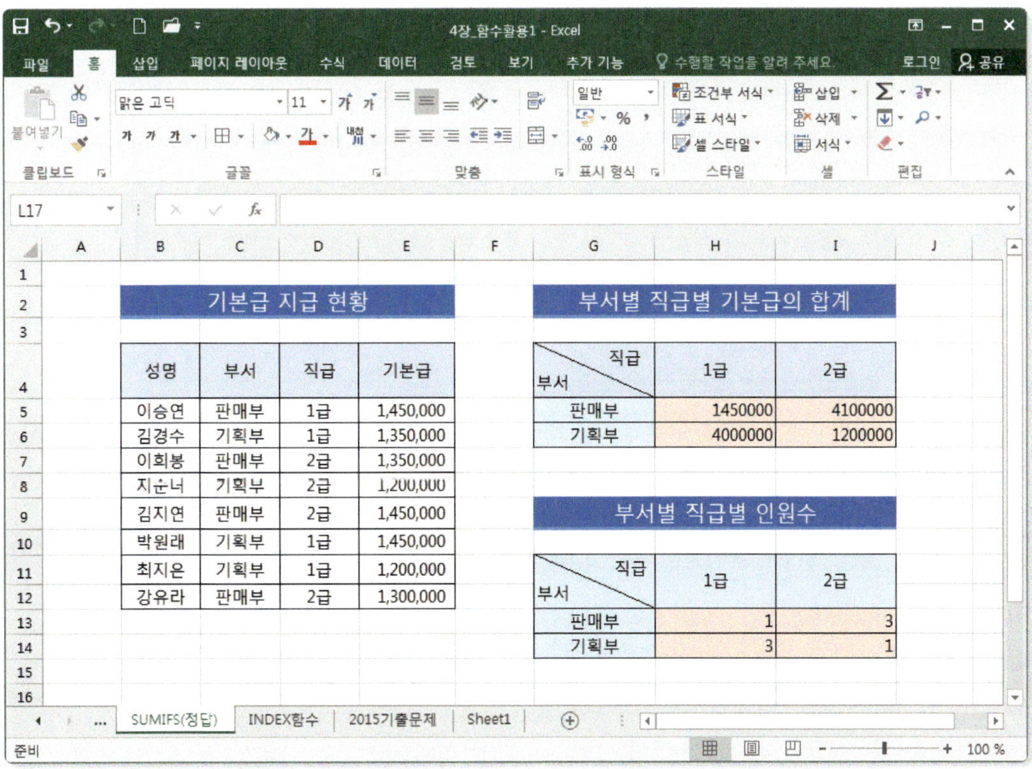

SUMIFS 함수

부서와 직급에 따른 기본급의 합계를 구하려 한다.

[1] 판매부 1급의 기본급 합계를 구한 후 자동 채우기를 이용하여 판매부 2급의 기본급 합계를 완성해보자.

❶ 판매부의 1급 직급 인원의 기본급 합계를 구하기 위해 [H5] 셀을 선택하여 SUMIFS 함수를 삽입한다.
❷ sum_range에는 기본급인 [E5:E12]를 선택한 후 절대 주소로 만든다.
❸ criteria_range1에는 부서가 있는 [C5:C12]를 선택한 후 절대 주소로 만든다.
❹ criteria1에는 부서의 조건인 "판매부"가 있는 [G5]를 선택한 후 절대 주소로 만든다.
❺ criteria_range2에는 직급이 있는 [D5:D12]를 선택한 후 절대 주소로 만든다.
❻ criteria2에는 직급 조건인 "1급"이 있는 [H4] 셀을 입력한다.
❼ 옆으로 드래그하여 자동 채우기로 완성한다.

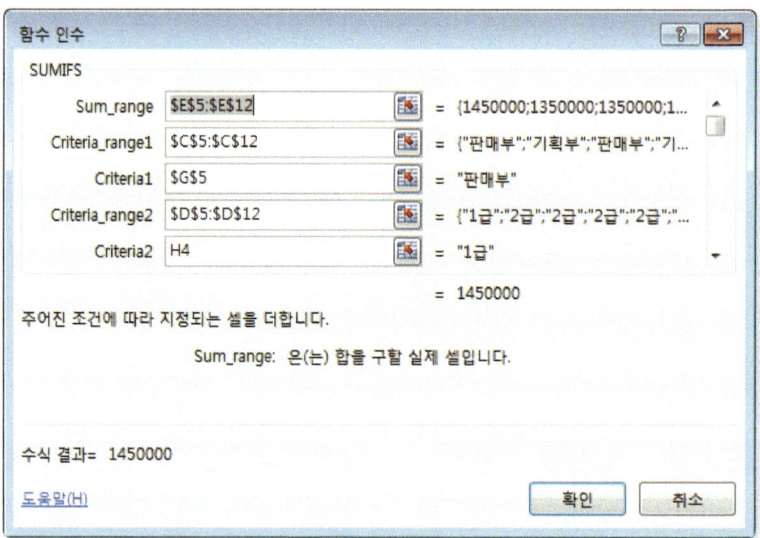

[2] 기획부 1급 직급의 기본급 합계를 구한 후 자동 채우기를 이용하여 기획부 2급의 기본급 합계를 완성해보자.

❶ 기획부의 1급 직급 인원의 기본급 합계를 구하기 위해 [H6] 셀을 선택한 후 SUMIFS 함수를 삽입한다.
❷ sum_range에는 기본급인 [E5:E12]를 선택한 후 절대 주소로 만든다.
❸ criteria_range1에는 부서가 있는 [C5:C12]를 선택한 후 절대 주소로 만든다.
❹ criteria1에는 부서의 조건인 "기획부"가 있는 [G6]을 선택한 후 절대 주소로 만든다.
❺ criteria_range2에는 직급이 있는 [D5:D12]를 선택한 후 절대 주소로 만든다.
❻ criteria2에는 직급의 조건인 "1급"이 있는 [H4] 셀을 입력한다.
❼ 옆으로 드래그하여 자동 채우기로 완성한다.

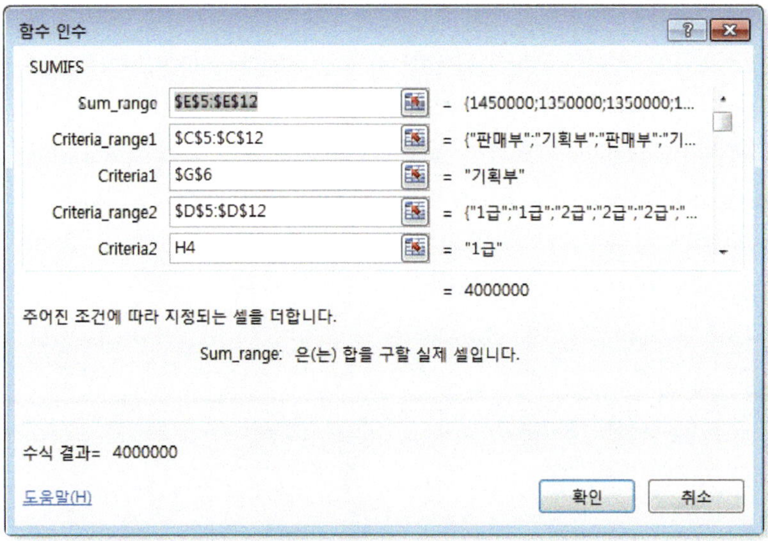

COUNTIFS 함수

[1] 판매부의 인원 수를 구한다.

❶ 판매부의 1급 직급 인원의 기본급 합계를 구하기 위해 [H13] 셀을 선택한 후 COUNTIFS 함수를 삽입한다.

❷ criteria_range1에는 부서가 있는 [C5:C12]를 선택한 후 절대 주소로 만든다.

❸ criteria1에는 부서의 조건인 "판매부"가 있는 [G13]을 선택한 후 절대 주소로 만든다.

❹ criteria_range2에는 직급이 있는 [D5:D12]를 선택한 후 절대 주소로 만든다.

❺ criteria2에는 직급의 조건인 "1급"이 있는 [H11] 셀을 입력한다.

❻ 옆으로 드래그하여 자동 채우기로 완성한다.

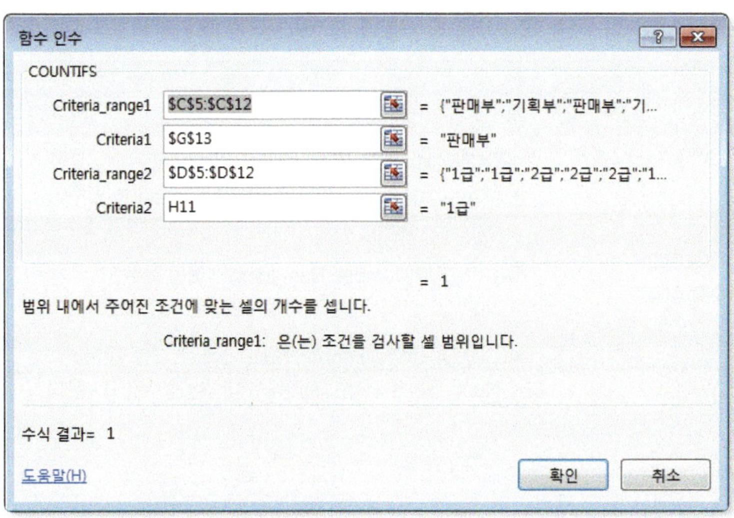

[2] 기획부의 인원 수를 구한다.

❶ 기획부의 1급 직급 인원 수를 구하기 위해 [H14] 셀을 선택한 후 COUNTIFS 함수를 삽입한다.
❷ criteria_range1에는 부서가 있는 [C5:C12]를 선택한 후 절대 주소로 만든다.
❸ criteria1에는 부서의 조건인 "기획부"가 있는 [G14]를 선택한 후 절대 주소로 만든다.
❹ criteria_range2에는 직급이 있는 [D5:D12]를 선택한 후 절대 주소로 만든다.
❺ criteria2에는 직급 조건인 "1급"이 있는 [H11] 셀을 입력한다.
❻ 옆으로 드래그하여 자동 채우기로 완성한다.

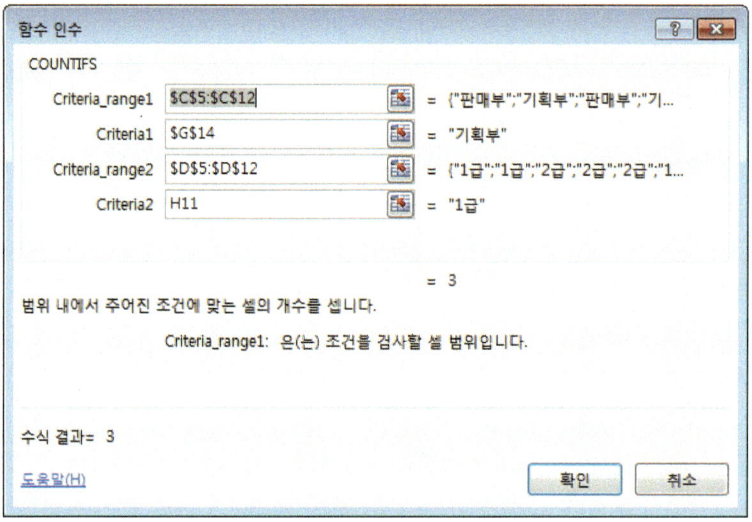

TIP 반올림 함수

결과를 반올림하여 나타낼 때 지정한 자릿수로 반올림하는 함수이다. 반올림, 올림, 내림함수들이 있다.

함수 이름 (함수 범주)	함수의 형식과 사용 예
ROUND (수학/삼각)	**=ROUND(Number, Num_digits): 반올림 함수** • Num_digits에서 지정한 자리수로 반올림하는 함수이다. (양수로 지정하면 소수 이하로, 음수로 지정하면 소수점 이상으로 적용)
	=ROUNDUP(Number, Num_digits): 올림 함수 • Num_digits 지정한 자리에서 올림한 정수로 표시된다.
	=ROUNDDOWN(Number, Num_digits): 내림 함수 • Num_digits 지정한 자리에서 내림한 정수로 표시된다.

4.2 데이터베이스 함수 활용하기

데이터베이스 함수는 데이터베이스 목록에서 각 필드의 조건에 맞는 합계, 평균, 개수, 최댓값, 최솟값 등을 계산하는 함수이다.

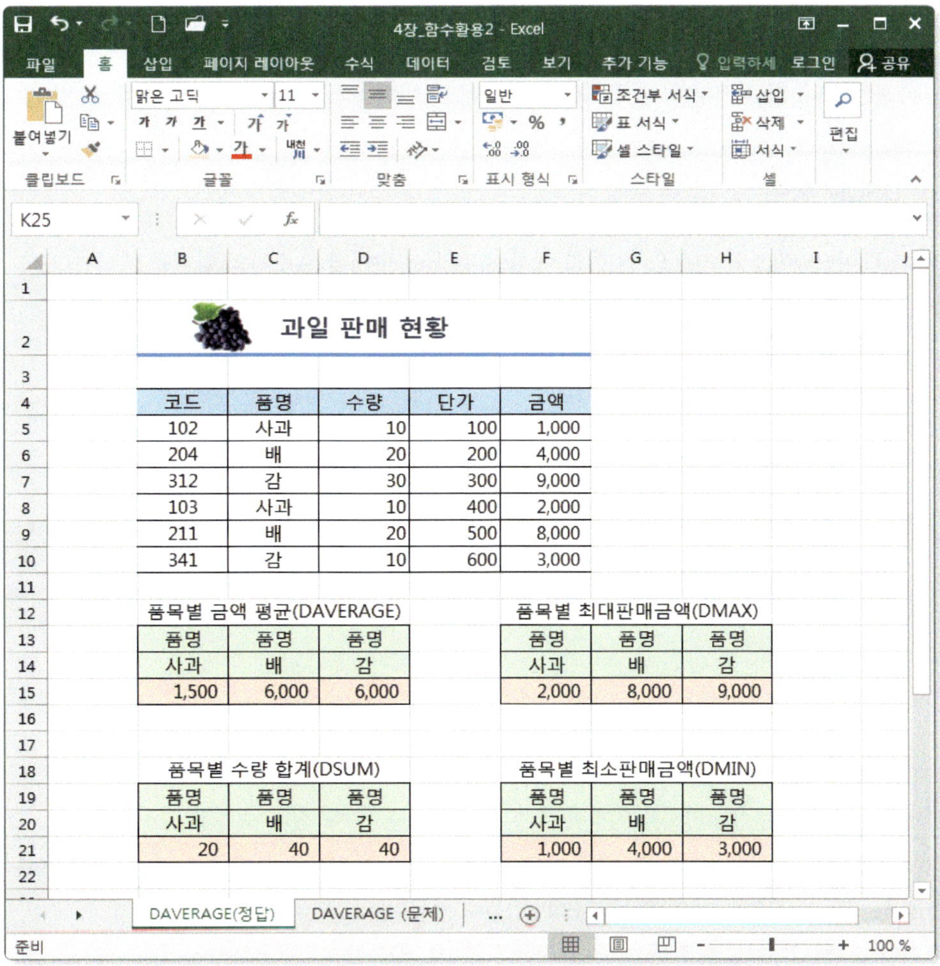

함수 이름(함수 범주)	함수의 형식
DSUM(데이터베이스)	=DSUM(Database, Field, Criteria) : 데이터베이스에서 조건에 맞는 값의 합계
DAVERAGE(데이터베이스)	=DAVERAGE(Database, Field, Criteria) : 데이터베이스에서 조건에 맞는 값의 평균
DCOUNT(데이터베이스)	=DCOUNT(Database, Field, Criteria) : 데이터베이스에서 조건에 맞는 항목의 개수
DMAX(데이터베이스)	=DMAX(Database, Field, Criteria) : 데이터베이스에서 조건에 맞는 값 중 최댓값
DMIN(데이터베이스)	=DMIX(Database, Field, Criteria) : 데이터베이스에서 조건에 맞는 값의 최솟값

- **Database:** 필수 요소로서 데이터베이스나 목록으로 지정할 셀 범위. 데이터베이스는 레코드(관련 정보 행)와 필드(데이터 열)로 이루어진 관련 데이터 목록이며, 목록의 첫째 행에는 각 열의 레이블이 있다.
- **Field:** 필수 요소로서 함수에 사용되는 열을 지정한다. field 인수는 "나이" 또는 "수확량"처럼 열 레이블을 큰따옴표로 묶어 텍스트로 지정하거나 첫째 열을 1, 둘째 열을 2와 같이 목록 내 열 위치를 나타내는 숫자로 지정할 수 있다.
- **Criteria:** 필수 요소로서 지정한 조건이 있는 셀 범위다. 적어도 하나의 열 레이블이 있고 열 레이블 아래에 열 조건을 지정할 셀이 하나 이상 포함된 범위를 criteria 인수로 사용할 수 있다.

4.2.1 DSUM 함수

목록이나 데이터베이스의 레코드 필드(열)에서 지정한 조건에 맞는 숫자의 합계를 계산한다.

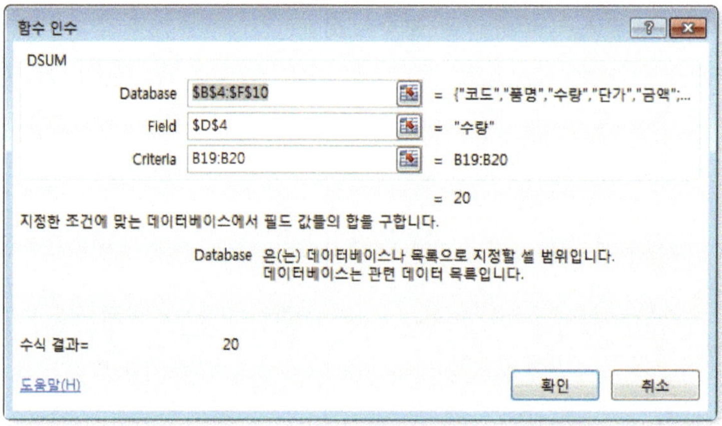

❶ 사과의 수량 합계를 구하기 위해 [B21] 셀을 선택한 후 DSUM 함수를 삽입한다.
❷ Database 필드에는 [B4:F10]을 지정한 후 자동 채우기를 위해 절대 주소를 설정한다.
❸ field 필드에는 [D4]를 선택하여 항목을 지정한 후 자동 채우기를 위해 절대 주소를 설정한다.
❹ criteria 필드는 조건이 들어 있는 [B19:B20]을 지정한다.
❺ 조건만 바뀌므로 옆으로 드래그하여 자동 채우기로 완성한다.

4.2.2 DAVERAGE 함수

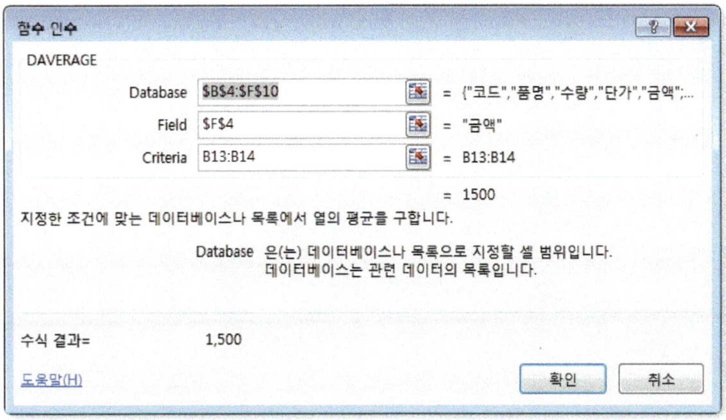

❶ 사과의 평균 금액을 구하기 위해 [B15] 셀을 선택한 후 DAVERAGE 함수를 삽입한다.

❷ Database 필드에는 [B4:F10]을 지정한 후 자동 채우기를 위해 절대 주소를 설정한다.

❸ field 필드에는 [F4]를 선택하여 항목을 지정한 후 자동 채우기를 위해 절대 주소를 설정한다.

❹ criteria 필드는 조건이 들어 있는 [B13:B14]을 지정한다.

❺ 조건만 바뀌므로 옆으로 드래그하여 자동 채우기로 완성한다.

4.2.3 DMAX 함수

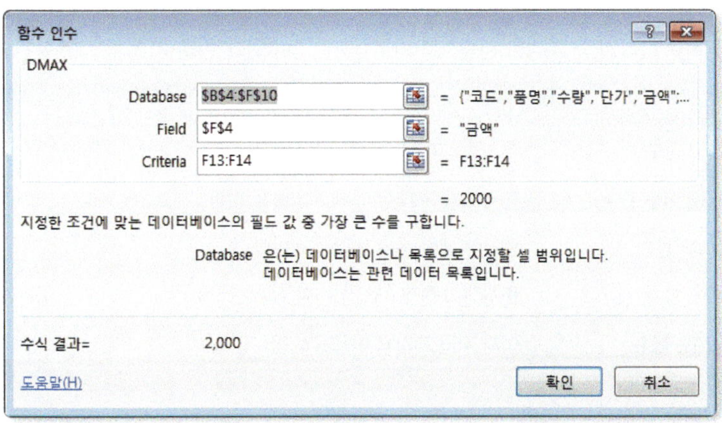

❶ 사과의 최대 판매 금액을 구하기 위해 [F15] 셀을 선택한 후 DMAX 함수를 삽입한다.

❷ Database 필드에는 [B4:F10]을 지정한 후 자동 채우기를 위해 절대 주소를 설정한다.

❸ field 필드에는 [F4]를 선택하여 항목을 지정한 후 자동 채우기를 위해 절대 주소를 설정한다.

❹ criteria 필드는 조건이 들어 있는 [F13:F14]를 지정한다.

❺ 조건만 바뀌므로 옆으로 드래그하여 자동 채우기로 완성한다.

4.2.4 DMIN 함수

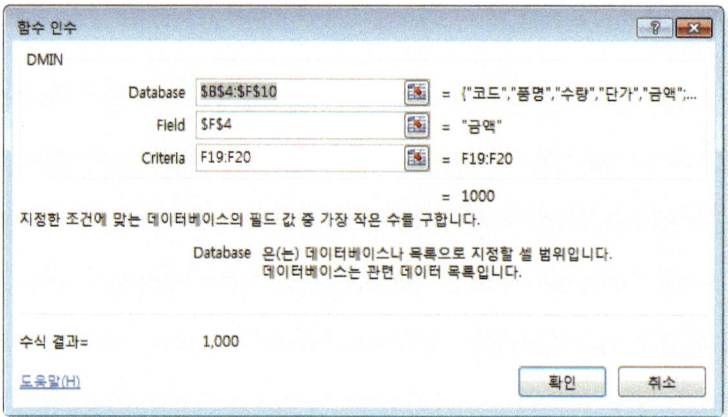

❶ 사과의 최소 판매 금액을 구하기 위해 [F21] 셀을 선택한 후 DMIN 함수를 삽입한다.
❷ Database 필드에는 [B4:F10]을 지정한 후 자동 채우기를 위해 절대 주소를 설정한다.
❸ field 필드에는 [F4]를 선택하여 항목을 지정한 후 자동 채우기를 위해 절대 주소를 설정한다.
❹ criteria 필드는 조건이 들어 있는 [F19:F20]을 지정한다.
❺ 조건만 바뀌므로 옆으로 드래그하여 자동 채우기로 완성한다.

TIP

재무함수

결과를 반올림하여 나타낼 때 지정한 자릿수로 반올림하는 함수이다. 반올림, 올림, 내림함수들이 있다.

함수 이름	함수의 형식
FV 함수	투자액의 미래 가치를 반환
IRR 함수	현금 흐름에 대한 내부 수익률을 반환
PMP 함수	연금에 대한 정기 불입액을 반환
PV 함수	투자액의 현재 가치를 반환
RATE 함수	이자 지급 기간당 이율을 반환

실무 활용 문제 1

다음 "실무 활용 문제 1" 시트에서 IF, LEFT, CHOOSE, MID, SUMIF, COUNTIF, VLOOKUP, HLOOKUP 함수를 활용해보자.

결과 화면

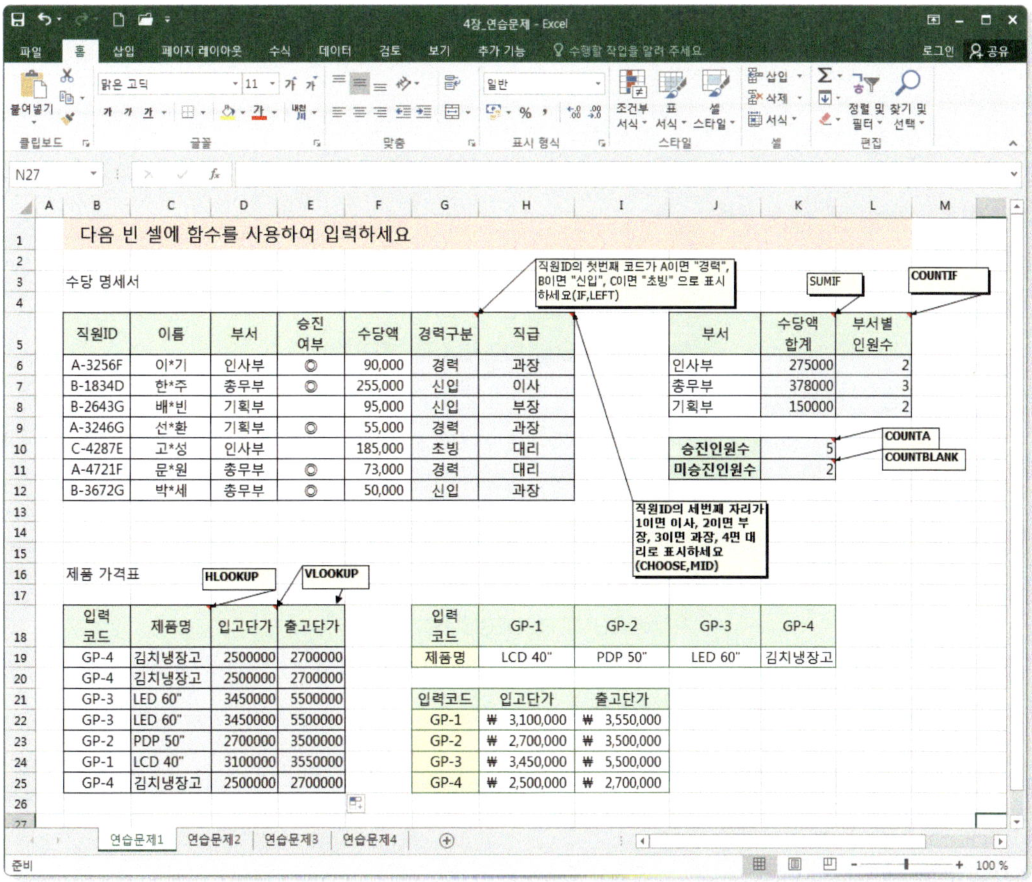

[IF, LEFT, CHOOSE, MID] 함수 활용

❶ 수당 명세서 표에서 경력 구분은 직원 ID의 첫 번째 코드가 A이면 "경력", B이면 "신입", C이면 "초빙"이다.

=IF(LEFT(B6,1)="A", "경력", IF(LEFT(B6,1)="B", "신입", "초빙"))

❷ [G6] 셀을 선택하여 IF 함수를 삽입한다. 조건에서 LEFT 함수를 추가한다.

❸ LEFT 함수에서 LEFT(B6,1)을 입력한 후 IF 함수로 돌아온다. IF 함수의 조건에서 LEFT 함수의 결과가 "A"이면 "경력", 아니면 다시 IF 함수를 추가하여 조건에서 LEFT 함수를 추가하여

LEFT(B6,1)을 입력한 후 IF 함수로 돌아온다. 다시 결과가 =IF(LEFT(B6,1)="B","신입","초빙"))을 입력하여 완성한다.

❹ 아래로 드래그하여 자동 계산을 완성한다.

❺ 직급은 직원 ID의 세 번째 자리가 1이면 이사, 2이면 부장, 3이면 과장, 4이면 대리로 표시한다.

=CHOOSE(MID(B6,3,1), "이사", "부장", "과장", "대리")

❻ [H6] 셀을 선택하여 CHOOSE 함수를 삽입한 후 MID 함수를 추가한다.

❼ MID 함수에서 (B6,3,1)을 입력한 후 다시 CHOOSE 함수로 돌아온다.

❽ Value1에는 "이사", Value2에는 "부장", Value3에는 "과장", Value4에는 "대리"를 입력하여 완성한다.

❾ 아래로 드래그하여 자동 계산을 완성한다.

[SUMIF, COUNTIF] 함수 활용

❶ 수당 명세서 표에서 부서별 수당액의 합계를 구하고, 부서별 인원 수를 구한다.

❷ [K6] 셀을 선택하여 다음과 같이 SUMIF 함수를 추가한다.

=SUMIF($D$6:$D$12,J6,$F$6:$F$12)

❸ Range에는 부서가 있는 [D6:D12]를 입력한 후 절대 주소를 만들어주고, Criteria에는 조건인 "인사부"가 있는 [J6], Sum_range에는 수당액이 있는 [F6:F12]를 입력한 후 절대 주소를 만들어 완성한다.

❹ 아래로 드래그하여 자동 계산을 완성한다.

❺ [L6] 셀을 선택하여 다음과 같이 COUNTIF 함수를 추가한다.

=COUNTIF($D$6:$D$12,J6)

❻ Range에는 부서가 있는 [D6:D12]를 입력한 후 절대 주소를 만들어주고, Criteria에는 조건인 "인사부"가 있는 [J6]을 입력하여 완성한다.

❼ 아래로 드래그하여 자동 계산을 완성한다.

[VLOOKUP, HLOOKUP] 함수 활용

❶ 제품 가격표에서 입력 코드에 따른 제품명과 입고 단가, 출고 단가를 구한다.

❷ 제품명을 찾기 위해 [C19] 셀을 선택하여 아래와 같이 HLOOKUP 함수를 추가한다.

=HLOOKUP(B19,$H$18:$K$19,2,0)

❸ Lookup_value에는 입력 코드가 있는 [B19]를 입력하고 Table_array에 입력 코드에 따른 제품명이 있는 표[H18:K19]를 입력하여 절대 주소를 만들어주고, Row_index_num에는 제품명이 있는 행인 2를, Range_lookup에는 정확한 자료이므로 false나 0을 입력한다.

❹ 아래로 드래그하여 자동 계산을 완성한다.

❺ 입고 단가를 찾기 위해 [D19] 셀을 선택하여 아래와 같이 VLOOKUP 함수를 추가한다.

=VLOOKUP(B19,$G$22:$I$25,2,0)

❻ Lookup_value에는 입력 코드가 있는 [B19]를 입력하고 Table_array에는 입력 코드에 따른 입고 단가가 있는 표 [G22:I25]를 입력하여 절대 주소를 만들어주고, Col_index_num에는 입고 단가가 있는 열인 2를, Range_lookup에는 정확한 자료이므로 false나 0을 입력한다.

❼ 아래로 드래그하여 자동 계산을 완성한다.

❽ 출고 단가를 찾기 위해 [E19] 셀을 선택하여 아래와 같이 VLOOKUP 함수를 추가한다.

=VLOOKUP(B19,$G$22:$I$25,3,0)

❾ Lookup_value에는 입력 코드가 있는 [B19]를 입력하고 Table_array에 입력 코드에 따른 입고 단가가 있는 표 [G22:I25]를 입력하여 절대 주소를 만들어주고, Col_index_num에는 출고 단가가 있는 열인 3을, Range_lookup에는 정확한 자료이므로 false나 0을 입력한다.

❿ 아래로 드래그하여 자동 계산을 완성한다.

실무 활용 문제 2

다음 "실무 활용 문제 2" 시트에서 IF, LEFT, COUNTIFS 함수를 활용해보자.

결과 화면

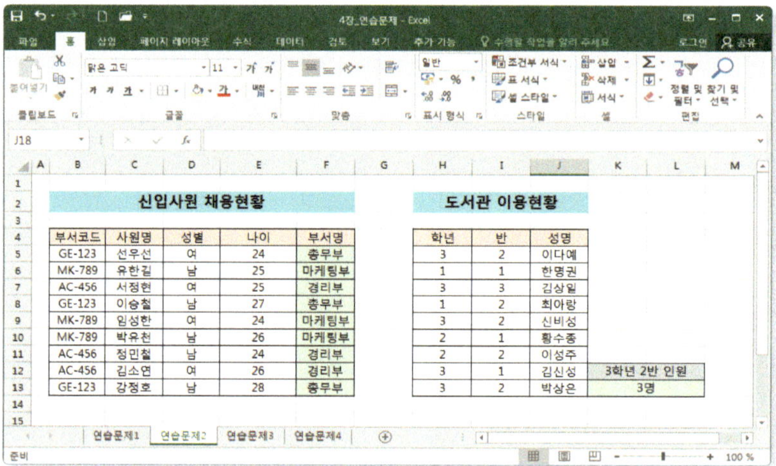

[IF, LEFT, COUNTIFS] 함수 활용

❶ 신입 사원 채용 현황표에서 부서명은 부서 코드가 "GE"이면 총무부, "AC"이면 경리부, 아니면 마케팅부이다.

=IF(LEFT(B5,2)="GE","총무부",IF(LEFT(B5,2)="AC","경리부","마케팅부"))

❷ [F5] 셀을 선택하여 IF 함수를 삽입한 후 조건에서 LEFT 함수를 추가한다.

❸ LEFT 함수에서 LEFT(B5,2)를 입력한 후 IF 함수로 돌아온다. IF 함수의 조건에서 LEFT 함수의 결과가 "GE"이면 "총무부", 아니면 다시 IF 함수를 추가하여 조건에서 LEFT 함수를 추가하여 LEFT(B5,2)를 입력한 후 IF 함수로 돌아온다. 다시 결과가 =IF(LEFT(B5,2)="AC"이면 경리부, 아니면 "마케팅부"))를 입력하여 완성한다.

❹ 아래로 드래그하여 자동 계산을 완성한다.

❺ 도서관 이용 현황표에서 3학년 2반 인원을 구하기 위해 [K13] 셀을 선택하여 다음과 같이 COUNTIFS함수를 추가한다.

=COUNTIFS(H5:H13,3,I5:I13,2)&"명"

❻ Criteria_range1에는 학년이 있는 [H5:H13]을 입력하고, Criteria1에는 조건인 3학년인 "3"을 입력한다. Criteria_range2에는 반이 있는 [I5:I13]을 입력하고, Criteria2에는 조건인 2반인 "2"를 입력하여 완성한다.

❼ 아래로 드래그하여 자동 계산을 완성한다.

실무 활용 문제 3

다음 "실무 활용 문제 3" 시트에서 IF, RANK.EQ, VLOOKUP, LEFT 함수를 활용해보자.

결과 화면

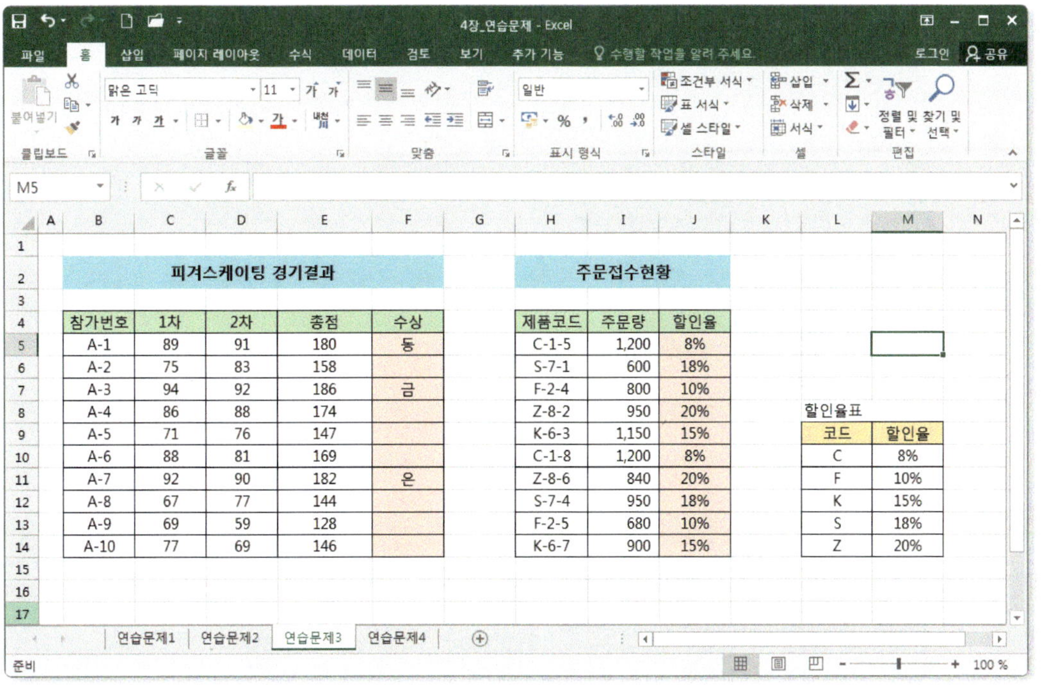

작성 조건

❶ 피겨스케이팅 경기 결과표에서 수상은 총점을 기준으로 등수(RANK.EQ)를 구하여 그 등수가 1등이면 "금", 2등이면 "은", 3등이면 "동", 아니면 비워둔다.

=IF(RANK.EQ(E5,$E$5:$E$14)=1,"금",IF(RANK.EQ(E5,$E$5:$E$14)=2,"은",IF(RANK.EQ(E5,$E$5:$E$14)=3, "동",""))

❷ [F5] 셀을 선택하여 IF 함수를 삽입한 후 조건에서 RANK.EQ 함수를 추가한다.

❸ 각 조건에 맞는 식을 입력한다.

❹ 아래로 드래그하여 자동 계산을 완성한다.

❺ 주문 접수 현황표에서 제품 코드의 첫 글자에 따른 할인율을 아래와 같이 구한다.

=VLOOKUP(LEFT(H5,1),$L$10:$M$14,2,FALSE

❻ 각 조건에 맞는 식을 입력한다.

❼ 아래로 드래그하여 자동 계산을 완성한다.

실무 활용 문제 4

다음 "실무 활용 문제 4" 시트에서 DAVERAGE 함수를 활용해보자.

결과 화면

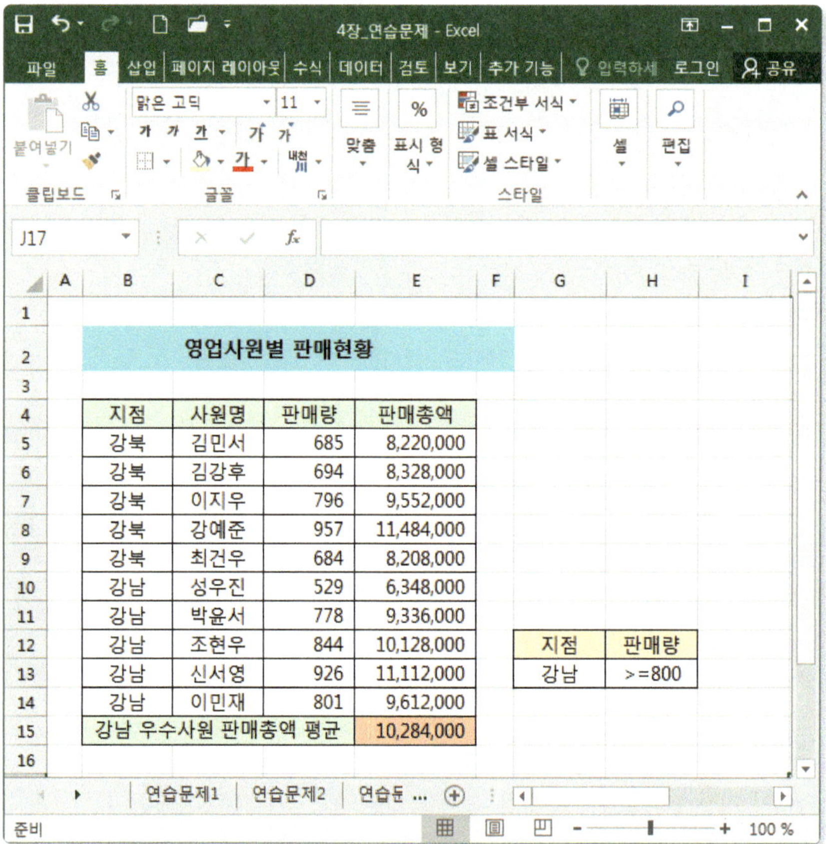

작성 조건

❶ 영업 사원별 판매 현황표에서 강남 우수 사원의 판매 총액 평균을 구한다.

=DAVERAGE(B4:E14,4,G12:H13)

❷ 조건인 지점이 강남이면서 판매량이 800 이상인 자료를 작성한다[G12:H13].

❸ [E15] 셀에서 DAVERAGE 함수를 삽입하여 [B4:E14], 판매량인 4, 조건인 [G12:H13]를 입력한다.

Preview

05 CHAPTER 데이터 관리 분석하기

CHAPTER

05 데이터 관리 분석하기

- 엑셀에서는 많은 양의 데이터를 정렬하고, 필요한 데이터만을 추출하여 쉽고 빠르게 요약 분석할 수 있다. 데이터의 흐름을 한눈에 파악할 수 있는 데이터의 정렬, 필터, 부분 합, 콤보 상자를 이용한 데이터 찾기에 대해 알아보자.

5.1 데이터베이스 익히기

데이터베이스란 많은 양의 정보를 체계적으로 정리해둔 것을 말한다. 예를 들면 전화번호부, 직원 인적 사항 관리, 거래처 관리 대장과 같은 데이터들의 모임을 데이터베이스라고 한다. 엑셀에서의 **데이터베이스 관리**란 데이터를 입력, 수정, 저장, 관리할 수 있어서 데이터를 분석하고 예측하는 데 도움을 준다.

5.1.1 데이터베이스 구성 요소

데이터베이스는 필드(Field)와 필드명(열 이름), 레코드(Record)로 구성된다. 필드명은 각각의 열을 구분할 수 있는 첫 행, 즉 제목 행이다. 데이터베이스는 [데이터] 탭을 활용하여 여러 가지 작업을 할 수 있다.

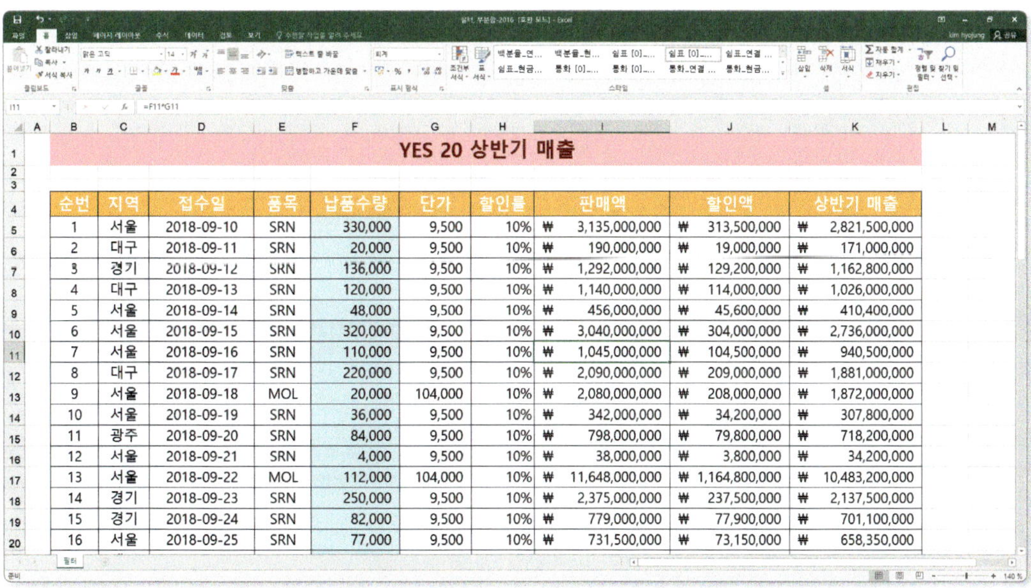

YES 20 상반기 매출

순번	지역	접수일	품목	납품수량	단가	할인률	판매액	할인액	상반기 매출
1	서울	2018-09-10	SRN	330,000	9,500	10%	₩ 3,135,000,000	₩ 313,500,000	₩ 2,821,500,000
2	대구	2018-09-11	SRN	20,000	9,500	10%	₩ 190,000,000	₩ 19,000,000	₩ 171,000,000
3	경기	2018-09-12	SRN	136,000	9,500	10%	₩ 1,292,000,000	₩ 129,200,000	₩ 1,162,800,000
4	대구	2018-09-13	SRN	120,000	9,500	10%	₩ 1,140,000,000	₩ 114,000,000	₩ 1,026,000,000
5	서울	2018-09-14	SRN	48,000	9,500	10%	₩ 456,000,000	₩ 45,600,000	₩ 410,400,000
6	서울	2018-09-15	SRN	320,000	9,500	10%	₩ 3,040,000,000	₩ 304,000,000	₩ 2,736,000,000
7	서울	2018-09-16	SRN	110,000	9,500	10%	₩ 1,045,000,000	₩ 104,500,000	₩ 940,500,000
8	대구	2018-09-17	SRN	220,000	9,500	10%	₩ 2,090,000,000	₩ 209,000,000	₩ 1,881,000,000
9	서울	2018-09-18	MOL	20,000	104,000	10%	₩ 2,080,000,000	₩ 208,000,000	₩ 1,872,000,000
10	서울	2018-09-19	SRN	36,000	9,500	10%	₩ 342,000,000	₩ 34,200,000	₩ 307,800,000
11	광주	2018-09-20	SRN	84,000	9,500	10%	₩ 798,000,000	₩ 79,800,000	₩ 718,200,000
12	서울	2018-09-21	SRN	4,000	9,500	10%	₩ 38,000,000	₩ 3,800,000	₩ 34,200,000
13	서울	2018-09-22	MOL	112,000	104,000	10%	₩ 11,648,000,000	₩ 1,164,800,000	₩ 10,483,200,000
14	경기	2018-09-23	SRN	250,000	9,500	10%	₩ 2,375,000,000	₩ 237,500,000	₩ 2,137,500,000
15	경기	2018-09-24	SRN	82,000	9,500	10%	₩ 779,000,000	₩ 77,900,000	₩ 701,100,000
16	서울	2018-09-25	SRN	77,000	9,500	10%	₩ 731,500,000	₩ 73,150,000	₩ 658,350,000

❶ 필드: 필드명 아래의 같은 종류의 데이터 모임으로서 데이터베이스의 '열'을 의미한다.
❷ 필드명(열 제목): 각각의 열을 구분하기 위한 이름, 즉 첫 행의 제목 행이다.
❸ 레코드: 업무상 처리되는 한 건의 자료, 즉 데이터베이스의 '행'을 의미한다.

5.1.2 데이터 정렬하기

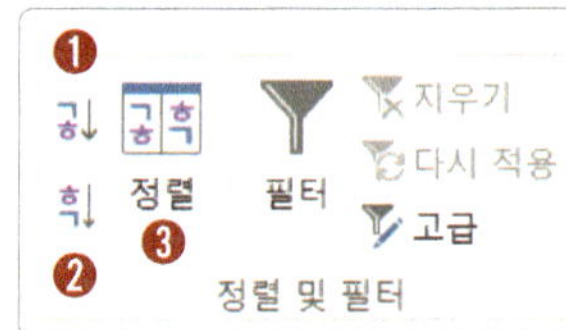

정렬은 데이터를 어떤 값을 기준으로 순서대로 나열하는 것이다. 순서대로 나열할 때는 오름차순 정렬과 내림차순 정렬이 있다.

하나의 기준으로 정렬하기

❶ 오름차순: 숫자(작은 음수에서 큰 양수), 특수 문자, 한글(ㄱ~ㅎ), 영문(A~Z), 공백 순으로 오름차순 정렬한다.
❷ 내림차순: 숫자(큰 양수에서 작은 음수), 특수 문자, 한글(ㅎ~ㄱ), 영문(Z~A), 공백 순으로 내림차순 정렬한다.
❸ 정렬: 두 개 이상의 정렬 기준으로 오름차순, 내림차순, 사용자 지정 순으로 정렬한다.

'Yes 20 상반기 매출' 표에서 지역별로 정렬하여 보자.

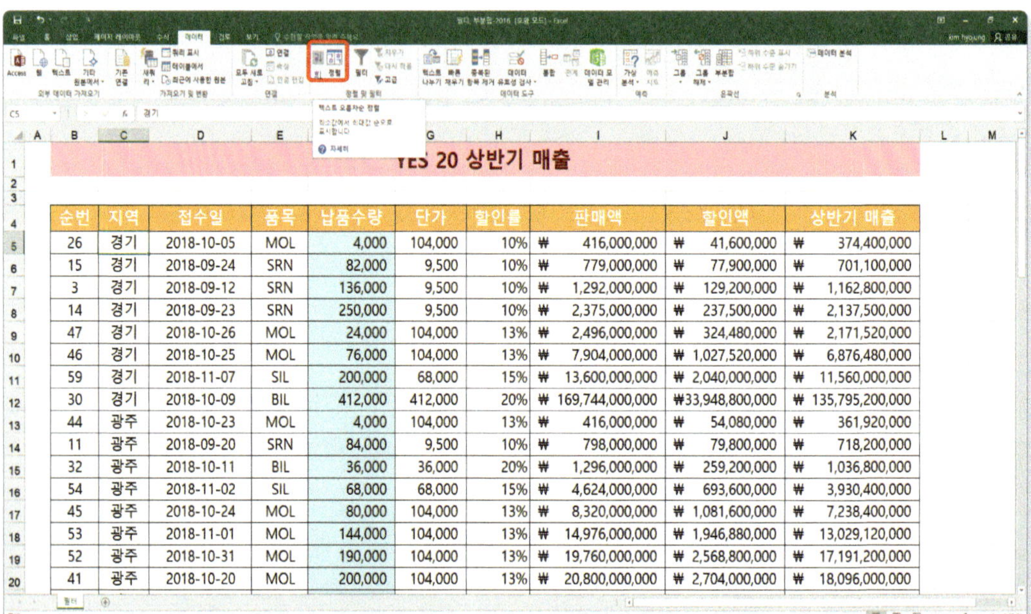

YES 20 상반기 매출

순번	지역	접수일	품목	납품수량	단가	할인률	판매액	할인액	상반기 매출
26	경기	2018-10-05	MOL	4,000	104,000	10%	₩ 416,000,000	₩ 41,600,000	₩ 374,400,000
15	경기	2018-09-24	SRN	82,000	9,500	10%	₩ 779,000,000	₩ 77,900,000	₩ 701,100,000
3	경기	2018-09-12	SRN	136,000	9,500	10%	₩ 1,292,000,000	₩ 129,200,000	₩ 1,162,800,000
14	경기	2018-09-23	SRN	250,000	9,500	10%	₩ 2,375,000,000	₩ 237,500,000	₩ 2,137,500,000
47	경기	2018-10-26	MOL	24,000	104,000	13%	₩ 2,496,000,000	₩ 324,480,000	₩ 2,171,520,000
46	경기	2018-10-25	MOL	76,000	104,000	13%	₩ 7,904,000,000	₩ 1,027,520,000	₩ 6,876,480,000
59	경기	2018-11-07	SIL	200,000	68,000	15%	₩ 13,600,000,000	₩ 2,040,000,000	₩ 11,560,000,000
30	경기	2018-10-09	BIL	412,000	412,000	20%	₩ 169,744,000,000	₩33,948,800,000	₩ 135,795,200,000
44	광주	2018-10-23	MOL	4,000	104,000	13%	₩ 416,000,000	₩ 54,080,000	₩ 361,920,000
11	광주	2018-09-20	SRN	84,000	9,500	10%	₩ 798,000,000	₩ 79,800,000	₩ 718,200,000
32	광주	2018-10-11	BIL	36,000	36,000	20%	₩ 1,296,000,000	₩ 259,200,000	₩ 1,036,800,000
54	광주	2018-11-02	SIL	68,000	68,000	15%	₩ 4,624,000,000	₩ 693,600,000	₩ 3,930,400,000
45	광주	2018-10-24	MOL	80,000	104,000	13%	₩ 8,320,000,000	₩ 1,081,600,000	₩ 7,238,400,000
53	광주	2018-11-01	MOL	144,000	104,000	13%	₩ 14,976,000,000	₩ 1,946,880,000	₩ 13,029,120,000
52	광주	2018-10-31	MOL	190,000	104,000	13%	₩ 19,760,000,000	₩ 2,568,800,000	₩ 17,191,200,000
41	광주	2018-10-20	MOL	200,000	104,000	13%	₩ 20,800,000,000	₩ 2,704,000,000	₩ 18,096,000,000

❶ 지역 열 중 임의의 셀을 선택한다.
❷ [데이터]–[정렬 및 필터]에서 오름차순을 클릭한다.
❸ 지역별 순서로 오름차순 정렬이 된다.

두 개 이상의 기준으로 정렬하기

하나의 열을 기준으로 정렬할 경우 같은 기준 값을 갖는 다른 행들은 순서 없이 정렬된다. 이때는 정렬 대화 상자를 이용하여 정렬 기준을 줌으로써 사세하게 정렬할 수 있다.

'YES 20 상반기 매출' 표에서 '지역'별로 오름차순 정렬을 하고, '품목'을 오름차순으로 정렬해보자.

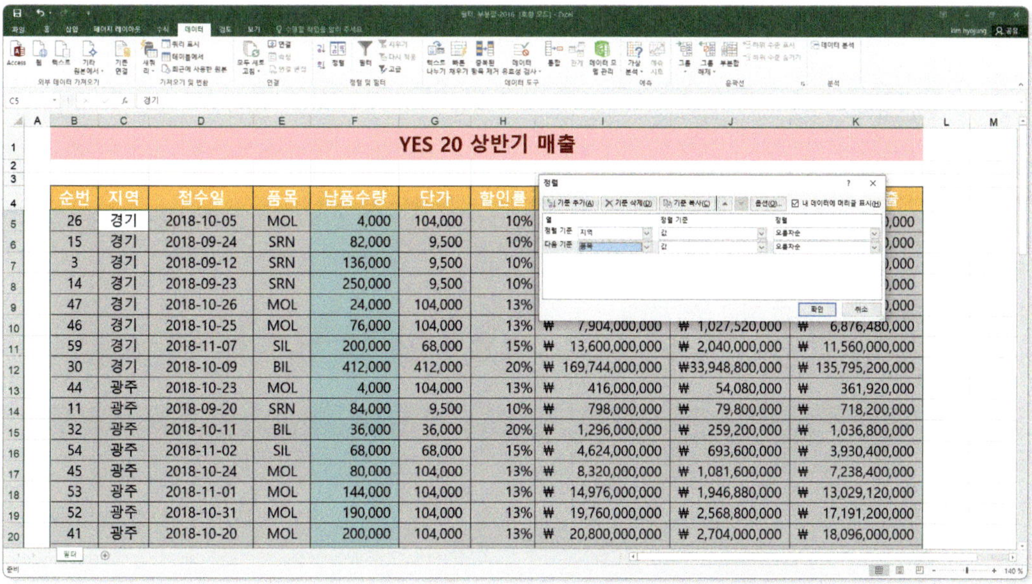

YES 20 상반기 매출

순번	지역	접수일	품목	납품수량	단가	할인률	판매액	할인액	상반기 매출
26	경기	2018-10-05	MOL	4,000	104,000	10%			,000
15	경기	2018-09-24	SRN	82,000	9,500	10%			,000
3	경기	2018-09-12	SRN	136,000	9,500	10%			,000
14	경기	2018-09-23	SRN	250,000	9,500	10%			,000
47	경기	2018-10-26	MOL	24,000	104,000	13%			,000
46	경기	2018-10-25	MOL	76,000	104,000	13%	₩ 7,904,000,000	₩ 1,027,520,000	₩ 6,876,480,000
59	경기	2018-11-07	SIL	200,000	68,000	15%	₩ 13,600,000,000	₩ 2,040,000,000	₩ 11,560,000,000
30	경기	2018-10-09	BIL	412,000	412,000	20%	₩ 169,744,000,000	₩33,948,800,000	₩ 135,795,200,000
44	광주	2018-10-23	MOL	4,000	104,000	13%	₩ 416,000,000	₩ 54,080,000	₩ 361,920,000
11	광주	2018-09-20	SRN	84,000	9,500	10%	₩ 798,000,000	₩ 79,800,000	₩ 718,200,000
32	광주	2018-10-11	BIL	36,000	36,000	20%	₩ 1,296,000,000	₩ 259,200,000	₩ 1,036,800,000
54	광주	2018-11-02	SIL	68,000	68,000	15%	₩ 4,624,000,000	₩ 693,600,000	₩ 3,930,400,000
45	광주	2018-10-24	MOL	80,000	104,000	13%	₩ 8,320,000,000	₩ 1,081,600,000	₩ 7,238,400,000
53	광주	2018-11-01	MOL	144,000	104,000	13%	₩ 14,976,000,000	₩ 1,946,880,000	₩ 13,029,120,000
52	광주	2018-10-31	MOL	190,000	104,000	13%	₩ 19,760,000,000	₩ 2,568,800,000	₩ 17,191,200,000
41	광주	2018-10-20	MOL	200,000	104,000	13%	₩ 20,800,000,000	₩ 2,704,000,000	₩ 18,096,000,000

❶ 데이터 목록의 임의의 셀을 클릭하고 [데이터]–[정렬 및 필터]–정렬을 선택한다.

❷ 정렬 대화 상자에서 기준 추가를 클릭하고 '지역'별로 오름차순 정렬을 선택하고, '품목'을 오름차순 기준을 선택한다.

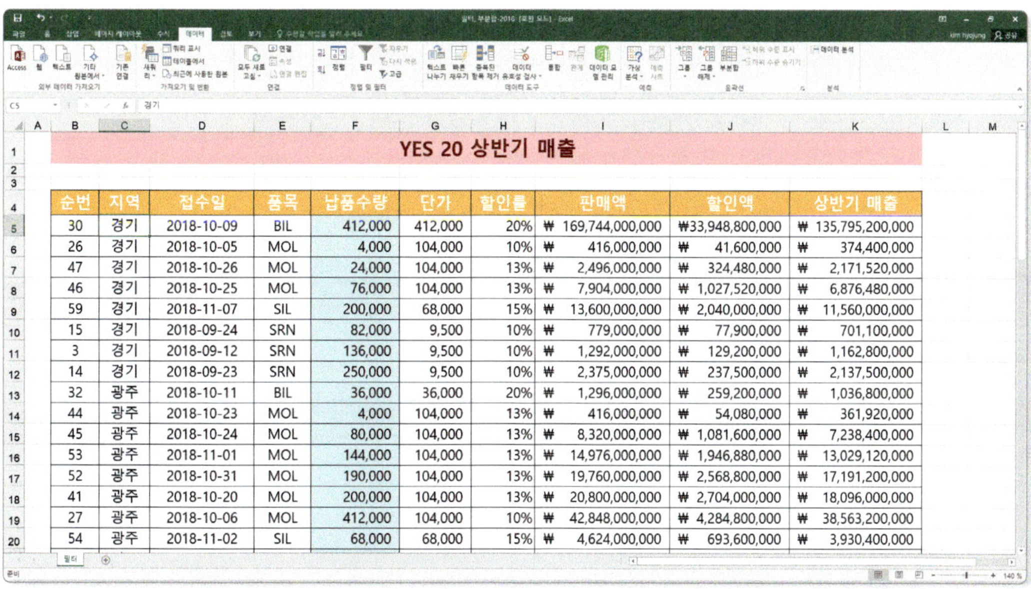

YES 20 상반기 매출

순번	지역	접수일	품목	납품수량	단가	할인률	판매액	할인액	상반기 매출
30	경기	2018-10-09	BIL	412,000	412,000	20%	₩ 169,744,000,000	₩33,948,800,000	₩ 135,795,200,000
26	경기	2018-10-05	MOL	4,000	104,000	10%	₩ 416,000,000	₩ 41,600,000	₩ 374,400,000
47	경기	2018-10-26	MOL	24,000	104,000	13%	₩ 2,496,000,000	₩ 324,480,000	₩ 2,171,520,000
46	경기	2018-10-25	MOL	76,000	104,000	13%	₩ 7,904,000,000	₩ 1,027,520,000	₩ 6,876,480,000
59	경기	2018-11-07	SIL	200,000	68,000	15%	₩ 13,600,000,000	₩ 2,040,000,000	₩ 11,560,000,000
15	경기	2018-09-24	SRN	82,000	9,500	10%	₩ 779,000,000	₩ 77,900,000	₩ 701,100,000
3	경기	2018-09-12	SRN	136,000	9,500	10%	₩ 1,292,000,000	₩ 129,200,000	₩ 1,162,800,000
14	경기	2018-09-23	SRN	250,000	9,500	10%	₩ 2,375,000,000	₩ 237,500,000	₩ 2,137,500,000
32	광주	2018-10-11	BIL	36,000	36,000	20%	₩ 1,296,000,000	₩ 259,200,000	₩ 1,036,800,000
44	광주	2018-10-23	MOL	4,000	104,000	13%	₩ 416,000,000	₩ 54,080,000	₩ 361,920,000
45	광주	2018-10-24	MOL	80,000	104,000	13%	₩ 8,320,000,000	₩ 1,081,600,000	₩ 7,238,400,000
53	광주	2018-11-01	MOL	144,000	104,000	13%	₩ 14,976,000,000	₩ 1,946,880,000	₩ 13,029,120,000
52	광주	2018-10-31	MOL	190,000	104,000	13%	₩ 19,760,000,000	₩ 2,568,800,000	₩ 17,191,200,000
41	광주	2018-10-20	MOL	200,000	104,000	13%	₩ 20,800,000,000	₩ 2,704,000,000	₩ 18,096,000,000
27	광주	2018-10-06	MOL	412,000	104,000	10%	₩ 42,848,000,000	₩ 4,284,800,000	₩ 38,563,200,000
54	광주	2018-11-02	SIL	68,000	68,000	15%	₩ 4,624,000,000	₩ 693,600,000	₩ 3,930,400,000

5.2 데이터 필터링하기

필터는 목록에서 원하는 데이터만을 골라 화면에 표시하고 나머지 행은 숨기는 기능이다. 데이터 순서를 변경시키지 않고도 조건에 맞는 데이터를 찾아 워크시트에 나타낼 수 있다. 또한, 원하는 항목을 복사하여 다른 장소에 따로 복사할 수도 있다.

5.2.1 필터링하기

자동 필터는 데이터 전체 범위에서 첫 행의 각 필드 옆에 필터링 단추가 표시된다. 검색하고자 하는 필드의 옆 단추를 선택하고 날짜, 문자, 숫자 형식의 필터 조건을 입력하면 원하는 데이터를 검색하여 추출할 수 있다.

❶ 데이터 목록의 임의의 셀을 클릭한다.

❷ [데이터]–[정렬 및 필터]–[필터] 를 선택한다.

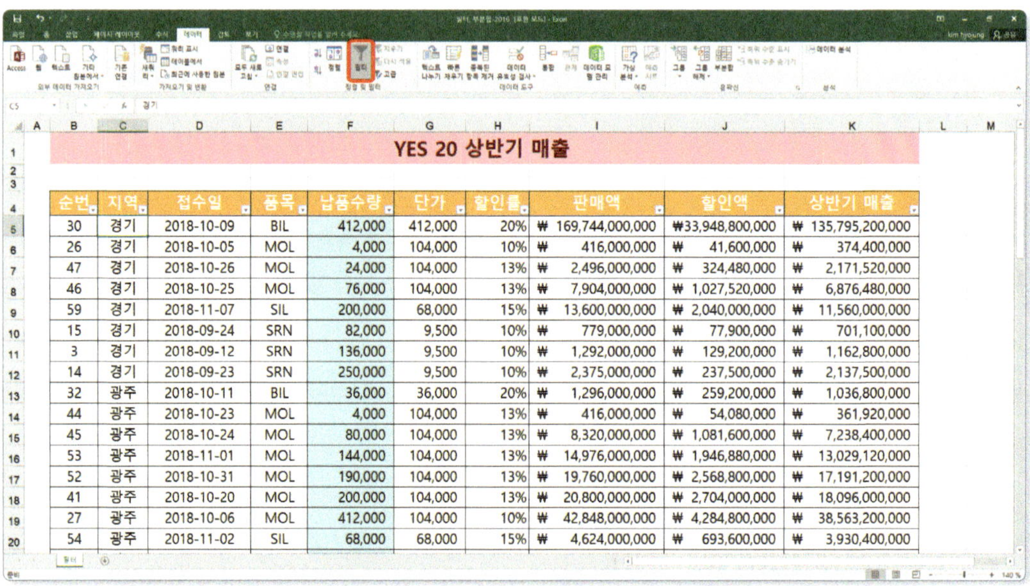

YES 20 상반기 매출

순번	지역	접수일	품목	납품수량	단가	할인률	판매액	할인액	상반기 매출
30	경기	2018-10-09	BIL	412,000	412,000	20%	₩ 169,744,000,000	₩33,948,800,000	₩ 135,795,200,000
26	경기	2018-10-05	MOL	4,000	104,000	10%	₩ 416,000,000	₩ 41,600,000	₩ 374,400,000
47	경기	2018-10-26	MOL	24,000	104,000	13%	₩ 2,496,000,000	₩ 324,480,000	₩ 2,171,520,000
46	경기	2018-10-25	MOL	76,000	104,000	13%	₩ 7,904,000,000	₩ 1,027,520,000	₩ 6,876,480,000
59	경기	2018-11-07	SIL	200,000	68,000	15%	₩ 13,600,000,000	₩ 2,040,000,000	₩ 11,560,000,000
15	경기	2018-09-24	SRN	82,000	9,500	10%	₩ 779,000,000	₩ 77,900,000	₩ 701,100,000
3	경기	2018-09-12	SRN	136,000	9,500	10%	₩ 1,292,000,000	₩ 129,200,000	₩ 1,162,800,000
14	경기	2018-09-23	SRN	250,000	9,500	10%	₩ 2,375,000,000	₩ 237,500,000	₩ 2,137,500,000
32	광주	2018-10-11	BIL	36,000	36,000	20%	₩ 1,296,000,000	₩ 259,200,000	₩ 1,036,800,000
44	광주	2018-10-23	MOL	4,000	104,000	13%	₩ 416,000,000	₩ 54,080,000	₩ 361,920,000
45	광주	2018-10-24	MOL	80,000	104,000	13%	₩ 8,320,000,000	₩ 1,081,600,000	₩ 7,238,400,000
53	광주	2018-11-01	MOL	144,000	104,000	13%	₩ 14,976,000,000	₩ 1,946,880,000	₩ 13,029,120,000
52	광주	2018-10-31	MOL	190,000	104,000	13%	₩ 19,760,000,000	₩ 2,568,800,000	₩ 17,191,200,000
41	광주	2018-10-20	MOL	200,000	104,000	13%	₩ 20,800,000,000	₩ 2,704,000,000	₩ 18,096,000,000
27	광주	2018-10-06	MOL	412,000	104,000	10%	₩ 42,848,000,000	₩ 4,284,800,000	₩ 38,563,200,000
54	광주	2018-11-02	SIL	68,000	68,000	15%	₩ 4,624,000,000	₩ 693,600,000	₩ 3,930,400,000

❸ '지역' 필드의 필터 단추 를 클릭하고, 텍스트 필터에서 **모두 선택**을 해제한다.

❹ '서울'을 체크하고 확인한다.

❺ '지역'이 '서울'인 레코드만 표시된다.

❻ '납품 수량' 필드에서 **숫자 필터–크거나 같음**을 선택하여 "10000"을 입력한다.

❼ '서울'지역의 '납품 수량'이 '10000' 이상만 표시된다.

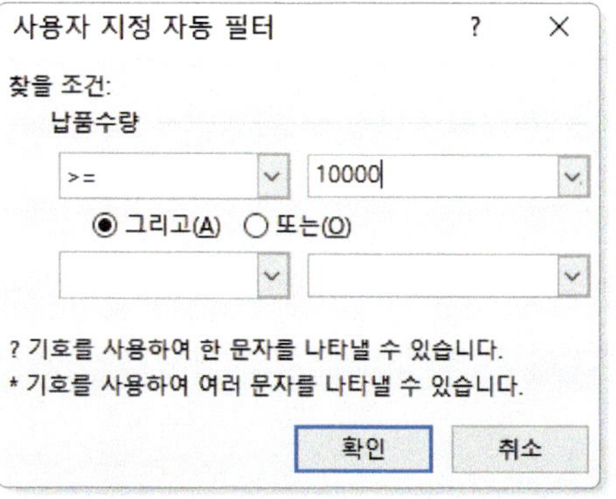

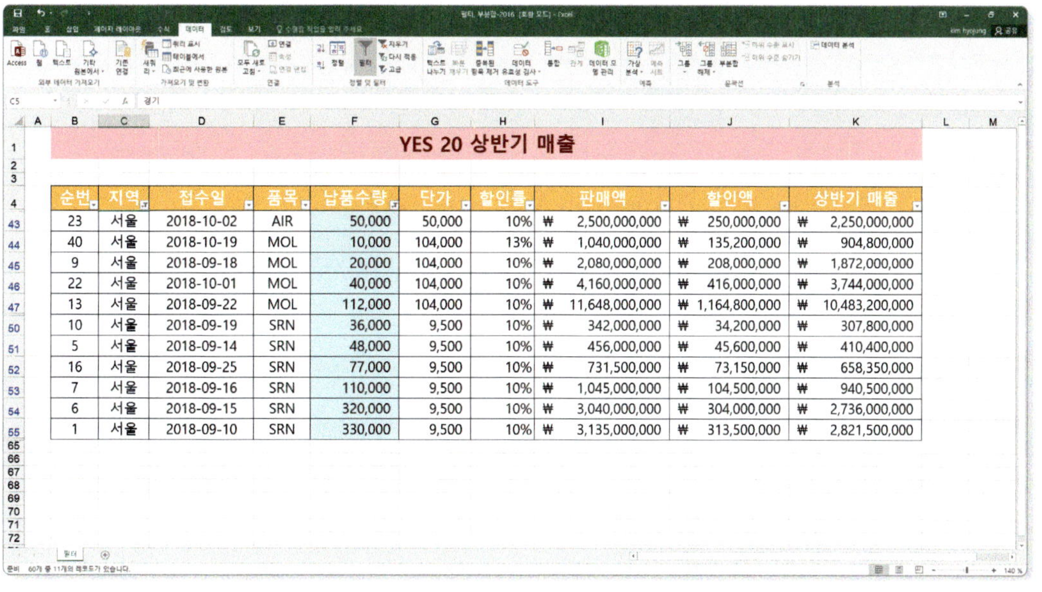

YES 20 상반기 매출

순번	지역	접수일	품목	납품수량	단가	할인률	판매액	할인액	상반기 매출
23	서울	2018-10-02	AIR	50,000	50,000	10%	₩ 2,500,000,000	₩ 250,000,000	₩ 2,250,000,000
40	서울	2018-10-19	MOL	10,000	104,000	13%	₩ 1,040,000,000	₩ 135,200,000	₩ 904,800,000
9	서울	2018-09-18	MOL	20,000	104,000	10%	₩ 2,080,000,000	₩ 208,000,000	₩ 1,872,000,000
22	서울	2018-10-01	MOL	40,000	104,000	10%	₩ 4,160,000,000	₩ 416,000,000	₩ 3,744,000,000
13	서울	2018-09-22	MOL	112,000	104,000	10%	₩ 11,648,000,000	₩ 1,164,800,000	₩ 10,483,200,000
10	서울	2018-09-19	SRN	36,000	9,500	10%	₩ 342,000,000	₩ 34,200,000	₩ 307,800,000
5	서울	2018-09-14	SRN	48,000	9,500	10%	₩ 456,000,000	₩ 45,600,000	₩ 410,400,000
16	서울	2018-09-25	SRN	77,000	9,500	10%	₩ 731,500,000	₩ 73,150,000	₩ 658,350,000
7	서울	2018-09-16	SRN	110,000	9,500	10%	₩ 1,045,000,000	₩ 104,500,000	₩ 940,500,000
6	서울	2018-09-15	SRN	320,000	9,500	10%	₩ 3,040,000,000	₩ 304,000,000	₩ 2,736,000,000
1	서울	2018-09-10	SRN	330,000	9,500	10%	₩ 3,135,000,000	₩ 313,500,000	₩ 2,821,500,000

5.2.2 필터 해제하기

'지점' 필드에 대해서만 필터를 해제해보자. 모든 필드에 대해 한꺼번에 필터를 해제하려면 [데이터]–[정렬 및 필터]에서 지우기 지우기 를 선택한다.

❶ '지점' 필드의 필터 단추를 클릭하고 '지점에서 필터 해제'를 선택한다.

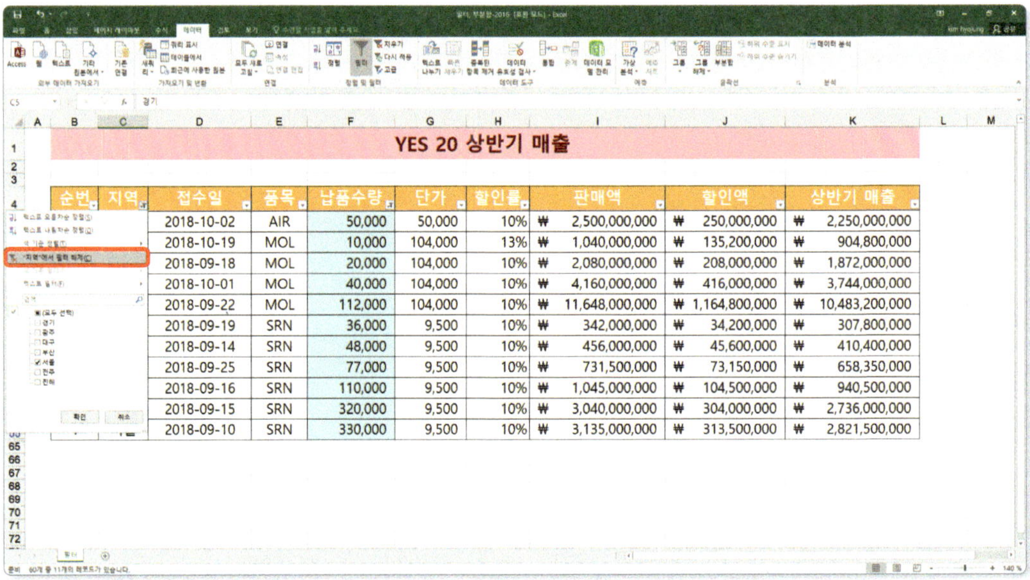

5.2.3 고급 필터로 데이터 추출하기

자동 필터는 하나의 필드에 두 개 이상의 조건을 설정할 수 없지만, 고급 필터는 조건이 복잡하거나 여러 필드를 결합해 지정할 경우 사용한다. 고급 필터를 지정하기 위해서는 반드시 목록과는 다른 장소에 조건 범위를 입력해야 한다. 하나의 필드에 세 개 이상의 조건을 지정할 수 있고, 두 개 이상의 필드를 AND나 OR로 결합해서 지정한다.

고급 필터 대화 상자

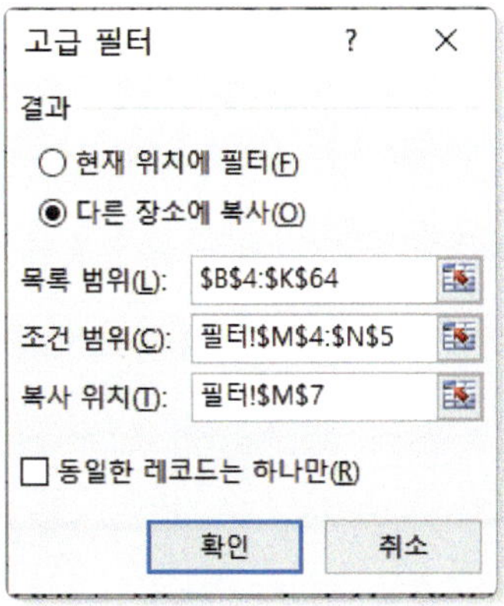

❶ 추출된 결과의 위치를 지정한다.

❷ 추출할 원본 데이터 목록의 범위를 지정한다.

❸ 조건이 입력된 셀 범위를 지정한다.

❹ '다른 장소에 복사'를 선택한 경우 필터된 데이터가 나타날 위치를 지정한다.

❺ 선택하면 동일한 레코드가 있을 경우 하나만 표시한다.

조건 지정 규칙 만들기

조건을 지정할 경우 반드시 첫 행에는 원본 데이터 목록의 필드명을 입력하고, 그 다음 행부터 조건을 입력한다. AND 조건인 경우 같은 행에 입력하고 OR 조건인 경우 다른 행에 입력한다.

AND 조건

- '지역'이 '서울'이고, '품목'이 'MOL'인 레코드

지역	품목
서울	MOL

OR 조건

- '지역'이 '서울'이거나 '품목'이 'MOL'인 레코드

지역	품목
서울	
	MOL

고급 필터로 데이터 추출하기

'지역'이 '서울'이고, 품목이 'MOL'인 레코드를 추출하여 [M7] 셀부터 나타내보자.

❶ 조건을 만들기 위해 [C4] 제목 필드를 복사하여 [M4] 셀, [E4] 제목 필드를 복사하여 [N4] 셀로 붙여넣기 하고 AND 조건을 완성한다.

❷ 데이터 목록 내 임의의 셀을 클릭하고, [데이터]–[정렬 및 필터]–[고급]을 선택한다.

❸ 고급 필터 대화 상자에서 '다른 장소에 복사'를 선택하고 [M7]을 선택한다. 목록 범위 [$B$4:$K$64], 조건 범위 [$M$4:$N$5], 복사 위치 [M7]을 선택한 다음 확인을 클릭한다.

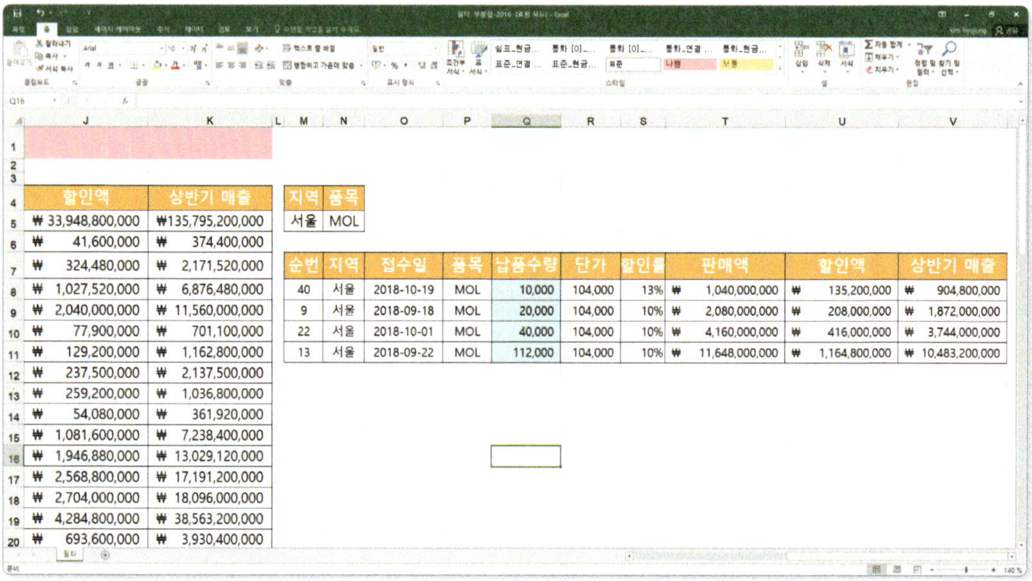

❹ 조건을 만들기 위해 [C4] 제목 필드를 복사하여 [M4] 셀, [E4] 제목 필드를 복사하여 [N4] 셀로 복사하고 OR 조건을 완성한다.

❺ 데이터 목록 내 임의의 셀을 클릭하여 [데이터]–[정렬 및 필터]–[고급]을 선택한다.

❻ 고급 필터 대화 상자에서 '다른 장소에 복사'를 선택하고 [M7]을 선택한다. 목록 범위 [$B$4:$K$64], 조건 범위 [$M$4:$N$6], 복사 위치 [M8]을 선택한 다음 확인을 클릭한다.

❼ 결과를 확인한다.

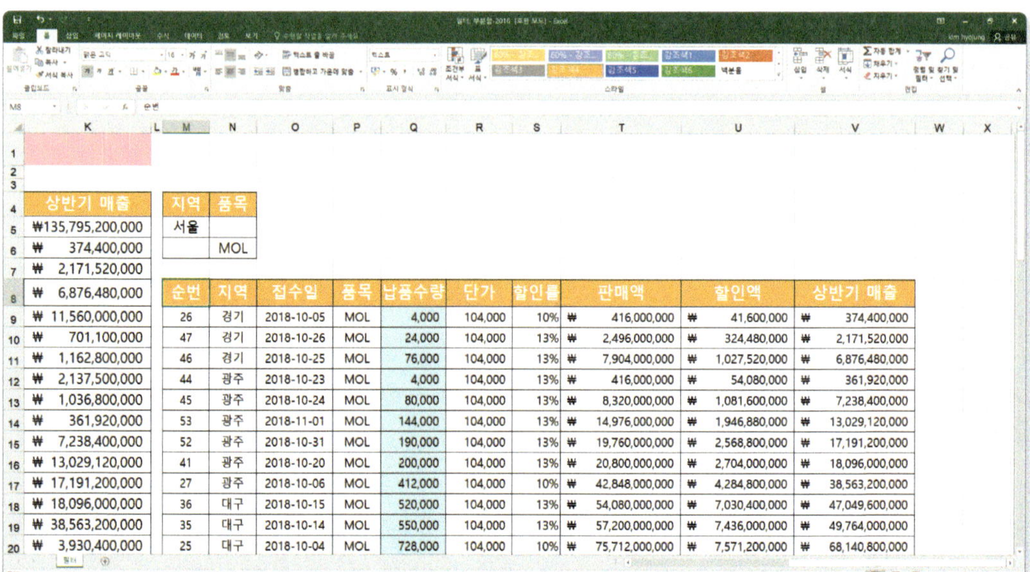

5.3 부분 합으로 요약하기

5.3.1 부분 합으로 데이터 요약하기

부분 합은 같은 항목의 데이터를 하나의 그룹으로 만들어 각 그룹별로 합계, 평균, 개수 등의 여러 함수를 이용하여 데이터를 요약해준다. 여러 시트의 데이터를 통합하여 부분 합을 구할 수 있을 뿐만 아니라 중복되는 데이터를 제거하여 유일한 데이터에 대한 부분 합을 구할 수 있다. 부분 합을 구하기 위해서는 구할 대상이 되는 항목을 기준으로 반드시 정렬되어 있어야 한다.

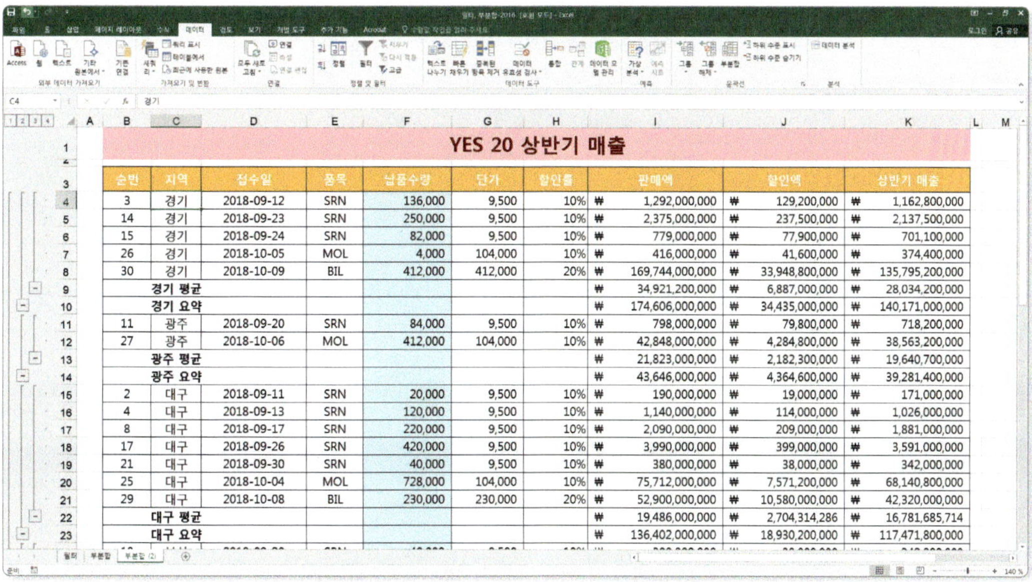

부분 합 구하기

부분 합 기능을 이용해 '지역'별로 '판매량', '할인액', '상반기 매출'에 대한 합계와 평균을 구해보자.

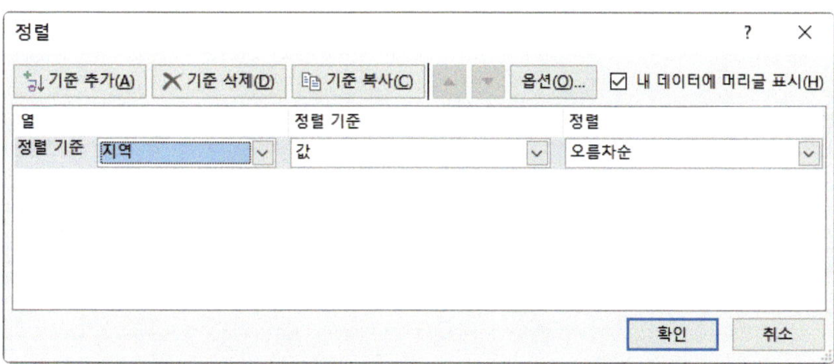

❶ [B4:K64] 셀을 선택하고 [데이터]–[정렬 및 필터]에서 부서명에 대해 오름차순 정렬을 선택한다.

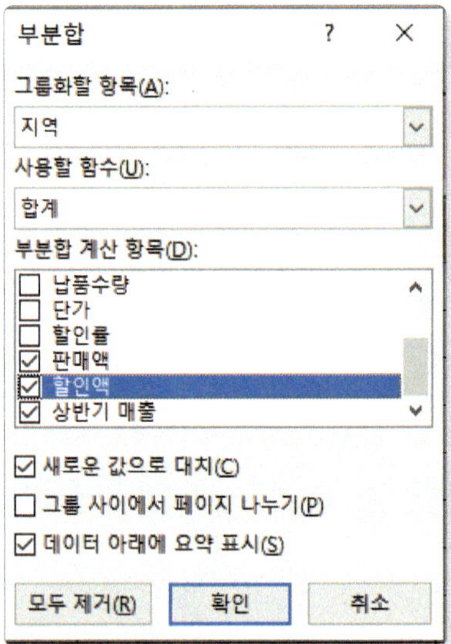

❷ '판매량', '할인액', '상반기 매출'에 대한 합계를 구하기 위해 [데이터]–[개요]에서 부분 합을 선택한다.

❸ 부분 합 대화 상자에서 그룹화할 항목에 '지역', 사용할 함수에 '합계', 부분 합 계산 항목에 '판매량', '할인액', '상반기 매출'을 선택하여 확인한다.

❹ 부분 합 대화 상자에서 반드시 '새로운 값으로 대치', '데이터 아래 요약 표시' 부분을 체크한다.

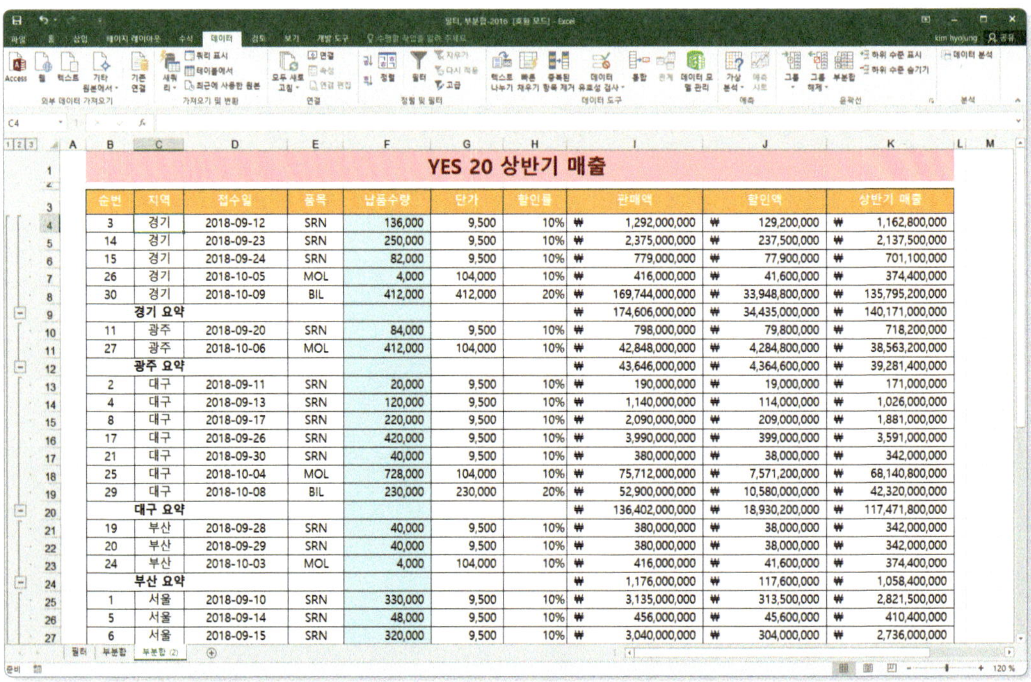

YES 20 상반기 매출

순번	지역	접수일	품목	납품수량	단가	할인률	판매액	할인액	상반기 매출
3	경기	2018-09-12	SRN	136,000	9,500	10%	₩ 1,292,000,000	₩ 129,200,000	₩ 1,162,800,000
14	경기	2018-09-23	SRN	250,000	9,500	10%	₩ 2,375,000,000	₩ 237,500,000	₩ 2,137,500,000
15	경기	2018-09-24	SRN	82,000	9,500	10%	₩ 779,000,000	₩ 77,900,000	₩ 701,100,000
26	경기	2018-10-05	MOL	4,000	104,000	10%	₩ 416,000,000	₩ 41,600,000	₩ 374,400,000
30	경기	2018-10-09	BIL	412,000	412,000	20%	₩ 169,744,000,000	₩ 33,948,800,000	₩ 135,795,200,000
	경기 요약						₩ 174,606,000,000	₩ 34,435,000,000	₩ 140,171,000,000
11	광주	2018-09-20	SRN	84,000	9,500	10%	₩ 798,000,000	₩ 79,800,000	₩ 718,200,000
27	광주	2018-10-06	MOL	412,000	104,000	10%	₩ 42,848,000,000	₩ 4,284,800,000	₩ 38,563,200,000
	광주 요약						₩ 43,646,000,000	₩ 4,364,600,000	₩ 39,281,400,000
2	대구	2018-09-11	SRN	20,000	9,500	10%	₩ 190,000,000	₩ 19,000,000	₩ 171,000,000
4	대구	2018-09-13	SRN	120,000	9,500	10%	₩ 1,140,000,000	₩ 114,000,000	₩ 1,026,000,000
8	대구	2018-09-17	SRN	220,000	9,500	10%	₩ 2,090,000,000	₩ 209,000,000	₩ 1,881,000,000
17	대구	2018-09-26	SRN	420,000	9,500	10%	₩ 3,990,000,000	₩ 399,000,000	₩ 3,591,000,000
21	대구	2018-09-30	SRN	40,000	9,500	10%	₩ 380,000,000	₩ 38,000,000	₩ 342,000,000
25	대구	2018-10-04	MOL	728,000	104,000	10%	₩ 75,712,000,000	₩ 7,571,200,000	₩ 68,140,800,000
29	대구	2018-10-08	BIL	230,000	230,000	20%	₩ 52,900,000,000	₩ 10,580,000,000	₩ 42,320,000,000
	대구 요약						₩ 136,402,000,000	₩ 18,930,200,000	₩ 117,471,800,000
19	부산	2018-09-28	SRN	40,000	9,500	10%	₩ 380,000,000	₩ 38,000,000	₩ 342,000,000
20	부산	2018-09-29	SRN	40,000	9,500	10%	₩ 380,000,000	₩ 38,000,000	₩ 342,000,000
24	부산	2018-10-03	MOL	4,000	104,000	10%	₩ 416,000,000	₩ 41,600,000	₩ 374,400,000
	부산 요약						₩ 1,176,000,000	₩ 117,600,000	₩ 1,058,400,000
1	서울	2018-09-10	SRN	330,000	9,500	10%	₩ 3,135,000,000	₩ 313,500,000	₩ 2,821,500,000
5	서울	2018-09-14	SRN	48,000	9,500	10%	₩ 456,000,000	₩ 45,600,000	₩ 410,400,000
6	서울	2018-09-15	SRN	320,000	9,500	10%	₩ 3,040,000,000	₩ 304,000,000	₩ 2,736,000,000

중첩 부분합 구하기

이미 적용된 부분 합에 대해 다른 함수를 사용한 조건을 다시 적용할 수 있다. 먼저, 반드시 두 가지 이상의 기준으로 정렬해야 한다. 그리고 부분 합 대화 상사에서 '새로운 값으로 대치' 옵션을 체크 해제해야 한다.

앞서 작성한 각 지역별 판매량과 할인액, 상반기 매출의 평균을 구해보자.

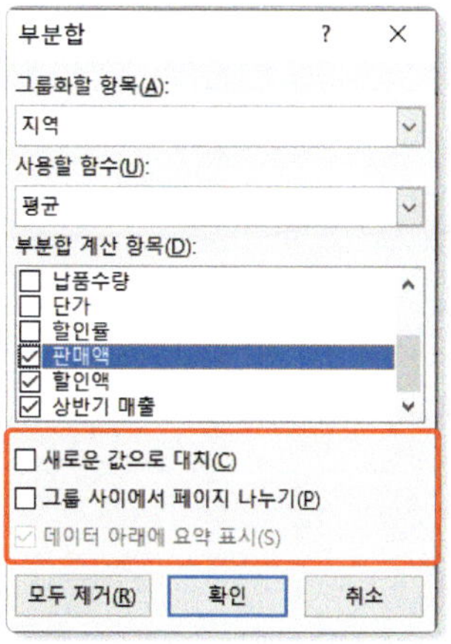

❶ [데이터]–[개요]에서 부분 합을 선택한다.

❷ 부분 합 대화 상자에서 그룹화할 항목에 '지역', 사용할 함수에 '평균', 부분 합 계산 항목에 '판매량', '할인액', '상반기 매출'을 선택하여 확인한다.

❸ 부분 합 대화 상자에서 반드시 '새로운 값으로 대치' 부분을 체크 해제한다.

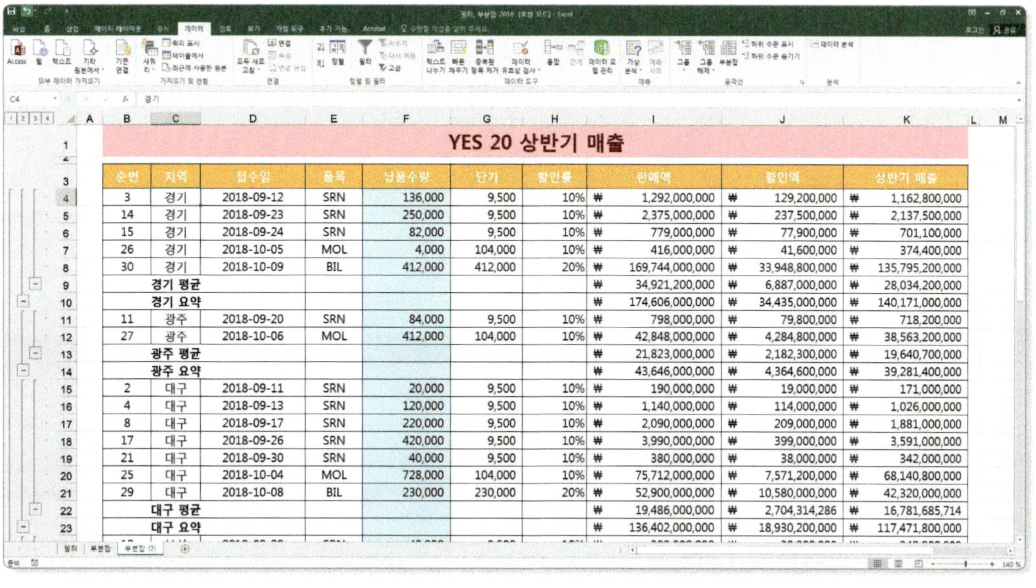

YES 20 상반기 매출

순번	지역	접수일	품목	납품수량	단가	할인률	판매액	할인액	상반기 매출
3	경기	2018-09-12	SRN	136,000	9,500	10%	₩ 1,292,000,000	₩ 129,200,000	₩ 1,162,800,000
14	경기	2018-09-23	SRN	250,000	9,500	10%	₩ 2,375,000,000	₩ 237,500,000	₩ 2,137,500,000
15	경기	2018-09-24	SRN	82,000	9,500	10%	₩ 779,000,000	₩ 77,900,000	₩ 701,100,000
26	경기	2018-10-05	MOL	4,000	104,000	10%	₩ 416,000,000	₩ 41,600,000	₩ 374,400,000
30	경기	2018-10-09	BIL	412,000	412,000	20%	₩ 169,744,000,000	₩ 33,948,800,000	₩ 135,795,200,000
	경기 평균						₩ 34,921,200,000	₩ 6,887,000,000	₩ 28,034,200,000
	경기 요약						₩ 174,606,000,000	₩ 34,435,000,000	₩ 140,171,000,000
11	광주	2018-09-20	SRN	84,000	9,500	10%	₩ 798,000,000	₩ 79,800,000	₩ 718,200,000
27	광주	2018-10-06	MOL	412,000	104,000	10%	₩ 42,848,000,000	₩ 4,284,800,000	₩ 38,563,200,000
	광주 평균						₩ 21,823,000,000	₩ 2,182,300,000	₩ 19,640,700,000
	광주 요약						₩ 43,646,000,000	₩ 4,364,600,000	₩ 39,281,400,000
2	대구	2018-09-11	SRN	20,000	9,500	10%	₩ 190,000,000	₩ 19,000,000	₩ 171,000,000
4	대구	2018-09-13	SRN	120,000	9,500	10%	₩ 1,140,000,000	₩ 114,000,000	₩ 1,026,000,000
8	대구	2018-09-17	SRN	220,000	9,500	10%	₩ 2,090,000,000	₩ 209,000,000	₩ 1,881,000,000
17	대구	2018-09-26	SRN	420,000	9,500	10%	₩ 3,990,000,000	₩ 399,000,000	₩ 3,591,000,000
21	대구	2018-09-30	SRN	40,000	9,500	10%	₩ 380,000,000	₩ 38,000,000	₩ 342,000,000
25	대구	2018-10-04	MOL	728,000	104,000	10%	₩ 75,712,000,000	₩ 7,571,200,000	₩ 68,140,800,000
29	대구	2018-10-08	BIL	230,000	230,000	20%	₩ 52,900,000,000	₩ 10,580,000,000	₩ 42,320,000,000
	대구 평균						₩ 19,486,000,000	₩ 2,704,314,286	₩ 16,781,685,714
	대구 요약						₩ 136,402,000,000	₩ 18,930,200,000	₩ 117,471,800,000

5.3.2 윤곽 기호를 이용하여 데이터 요약하기

윤곽 기호를 이용하면 요약된 데이터를 볼 수 있다.

❶ 윤곽 기호 [1]은 총 합계를 나타내고 있다.

❷ 윤곽 기호 [2]를 선택하면 지역별 '판매량', '할인액', '상반기 매출'의 합계를 볼 수 있다.

❸ 윤곽 기호 [3]을 선택하면 지역별 '판매량', '할인액', '상반기 매출'의 평균을 볼 수 있다.

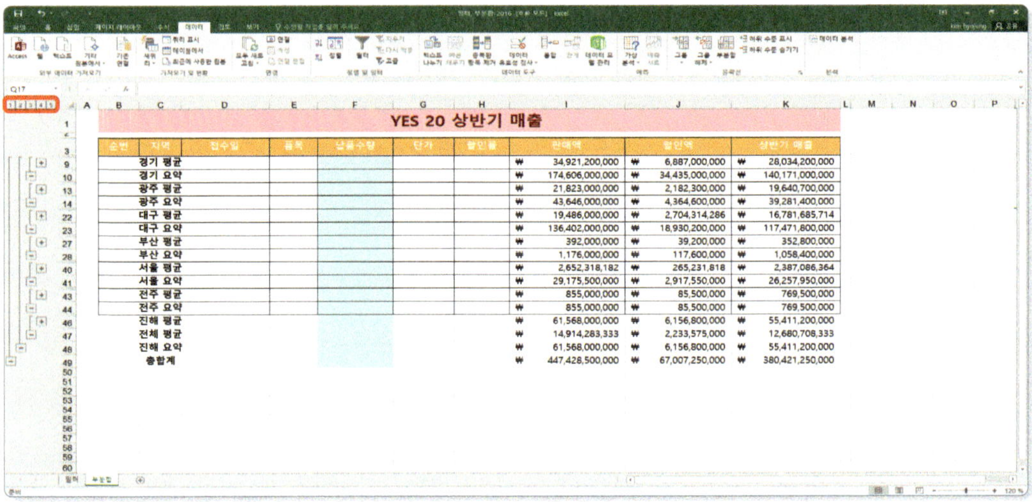

5.3.3 부분 합 제거하기

부분 합을 구하고 나면 원본 데이터를 볼 수 없다. 원본 데이터로 돌아가기 위해서는 부분 합 기능을 해제해야 한다.

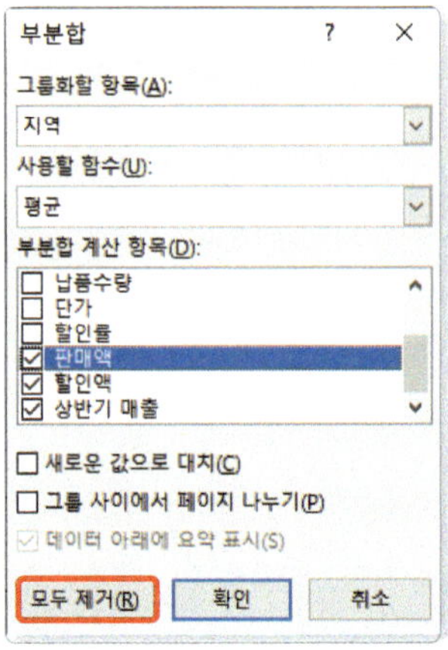

❶ [데이터]–[개요]에서 부분 합을 선택한다.

❷ 부분 합 대화 상자에서 '모두 제거'를 클릭하여 부분 합을 해제한다.

5.4 양식 컨트롤 이해하기

5.4.1 양식 컨트롤 이해하기

워크시트에 새로 데이터를 입력하거나 이미 입력된 데이터를 관리할 때 다양한 형태의 컨트롤을 활용하면 훨씬 편리하고 이해하기 쉽게 문서를 꾸밀 수 있다. 컨트롤은 크게 '양식 컨트롤'과 'ActiveX 컨트롤'로 나뉘고 [개발 도구]–[컨트롤] 그룹에서 [삽입]을 클릭하여 선택할 수 있다.

5.4.2 양식 컨트롤의 종류 살펴보기

단추(□), 콤보 상자(☷)

단추 컨트롤(□)은 매크로나 VBA로 작업한 프로그래밍을 연결해 특정 작업이 실행되도록 설정할 때 사용한다. 콤보 상자 컨트롤(☷)은 목록 상자와 비슷하게 여러 개의 항목을 일목요연하게 표현해 쉽게 선택할 수 있게 도와주지만, 내림 단추(▾)를 눌러야 목록이 펼쳐진다. 콤보 상자는 워크시트에서 영역을 많이 차지하지 않고 목록 상자와 사용법이 같으므로 레이아웃에 따라 목록 상자나 콤보 상자 중에서 선택하여 사용한다.

확인란(☑), 스핀 단추(⬍)

확인란 컨트롤(☑)은 둘 중 하나를 선택하거나, 작업 유무를 체크하거나, 납부 여부, 부가세 포함 여부, 성별 등과 같이 선택 여부에 따라 작업 내용이 달라지는 경우에 표시하면 좋다. 스핀 단추 컨트롤(⬍)은 증가 또는 감소되는 숫자 값을 표시할 때 사용하고, 위쪽 단추나 아래쪽 단추를 클릭할 때마다 원하는 값만큼 증가되거나 감소되는 효과를 얻을 수 있다.

목록 상자(☷), 옵션 단추(◉)

목록 상자 컨트롤(☷)은 여러 개의 항목을 일목요연하게 표현해 쉽게 선택할 수 있게 도와주지만, 목록 상자에 처음부터 데이터가 펼쳐져 표시되므로 영역을 많이 차지한다. 따라서 작업 공간이 좁다면 목록 상자보다 콤보 상자를 이용하도록 한다. 옵션 단추 컨트롤(◉)은 여러 개의 항목 중 하나를 선택하는 용도로 사용한다. 목록 상자나 콤보 상자는 많은 항목을 표시할 때, 옵션 단추는 간단히 몇 개의 항목만 표시할 때 유용하다.

그룹 상자( ), 레이블( )

그룹 상자 컨트롤은 시트에 배치된 여러 개의 컨트롤에 구역을 설정하거나 컨트롤에 사용법 등의 설명을 표시할 때 사용한다. 레이블 컨트롤에 이름이나 작업 방법을 설명하는 등의 텍스트 상자를 표시할 때 사용한다.

스크롤 막대( )

스크롤 막대 컨트롤은 스핀 단추와 같이 증가/감소되는 숫자 값을 표시하고, 가로 스크롤 막대나 세로 스크롤 막대를 만들어 값을 표시할 수 있다.

5.4.3 리본 메뉴 개발 도구 표시하기

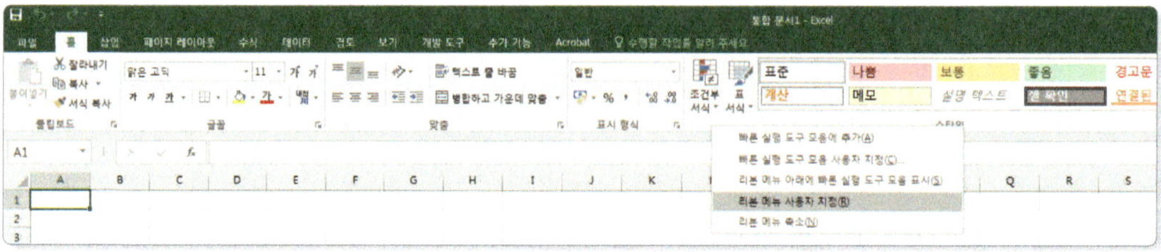

❶ 도구 모음에 [개발 도구] 탭을 표시하려면 리본 메뉴에서 마우스 오른쪽 단추를 눌러 [리본 메뉴 사용자 지정]을 선택한다.

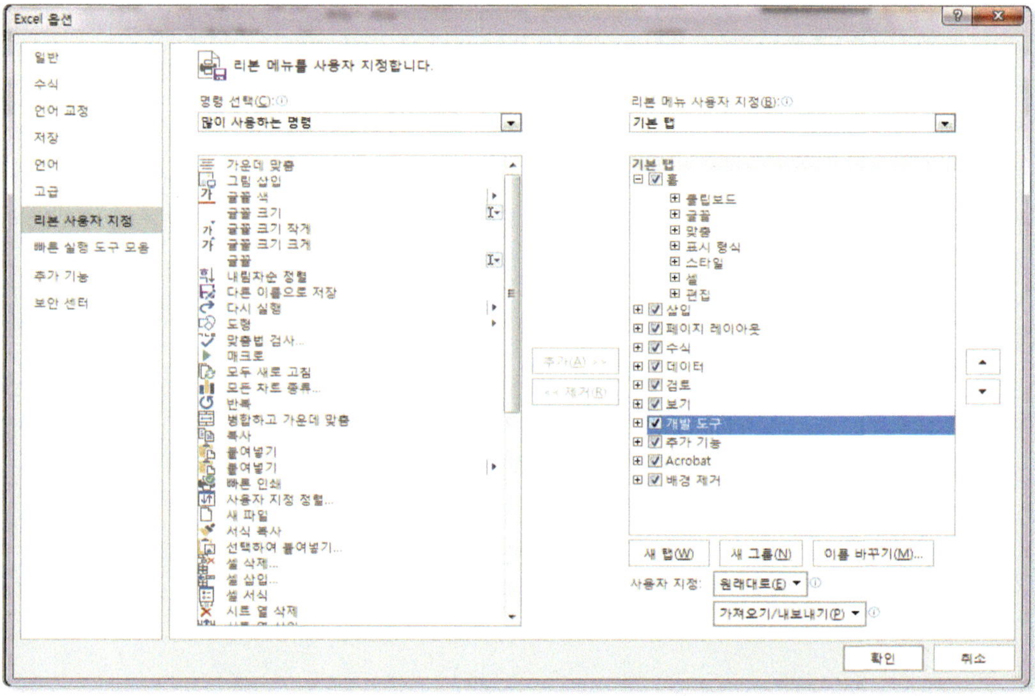

❷ [Excel 옵션] 대화 상자가 열리면 [리본 사용자 지정] 범주가 선택되어 있는지 확인하고 오른쪽에 표시된 목록에서 [개발 도구]에 체크한 후 [확인]을 클릭한다.

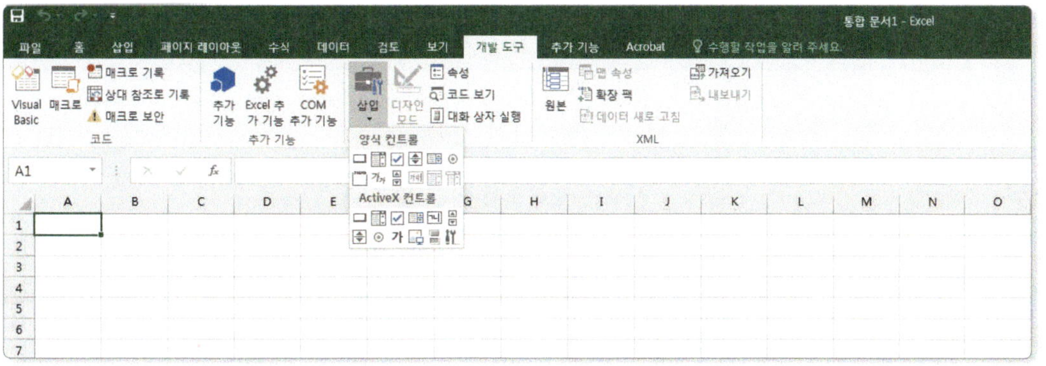

❸ 리본 메뉴에 [개발 도구] 탭이 추가되었다. [개발 도구] 탭을 클릭하고 매크로, VBA 등의 프로그래밍과 관련된 메뉴로 구성된 기능 중 [컨트롤] 그룹에서 [삽입]을 클릭한 후 '양식 컨트롤'에서 엑셀과 데이터를 연동할 수 있는 컨트롤을 선택해 사용하면 된다.

5.4.4 목록에서 특정 지역 선택해 발주 내역 찾아오기-목록 상자

'매출 실적' 시트에서 목록 상자를 이용해 특정 지역의 발주 내역을 찾아보자.

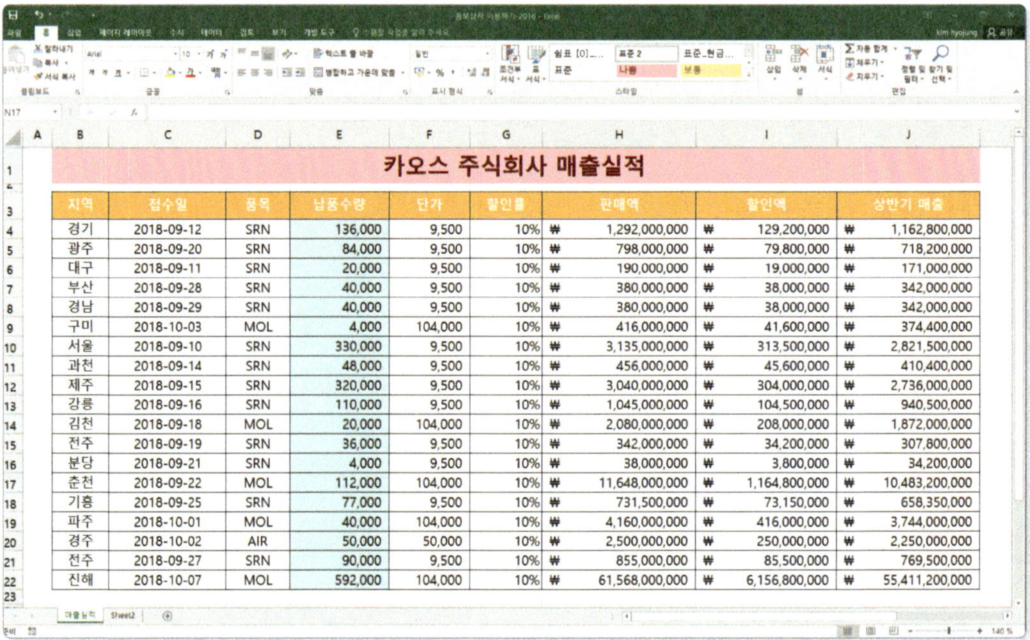

카오스 주식회사 매출실적

지역	접수일	품목	납품수량	단가	할인률	판매액	할인액	상반기 매출
경기	2018-09-12	SRN	136,000	9,500	10%	₩ 1,292,000,000	₩ 129,200,000	₩ 1,162,800,000
광주	2018-09-20	SRN	84,000	9,500	10%	₩ 798,000,000	₩ 79,800,000	₩ 718,200,000
대구	2018-09-11	SRN	20,000	9,500	10%	₩ 190,000,000	₩ 19,000,000	₩ 171,000,000
부산	2018-09-28	SRN	40,000	9,500	10%	₩ 380,000,000	₩ 38,000,000	₩ 342,000,000
경남	2018-09-29	SRN	40,000	9,500	10%	₩ 380,000,000	₩ 38,000,000	₩ 342,000,000
구미	2018-10-03	MOL	4,000	104,000	10%	₩ 416,000,000	₩ 41,600,000	₩ 374,400,000
서울	2018-09-10	SRN	330,000	9,500	10%	₩ 3,135,000,000	₩ 313,500,000	₩ 2,821,500,000
과천	2018-09-14	SRN	48,000	9,500	10%	₩ 456,000,000	₩ 45,600,000	₩ 410,400,000
제주	2018-09-15	SRN	320,000	9,500	10%	₩ 3,040,000,000	₩ 304,000,000	₩ 2,736,000,000
강릉	2018-09-16	SRN	110,000	9,500	10%	₩ 1,045,000,000	₩ 104,500,000	₩ 940,500,000
김천	2018-09-18	MOL	20,000	104,000	10%	₩ 2,080,000,000	₩ 208,000,000	₩ 1,872,000,000
전주	2018-09-19	SRN	36,000	9,500	10%	₩ 342,000,000	₩ 34,200,000	₩ 307,800,000
분당	2018-09-21	SRN	4,000	9,500	10%	₩ 38,000,000	₩ 3,800,000	₩ 34,200,000
춘천	2018-09-22	MOL	112,000	104,000	10%	₩ 11,648,000,000	₩ 1,164,800,000	₩ 10,483,200,000
기흥	2018-09-25	SRN	77,000	9,500	10%	₩ 731,500,000	₩ 73,150,000	₩ 658,350,000
파주	2018-10-01	MOL	40,000	104,000	10%	₩ 4,160,000,000	₩ 416,000,000	₩ 3,744,000,000
경주	2018-10-02	AIR	50,000	50,000	10%	₩ 2,500,000,000	₩ 250,000,000	₩ 2,250,000,000
천주	2018-09-27	SRN	90,000	9,500	10%	₩ 855,000,000	₩ 85,500,000	₩ 769,500,000
진해	2018-10-07	MOL	592,000	104,000	10%	₩ 61,568,000,000	₩ 6,156,800,000	₩ 55,411,200,000

❶ '매출 실적' 시트에서 [개발 도구] 탭–[컨트롤] 그룹의 [삽입]을 클릭하고 '양식 컨트롤'에서 [목록 상자]를 클릭하여 B열의 위쪽에서 적당한 크기로 드래그한다.

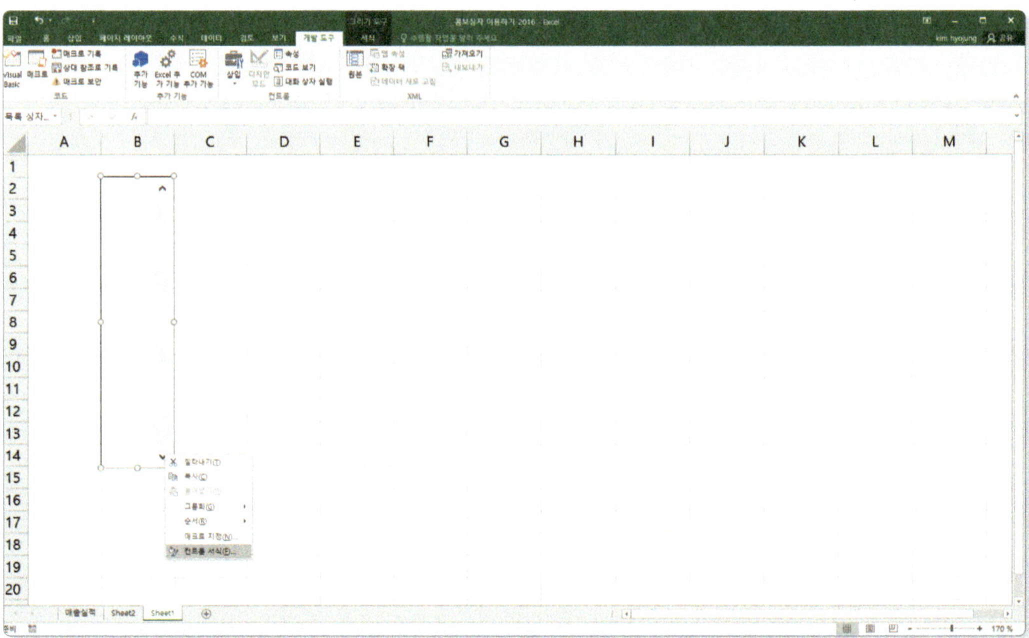

❷ 새로 생성된 목록 상자 컨트롤에서 데이터를 연결하기 위해 마우스 오른쪽 단추를 눌러 **[컨트롤 서식]**을 선택한다.

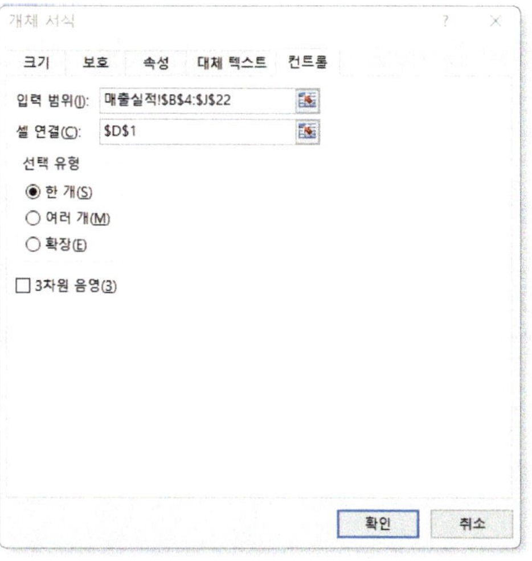

❸ **[컨트롤 서식]** 대화 상자의 **[컨트롤]** 탭이 열리면 목록 상자에 표시할 데이터를 지정하기 위해 '입력 범위'의 입력 상자를 클릭하여 커서를 올려놓는다. 원본 데이터가 입력된 **[매출 실적]** 시트에서 [B4] 셀을 클릭하고 Ctrl + Shift + ↓를 누르면 '입력 범위'에 '발주 내역!$B$4:$J$22'가 표시된다.

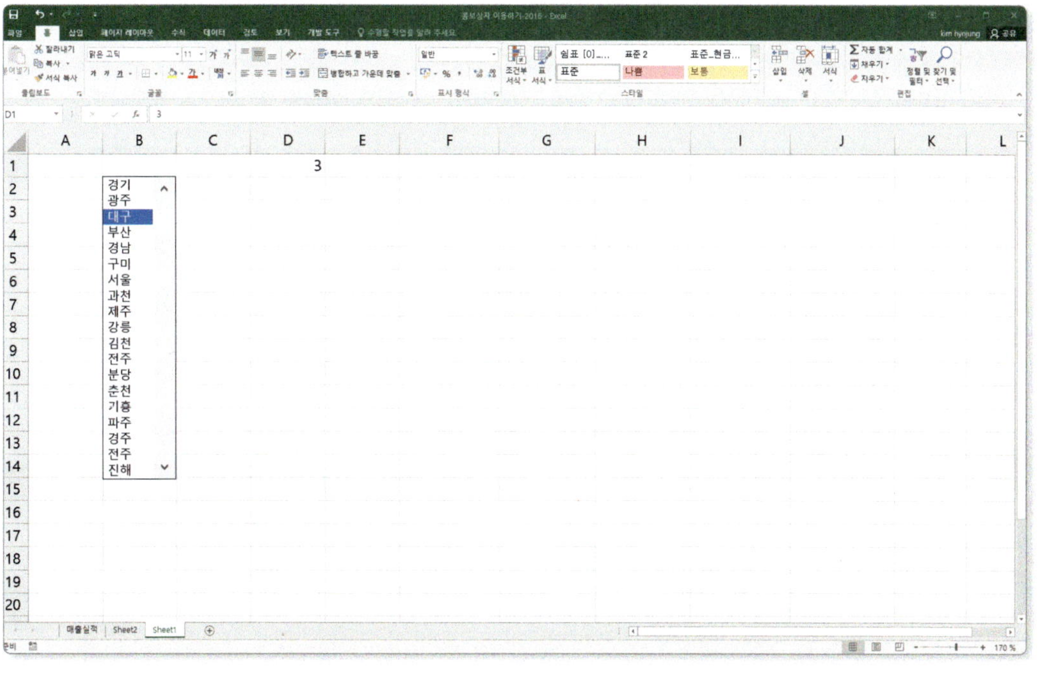

❹ 목록 상자에서 특정 항목을 선택하면 몇 번째 항목이 선택되었는지 셀에 표시해보자. '셀 연결'의 입력 상자를 클릭하여 커서를 올려놓고 [sheet 1]에서 [D1] 셀을 선택하여 **[확인]**을 클릭한다.

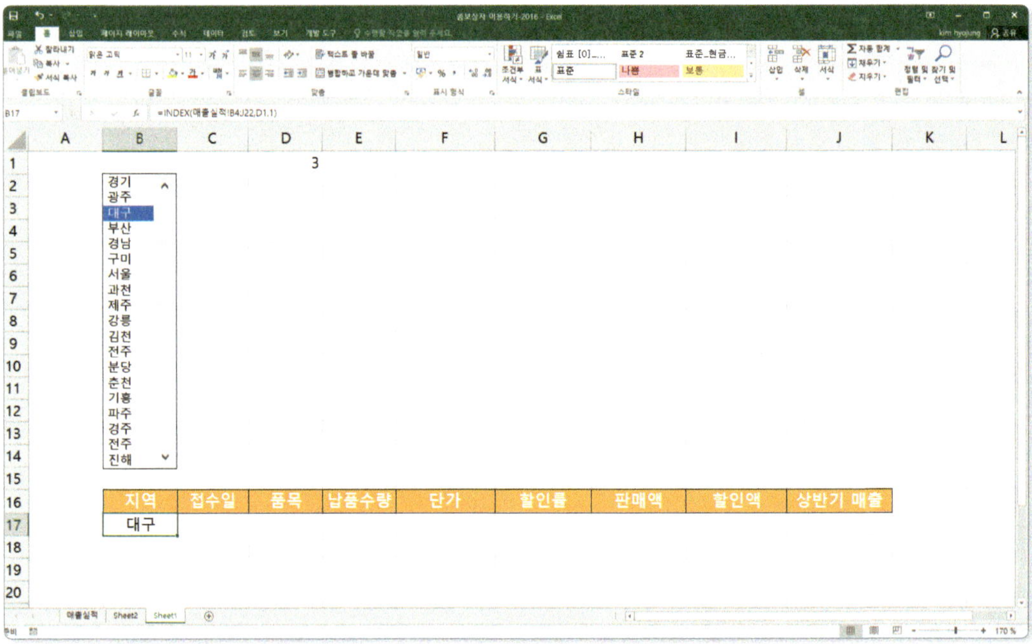

❺ 목록 상자에 ❸ 과정에서 '입력 범위'에 지정한 범위에 있는 지역명이 표시되었으면 Esc를 눌러 목록 상자의 편집 상태를 해제한다. 목록 상자에 표시된 지역명 중에서 하나를 선택하면 목록에서 몇 번째가 선택되었는지 과정 ❹에서 지정한 [D1] 셀에 숫자로 표시된다.

❻ [D1] 셀에 표시된 숫자값에 따라 [매출 실적] 시트의 해당 지역 이름을 [B17] 셀에 표시하기 위해 [B17] 셀에 함수식 『=INDEX(매출실적!$B&4:$J$22,$D$1,1)』을 입력하고 Enter↵를 누른다.

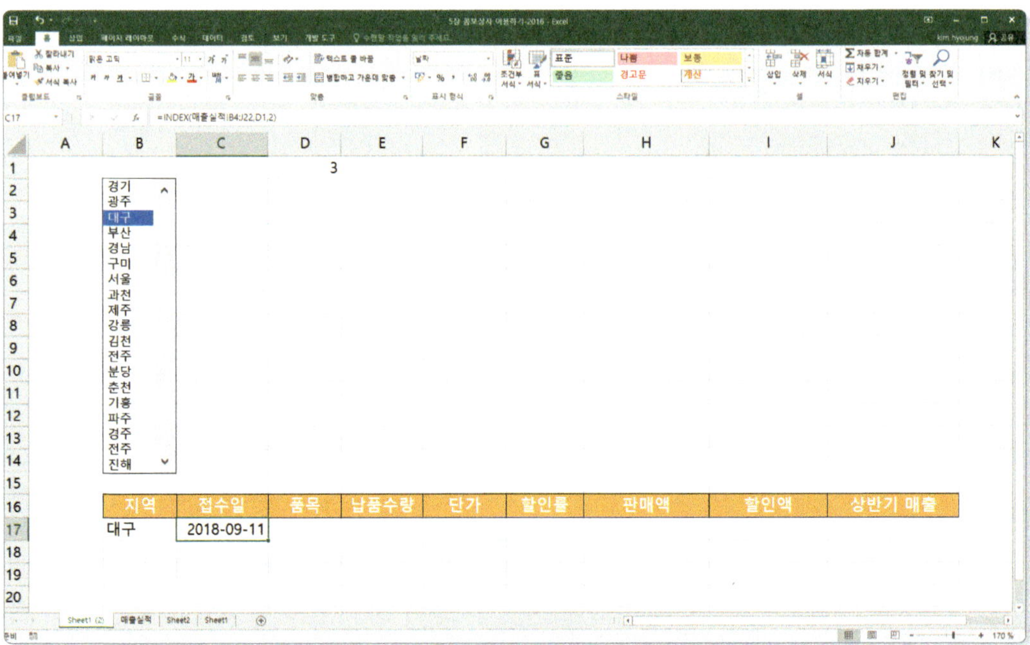

❼ 목록 상자에서 다른 지역을 선택하면 [D1] 셀의 값이 바뀌면서 그 행에 해당하는 지역이 [B17] 셀에 표시된다. 나머지 열에도 같은 함수식을 적용하기 위해 [B17] 셀을 클릭하고 수식 입력 줄에 표시된 함수식을 드래그하여 Ctrl + C로 함수식을 복사한 후, 붙여넣기에서 수식(F)을 선택하여 붙여넣는다.

❽ [C17] 셀을 더블 클릭하여 편집 상태로 변경하고 Ctrl + V를 눌러 과정 ❼에서 복사한 함수식을 붙여 넣고 다음과 같이 수정해준다.

C17셀: =INDEX(매출실적!$B$4:$J$22, $D$1,2),

D17셀: =INDEX(매출실적!$B$4:$J$22, $D$1,3),

E17셀: =INDEX(매출실적!$B$4:$J$22, $D$1,4),

F17셀: =INDEX(매출실적!$B$4:$J$22, $D$1,5),

G17셀: =INDEX(매출실적!$B$4:$J$22, $D$1,6),

H17셀: =INDEX(매출실적!$B$4:$J$22, $D$1,7),

I17셀: =INDEX(매출실적!$B$4:$J$22, $D$1,8),

J17셀: =INDEX(매출실적!$B$4:$J$22, $D$1,9)

❾ [C17] 셀에 표시된 숫자를 날짜로 변환하기 위해 [C17] 셀을 선택하고 [홈]–[표시 형식]에서 '간단한 날짜'를 선택한다. [G17] 셀은 백분율로 수정한다.

❿ [H17:J17] 셀을 [홈]–[표시 형식]에서 '회계'를 선택하여 통화 단위를 바꿔준다.

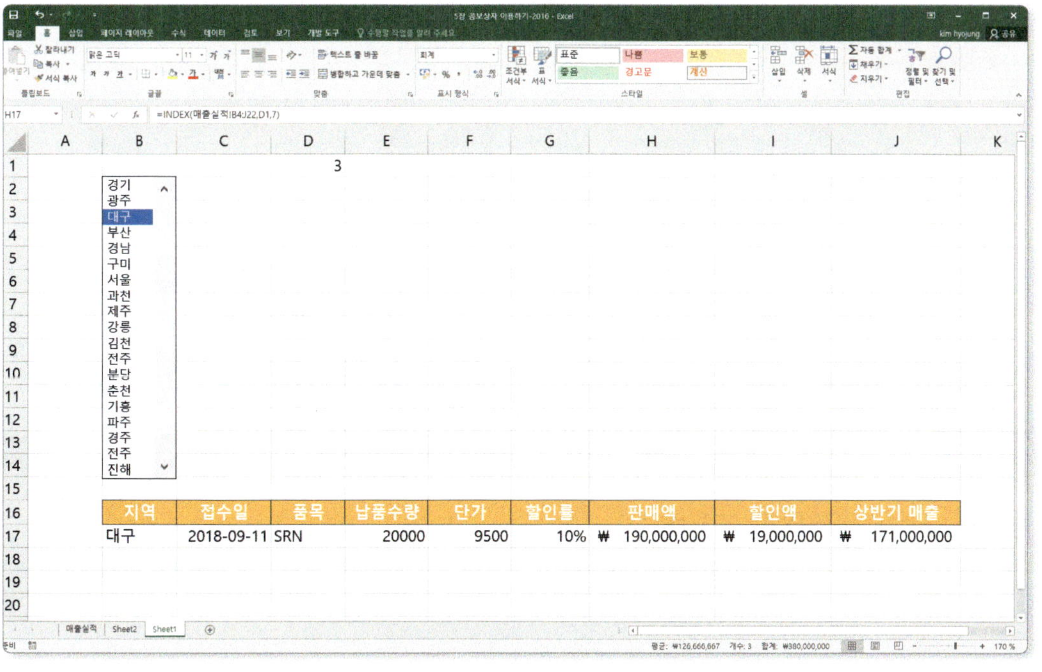

C 실무 활용 문제 1 고급 필터

'부서별'은 '영업1팀', '매출액 합계'는 '1,000,000,000'이상의 데이터를 필터링하시오.

출력 형태

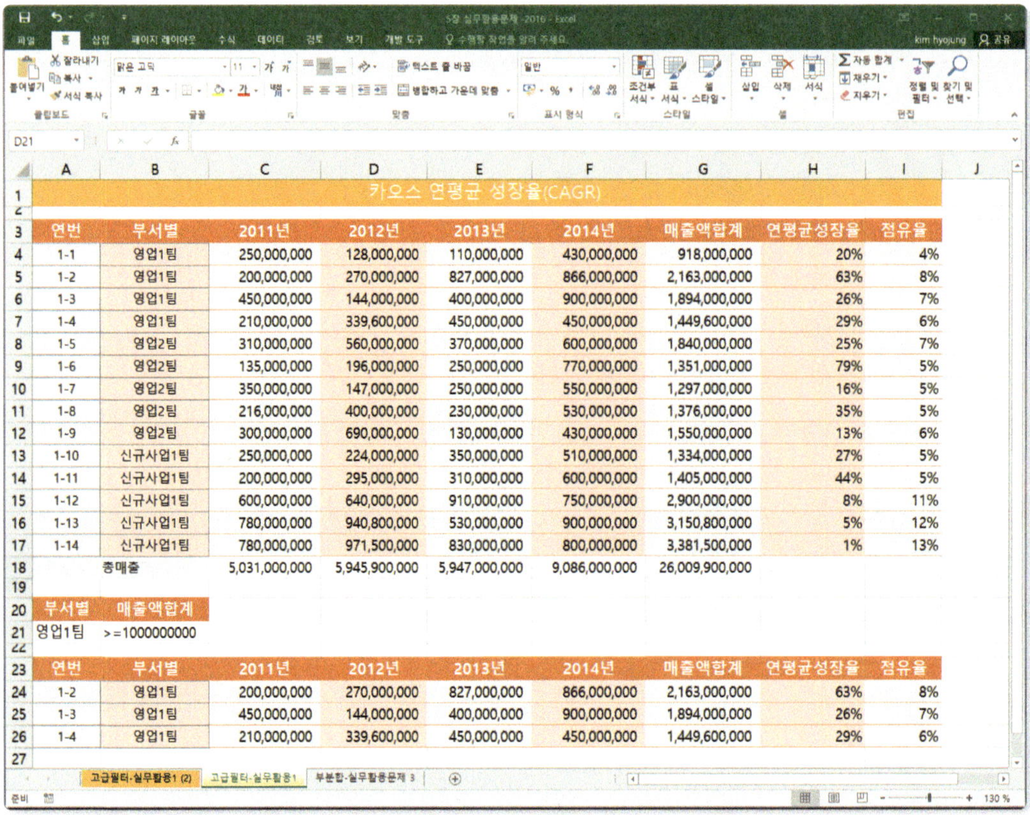

	A	B	C	D	E	F	G	H	I
1	카오스 연평균 성장율(CAGR)								
3	연번	부서별	2011년	2012년	2013년	2014년	매출액합계	연평균성장율	점유율
4	1-1	영업1팀	250,000,000	128,000,000	110,000,000	430,000,000	918,000,000	20%	4%
5	1-2	영업1팀	200,000,000	270,000,000	827,000,000	866,000,000	2,163,000,000	63%	8%
6	1-3	영업1팀	450,000,000	144,000,000	400,000,000	900,000,000	1,894,000,000	26%	7%
7	1-4	영업1팀	210,000,000	339,600,000	450,000,000	450,000,000	1,449,600,000	29%	6%
8	1-5	영업2팀	310,000,000	560,000,000	370,000,000	600,000,000	1,840,000,000	25%	7%
9	1-6	영업2팀	135,000,000	196,000,000	250,000,000	770,000,000	1,351,000,000	79%	5%
10	1-7	영업2팀	350,000,000	147,000,000	250,000,000	550,000,000	1,297,000,000	16%	5%
11	1-8	영업2팀	216,000,000	400,000,000	230,000,000	530,000,000	1,376,000,000	35%	5%
12	1-9	영업2팀	300,000,000	690,000,000	130,000,000	430,000,000	1,550,000,000	13%	6%
13	1-10	신규사업1팀	250,000,000	224,000,000	350,000,000	510,000,000	1,334,000,000	27%	5%
14	1-11	신규사업1팀	200,000,000	295,000,000	310,000,000	600,000,000	1,405,000,000	44%	5%
15	1-12	신규사업1팀	600,000,000	640,000,000	910,000,000	750,000,000	2,900,000,000	8%	11%
16	1-13	신규사업1팀	780,000,000	940,800,000	530,000,000	900,000,000	3,150,800,000	5%	12%
17	1-14	신규사업1팀	780,000,000	971,500,000	830,000,000	800,000,000	3,381,500,000	1%	13%
18		총매출	5,031,000,000	5,945,900,000	5,947,000,000	9,086,000,000	26,009,900,000		

	A	B
20	부서별	매출액합계
21	영업1팀	>=1000000000

	A	B	C	D	E	F	G	H	I
23	연번	부서별	2011년	2012년	2013년	2014년	매출액합계	연평균성장율	점유율
24	1-2	영업1팀	200,000,000	270,000,000	827,000,000	866,000,000	2,163,000,000	63%	8%
25	1-3	영업1팀	450,000,000	144,000,000	400,000,000	900,000,000	1,894,000,000	26%	7%
26	1-4	영업1팀	210,000,000	339,600,000	450,000,000	450,000,000	1,449,600,000	29%	6%

작성 조건

❶ "필터" 시트의 [A3:I17]을 아래 조건에 맞게 고급 필터를 사용하여 작성한다.

❷ 부서별은 '영업1팀', 매출액 합계 '₩1,000,000,000' 이상의 데이터를 필터링한다.

❸ 조건식은 [A20]부터 시작한다.

❹ 결과 위치는 [A23]부터 시작한다.

❺ AND 함수를 이용해 구해볼 수도 있다.

=AND(B4="영업1팀", G4>=1000000000)

실무 활용 문제 2 고급 필터

'부서별'은 '신규사업1팀'이거나 '매출액 합계'가 '2,000,000,000' 이상의 데이터 중 '부서별', '매출액 합계' 필드만 필터링하시오.

출력 형태

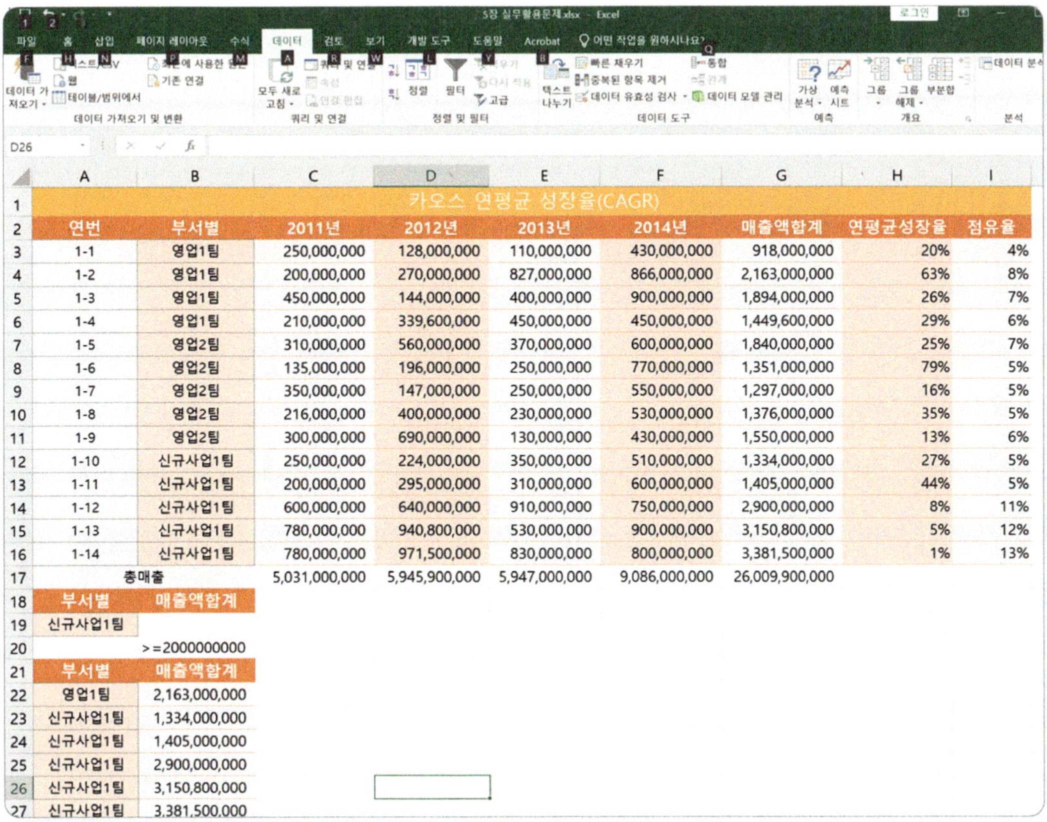

	A	B	C	D	E	F	G	H	I
1	카오스 연평균 성장율(CAGR)								
2	연번	부서별	2011년	2012년	2013년	2014년	매출액합계	연평균성장율	점유율
3	1-1	영업1팀	250,000,000	128,000,000	110,000,000	430,000,000	918,000,000	20%	4%
4	1-2	영업1팀	200,000,000	270,000,000	827,000,000	866,000,000	2,163,000,000	63%	8%
5	1-3	영업1팀	450,000,000	144,000,000	400,000,000	900,000,000	1,894,000,000	26%	7%
6	1-4	영업1팀	210,000,000	339,600,000	450,000,000	450,000,000	1,449,600,000	29%	6%
7	1-5	영업2팀	310,000,000	560,000,000	370,000,000	600,000,000	1,840,000,000	25%	7%
8	1-6	영업2팀	135,000,000	196,000,000	250,000,000	770,000,000	1,351,000,000	79%	5%
9	1-7	영업2팀	350,000,000	147,000,000	250,000,000	550,000,000	1,297,000,000	16%	5%
10	1-8	영업2팀	216,000,000	400,000,000	230,000,000	530,000,000	1,376,000,000	35%	5%
11	1-9	영업2팀	300,000,000	690,000,000	130,000,000	430,000,000	1,550,000,000	13%	6%
12	1-10	신규사업1팀	250,000,000	224,000,000	350,000,000	510,000,000	1,334,000,000	27%	5%
13	1-11	신규사업1팀	200,000,000	295,000,000	310,000,000	600,000,000	1,405,000,000	44%	5%
14	1-12	신규사업1팀	600,000,000	640,000,000	910,000,000	750,000,000	2,900,000,000	8%	11%
15	1-13	신규사업1팀	780,000,000	940,800,000	530,000,000	900,000,000	3,150,800,000	5%	12%
16	1-14	신규사업1팀	780,000,000	971,500,000	830,000,000	800,000,000	3,381,500,000	1%	13%
17	총매출		5,031,000,000	5,945,900,000	5,947,000,000	9,086,000,000	26,009,900,000		
18	부서별	매출액합계							
19	신규사업1팀								
20		>=2000000000							
21	부서별	매출액합계							
22	영업1팀	2,163,000,000							
23	신규사업1팀	1,334,000,000							
24	신규사업1팀	1,405,000,000							
25	신규사업1팀	2,900,000,000							
26	신규사업1팀	3,150,800,000							
27	신규사업1팀	3,381,500,000							

작성 조건

❶ "필터" 시트의 [A2:I16]을 아래 조건에 맞게 고급 필터를 사용하여 작성한다.

❷ 부서별로는 '신규사업1팀'이거나 매출액 합계가 ₩2,000,000,000 이상의 데이터를 필터링한다.

❸ 조건식은 [A18]부터 시작한다.

❹ 결과 위치는 [A21]부터 시작한다.

❺ OR 함수를 이용해 구해볼 수도 있다.

=OR(B3="신규사업1팀", G3>=2000000000)

❻ '부서별', '매출액 합계' 데이터만 보이도록 한다.

실무 활용 문제 3 부분합

'부서별'로 '2011년', '2012년', '2013년', '2014년' 필드의 합계와 평균을 구하는 부분합을 구하시오.

출력 형태

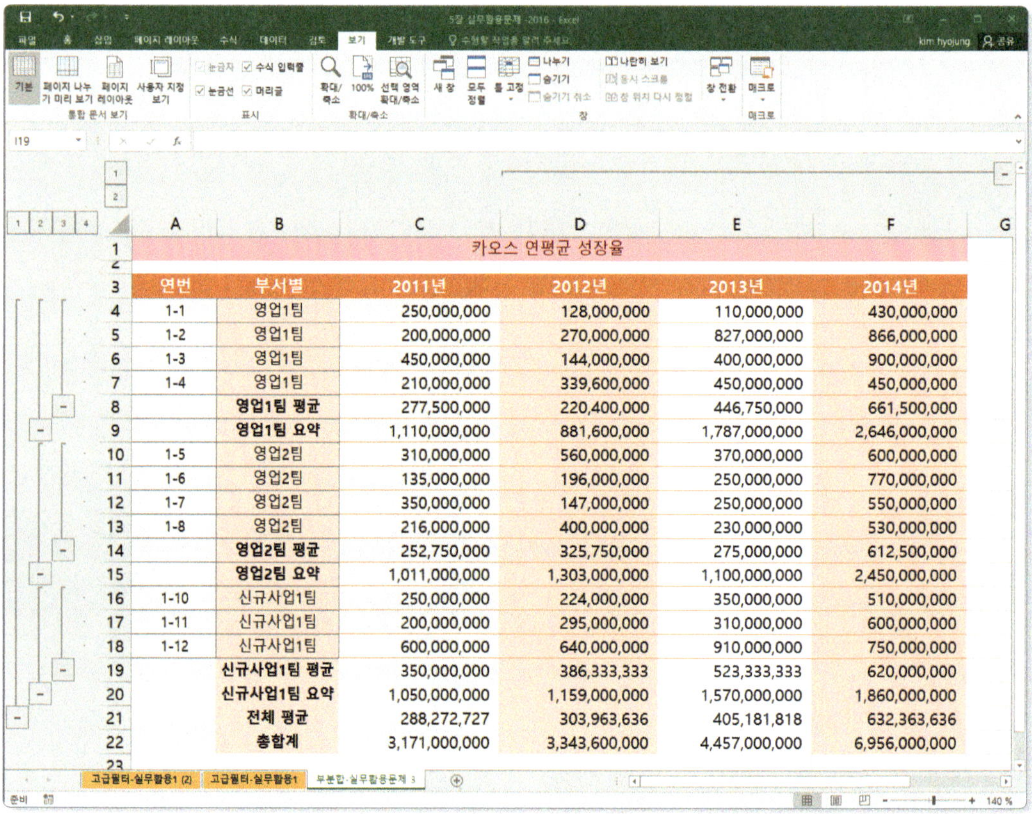

	카오스 연평균 성장율					
3	연번	부서별	2011년	2012년	2013년	2014년
4	1-1	영업1팀	250,000,000	128,000,000	110,000,000	430,000,000
5	1-2	영업1팀	200,000,000	270,000,000	827,000,000	866,000,000
6	1-3	영업1팀	450,000,000	144,000,000	400,000,000	900,000,000
7	1-4	영업1팀	210,000,000	339,600,000	450,000,000	450,000,000
8		**영업1팀 평균**	277,500,000	220,400,000	446,750,000	661,500,000
9		**영업1팀 요약**	1,110,000,000	881,600,000	1,787,000,000	2,646,000,000
10	1-5	영업2팀	310,000,000	560,000,000	370,000,000	600,000,000
11	1-6	영업2팀	135,000,000	196,000,000	250,000,000	770,000,000
12	1-7	영업2팀	350,000,000	147,000,000	250,000,000	550,000,000
13	1-8	영업2팀	216,000,000	400,000,000	230,000,000	530,000,000
14		**영업2팀 평균**	252,750,000	325,750,000	275,000,000	612,500,000
15		**영업2팀 요약**	1,011,000,000	1,303,000,000	1,100,000,000	2,450,000,000
16	1-10	신규사업1팀	250,000,000	224,000,000	350,000,000	510,000,000
17	1-11	신규사업1팀	200,000,000	295,000,000	310,000,000	600,000,000
18	1-12	신규사업1팀	600,000,000	640,000,000	910,000,000	750,000,000
19		**신규사업1팀 평균**	350,000,000	386,333,333	523,333,333	620,000,000
20		**신규사업1팀 요약**	1,050,000,000	1,159,000,000	1,570,000,000	1,860,000,000
21		**전체 평균**	288,272,727	303,963,636	405,181,818	632,363,636
22		**총합계**	3,171,000,000	3,343,600,000	4,457,000,000	6,956,000,000

처리 조건

❶ 데이터를 '부서별' 기준으로 오름차순 정렬한다.

❷ 그룹화할 항목에는 '부서별'을 선택한다.

❸ '사용할 함수'는 '합계'를 선택하고, '부분 합 계산 항목'에는 '2011', 2012', 2013', 2014'를 선택하여, '새로운 값으로 대치'를 체크한 후 부분 합을 만든다.

❹ '사용할 함수'는 '평균'을 선택하고, '부분 합 계산 항목'에는 '2011', 2012', 2013', 2014'를 선택하여, '새로운 값으로 대치'를 체크 해지한 후 부분 합을 만든다.

❺ D~F열을 선택하여 그룹을 설정한다.

❻ 지시 사항이 없는 경우는 기본 값을 적용한다.

실무 활용 문제 4 사원명 선택해 사원 정보 찾아오기

문제에 따라 아래의 처리 조건에 맞게 작성해보자.

출력 형태

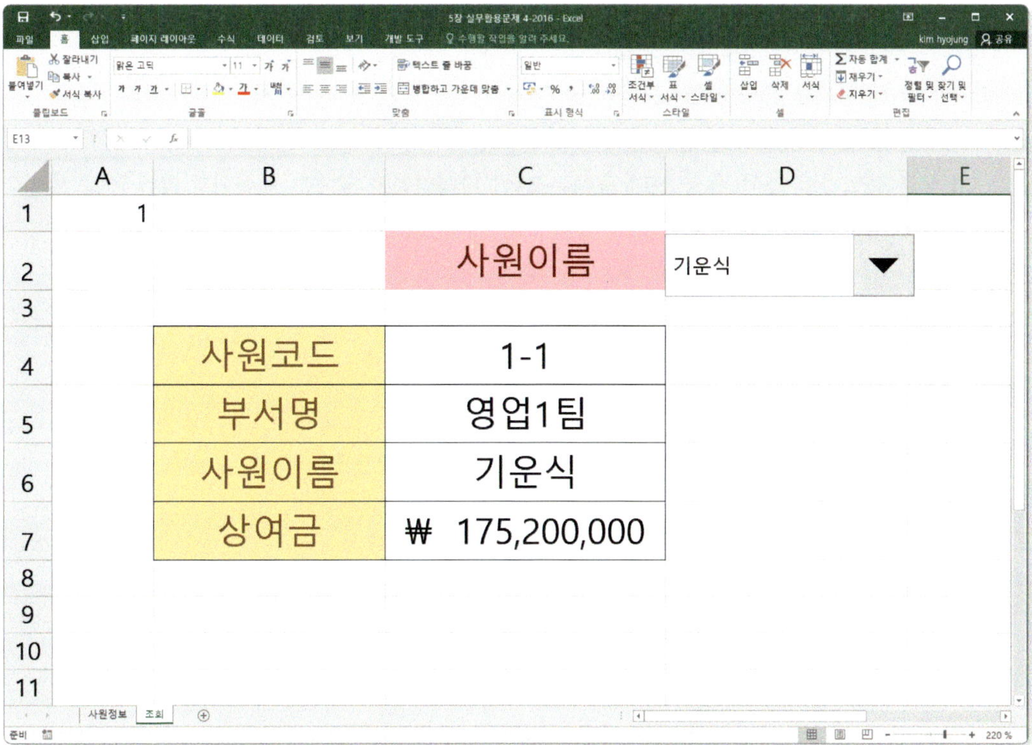

처리 조건

❶ [개발 도구]–[컨트롤]–[삽입]을 클릭하고 '양식 컨트롤'에서 [콤보 상자]를 클릭한 후 [D2] 셀에서 드래그한다.

❷ 새로 생성된 콤보 상자 컨트롤에서 마우스 오른쪽 단추를 눌러 [컨트롤 서식]을 선택한다. [컨트롤 서식] 대화 상자의 [컨트롤] 탭이 열리면 콤보 상자에 표시할 데이터를 지정하기 위해 '입력 범위'의 입력 상자를 클릭하여 커서를 올려놓고, [사원 정보] 시트를 선택한 후 '사원 정보!$C$6:$C$71'을 선택한다.

❸ 셀 연결에 커서를 올려놓고 [조회] 시트의 [A1] 셀을 클릭한 후 [확인]을 선택한다.

❹ 'Esc'를 눌러 콤보 상자의 선택을 해제하고 콤보 상자 컨트롤의 목록 단추를 누르면 '입력 범위'로 지정했던 [사원 정보] 시트의 사원 이름이 목록으로 표시된다. 특정 항목을 선택하면 항목 중에서 몇 번째 항목이 선택되었는지 '셀 연결'로 지정한 [A1] 셀에 표시된다.

❺ 선택한 사원에 해당하는 사원 번호를 표시하기 위해 [C4] 셀에 『=INDEX(사원 정보!A6:G71,조회!A1,1)』을 입력하고 Enter↵를 누른다.

❻ 나머지 열에도 같은 함수식을 적용하기 위해 [C4] 셀을 클릭하여 수식 입력 줄에 표시된 함수식을 드래그하여 Ctrl + C로 복사한 후, 붙여넣기에서 수식(F)을 선택하여 붙여넣고 다음과 같이 수정해준다.

C5셀: =INDEX(사원정보!A6:G71,조회!A1,2)

C6셀: =INDEX(사원정보!A6:G71,조회!A1,3)

C7셀: =INDEX(사원정보!A6:G71,조회!A1,6))

❼ [C7]번 셀을 [홈] 탭–[표시 형식] 그룹에서 회계를 선택하여 통화 단위를 바꿔준다.

❽ [A1] 셀을 클릭하면 값이 수식 입력 줄에는 값이 나타나지만 셀에는 표시되지 않는 것을 확인할 수 있다.

Preview

06 CHAPTER 차트와 피벗 테이블 만들기

CHAPTER

06 차트와 피벗 테이블 만들기

- 본 장에서는 복잡한 데이터를 한눈에 볼 수 있도록 요약 정리해주는 차트의 사용법, 피벗 테이블과 피벗 차트 기능, 반복되는 작업에 대해 그 과정을 기록하여 자동화하는 매크로 기능 등을 살펴본다. 차트란 수치 데이터를 한눈에 보기 쉽게 나타내는 그래프를 말한다. 직관적인 데이터 분석을 가능하게 해주므로 보고서나 기타 문서 작성에 유용하게 쓰인다.

6.1 차트 만들기

숫자와 문자 데이터를 시각적으로 표현하기 위해 막대, 꺾은선, 원 등의 형태로 표현한 것을 **차트**라고 한다. 데이터 값을 비교할 때 '막대형 차트', 항목별 변화량을 쉽게 파악하고 다음 값을 예측할 때 '꺾은선 차트', 항목별 비율을 나타낼 때 '원형 차트', 도수 분포를 비교할 때 '분산형 차트', 기타 혼합형, 주식형, 영역형, 방사형 등 다양한 차트를 삽입하고 편집하는 방법을 살펴보자.

6.1.1 차트 다루기

차트는 수치나 텍스트로 구성된 표에 비해 데이터 추이나 유형을 한눈에 볼 수 있으므로 시각적으로 데이터를 비교하거나 분석하는 데 효과적이다. 엑셀 2016에서는 빠른 분석 단추를 이용하여 더욱 쉽고 다양한 차트를 작성할 수 있다.

차트의 종류

엑셀에서 제공되는 차트의 종류는 크게 10개 정도로서 하위 범주는 더 많은 차트들로 세분화되어 있다. 또한 모든 차트는 여러 가지 차트를 혼합하거나 변형해 만들 수 있다.

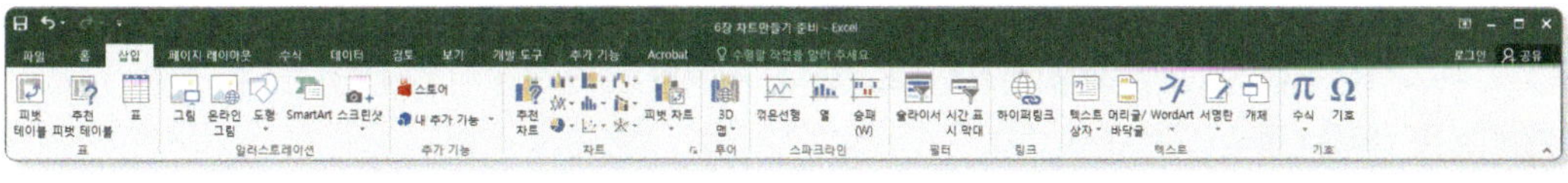

차트의 구성 요소

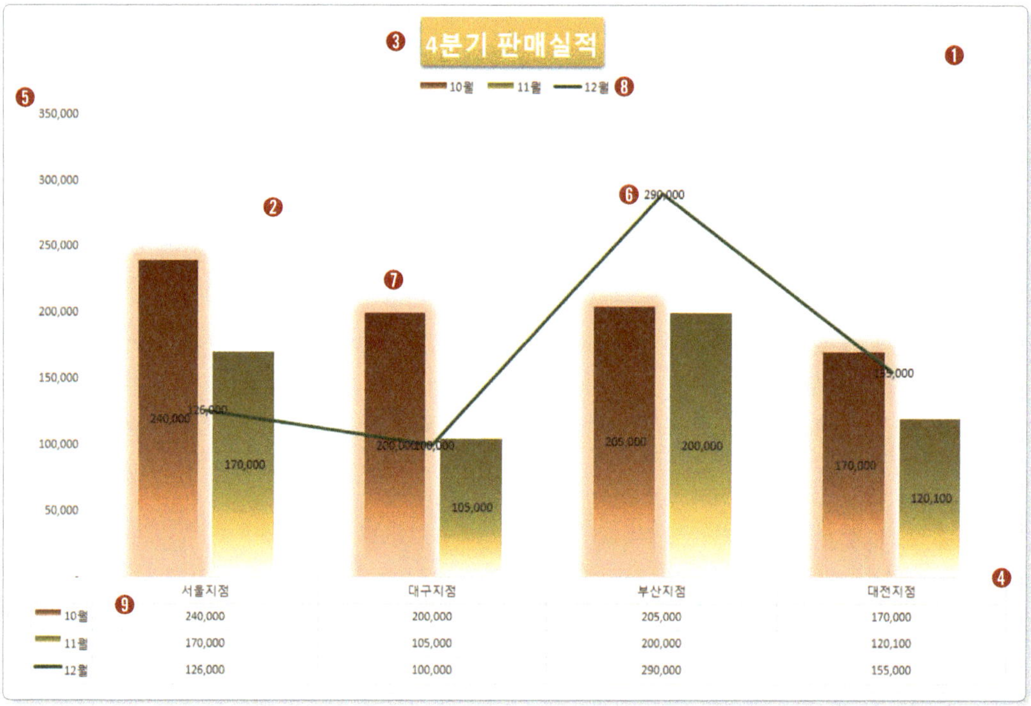

❶ 차트 영역: 차트 전체 영역으로 모든 구성 요소가 포함되어 있으며 크기 조절이 가능하다.

❷ 그림 영역: X축과 Y축으로 이루는 사각형 영역 안에 눈금선, 항목, 항목 이름, 데이터 계열, 데이터 레이블 등을 포함하며 크기 조절이 가능하다.

❸ 차트 제목: 차트 제목을 표시한다.

❹ 가로(항목) 축: X축의 데이터 계열의 이름을 표시한다.

❺ 세로(값) 축: Y축의 데이터 계열의 값을 표시한다.

❻ 데이터 레이블: 원본 데이터 값을 표시한다.

❼ 데이터 계열: 차트에 그려지는 데이터를 고유한 색과 형태로 표시한다.

❽ 범례: 각 데이터의 요소별 색과 이름을 표시한다. 위치와 크기 조절이 가능하다.

❾ 원본의 데이터 표를 나타낸다.

차트 도구

차트 도구에서는 차트 구성 요소별로 서식을 지정하는 도구들이 제공된다.

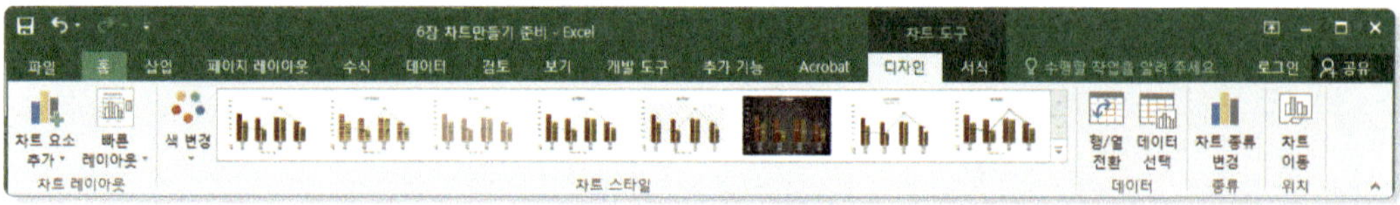

6.1.2 차트 편집하기

데이터의 셀을 지정하고, [삽입]–[차트] 그룹을 이용하여 차트 종류를 선택하면 워크시트에 차트가 생성된다. 이때 원하는 차트 구성 요소를 [서식] 탭을 이용하여 편집할 수 있다.

차트 만들고 스타일 설정하기

'지점별 3, 4분기 판매 실적 분석' 표를 이용해 차트를 만들고 스타일을 설정해 보자.

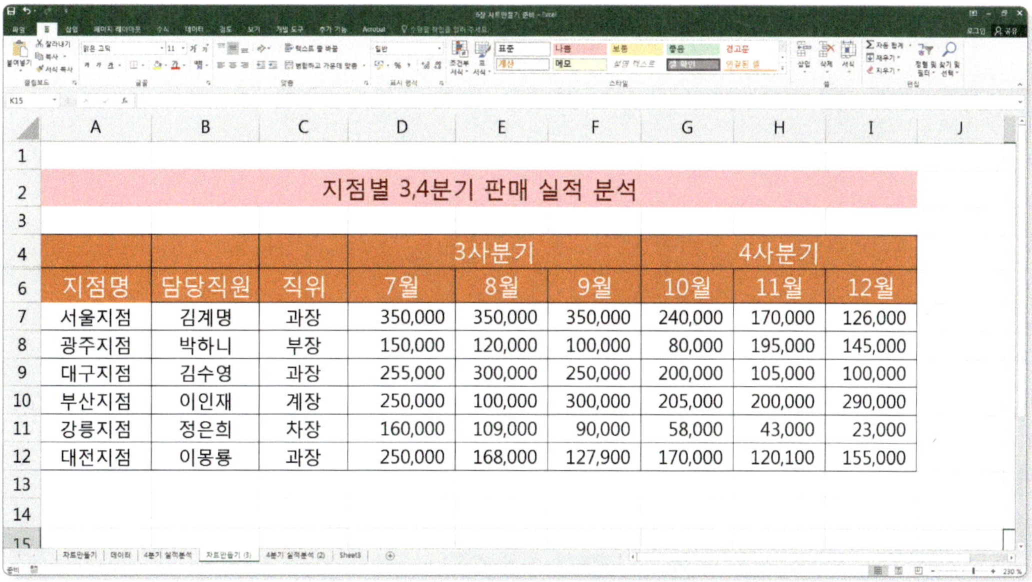

지점별 3,4분기 판매 실적 분석

지점명	담당직원	직위	3사분기 7월	8월	9월	4사분기 10월	11월	12월
서울지점	김계명	과장	350,000	350,000	350,000	240,000	170,000	126,000
광주지점	박하니	부장	150,000	120,000	100,000	80,000	195,000	145,000
대구지점	김수영	과장	255,000	300,000	250,000	200,000	105,000	100,000
부산지점	이인재	계장	250,000	100,000	300,000	205,000	200,000	290,000
강릉지점	정은희	차장	160,000	109,000	90,000	58,000	43,000	23,000
대전지점	이몽룡	과장	250,000	168,000	127,900	170,000	120,100	155,000

❶ [차크 만들기] 시트에서 [A6:A12]와 [D6:D12]의 모든 범위를 선택한다.

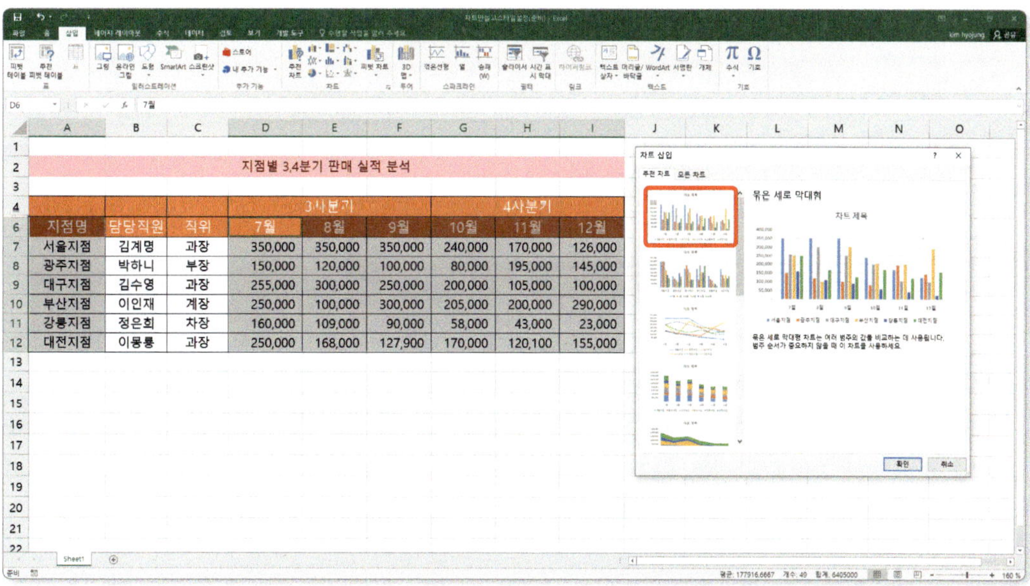

❷ [삽입]–[추천 차트] 그룹에서 [묶은 세로 막대형]을 클릭한다.

❸ 가장 기본 차트인 묶은 세로 막대형 차트가 완성되었다. 삽입된 차트에 마우스 포인터를 올려놓고 모양으로 표시되면 드래그해서 차트를 원하는 위치로 이동할 수 있다.

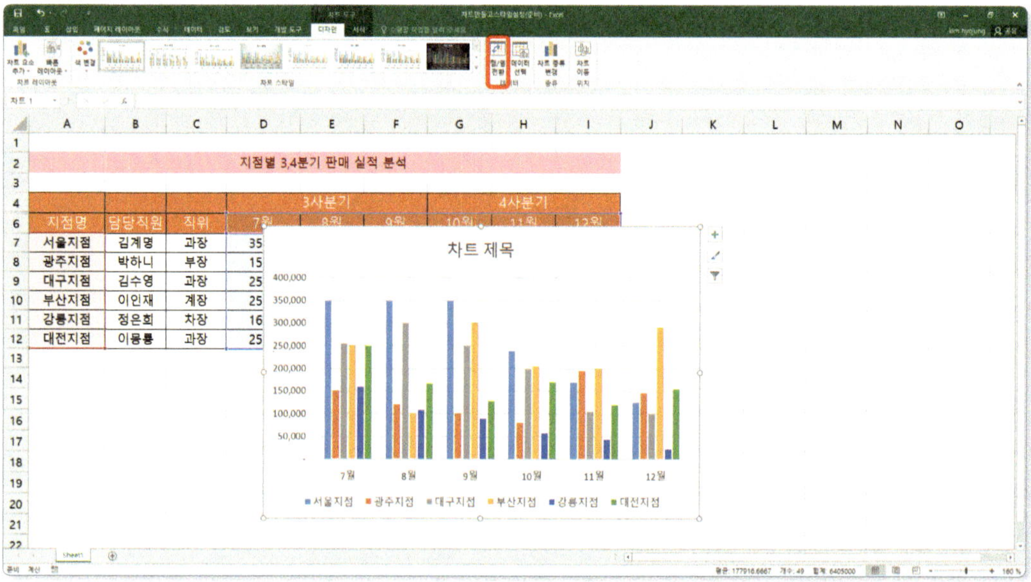

❹ 차트를 클릭한 상태에서 [차트 도구]–[디자인]–[데이터] 그룹에서 [행/열 전환]을 클릭한다.

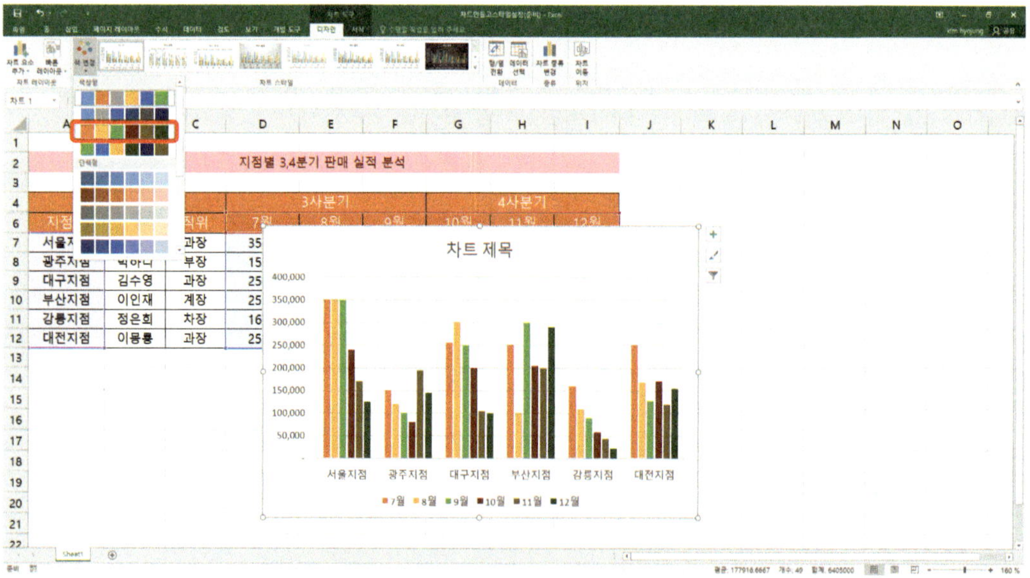

❺ 차트에 표시된 막대의 색상을 바꾸기 위해 [차트 도구]–[디자인]–[차트 스타일] 그룹에서 [색 변경]을 클릭하고 '색상형'에서 [색 3]을 클릭한다.

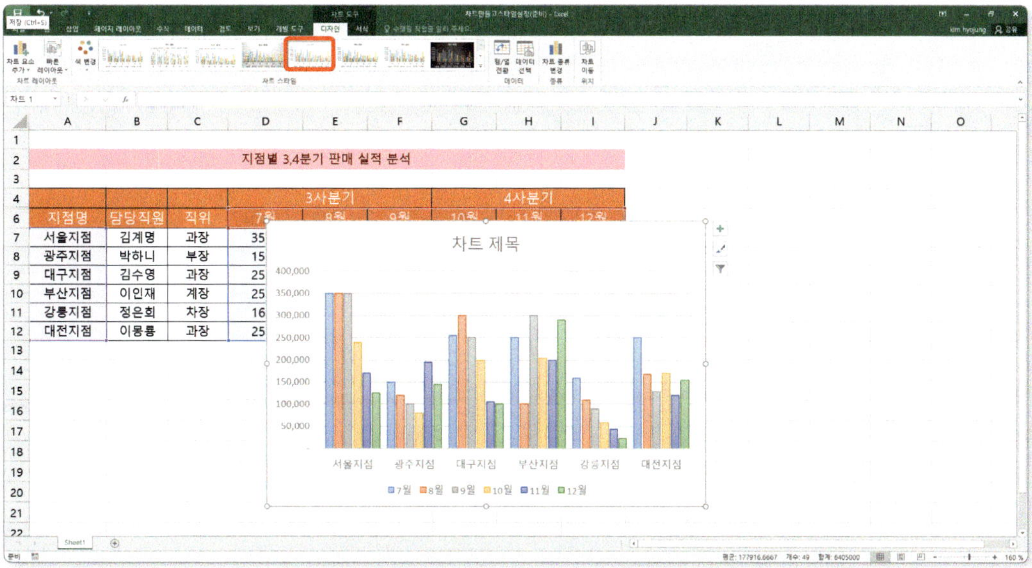

❻ 전체적인 스타일을 쉽게 적용하기 위해 [차트 도구]–[디자인]–[차트 스타일] 그룹에서 '스타일 5'를 지정한다.

차트 시트로 이동하고 차트 요소 설정하기

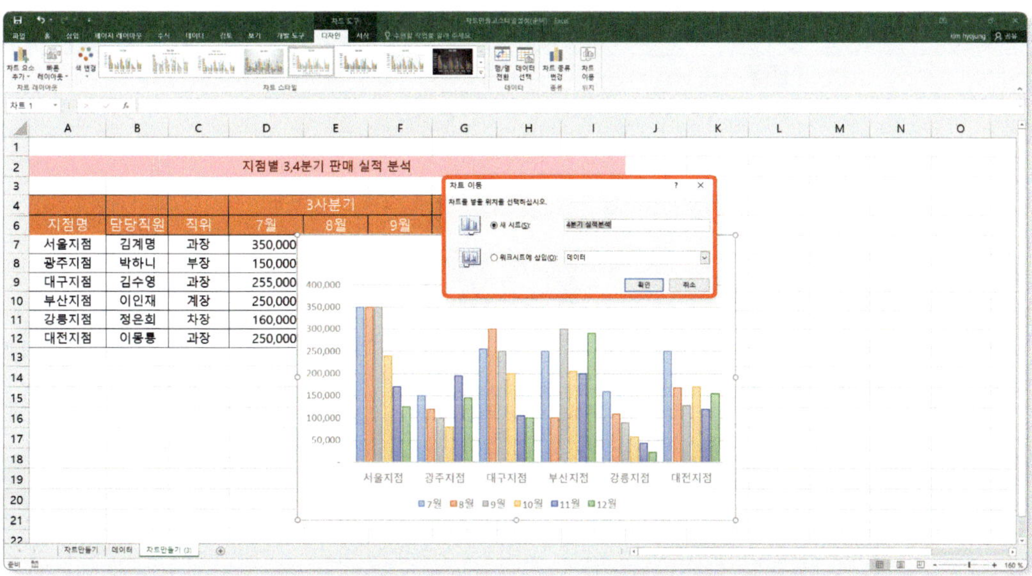

❶ 데이터와 함께 표시된 차트를 별도의 차트 시트에 표시해보자. [데이터] 시트에서 차트를 선택하고 [차트 도구]– [디자인] –[위치] 그룹에서 [차트 이동]을 클릭한다.

❷ [차트 이동] 대화 상자가 열리면 [새 시트]를 선택하고 입력 상자에 새로 추가할 차트 시트의 이름을 '4분기 실적 차트'를 입력한 후 [확인]을 클릭한다.

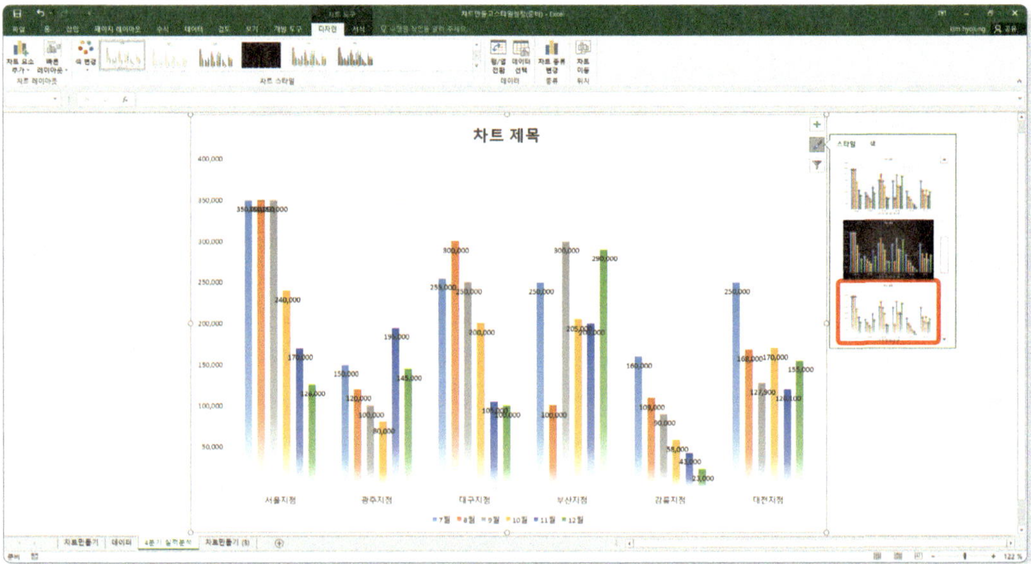

❸ 새롭게 **'두 분기 실적 차트'** 시트가 만들어지고 차트가 이동되었다. 차트에 다양한 요소를 설정하고 차트의 스타일을 변경하기 위해 차트의 오른쪽 위에 표시된 [차트 스타일] 단추를 클릭한다. 표시된 스타일 목록의 위에 마우스 포인터를 올려놓고 디자인을 확인한 후 원하는 스타일에서 '스타일 9'를 선택한다.

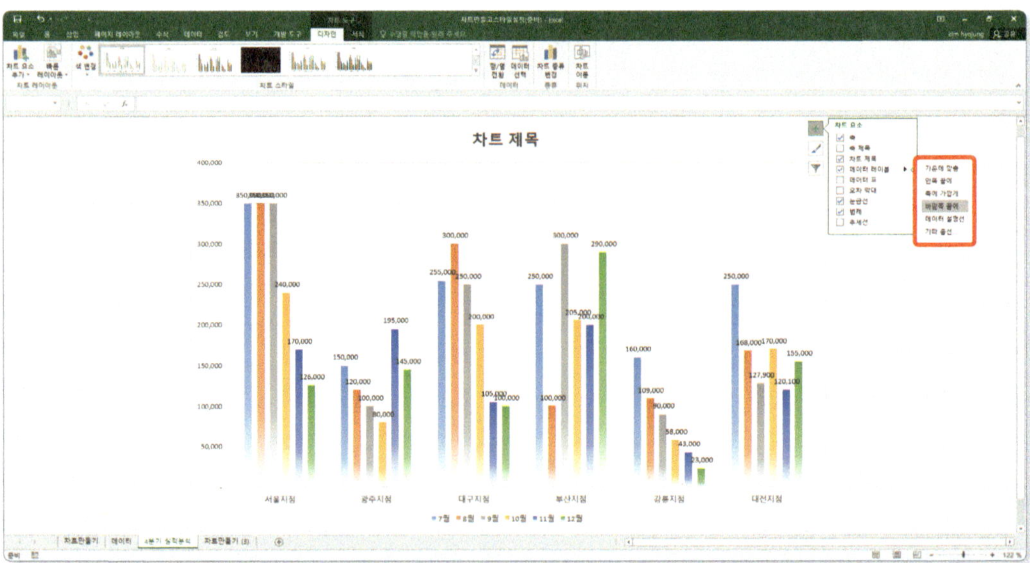

❹ 차트의 오른쪽 위에 표시된 [차트 요소] 단추를 클릭한 후 각 막대에 실제 값이 얼마인지를 표시하기 위해 [데이터 레이블]–[바깥쪽 끝에]를 선택한다.

❺ 차트에 표시된 막대에 실제 값이 얼마인지 데이터 설명선으로 표시되면 [차트 요소] 단추를 클릭하고 [범례]–[위쪽]을 선택한다.

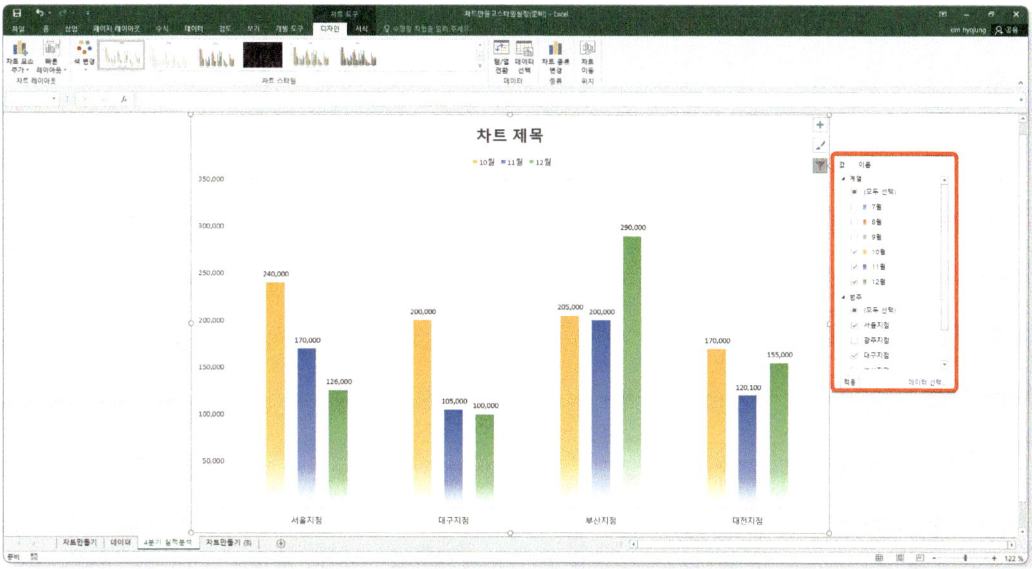

❻ 차트에 표시할 막대와 숨길 막대를 선택하기 위해 차트의 오른쪽 위에 표시된 [차트 필터] 단추를 클릭한다. '계열'에서 [모두 선택]의 체크를 해제하고 '10월', '11월', '12월'만 체크한 후 [적용]을 클릭한다.

'범주'에서 [모두 선택]의 체크를 해제하고 '서울', '대구', '부산', '대전'만 체크한 후 [적용]을 클릭한다.

차트의 종류 변경하고 원본 데이터 함께 표시하기

현재 완성된 차트에 지정한 서식은 그대로 유지하면서 다른 종류의 차트로 변경해보자.

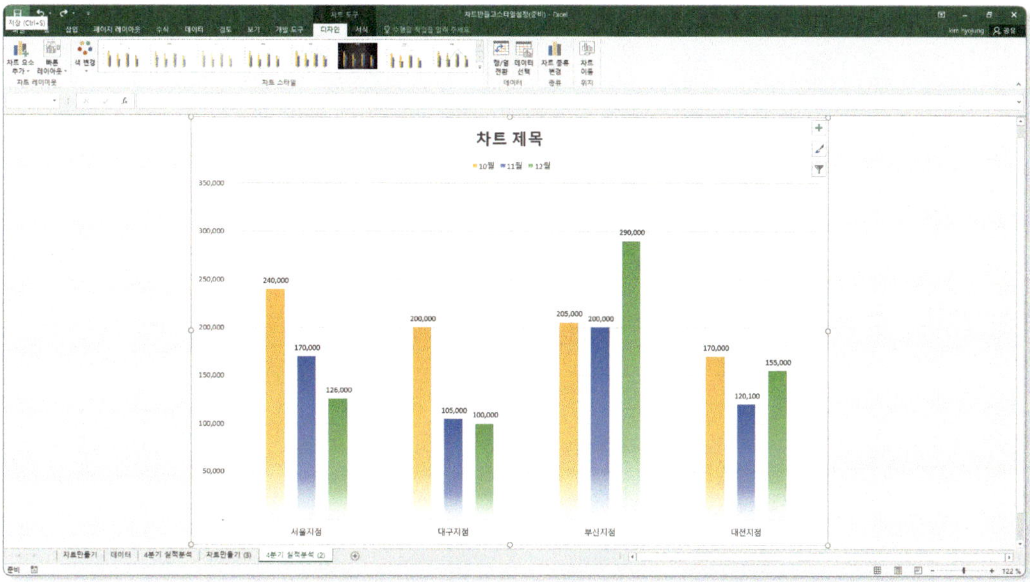

❶ [매출 분석 차트] 시트에서 이미 만들어진 차트를 클릭하고 [차트 도구]–[디자인]–[종류] 그룹에서 [차트 종류 변경]을 클릭한다.

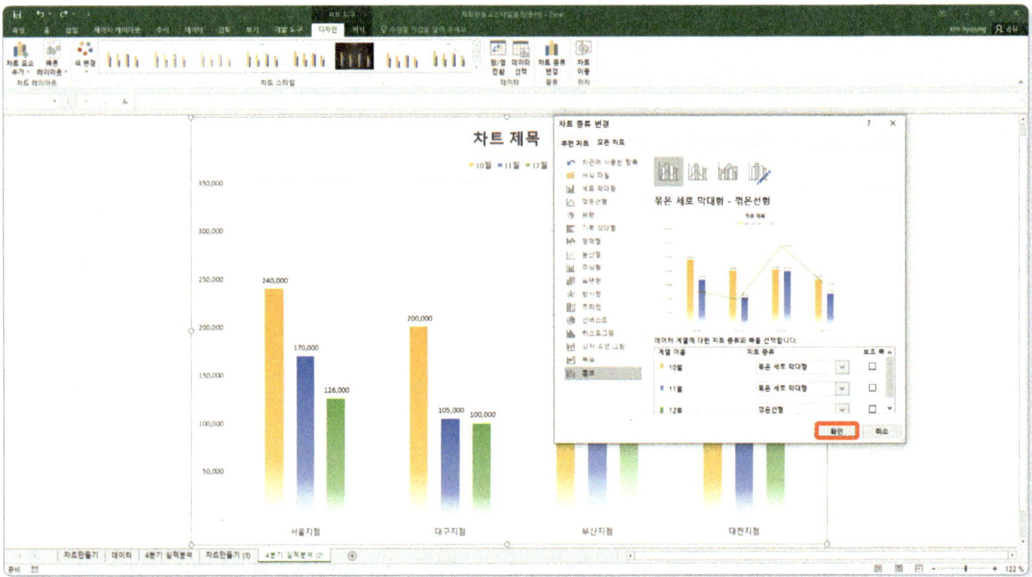

❷ [차트 종류 변경] 대화 상자가 열리면 [모든 차트]–[콤보형] 범주에서 '10월'과 '11월'에는 '묶은 세로 막대형'을 '12월'에는 '꺾은 선형'을 선택하고 [확인]을 클릭한다.

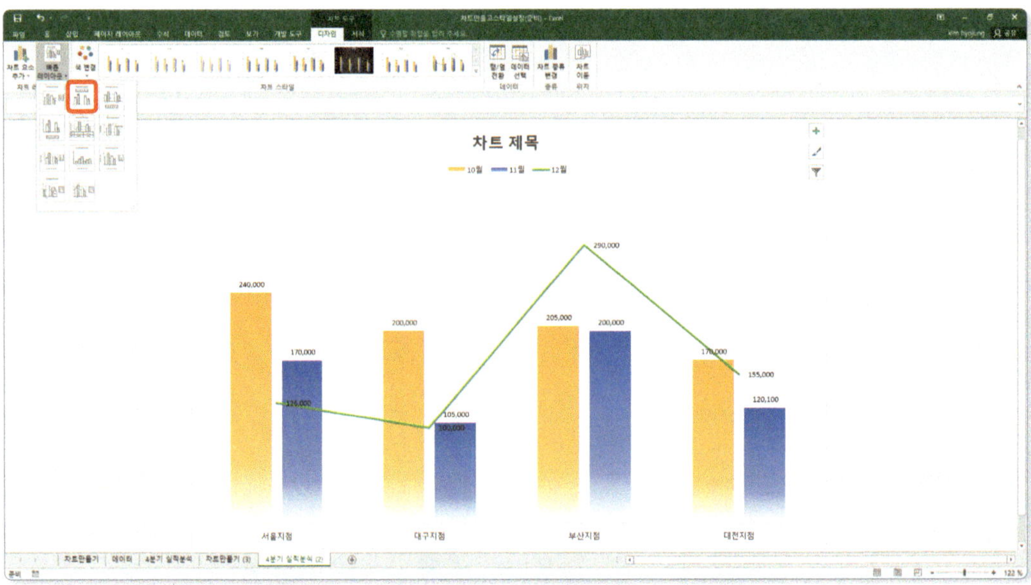

❸ [차트 도구]–[디자인]–[차트 레이아웃] 그룹에서 [빠른 레이아웃]을 클릭하여 '레이아웃 2'를 선택한다.

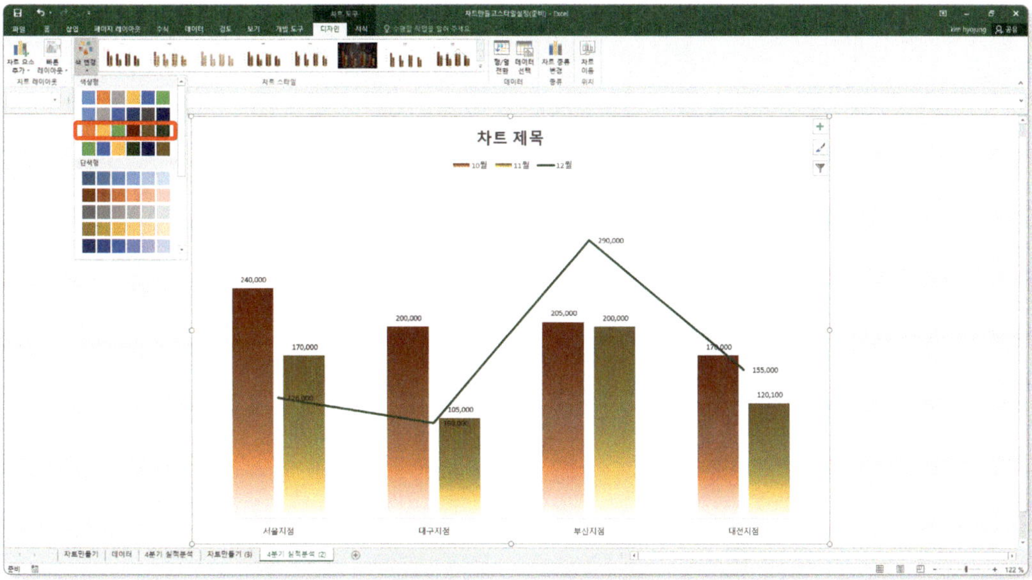

❹ 차트의 레이아웃이 변경되었으면 [차트 도구]–[디자인]–[차트 스타일] 그룹에서 [색 변경]을 클릭하여 '색상형'에서 '색 3'을 선택해 막대에 표시할 색상을 변경한다.

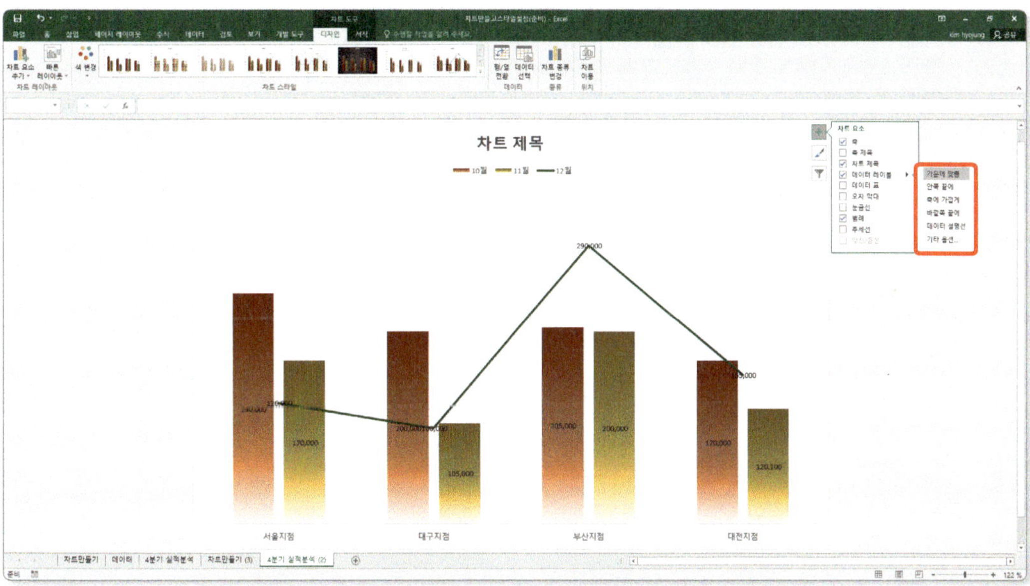

❺ 막대마다 실제 값이 얼마인지 표시하기 위해 [데이터 레이블]–[가운데 맞춤]을 선택한다.

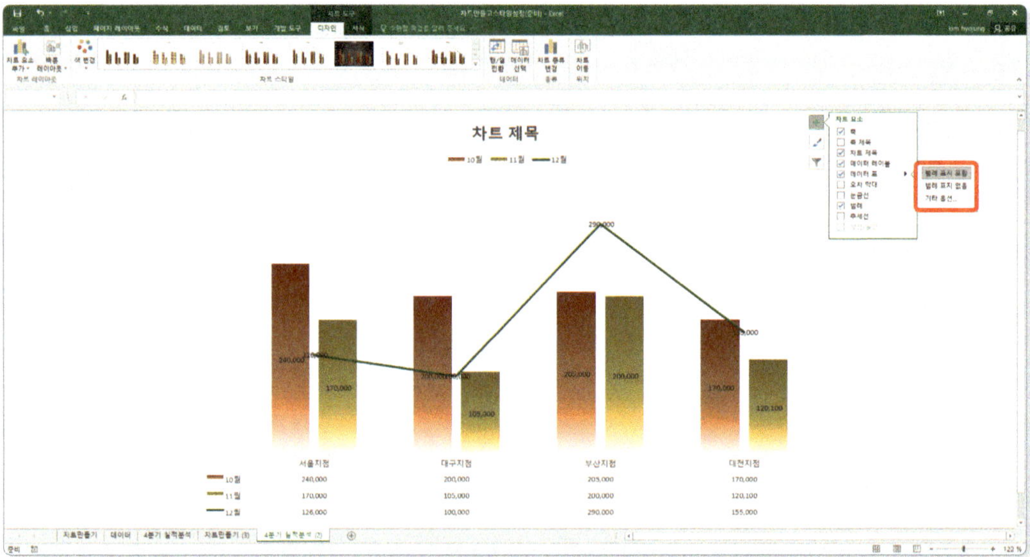

❻ 차트에 원본 데이터를 함께 표시해보기 위해 [데이터 표]–[범례 표지 포함]을 선택하면, 차트의 아래쪽에 실제 데이터가 표로 표시되고 데이터 표의 왼쪽에 범례가 나타난다.

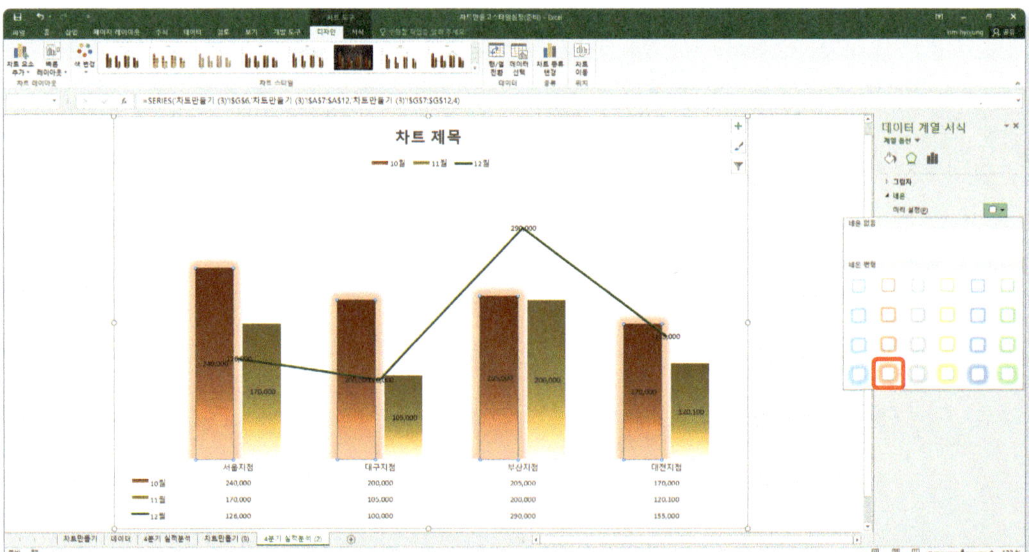

❼ 10월, 11월, 12월 데이터가 하나의 막대에 누적되어 있지만 10월 부분만 강조해보자. '10월' 막대를 클릭하여 '10월' 막대 계열만 선택한 상태에서 마우스 오른쪽 단추를 눌러 [데이터 계열 서식]을 선택한다.

❽ [데이터 계열 서식]–[효과]를 클릭하고 '네온'의 '미리 설정'에서 '네온 변형'에서 '주황 18pt 네온, 강조색 2'를 선택한다.

6.1.3 셀 안에 스파크라인 차트 만들기

스파크라인은 셀 안에 입력된 데이터의 흐름을 한눈에 파악할 수 있는 기능으로서, '꺾은 선형', '열', '승패' 등 세 가지 형식을 제공하며 셀 값의 흐름을 표시하여 가독성을 높여준다.

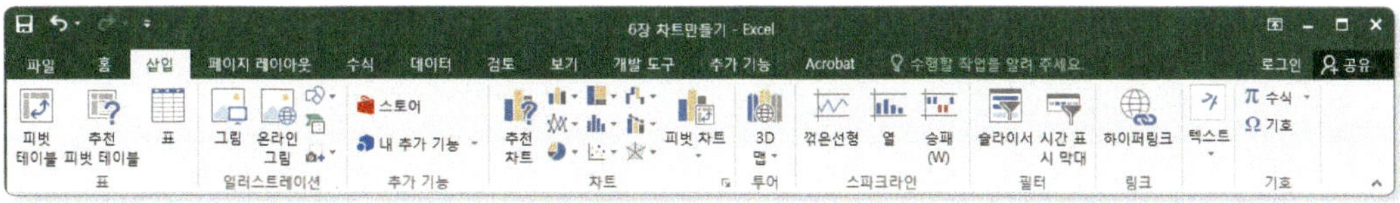

❶ [삽입]–[스파크라인] 그룹에서 '열'을 선택한다.

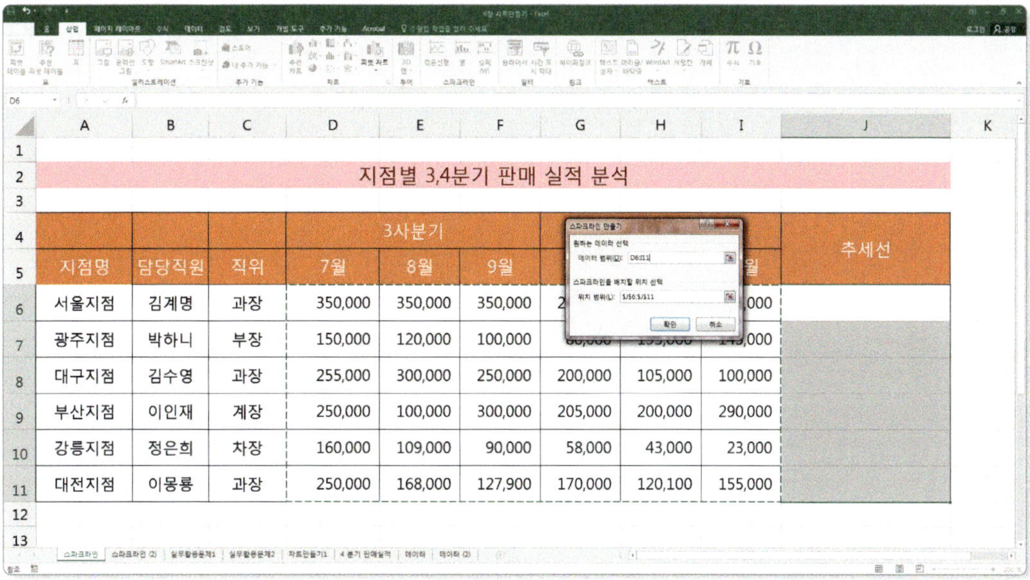

❷ [스파크라인 편집] 대화 상자의 [데이터 범위]에 [D7:I12] 셀을 지정하고, 스파크라인을 배치할 위치 선택에 [$J$7:$J$12]까지의 범위를 지정하고 확인한다.

❸ 스파크라인 도구의 [디자인]–[스타일]에서 [열]을 선택한다.

❹ 스파크라인 도구 [디자인] 탭을 이용하여 [스파크라인 색]을 '주황 강조 6'을 선택하고, [표시색]–높은 점, '파랑 강조 5'를 선택한다.

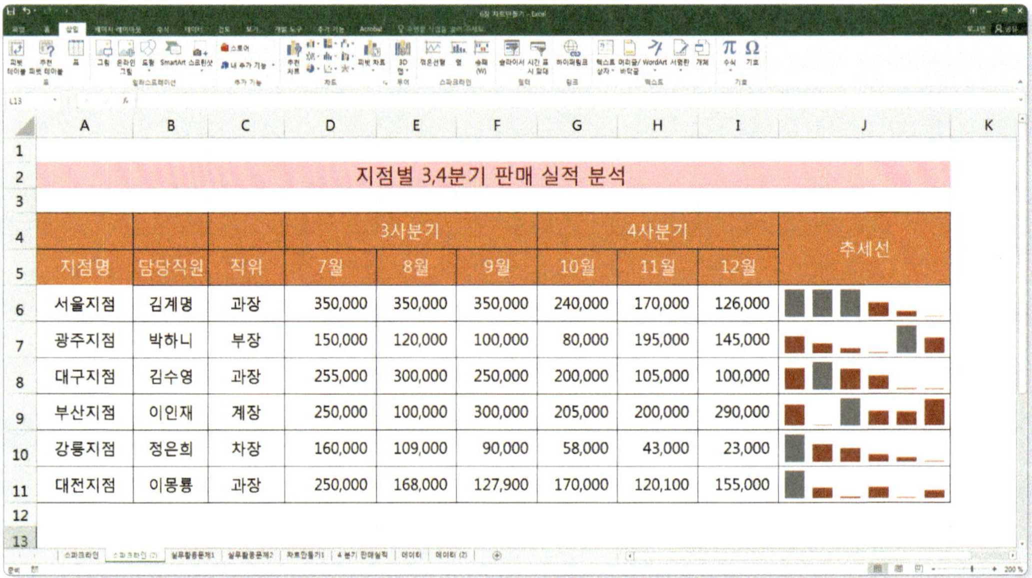

지점별 3,4분기 판매 실적 분석									
			3사분기			4사분기			추세선
지점명	담당직원	직위	7월	8월	9월	10월	11월	12월	
서울지점	김계명	과장	350,000	350,000	350,000	240,000	170,000	126,000	
광주지점	박하니	부장	150,000	120,000	100,000	80,000	195,000	145,000	
대구지점	김수영	과장	255,000	300,000	250,000	200,000	105,000	100,000	
부산지점	이인재	계장	250,000	100,000	300,000	205,000	200,000	290,000	
강릉지점	정은희	차장	160,000	109,000	90,000	58,000	43,000	23,000	
대전지점	이몽룡	과장	250,000	168,000	127,900	170,000	120,100	155,000	

6.2 피벗 테이블 만들기

피벗 테이블은 데이터 분석을 위한 최적의 기능을 제공한다. 행 방향과 열 방향으로 자유롭게 원하는 항목을 배치하면 여기에 맞게 함수가 자동으로 적용되어 요약 자료 및 차트를 편리하게 만들 수 있다. 피벗 테이블이 제공하는 다양한 기능에 대해 알아보자.

6.2.1 업무의 효율성을 높이는 피벗 테이블 만들기

지역과 직위를 이용하여 영업 실적의 합계를 요약해보는 피벗 테이블을 만들어보자.

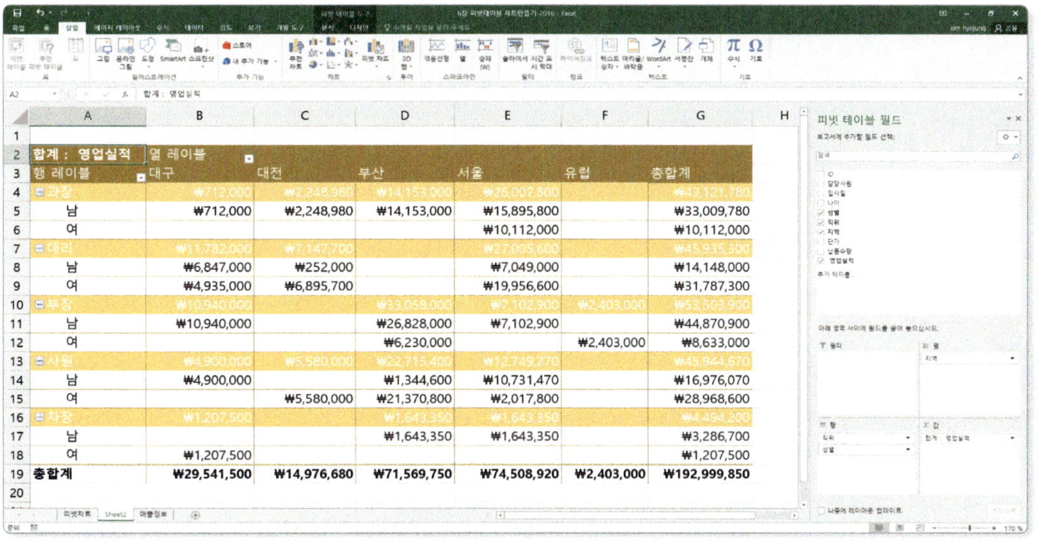

합계 : 영업실적	열 레이블					
행 레이블	대구	대전	부산	서울	유럽	총합계
⊟과장	₩712,000	₩2,248,980	₩14,153,000	₩26,007,800		₩43,121,780
남	₩712,000	₩2,248,980	₩14,153,000	₩15,895,800		₩33,009,780
여				₩10,112,000		₩10,112,000
⊟대리	₩11,782,000	₩7,147,700		₩27,005,600		₩45,935,300
남	₩6,847,000	₩252,000		₩7,049,000		₩14,148,000
여	₩4,935,000	₩6,895,700		₩19,956,600		₩31,787,300
⊟부장	₩10,940,000		₩33,058,000	₩7,102,900	₩2,403,000	₩53,503,900
남	₩10,940,000		₩26,828,000	₩7,102,900		₩44,870,900
여			₩6,230,000		₩2,403,000	₩8,633,000
⊟사원	₩4,900,000	₩5,580,000	₩22,715,400	₩12,749,270		₩45,944,670
남	₩4,900,000		₩1,344,600	₩10,731,470		₩16,976,070
여		₩5,580,000	₩21,370,800	₩2,017,800		₩28,968,600
⊟차장	₩1,207,500		₩1,643,350	₩1,643,350		₩4,494,200
남			₩1,643,350	₩1,643,350		₩3,286,700
여	₩1,207,500					₩1,207,500
총합계	₩29,541,500	₩14,976,680	₩71,569,750	₩74,508,920	₩2,403,000	₩192,999,850

❶ 영업 실적 데이터를 이용해 서울과 대구 지역 남자 사원의 직위와 납품 수량 합계를 구해보자. [피벗테이블 만들기] 시트에서 테이블 영역에 있는 하나의 셀을 클릭하고 [삽입]–[표] 그룹에서 [피벗 테이블]을 클릭한다.

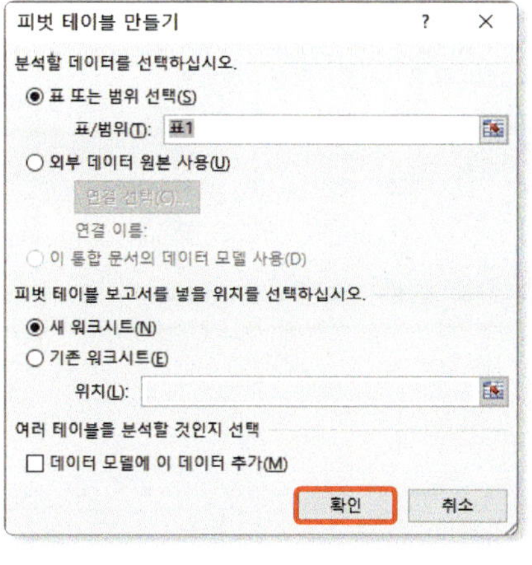

❷ [피벗 테이블 만들기] 대화 상자가 열리면 '분석할 데이터'를 선택한다. '표/범위'에 데이터 영역이 자동으로 지정되었는지 확인한 후 '피벗 테이블 보고서'를 넣을 위치에 [새 워크시트]를 선택하고 [확인]을 클릭한다.

❸ 새로운 [Sheet1] 시트가 삽입되면서 화면의 오른쪽에 [피벗 테이블 필드] 창이 열리면 '보고서에 추가할 필드 선택'에서 [성별] 필드를 '필터' 영역으로 드래그한다.

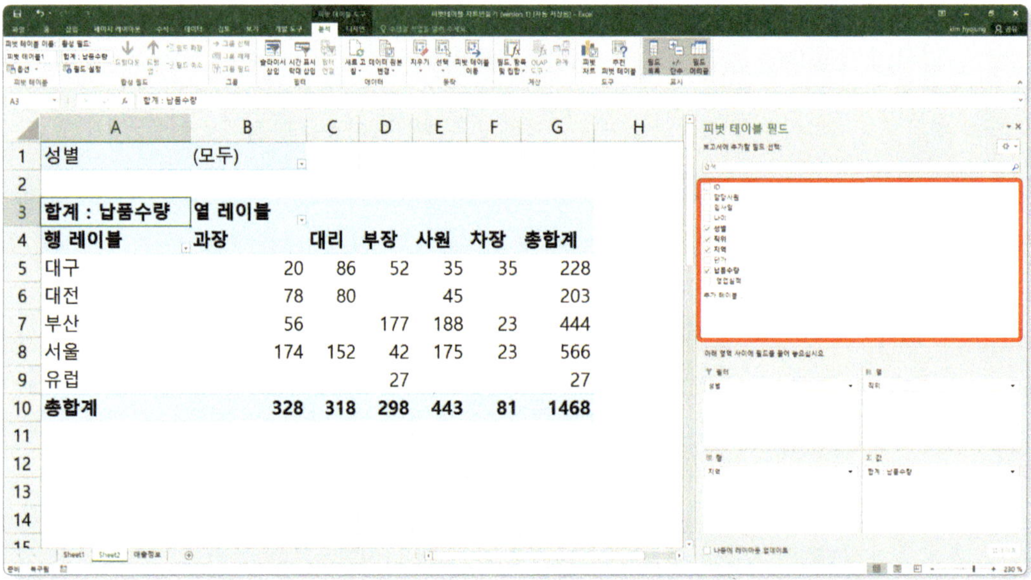

❹ [피벗 테이블 필드] 창의 '보고서에 추가할 필드 선택'에서 [직위] 필드는 '열' 영역으로, [지역] 필드는 '행' 영역으로, [납품수량] 필드는 '값' 영역으로 드래그한다.

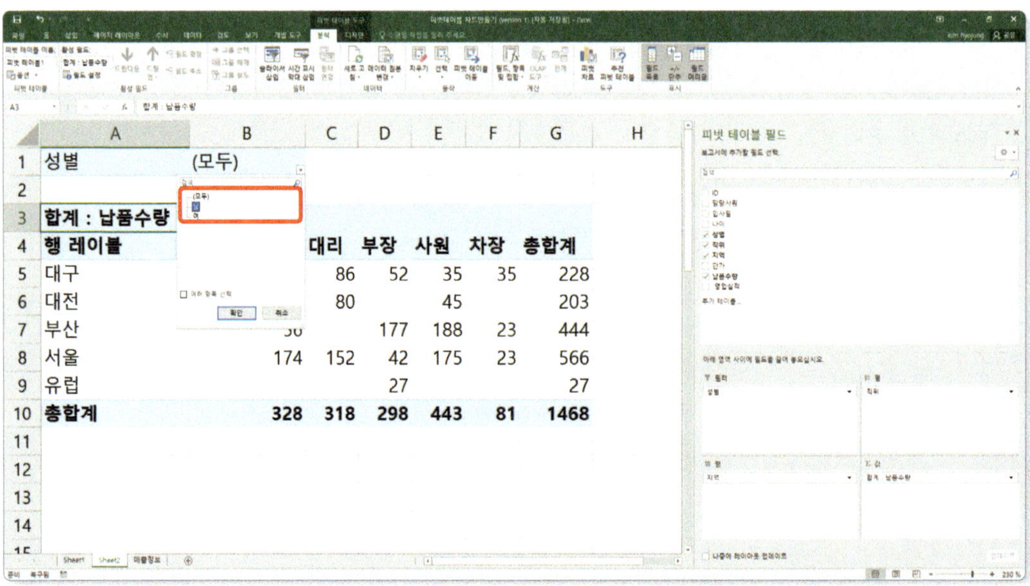

❺ 각 영역에 드래그한 필드에 맞게 워크시트에 자동으로 데이터가 완성되었으면 워크시트에서 [성별]의 내림 단추를 눌러 '남'을 선택하고 [확인]을 클릭한다.

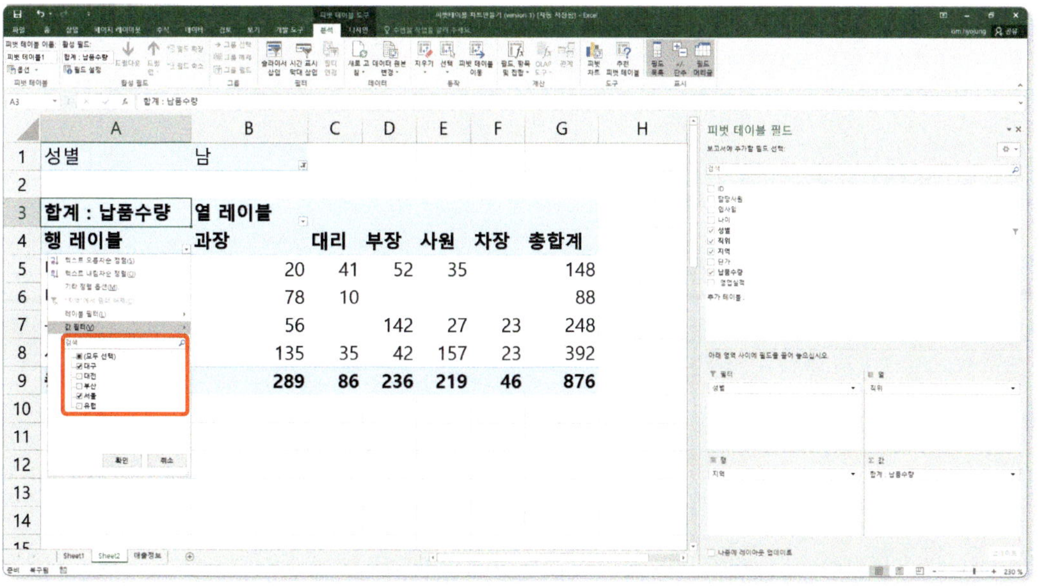

❻ 남자 데이터만 필터링되면서 피벗 테이블에 표시된 값이 재계산되었으면, 다시 [지역]의 내림 단추를 눌러 [모두 선택]의 체크를 해제하고 '서울'과 '대구'만 체크한 후 [확인]을 클릭한다.

❼ '서울'과 '대구' 지역의 남자 사원 데이터만 필터링되면서 해당 데이터만의 직위와 유형별로 수량의 합계가 구해졌는지 확인한다.

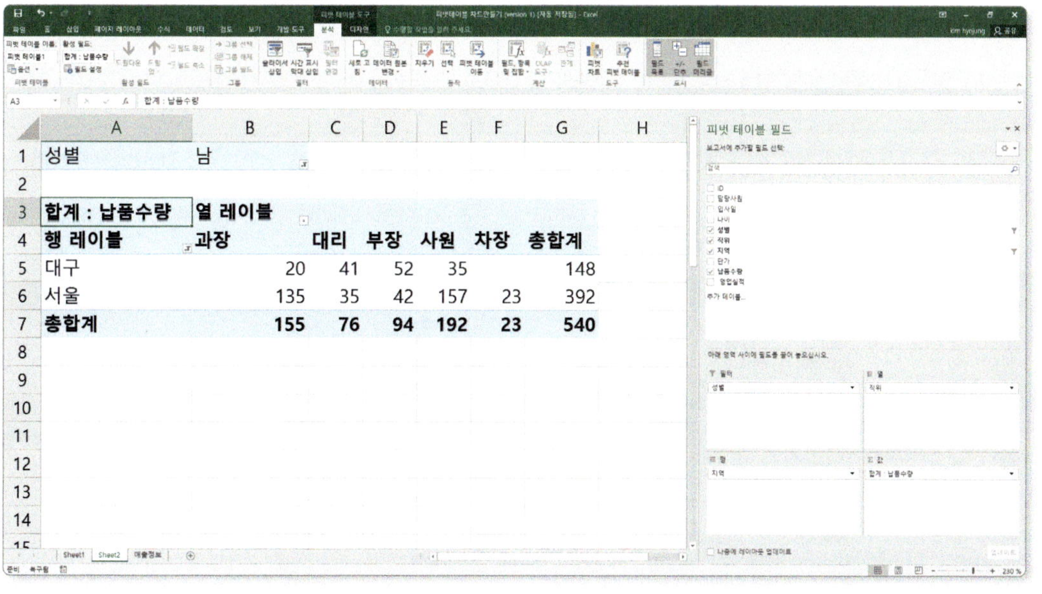

- 피벗 테이블 안에 커서가 위치하면 피벗 테이블 필드가 자동으로 나타난다.
- 피벗 테이블 필드 목록은 [피벗 테이블 도구]-[옵션]-[표시]에서 표시하거나 숨길 수도 있다.

6.2.2 피벗 테이블 디자인 변경하기

피벗 테이블의 디자인을 다양하게 변경해보자.

합계 : 영업실적	열 레이블					
행 레이블	대구	대전	부산	서울	유럽	총합계
⊟과장	₩712,000	₩2,248,980	₩14,153,000	₩26,007,800		₩43,121,780
남	₩712,000	₩2,248,980	₩14,153,000	₩15,895,800		₩33,009,780
여				₩10,112,000		₩10,112,000
⊟대리	₩11,782,000	₩7,147,700		₩27,005,600		₩45,935,300
남	₩6,847,000	₩252,000		₩7,049,000		₩14,148,000
여	₩4,935,000	₩6,895,700		₩19,956,600		₩31,787,300
⊟부장	₩10,940,000		₩33,058,000	₩7,102,900	₩2,403,000	₩53,503,900
남	₩10,940,000		₩26,828,000	₩7,102,900		₩44,870,900
여			₩6,230,000		₩2,403,000	₩8,633,000
⊟사원	₩4,900,000	₩5,580,000	₩22,715,400	₩12,749,270		₩45,944,670
남	₩4,900,000		₩1,344,600	₩10,731,470		₩16,976,070
여		₩5,580,000	₩21,370,800	₩2,017,800		₩28,968,600
⊟차장	₩1,207,500		₩1,643,350	₩1,643,350		₩4,494,200
남			₩1,643,350	₩1,643,350		₩3,286,700
여	₩1,207,500					₩1,207,500
총합계	**₩29,541,500**	**₩14,976,680**	**₩71,569,750**	**₩74,508,920**	**₩2,403,000**	**₩192,999,850**

❶ 기존에 작성한 피벗 테이블의 레이아웃을 변경해보자.

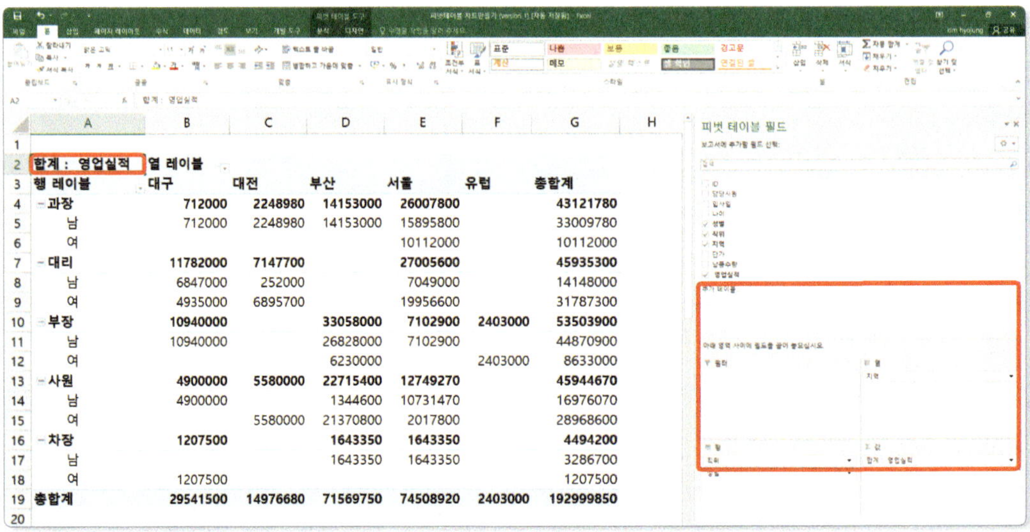

합계 : 영업실적	열 레이블					
행 레이블	대구	대전	부산	서울	유럽	총합계
−과장	712000	2248980	14153000	26007800		43121780
남	712000	2248980	14153000	15895800		33009780
여				10112000		10112000
−대리	11782000	7147700		27005600		45935300
남	6847000	252000		7049000		14148000
여	4935000	6895700		19956600		31787300
−부장	10940000		33058000	7102900	2403000	53503900
남	10940000		26828000	7102900		44870900
여			6230000		2403000	8633000
−사원	4900000	5580000	22715400	12749270		45944670
남	4900000		1344600	10731470		16976070
여		5580000	21370800	2017800		28968600
−차장	1207500		1643350	1643350		4494200
남			1643350	1643350		3286700
여	1207500					1207500
총합계	29541500	14976680	71569750	74508920	2403000	192999850

❷ '열' 영역에 배치된 [직위] 필드를 '행' 영역으로 이동한다. '필터' 영역에 배치된 [성별]을 '행' 영역의 [직위] 아래로 드래그한 후, '열' 영역에는 [지역] 필드를 배치한다.

❸ '값' 영역에 배치된 [납품 수량] 필드도 제거한 후, [영업 실적] 필드를 드래그하여 배치한다.

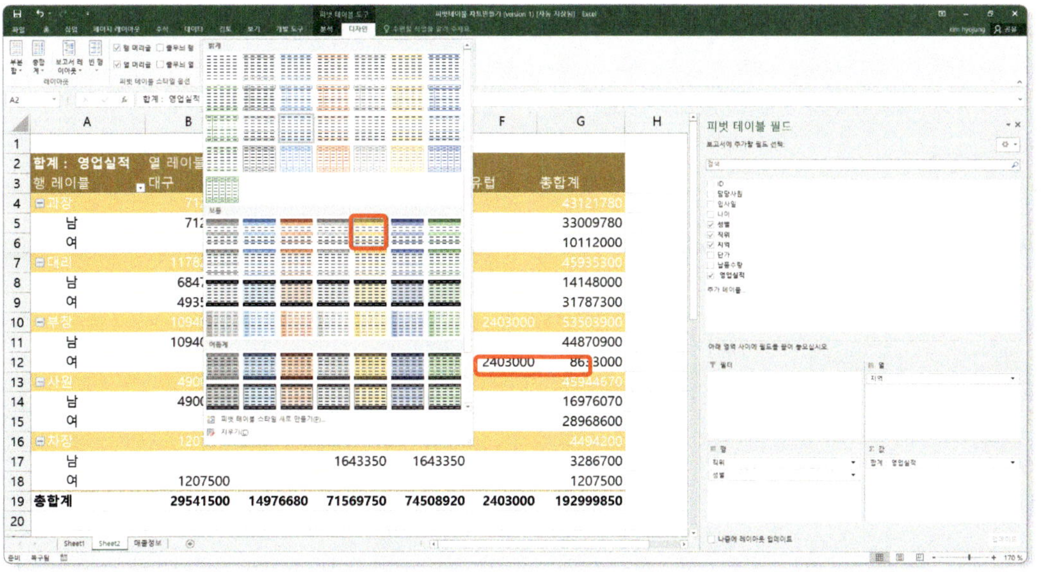

❹ [피벗 테이블 도구]–[디자인]–[피벗 테이블 스타일] 그룹에서 [자세히] 단추를 클릭한 후 '보통'에서 '피벗 스타일 보통 5'를 클릭한다.

❺ 피벗 테이블에 새로운 디자인이 적용되었으면 [피벗 테이블 도구]–[디자인]–[피벗 테이블 스타일 옵션] 그룹에서 '줄무늬 행'과 '줄무늬 열'에 체크하여 보기 좋게 피벗 테이블을 완성한다.

❻ [B4:G19] 셀을 선택하고 [홈]–[표시 형식]에서 '통화'를 선택하여 피벗 테이블을 완성한다.

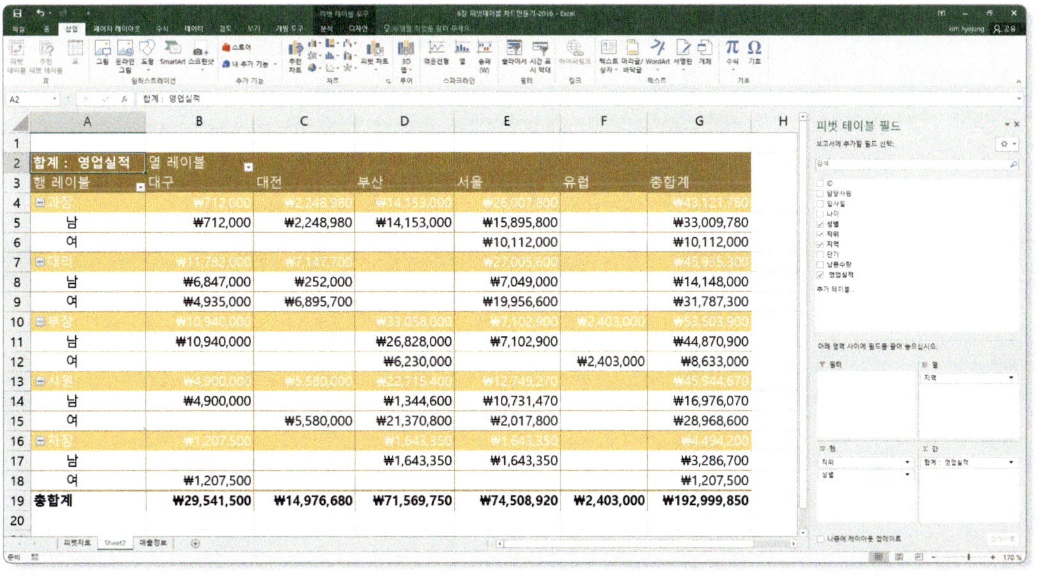

6.2.3 피벗 차트 만들기

피벗 테이블의 나이를 그룹으로 묶고 피벗 테이블과 연동하는 피벗 차트를 만들어보자.

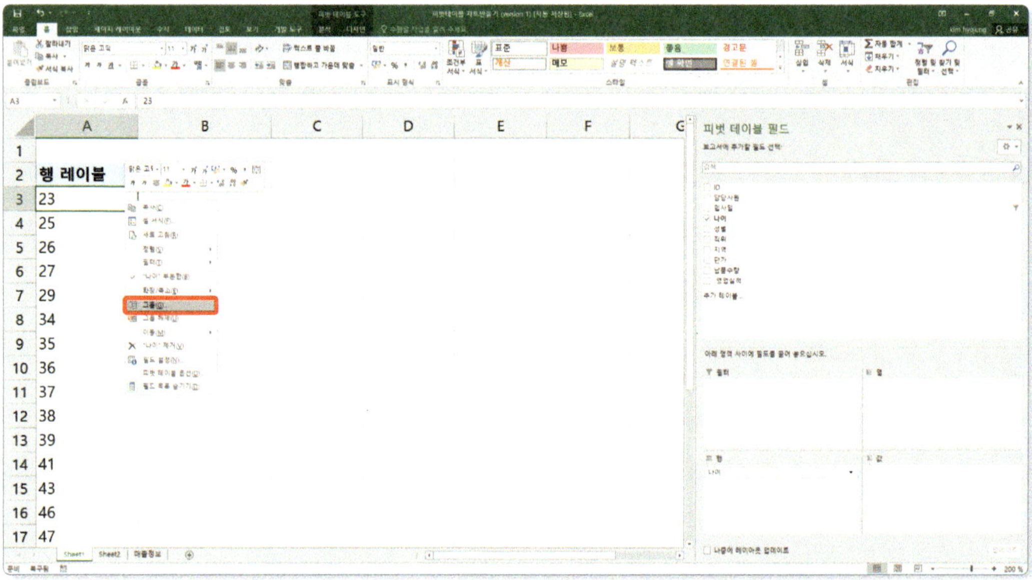

❶ [Sheet1] 시트에서 피벗 테이블의 '행' 영역에서 배치된 나이 데이터를 연령층으로 묶어 표시해보자. 피벗 테이블의 나이 데이터 영역에 있는 하나의 셀에서 마우스 오른쪽 단추를 눌러 [그룹]을 선택한다.

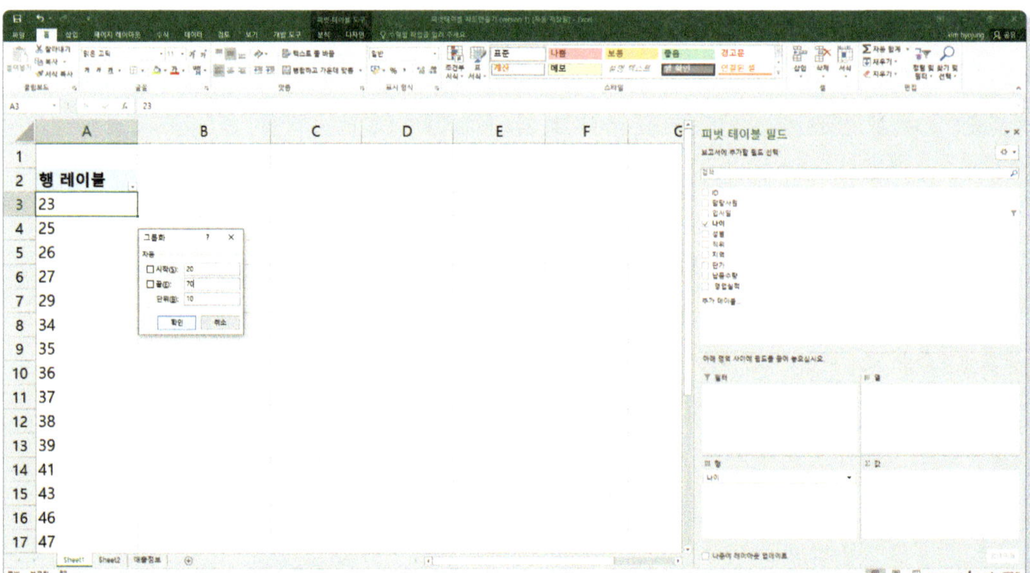

❷ [그룹화] 대화 상자가 열리면 '시작'에는 '20'을, '끝'에는 '70'을 입력하고 '단위'에 '10'을 설정하여 [확인]을 클릭한다.

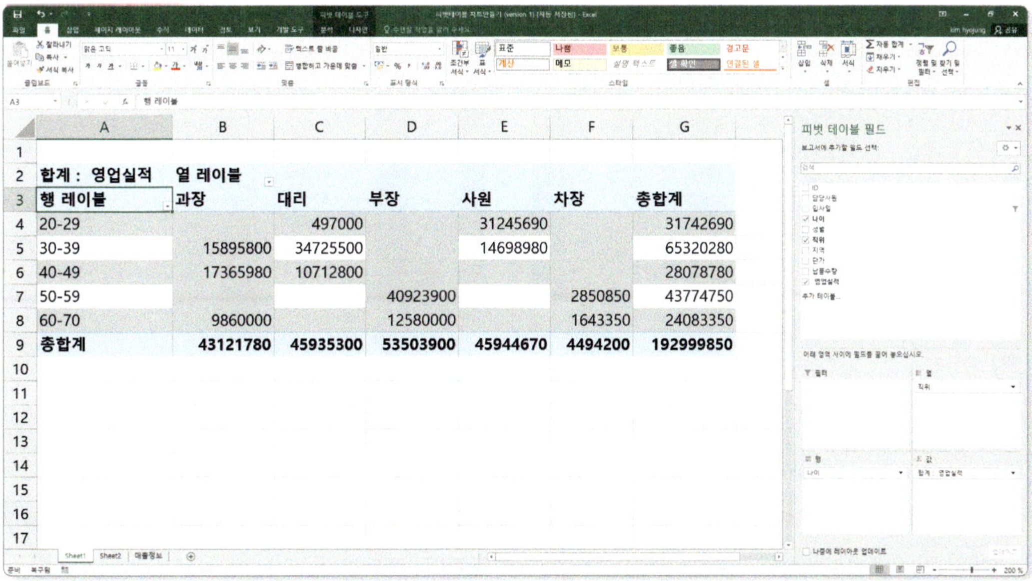

❸ 나이가 20부터 10씩 묶어 표시되었으면 '열' 영역에 '직위'를 넣어준다. 값에는 '영업 실적'을 선택한다.

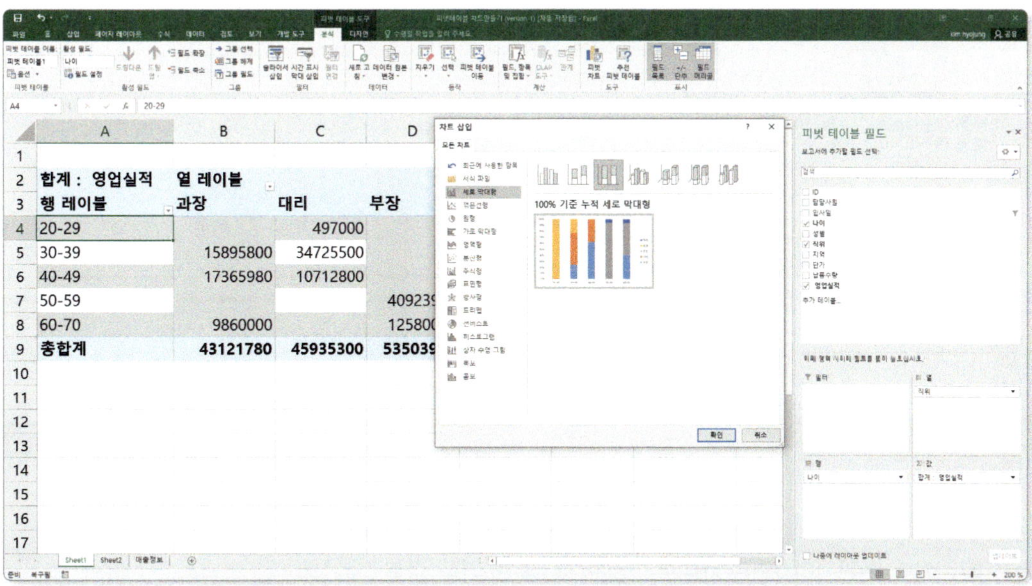

❹ 피벗 테이블에 있는 셀을 클릭하여 [피벗 테이블 도구]–[도구]–[피벗 차트]를 클릭한다.

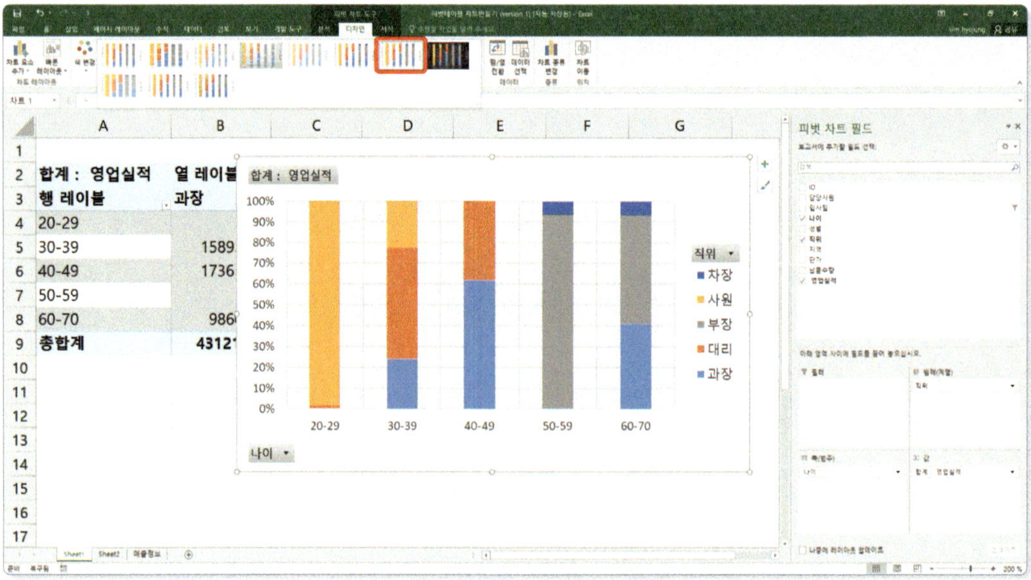

❺ [차트 삽입] 대화 상자가 열리면 [모든 차트]–[세로 막대형] 범주를 선택하고 오른쪽에 표시된 유형에서 '100% 기준 누적 세로 막대형'을 클릭한 후 [확인]을 클릭한다.

❻ 피벗 차트가 선택된 상태에서 [피벗 차트 도구]–[디자인]–[차트 스타일]에서 '스타일 7'을 선택한다.

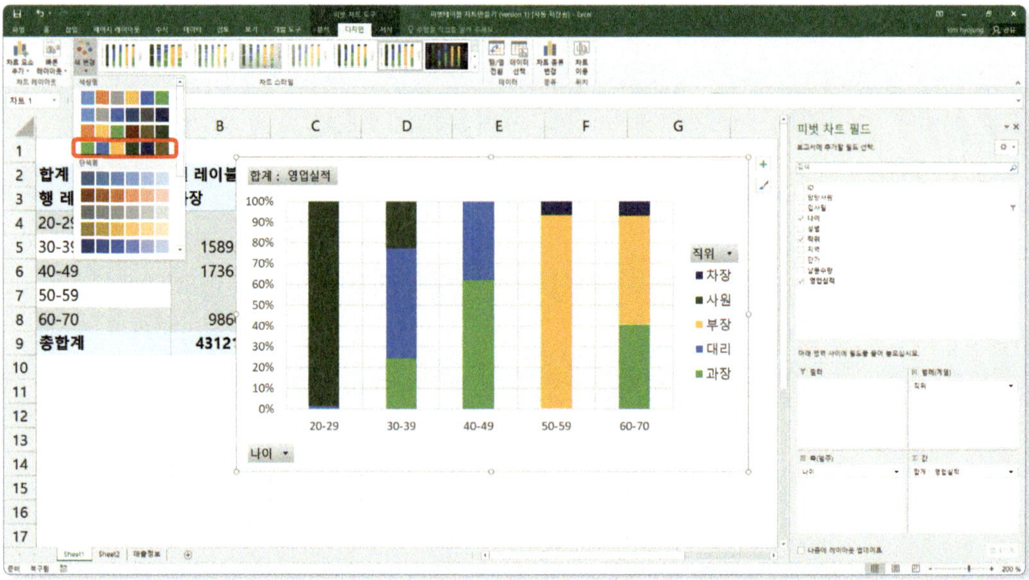

❼ [피벗 차트 도구]–[디자인]–[차트 스타일]에서 [색 변경]을 클릭하여 '색 4'를 선택하고 차트에 표시된 막대 그래프의 색상을 변경한다.

6.3 매크로 활용하기

문서를 작성할 때 매번 동일하게 적용되는 서식을 매크로에 기록하여 단축키를 눌러 자동으로 적용되게 할 수 있다. 부분 합 기능을 사용하여 데이터를 자주 요약한다면 버튼만 눌러 부분 합을 자동으로 계산할 수 있다.

6.3.1 매크로 기록 대화 상자

매크로는 특정 작업을 위해 실행되어야 하는 일련의 엑셀 명령어 집합으로 반복되는 작업을 자동화하고자 할 때 유용하게 사용된다. VBA(Visual Basic for Application) 프로그래밍을 통해 직접 매크로를 작성할 수도 있지만, VBA에 익숙하지 않더라도 매크로 기록 대화 상자를 이용하여 쉽게 매크로를 작성할 수 있다. 매크로 기록을 시작하면 캠코더로 녹화하는 것처럼 사용자가 입력하는 엑셀의 모든 작업 과정이 기록되고, 이후 이렇게 기록된 매크로에 대해 실행 버튼을 클릭하면 캠코더에 저장된 영상이 재생되는 것처럼 동일한 작업이 순차적으로 자동 실행된다.
매크로 기록 대화 상자를 살펴보자.

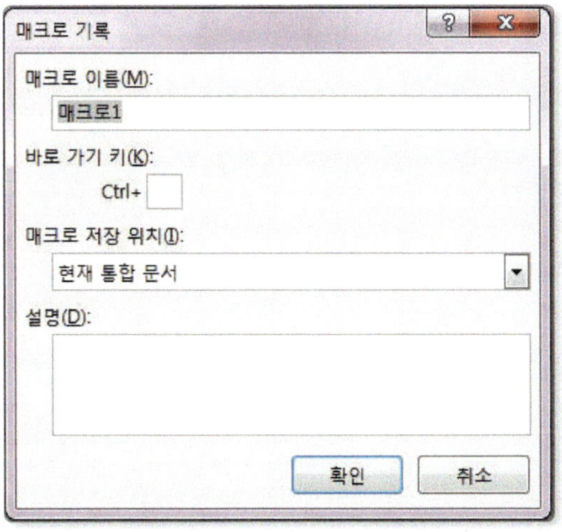

❶ 매크로 이름: 매크로 이름을 입력한다. 첫 글자는 반드시 문자로 시작하며 공백, 특수 문자는 사용할 수 없다.

❷ 바로 가기 키: 매크로 실행 시에 사용할 바로 가기 키를 지정한다. 바로 가기 키는 알파벳 대소문자를 구별한다.

❸ 매크로 저장 위치: 매크로가 저장될 위치를 지정하며, [현재 통합 문서], [새 통합 문서], [개인용 매크로 통합 문서] 중에서 선택한다.

❹ 설명: 매크로에 대한 설명을 입력한다.

6.3.2 매크로 삽입

매크로 기록 대화 상자를 이용하여 매크로 기록을 시작하면 사용자가 입력하는 엑셀의 모든 작업 과정이 저장된다. 매크로 실행을 위해서는 매크로 보기 창에서 실행 버튼을 클릭하거나, 바로 가기 키, 도형, 텍스트 상자, 사용자 정의 단추 등에 매크로를 지정하여 실행할 수 있다.

'강사료 지급내역'을 이용하여 '총액보기'에는 '총액'의 값을 오름차순으로 정렬하고, '돌아가기'에는 'No'의 값이 오름차순으로 돌아가는 매크로를 설정해보자.

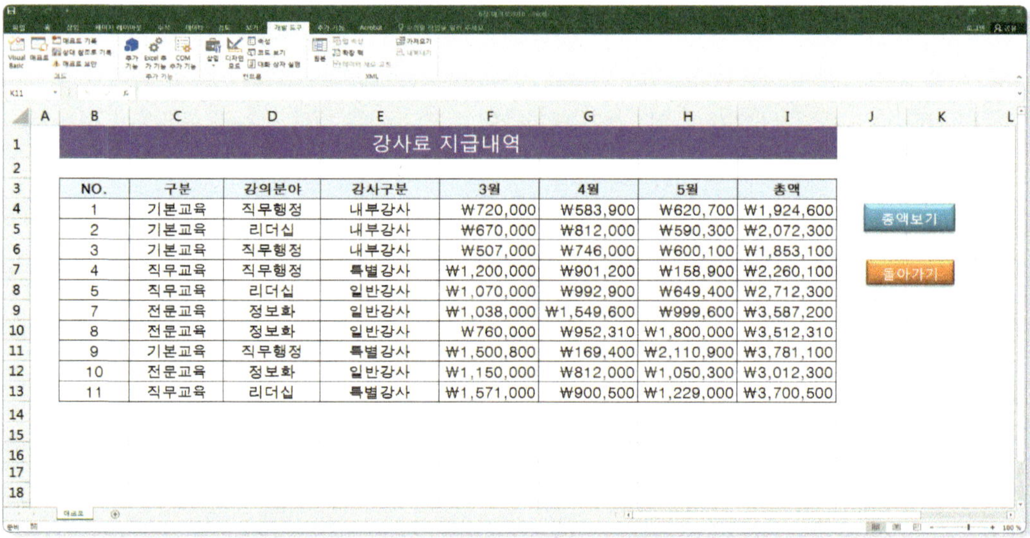

강사료 지급내역

NO.	구분	강의분야	강사구분	3월	4월	5월	총액
1	기본교육	직무행정	내부강사	₩720,000	₩583,900	₩620,700	₩1,924,600
2	기본교육	리더십	내부강사	₩670,000	₩812,000	₩590,300	₩2,072,300
3	기본교육	직무행정	내부강사	₩507,000	₩746,000	₩600,100	₩1,853,100
4	직무교육	직무행정	특별강사	₩1,200,000	₩901,200	₩158,900	₩2,260,100
5	직무교육	리더십	일반강사	₩1,070,000	₩992,900	₩649,400	₩2,712,300
7	전문교육	정보화	일반강사	₩1,038,000	₩1,549,600	₩999,600	₩3,587,200
8	전문교육	정보화	일반강사	₩760,000	₩952,310	₩1,800,000	₩3,512,310
9	기본교육	직무행정	특별강사	₩1,500,800	₩169,400	₩2,110,900	₩3,781,100
10	전문교육	정보화	일반강사	₩1,150,000	₩812,000	₩1,050,300	₩3,012,300
11	직무교육	리더십	특별강사	₩1,571,000	₩900,500	₩1,229,000	₩3,700,500

❶ [삽입]–[일러스트]–[도형]을 클릭하여 '직사각형' 도형 2개를 삽입한다.

❷ 도형에 각각 '총액보기', '돌아가기'를 입력한다. 두 도형을 선택하고 [그리기 도구]–[서식]–[도형 스타일]에서 '강한효과–바다색, 강조 5', '강한효과–주황, 강조 6' 스타일을 각각 적용하여 색상을 채워준다.

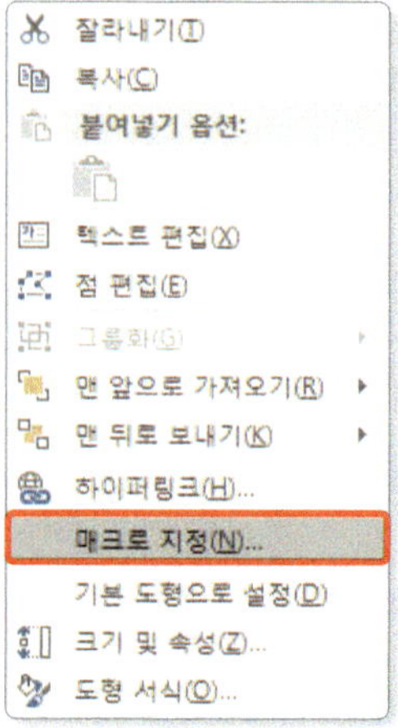

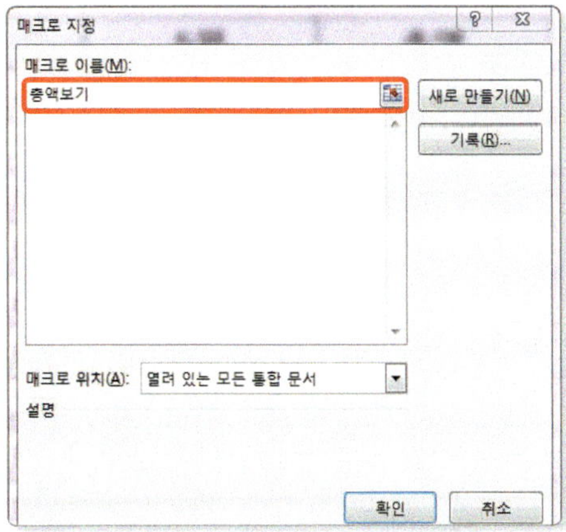

❸ '총액보기' 도형을 마우스 오른쪽 클릭하여 [매크로 지정]을 선택한다. [매크로 지정] 창에서 [매크로 이름]에 '총액보기', [매크로 위치]는 '현재 통합 문서'를 선택하고 [기록]을 클릭하면 [매크로 기록] 창이 나타난다.

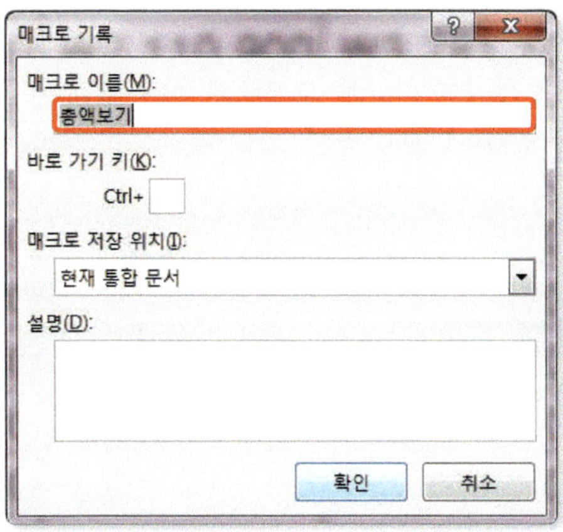

❹ [매크로 기록] 창에서 [확인]을 누르면 매크로 기록이 시작된다.

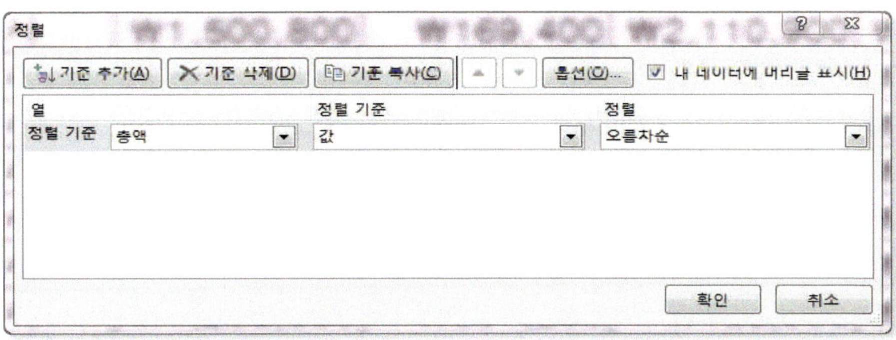

❺ [B3:I13]을 범위로 지정하고 [데이터]–[정렬 및 필터]–[정렬]을 클릭한다. [정렬] 창에서 정렬 기준을 '총액', '값', '오름차순'으로 지정한다.

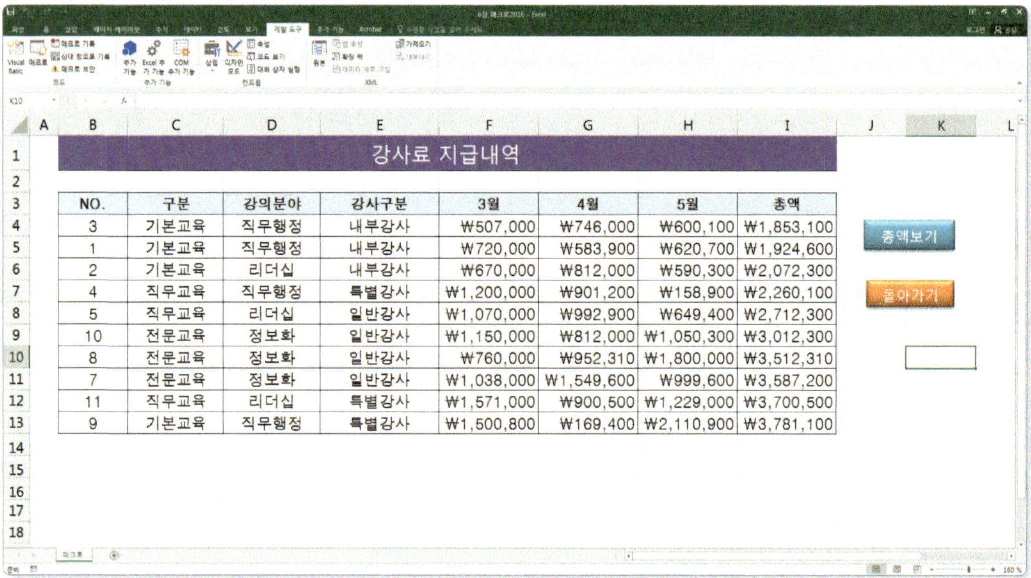

❻ 범위로 지정하지 않은 임의의 셀 [K9]를 클릭하고 [중지]를 누른다.

❼ '돌아가기' 도형을 마우스 오른쪽 클릭하여 [매크로 지정]을 선택한다. [매크로 지정] 창에서 [매크로 이름]에 '돌아가기', [매크로 위치]는 '현재 통합 문서'를 선택하고 [기록]을 클릭하면 [매크로 기록] 창이 나타난다.

❽ [매크로 기록] 창에서 [확인]을 누르면 매크로 기록이 시작된다.

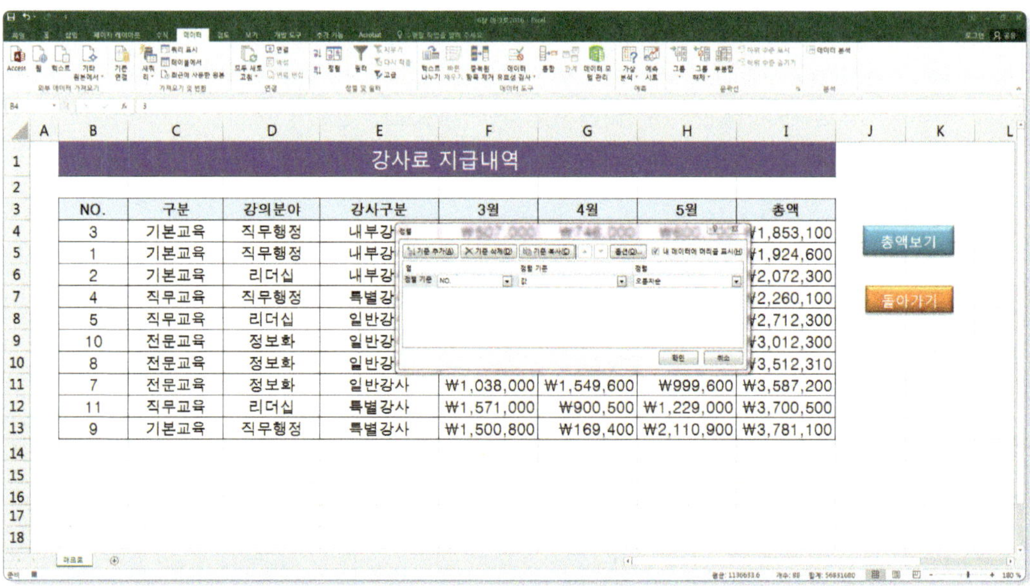

❾ [B4:B13]을 범위로 지정하고 [데이터]–[정렬 및 필터]–[정렬]을 클릭한다. [정렬] 창에서 정렬 기준으로 'NO.', '값', '오름차순'을 지정한다.

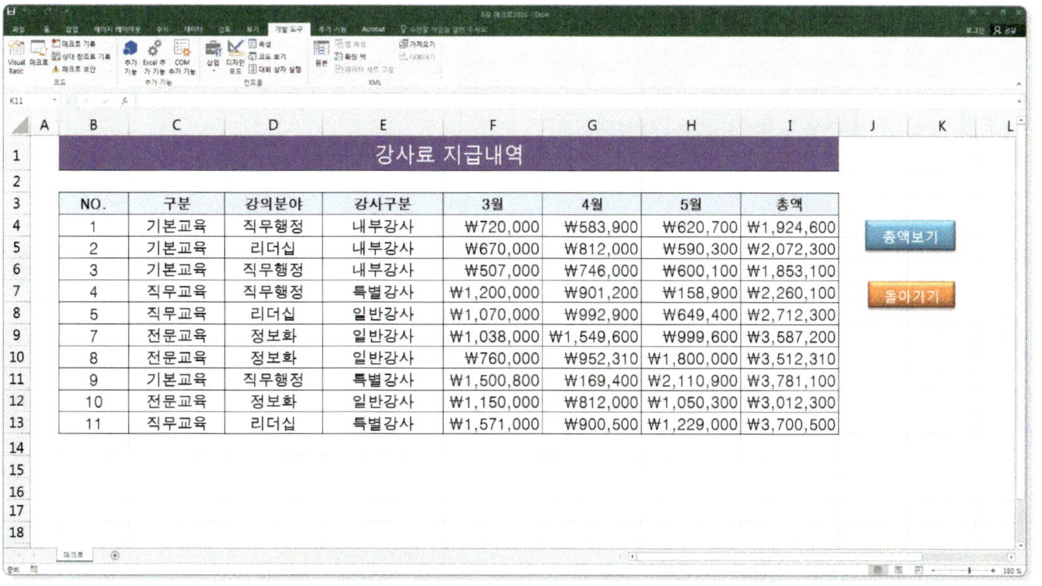

⑩ 범위로 지정하지 않은 임의의 셀 [K10]을 클릭하여 [중지]를 누른다.

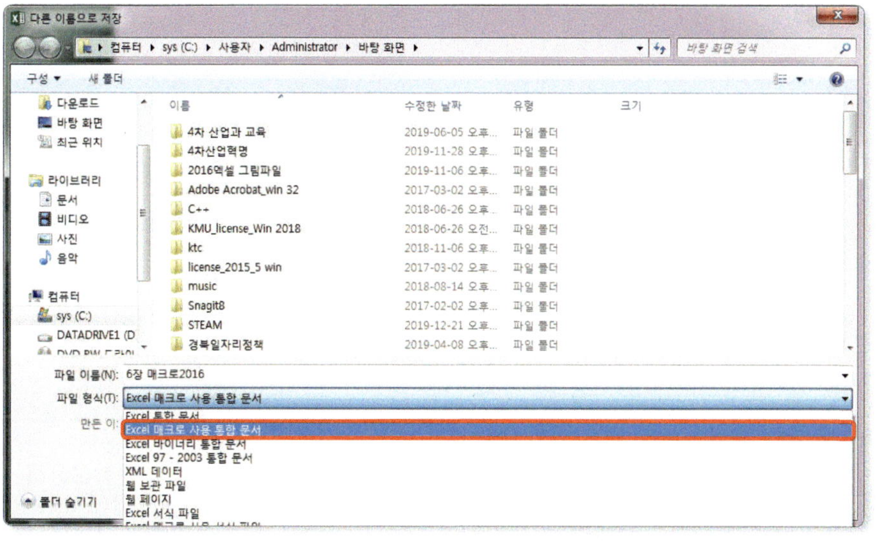

⑪ [파일]–[다른 이름으로 저장]을 클릭하면 매크로 제외 통합 문서로 저장할지 묻는 창이 나타난다. [아니오]를 클릭한다.

⑫ 매크로가 포함된 파일을 저장하기 위해서 [파일 형식]을 클릭하여 'Excel 매크로 사용 통합 문서'를 선택한다. [저장]을 클릭하면 '.xslm' 확장자를 가진 파일로 저장된다.

실무 활용 문제 1 직원별 상여금 내역서를 이용하여 차트 만들기

다음의 처리 조건에 맞도록 '차트'를 작성해보자.

출력 형태

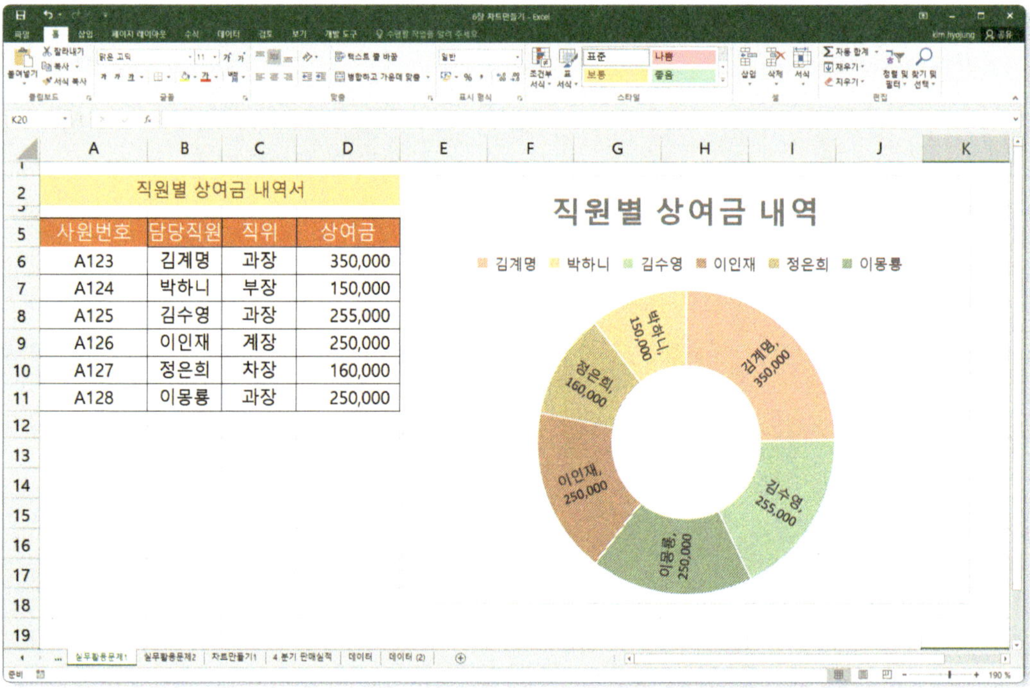

작성 조건

❶ 데이터의 범위는 [B5:B11], [D5:D11]을 선택한다.

❷ 차트의 종류는 '선버스트'로 선택한다.

❸ [차트 도구]–[디자인]–[차트 레이아웃] 그룹에서 [레이아웃 2]와 [차트 스타일 2]를 클릭한다.

❹ [차트 도구]–[디자인]–[차트 스타일] 그룹에서 [색 변경]을 클릭하고 '색상형'에서 '색 3'을 선택한다.

❺ [데이터 레이블]–[레이블 옵션]에서 '항목 이름', '값'을 선택한다.

❻ [차트 요소 추가]–[차트 제목]–[차트 위]를 선택하여 '직원별 상여금 내역'을 입력한다.

❼ 범례의 위치는 위쪽으로 표시한다.

❽ 그 밖의 명시되지 않은 부분은 보이는 대로 지정한다.

실무 활용 문제 2 트리맵 차트 완성하기

다음의 처리 조건에 맞도록 '차트'를 작성해보자.

출력 형태

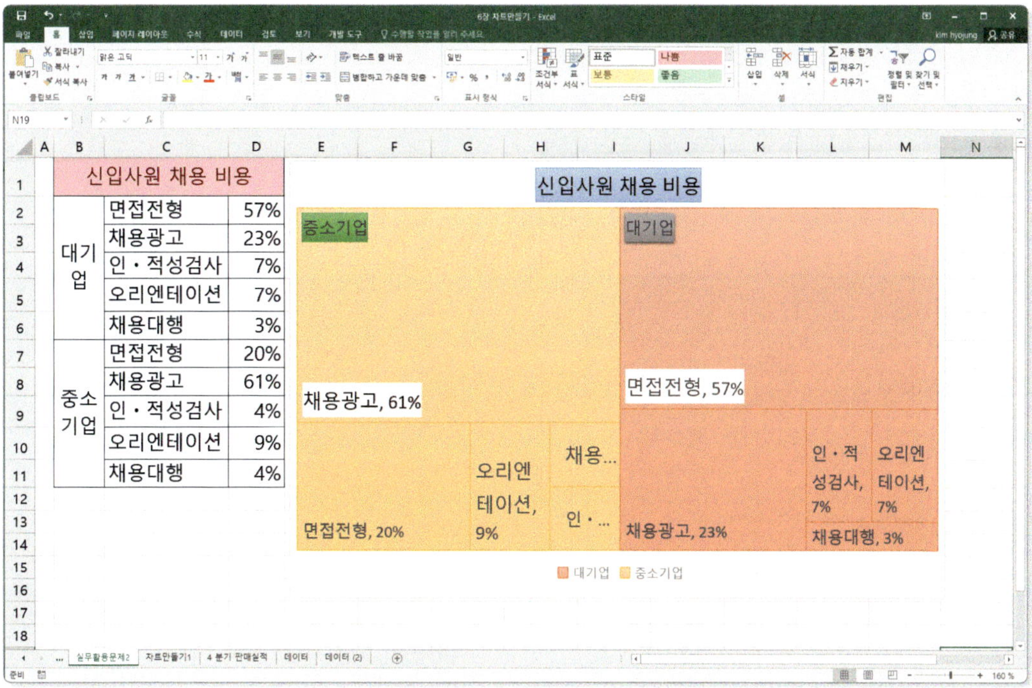

작성 조건

❶ 데이터의 범위는 'B2:D11'을 선택한다.

❷ 차트의 종류는 '트리맵'으로 선택한다.

❸ [차트 도구]–[디자인]–[차트 레이아웃] 그룹에서 '차트 스타일 3'을 클릭한다.

❹ [차트 도구]–[디자인]–[차트 스타일] 그룹에서 [색 변경]을 클릭하고 '색상형'에서 '색 3'을 선택하여 색상을 변경한다.

❺ [데이터 레이블]–[레이블 옵션]에서 '항목 이름', '값'을 선택한다.

❻ [홈]–[글꼴]에서 '맑은고딕, 12pt'를 선택한다.

❼ [차트 요소 추가]–[차트 제목]–[차트 위]를 선택하여 '신입 사원 채용 비용'을 입력하고 [서식]–[도형 스타일]에서 '밝은색 1 윤곽선, 색채우기–파랑, 강조 1'을 선택한다.

❽ 범례의 위치는 아래쪽에 표시한다.

❾ 그 밖의 명시되지 않은 부분은 보이는 대로 지정한다.

실무 활용 문제 3 피벗 테이블

다음의 처리 조건에 맞도록 '피벗 테이블'을 작성해보자.

출력 형태

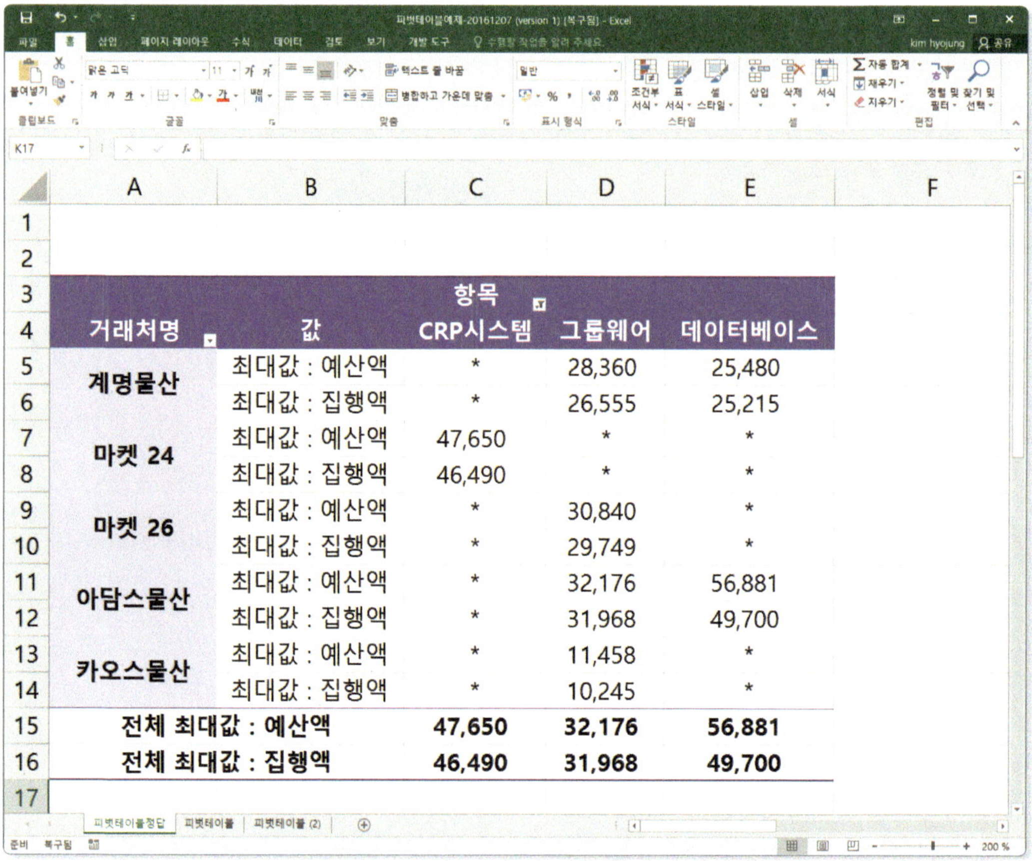

거래처명	값	항목 CRP시스템	그룹웨어	데이터베이스
계명물산	최대값 : 예산액	*	28,360	25,480
	최대값 : 집행액	*	26,555	25,215
마켓 24	최대값 : 예산액	47,650	*	*
	최대값 : 집행액	46,490	*	*
마켓 26	최대값 : 예산액	*	30,840	*
	최대값 : 집행액	*	29,749	*
아담스물산	최대값 : 예산액	*	32,176	56,881
	최대값 : 집행액	*	31,968	49,700
카오스물산	최대값 : 예산액	*	11,458	*
	최대값 : 집행액	*	10,245	*
전체 최대값 : 예산액		47,650	32,176	56,881
전체 최대값 : 집행액		46,490	31,968	49,700

처리 조건

❶ "피벗 테이블" 시트의 [A2:G12]를 이용하여 새로운 시트에 출력 형태와 같이 피벗 테이블을 작성한 후 시트명을 "피벗 테이블 정답"으로 수정한다.

❷ 거래처명(행)과 항목(열)을 기준으로 출력 형태와 같이 구한다.

❸ '예산액', '집행액'의 최댓값을 구한다.

❹ [피벗 테이블 도구]–[분석]–[피벗 테이블]에서 '옵션'을 이용하여 '레이블이 있는 셀 병합 및 가운데 맞춤'하고 빈 셀을 '*'로 표시한 후, '행의 총합계 표시'를 체크 해제한다.

❺ [피벗 테이블 도구]–[디자인]–[레이아웃]에서 '보고서 레이아웃'에서 '테이블 형식으로 표시'를 선택하고, '피벗 테이블 스타일'은 '피벗 스타일 보통 12'로 표시한다.

❻ 항목(열)은 'CRP시스템', '그룹웨어', '데이터베이스'만 출력되도록 표시한다.

❼ [C5:E16] 데이터는 [셀 서식]–[표시 형식]에서 '숫자'를 이용하여 '1000단위 구분 기호'를 표시하고 가운데 맞춤을 신댁한다.

❽ '거래처명'의 순서와 색상은 출력 형태와 다를 수 있다(테마색 구성표 'Office 2007–2010' 선택).

❾ 지시 사항이 없는 경우는 출력 형태와 동일하게 작성한다.

실무 활용 문제 4 피벗 테이블

다음의 처리 조건에 맞도록 '피벗 테이블'을 작성해보자.

출력 형태

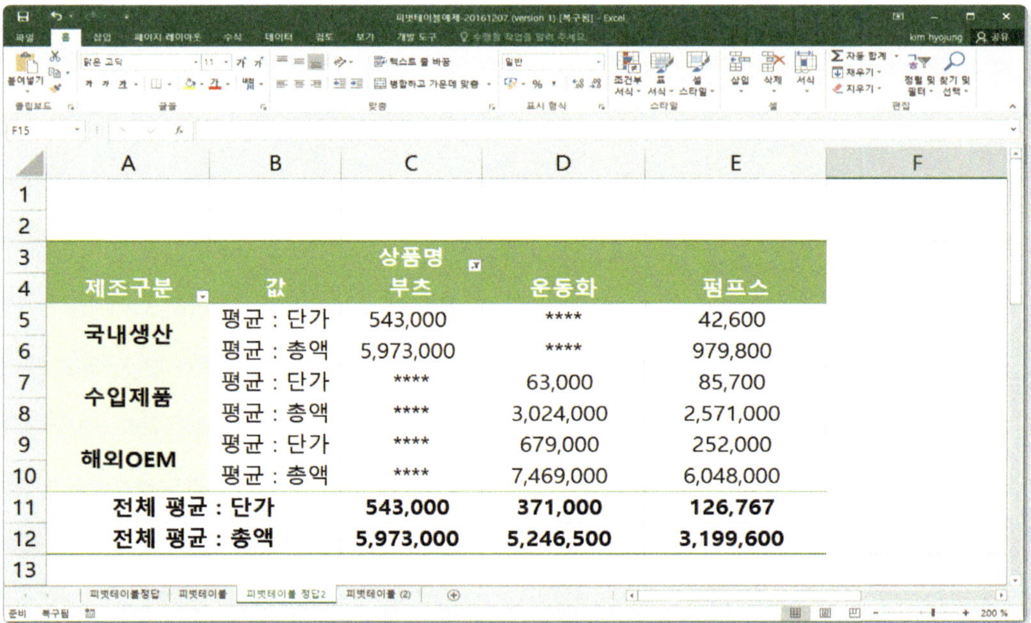

제조구분	값	상품명 부츠	운동화	펌프스
국내생산	평균 : 단가	543,000	****	42,600
	평균 : 총액	5,973,000	****	979,800
수입제품	평균 : 단가	****	63,000	85,700
	평균 : 총액	****	3,024,000	2,571,000
해외OEM	평균 : 단가	****	679,000	252,000
	평균 : 총액	****	7,469,000	6,048,000
전체 평균 : 단가		543,000	371,000	126,767
전체 평균 : 총액		5,973,000	5,246,500	3,199,600

처리 조건

❶ "피벗 테이블" 시트의 [A2:G12]를 이용하여 새로운 시트에 출력 형태와 같이 피벗 테이블을 작성한 후 시트명을 "피벗 테이블 정답 2"로 수정한다.

❷ 제조 구분(행)과 상품명(열)을 기준으로 출력 형태와 같이 구한다.

❸ '단가', '총액'의 평균을 구한다.

❹ [피벗 테이블 도구]–[분석]–[피벗 테이블]에서 '옵션'을 이용하여 '레이블이 있는 셀 병합 및 가운데 맞춤'하고 빈 셀을 '****'로 표시한 후, '행의 총 합계 표시'를 체크 해제한다.

❺ [피벗 테이블 도구]–[디자인]–[레이아웃]의 '보고서 레이아웃'에서 '테이블 형식으로 표시'를 선택하고, '피벗 테이블 스타일'은 '피벗 스타일 보통 11'로 표시한다.

❻ 상품명(열)은 '부츠', '운동화', '펌프스'만 출력되도록 표시한다.

❼ [C5:E12] 데이터는 [셀 서식]–[표시 형식]에서 '숫자'를 이용하여 '1000단위 구분 기호'를 표시하고, 가운데 맞춤한다.

❽ 제조 구분의 순서는 출력 형태와 다를 수 있다.

❾ 지시 사항이 없는 경우는 출력 형태와 동일하게 작성한다.

내멋대로 요리하는 Office cafe

파워포인트 2016

CHAPTER 07. 파워포인트 시작하기와 텍스트 슬라이드

CHAPTER 08. 테마와 슬라이드 마스터

CHAPTER 09. 도형 및 이미지를 이용한 슬라이드

CHAPTER 10. 스마트아트와 다이어그램 슬라이드

CHAPTER 11. 표/차트/인포그래픽을 이용한 슬라이드

CHAPTER 12. 멀티미디어, 애니메이션 슬라이드

EXCEL & POWERPOINT 2016

Preview

07 CHAPTER 파워포인트 시작하기와 텍스트 슬라이드

07 파워포인트 시작하기와 텍스트 슬라이드

• 새로워진 파워포인트 2016의 작업 화면과 리본 메뉴를 알아보고 기본 사용법을 살펴보자. 프레젠테이션의 시작으로 기본적인 제목 슬라이드와 텍스트 슬라이드를 만들어보면서 기본 사용법과 텍스트 활용법을 익히고 마스터를 설정하여 적용하는 방법을 알아본다.

7.1 파워포인트 2016 화면 구성 익히기

파워포인트 2016 기본 화면과 각 요소의 명칭과 기능, 그리고 발표용 슬라이드를 만들 때 필요한 모든 명령이 포함된 리본 메뉴를 알아보자. 이번 섹션에서는 파워포인트를 처음 실행하면 나타나는 인트로 화면의 구성을 비롯해 슬라이드를 만드는 방법과 서식 사용 방법을 배워보자.

7.1.1 화면 구성 요소

화면 구성 요소는 리본 메뉴와 슬라이드 개요, 슬라이드 창, 슬라이드 노트 창, 상태 표시 줄 등으로 구성된다. 각각의 구성 요소를 살펴보자.

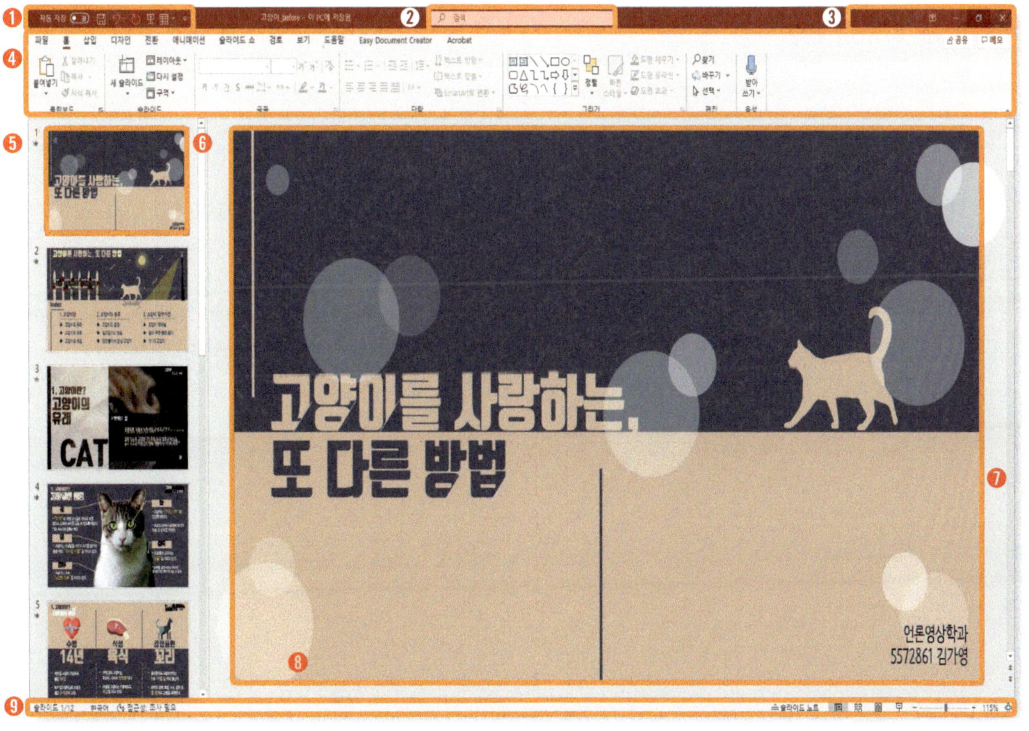

❶ 빠른 실행 도구 모음: 자주 사용하는 명령을 추가할 수 있다.

❷ 제목 표시 줄: 현재 프레젠테이션의 이름이 표시된다. 이 부분을 드래그하여 창을 이동할 수 있다. 더블 클릭하면 창이 최대화되거나 원래 크기로 복원한다.

❸ 창 최소화/최대화/닫기 버튼: 파워포인트 2016 창을 최소화하거나 최대화한다. 또한 현재 열려 있는 프레젠테이션을 닫을 때 클릭할 수 있다.

❹ 리본 메뉴: 파워포인트 명령을 범주별로 구분해 놓았다. 범주 이름이 있는 탭을 클릭해 해당 탭을 열고 명령을 눌러 실행한다. 파워포인트 2016에서는 사용자가 사용하지 않는 탭을 감추거나 새로운 탭을 만들어 명령을 추가할 수 있다.

❺ [슬라이드/개요] 탭: 슬라이드의 미리 보기 또는 개요를 볼 수 있다. 슬라이드 탭에서 미리 보기를 클릭하면 해당 슬라이드로 이동한다. 마우스 오른쪽 버튼을 클릭하면 메뉴가 표시되므로 슬라이드 복제 등의 명령을 선택할 수 있다.

❻ 슬라이드: 파워포인트에서 실제의 작업이 이뤄지는 곳이다. 텍스트를 입력하거나 도형을 배치하고 표, 차트, 그림 등과 같은 개체를 삽입한다.

❼ 스크롤 막대: 슬라이드가 확대된 경우에는 스크롤 막대를 위/아래로 드래그하거나 맨 위와 아래에 있는 화살표 버튼을 클릭해 슬라이드의 위와 아래를 볼 수 있다.

❽ 슬라이드 노트: 발표할 내용이나 참조할 사항을 입력한다. 슬라이드의 노트 인쇄 기능을 이용하면 내용을 인쇄할 수 있다.

❾ 상태 표시 줄: 슬라이드 번호/전체 슬라이드 수, 프레젠테이션에 적용된 테마 이름, 한글/영문 입력 상태를 알려준다.

7.1.2 리본 메뉴

리본 메뉴는 프레젠테이션을 만들기 위한 각 명령 버튼들을 관련 탭에 기능별로 모아놓은 실행 메뉴이다. 리본 메뉴의 종류를 자세히 살펴보면 메뉴를 보다 쉽게 사용할 수 있다.

❶ 파일 탭: 파일 탭에는 이전 버전의 오피스 단추 기능이 변경된 탭으로 문서의 저장, 열기, 정보, 새로 만들기, 인쇄 등의 문서 관리 기능들이 있다. '최근에 사용한 항목'에서는 현재 열린 파일의 자세한 정보와 최근 사용한 파일들을 큰 창에서 볼 수 있어 파일 관리가 편리하다. 옵션은 파워포인트 작업 환경을 설정할 수 있다.

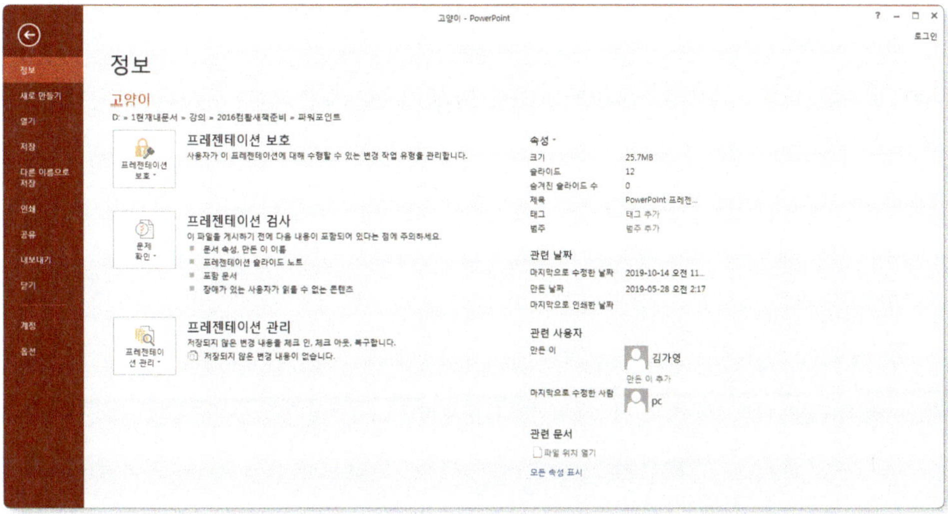

❷ [홈] 탭: 복사/붙여넣기, 슬라이드 삽입, 글꼴, 단락, 도형, 도형 채우기 색 등 파워포인트에서 가장 많이 사용하는 기능을 모아 두었다.

❸ [삽입] 탭: 표, 그림, 차트, 동영상 등의 개채를 파워포인트에 삽입할 수 있는 명령을 제공한다.

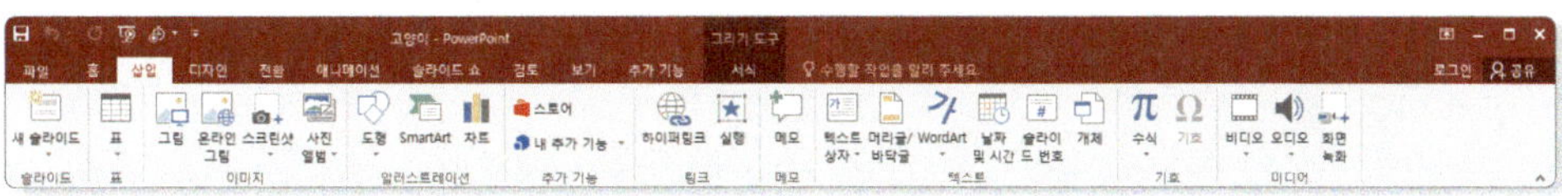

❹ [디자인] 탭: 슬라이드의 크기/방향, 템플릿, 테마, 배경 등의 슬라이드 디자인과 관련된 명령을 제공한다.

❺ [전환] 탭: 쇼 보기에서 슬라이드가 바뀔 때 나타나는 효과를 지정한다. 특정 시간이 지나면 자동으로 화면이 전환되도록 설정할 수 있다.

❻ [애니메이션] 탭: 개체에 애니메이션 효과와 순서 등을 적용할 수 있다.

❼ [슬라이드 쇼] 탭: 보기를 조정하거나 쇼 설정 변경, 예행연습(리허설), 해상도 변경 등을 작업한다.

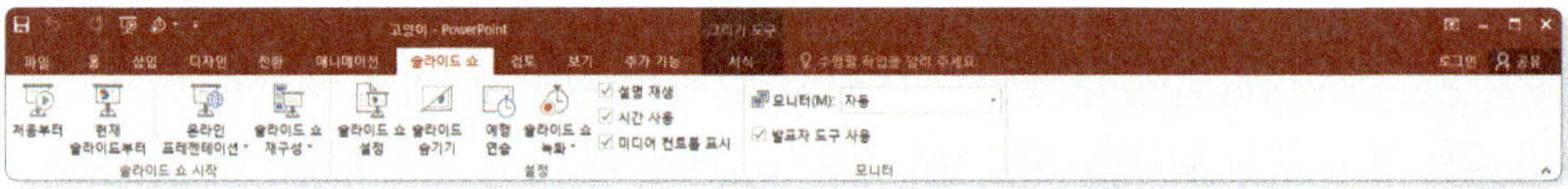

❽ [검토] 탭: 맞춤법 검사, 사전, 한자, 메모 등의 유용한 도구를 실행할 수 있다.

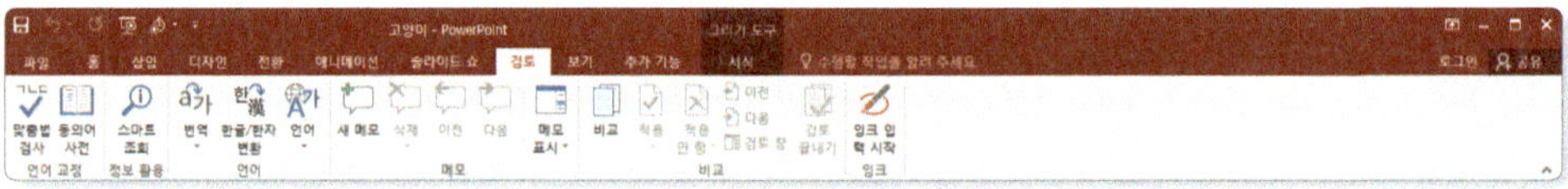

❾ [보기] 탭: 기본, 여러 슬라이드, 슬라이드 노트, 읽기용 보기를 선택할 수 있고 마스터 전환, 눈금선 표시, 창 전환 등과 같이 보기와 관련된 기능을 제공한다.

❿ 추가 기능 탭: 사용자 지정 명령과 새로운 기능을 추가할 수 있어서 다른 프로그램과 쉽게 연계할 수 있게 만들어준다.

⓫ 필요할 때 표시하는 탭(상황 탭): 작업할 때 리본 메뉴에 나타났다가 사라지는 고유한 색의 탭이다. 상황 탭이라고 하는 이러한 탭에는 그림 및 그래픽과 같은 항목에 사용할 수 있는 특수 서식 도구가 포함되어 있다. 해당 개체를 더블 클릭하면 해당 상황에 맞는 상황 탭 메뉴가 나타난다.

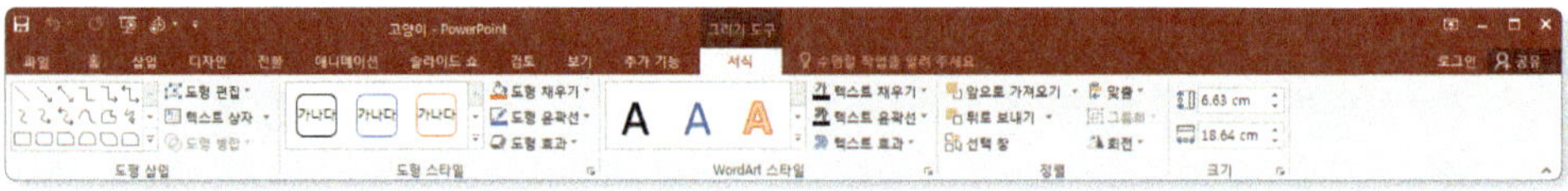

7.1.3 파워포인트 2016의 새로운 기능

파워포인트 2016의 새로운 기능들에 대해 살펴보자. 파워포인트 2016에서는 와이드 스크린 기능, 발표자 도구, 균등한 간격으로 개체 정렬, 이동 경로 애니메이션, 마지막으로 읽은 위치 표시 등 다양한 기능들이 새롭게 추가되었다.

설명(Tell me) 기능

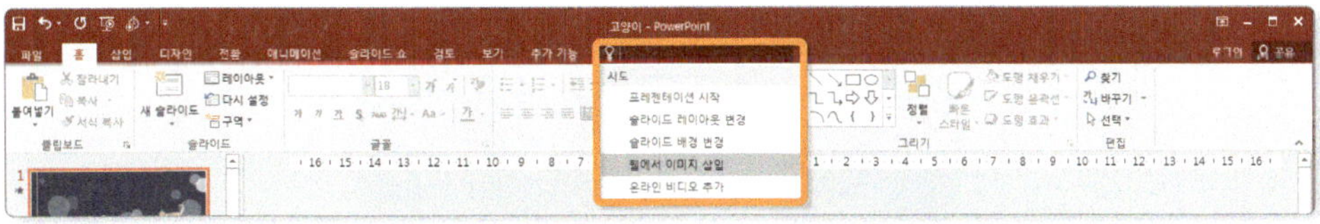

설명 기능은 파워포인트 메뉴의 제일 오른쪽에 위치한다. '전구' 모양의 아이콘과 함께 수행할 작업을 입력하면 관련 메뉴를 표시한다.

발표자 도구

슬라이드 쇼 기능이 업그레이드되었다. 슬라이드 쇼에서 오른쪽 마우스 클릭 메뉴에서 발표자 도구를 선택하면 슬라이드 쇼의 발표자 도구 화면이 보인다. 이 화면에 현재 발표되고 있는 슬라이드와 다음 슬라이드, 슬라이드 노트가 보인다. 화면 왼쪽 하단의 도구 모음을 살펴보면 다음과 같다.

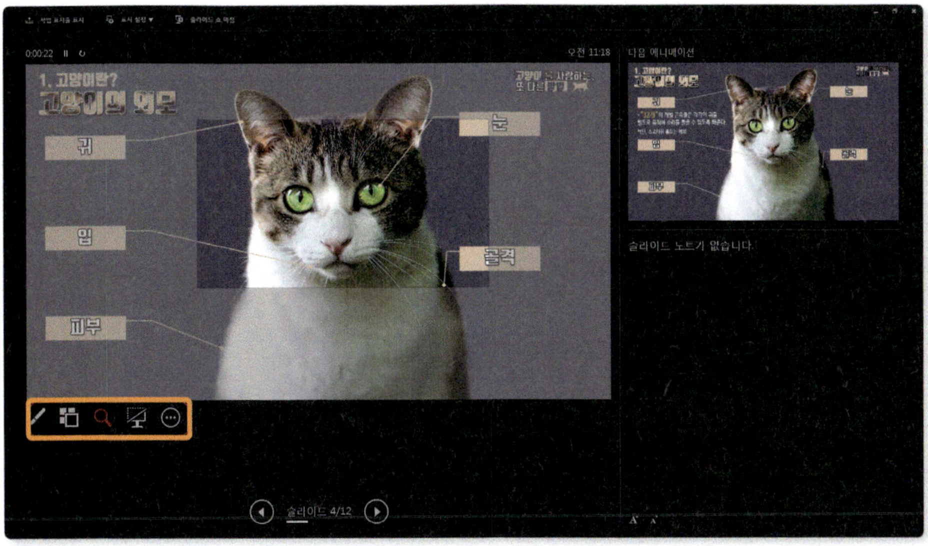

❶ 펜 및 레이저 포인터 도구 : 레이저 포인터가 없어도 발표를 가능하게 한다. 펜, 형광펜, 지우개 등의 기능이 있다.

❷ 모든 슬라이드 보기 : 쉽게 다른 슬라이드로 찾아갈 수 있다.

❸ 슬라이드 확대 : 슬라이드의 일부분을 바로 확대할 수 있고, 마우스를 이용하여 다른 부분으로 이동시킬 수도 있다. 단축키(+,−)를 이용해 슬라이드 화면을 3단계로 확대 및 축소할 수 있다.

❹ 슬라이드 쇼 화면 검정 설정 : 이 기능을 설정하면 화면에 슬라이드가 보이지 않게 된다.

다양한 차트 종류 추가

차트 중 [트리맵], [선버스트], [히스토그램], [상자 수염 그림], [폭포] 차트 등이 새롭게 추가되었다.

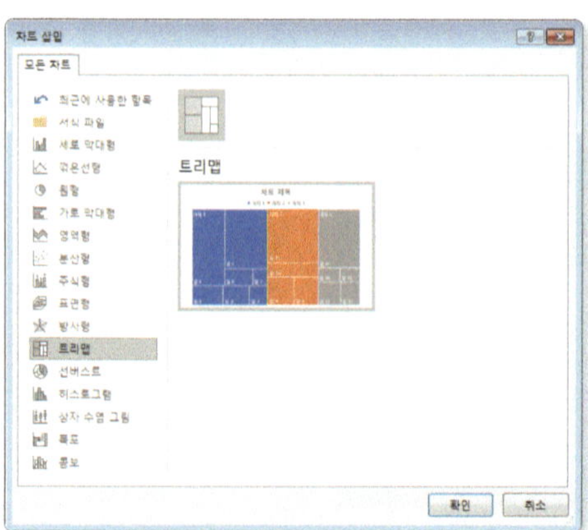

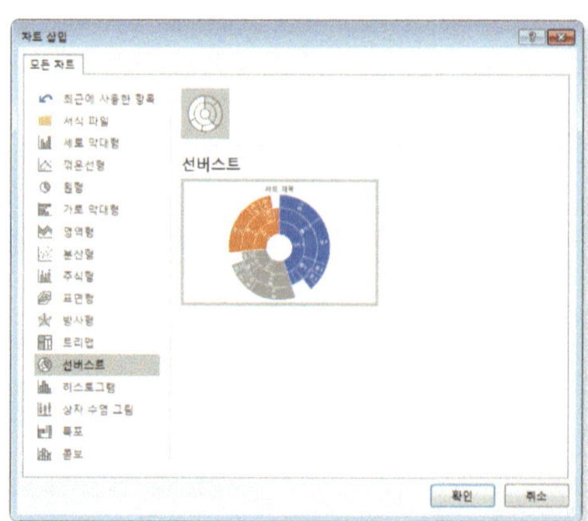

비디오 만들기에서 고품질 지원

[파일]–[내보내기]–[비디오 만들기]에서 고품질을 지원한다. 기존 파워포인트에서는 1280 × 720 영상까지만 지원했는데, 2016 버전에서는 1920 × 1080 화질을 지원함으로써 보다 선명한 화질의 내보내기가 가능해졌다.

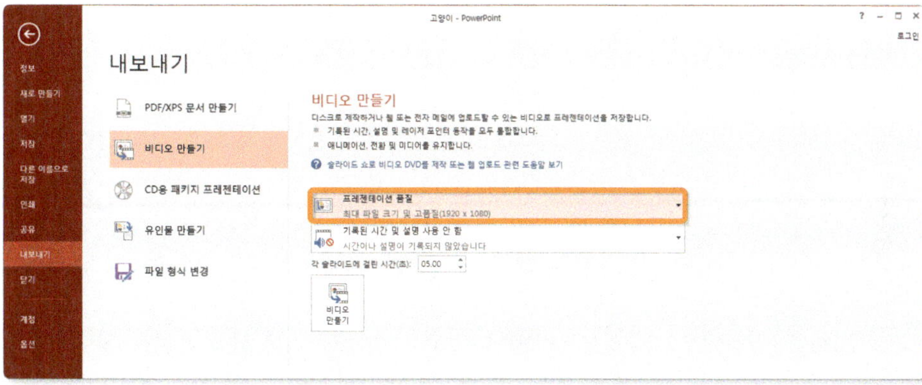

똑똑해진 검색

오피스의 새로워진 스마트 검색 툴은 MS 워드, 파워포인트, 엑셀 문서 내에서 빙 검색 엔진을 실행할 수 있다.

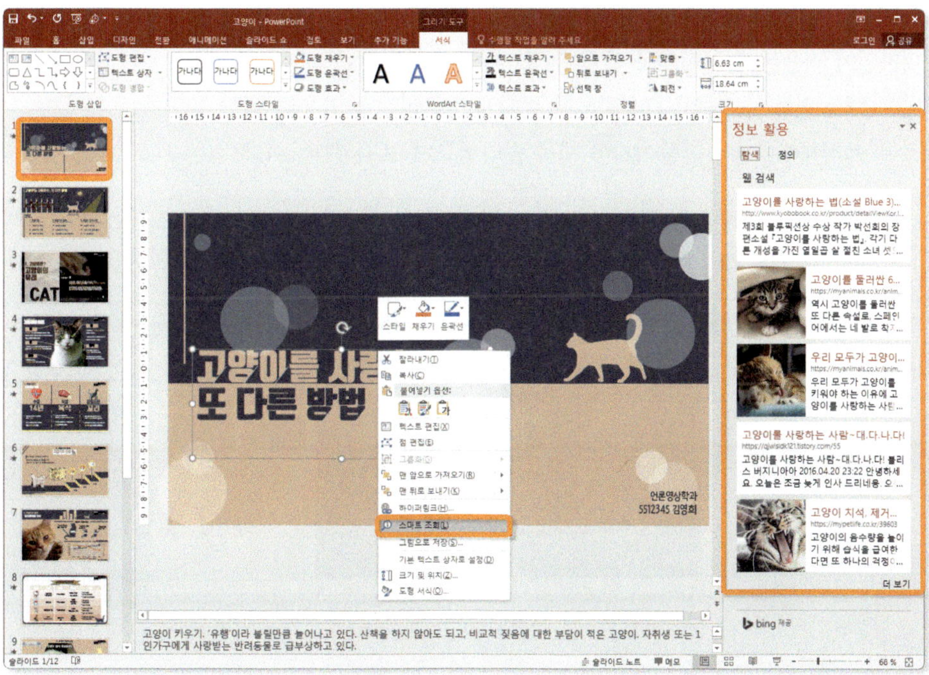

7.2 파워포인트 기본 사용법

파워포인트의 기본 사용법에 대해 알아보자. 새로 시작하는 법과 저장하는 법, 레이아웃을 변경하는 방법 등과 슬라이드를 추가하는 법, 다양한 보기 등을 살펴본다.

7.2.1 새로 시작하기

새로운 프레젠테이션 제작을 위해서는 기본 서식으로 시작하거나 편리하게 디자인에 신경 쓸 필요 없는 디자인 세트를 이용해 시작한다. 프레젠테이션을 새로 만드는 방식은 다음의 세 가지를 주로 사용한다.

기본 서식으로 새로 만들기

파워포인트 2016을 시작하면 기본 서식 상태의 파일로 시작한다. 기본 서식 파일은 디자인이 전혀 적용되지 않은 빈 파일로 가장 기본이 되는 파일이다. [파일]-[새로 만들기]-[새 프레젠테이션]으로 기본 서식 파일을 시작한다.

테마를 이용한 프레젠테이션으로 시작하기

테마란 디자인에 신경 쓰지 않고 슬라이드를 만들 수 있도록 미리 만들어둔 디자인 세트를 말한다. 배경 이미지와 배경 색, 글자 색, 도형 스타일 등이 서로 어울리도록 만들었기 때문에 사용자는 편리하게 디자인이 적용된 슬라이드를 만들 수 있다.

❶ [파일]-[새로 만들기]-[테마]를 클릭하여 주제에 어울리는 테마를 선택한다.

❷ 새로운 프레젠테이션이 만들어지며 제목 슬라이드가 표시된다.

온라인의 프레젠테이션 서식으로 시작하기

마이크로소프트 오피스 온라인의 프레젠테이션 서식에는 내용이나 다이어그램이 삽입된 서식이 들이 있다. 온라인의 특성상 새로 업데이트되는 테마나 서식, 다이어그램을 사용할 수 있다.

❶ [파일]–[새로 만들기]에서 오피스 온라인 목록의 [프레젠테이션]을 선택한다.

❷ [디자인]이나 [디자인 슬라이드]를 선택하면 전체적으로 통일감 있는 디자인의 프레젠테이션으로 시작할 수 있다.

7.2.2 파일 저장

파일을 저장하기 위해 [파일]–[다른 이름으로 저장] 메뉴를 열어보면 여러 저장 방식이 나타나는데 이 중 하나를 선택한다.

저장 옵션

[다른 이름으로 저장] 창의 오른쪽 아래에 있는 [도구]–[저장옵션]에는 [파일의 글꼴 포함] 옵션이 있다. 이 기능을 체크하면 새 글꼴을 사용했을 경우에 글꼴 파일을 가지고 다니지 않더라도 발표할 수 있다. 하지만 [프레젠테이션에 사용되는 글꼴만 포함]할 경우는 슬라이드를 편집할 수 없으므로 주의한다.

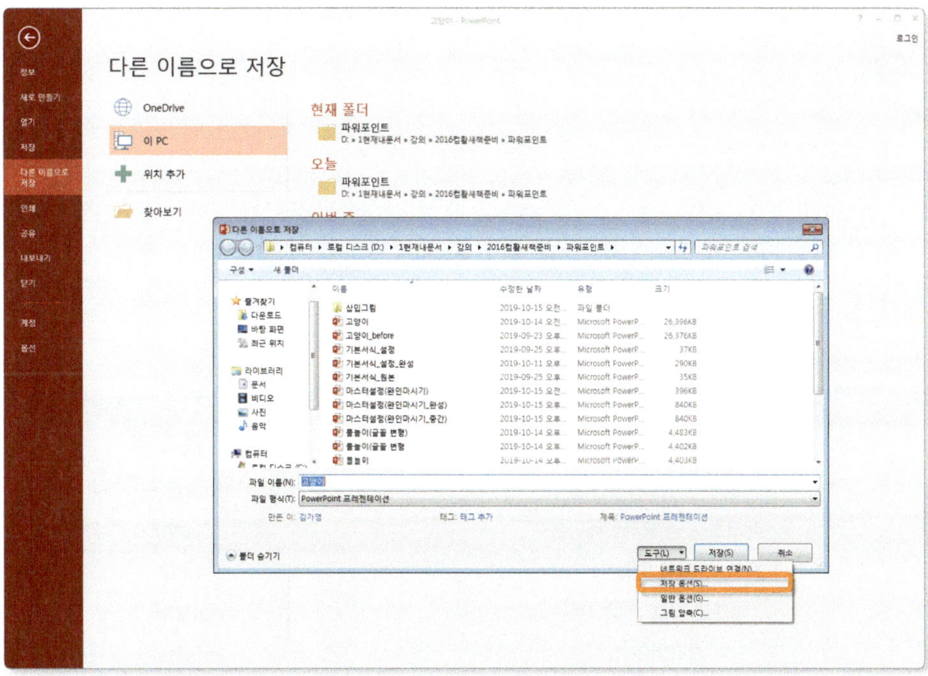

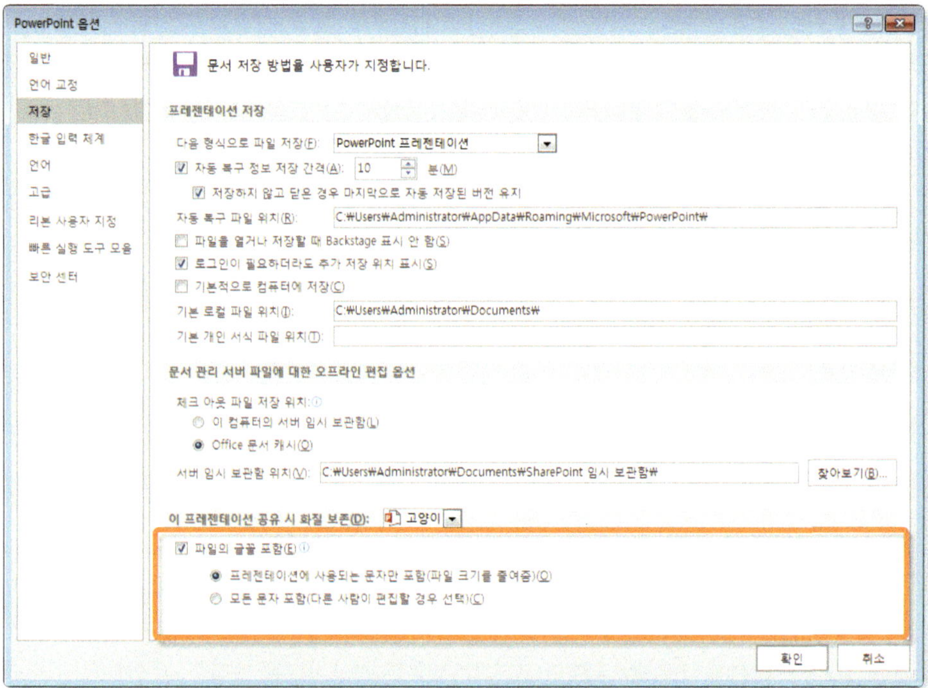

TIP 파워포인트의 파일 형식

[다른 이름으로 저장하기]에서 파일 형식을 다양하게 지정할 수 있다. 2007과 2010 버전의 기본 파일 확장자는 .pptx이며 2003 버전까지는 .ppt이다. 저장할 때 주의할 점은 상위 버전에서는 이전 버전 파일을 열 수 있지만 낮은 버전에서는 상위 버전 파일을 열 수 없다는 점이다. 온라인에서 많이 볼 수 있는 .pptm 파일은 VBA매크로와 ActiveX 컨트롤을 포함할 수 있으며 확장자가 다른 파일과 구별되므로 확장자별 파일 관리에 도움이 된다.

파워포인트 파일 형식

PowerPoint 파일 형식	함수의 형식
프레젠테이션	.pptx
97-2003 버전 프레젠테이션	.ppt
매크로 사용 프레젠테이션	.pptm
서식 파일	.potx
매크로 사용 서식 파일	.potm
슬라이드 쇼	.ppsx
매크로 사용 쇼	.ppsm
Office 테마	.thmx

7.2.3 다양한 화면 보기

파워포인트에는 사용하려는 용도에 따라 '기본', '여러 슬라이드', '읽기용 보기', '슬라이드 쇼', '슬라이드 노트'의 다섯 가지 보기 방식과 '마스터 보기'가 있다. 상태 표시 줄의 [보기]를 사용해도 되고 [보기]–[프레젠테이션 보기]의 메뉴를 클릭해도 된다.

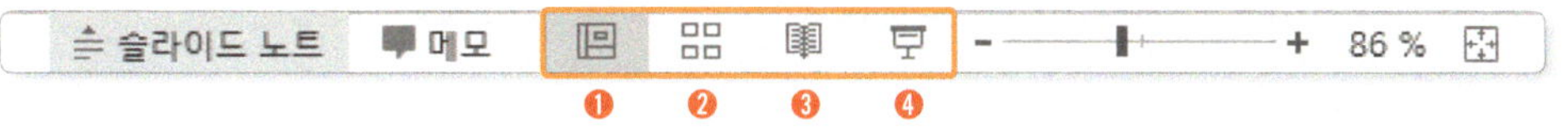

❶ 기본 보기
❷ 여러 슬라이드 보기
❸ 읽기용 보기
❹ 슬라이드 쇼

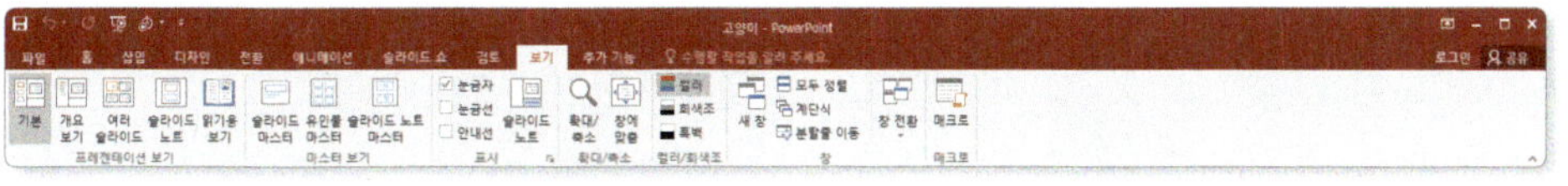

기본 보기

기본 보기는 프레젠테이션을 작성하고 디자인할 때 사용하는 주 편집 보기이다. 이 보기에는 개요/슬라이드 창, 슬라이드 노트 창의 세 가지 작업 영역이 있다. 상태 표시 줄의 [현재 창 크기에 맞춤]을 선택하면 편집 창이 화면에 맞게 설정되며, [확대 비율]에서 편집 창의 크기를 조절하여 작업할 수도 있다.

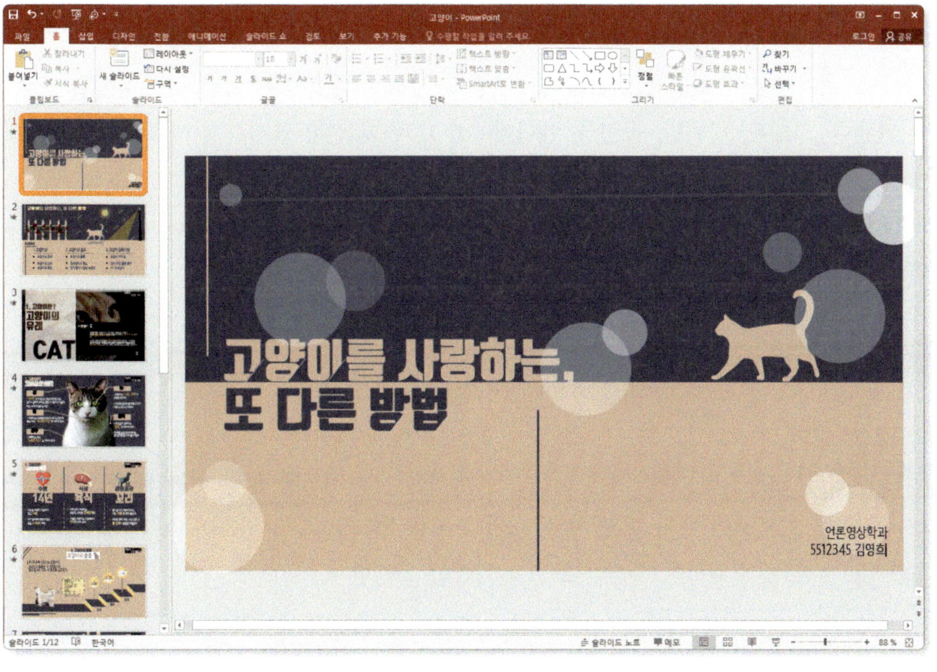

여러 슬라이드 보기

여러 슬라이드 보기는 슬라이드를 축소판 그림 형태로 표시하기 때문에 한 화면에서 전체 슬라이드를 한꺼번에 살펴보기에 적합하다. 슬라이드 구성 순서를 바꾸거나 복사, 삭제 등의 작업을 편리하게 실행할 수 있는 창으로 슬라이드 전환 효과를 설정할 때 이용한다. 특정 슬라이드를 더블 클릭하면 해당 슬라이드를 기본 보기 상태로 볼 수 있다.

읽기용 보기

읽기용 보기는 슬라이드 쇼를 읽기 형태로 볼 수 있는 보기이다. 슬라이드 편집 작업을 하면서 [보기]–[프레젠테이션 보기]–[읽기용 보기]를 실행하면 별도의 창에서 슬라이드 쇼를 볼 수 있으므로 애니메이션이나 실행을 참고하는 데 도움이 된다. 창 아래의 읽기용 보기 버튼을 사용하여 이동할 수도 있다.

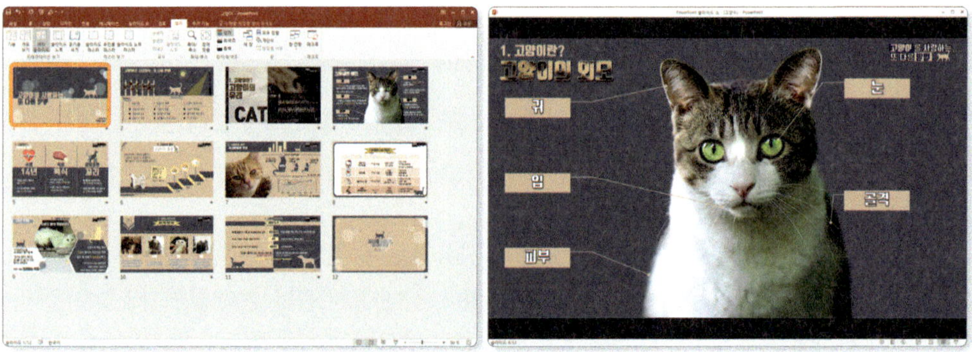

슬라이드 쇼 보기

슬라이드 쇼 보기는 전체 화면으로 슬라이드 쇼를 표시하는데, 청중이 보는 것과 동일한 프레젠테이션을 나타낸다. 그래픽, 타이밍, 동영상, 애니메이션 효과 및 전환 표시가 실제 프레젠테이션에서 어떻게 보이는지 확인할 수 있다.

❶ [보기]–[프레젠테이션 보기]– [슬라이드 쇼]를 선택하거나 F5 키를 누른다.

❷ 현재 열려 있는 슬라이드부터 쇼를 볼 때는 Shift + F5 키를 누른다.

❸ 슬라이드 쇼에서 Esc 키를 누르거나 슬라이드 쇼 화면에서 마우스 오른쪽을 눌러 [쇼 마침]을 클릭하면 쇼를 마칠 수 있다.

슬라이드 노트 보기

슬라이드 편집 모드가 아닌 슬라이드 노트 보기에서는 슬라이드에 관련 있는 내용을 노트 영역에 작성할 수 있다. 기본 보기에서 편집 창 아래에 노트를 입력할 수도 있으며 [보기]–[프레젠테이션 보기]–[슬라이드 노트]를 클릭하여 슬라이드 노트 보기를 실행한다.

7.2.4 슬라이드 추가

새로운 슬라이드를 삽입할 때는 슬라이드 추가를 하거나 슬라이드 복제를 한다. 또한 다른 테마의 슬라이드를 복사하여 슬라이드를 새롭게 만들 수도 있다.

슬라이드 레이아웃 추가하기

슬라이드의 레이아웃 이름으로 각 레이아웃의 용도를 알 수 있는데 원하는 레이아웃을 선택하여 슬라이드를 추가한다. 프레젠테이션에 새로운 슬라이드를 추가하면 다음 중 하나를 실행한다.

[홈]–[슬라이드]–[새 슬라이드]에 있는 레이아웃을 고르거나 단축키 Ctrl + M을 누른다.

같은 레이아웃을 지정하는 경우 Enter키를 치거나 [새 슬라이드]를 클릭한다.

슬라이드의 레이아웃을 변경하려면 [슬라이드]–[레이아웃]에서 변경할 레이아웃을 클릭한다.

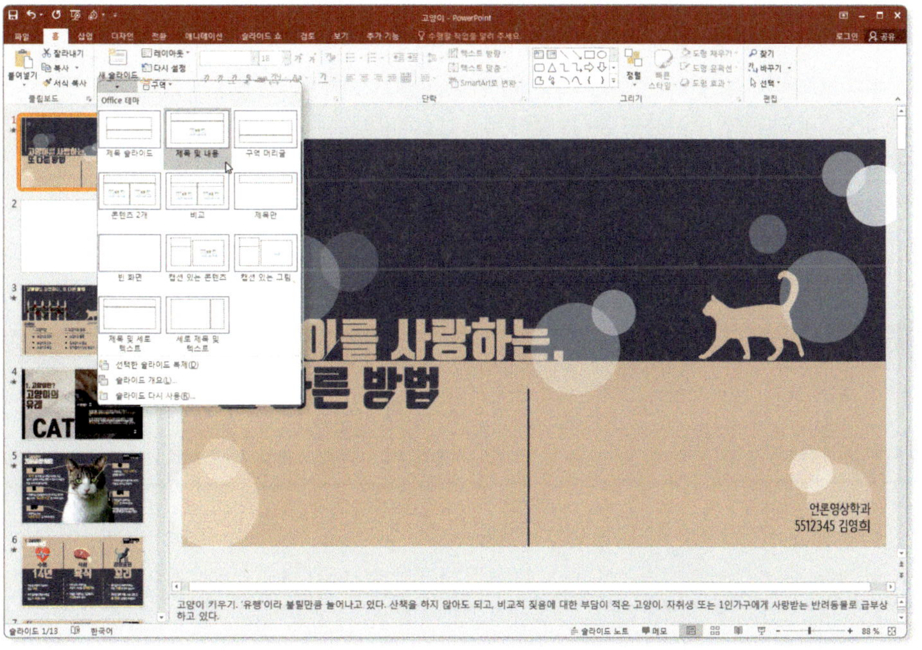

슬라이드 복사하기

[슬라이드] 탭의 복사할 슬라이드에서 마우스 오른쪽 버튼을 클릭하여 [복사]를 클릭한다.
[슬라이드] 탭에서 슬라이드의 새 복사본이 들어갈 위치를 마우스 오른쪽 버튼으로 클릭하여 [붙여넣기]를 클릭한다.

TIP 슬라이드 복제하기

슬라이드 복제는 복사할 슬라이드 바로 다음에 자동으로 붙여넣기가 이루어진다.
다른 파일의 슬라이드를 복사하는 경우는 붙여 넣기 옵션의 [대상 테마 사용]을, 원본 디자인 형식을 그대로 유지하려면 [원본 서식 유지]를 선택한다.

❶ 대상 테마 사용: 테마가 다른 슬라이드의 경우 붙이려는 곳의 테마로 변경되어 복제된다.
❷ 원본 서식 유지: 원본 서식을 그대로 유지하여 복제한다.
❸ 그림: 그림으로 복제되므로 슬라이드의 수는 늘어나지 않고 그림 형식으로 복제된다.

슬라이드 레이아웃

슬라이드 에는 11개의 레이아웃이 있다. 가장 많이 사용하는 레이아웃으로는 '제목', '제목 및 내용', '콘텐츠 2개', '제목만' 등이 있다. 각 레이아웃에 따라 슬라이드의 구성이 달라지므로 그 특성을 살펴보자.

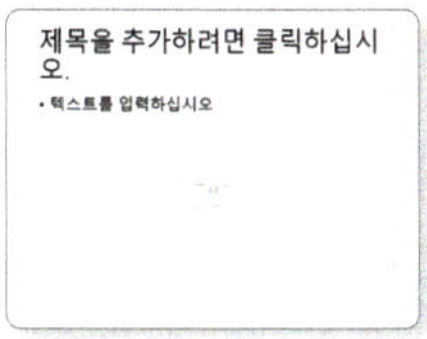	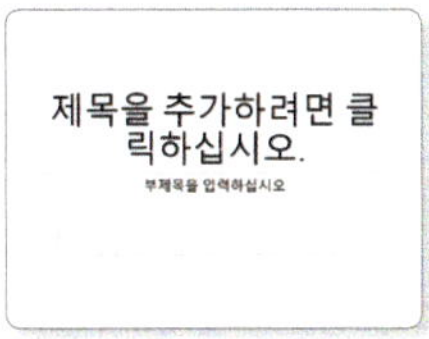		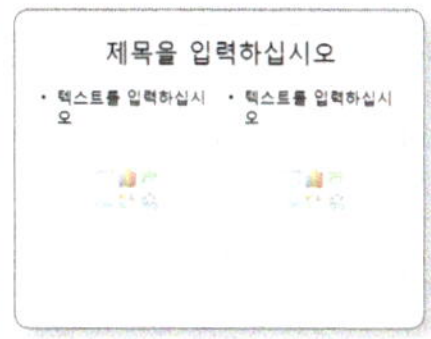
제목 슬라이드 제목과 부제목으로 구성되며 주로 표지 작성에 사용	제목 및 내용 제목과 콘텐츠 개체 틀로 구성.	구역 머리글 하나의 영역을 미리 소개하는 슬라이드	콘텐츠 2개 제목과 2개의 콘텐츠 틀로 구성
	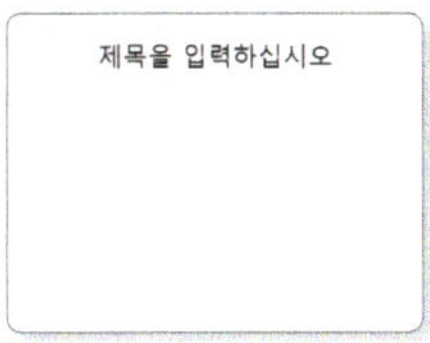		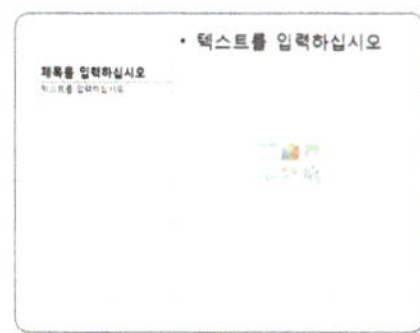
비교 제목과 콘텐츠 틀 및 콘텐츠 제목으로 구성	제목만 제목만으로 구성되므로 각 개체는 삽입 메뉴를 이용하여 삽입	빈 화면 자유로이 개체를 삽입할 수 있는 레이아웃	캡션 있는 콘텐츠 제목과 콘텐츠 틀이 주가 되며 왼쪽에 보조 텍스트 개체 틀로 구성
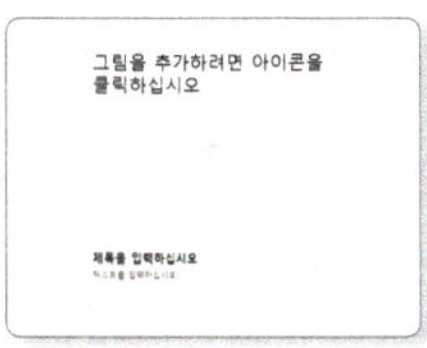	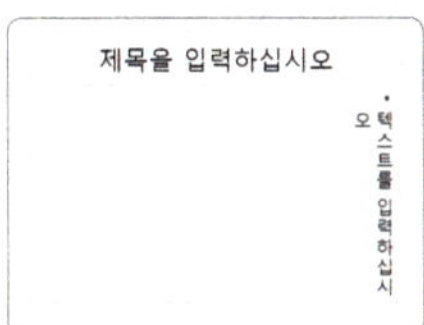	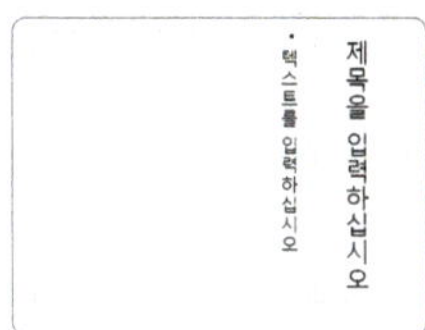	
캡션 있는 그림 그림 개체가 주가 되며 아래에 보조 텍스트 개체 틀로 구성	제목 및 세로 텍스트 제목과 세로 텍스트 틀로 구성	세로 제목 및 텍스 세로 제목과 텍스트 틀로 구성	

슬라이드 삭제하기

슬라이드 탭에서 삭제할 슬라이드를 선택한 후 Del키를 누르거나 바로 가기 메뉴에서 [슬라이드 삭제] 또는 [잘라내기]를 실행한다.

7.3 텍스트 슬라이드 만들기

텍스트 슬라이드는 슬라이드를 구성하는 여러 요소 중 텍스트를 주된 소재로 사용하여 작성된 슬라이드를 말한다. 요즘의 경향은 그림이나 동영상을 주된 요소로 사용하지만 아직까지도 텍스트는 내용 전달을 위한 기본적인 요소로 중요하게 사용된다. 텍스트의 사용 방법과 문단 구성이나 단락 구성에 대해 알아보고 여러 가지 예제를 통해 그 활용 사례를 살펴본다.

7.3.1 슬라이드에 텍스트 입력하기

텍스트는 프리젠테이션에서 일차적으로 내용을 전달하는 역할을 하는 가장 기본적인 표현 도구이다. 내용에 잘 어울리는 텍스트 슬라이드는 이미지보다 더 뛰어난 전달 효과를 가지므로 꾸준히 사용된다. 이 절에서는 글꼴의 종류와 크기, 색상, 줄 간격 등으로 구성되는 텍스트의 기본적인 입력 방법을 알아보고 내용에 따른 효과적인 텍스트 사용법에 대하여 살펴본다.

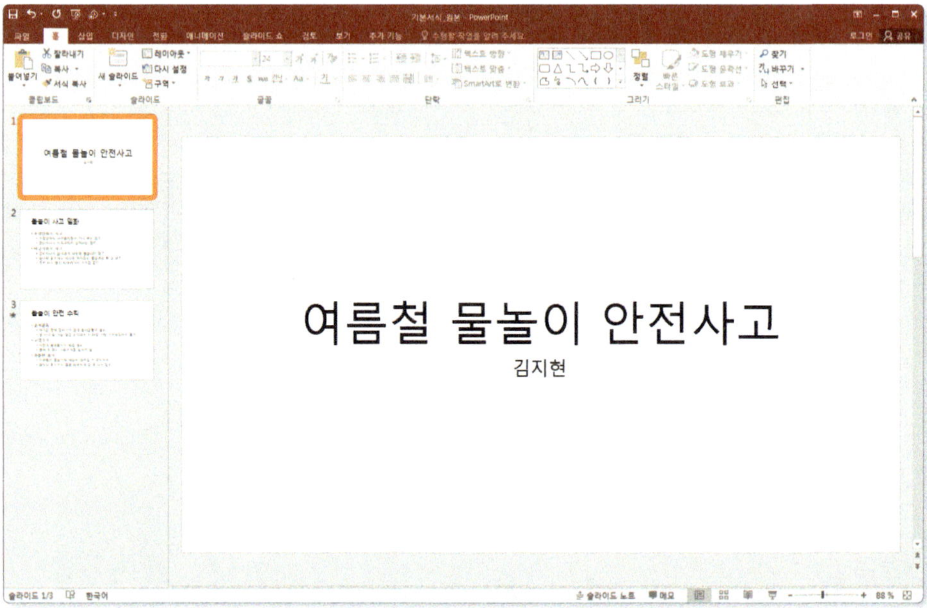

제목 슬라이드 텍스트 입력하고 글꼴 서식 지정

슬라이드 레이아웃 중 '제목' 레이아웃에서 텍스트를 입력하여 완성한다. 이 슬라이드에서는 글꼴 선택이나 텍스트의 크기, 색상 등에 대하여 알아본다.

❶ [파일]–[새로 만들기]–[새 프리젠테이션]을 선택한다.

❷ [제목 슬라이드]에 내용을 입력한다.

❸ [홈]–[글꼴]에서 글꼴은 '맑은 고딕' 크기는 '60pt'로 지정한다.

❹ [그리기 도구]–[서식]의 워드 아트 스타일에서 어울리는 스타일을 선택한다.

❺ [그리기 도구]–[서식]–[텍스트 효과]–[변형]에서 '위쪽 원호'를 지정한다.

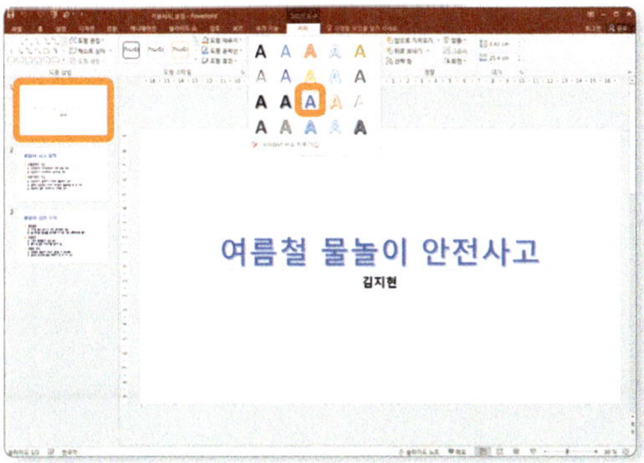

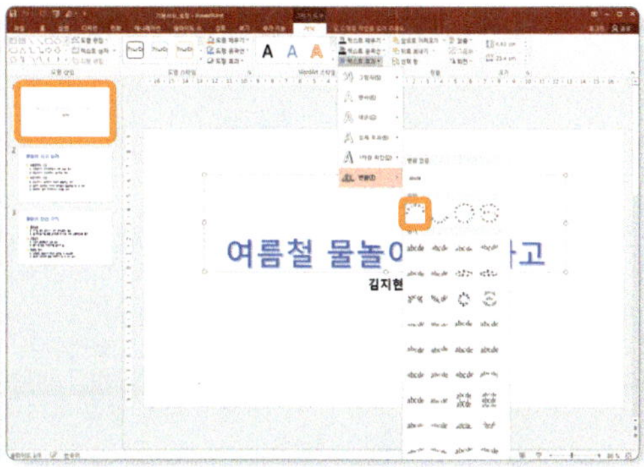

❻ 원호의 각도는 텍스트 상자의 높이를 조절하여 결정한다.

❼ 부제목은 [홈]–[글꼴]에서 글꼴은 '맑은고딕' 크기는 '24pt'로 지정한다.

❽ [삽입]–[그림]에서 '물놀이.jpg'를 삽입하여 완성한다.

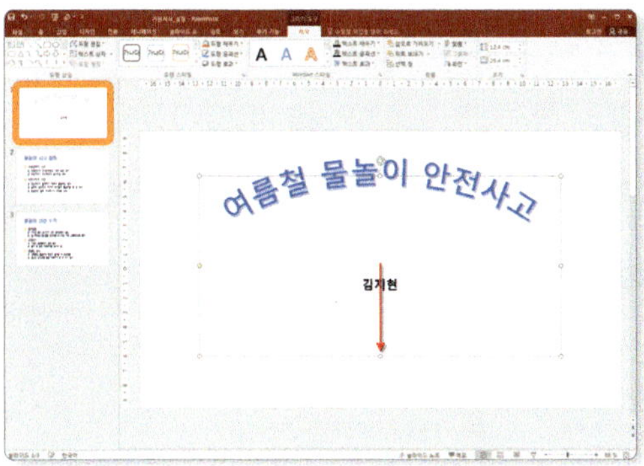

텍스트 슬라이드 입력하고 글꼴 서식 지정

❶ [홈]–[슬라이드]–[새 슬라이드]에서 '제목 및 내용' 레이아웃을 삽입한 후 제목 개체와 내용 개체에 내용을 입력한다.

❷ 제목을 입력한 후 [홈]–[글꼴]에서 '맑은고딕' 크기는 '44pt'로 지정한다.

❸ 1수준 내용을 입력한 후 [홈]–[글꼴]에서 '맑은고딕', 크기는 '28pt'로 지정한다.

❹ 1수준에서 2수준으로 변경하려면 탭 Tab키를, 2수준에서 1수준은 Shift + Tab을 누른다.

❺ 2수준 내용을 입력한 후 [홈]–[글꼴]에서 '맑은고딕', 크기는 '24pt'로 지정한다.

❻ 세 번째 슬라이드는 위의 슬라이드를 복제한 후 내용을 수정하여 완성한다.

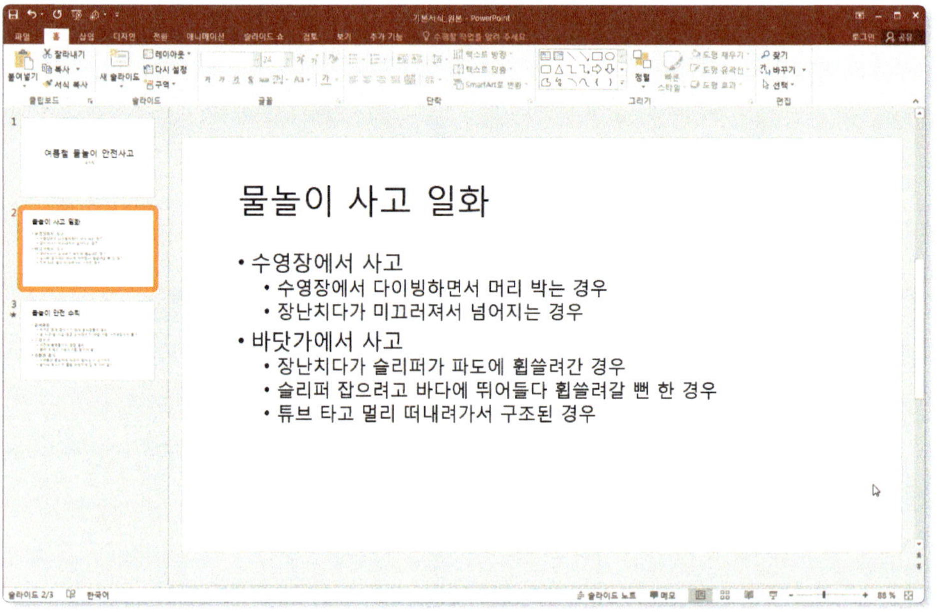
물놀이 사고 일화
• 수영장에서 사고
• 수영장에서 다이빙하면서 머리 박는 경우
• 장난치다가 미끄러져서 넘어지는 경우
• 바닷가에서 사고
• 장난치다가 슬리퍼가 파도에 휩쓸려간 경우
• 슬리퍼 잡으려고 바다에 뛰어들다 휩쓸려갈 뻔 한 경우
• 튜브 타고 멀리 떠내려가서 구조된 경우

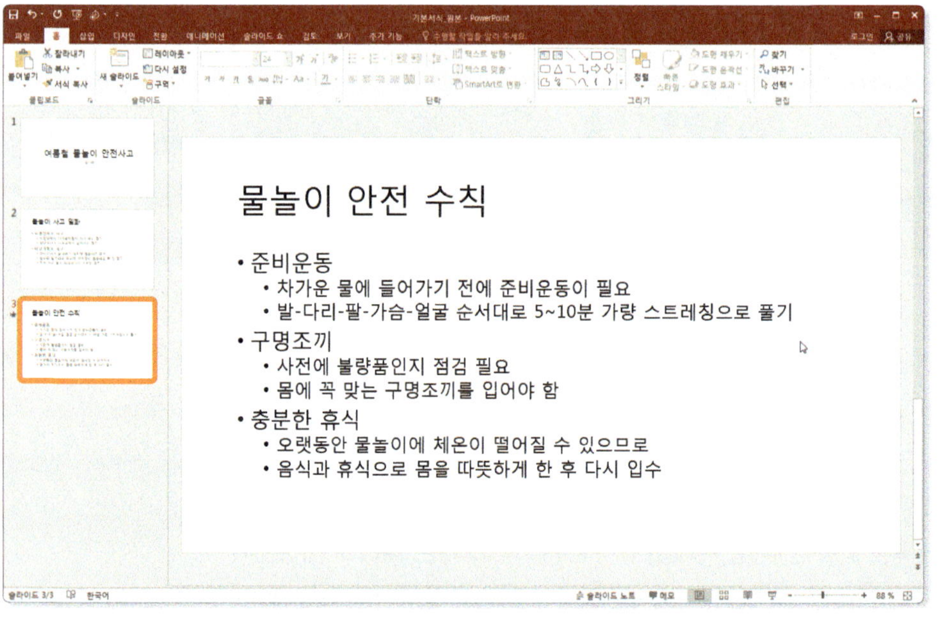
물놀이 안전 수칙
• 준비운동
• 차가운 물에 들어가기 전에 준비운동이 필요
• 발-다리-팔-가슴-얼굴 순서대로 5~10분 가량 스트레칭으로 풀기
• 구명조끼
• 사전에 불량품인지 점검 필요
• 몸에 꼭 맞는 구명조끼를 입어야 함
• 충분한 휴식
• 오랫동안 물놀이에 체온이 떨어질 수 있으므로
• 음식과 휴식으로 몸을 따뜻하게 한 후 다시 입수

7.3.2 단락 서식 지정하기

단락 서식에서는 목록 수준의 변경과 글머리 기호의 종류, 색상, 크기를 설정하여 목록의 모양을 설정한다. 각 단락은 목록으로 이루어지는데, 각 목록의 수준 늘림과 줄임을 설정하여 계층을 만들고 단락의 줄 간격을 설정하여 슬라이드의 공간을 이용하는 방법을 알아보자.

단락 바꾸기/줄 바꾸기

단락을 바꾸기 위하여 Enter키를 누르면 자동으로 글머리 기호가 붙은 새 단락이 생긴다. 단락이 아닌 줄 바꿈은 Shift + Enter를 누르면 줄만 바뀐다.

❶ 텍스트는 단계별로 입력하는데 계속 Enter키를 누르면 같은 수준의 단계가 생긴다.

❷ 목록 수준을 늘리려면 탭(Tab) 키를 클릭하거나 [홈]–[단락] 모음에 있는 목록 수준 늘림 을 클릭한다.

❸ 목록 수준을 줄일 때는 Shift + Tab키나 [홈]–[단락] 모음에 있는 목록 수준 줄임 을 클릭한다.

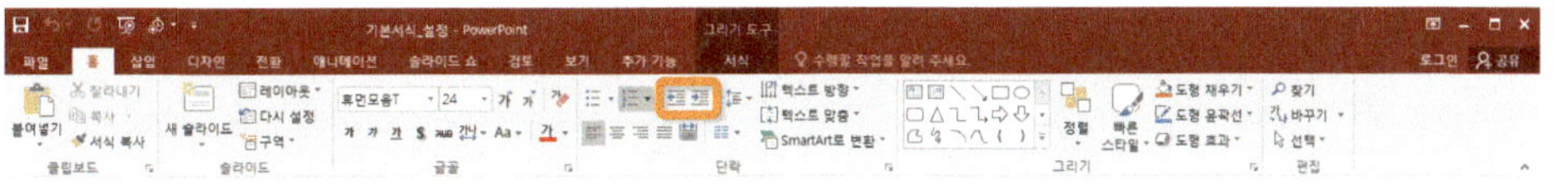

글머리 기호의 모양과 색 변경하기

❶ [홈]–[단락]에서 [글머리 기호]의 내림 단추를 클릭하고 [글머리 기호 및 번호 매기기]를 선택한다.

❷ [글머리 기호 및 번호 매기기]의 [사용자 지정]에서는 다양한 글머리 기호를 지정할 수 있다. [기호] 상자에서 [글꼴]–[현재 글꼴], [하위 집합]–[기타 기호]를 설정하여 글머리 기호를 선택한 후 [확인]을 클릭한다.

❸ [글머리 기호 및 번호 매기기] 대화 상자에서 색을 '주황'으로 변경한다.

❹ 2 수준의 글머리 기호는 번호를 선택한다.

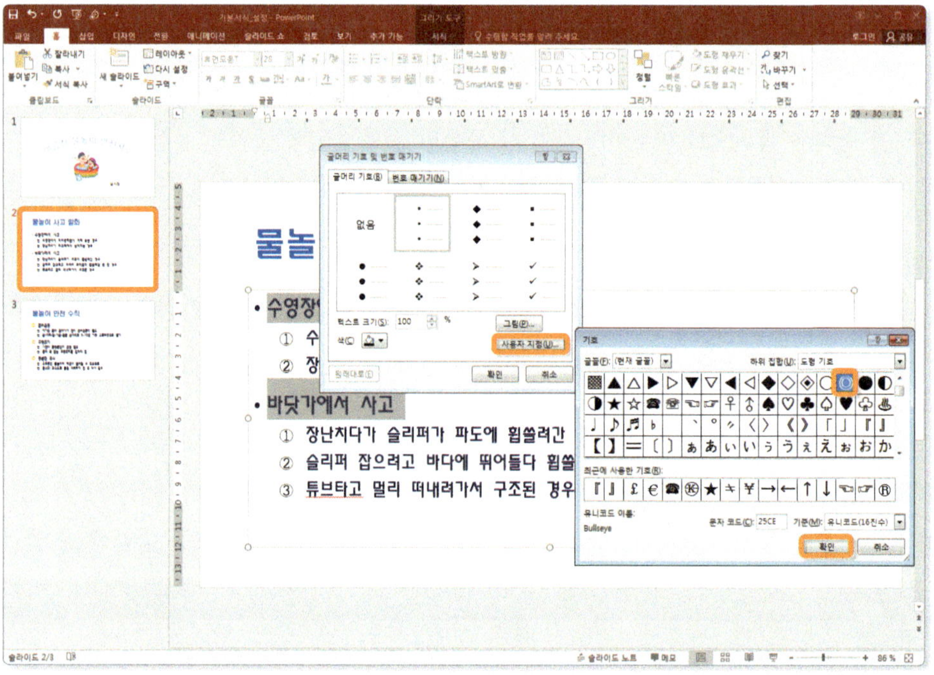
글머리 기호 및 번호 매기기
없음
사용자 지정(U)...
확인
취소
기호
물놀
수영장
바닷가에서 사고
① 장난치다가 슬리퍼가 파도에 휩쓸려간
② 슬리퍼 잡으려고 바다에 뛰어들다 휩쓸
③ 튜브타고 멀리 떠내려가서 구조된 경우

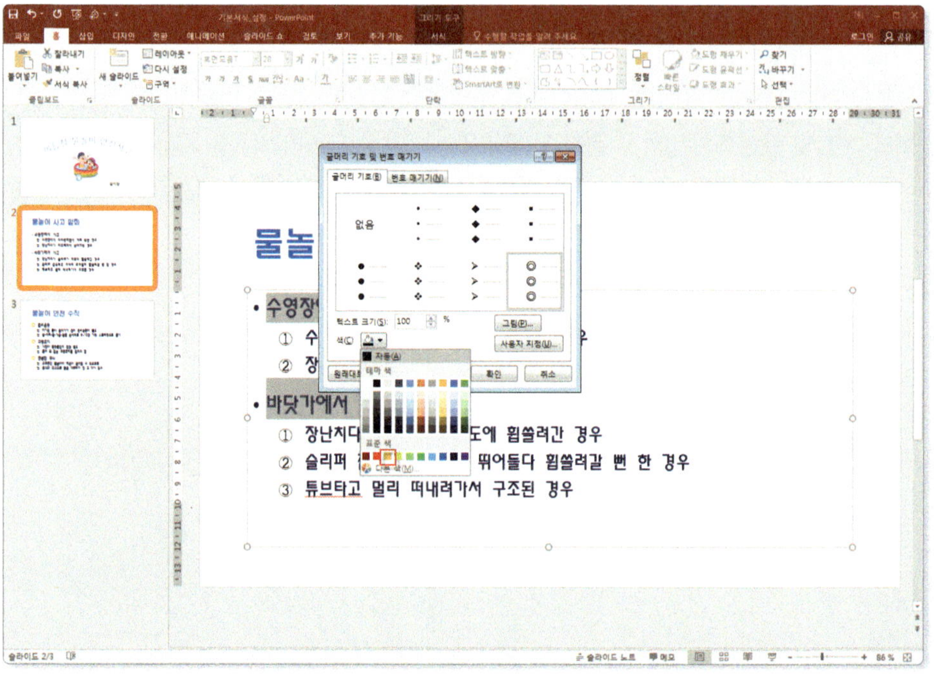
글머리 기호 및 번호 매기기
없음
사용자 지정(U)...
확인
취소
물놀
수영장
바닷가에서
① 장난치다 도에 휩쓸려간 경우
② 슬리퍼 뛰어들다 휩쓸려갈 뻔 한 경우
③ 튜브타고 멀리 떠내려가서 구조된 경우

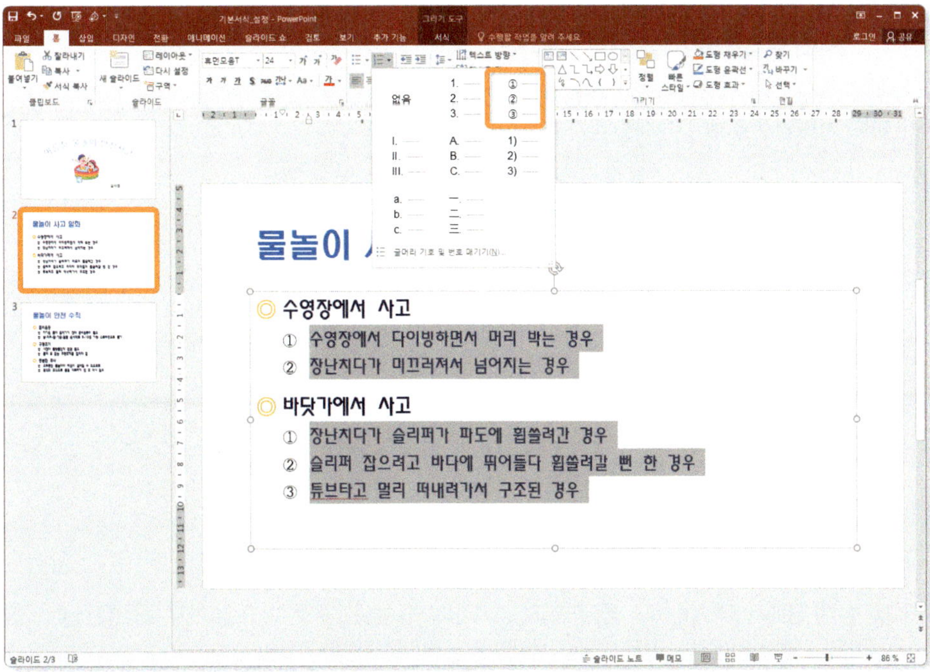

글머리 기호와 본문 간격 조절하기

글머리 기호와 분문 사이의 간격을 조절하기 위해서는 [보기]–[눈금자]를 체크한 후 본문 위치의 삼각형을 드래그한다.

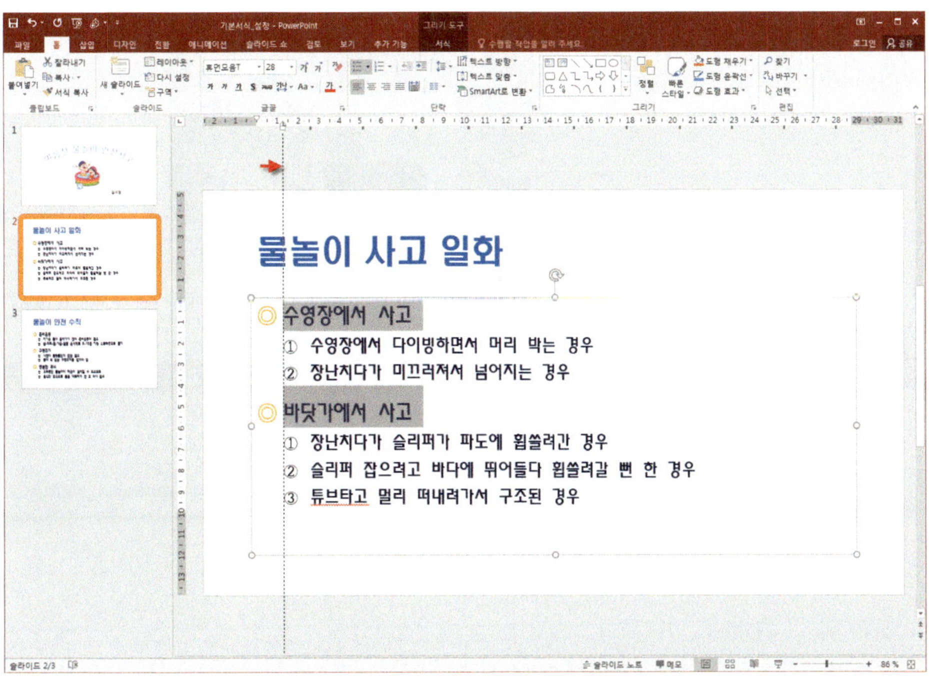

TIP 그림으로 글머리 기호 설정하기

❶ [글머리 기호 및 번호 매기기] 대화 상자에서 [그림]을 선택한다.

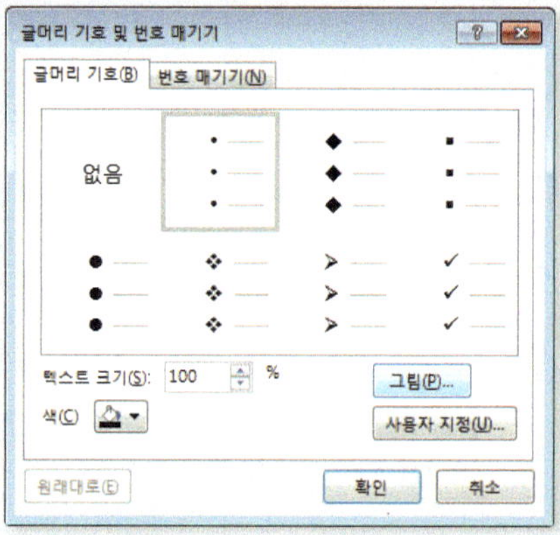

❷ [그림 삽입] 창에서 [Office.com **클립아트**]의 검색 창에 '동물'을 입력한다. 여러 가지 동물 클립 아트 중에서 글머리 기호로 사용하고 싶은 그림을 선택한 후 [**삽입**]을 클릭한다.

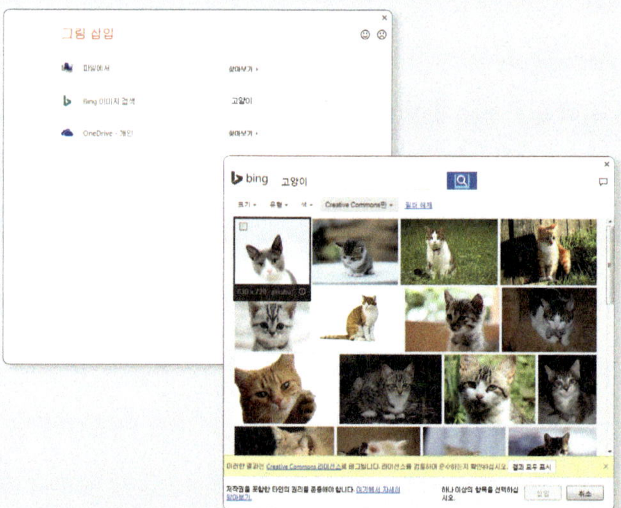

❸ 선택한 그림이 글머리 기호로 사용되었다. [**그림 삽입**] 창의 [**파일에서**]를 선택하면 저장된 그림으로 글머리 기호를 지정할 수 있다.

줄 간격 조절하기

균형 있는 슬라이드를 만들기 위해 텍스트의 줄 간격을 조정한다. 줄 간격 대신에 Enter↵키를 사용하면 간격이 너무 늘어나 어색하게 보일 수 있으므로 주의한다.

❶ 단락을 선택한 후 [홈]–[단락]에서 줄 간격 의 화살표를 클릭한다.

❷ 줄 간격을 '배수'로 설정하면 값을 소수점까지 지정할 수 있다. 전체 글 상자를 선택한 후 줄 간격을 '1.2'로, 단락 앞의 간격을 '16pt'로 설정한다.

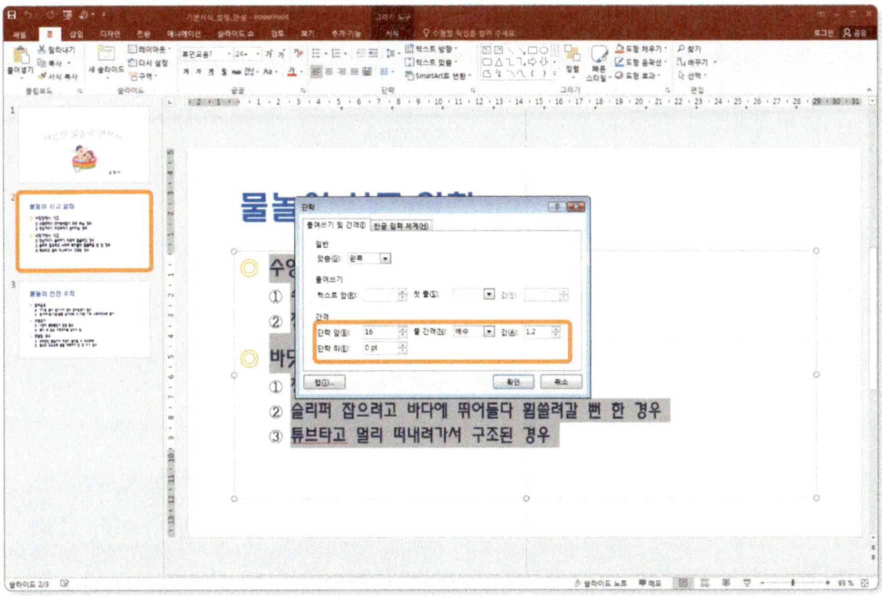

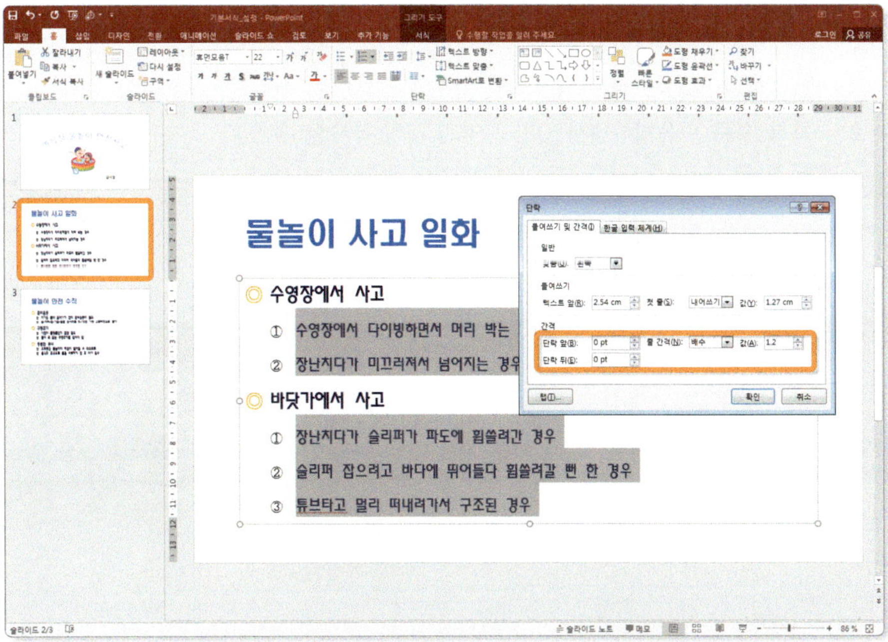

❸ 2 수준 목록을 선택한 후 줄 간격을 '1.2'로, 단락 앞의 간격을 '0pt'로 설정한다.

❹ 목록별 간격과 줄 간격이 1수준과 2수준이 다르게 설정된 것을 확인한다.

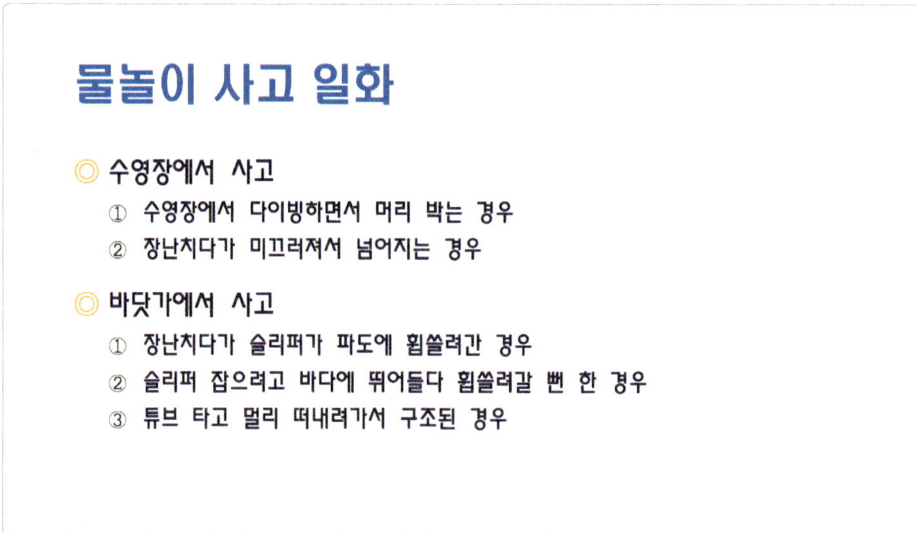

서식 복사

똑같은 서식을 여러 번 사용하는 경우 서식 복사를 이용하면 빠르게 작업할 수 있다.

❶ 서식 복사 원본에 커서를 위치한 후 [홈]–[클립보드]–[서식 복사]를 클릭한다. 여러 번 복사할 경우 더블 클릭한다.

❷ 커서 모양이 서식 복사로 변환되는 것을 확인한 후 [붙여넣기]를 실행할 텍스트를 드래그한다.

❸ 글머리 기호와 글꼴 속성이 복사되었음을 확인한다.

❹ 글자 모양만 복사할 경우는 원본 텍스트의 일부를 선택하여 서식 복사한 다음 붙여 넣으면 글머리 기호와 목록 수준은 유지하면서 글자 모양만 서식 복사할 수 있다.

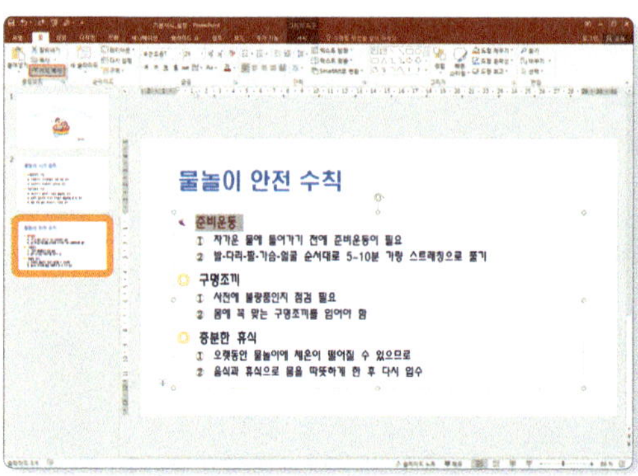

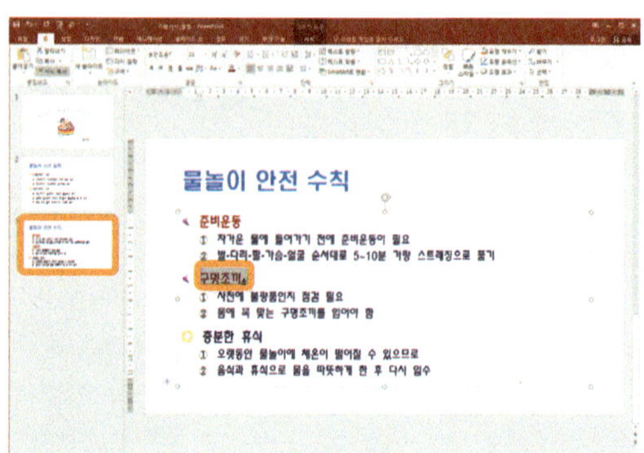

7.3.3 글꼴에 따른 텍스트 슬라이드

다양한 글꼴들 중에서 슬라이드의 주제와 어울리는 글꼴을 선택할 때 슬라이드 제작의 완성도를 높일 수 있다. 다음 슬라이드에서 서로 다른 분위기의 글꼴과 색상, 크기 등을 비교해보자.

기본에 충실한 글꼴

기본 'office 테마'에서 설정된 '맑은 고딕'은 깨끗하게 보이는 장점은 있으나 딱딱한 느낌을 주며 글꼴의 굵기가 가늘어 프리젠테이션 용도로 사용하기에 부족한 감이 있다. 내용이 많을 때는 복잡하게 보이지 않는 장점은 있다.

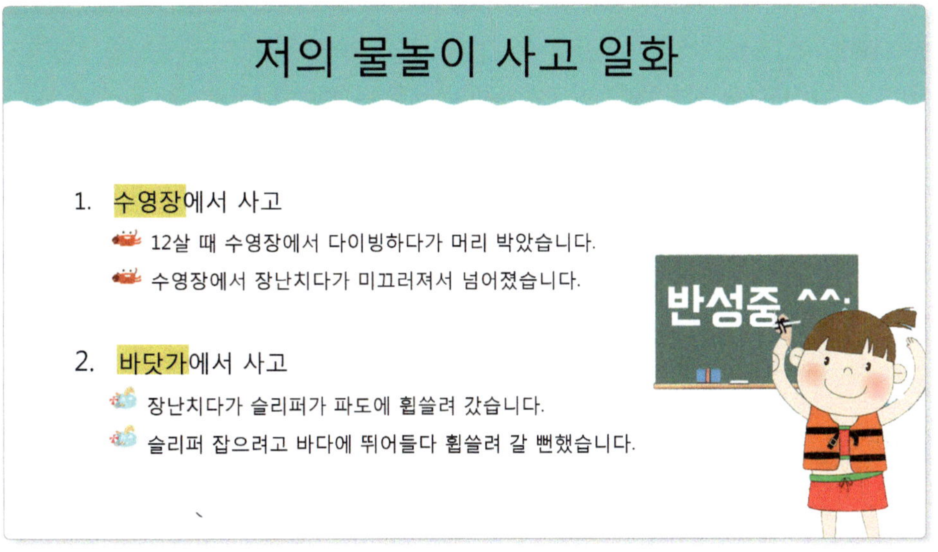

부드럽게 변형된 글꼴

내용의 가독성이 떨어지지 않는 범위에서 다양한 글꼴을 선택해본다. 제목을 '365 달콤한 머핀', 본문은 '훈 핑크풍차 R'로 설정해 보자. 단조롭지 않으면서도 느슨하게 보이지 않는다. 그 외 서울시, 인터파크, 다음(DAUM) 등에서 홍보 및 이미지 구현을 위해 개발하여 무료 배포한 글꼴 등이 많이 사용되고 있다.

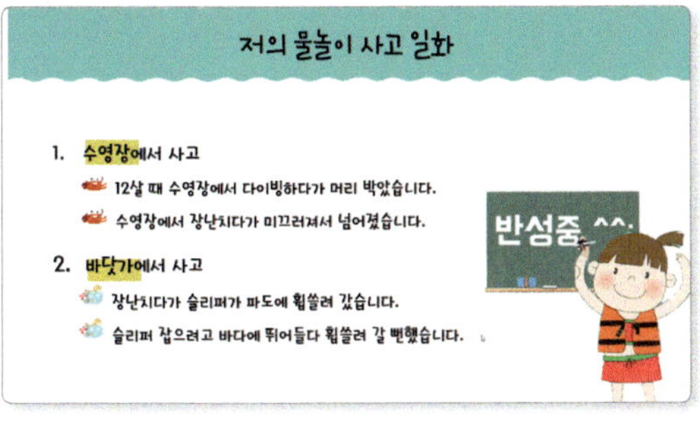

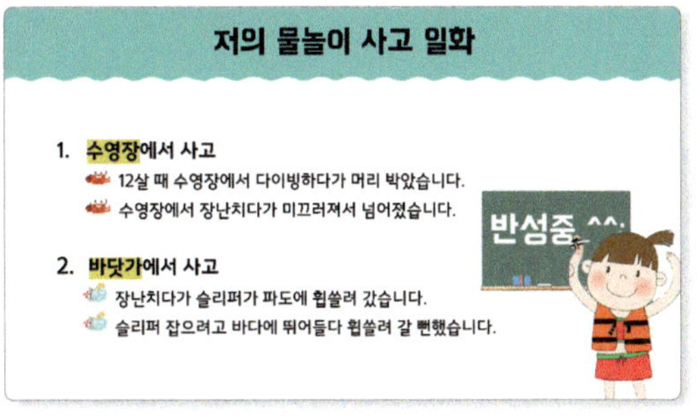

그 밖에 수많은 글꼴들이 있으나 슬라이드의 주제나 배경에 따라 자유롭게 사용할 수 있어야 한다. 하지만 저작권이 걸려 있는 글꼴은 사전에 사용 허가를 받은 후 사용해야 한다.

7.3.4 청중에게 다가가는 문단 작성하기

파워포인트로 문단을 작성하는 경우 일반 문장과는 달리 요약해 작성해야 한다. 텍스트 슬라이드에 많은 글을 사용하면 가독성이 떨어지고 복잡해지므로 깔끔하고 간결한 문단으로 표현해야 한다. 발표 텍스트가 준비되면 다음의 조건에 따라 수정한다.

텍스트 다듬기

❶ 글에서 중요한 문단을 먼저 찾고, 그 문단의 키워드(절대로 빠지면 안 되는 단어)를 찾는다.
❷ 키워드를 중심으로 발표를 위한 표현으로 새로 만든다. 명사로 끝날 수 있게 어울리는 조사를 넣어 완성한다.
❸ 복잡한 내용은 단락을 분리하여 요약한다.

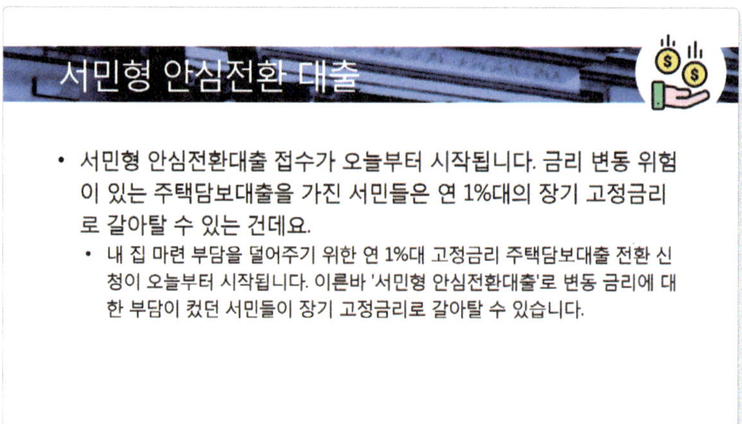

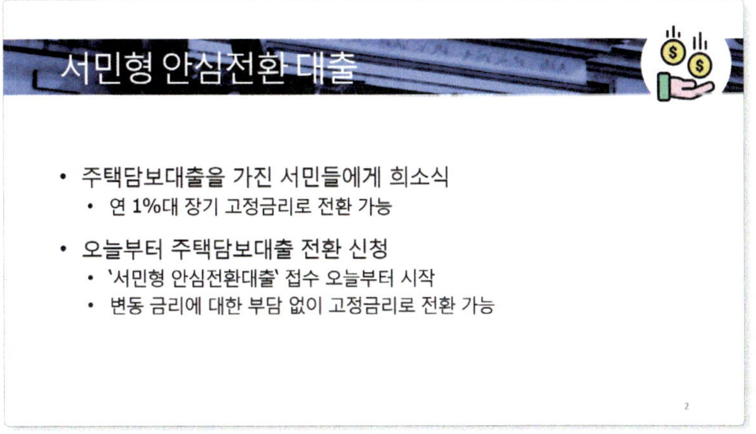

텍스트 표현하기

❶ 한 단락은 두 줄을 넘지 않는다.

❷ 한 슬라이드에 텍스트가 7줄을 넘지 않는다.

❸ 정확하게 내용 전달할 수 있는 글꼴을 선택한다.

❹ 글머리 기호를 이용하여 슬라이드에 포인트를 만든다.

❺ 슬라이드 창에서 현재 슬라이드를 선택한 후 오른쪽 마우스 클릭으로 '중복 슬라이드'를 지정하여 다른 글꼴과 비교해보자

❻ 글머리 기호를 1수준과 2수준 구별하여 설정하고 색상도 설정한다.

❼ 슬라이드의 글꼴을 변경한다.

❽ 제목 글꼴은 '배달의민족 도현', 44pt로 설정한다.

❾ 본문 글꼴은 '배달의민족 한나는 열한살', 28pt로 설정한다.

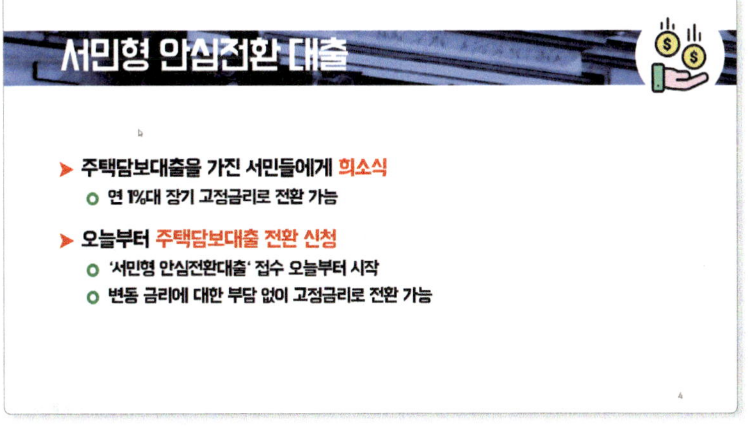

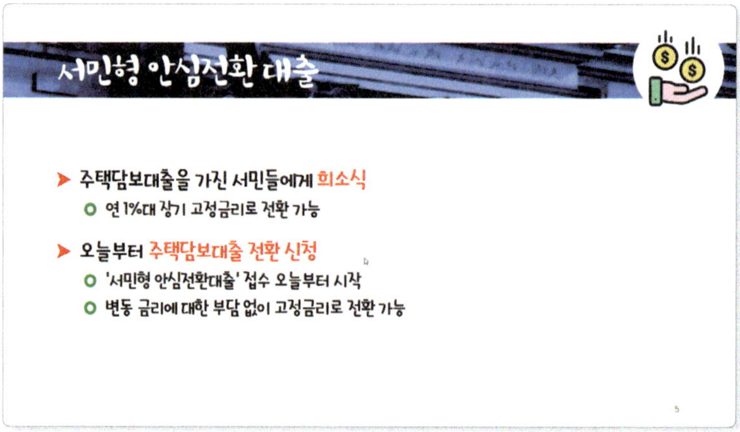

⑩ 또 다른 분위기의 슬라이드를 위해 슬라이드를 복제한 후 제목은 '훈화양연화 R', 44pt로 설정한다.

⑪ 본문은 '훈 핑크풍차 R', 28pt로 설정하여 두 장의 슬라이드를 비교해본다.

실무 활용 문제 1

다음의 텍스트 슬라이드에서 복잡한 단락을 2수준으로 분리한 후 줄 간격, 글머리 기호 등을 지정하여 슬라이드를 완성해보자.

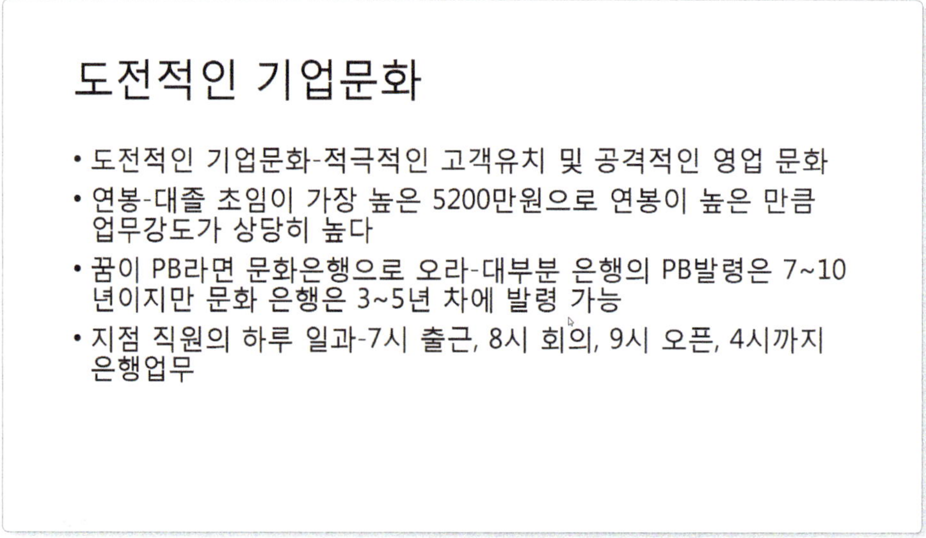

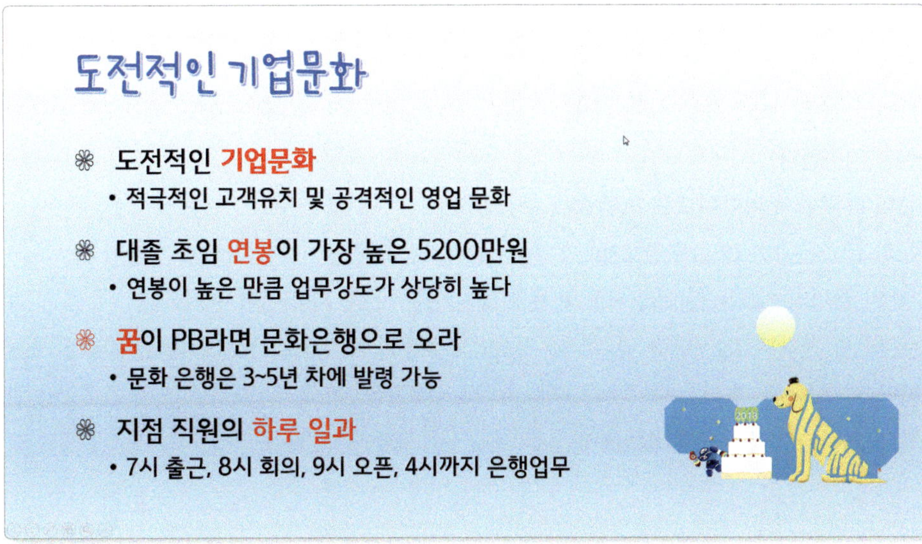
도전적인 기업문화
도전적인 기업문화
• 적극적인 고객유치 및 공격적인 영업 문화
대졸 초임 연봉이 가장 높은 5200만원
• 연봉이 높은 만큼 업무강도가 상당히 높다
꿈이 PB라면 문화은행으로 오라
• 문화 은행은 3~5년 차에 발령 가능
지점 직원의 하루 일과
• 7시 출근, 8시 회의, 9시 오픈, 4시까지 은행업무

작성 조건

❶ 배경 설정에서 그라데이션 미리 설정의 '밝은 그라데이션–강조1'을 설정한다.

❷ 제목의 글꼴은 '365달콤한머핀', 굵게, 그림자, 54pt로 지정한 후, 워드 아트 서식에서 어울리는 스타일을 지정한다.

❸ 본문의 단락을 분리하여 2수준 단락을 추가한다.

❹ 본문의 글꼴은 '10×10', 1수준 28pt, 2수준 24pt로 강조할 단어는 빨강으로 설정한다.

❺ 1수준의 글머리 기호는 [글머리 기호 및 번호 매기기]–[사용자 지정]에서 선택한다.

❻ 1수준의 줄 간격은 '1.2', 단락 앞 간격은 '16pt', 2수준의 줄 간격은 1.2, 단락 앞 간격은 '0pt'로 지정한다.

❼ 그림 '도전적인 기업 문화'를 삽입한다.

실무 활용 문제 2

제목 슬라이드와 목차 슬라이드를 작성해보자. 각 슬라이드에 사용된 서로 다른 글꼴을 비교해보고 본인이 선호하는 글꼴로 다시 한 번 더 수정해보자.

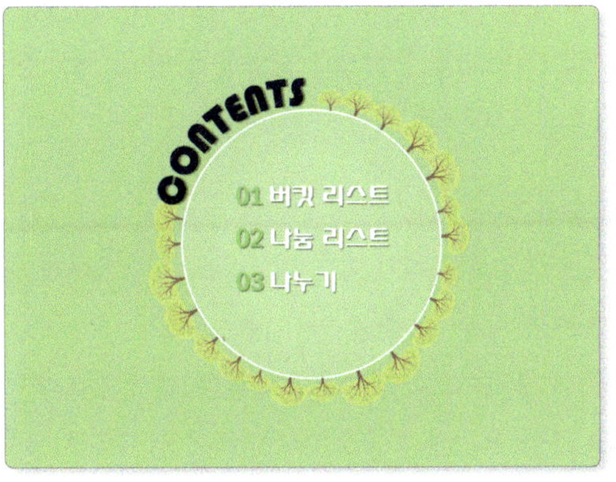

작성 조건

❶ 제목 슬라이드의 '버킷'은 각각 글상자를 삽입한 후 '나눔 손글씨 붓, 66pt, 검은색'으로 지정한다.

❷ 제목 슬라이드의 '리스트'는 '나눔 손글씨 펜, 60pt, 검은색'으로 지정한다.

❸ 목차 슬라이드의 'CONTENTS'는 'Bauhaus 93, 48pt, 그림자, 진한파랑'으로 지정한다.

❹ 워드아트 스타일의 [텍스트 효과]–[변환]에서 '위쪽 원호', '가운데 정렬'을 지정한 후 회전하여 원에 맞춘다.

❺ 목차 슬라이드의 번호는 'HY동녘M, 28pt, 굵게, 그림자, 연한녹색'으로 지정한다.

❻ 목차 슬라이드의 한글은 'HY동녘M, 28pt, 굵게, 그림자, 흰색'으로 지정한 후 [네온 옵션]에서 '연한 녹색, 10pt, 투명도 60%'로 지정한다.

실무 활용 문제 3

앞에서 실습한 내용을 바탕으로 아래의 [노벨경제학상] 관련 기사를 제목 슬라이드와 텍스트 슬라이드로 만들어보자. 파워포인트로 문단을 작성하는 방법은 다음과 같다. 우선 글에서 중요한 문단을 먼저 찾고, 그 문단의 키워드를 두세 개 찾는다. 문단의 키워드는 빠지면 의미가 상실되는 단어를 말한다. 키워드를 중심으로 발표용 문단을 새로 만든다. 문단의 끝에 명사가 오면 서술형 문단을 발표용으로 간략하게 만들 수 있다.

작성 조건

1. 표현은 서술식이 아닌 발표용으로 간결하게 다듬어 사용한다.
2. 한 단락은 두 줄을 넘지 않는다.
3. 한 슬라이드에 텍스트가 7줄을 넘지 않는다.
4. 글꼴이나 배경 등은 마스터에서 서식을 지정한 후 사용한다.
5. 내용 전달을 정확하게 할 수 있는 글꼴을 사용한다.
6. 배경이나 그림은 내용을 도와주는 색상, 그림이나 테마를 사용한다.
7. 제목 슬라이드와 텍스트 슬라이드는 서로 연관성이 있어야 한다.
8. 다음의 '자가 진단표'에서 스스로 진단해보고 만족한 결과가 아닐 경우 다시 만들어본다.

결과물 자가 진단표

평가 항목	평가 점수		
	○	△	×
내용 간결성 (문단 정리, 표현방법)			
청중 배려 (글꼴, 색상)			
설득력 (아름다움)			

[노벨경제학상] **고상한 법칙 바깥 '인간을 응시하는' 경제학자들**

가난한 사람도 사람이다

인류가 빈곤 퇴치를 위해 개발 원조의 명목으로 아프리카에 쏟아 부은 돈은 엄청납니다. 이 돈을 식량이나 백신으로 환산하면 빈곤과 질병은 벌써 퇴치됐어야 합니다. 하지만 기아와 질병은 여전한 현실입니다. 왜 선한 마음의 자선이 문제를 해결하지 못할까요?

2019년 노벨상을 수상한 배너지와 듀플로 부부는 대표작 〈Poor Economics: 가난한 사람이 더 합리적이다〉에서 이 문제를 놓고 두 갈래로 갈린 경제학자들을 소개합니다. 한 진영은 '공급주의자'들입니다. '대대적인 초기 투자로, 무조건적인 원조로 문제를 해결해야 한다'는 논리입니다. 미국 컬럼비아대학교의 제프리 삭스 교수가 대표적입니다.

반대 진영에선 '원조는 시장 발전을 저해할 뿐이다'고 주장하는 수요론자들이 있습니다. 가난은 나라님도 구제하지 못한다는 것이죠. 원조는 피원조국 정부를 부패시킬 뿐이니 가난을 구제하는 건 '자유시장경제 시스템 도입'으로 스스로 문제를 해결하게 내버려두자고 합니다. 미국 뉴욕대 윌리엄 이스털리 교수가 대표적이라고 합니다.

부부는 두 일반론 모두에 반대합니다. 구체적 현실에서는 하나 마나 한 얘기란 거죠.

배고픈 사람이라고 해서 하루 종일 배고프다는 생각만 하는 건 아닙니다. 배가 고파도 신경림 시인의 시에서처럼 사랑을 합니다. 두려움과 그리움, 슬픔과 사랑을 안고 살아갑니다. 다른 부자 등 모든 사람들과 마찬가지로 한 번뿐인 인생을 즐겁고 싶고, 행복하고 싶습니다. 똑같은 욕망과 기대를 안고 살아가는 인간에 주목해보자는 것이지요.

서영민 기자seo0177@gmail.com

Preview

08
CHAPTER

테마와 슬라이드 마스터

CHAPTER

08 테마와 슬라이드 마스터

- 테마는 파워포인트에서 제공하는 디자인 서식으로 일관성 있는 슬라이드를 제작할 때 쉽고 빠르게 디자인을 적용할 수 있다. 기본 테마의 이용과 새로운 테마를 지정하는 방법에 대하여 알아본다. 마스터는 기본 슬라이드를 디자인할 수 있는 도구로 일관성 있게 본인만의 디자인을 지정할 수 있다.

8.1 테마로 프리젠테이션 만들기

테마는 슬라이드 마스터, 테마 색, 테마 글꼴, 테마 효과로 구성된 디자인을 말한다. 일관성을 유지하기 위하여 이들을 설정해 놓으면 빠르고 쉽게 슬라이드를 제작할 수 있다.

8.1.1 기본 테마 적용하기

❶ [파일] 메뉴에서 [새로 만들기]의 '깊이' 테마를 선택한다.

❷ 같은 테마에서 다른 배경색을 선택할 수 있으므로 내용에 알맞은 색상의 테마를 선택한다.

8.1.2 새로운 테마 글꼴 만들기

❶ [디자인]–[적용] 그룹의 [자세히]를 선택한 후 [글꼴]–[글꼴 사용자 지정]을 클릭한다.

❷ 테마에 어울리게 제목 글꼴은 '서울남산체 B', 본문 글꼴은 '서울한강체 M'을 지정한 후 현재 테마를 '프로젝트 1'로 저장한다.

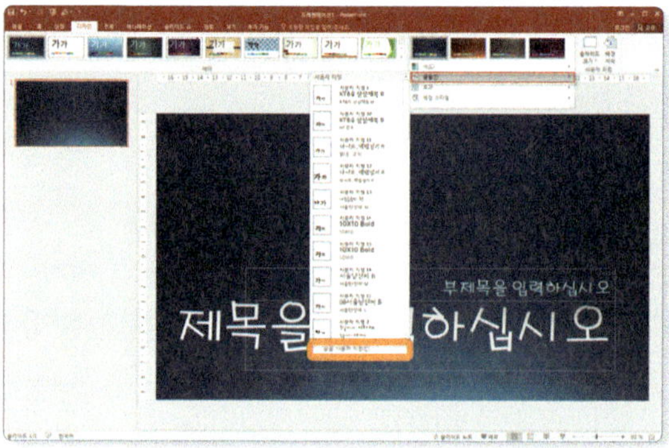

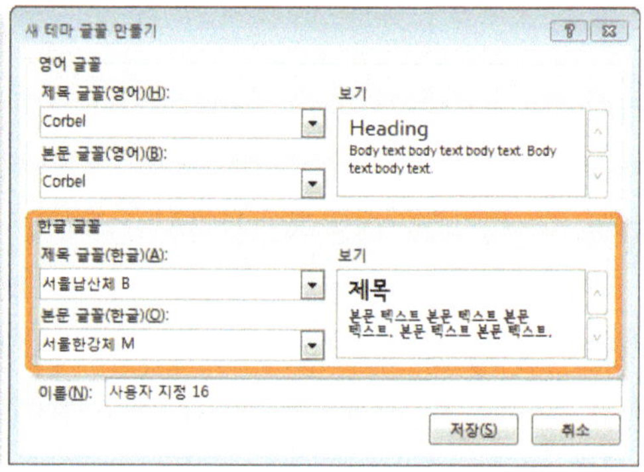

❶ [디자인]–[적용] 그룹의 [자세히]를 선택한 후 [글꼴]에서 프로젝트 1의 설정을 확인할 수 있다.

❷ 제목 슬라이드와 내용 슬라이드에 내용을 입력하여 글꼴이 어울리는지 결과를 확인한다.

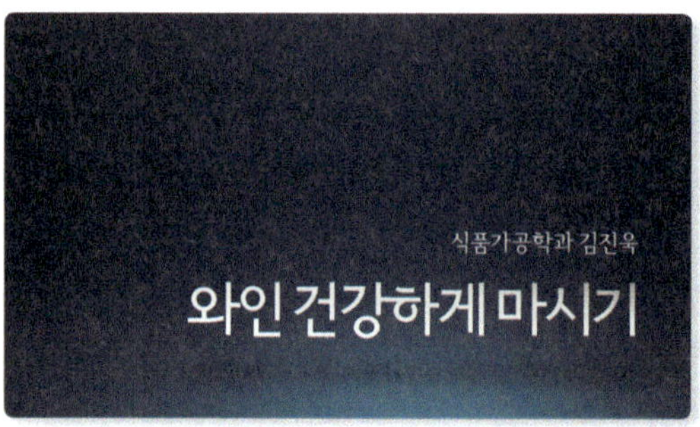

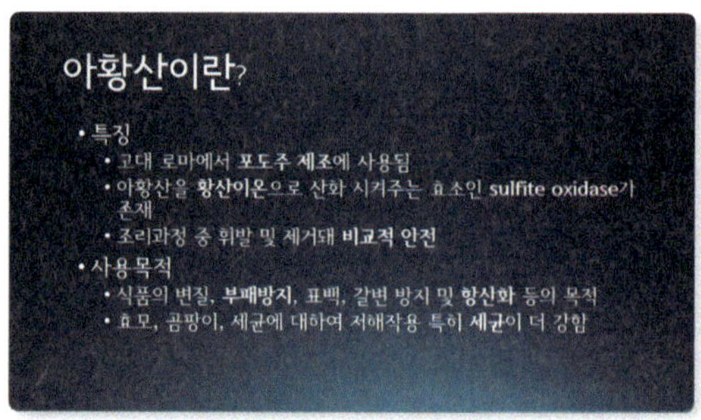

❸ 디자인의 다른 배경색을 선택하여 제목과 본문 글꼴은 '타이포 백범일지 R'로 설정하여 결과를 확인해본다.

❹ [디자인[–[테마]에서 다른 테마를 적용해 여러 가지 테마를 알아본다.

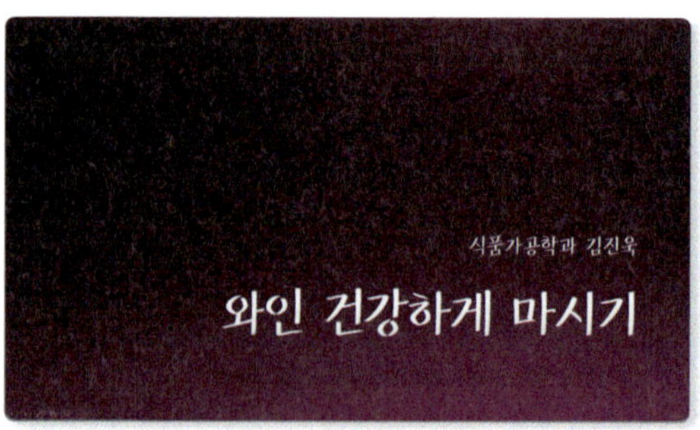

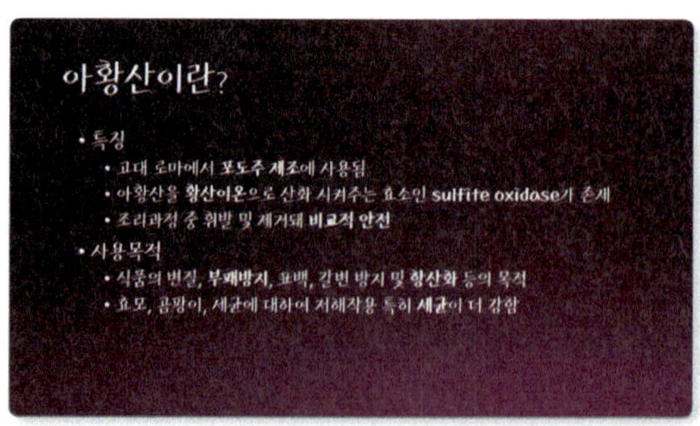

8.2 슬라이드 마스터 서식 지정하기

슬라이드를 제작할 때 마스터에서 서식을 지정한 후 슬라이드를 제작하면 일관성 있는 서식을 편리하게 작성할 수 있다. 마스터에서 지정한 서식은 슬라이드의 서식에 그대로 적용된다. 이때 변경할 수 있는 내용은 텍스트에 대한 서식(글꼴 종류, 크기, 색)과 도형 삽입, 배경색 지정, 글머리 기호의 종류와 크기, 색상 변경 등이 있다. 또한 날짜, 바닥글 그리고 슬라이드 번호가 나타나는 위치를 변경할 수 있다. 지금부터 슬라이드 마스터 설정에 관해 살펴보자.

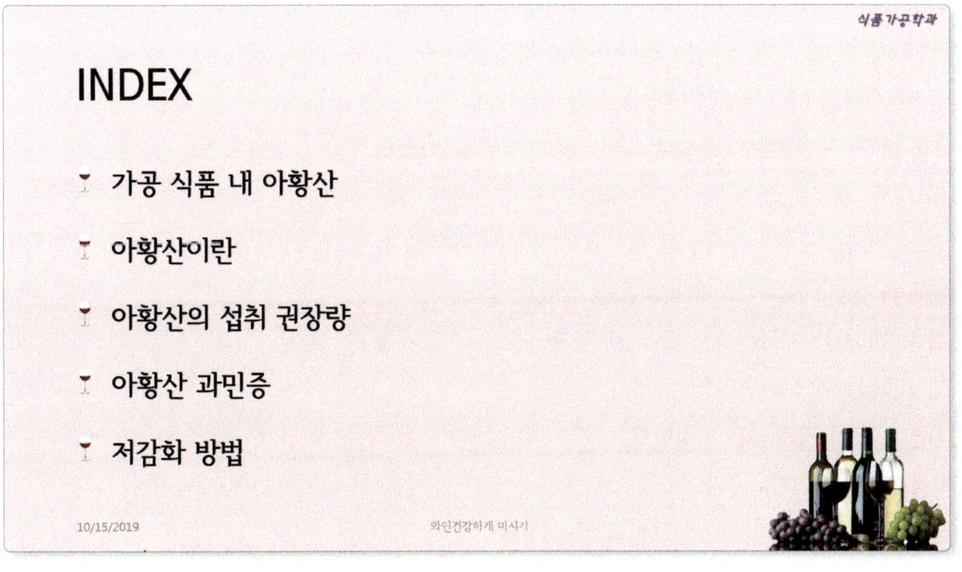

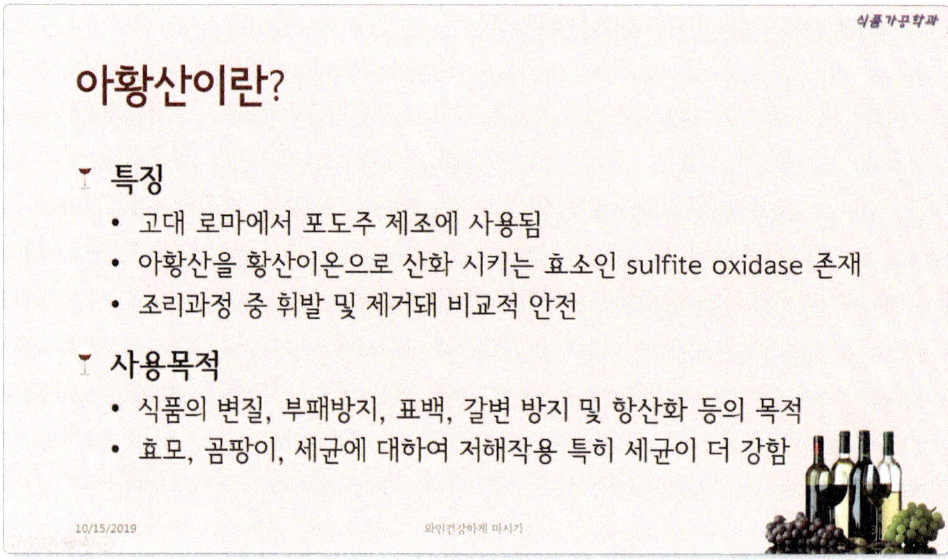

8.2.1 슬라이드 마스터 탭 살펴보기

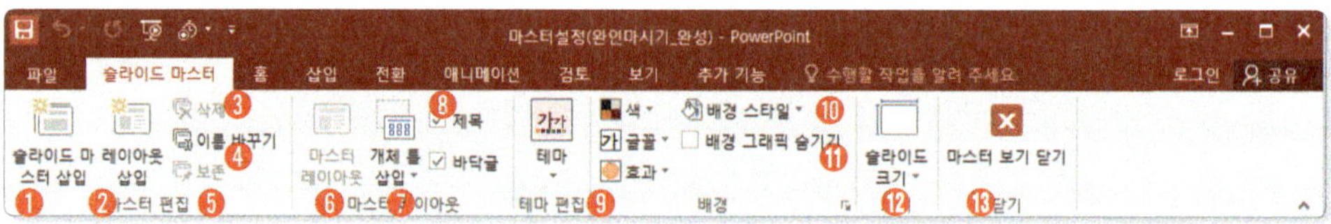

❶ [슬라이드 마스터 삽입]: 새 슬라이드 마스터를 삽입한다.

❷ [레이아웃 삽입]: 새 슬라이드 레이아웃을 삽입한다.

❸ [삭제]: 선택한 마스터나 레이아웃을 삭제한다.

❹ [이름 바꾸기]: 선택한 마스터나 레이아웃의 이름을 바꾼다.

❺ [유지]: 두 개 이상의 마스터가 존재할 경우 마스터가 자동 삭제되는 것을 막는다.

❻ [마스터 레이아웃]: 슬라이드의 개체들의 선택을 조정할 수 있다.

❼ [개체 틀 삽입]: 슬라이드의 개체들을 삽입할 수 있다.

❽ [제목] [바닥글]: 제목과 바닥글 개체 틀을 숨기거나 표시할 수 있다.

❾ [테마 편집]: 테마를 편집할 수 있다.

❿ [배경 스타일]: 배경색을 지정한다.

⓫ [배경 그래픽 숨기기]: 슬라이드 마스터에서 삽입한 개체를 현 레이아웃에서 숨긴다.

⓬ [슬라이드 크기]: 슬라이드의 크기를 설정한다.

⓭ [마스터 보기 닫기]: 슬라이드 마스터 편집 모드를 종료한다.

8.2.2 슬라이드 마스터 보기에서 레이아웃 알아보기

슬라이드 마스터에는 부모 슬라이드와 자식 슬라이드 개념이 있다. 슬라이드 마스터는 부모 역할을 하는데 슬라이드 마스터의 변경 사항은 자식 슬라이드 레이아웃에 그대로 적용된다. 반대로 자식 슬라이드 레이아웃의 변경은 그 레이아웃에서만 적용된다. 그러므로 공통으로 적용될 사항은 슬라이드 마스터에서 지정한다.

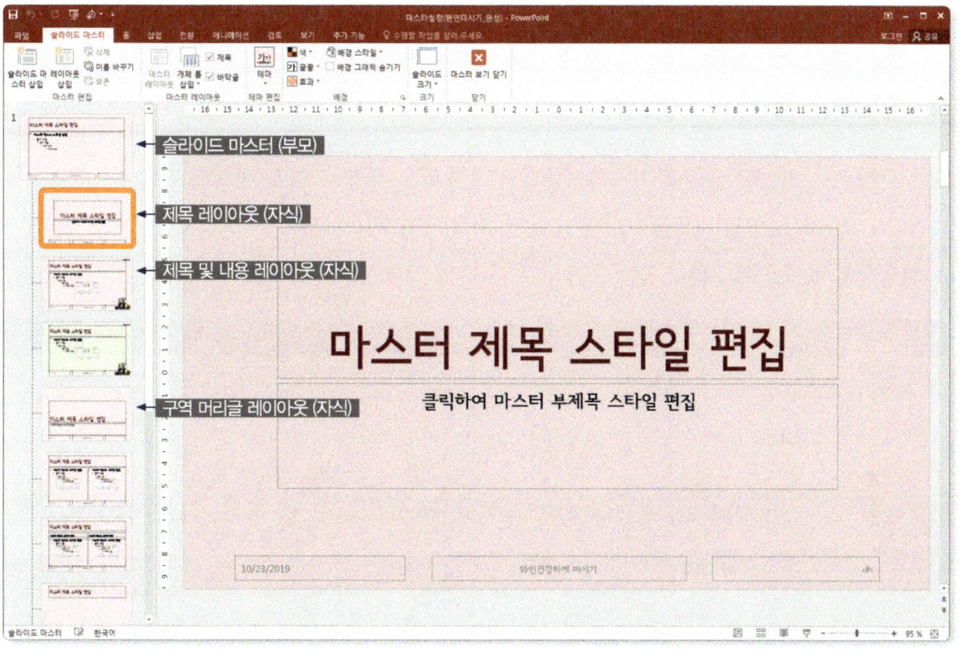

8.2.3 슬라이드 마스터에서 배경 설정하기

❶ 슬라이드 마스터 보기에서 '마스터'를 선택하여 지금부터의 설정이 아래의 모든 레이아웃에 승계되도록 설정한다.

❷ 슬라이드 마스터 메뉴에서 [배경]–[색]에서 가장 아래쪽에 있는 '모양' 색을 선택한다.

❸ 배경 서식에서 [단색]을 선택한 후 '빨강 강조2, 80% 더 밝게'를 선택한 후 투명도를 '50%'로 설정한다.

❹ 전체 적용을 선택하여 배경색이 전 슬라이드에 적용되게 한다.

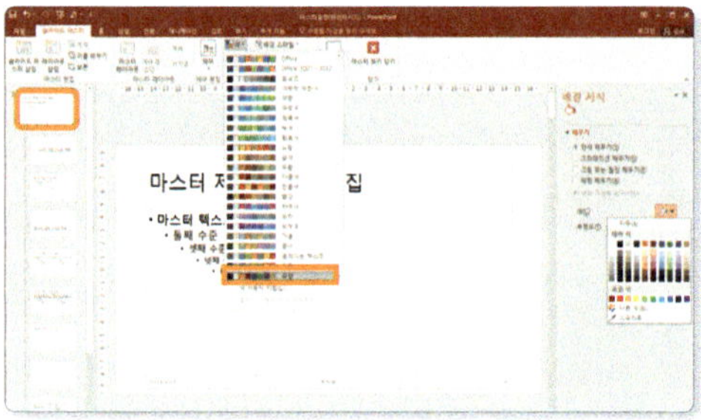

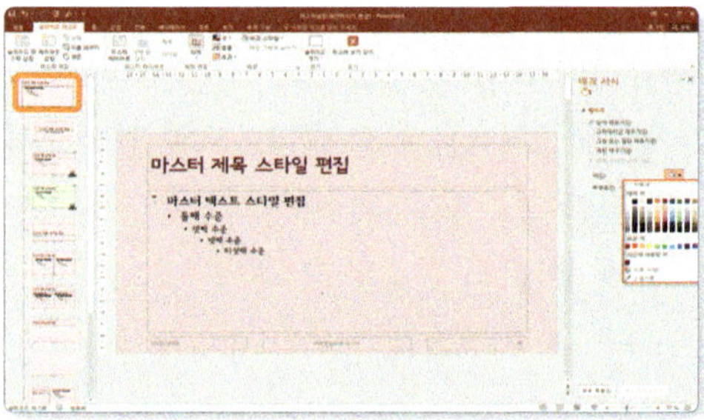

8.2.4 마스터 글꼴 서식 지정하기

❶ 기본 서식으로 지정된 글꼴을 바꾸는 방법으로 새로운 글꼴로 일괄 변경해보자.

❷ [슬라이드 마스터]–[배경]–[글꼴]–[글꼴 사용자 지정]에서 제목 글꼴은 '08서울남산체 B', 본문 글꼴은 '서울한강체 L'을 설정한다.

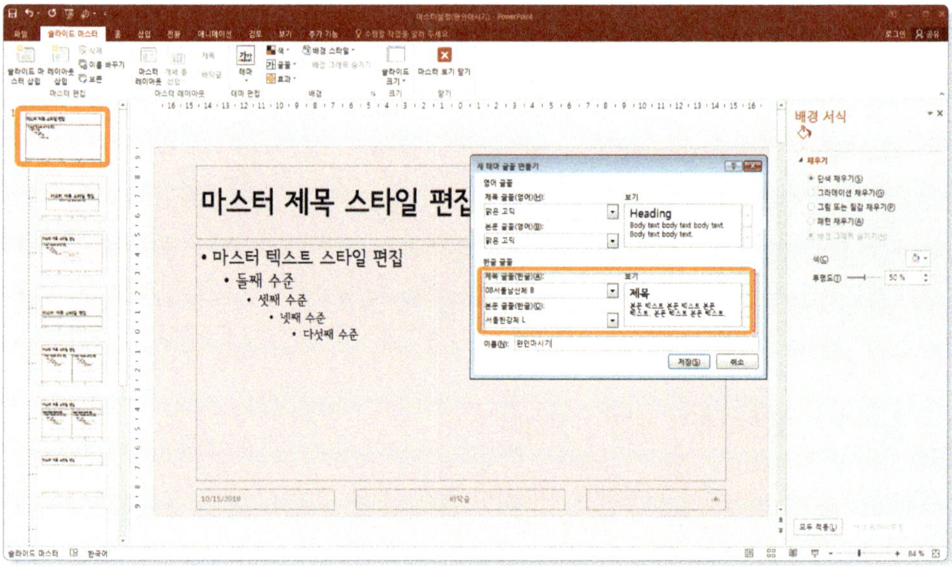

❸ [슬라이드 마스터]에서 '마스터'를 선택한 후 다음 설정이 모든 슬라이드에 적용되게 한다.

❹ 제목 텍스트를 선택한 후 [홈]–[글꼴]에서 크기를 '44pt'로 설정한다.

❺ 글꼴의 색상은 RGB(129,33,44)로 설정한다.

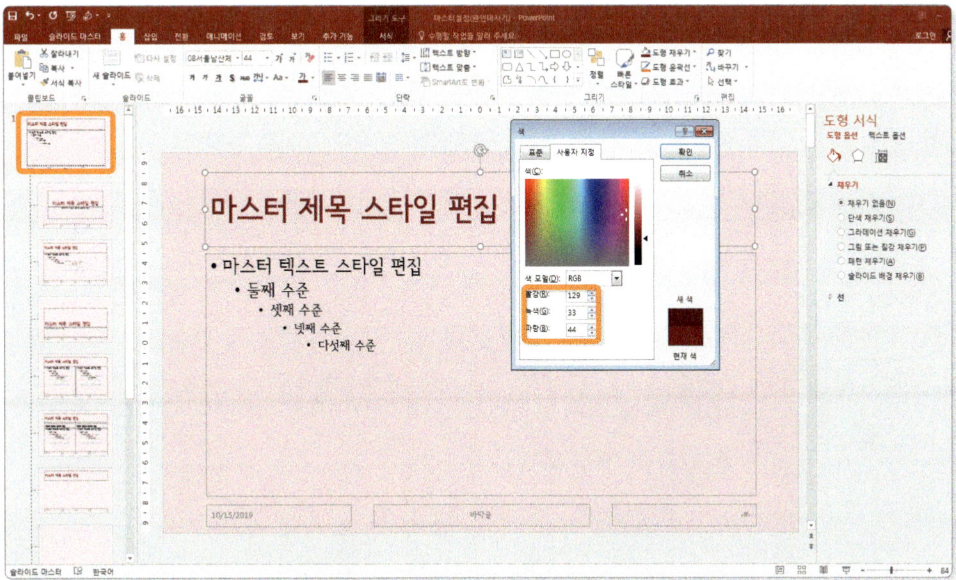

❻ 내용 텍스트의 1수준 목록을 선택한 후 글꼴은 크기를 '28pt'로 설정한다.

❼ 내용 텍스트의 2수준 목록을 선택한 후 크기를 '24pt'로 설정한다.

8.2.5 글머리 기호 설정

❶ 1수준 글머리 기호는 [삽입]–[그림]에서 '와인잔.png'를 삽입한 뒤 크기를 '130'으로 설정한다.

❷ 2수준 글머리 기호는 변경 없이 그대로 사용한다.

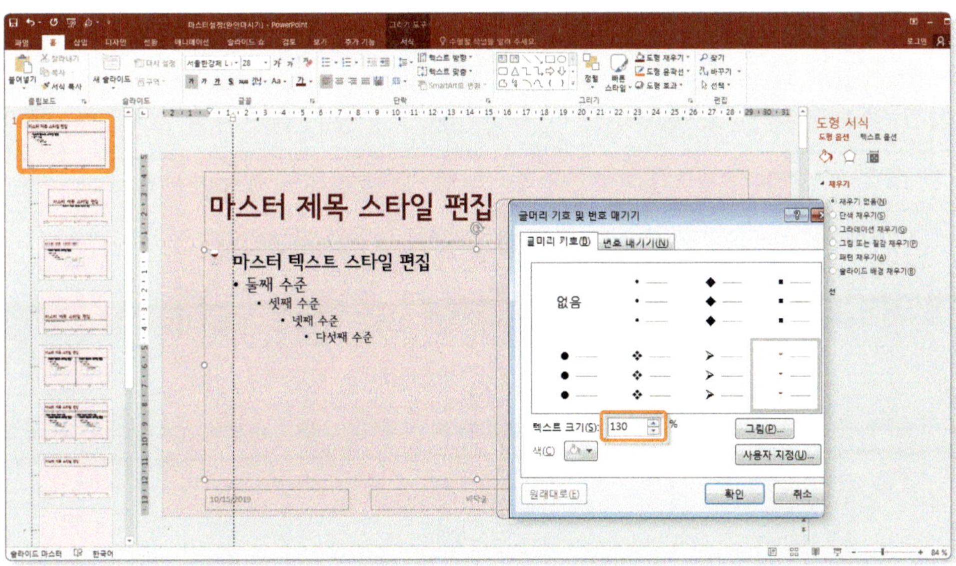

8.2.6 줄 간격 설정하기

❶ [슬라이드 마스터]의 '마스터'에서 전체 단락을 선택한다.

❷ [홈]–[단락]의 줄 간격 옵션을 [단락 앞] '16pt', [줄 간격]은 '배수, 1.2'로 설정한다.

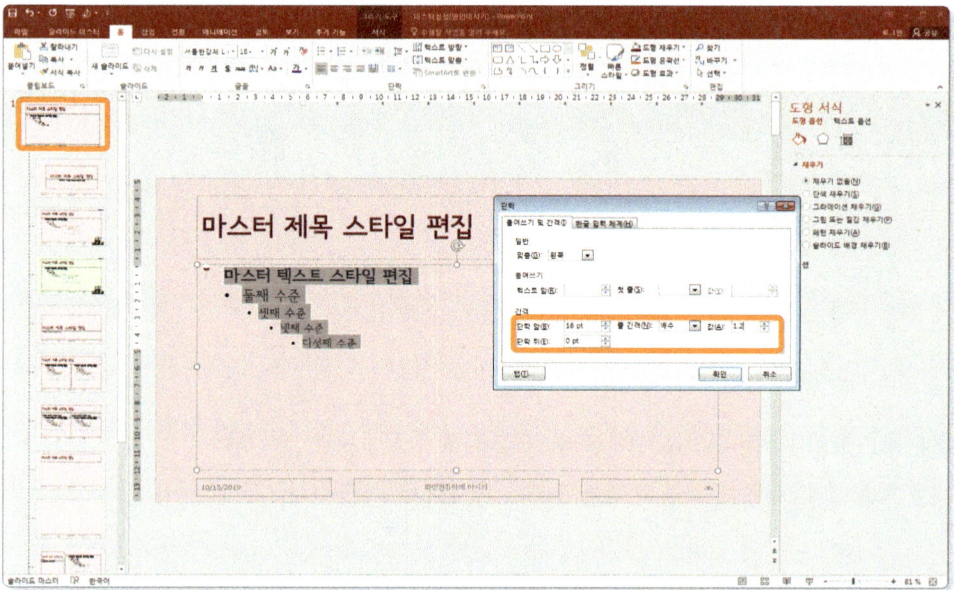

❸ 다시 2수준부터 전부 선택한 후 줄 간격에서 [단락 앞] '0pt', [줄 간격]은 '배수, 1.2'로 설정한다.

❹ [보기]–[마스터 보기]–[슬라이드 마스터]에서 [마스터 보기 닫기]를 클릭한다.

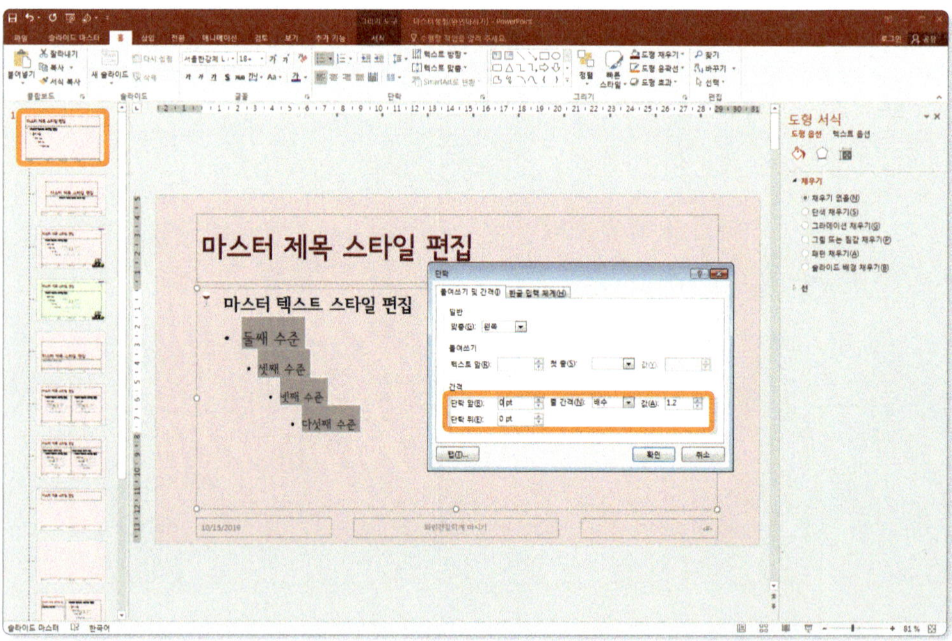

8.2.7 제목 및 내용 슬라이드에 그림 삽입하기

❶ [제목 및 내용] 레이아웃 슬라이드를 선택한 후 [삽입]–[그림]에서 '와인.png' 그림을 삽입한다.

❷ 삽입한 그림의 크기를 본문과 어울리게 조절한다.

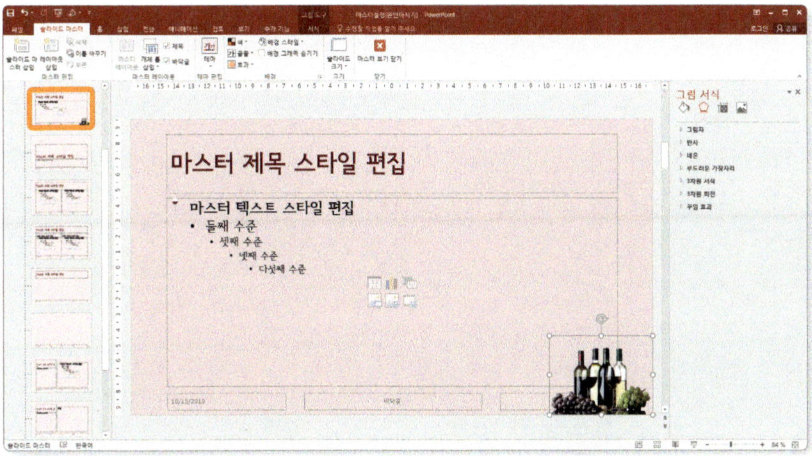

8.2.8 슬라이드 번호와 머리글/바닥글 삽입하기

❶ [보기]–[마스터 보기]–[슬라이드 마스터]에서 '제목 및 내용' 레이아웃을 선택한다.

❷ [삽입]–[텍스트]–[머리글/바닥글]을 클릭하여 세부 사항을 입력한다. 슬라이드 번호, 바닥글을 설정하고 '제목 슬라이드에는 표시 안 함'을 체크한 후 모두 적용을 선택한다.

❸ 머리글과 바닥글의 위치를 변경할 때는 슬라이드 마스터에서 위치를 변경한다. 슬라이드 번호, 바닥글의 글꼴의 크기를 '12pt'로 수정한다.

❹ 오른쪽 하단의 미리보기를 클릭하여 결과를 확인한다.

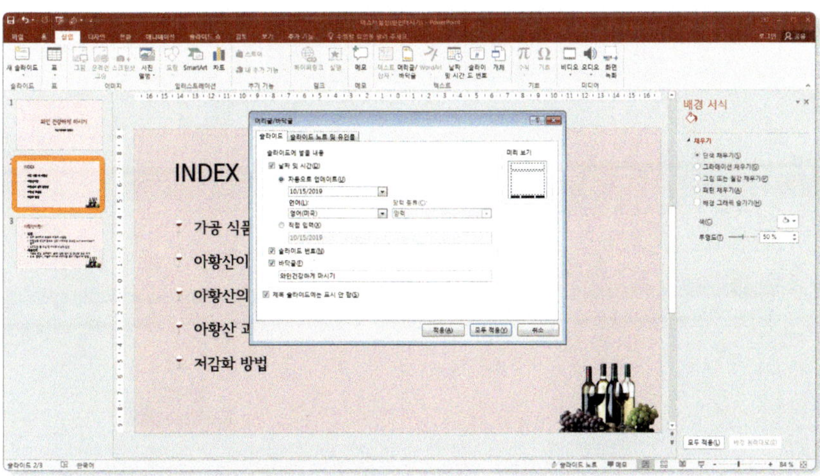

8.3 슬라이드 마스터 레이아웃 다루기

슬라이드 마스터는 기본적으로 11개의 레이아웃이 있다. 이 장에서는 새로운 슬라이드 레이아웃을 추가하여 배경을 수정하고 이름을 지정하여 사용하는 방법을 알아보자.

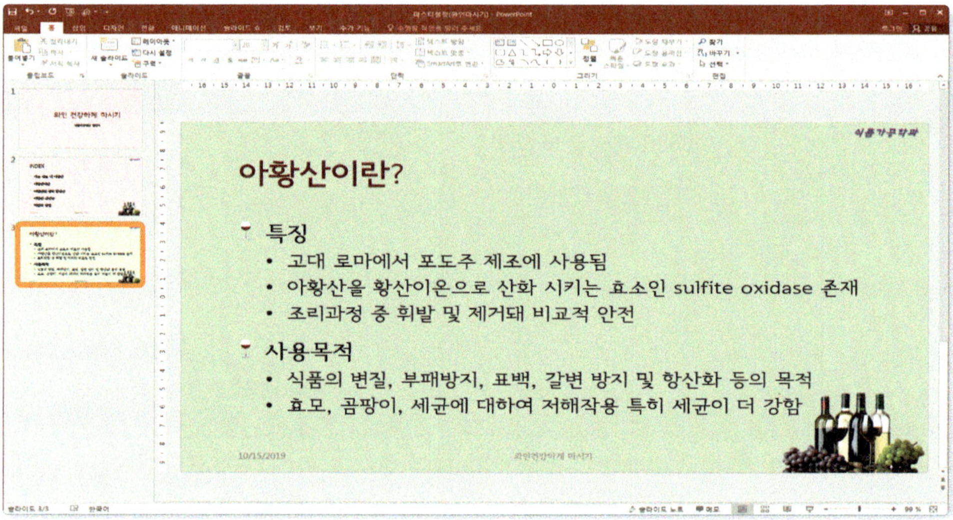

8.3.1 새 레이아웃 만들기

❶ 같은 배경을 계속 사용하면 지루할 수 있으므로 기존의 레이아웃을 복제하여 수정한 후 새로운 레이아웃을 만들어보자.

❷ 슬라이드 마스터에서 [제목 및 내용] 레이아웃을 선택한 후 오른쪽 메뉴에서 [레이아웃 복제]를 클릭한다.

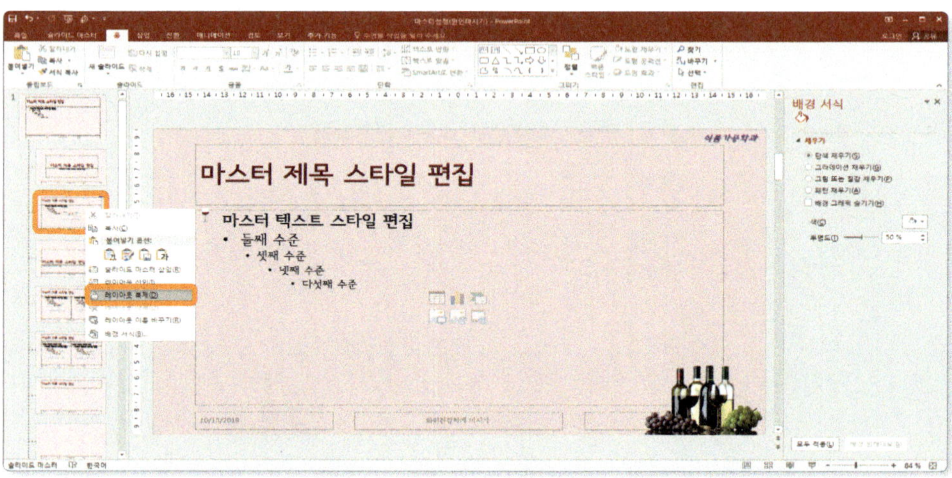

❶ 복제된 [제목 및 내용] 레이아웃을 선택한 후 [배경 자세히] 버튼을 클릭하여 [배경 서식] 창을 나타나게 한다.

❷ [채우기]–[단색 채우기]의 [색]을 '연한 녹색'을 선택한 후 투명도를 80%로 설정한다.

❸ 복제된 레이아웃만 배경색이 다른 색으로 변경되었다.

❹ 복제된 레이아웃을 선택한 후 오른쪽 메뉴에서 [레이아웃 이름 바꾸기]를 선택하여 '그린_제목 및 내용'으로 변경한다.

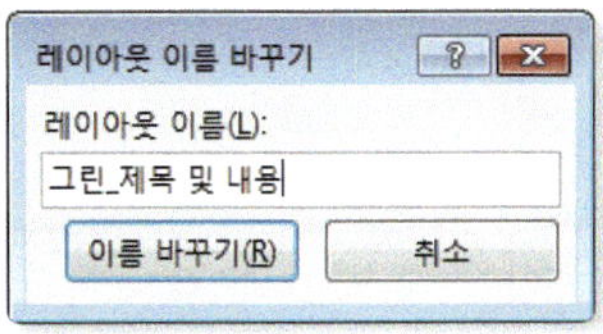

❻ 사용하지 않는 레이아웃은 선택한 후 삭제한다.

❼ 마스터 닫기를 한 후 세 번째 슬라이드의 레이아웃을 '그린_제목 및 내용'으로 변경한다.

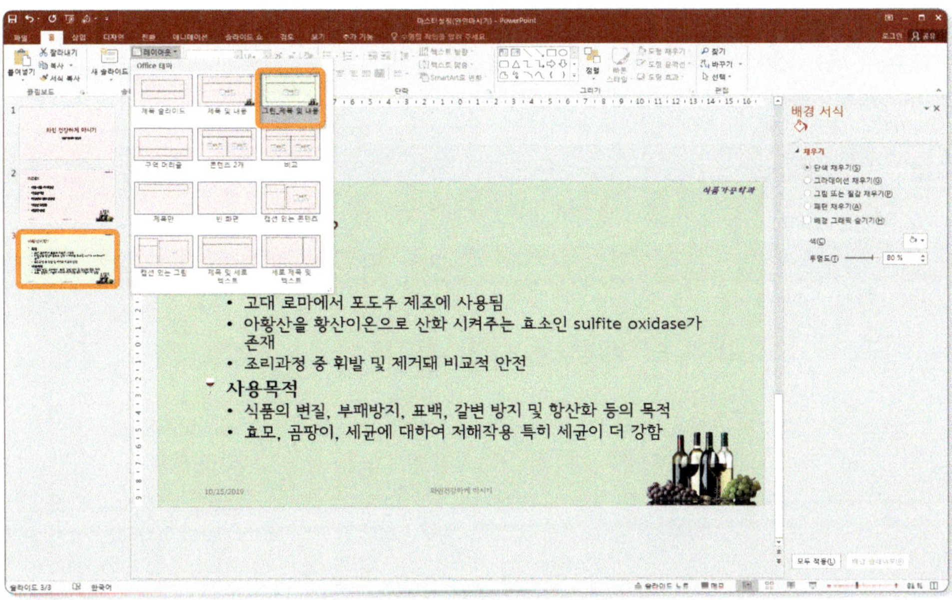

8.3.2 복수 마스터 만들기

❶ 새 파일에서 [보기]–[마스터 보기] 그룹의 [슬라이드 마스터]를 선택한다.

❷ [슬라이드 마스터]에서 [슬라이드 마스터 삽입]을 선택한다.

❸ 새로운 마스터에 새로운 서식을 지정하여 두 개의 마스터를 사용한다.

❹ 첫 번째 슬라이드 마스터를 선택한 후 [보존]을 설정하여 마스터를 사용하지 않는 경우에도 삭제되지 않게 보존한다.

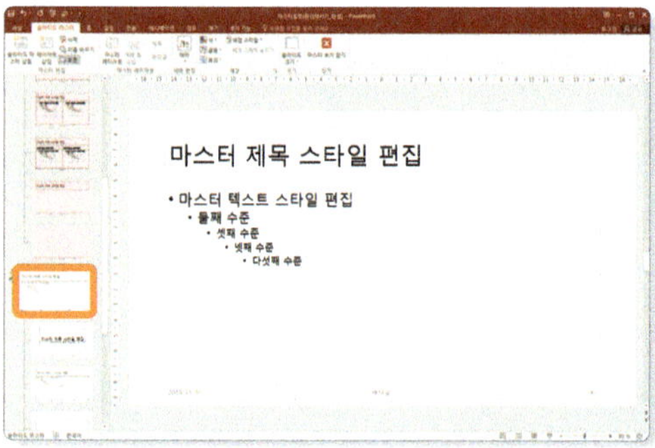

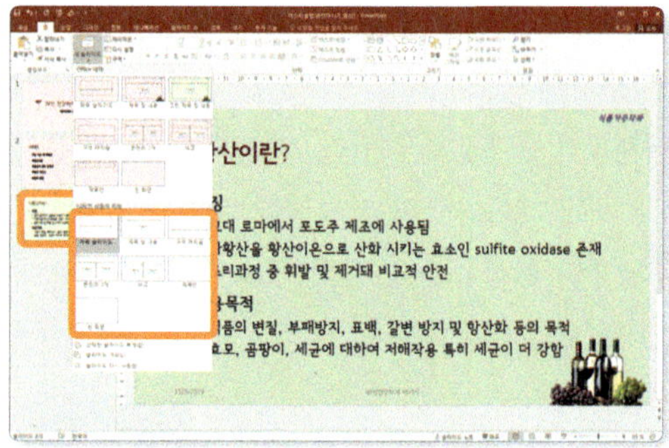

8.3.3 마스터 레이아웃 변경 다루기

❶ 마스터를 선택한 후 [마스터 레이아웃]을 선택한다.

❷ 마스터 레이아웃 창에서 필요 없는 레이아웃을 삭제하여 마스터를 변경한다.

❸ 제목 및 내용 레이아웃을 선택하여 오른쪽 메뉴에서 레이아웃 복제를 선택한다.

❹ 복제된 레이아웃을 선택하여 내용 개체를 1개 추가한다.

❺ 레이아웃의 이름을 '1–콘텐츠 3개'로 변경한다.

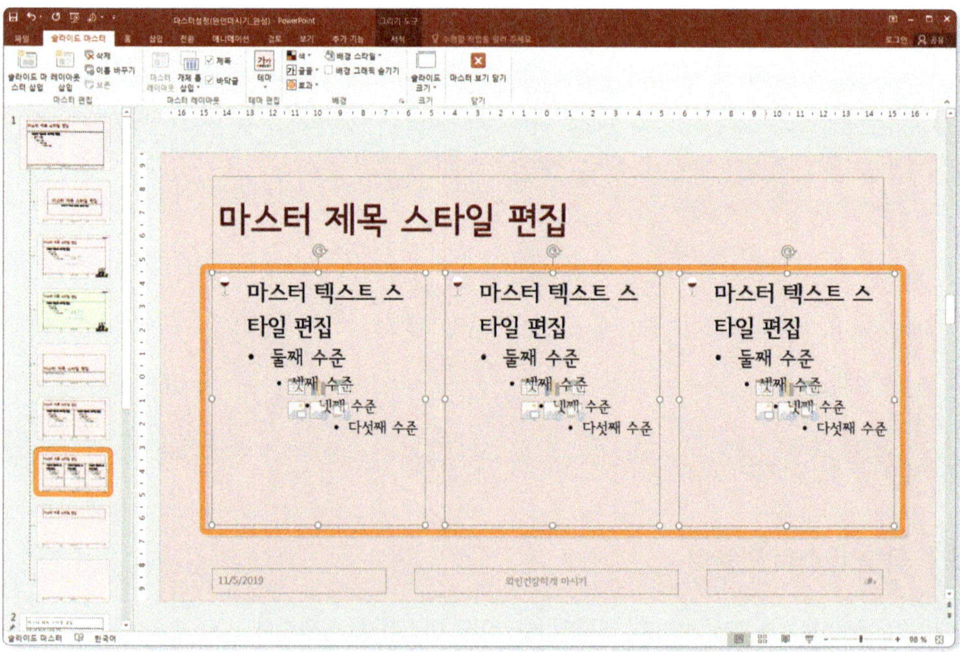

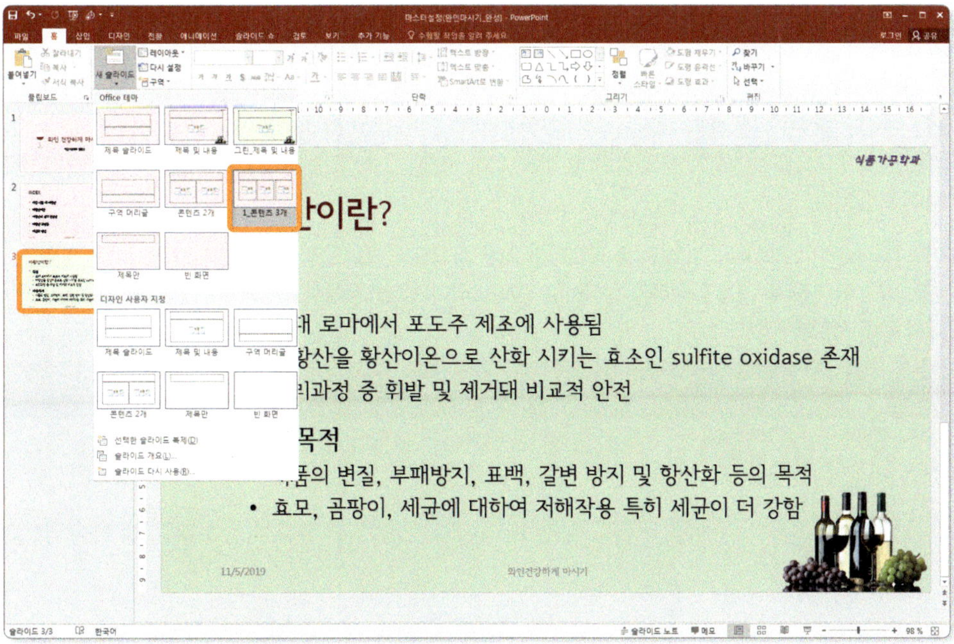

❽ [마스터 보기 닫기]를 클릭하여 [기본 보기]를 한다.

❽ [홈]–[슬라이드]–[새 슬라이드]에서 [1–콘텐츠 3개] 레이아웃을 선택하여 새 슬라이드를 추가한다.

❽ 그림을 삽입하여 슬라이드를 완성한다.

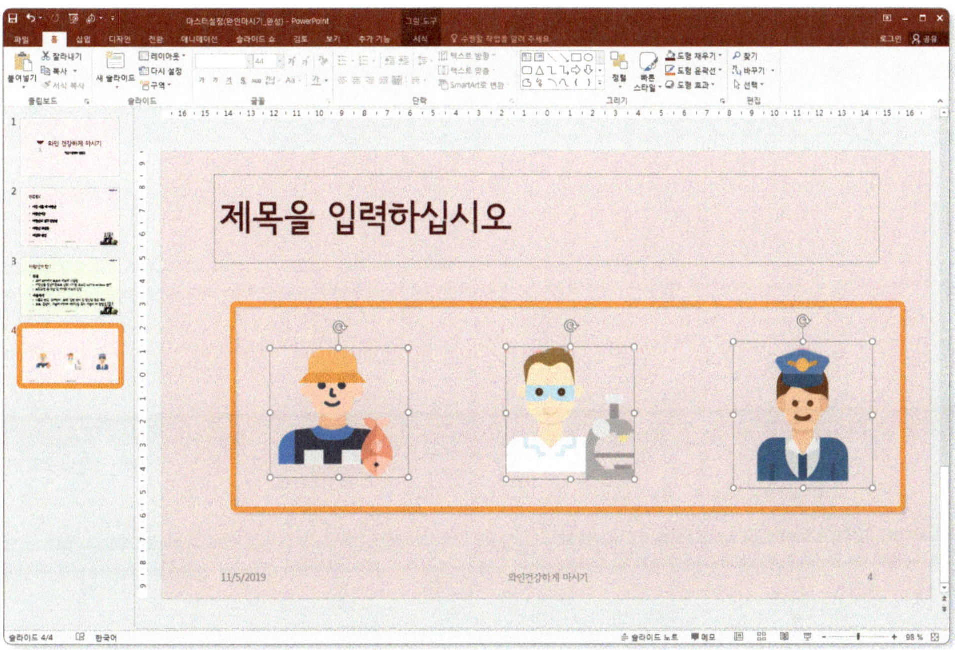

TIP

마스터에서 글머리 기호 혹은 텍스트 서식을 변경하면 슬라이드에 변경된 내용이 반영된다. 그러나 슬라이드 마스터의 내용을 변경하기 전에 슬라이드에서 이미 변경한 서식은 슬라이드 마스터를 변경하더라도 영향을 받지 않는다.

이때 **[홈]**-**[슬라이드]**에서 **[다시 설정]**을 클릭하면 기본 서식으로 다시 설정되어 마스터의 서식이 반영된다. 일관성 있는 프레젠테이션을 작성하기 위해서는 먼저 슬라이드 마스터에서 서식을 지정한 후에 해당 슬라이드에서 부분 서식을 지정한다

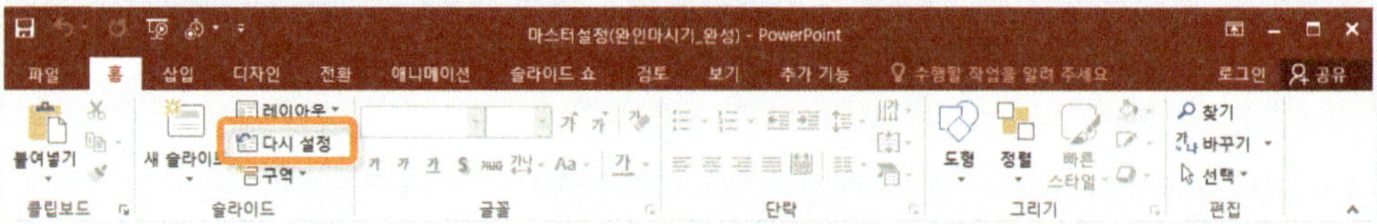

8.4 유인물 마스터

프레젠테이션에는 발표용 슬라이드뿐 아니라 발표자가 사용하는 슬라이드 노트가 있고, 프레젠테이션을 진행하는 동안 참석자가 볼 수 있도록 만든 유인물이 있다. 발표 시에 많이 사용되는 유인물 마스터 설정에 대하여 알아보자.

❶ [보기]–[유인물 마스터]를 클릭한다.

❷ [페이지 설정]–[한 페이지에 넣을 슬라이드 수]를 '3슬라이드(3)'을 선택한다.

❸ [삽입]–[온라인 그림]에서 분위기에 어울리는 클립아트를 삽입한다.

❹ [파일]–[인쇄]에서 슬라이드 수를 '3슬라이드', '회색조'로 설정하고 '머리글 및 바닥글 편집'에서 머리글을 입력한다. 컬러 인쇄가 되는 프린터기라면 컬러 인쇄도 좋다.

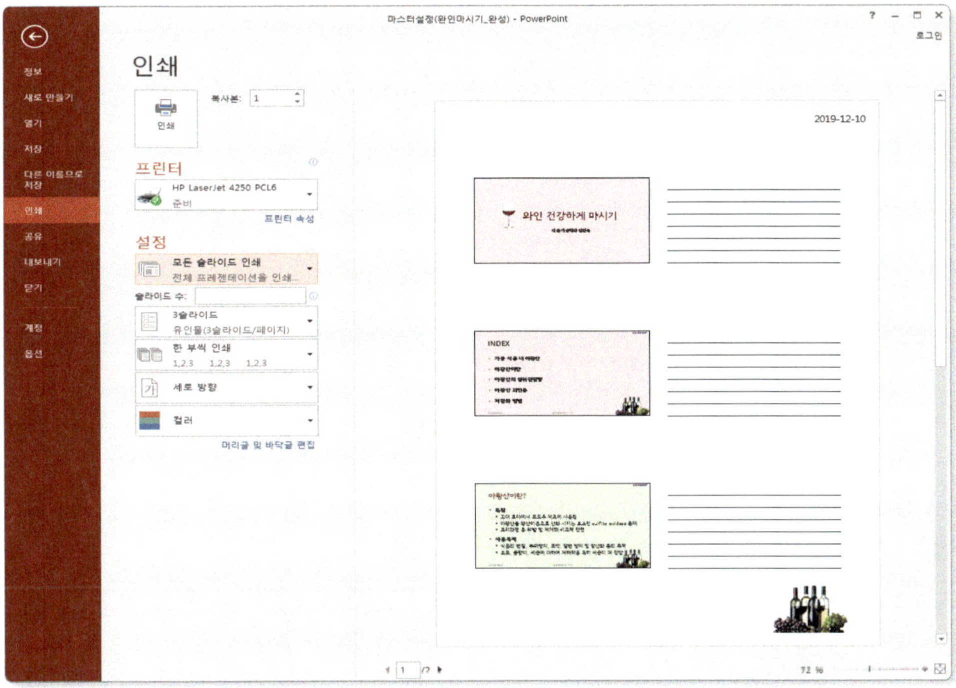

실무 활용 문제 1 슬라이드 마스터 설정하기

앞에서 실습한 기능을 이용해 다음 슬라이드의 마스터를 설정해보자.

결과 화면

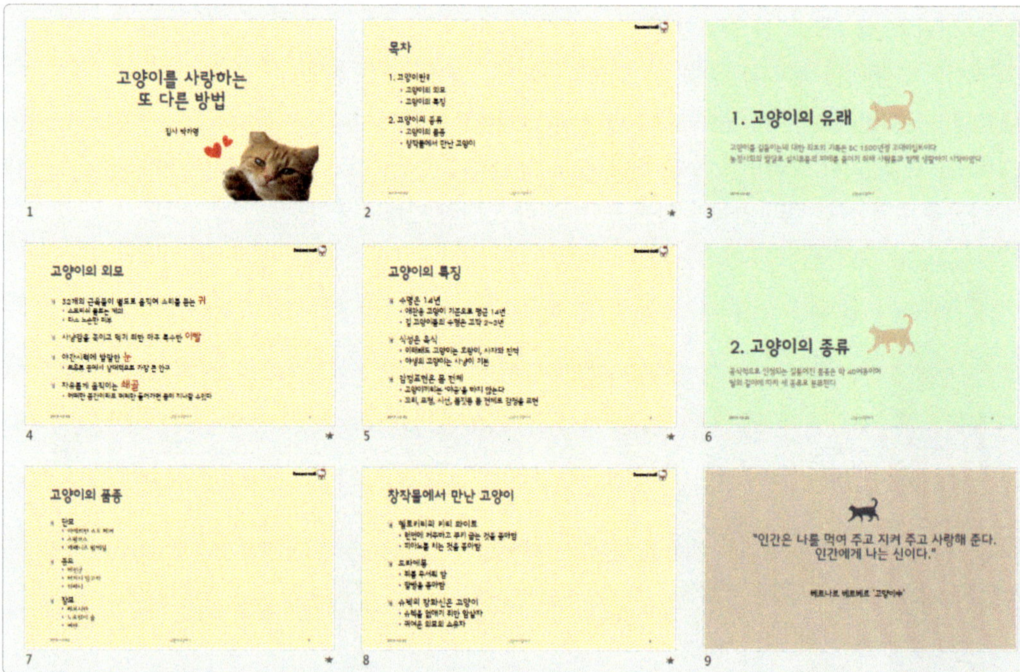

작성 조건

❶ 실습 파일 '마스터설정하기_원본.pptx'를 사용한다.

❷ 배경은 [패턴 채우기]에서 '색종이 조각' 패턴을, 전경색은 '흰색', 배경색은 '황금색 강조4, 60% 더 밝게'를 지정한다.

❸ [배경 서식]–[모두 적용]을 선택한다.

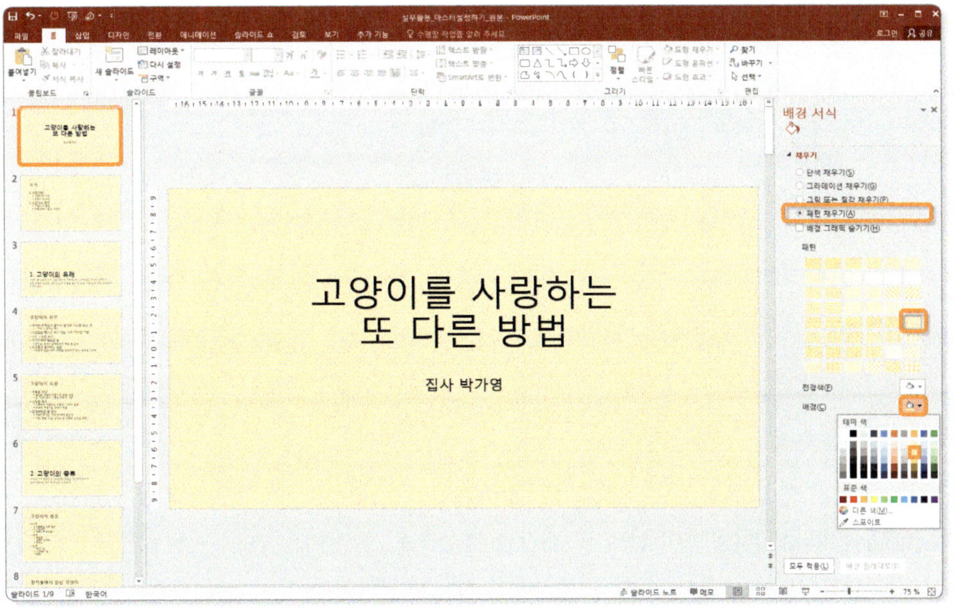

❹ 글꼴은 [디자인]–[적용]–[글꼴]에서 제목 글꼴을 'KT&G 상상제목 B', 본문 글꼴은 'KT&G 상상제목 M'으로 설정한다.

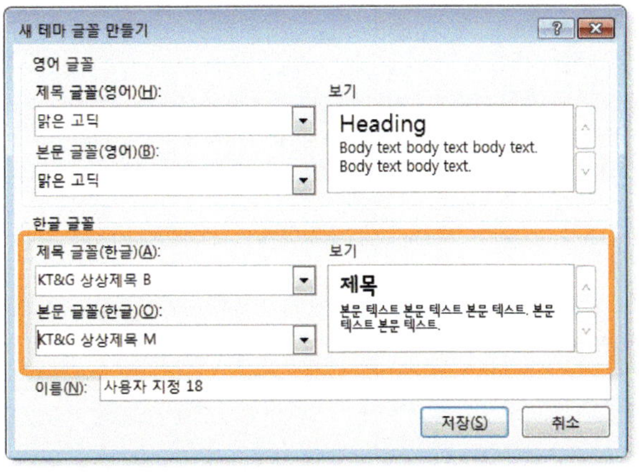

❺ 글꼴의 서식을 지정한다. [보기]–[슬라이드마스터]에서 마스터를 선택한 후 제목, 본문 글꼴을 설정한다.

① 제목 글꼴의 색상은 RGB(68, 84, 106), 44pt, 글머리 기호는 '고양이 글머리기호.png'로 설정한다.

② 1수준의 글꼴 색상은 검은색, 28pt, 글머리 기호는 '속이 찬 둥근 글머리 기호', '자주'로 설정한다.

❻ 줄 간격을 설정한다. [보기]–[슬라이드 마스터]에서 마스터를 선택한 후 줄 간격을 설정한다.

① 본문 전체를 선택한 후 줄 간격 옵션에서 단락 앞 16pt, 줄 간격 '배수, 1.2', 단락 뒤 '0pt'로 설정한다.

② 수준부터 전체를 선택한 후 줄 간격 옵션에서 단락 앞 0pt, 줄 간격 '배수, 1.2', 단락 뒤 '0pt'로 설정한다.

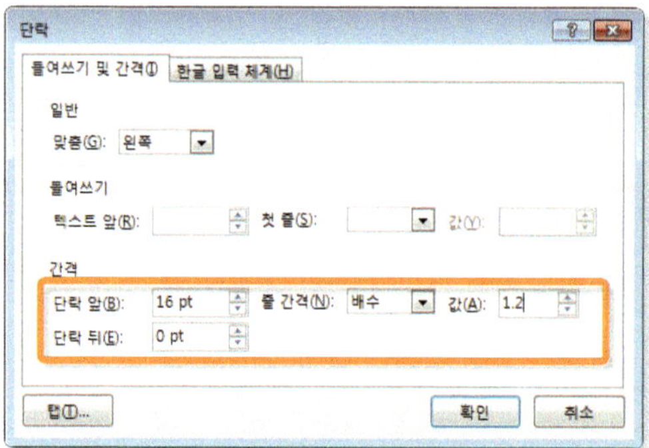

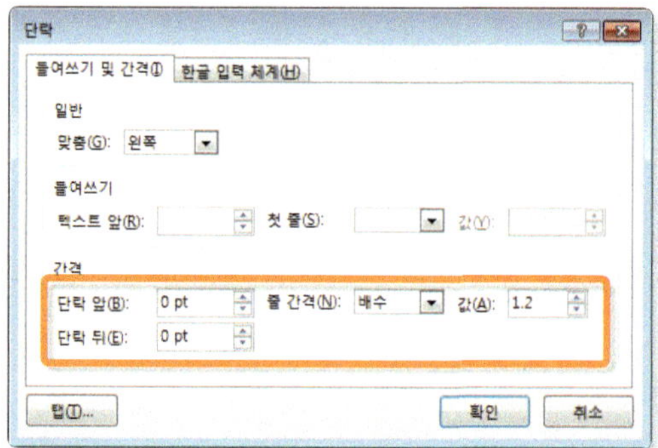

⑧ 머리글/바닥글 설정한다. [보기]–[슬라이드 마스터]에서 '제목 및 내용' 레이아웃을 선택한다.

① [삽입]–[머리글/바닥글]에서 날짜 및 시간을 자동으로, 슬라이드 번호, 바닥글 '고양이사랑하기', 제목 슬라이드에는 표시 안 함을 체크하여 적용을 클릭한다.

② 로고 삽입을 위해 슬라이드의 오른쪽 위에 글상자 'house cat'와 '헬로키티.gif'를 삽입한다.

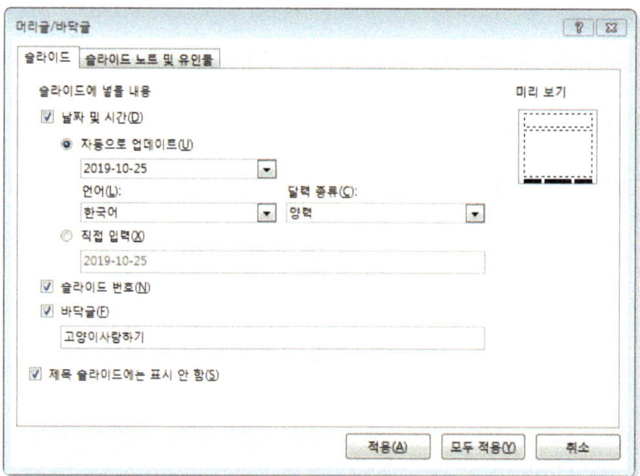

⑨ 구역 머리글을 설정한다. [보기]–[슬라이드 마스터]에서 '구역 머리글' 레이아웃을 선택한다.

① [배경 서식]–[단색 채우기]에서 '연한 녹색', 투명도 '77%'를 설정한다.

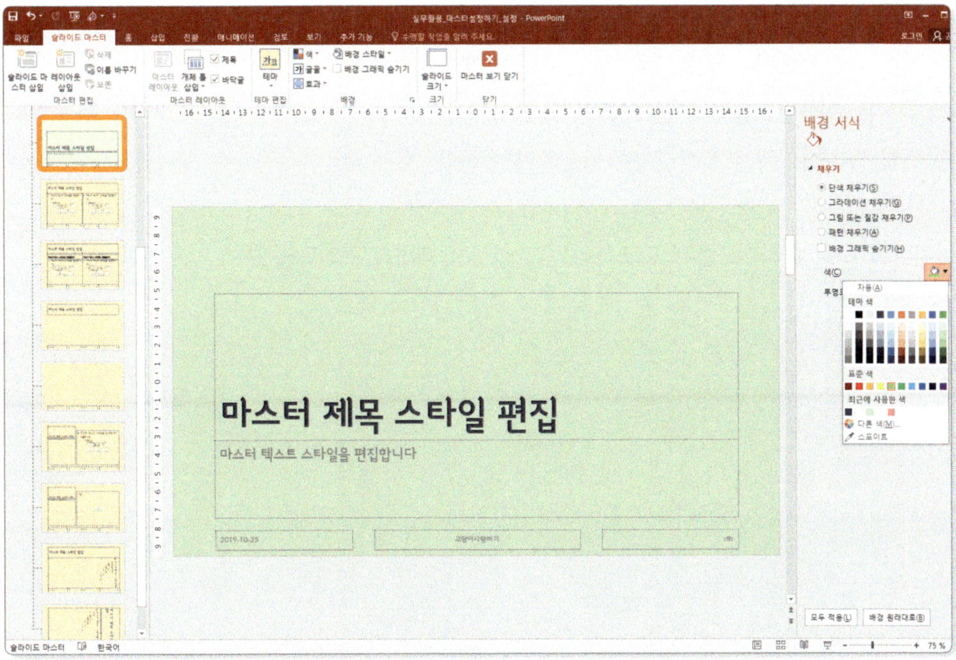

❾ 앤딩 슬라이드를 만들기 위해 [홈]–[새 슬라이드 추가]에서 '제목' 레이아웃을 추가한다.

❶ [배경 서식]–[단색 채우기]에서 '주황 강조2, 50% 더 어둡게', 투명도 '72%'로 설정한다.

❷ 제목 글꼴은 '10×10', '40pt'로 설정한다.

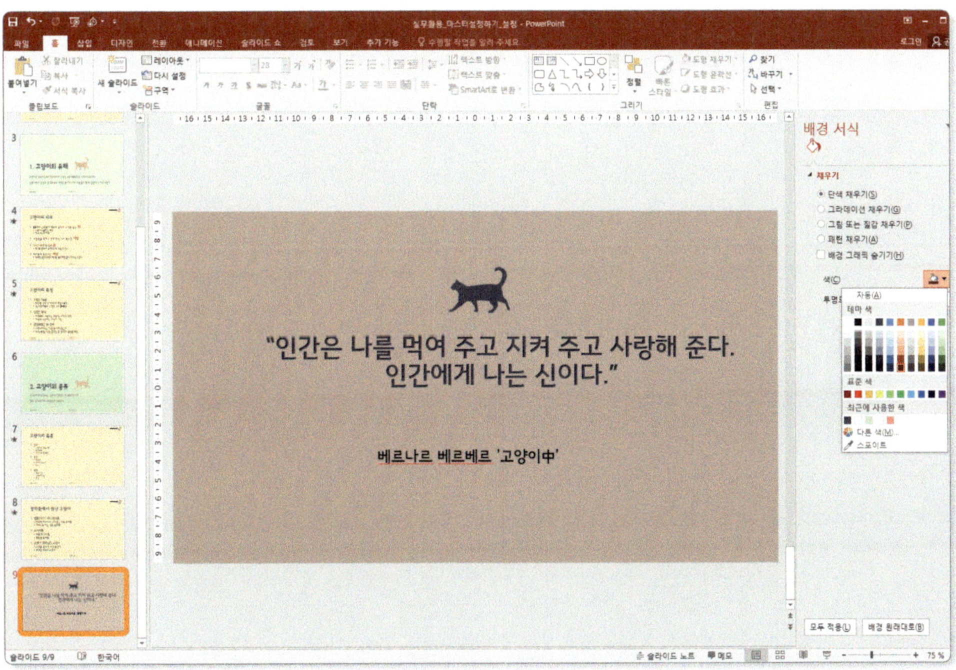

⑩ 제목과 부제목, 엔딩 슬라이드에 그림을 삽입한다.

❶ 제목 슬라이드에는 '하트고양이.png'를 삽입한다.

❷ 부제목 슬라이드에는 '붉은고양이.png'를 삽입한다.

❸ 엔딩 슬라이드에는 '푸른고양이.png'를 삽입한다.

⑪ 마지막으로 각 슬라이드에서 강조하려는 단어를 선택하고 포인트를 주어 마무리한다.

실무 활용 문제 2

다음의 내용을 이용하여 각자 슬라이드 마스터를 설정해보자.

설정 내용

⑩ 아래의 사항들을 차례대로 설정하여 슬라이드를 완성해보자.

1. 글꼴 설정
2. 배경 설정
3. 마스터에서 제목과 본문의 글꼴 크기, 색상, 줄 간격, 글머리 기호 설정
4. 마스터에서 머리글, 바닥글, 로고 설정
5. 각 슬라이드에서 포인터(강조점) 설정

Preview

09 CHAPTER 도형 및 이미지를 이용한 슬라이드

CHAPTER

09 도형 및 이미지를 이용한 슬라이드

• 시각적인 효과와 설득력 있는 슬라이드를 만들기 위해 도형, 이미지 등을 이용하여 슬라이드를 작성한다. 슬라이드에 각 개체를 삽입하고 스타일을 적용하여 프레젠테이션에서 주장하려는 내용을 강조하고 개성 있는 슬라이드를 만드는 방법에 대하여 알아본다.

9.1 도형을 이용한 슬라이드

파워포인트 작성 시 텍스트 슬라이드의 많은 내용을 간단히 요약하여 표현하고자 할 때 도형을 이용하여 시각화하면 직관적 정보 전달의 효과를 가져올 수 있다. 시각화를 위한 슬라이드 작성 시 도형을 이용하여 다양한 표현을 할 수 있는 방법을 익힌다.

9.1.1 도형 서식 탭

도형을 삽입하거나 선택하면 [그리기 도구]–[서식]이 나타난다. [서식]에서는 도형에 대한 다양한 스타일들을 간편하게 선택할 수 있고, 사용자는 세부 기능을 통해 더욱 세밀하게 지정할 수 있다.

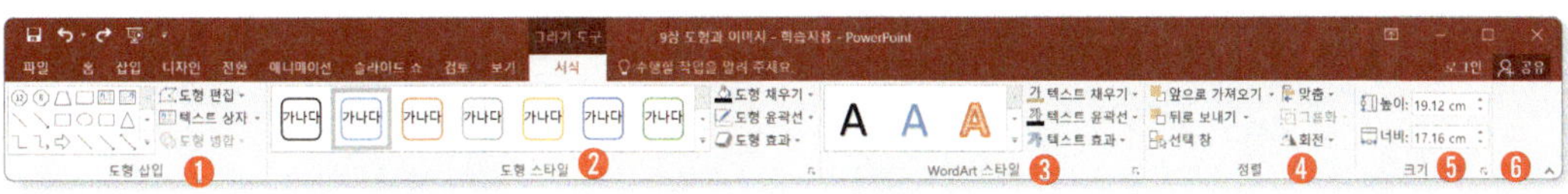

❶ 도형 삽입: 사각형, 원, 화살표, 선, 순서도, 기호, 설명선 등 기본으로 제공하는 도형을 삽입하여 만든다. 도형 삽입에 도형 편집, 텍스트 상자, 도형 병합 기능이 있다.

❷ 도형 스타일: 도형의 서식 스타일을 빠르게 꾸밀 수 있다. 이 탭에는 도형 채우기, 도형 윤곽선, 도형 효과 세 개의 기능을 조합하여 더 섬세하고 다양한 도형의 스타일을 변경할 수 있다.

❸ WordArt 스타일: 텍스트의 스타일을 빠르게 적용할 수 있다. 이 탭에는 텍스트 채우기, 텍스트 윤곽선, 텍스트 효과 기능이 포함되어 있는데, 이 세 개의 기능을 조합하여 WordArt 스타일을 만들어 놓았다. 사용자는 이 세 기능을 조합하여 더 섬세하고 다양한 WordArt 스타일을 만들 수 있다.

❹ 정렬: 선택된 여러 개의 개체를 기준으로 앞뒤 순서, 맞춤, 그룹화 등의 정렬이 가능하다. 회전은 개체를 주어진 각도로 회전하거나 좌우 또는 상하로 회전 가능하다. 선택 창은 한 슬라이드에 여러 개의 개체가 포개어져 있을 경우 보이지 않은 개체를 선택하기 쉽지 않다. 이때 선택 창을 이용하여 개체 선택을 자유롭게 할 수 있다.

❺ 크기: 개체의 높이와 너비를 지정할 수 있다.

❻ 도형 서식: 상세한 설정은 오른쪽 자세히 보기 버튼( )을 클릭하면 도형 서식 창이 나타나 가로/세로 비율을 고정하거나 비율대로 개체의 크기를 조절하는 등 세부 기능을 제공한다.

9.1.2 도형 삽입하기

슬라이드에 기본 도형, 선, 화살표, 별 및 현수막 등 다양한 도형을 그릴 수 있고 곡선이나 자유형을 이용하여 직접 그릴 수 있다. 또한 도형에 기본색, 그라데이션, 그림 채우기 등을 효과적으로 적용하고 세이프 기능으로 도형을 병합하여 새로운 도형을 만들 수 있다.

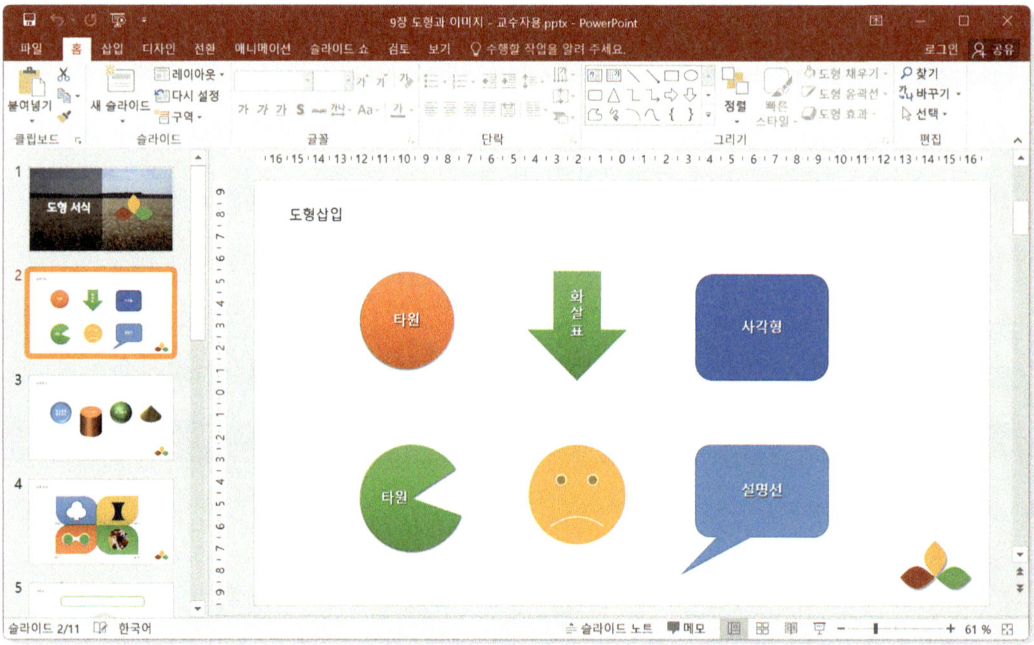

1 [홈] 탭에서 도형 삽입하기

도형은 [홈]–[그리기], [삽입]–[일러스트레이션]–[도형], [서식]–[도형 삽입]에서 삽입할 수 있다. 도형 창에서는 최근에 사용한 도형, 선, 사각형, 기본 도형, 블록 화살표, 수식 도형, 순서도, 별 및 현수막, 설명선, 실행 단추로 종류에 따라 구분되어 있다.

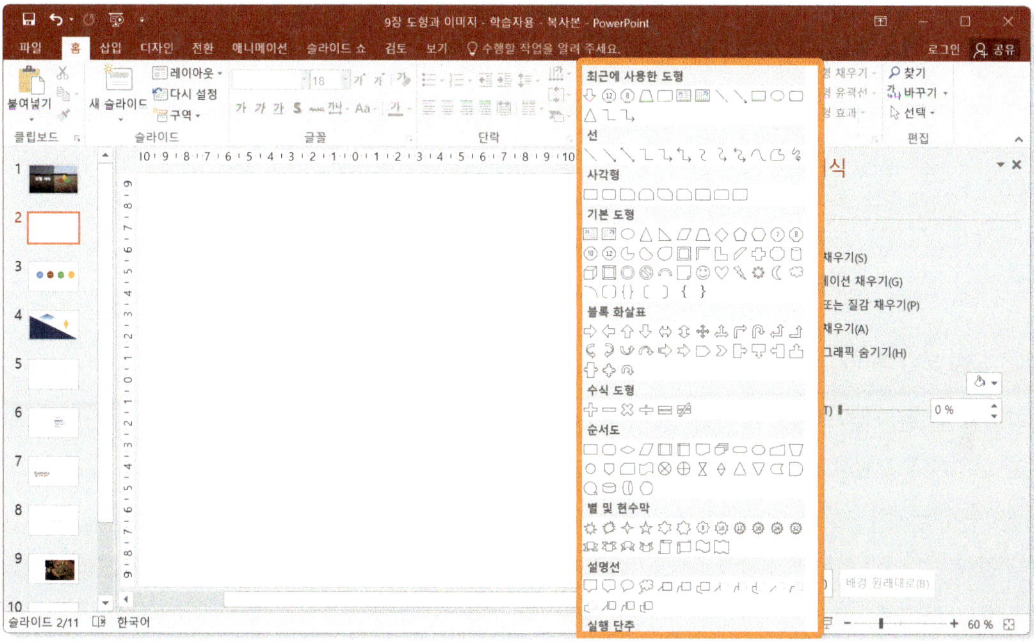

❶ '9장 도형과 이미지.pptx' 파일을 열어 '도형 삽입' 슬라이드를 선택한다.

❷ [홈]–[그리기]에서 [자세히]의 내림 단추를 클릭하여 '타원'을 선택한다. 이때 도형 위에 마우스 포인터를 위치시키면 도형마다 이름이 보인다.

❸ 슬라이드에 적당한 크기로 드래그하여 도형을 삽입한다. Shift키를 누른 채 드래그하면 가로 세로 길이가 같은 크기의 도형이 그려진다. Ctrl키를 누른 채 드래그하면 도형의 시작점이 클릭한 위치부터 키워진다. Ctrl + Shift를 누른 채 드래그해보자.

❹ 삽입된 도형은 8개의 크기 조절 핸들로 크기를 조절한다.

❺ 도형을 선택하면 [그리기 도구]–[서식]의 상황 탭이 나타난다. 선택된 도형을 클릭하여 [그리기 도구]–[서식]–[도형 스타일]에서 '강한 효과–주황, 강조2' 스타일을 지정한다.

2 [삽입] 탭에서 도형 삽입하기

❶ [삽입]–[일러스트레이션]–[도형]에서 '아래쪽 화살표' 도형을 선택하여 삽입한다.

❷ 선택된 도형을 클릭하여 [그리기 도구]–[서식]–[도형 스타일]에서 '보통 효과–녹색, 강조6' 스타일을 지정한다.

3 [서식] 탭에서 도형 삽입하기

❶ 임의의 도형을 클릭했을 때 [그리기 도구]–[서식]의 상황 탭이 나타난다. 이때 [도형 삽입] 탭에서 도형을 추가할 수 있다.

❷ '모서리가 둥근 직사각형', '원형', '웃는 얼굴', '모서리가 둥근 사각형 설명선' 도형 등을 추가해보자.

TIP 도형과 선의 크기 조절과 선택

- Shift + 드래그: 정원, 정사각형과 같은 가로와 세로의 길이가 같은 도형 그리기
- Ctrl + 드래그: 선택한 지점을 중심점으로 하는 도형 그리기
- Ctrl + Shift + 드래그: 선택한 지점을 중심으로 가로와 세로의 길이가 같은 도형 그리기
- Shift + 도형 선택: 여러 개의 개체가 선택되고 해제됨

4 도형 모양 바꾸기

파워포인트는 기본 도형을 추가한 후 다양하게 모양을 변경해 사용할 수 있는 기능을 제공한다. 도형을 삽입하면 노란색 조절점이 나타나는데 노란색 조절점이 없거나, 한 개 또는 두 개, 세 개 있는 도형들도 있다. 이 노란색 조절점을 움직이면 다양한 모양으로 변형시켜 사용할 수 있다.

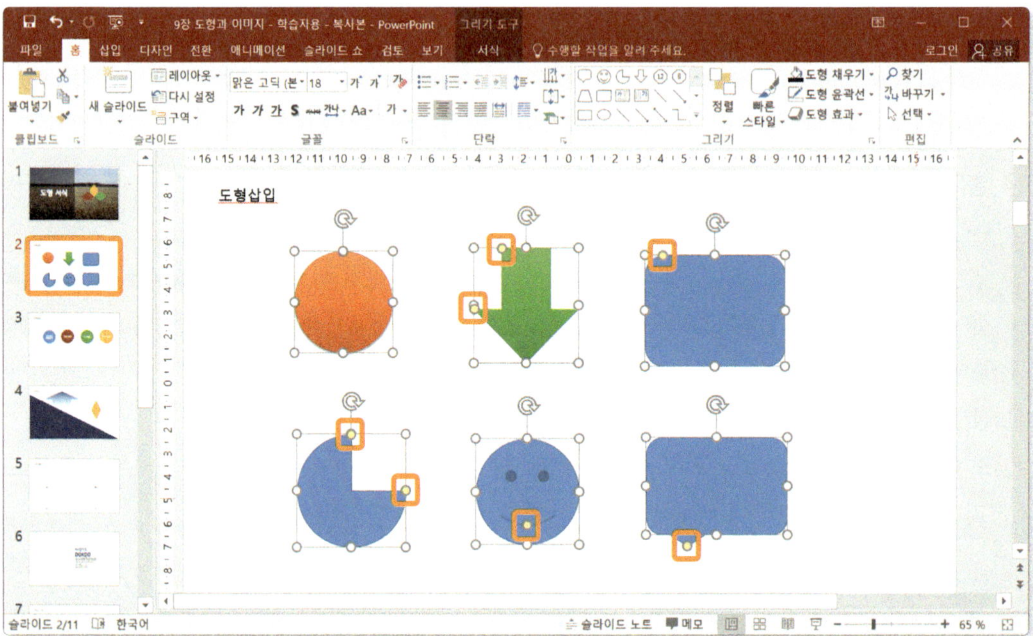

❶ 모양을 바꾸고자 하는 도형을 선택한다.
❷ 8개의 크기 조절 핸들과 회전 조절점, 모양 조절 핸들 이용하여 원하는 모양으로 편집한다.
❸ 각각의 도형을 이용하여 다양한 모양으로 변형해보고 [도형 스타일]을 적용해보자.

❹ 특정 도형에 도형 서식을 적용한 뒤 다른 도형으로 바꾸고자 할 때는 [그리기 도구]–[서식]–[도형 편집]–[도형 모양 변경]을 선택하고 새로운 도형을 선택한다. 이때 서식은 그대로 유지한 채 다른 도형으로 쉽게 바꿀 수 있다.

TIP **도형 이동과 복사하기**

- 도형을 선택하고 도형 안쪽에 마우스 포인트 모양이 ✥인 경우 드래그하면 이동
- Shift + 드래그: 도형의 수평/수직 이동
- Ctrl + 드래그: 같은 모양의 도형 복사
- Ctrl + Shift + 드래그: 도형을 복사하면서 수평/수직으로 이동
- 도형을 선택하고 키보드의 ←→↑↓ 방향 키를 누르면 도형을 미세하게 이동

9.1.3 도형의 입체 효과 지정하기

파워포인트에서는 빠른 효과 지정을 위해 갤러리 형식으로 도형의 효과를 지정할 수 있다.
[그리기 도구]–[서식]–[도형 효과]를 이용하여 그림자, 반사, 네온, 부드러운 가장자리, 3차원 서식, 3차원 회전의 효과를 지정할 수 있다. 또한 화면 오른쪽에 나타나는 도형 서식 창을 이용해 구체적인 효과를 지정할 수 있다.

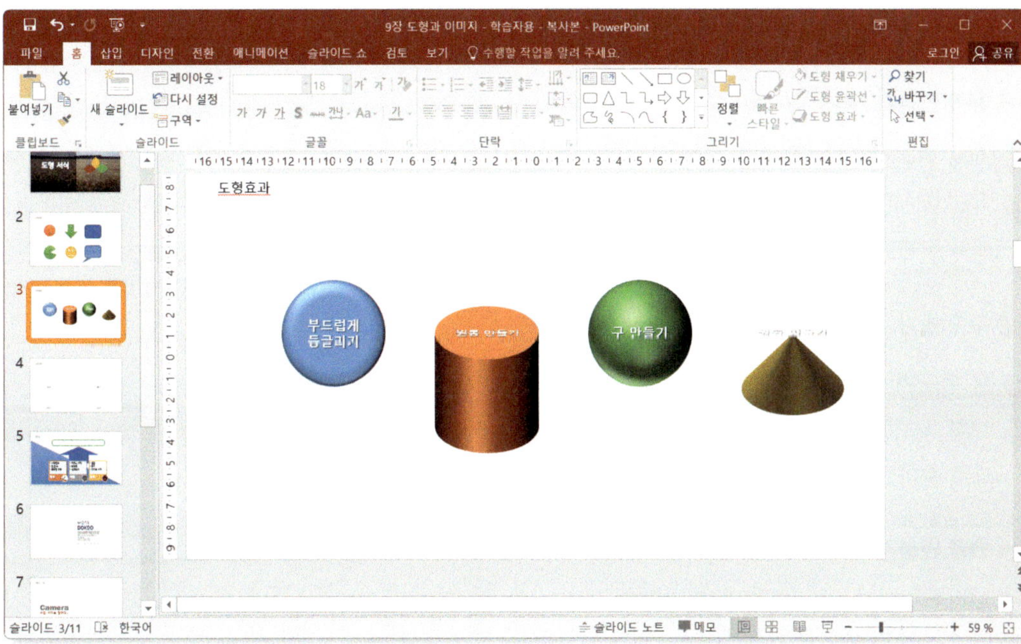

1 음각 입체 만들기

❶ '도형 효과' 슬라이드의 '부드럽게 둥글리기' 타원을 선택한다.
❷ [그리기 도구]–[서식]–[도형 효과]의 입체 효과에서 '부드럽게 둥글리기'를 선택한다.
❸ '도형 서식' 창에서 [도형 옵션]–[효과]에서 '3차원 서식'의 위쪽 입체의 너비 [20pt], 높이 [10pt]로 지정한다.

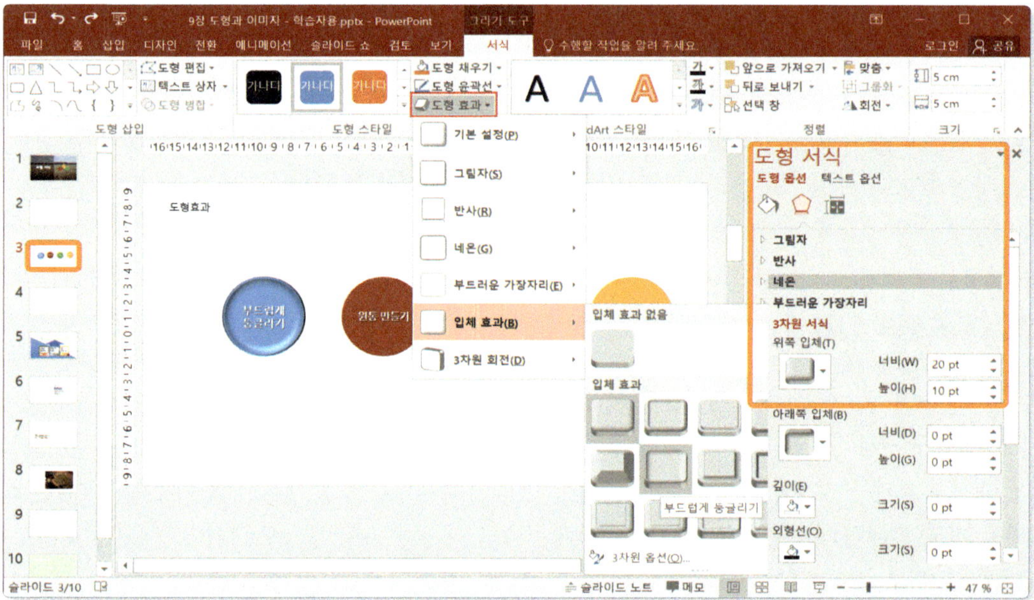

2 원통 만들기

❶ '원통 만들기' 타원 도형을 선택한다.
❷ '도형 서식' 창에서 [도형 옵션]–[효과]에서 '3차원 서식'의 위쪽 입체의 너비 [0pt], 높이 [72pt], 아래쪽 입체의 너비 [0pt], 높이 [72pt]를 각각 주고, '3차원 회전'에서 Y를 '300'으로 지정한다.

3 구 만들기

❶ '구 만들기' 타원 도형을 선택한다.
❷ '도형 서식' 창에서 [도형 옵션]–[효과]에서 '3차원 서식'의 위쪽 입체의 너비 [72pt], 높이 [72pt]를 모두 준다.

4 원뿔 만들기

❶ '원뿔 만들기' 타원 도형을 선택한다.
❷ [그리기 도구]–[서식]–[도형 효과]의 입체 효과에서 '각지게'를 선택한다.

❸ '도형 서식' 창에서 [도형 옵션]–[효과]에서 '3차원 서식'의 위쪽 입체의 너비 [72pt], 높이 [85pt], '3차원 회전'에서 Y를 '300'으로 지정한다.

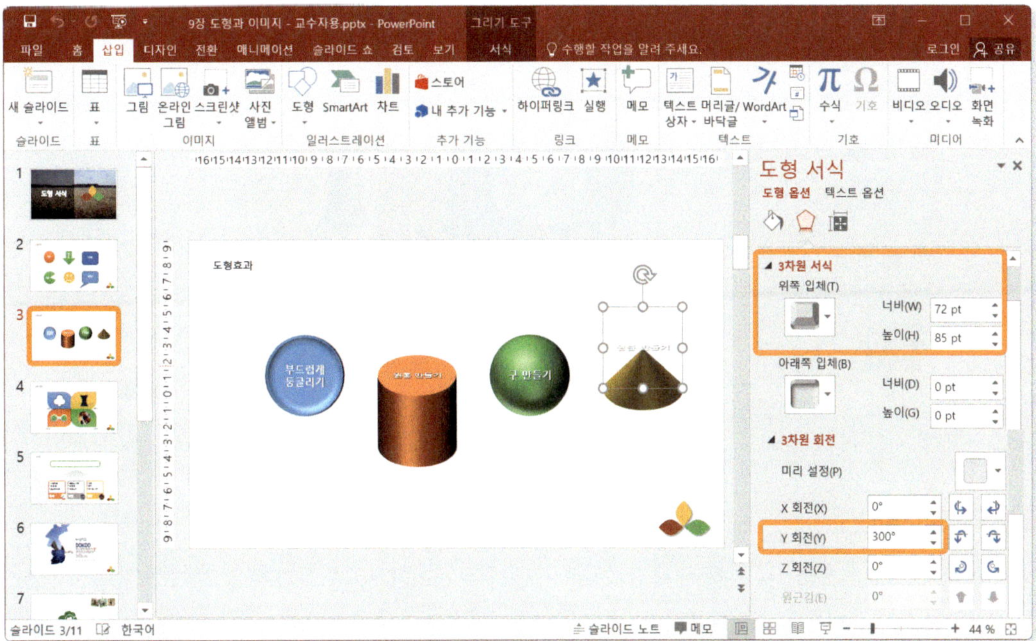

TIP '스마트 가이드'로 도형 쉽게 정렬하기

도형 간 간격을 맞출 때 같은 간격을 알려주고 다른 도형과의 위치를 알려주는 가이드가 나타나는 기능이다. 이것을 활용하면 도형의 위치를 쉽게 맞추고 배분할 수 있다. 스마트 가이드 라인이 나타나지 않으면 [보기]-[표시]에서 눈금 설정을 선택하여 '도형 맞춤 시 스마트 가이드 표시'를 체크한다.

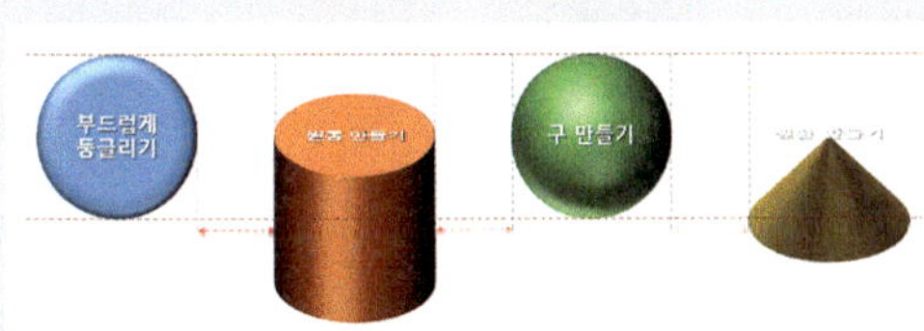

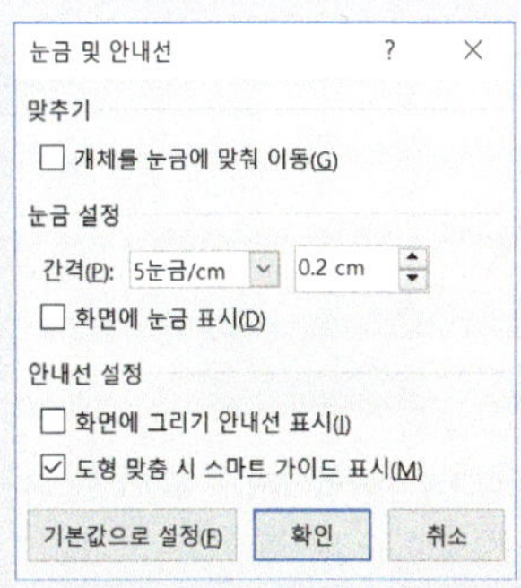

9.1.4 도형 다루기

도형에서 모양을 변경하거나 도형 병합, 점 편집을 통해 다양한 도형을 직접 제작하고 서식을 지정할 수 있다. 또한 그려진 도형을 정렬하고 복사하여 그룹화할 수 있다.

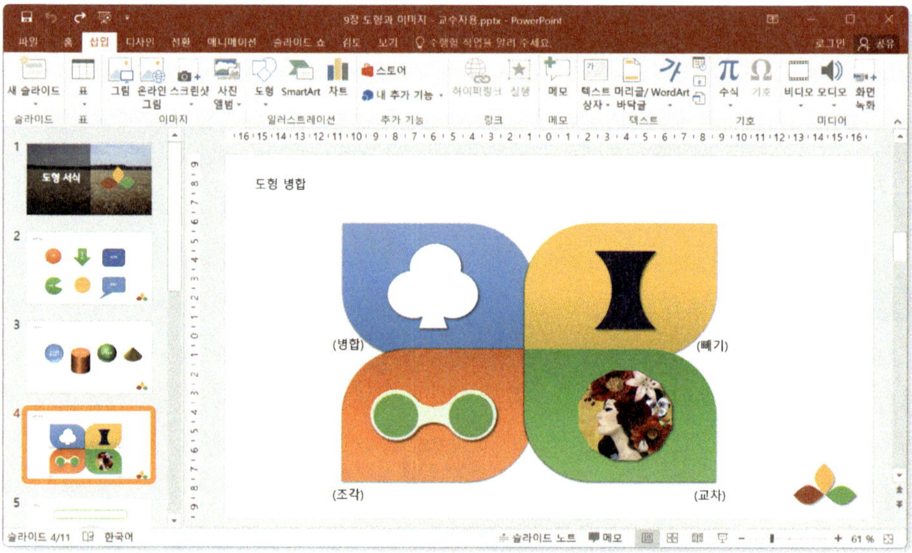

1 도형 복사하기

❶ [삽입]–[일러스트레이션]–[도형]에서 '대각선 방향의 모서리가 둥근 사각형'을 선택하여 높이 [7cm]와 너비 [10cm]의 도형을 그린다.

❷ 도형의 노란색 조절점을 이용하여 다음과 같은 모양으로 변경한다.

❸ Ctrl + Shift를 이용하여 오른쪽으로 도형을 복사한다. Ctrl키는 복사, Shift키는 가로/세로를 같은 위치로 이동시킬 수 있다.

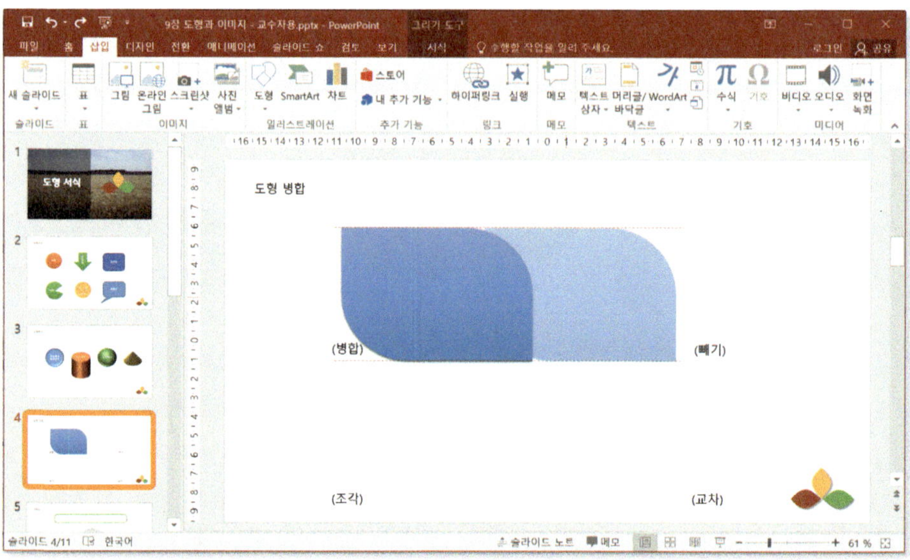

❹ 복사된 도형은 [서식]–[정렬]의 '회전'에서 '좌우 대칭'을 선택한다.

❺ 2개의 도형을 선택하여 [Ctrl] + [Shift]를 이용하여 아래쪽으로 도형을 복사한다.

❻ 복사된 도형은 [서식]–[정렬]의 '회전'에서 '상하대칭'을 선택한다.

❼ '강한 효과–파랑, 강조1', '강한 효과–황금색, 강조4', '강한 효과–주황, 강조2', '강한 효과–녹색, 강조6'으로 각각 [도형 스타일]을 지정한다.

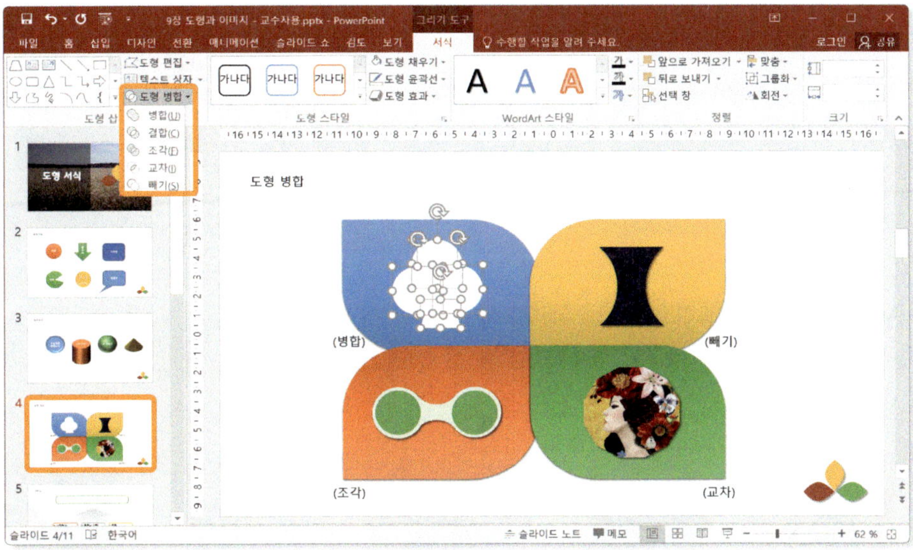

2 도형 병합하기

도형 병합은 여러 개의 도형 또는 도형과 이미지를 병합하여 새로운 형태의 도형을 만들 수 있다. 도형 병합에는 병합, 결합, 조각, 교차, 빼기가 있다. 도형 병합을 이용하면 기존의 도형 이외에 새롭고 다양한 도형을 만들 수 있다. 포토샵에서 제작하는 형태의 도형도 얼마든지 만들 수 있다.

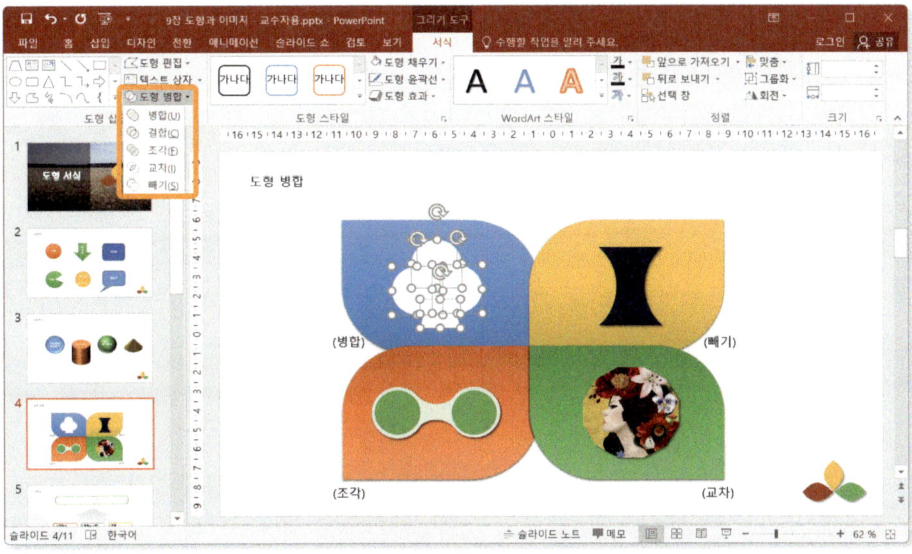

❶ '타원'을 높이 [2cm]와 너비 [2cm]로 그린 후 '도형 윤곽선 없음', '도형 채우기: 흰색'을 지정하여 그린 다음 Ctrl 키를 눌러 2개 더 복사한다.

❷ '사다리꼴' 도형을 아래쪽에 추가한 후 타원 도형의 **[홈]-[클립보드]-[서식 복사]**로 서식을 복사한 후 붙여넣기한다.

❸ 네 개의 도형을 선택한 후 **[그리기 도구]-[서식]-[도형 삽입]-[도형 병합]**에서 '병합'을 선택한다.

❶ '직사각형' 도형을 높이 [3.5cm]와 너비 [3cm]로 그리고 '도형 윤곽선 없음', '도형 채우기: 진한 파랑'을 지정한다.

❷ '타원' 도형을 왼쪽에 그리고 Ctrl 을 눌러 오른쪽에 한 개 더 복사한다.

❸ 도형 3개를 선택한 후 **[그리기 도구]-[서식]-[도형 삽입]-[도형 병합]**에서 '빼기'를 선택한다. 이때 반드시 '직사각형' 도형이 1번으로 선택되어야 한다.

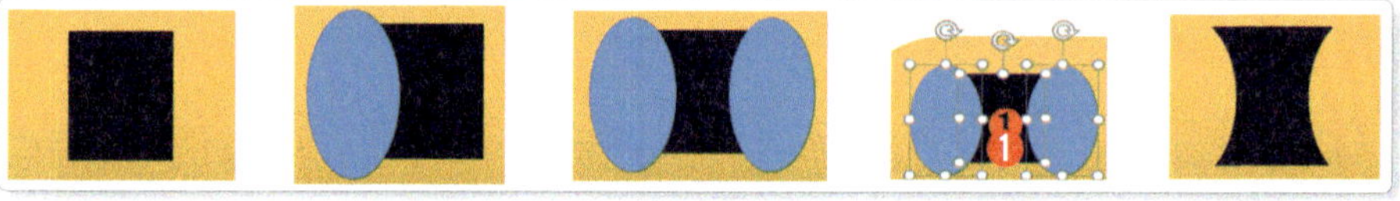

❶ '타원' 도형을 높이 [2.5cm]와 너비 [2.5cm]로 정원을 그린 후 '도형 윤곽선 없음', '도형 채우기: 녹색, 강조6, 80% 더 밝게'를 지정한다.

❷ '타원' 도형을 오른쪽으로 한 개 더 복사한다.

❸ 두 개의 도형이 겹쳐지도록 위쪽에 '타원' 도형을 하나 삽입한다.

❹ 위의 도형을 복사하여 아래쪽에 똑같이 왼쪽 오른쪽 도형이 겹쳐지도록 위치시킨다.

❺ 가운데에 '직사각형' 도형을 삽입한다.

❻ 모든 도형을 선택한 후 **[그리기 도구]-[서식]-[도형 삽입]-[도형 병합]**에서 '조각'을 선택한다. 이때 가장 먼저 선택한 도형의 서식이 적용된다.

❼ 필요 없는 조각들을 선택하여 모두 제거한다. 떨어진 부분이 있거나 간격이 생겼을 경우 선택하여 키보드의 방향 키(←→↑↓)로 조절한다.

❽ 왼쪽에 '타원' 도형을 높이 [2.5cm]와 너비 [2.5cm]로 정원을 그린 다음 오른쪽 도형의 서식을 그대로 적용한다.

❾ '타원' 도형을 높이 [2cm]와 너비 [2cm]로 정원을 그린 다음 '도형 윤곽선 없음', '도형 채우기: 녹색, 강조6'을 지정한다.

❿ 도형을 복사한 후 모든 도형을 선택하여 **[서식]-[정렬]-[그룹화]**에서 '그룹'을 지정한다. 또는 오른쪽 마우스에서 **[그룹화]-[그룹]**을 지정해도 된다. 그룹을 지정하게 되면 하나의 도형처럼 이동이 쉽다.

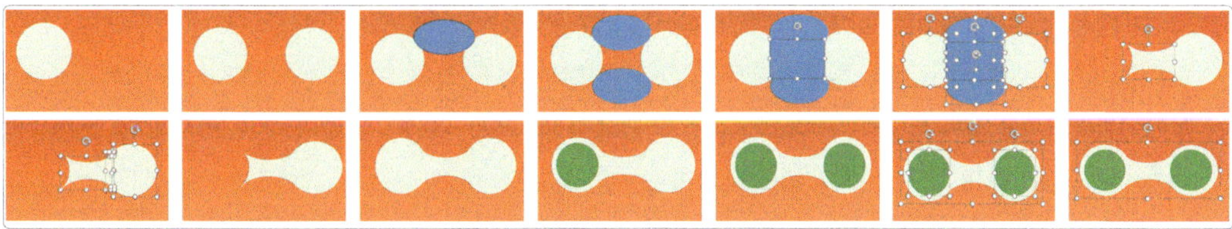

❶ '십이각형' 도형을 높이 [5cm]와 너비 [5cm]로 그린다.

❷ '꽃' 그림을 삽입한 후 도형에 맞춰 적당한 크기로 조절하여 앞뒤 정렬한다.

❸ 그림과 도형을 선택한 후 [그리기 도구]–[서식]–[도형 삽입]–[도형 병합]에서 '교차'를 선택한다. 이때 그림과 도형의 위치에 따라 달라지지만 이 경우 그림이 먼저 선택되어야 한다.

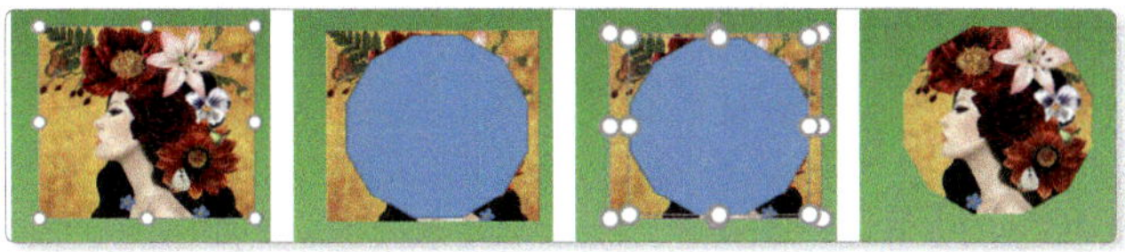

3 점 편집하기

점 편집은 기본 도형을 포토샵의 펜 기능처럼 이용하여 다양한 모양으로 변형할 수 있는 기능이다.

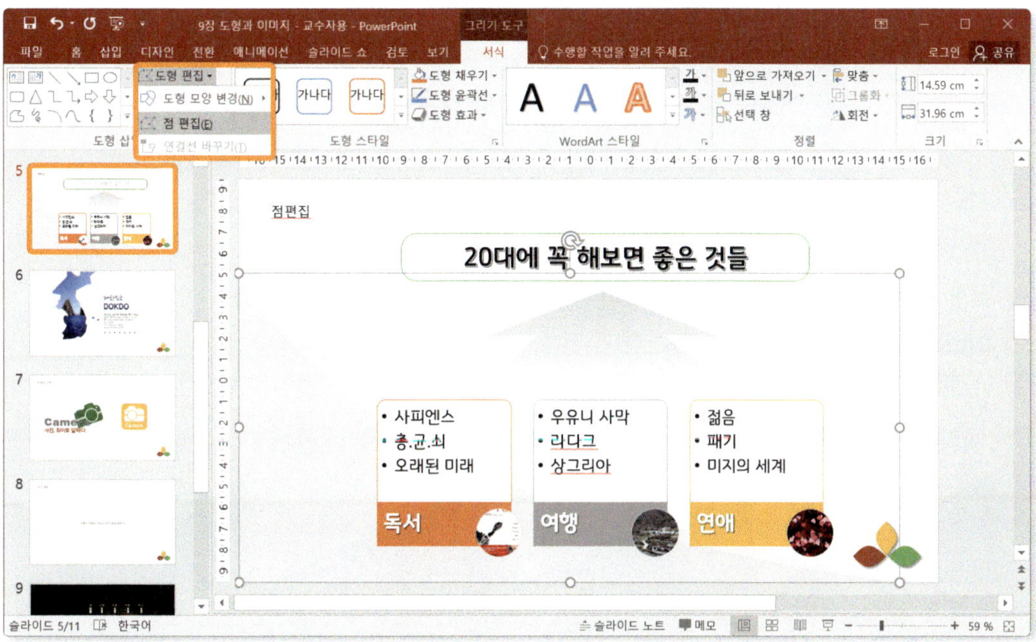

❶ '직각 삼각형' 도형을 선택한다. [그리기 도구]–[서식]–[정렬]–[선택 창]을 클릭하여 선택 창 열기를 한다. '직각 삼각형 2'를 켜고 나머지는 모두 눈 모양을 꺼둔다.

❷ [그리기 도구]–[서식]–[도형 삽입]–[도형 편집]–[점 편집]을 선택한다. 그러면 꺾이는 부분에 검정색 포인터가 생긴다. 검정색 점을 클릭하면 2개의 흰색 점이 생긴다. 왼쪽의 흰 점은 왼쪽 선을 곡선 모양으로, 오른쪽의 흰색 점은 오른쪽 선을 곡선 모양으로 바꿀 수 있다.

❸ 왼쪽 위의 점을 클릭하여 오른쪽 흰색 점을 아래쪽으로 당겨보자. 원하는 곡선이 될 때까지 오른쪽 아래쪽으로 당기면 곡선이 된다.

❹ 오른쪽 아래쪽 점을 클릭하여 위쪽의 흰색 점을 아래쪽으로 살짝 당겨보자. 전체 선이 자연스러운 곡선이 될 때 손을 놓는다.

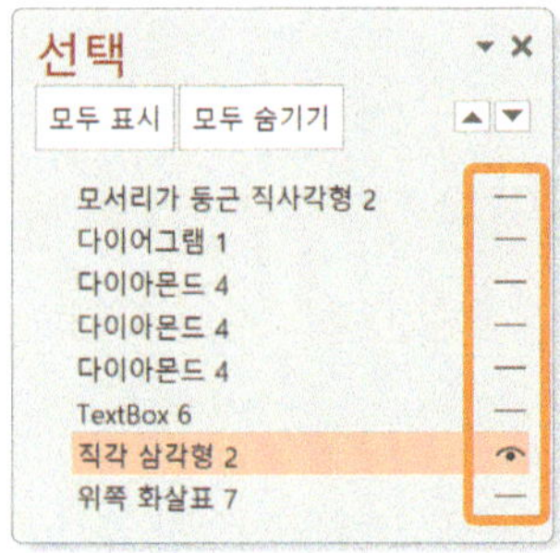

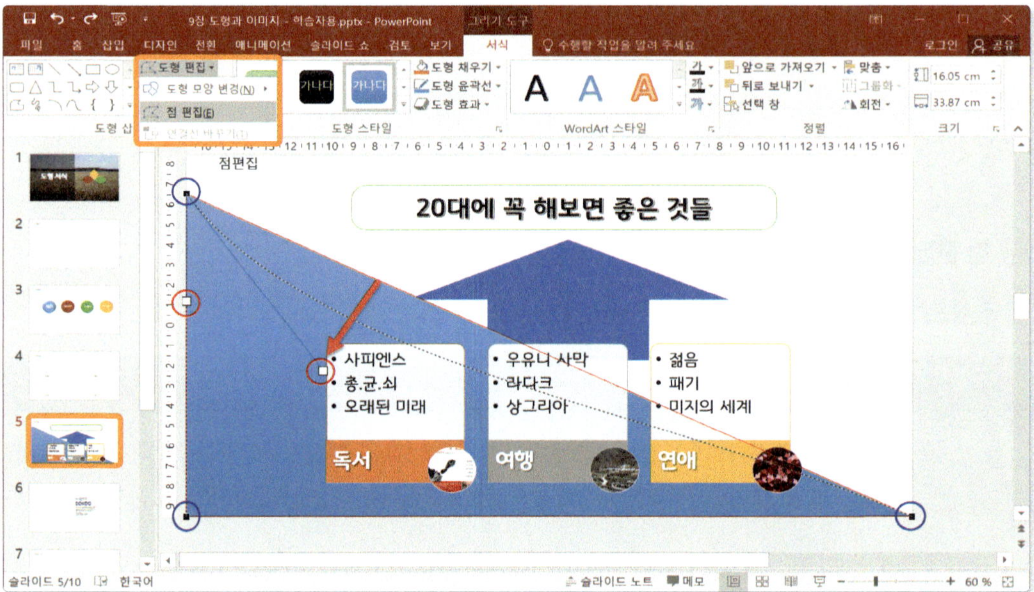

❺ '도형 윤곽선: 없음'으로 지정, '도형 채우기: 회색–50%, 강조3'을 주고 '투명도: 80%'로 지정한다.

❻ Ctrl + Shift를 누른 채 도형을 복사한다.

❼ 아래쪽의 크기를 조절하여 두 개의 도형을 배치한다.

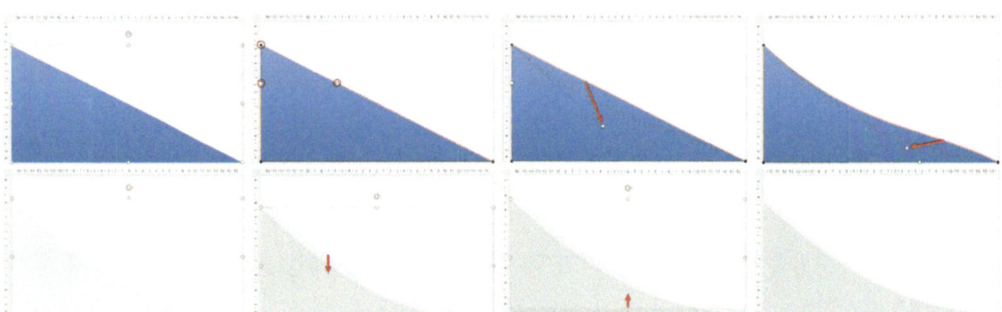

❽ '선택 창'에서 '위쪽 화살표 7'을 켜두고 나머지는 모두 끄기를 선택한다.

❾ 정확하게 맞추기 위해 [보기]에서 '눈금선'을 체크하여 켠다. 그리고 도형을 점 위치에 정확하게 맞춘다.

❿ [그리기 도구]–[서식]–[도형 삽입]–[도형 편집]–[점 편집]을 선택한다.

⓫ 점을 클릭하여 원하는 모양이 되도록 조절점을 움직인다.

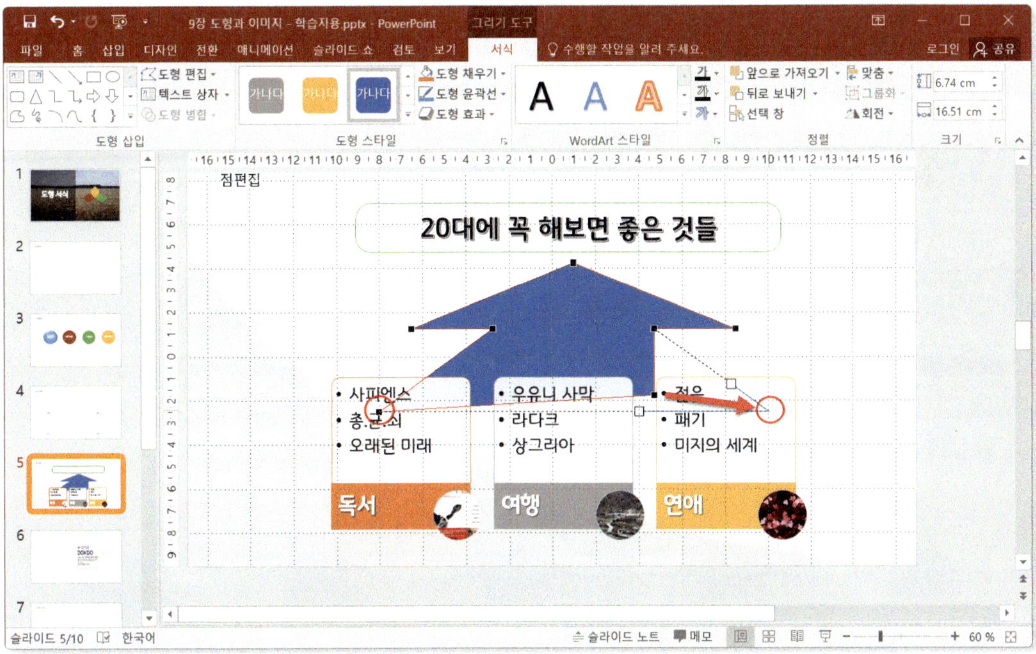

⓬ 색을 적용하기 위하여 '도형 채우기'–'그러데이션'–'선형 아래쪽'을 선택한다. 다음과 같이 3개의 중지점 값을 적용한다.

  ❶ 중지점 1: '흰색 배경1, 50% 더 어둡게', 투명도 70%

  ❷ 중지점 2: '흰색 배경1, 25% 더 어둡게', 투명도 70%

  ❸ 중지점 3: '흰색 배경1', 투명도 100

⓭ [보기]의 '눈금선'을 끄고, [서식]–[정렬]의 '선택 창'에서 모든 도형을 보이게 한다.

⓮ 화살표 크기를 높이 [6cm], 너비 [15cm]로 맞추고 적당한 자리에 위치시킨다.

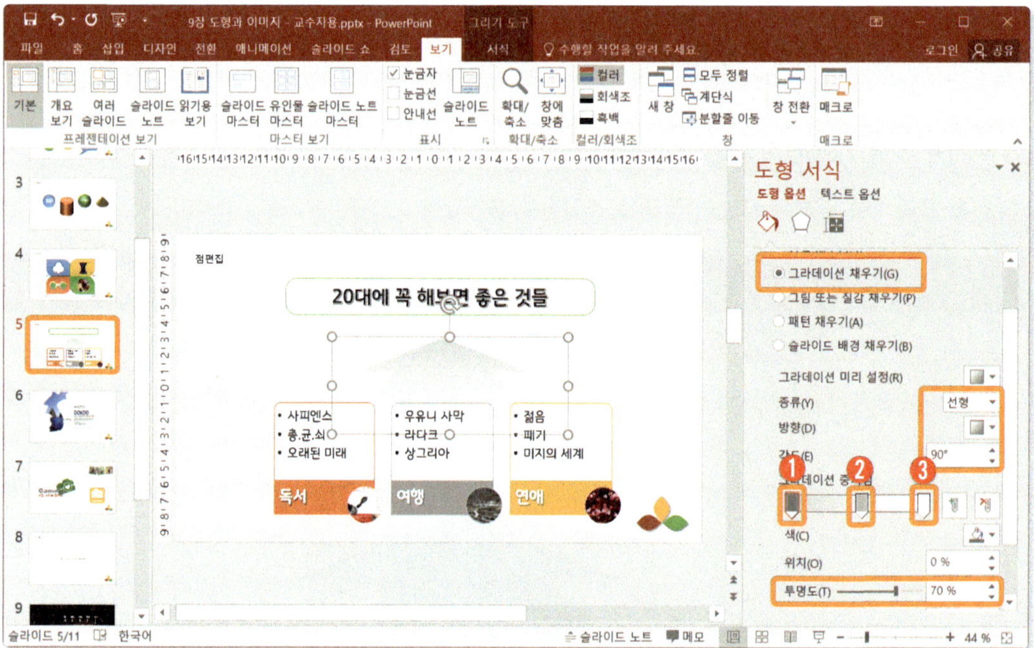

⑮ 화살표 모양을 단계별로 나타내면 다음 그림과 같다.

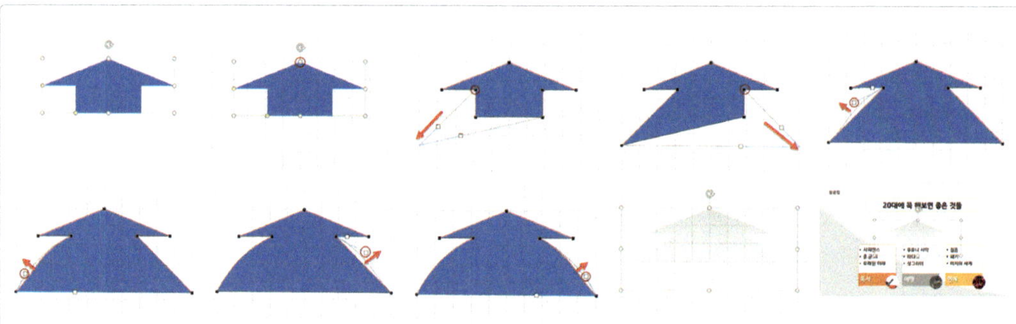

4 선 다루기

파워포인트에서 선은 연결 선으로 되어 있어 도형과 도형을 연결하는데, 자동으로 포인터를 알려준다. [홈]–[그리기]에서 자유형 선을 이용하여 도형을 만드는 방법에 대해 알아본다.

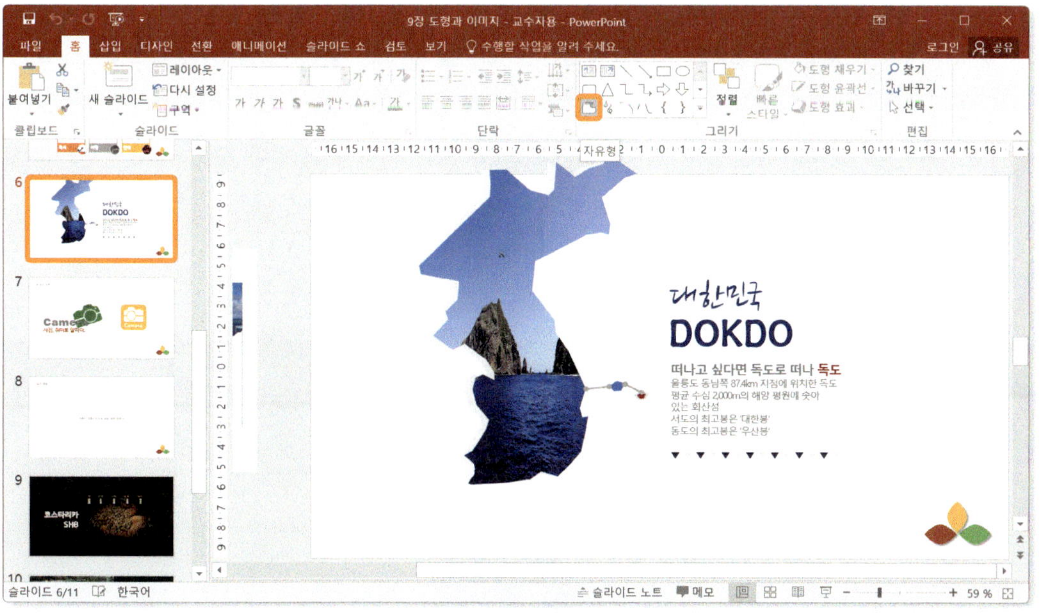

❶ 먼저 자유형을 이용하여 그림을 그리고자 하면 밑그림이 필요하다. [삽입]–[이미지]–[온라인 그림]에서 '지도'를 검색하여 밑그림이 될 만한 지도를 한 개 다운로드받는다.

❷ [홈]–[그리기] 또는 [삽입]–[일러스트레이션]–[도형]에서 '자유형' 을 선택한다.

❸ 밑그림 지도를 따라 클릭하면서 대충 지도를 그린다. 울릉도와 독도도 따로 자유형으로 그린다. 자유형은 클릭으로 도형을 그리는 형태이다. 마우스 포인터가 십자 모양으로 되어 있고 꼭지점마다 클릭해주면 대략의 지도 외형을 그릴 수 있다. 끝낼 때에는 시작점으로 가서 클릭하면 끝난다.

❹ 다운로드받은 밑그림을 지우고 도형을 복사하여 아래쪽 도형을 왼쪽으로 이동시킨다. 아래쪽 도형은 그림자로 이용하기 위해 '도형 윤곽선: 없음', '도형 채우기: 흰색, 배경1, 15% 더 어둡게'로 지정한다.

❺ [도형]–[선]을 선택하여 지도와 울릉도, 울릉도와 독도를 연결한다. 선이 도형 위로 가면 어디로 연결할지 도형에 포인터가 나타난다. 원하는 지점을 클릭하면 도형이 선으로 연결되고 도형이 이동할 때 선도 연결되어 함께 이동한다. 선의 서식은 '도형 윤곽선: 회색 50%, 강조3'과 '선 두께: 2pt', '화살표: 화살표 스타일11'로 지정한다.

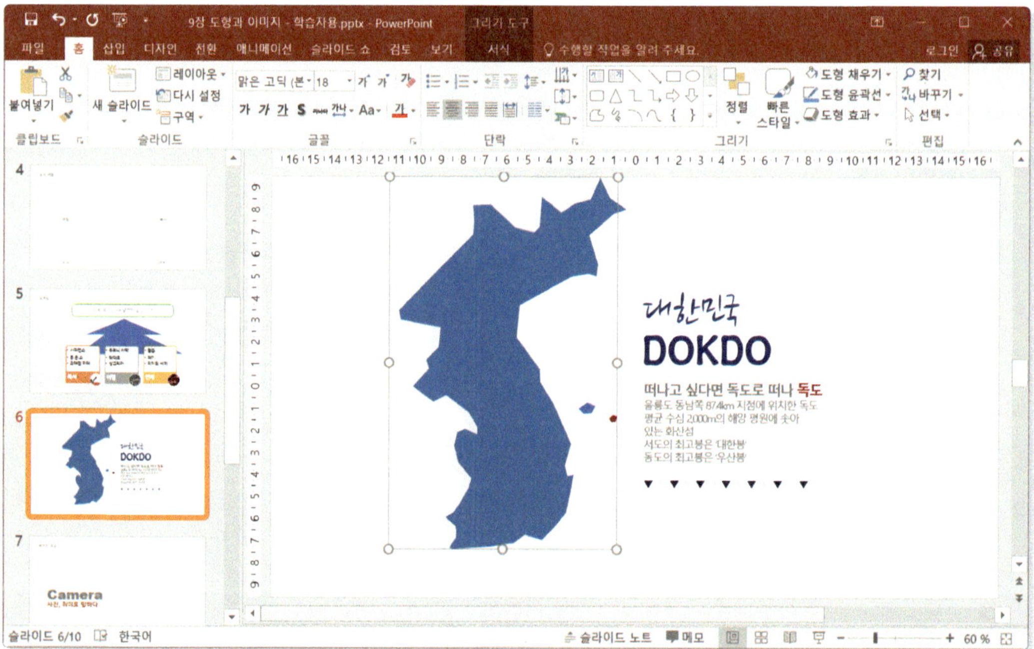

❻ 앞쪽 지도 도형은 '도형 윤곽선: 없음', '도형 채우기: 그림'으로 지정하여 온라인 그림을 '독도'로 검색하여 채워 넣는다.

❼ 도형을 모두 선택하여 [오른쪽 마우스]–[그룹화]–[그룹]으로 묶는다. 위치를 화면 바깥으로 이동시켜 텍스트와 균형을 맞춘다.

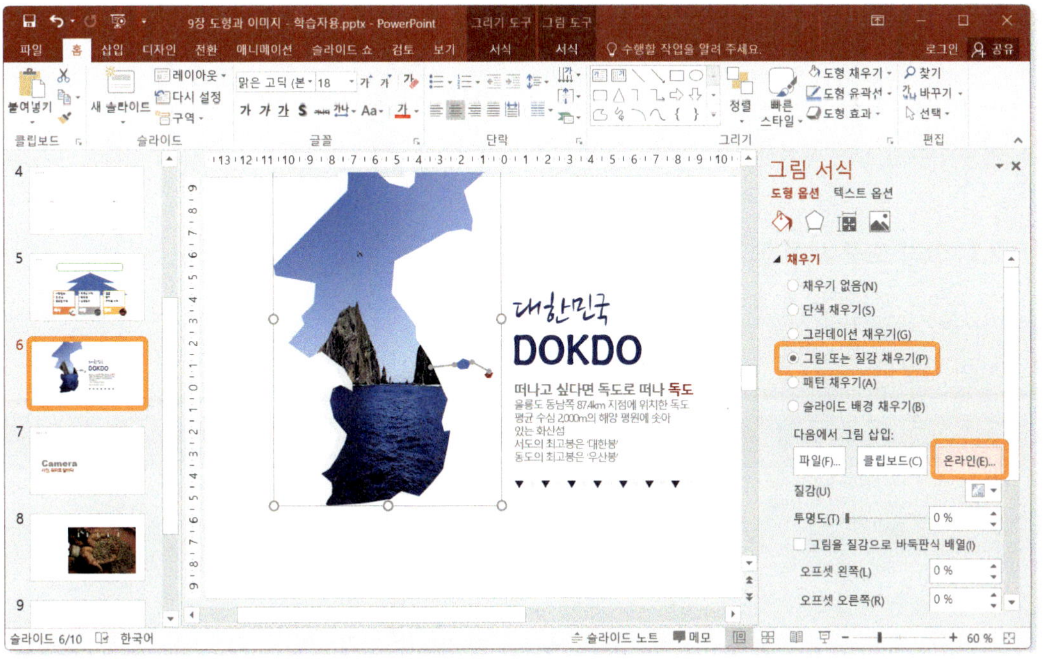

❽ '자유형' 도형으로 지도를 그리는 상세 순서는 다음과 같다.

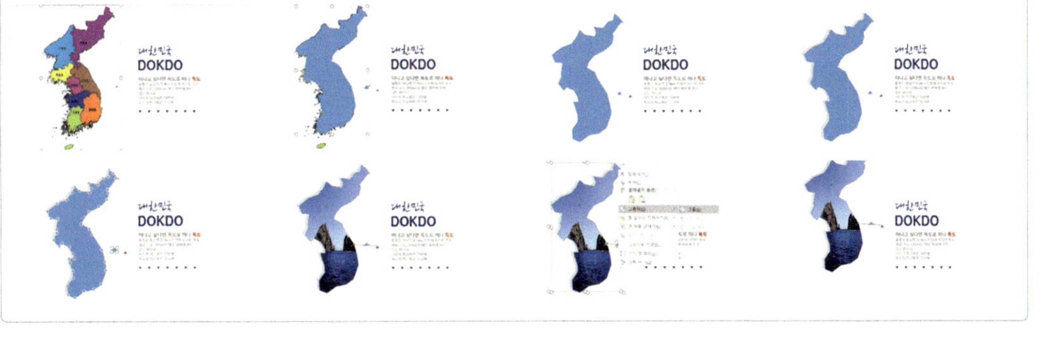

9.2 이미지를 이용한 슬라이드

이미지를 이용하면 슬라이드 내용을 다양하게 시각화하여 표현할 수 있다. 삽입된 이미지에 그림 스타일을 적용하고 잘 배치하여 활용하는 방법을 익혀보자.

9.2.1 그림 도구 서식 탭

이미지를 삽입하거나 선택하면 [그림 도구]–[서식]의 상황 탭이 나타난다. 그림의 [서식] 탭에서는 도형에 대한 다양한 서식들을 지정할 수 있다. 이때 반드시 그림이 선택되어야 한다.

❶ 조정

- ① 배경 제거: 특정 색상에 대한 이미지의 배경을 제거할 수 있다.
- ② 수정, 색, 꾸밈 효과: 이미지의 선명도, 밝기, 색, 필터를 적용하여 여러 가지 꾸밈 효과를 변경할 수 있다.
- ③ 그림 압축: 그림은 필요 없는 부분을 자르기할 수 있는데 이때 잘라낸 부분을 제거하여 저장하면 문서에서 그림의 용량을 줄여준다.
- ④ 그림 바꾸기: 현재 그림의 서식과 크기를 유지하면서 다른 그림으로 변경한다.
- ⑤ 그림 원래대로: 선택한 그림에 지정한 서식을 지워 원본 그림으로 되돌린다.

❷ 그림 스타일: 그림에 대한 서식을 빠르게 지정할 수 있게 한다.

- ① 그림 테두리: 그림의 윤곽선 모양, 색상, 두께 등을 조절할 수 있다.
- ② 그림 효과: 그림의 그림자, 반사, 네온, 부드러운 가장자리, 입체 효과, 3차원 회전 효과 등을 지정할 수 있다.
- ③ 그림 레이아웃: 스마트 아트에 있는 도형에 그림을 자동으로 적용할 수 있도록 레이아웃을 제공한다.

❸ 정렬: 그림과 개체들을 앞/뒤 정렬, 왼쪽/오른쪽/가운데 정렬, 개체들을 균등하게 정렬 등으로 지정할 수 있다.

- ① 선택 창: 애니메이션을 지정할 때 개체를 한 위치에 쌓아두는 경우가 있다. 이때 선택의 어려움이 있는데 선택 창을 이용하면 개체의 선택이 쉽다.

❹ 크기: 이미지의 크기를 정할 수 있게 수치로 나타낸다.

- ① 자르기: 이미지에서 필요 없는 부분을 제거할 때 사용한다.
- ② 도형 서식: 좀더 세밀한 값을 지정하고자 하는 경우 도형 서식 창을 열어 수행할 수 있다.

저작권 기본 정보

- CC0(Creative Commons 0): 크리에이티브 커먼즈 제로는 저작권이 소멸된 상태로 사용 제한이 없는 무료 저작물
- FREE(CC0 이외 무료 저작물): CCL을 포함한 모든 무료 저작물, 저작권이 소멸된 상태는 아니지만 자유롭게 CCL에 따라 사용이 허용된 저작물
- CCL(Creative Commons License): 저작물에 관해 일정한 조건을 전제로 자유로운 이용이 가능하므로 조건에 맞게 처리해야 함.
- CCL의 종류
  ⓘ 저작자 표시 ⓢ 비영리 ⊜ 변경금지 ⓞ 동일 조건 변경 허락

9.2.2 이미지 효과로 시각화 표현하기

슬라이드에 그림을 이용하여 시각화 표현을 하고자 한다면 슬라이드의 내용에 적합한 이미지를 사용하는 것이 가장 중요하다. 특히 이미지의 크기와 배치도 매우 중요하다. [삽입]–[그림]에서 파일을 삽입하여 다양한 효과들을 살펴보자.

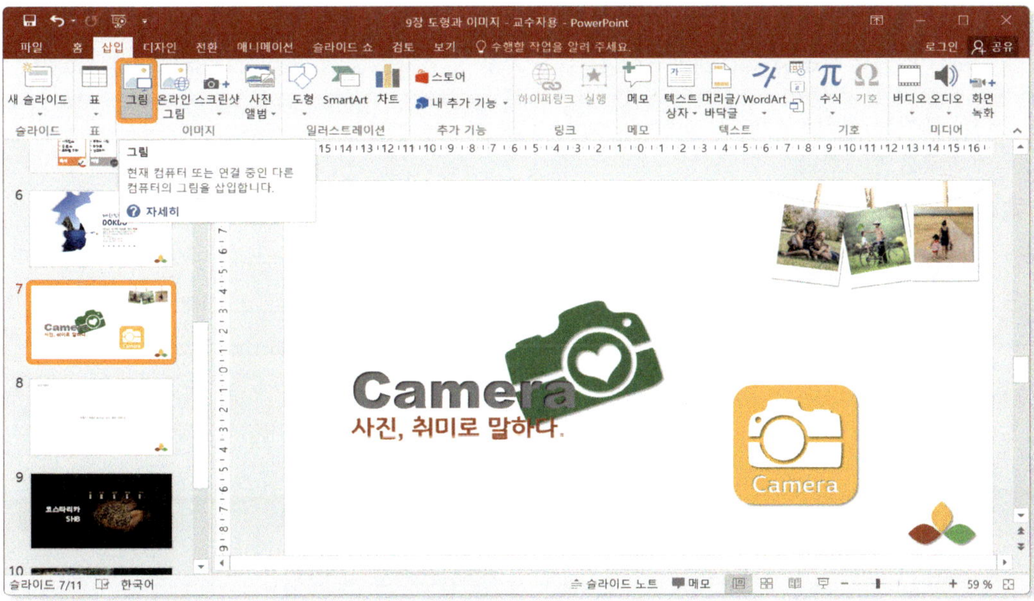

1 그림 넣기 및 자르기

이미지 사용에 있어 가장 중요한 문제는 저작권이다. 다른 사람의 이미지 사용은 늘 조심해야 한다. 이미지를 넣는 방법 중에는 '온라인 그림'과 '그림 넣기'가 있다. 자르기를 통해 이미지 주제를 잘 살릴 수 있다.

❶ '온라인 그림' 슬라이드를 선택한다.

❷ [삽입]–[이미지]–[온라인 그림]을 선택하여 이미지 검색에서 '사진'을 검색한다. 이때 필터 ▽의 '클립아트'에서 '폴라로이드 사진'을 선택하여 삽입한다(Pixabay의 무료 이미지로 표시됨).

❸ 이미지 크기를 높이 [6cm], 너비 [11.5cm]로 지정하고, 오른쪽 위쪽에 위치시킨다. 만약 이미지 크기가 원하는 크기로 지정되지 않으면 [그림 서식]–[크기 및 속성]–[크기]에서 '가로 세로 비율 고정'에 체크를 해지한다.

❹ [삽입]–[이미지]–[그림] 폴더에서 '가족 2', '가족 3', '가족 4'를 선택하여 이미지를 삽입한다.

❺ 3개의 이미지를 모서리 조절점을 이용하여 크기를 줄여주고, [그림 도구]–[크기]–[자르기]를 선택한다.

❻ 8개의 모서리가 굵은 선으로 변경되고 마우스를 선 위에 올리면 마우스 포인터가 변하고 클릭–드래그하면 사진의 일부를 자르기할 수 있다. 틀 안에 들어가도록 모든 이미지 크기를 줄인다.

❼ 이미지를 클릭하면 이미지를 회전시킬 수 있는 화살표 모양이 생긴다. 이때 사진틀 안쪽 검정색 부분에 넣을 수 있도록 크기와 방향을 모두 조절한다.

TIP 이미지 무료 사이트 활용하기

- 픽사베이(Pixabay): https://pixabay.com 퀄리티가 다소 떨어짐
- 언스플래쉬(unsplash): https://unsplash.com 고퀄리티 지원
- 프리큐레이션(freeqration): http://www.freeqration.com/featured PSD, 일러스트
- 펙셀스(pexels): https://pixels.com 사진, 영상
- 프리픽(freepik): https://www.freepik.com 사진, 벡터, PSD
- 에이씨일러스트(ac-illust): https://ac-illust.com PSD, 일러스트

2 온라인 그림 다루기

온라인 그림에서는 다양한 이미지를 검색해주기도 하지만 픽토그램을 검색하여 간단하게 사용할 수 있다. 클립아트나 픽토그램을 다운받아 간단하게 색상을 조절해 사용하는 방법을 알아보자.

❶ [삽입]–[온라인 그림]에서 '카메라'를 키워드로 입력하고 삽입한다. 이때 '필터'에서 색을 '흑백'으로 필터링해 이미지를 다운로드한다. '흑백'으로 검색하면 대부분 클립아트나 픽토그램들이 많이 검색된다.

❷ 카메라 이미지를 높이 [5cm], 너비 [7cm] 크기로 조절한다.

❸ 카메라의 색을 [그리기 도구]–[서식]–[조정]–[색]에서 '녹색, 밝은 강조색6'을 선택한다.

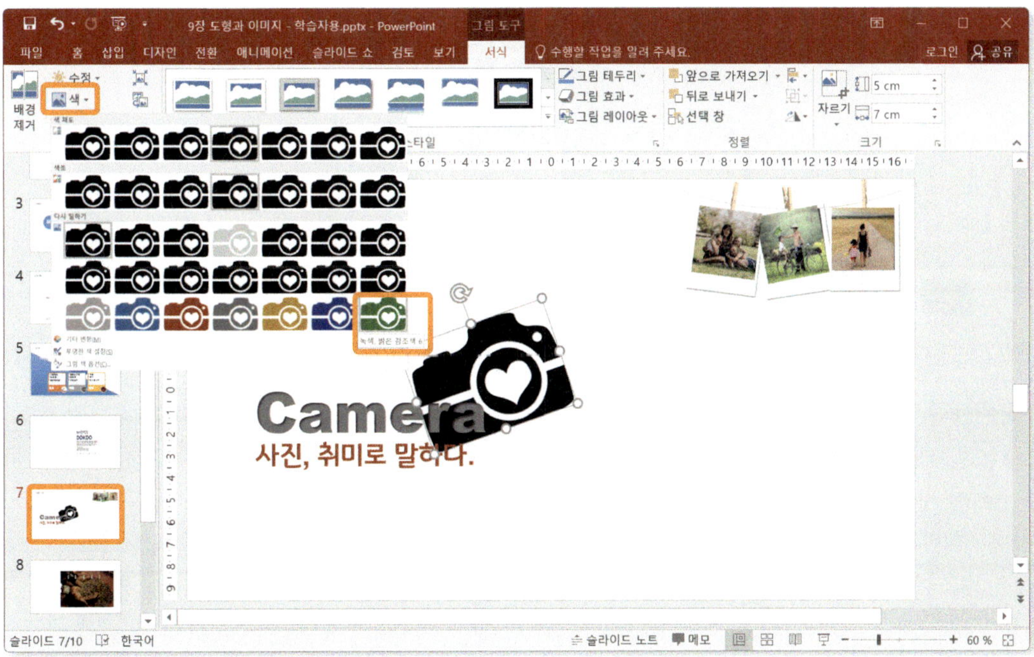

4 카메라 위치를 텍스트와 겹쳐 위치시키고 [서식]–[정렬]–[뒤로 보내기]에서 '맨 뒤로 보내기'를 선택한다.

5 카메라 이미지를 왼쪽 방향으로 회전시킨다.

6 이미지를 좀 더 선명하게 넣고자 하는 경우 그림자를 적용하면 이미지가 입체감 있게 보인다. [그림 도구]–[서식]–[그림 스타일]–[그림 효과]의 '그림자'–'바깥쪽'–'오프셋 대각선 오른쪽 아래'를 선택한다.

7 기존의 텍스트가 이미지 위에 올라가면서 선명하게 보이지 않는다. 'Camera' 텍스트를 선택하여 [서식]–[WordArt 스타일]–[텍스트 효과]에서 '그림자'–'안쪽'–'안쪽 대각선 위'를 선택하면 텍스트가 선명하게 보인다.

8 '모서리가 둥근 직사각형' 도형을 삽입한 후, 크기는 높이 [6cm], 너비 [6cm], [서식]–[도형 스타일]에서 '강한 효과–황금색, 강조4'를 선택한다.

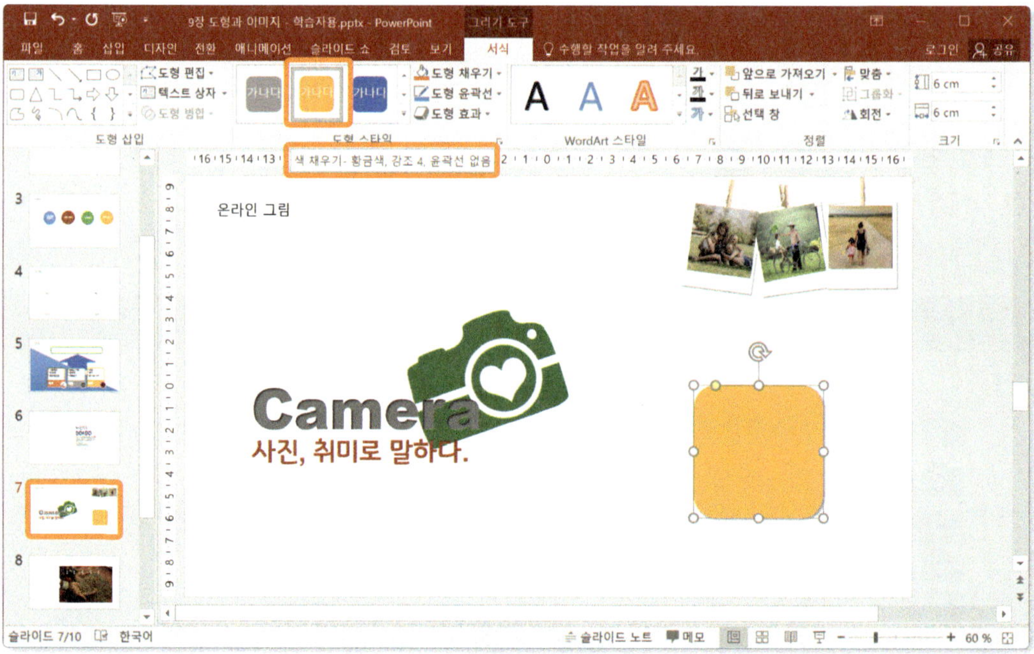

9 카메라 이미지를 넣고, [서식]–[정렬]에서 '좌우 대칭'을 적용한다.

10 [그림 서식]–[그림]에서 '그림 보정'–'밝기'를 100%로 설정하고 그림자를 '오프셋 대각선 오른쪽 아래'를 적용한다.

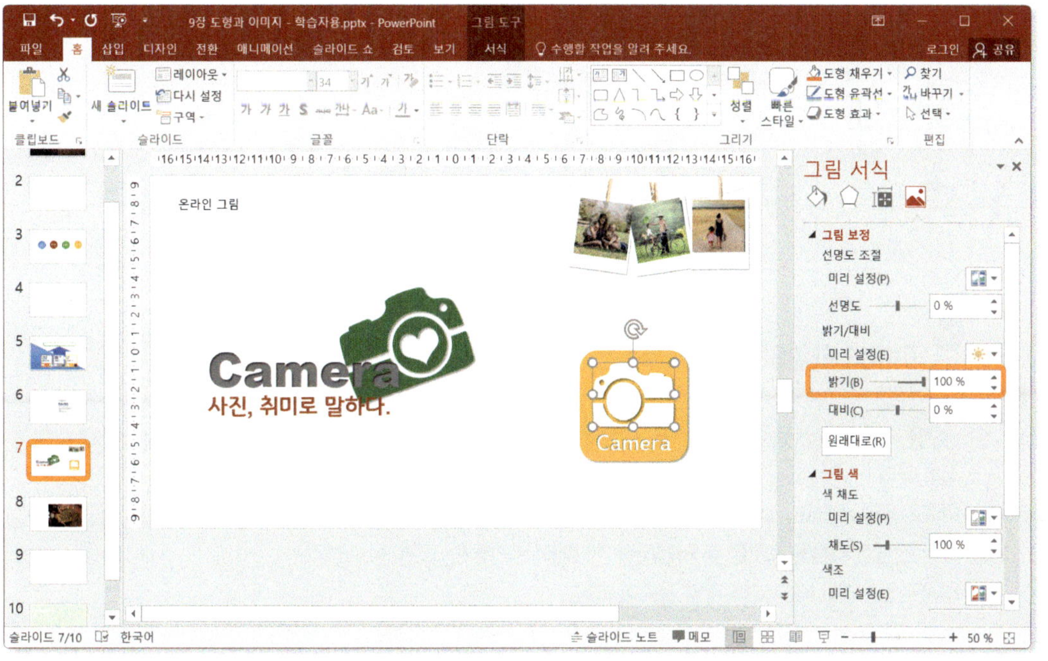

⓫ 'Camera' 텍스트를 입력한 후 '글꼴–경기천년제목, 34pt, 흰색'을 적용하고 그림자를 [서식]–[WordArt 스타일]–[텍스트 효과]에서 '그림자: 안쪽–안쪽 대각선 왼쪽 위'를 선택한다.

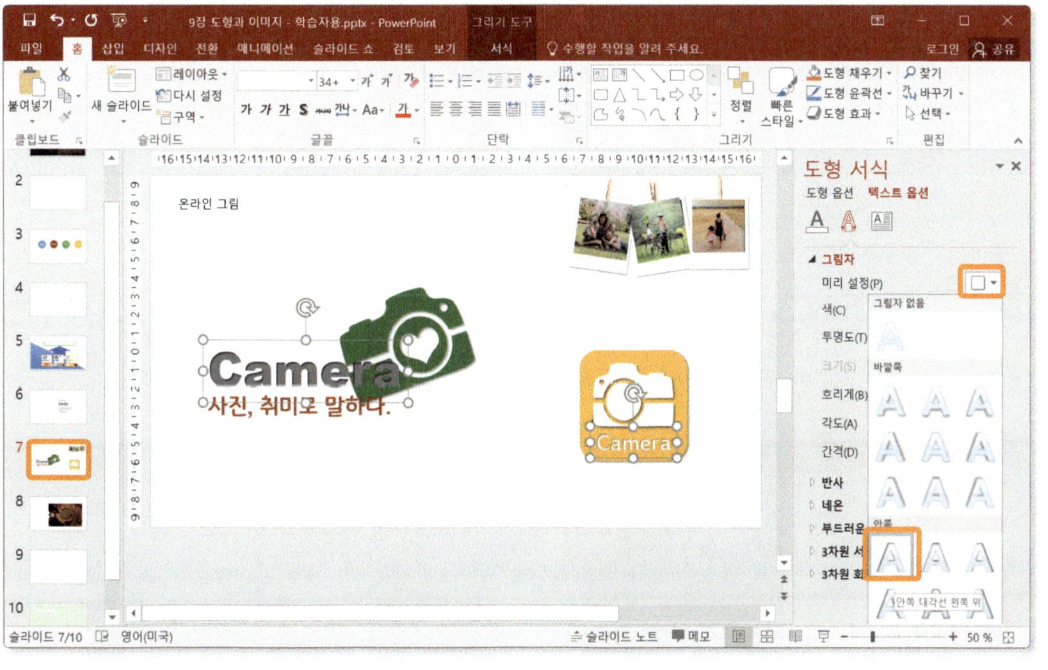

⓬ 이미지를 추가하는 전체 순서는 다음과 같다.

TIP 이미지 파일의 종류

- JPGE: 사진 이미지에 주로 사용하는 그림 포맷으로 확장자는 .jpg이다. 압축률이 높아 용량은 작지만 품질이 좋다.
- PNG: 용량이 작고 투명한 그림을 만들 수 있다.
- GIF: 간단한 그림을 표현할 때 사용하며 애니메이션 가능한 포맷이다.
- BMP: 압축률이 매우 낮아 파일 용량이 크다

3 스포이드로 색상 추출하여 배경에 적용

슬라이드의 배경은 한 가지 색 또는 그러데이션 등 다양하게 표현할 수 있다. 배경에 색상이 들어갈 경우 이미지 배치가 까다롭다. 이때는 이미지에 효과를 주어 배경과 자연스럽게 어울리도록 한다. 또한 배경색을 사용할 때는 이미지에 있는 색상을 사용하면 색상이 매우 잘 어울린다.

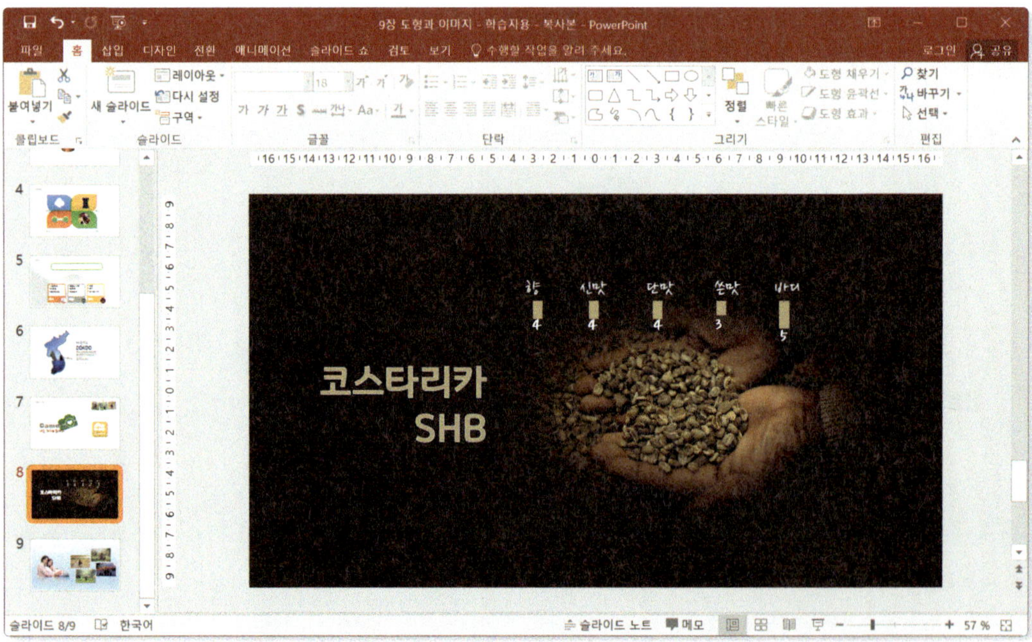

❶ '커피' 이미지가 있는 슬라이드를 선택한다.

❷ 배경색을 주기 위해 [배경 서식]–[채우기]–[단색 채우기]에서 '색'을 선택한다. 이때 색(▾)을 누르면 색상표가 열리는데 아래쪽 스포이드( )를 클릭한다.

❸ 스포이드를 통해 이미지에서 브라운 색이 가장 진한 부분을 클릭하여 배경에 색상을 넣는다. 이때 배경색뿐만 아니라 텍스트 색상 차트 색상도 모두 이미지에서 스포이드로 뽑아 사용하면 잘 어울린다.

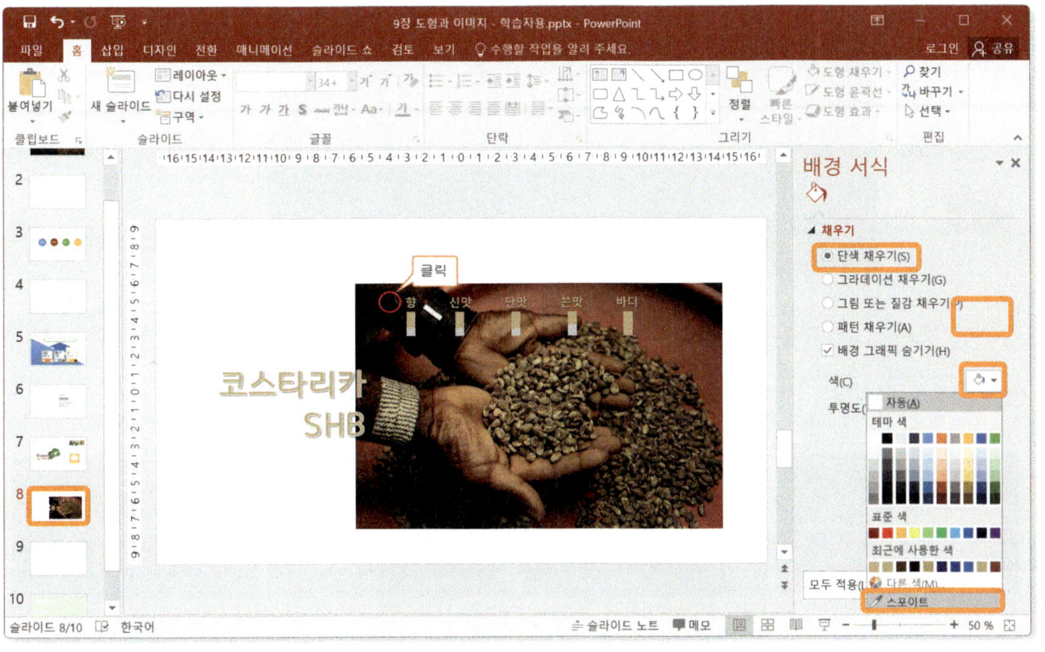

❹ 이미지를 원본 그대로 넣으면 윤곽선이 너무 뚜렷하다. 특히 손목 부분으로 시선이 옮겨가기 때문에 커피 주제에 포커스를 맞추기 위해 이미지 효과를 적용한다.

❺ 이미지는 [서식]–[정렬]–[회전]에서 '좌우 대칭'을 적용한다.

❻ [서식]–[그림 스타일]에서 '부드러운 가장자리 타원'을 적용한다. 아직도 가장자리가 부드럽지 못하다. [그림 서식]에서 '부드러운 가장자리' 효과를 크기 [100pt]로 적용한다.

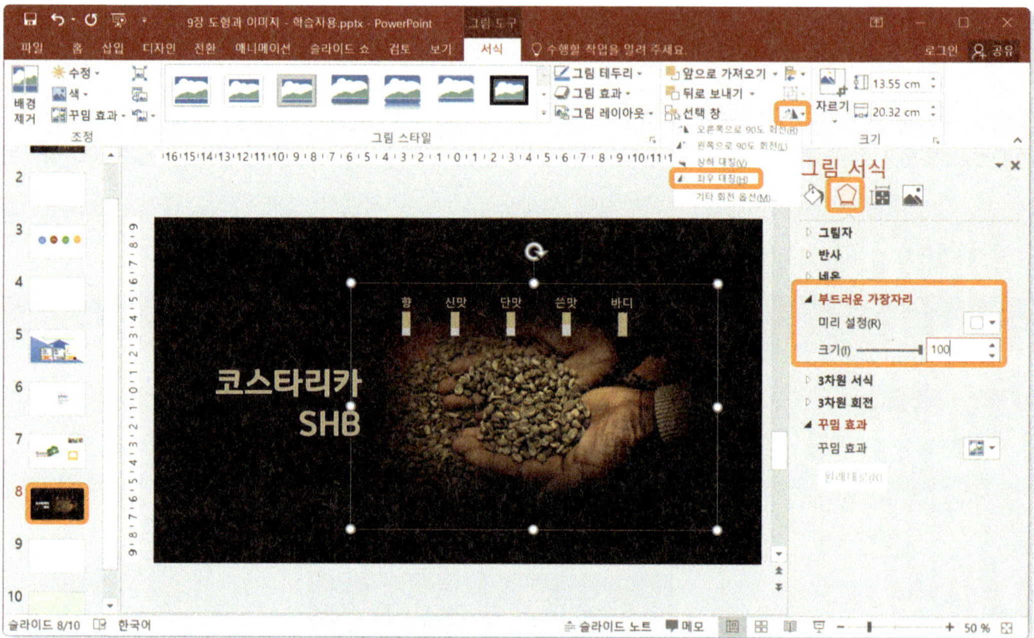

6 이미지가 완성되는 절차는 다음과 같다.

TIP 파워포인트 2016 추가 기능 - '투명도형'

파워포인트 2007버전부터 개체에 스타일이 적용되면서 향상된 그래픽 효과를 빠르게 작업할 수 있게 되었다. 2016버전에서 새롭게 추가된 투명 도형 스타일은 파워포인트 작업 시 텍스트의 가독성을 높이고자 할 때 주로 수작업으로 사용하던 방식이 '도형 스타일'에 추가되었다. 이미지와 텍스트를 함께 사용할 때는 반드시 텍스트의 가독성을 고려해야 한다.

도형의 투명도를 조절하기 위해 2016 이전 버전에서는 **[그리기 도구]-[서식]-[도형 스타일]-[도형 채우기]-[다른 채우기 색]**을 선택한 후, **[색]**-검정, **[투명도]**-50%를 조정한 다음 〈확인〉을 클릭해 사용하였다.

2016버전에서는 **[그리기 도구]-[서식]-[도형 스타일]**-'미리보기'-'반투명-검정, 어둡게1, 윤곽선 없음'을 클릭하면 똑같은 효과를 볼 수 있다.

4 그러데이션 효과 지정하기

도형이나 배경에 그러데이션 효과를 적용하여 새로운 분위기를 만들 수 있다.

❶ [배경]–[오른쪽 마우스]–[배경 서식]에서 '배경 서식' 창 열기를 선택한다.

❷ 채우기에서 그러데이션 채우기를 선택한다. 기본 그러데이션이 적용된다.

❸ 그러데이션 기본 설정 값을 사용한다.

TIP 그러데이션

- 그러데이션은 종류, 방향, 각도, 중지점, 위치, 투명도, 밝기 값을 조절할 수 있다.
- 종류에는 선형, 방사형, 사각형, 경로형, 제목 음영이 있다.
- 방향은 8가지가 있는데 종류에 따라 적용된 모습을 보여주기 때문에 선택하여 사용할 수 있다.
- 각도는 위의 방향에서 원하는 각도를 찾지 못할 경우 값으로 조절할 수 있다.
- 몇가지 색을 사용할 것이냐에 따라 중지점의 개수가 정해진다. 중지점을 추가할 경우 '그러데이션 중지점 추가'를 누르거나 바를 클릭한다. 중지점을 제거할 경우에는 중지점을 선택한 후 '그라데이션 중지점 제거'를 클릭한다.
- 중지점을 클릭한 다음 색상을 클릭하면 색상표가 나타나는데, 임의의 색을 클릭하여 적용한다.
- 위치는 값으로도 조절할 수 있고 중지점을 오른쪽/왼쪽으로 드래그하여 위치를 설정할 수 있다.
- 각 중지점을 클릭한 후 투명도를 조절할 수 있다.

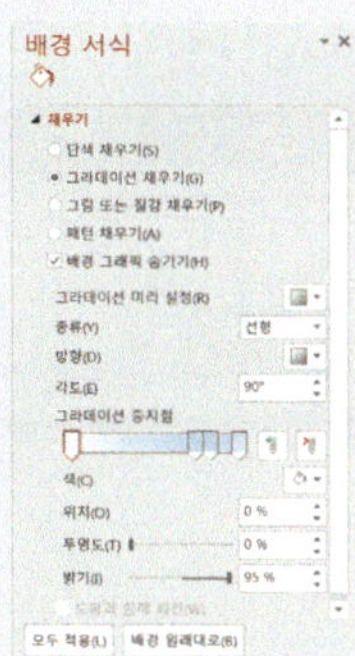

아래의 예는 중지점이 2개와 3개로 색이 조합되어 있는 것을 알 수 있다.

5 안내선 이용하여 이미지 배치하기

스마트 그리드를 통하여 이미지 배치가 쉬워졌다. 안내선이나 눈금선은 이미지 배치, 이미지 그리기에서 유용하게 사용된다.

❶ [보기]–[표시]에서 눈금자, 안내선을 켠다.

❷ 안내선 위에 마우스 포인터를 위치시키면 포인터 모양이 바뀐다. 이때 클릭하여 안내선을 움직여 보자.

- ❶ 새로운 안내선을 추가할 경우에는 Ctrl을 누른 채 안내선을 드래그한다.
- ❷ 안내선을 제거할 때는 안내선을 클릭하여 화면 바깥으로 밀면 된다.

❸ 가로 안내선: 3.70, 4.20 위치, 세로 안내선: 14.40, 1.70, 0.30, 6.30, 8.20에 위치시킨다.

6 그림의 배경 투명하게 하기

❶ [삽입]–[이미지]–[그림]을 선택하여 '그림1 ~ 그림5' 파일을 삽입한다.

❷ '그림1'의 크기를 높이 [8cm], 너비 [12cm]로, '그림2 ~ 그림4'의 크기를 높이 [5cm], 너비 [7.5cm]로 지정한다.

❸ '그림1'의 이미지를 [서식]–[정렬]–[회전]에서 '좌우 대칭'을 선택한다.

❹ '그림1'의 이미지를 [서식]–[조정]–[배경 제거]를 클릭한다.

  ① 안쪽의 그림 영역을 모든 이미지로 포함되도록 확대하고, '보관할 영역 표시'를 클릭하여 이미지가 살아나도록 클릭하거나 드래그한다. 분홍색 부분은 제거되는 부분이다.

❺ 이미지를 제거하기 위해서는 '제거할 영역 표시'를 선택하여 클릭하거나 드래그한다.

❻ 이미지를 안내선에 맞춰 배치한다.

❼ 그림 효과를 다음과 같이 지정한다.

  ① 그림1: [서식]–[그림 효과]–[네온]을 '흰색, 배경 1'로 적용, [그림 효과]–[반사]를 '반사 변형–근접 반사, 터치'로 적용

  ② 그림2 ~ 그림5: [서식]–[그림 효과]–[그림자]에서 '바깥쪽–오프셋 대각선 오른쪽 아래'를 적용

❽ 이미지 배치가 끝나면 [보기]–[표시]에서 안내선 체크를 해지한다.

TIP 프레젠테이션 용량 줄이기

프레젠테이션 파일의 사이즈가 큰 경우 메일을 보내거나 웹에 올릴 경우 속도 등 여러 가지 문제가 생겨날 수 있다. 이때는 그림을 압축해서 보내는 것이 효율적이다.

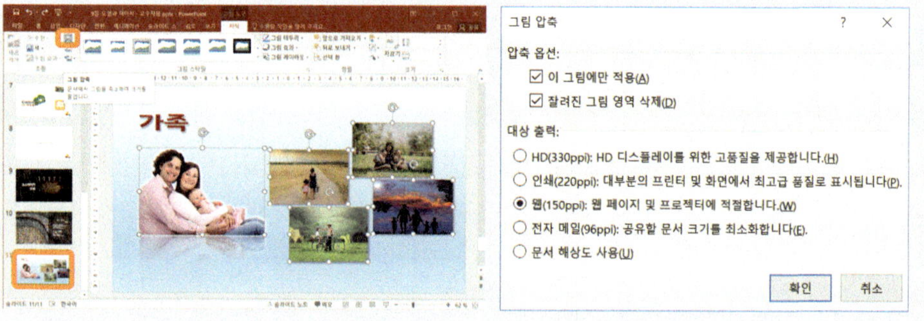

❶ 슬라이드에서 그림을 선택하고 **[그림도구]-[서식]** 탭에서 **[그림 압축]**을 선택한다.

❷ 그림 압축 대화상자가 나나타면 **[이 그림에만 적용]**을 해제하며 다른 그림도 포함시킨다.

❸ 대상 출력에서 웹(150ppi)을 선택하고 확인하여 사이즈를 줄인다.

❹ 압축 옵션에 잘려진 그림 영역 삭제 부분이 있다. 큰 그림을 넣고 일부만 사용했을 경우 잘려진 그림을 삭제하여 사용하는 것이 좋다.

실무 활용 문제 1 도형으로 슬라이드 만들기

결과 화면

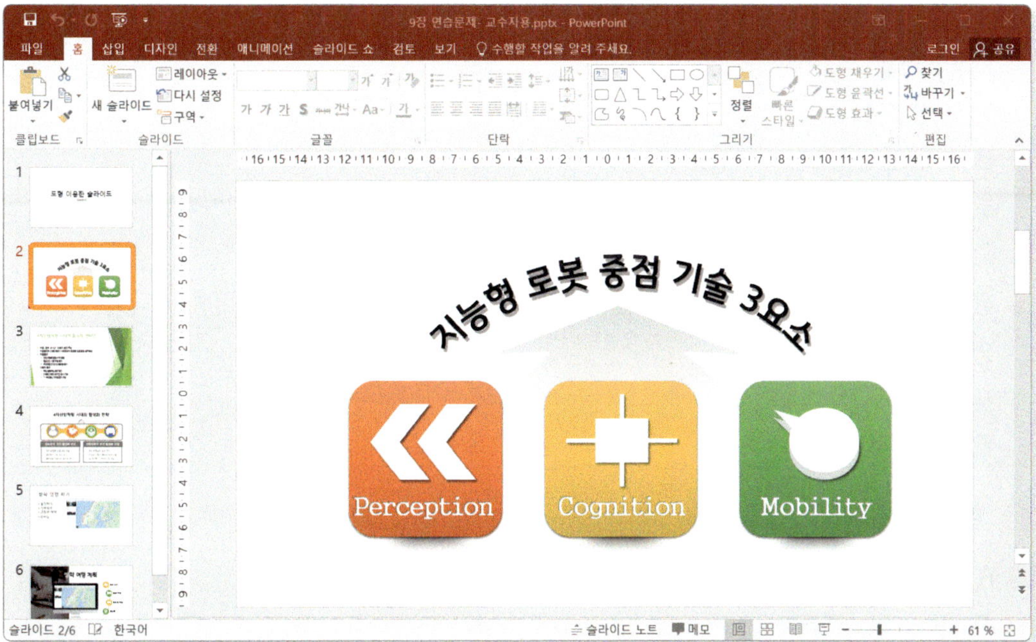

1 제목 2개 – '지능형 로봇 중점 기술 3요소'

❶ 경기천년제목, 48pt

❷ [그리기 도구]–[서식]–[텍스트 효과]의 '변환'–'모양'–'위쪽 원호' 적용

❸ '검정 텍스트1', '회색–50% 강조3' 2개 만들어 배치

2 화살표 – 회색

❶ '위쪽 화살표' 추가, 점 편집으로 수정

❷ 도형 채우기 그러데이션 적용

- ❶ 중지점 1: '흰색', '투명도 100%'
- ❷ 중지점 2: '흰색, 배경1, 25% 더 어둡게', '투명도 70%'
- ❸ 중지점 3: '흰색, 배경1, 50% 더 어둡게', '투명도 70%'

3 직사각형 3개

❶ '모서리가 둥근 직사각형' 3개 추가

① 크기: 높이 [7cm], 너비 [7cm]

② 색: [도형 스타일]에서 '강한 효과–주황 강조2', '강한 효과–황금색 강조4', '강한 효과–녹색 강조6' 차례대로 적용

❷ 도형 그림자

① '타원' 도형 추가

② 크기: 높이 [2cm], 너비 [7cm]

③ [도형 윤곽선]–'없음', [도형 채우기]–'검정, 텍스트1'

④ [도형 효과]– '부드러운 가장자리'–'25pt'

❸ 흰색 도형: 갈매기수장(▷), 왼쪽/오른쪽/위쪽/아래쪽 설명선(✣), 타원형 설명선(💬)을 이용하여 도형 모양 변경

① 색: '흰색, 배경1', '흰색, 배경1, 15% 더 어둡게' 중 선택해서 사용

② 도형 그림자 적용, '그림자'–'바깥쪽'–'오른쪽 오프셋 대각선 아래'

4 텍스트(Perception, Cognition, Mobility)

❶ HY궁서B, 32pt, '흰색, 배경1', 문자 간격: 좁게

❷ [텍스트 효과] – '그림자'–'안쪽'–'안쪽 대각선 왼쪽 위' 적용

실무 활용 문제 2 도형 병합으로 슬라이드 만들기

결과 화면

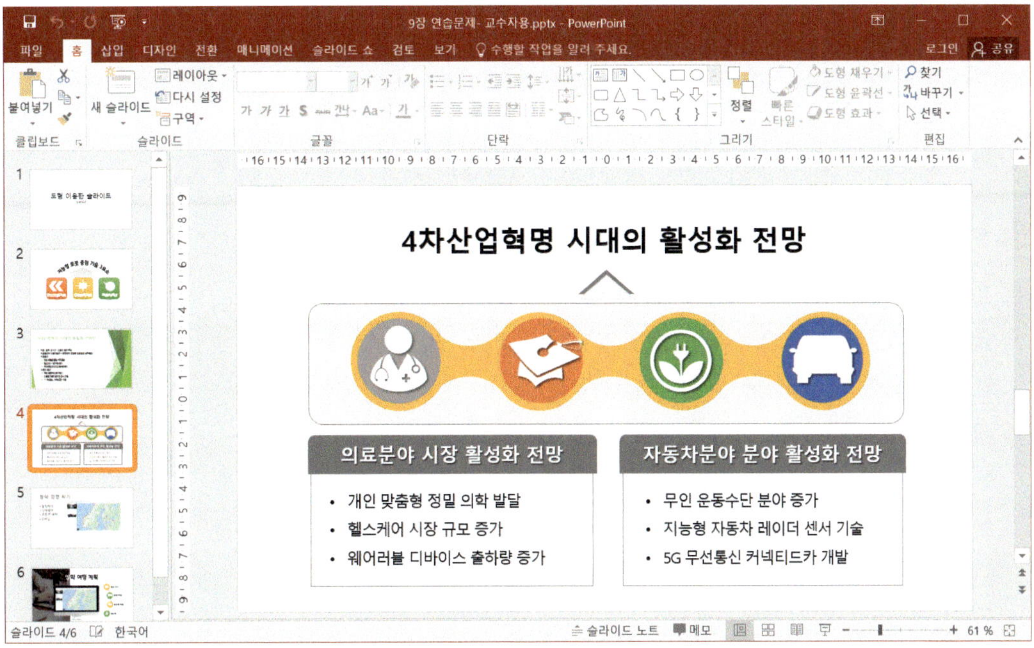

1 제목: 4차산업혁명 시대의 활성화 전망

❶ 글꼴: 맑은 고딕, 36pt, '검정, 텍스트1', '굵게'

2 삼각형: 2개

❶ 크기: 높이 [1.1cm], 너비 [2.6cm]

❷ 색

- ❶ [도형 채우기] – '흰색, 배경1, 5% 더 어둡게', '흰색, 배경1, 50% 더 어둡게'
- ❷ [도형 윤곽선] – '흰색, 배경1, 15% 더어둡게', '없음'

3 직사각형: 모서리가 둥근 직사각형

❶ 색: [도형 채우기]–'흰색, 배경1, 5% 더 어둡게', [도형 윤곽선] '흰색, 배경1, 50% 더 어둡게'

4 도형 병합

❶ 본문의 내용을 참고하여 도형 병합으로 모양을 만들고 복사 붙여넣기로 추가한다.

➊ 색: [도형 채우기]–'황금색, 강조4'를 적용한다.

❷ 각각 타원 도형을 추가하여 색을 '회색–50%, 강조3', '주황, 강조2', '녹색, 강조6', '파랑, 강조5'를 적용한다.

❸ 온라인 그림 추가: 각각 의료, 학사모, 에너지, 자동차로 입력하여 '흑백' 필터로 검색

➊ 모든 그림 흰색 적용: '그림 서식–그림–그림 보정–밝기 1000%'로 적용

➋ 모든 그림 그림자 적용: '그림자–바깥쪽–오프셋 대각선 오른쪽 아래' 적용

5 텍스트 상자

❶ 제목(회색): '양쪽 모서리가 둥근 사각형', 크기: 높이 [1.7cm], 너비 [13.2cm]

➊ [도형 채우기]와 [도형 윤곽선] – '흰색, 배경1, 50% 더 어둡게'

➋ 글꼴: 맑은 고딕, 24pt, 굵게, '텍스트 그림자'

❷ 내용(흰색): '직사각형', 크기: 높이 [6.1cm], 너비 [12.9cm]

➊ [도형 채우기] – '흰색, 배경1', [도형 윤곽선] – '흰색, 배경1, 50% 더 어둡게'

➋ 텍스트 상자를 이용해 내용 입력, 글꼴: 맑은 고딕, 20pt, 문자 간격–좁게

실무 활용 문제 3 이미지로 슬라이드 만들기

결과 화면

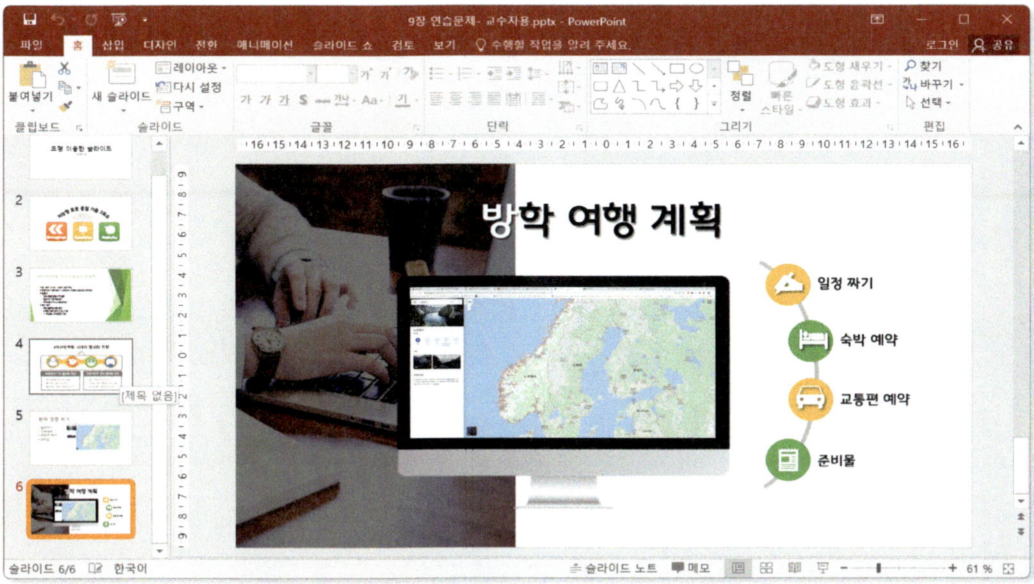

1 제목: 방학 여행 계획

❶ 글꼴: 경기천년제목, 54pt, 흰색과 검정으로 사용, 텍스트 그림자

2 왼쪽 이미지

❶ 온라인 그림: '업무' 검색, 자르기 이용해 배치

❷ 직사각형 도형: [도형 윤곽선]–'없음', [도형 채우기]–'검정, 텍스트1', 투명도–'50%'

3 모니터 이미지

❶ 온라인 그림: '모니터' 검색, 크기: 높이 [12cm], 너비 [15.5cm]

❷ 인터넷에서 지도를 검색하여 화면 캡처 후 모니터 크기만큼 사용

4 오른쪽 아이콘

❶ 회색 선: '원호' 도형 추가, [도형 윤곽선]–'흰색, 배경1, 25% 더 어둡게', 선 굵기–'6pt'

❷ '타원' 도형 추가, 크기: 높이 [2.1cm], 너비 [2.1cm], 색: '주황', '녹색, 강조6'

❸ 이미지: '노트, 숙박, 교통'을 픽토그램으로 검색, 그림 서식: 밝기–'100%', 그림자–'오프셋 대각선 오른쪽 아래'

Preview

10 CHAPTER 스마트아트와 다이어그램 슬라이드

CHAPTER 10 스마트아트와 다이어그램 슬라이드

- 스마트아트 그래픽은 내용의 흐름을 효과적으로 전달하기 위해 사용한다. 스마트아트 그래픽은 간단하게 마우스 클릭만으로 그래픽 슬라이드를 구성할 수 있으며, 텍스트를 스마트아트로 변경하거나 스마트아트를 그림으로 변경할 수도 있다. 다양하게 스마트아트를 이용하는 방법과 다이어그램을 활용하는 방법들에 대해 알아본다.

10.1 스마트아트를 이용한 슬라이드

프레젠테이션에서 슬라이드 작성 시 텍스트보다는 그래픽으로 구성된 슬라이드가 청중들을 설득하는 데 효과적이다. 따라서 스마트아트는 많은 내용을 도식화하여 내용의 흐름을 효과적으로 전달하기 위해 사용한다. 내용에 어울리는 스마트아트 그래픽을 선택하고 다양한 서식을 적용하는 방법에 대해 알아보자.

10.1.1 스마트아트 도구 상자

스마트아트를 삽입하거나 선택하면 [SmartArt 도구]–[디자인]과 [서식]이 나타난다. [디자인]에서는 스마트아트에 대한 다양한 서식들을 빠르게 지정할 수 있다. [서식]은 스마트아트의 각각에 대한 도형의 서식을 지정할 수 있다.

[디자인] 탭

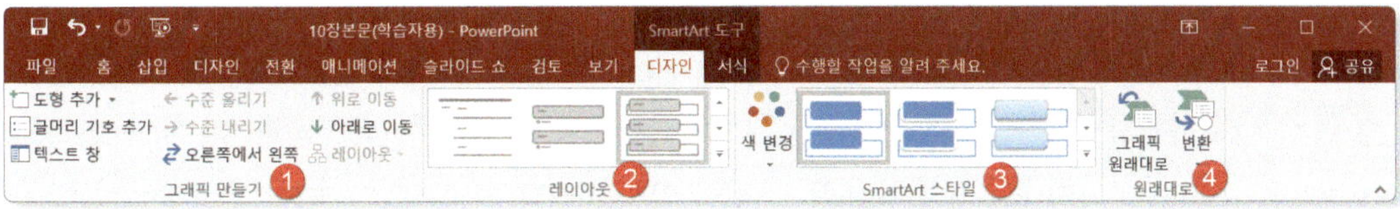

❶ 그래픽 만들기: 그래픽 레이아웃을 결정하고 텍스트 창을 여닫을 수 있으며, 그려진 그래픽 도형의 추가, 수준의 이동 좌우 전환 등을 지정한다.

❷ 레이아웃: 그래픽 도형의 레이아웃을 지정하고 바꿀 수 있다.

❸ SmartArt 스타일: '색 변경'으로 그래픽 도형에 가장 어울리는 색을 여러 가지 중에 선택할 수 있다. 스타일을 클릭하면 스마트아트 그래픽에 적용한 스타일을 변경할 수 있다.

❹ 원래대로: '그래픽 원래대로'는 '색 변경'과 'SmartArt 스타일'을 적용했을 때 스마트 아트를 처음 지정한 형태로 되돌리기한다. '변환'은 최소한의 도형을 스마트아트에서 추가해 놓고 세부적인 도형을 변경하고자 할 때 '도형으로 변환'을 클릭하면 각각의 도형으로 그룹을 해제할 수 있으며 스마트아트의 특성을 잃어버린다. '텍스트로 변환'을 하면 처음 내용을 입력할 수 있는 텍스트 상자 형태로 변환된다.

[서식] 탭

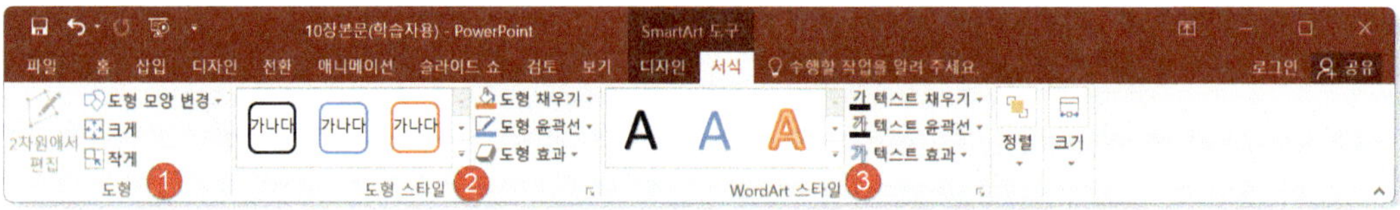

❶ 도형: [서식]은 표나 차트 등 다른 기능을 수행할 때도 같은 메뉴가 나타난다. ❶의 '도형'은 스마트아트에서만 나타나는 기능이다.

❷번과 ❸번은 앞에서 설명한 내용과 동일하다.

10.1.2 스마트아트 종류

내용의 전개에 적합한 스마트아트를 선택하여 빠르고 쉽게 좋은 도해를 적용할 수 있다. 또한 작업한 스마트아트라도 보다 더 나은 디자인으로 변경이 가능하다.

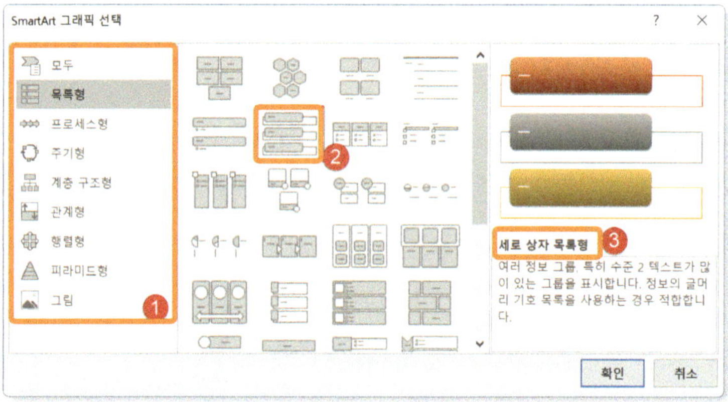

스마트아트는 비중이 같은 내용을 열거하는 목록형, 진행 및 단계가 있는 프로세스형, 반복과 연속인 주기형, 조직도를 나타내는 계층 구조형, 스토리 및 데이터의 연관성을 나타내는 관계형, 사방 구조인 행렬형, 상하의 다른 구성을 표현하는 피라미드형, 그림으로 표현하는 그림형 등의 8가지 유형이 있으며, 내용의 전개에 적합한 모양을 선택할 수 있다.

스마트아트 그래픽의 유형

스마트아트 유형	특 성
목록형	비순차적이거나 그룹화된 정보를 나열식으로 보여줄 때 사용
프로세스형	작업 프로세스의 진행 방향이나 순차적 단계를 보여줄 때 사용
주기형	일정 주기로 작업이 진행되는 경우 사용
계층 구조형	회사 체계도 등의 계층 구조를 보여줄 때 사용

스마트아트 유형	특 성
관계형	상반, 상호 보완, 계층 관계 또는 비례 등 정보 간의 관련성이 있을 경우 사용
행렬형	SWOT 분석에 자주 사용
피라미드형	각 요소들을 상위부터 하위까지 단계적으로 보여줄 때 사용
그림	그림 형태로 표현할 때 사용

1 스마트아트 활용 방법

❶ 스마트아트를 충분히 활용한다.
❷ 일반 도형과 조립하여 사용한다.
❸ 간단한 그림 등을 추가하여 나타낸다.
❹ 스마트아트끼리 연결한다.
❺ 도형에 투명도를 주어 가독성을 높여준다.
❻ 내용에 따라 중요 포인트를 강조한다.

10.1.3 스마트아트 삽입 및 변형하기

스마트아트는 파워포인트에서 제공하고 있는 스마트아트를 삽입할 수도 있고 [파일]–[새로만들기]에서 다이어그램을 클릭해도 멋진 스마트아트들을 추가하여 사용할 수 있다. 기본적으로 제공하는 스마트아트를 조금씩 변형하여 개성 있는 스마트아트를 활용할 수 있다.

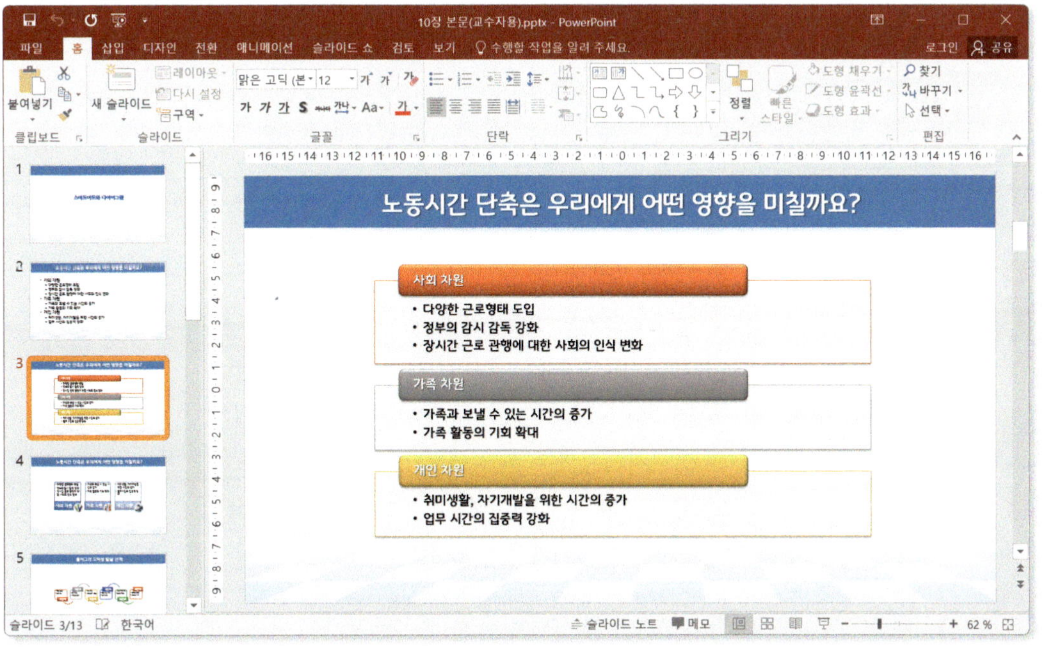

1 스마트아트 삽입

스마트아트의 내용에 적합한 스마트아트를 삽입하면 텍스트를 입력할 수 있는 텍스트 상자가 나타난다. 여기에 수준에 따라 텍스트를 입력하여 완성한다.

❶ [삽입]–[일러스트레이션]–[SmartArt] 또는 내용 텍스트 상자에서 '스마트아트 그래픽 삽입' 도형을 클릭한다.

❷ 스마트아트 그래픽 선택 창이 나타나면 내용에 어울리는 그래픽을 선택한다. '목록형'–'세로 상자 목록형'을 선택한다.

❸ 텍스트를 입력할 수 있는 곳은 왼쪽 텍스트 상자, 또는 도형을 클릭해도 텍스트를 입력할 수 있다. 이때 왼쪽 텍스트 상자 ❶을 클릭하면 해당되는 오른쪽 도형 상자 ❷가 선택되어 어느 도형에 입력되는지 확인할 수 있다. ❸을 클릭하면 왼쪽 텍스트 상자가 열렸다 닫힌다.

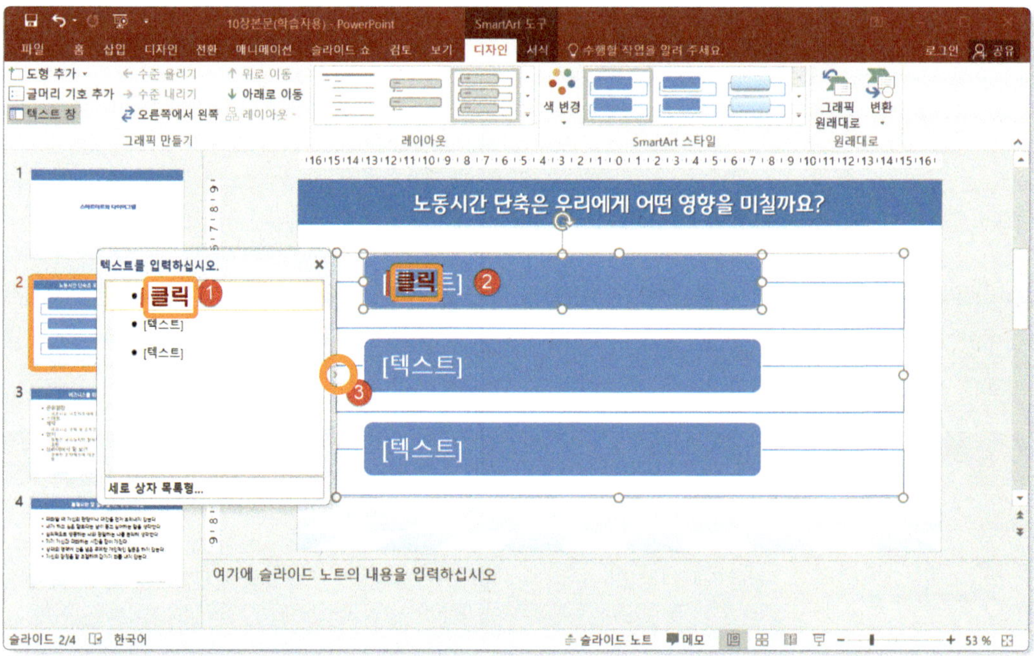

❹ 다음과 같이 수준에 맞춰 텍스트를 입력해보자.

❶은 1수준으로 해야 하며 ❷는 2수준으로 입력해야 한다. 수준을 내리거나 올릴 때는 [SmartArt 도구]–[디자인]–[그래픽 만들기]에서 '수준 올리기', '수준 내리기'를 클릭한다. 또는 키보드에서 [Tab]키를 누르면 '수준 내리기', [Shift] + [Tab]키를 누르면 '수준 올리기'가 간단하게 진행된다.

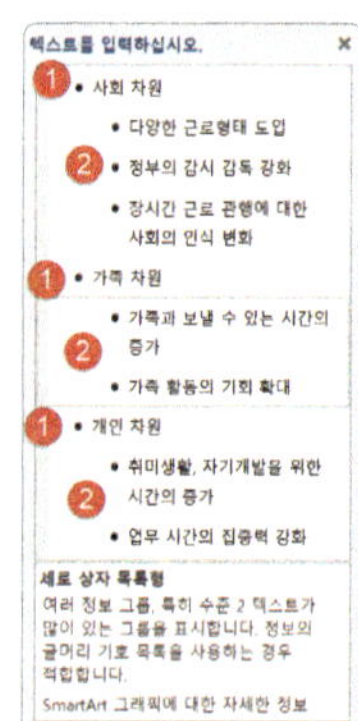

❺ 텍스트 상자에서 모든 텍스트를 선택하고 '경기천년제목 Medium'체, '17pt'로 지정, 1 수준은 글꼴: '20pt, 텍스트 그림자'를 선택한다.

TIP 스마트아트에 텍스트 입력하기

- 스마트아트 텍스트 상자에서 텍스트를 입력할 수 있다.
- 스마트아트 도형을 선택하고 도형에 직접 텍스트를 입력할 수 있다.

2 스마트아트 스타일 적용

클릭 한두 번만으로 스마트아트를 좀 더 입체감 있는 도형으로 시각화할 수 있다.

❶ [SmartArt 도구]–[디자인]의 '색 변경'에서 '색상형'–'색상형–강조색'을 선택한다.

❷ [SmartArt 스타일]에서 '3차원'–'광택 처리'를 선택한다.

❸ 전체 크기를 적당히 조절하여 가운데 위치시킨다. 이렇게 쉽게 텍스트를 입력하고 클릭 두 번에 입체감 있는 도형 슬라이드를 만들 수 있다.

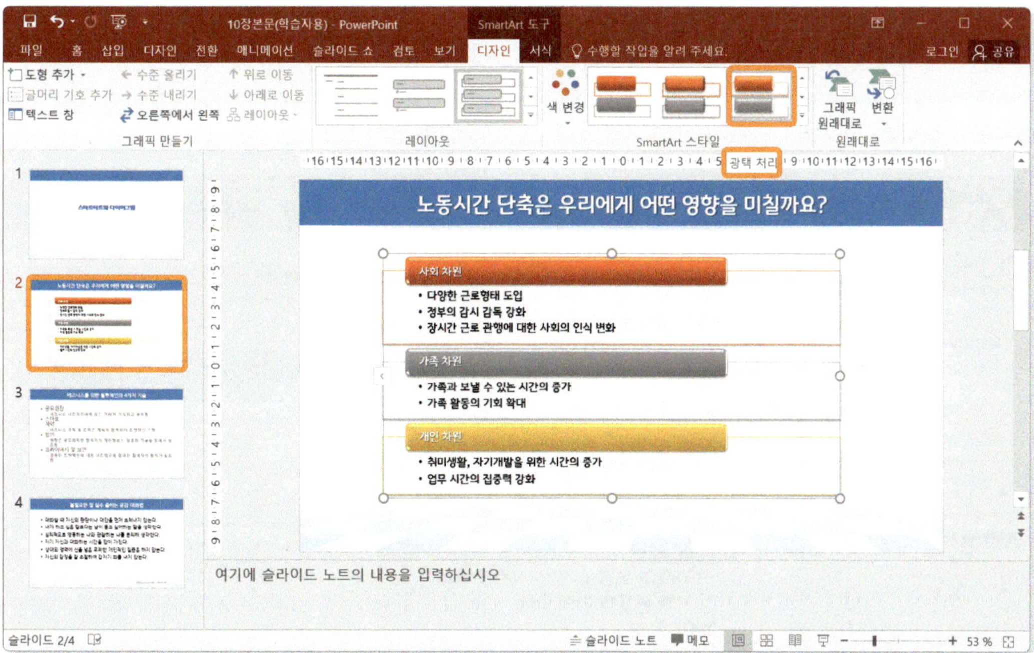

3 텍스트를 스마트아트로 변환

텍스트만으로 이루어진 슬라이드는 텍스트를 수준별로 정리하고 간단하게 스마트아트 그래픽으로 변환할 수 있다. 또한 스마트아트로 되어 있는 것을 텍스트로 변환할 수도 있다.

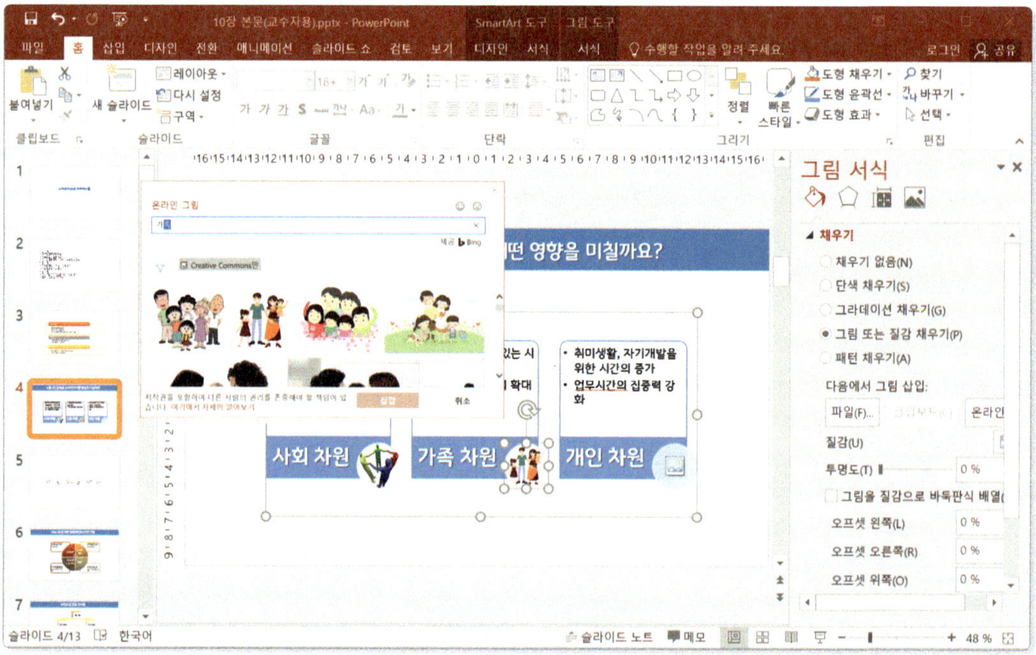

❶ 슬라이드를 추가하여 다음의 텍스트를 수준에 맞춰 입력해보자.

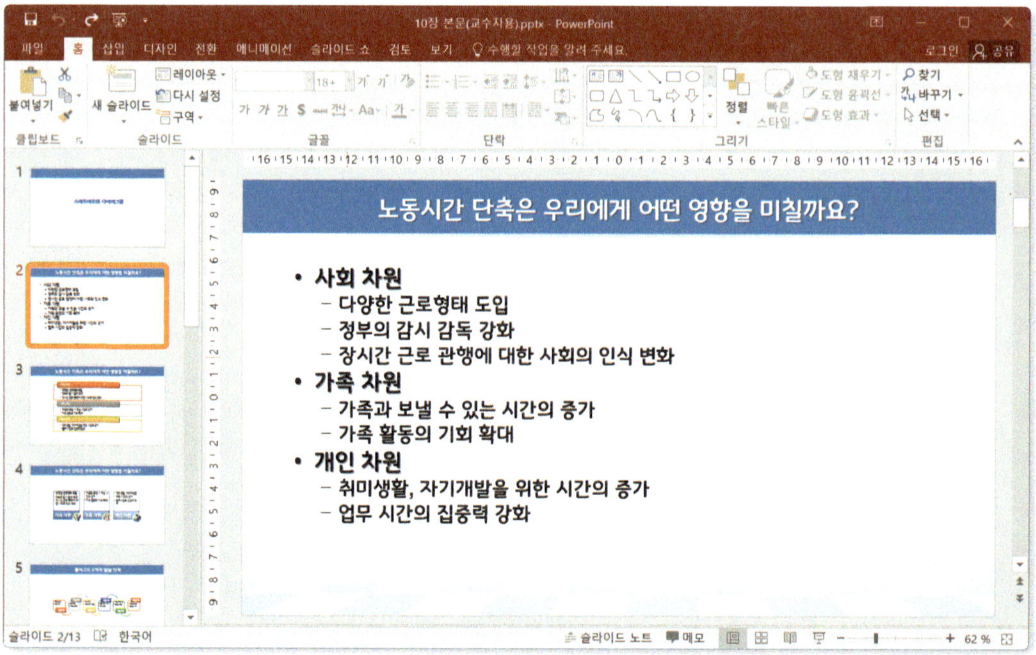

❷ 텍스트 상자를 선택하고 [마우스 오른쪽 클릭]–[SmartArt로 변환] 또는 [홈]–[단락]–[SmartArt로 변환]을 클릭한다. 이때, [삽입] 탭에 있는 SmartArt를 클릭하면 텍스트 상자가 변환되는 것이 아니라 텍스트 상자와 별도로 스마트아트가 추가되므로 유의하여야 한다.

❸ [기타 SmartArt 그래픽]에서 '목록형'–'그림 강조 벤딩 목록형'을 선택한다.

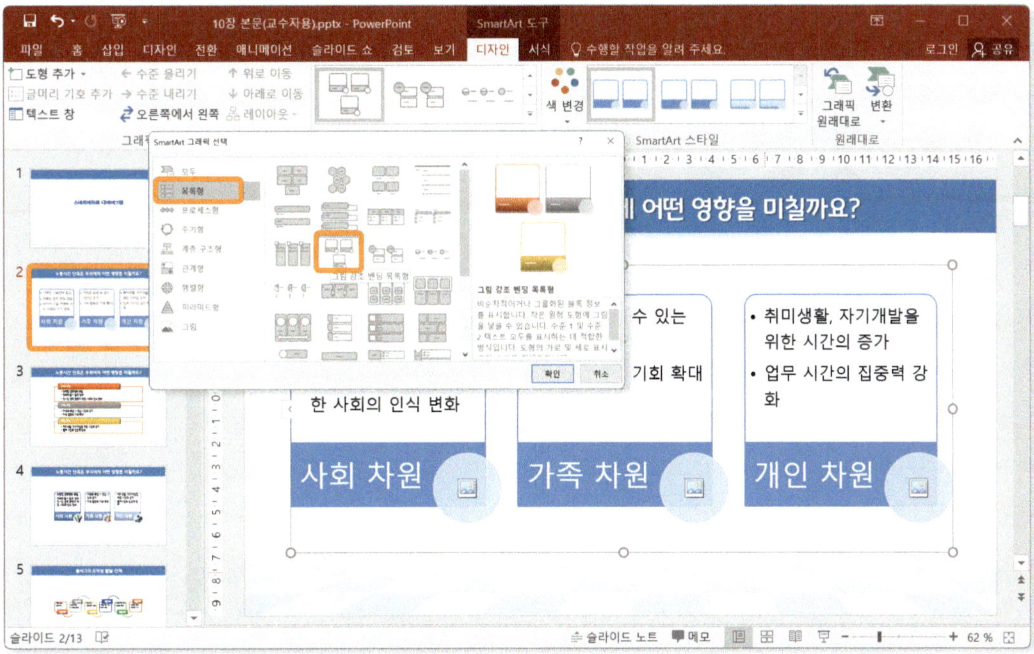

❸ 텍스트 상자에서 모든 텍스트를 선택하고 '경기천년제목 Medium'체, '20pt'로 지정, 1 수준은 '34pt', 글꼴색: '흰색, 배경1', '텍스트 그림자'를 선택한다.

❹ [SmartArt 도구]–[디자인]–[SmartArt 스타일]의 '색 변경'에서 '강조1'–'그라데이션 범위 강조1'을 적용한다 .

❺ [SmartArt 스타일]에서 '강한 효과'를 선택한다. 전체 스마트아트 크기를 적당히 조절하여 가운데 위치시킨다.

❻ 스마트아트에 이미지 도형이 있을 경우 이미지를 추가해보자. 이미지가 있는 원형 도형을 클릭한다.

❼ [온라인 그림]–[Bing 이미지 검색]에서 '사회', '가족', '근로'를 검색어로 하여 이미지를 추가한다.

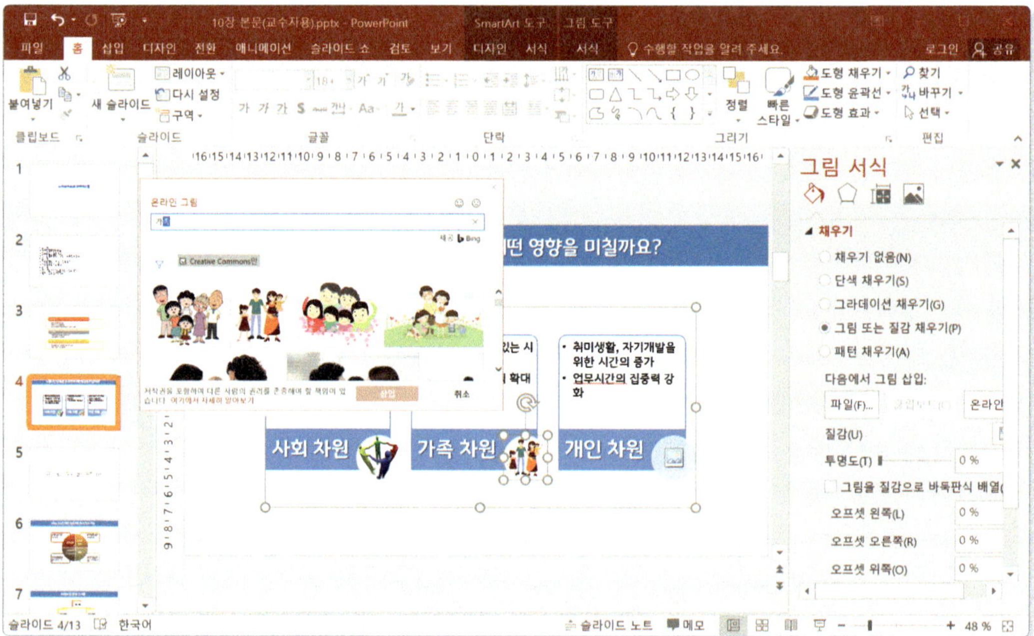

4 프로세스형 스마트아트 만들기

프로세스형은 주로 작업의 진행 과정 등 흐름을 나타낼 때 사용된다. '교대 흐름형'은 작업, 프로세스 또는 워크플로의 정보 그룹이나 순차적 단계를 표시한다. 또한 정보 그룹 간의 상호 작용 및 관계를 강조하는 데 사용된다.

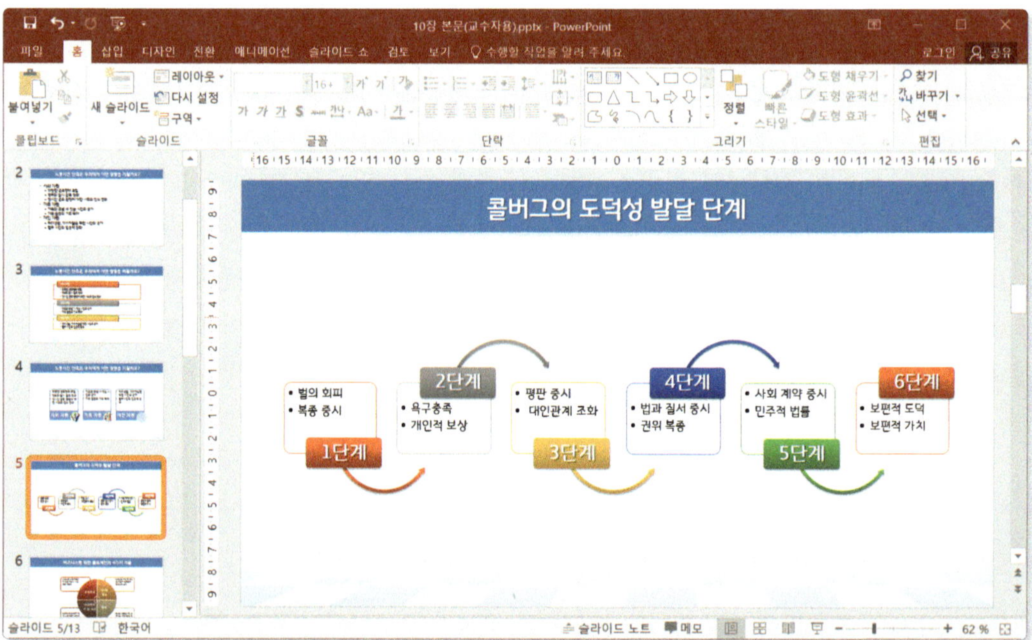

❶ 새로운 슬라이드를 추가하고 슬라이드 제목 '콜버그의 도덕성 발달 단계'를 입력한다. 텍스트 내용에는 다음을 입력한다. "1단계–벌의 회피, 복종 중시, 2단계–욕구 충족, 개인적 보상, 3단계–평판 중시, 대인관계 조회, 4단계–법과 질시 중시, 권위 복종, 5단세–사회 계약 중시, 민주적 법률, 6단계–보편적 도덕, 보편적 가치"

❷ [삽입]–[일러스트레이션]–[SmartArt]를 선택하여 '프로세스형'–'교대 흐름형'을 선택한다.

❸ 아래 결과 화면의 내용을 수준에 맞춰 입력한다. 수준을 조절하려면 [Tab] 또는 [Shift] + [Tab]키를 이용하면 쉽다.

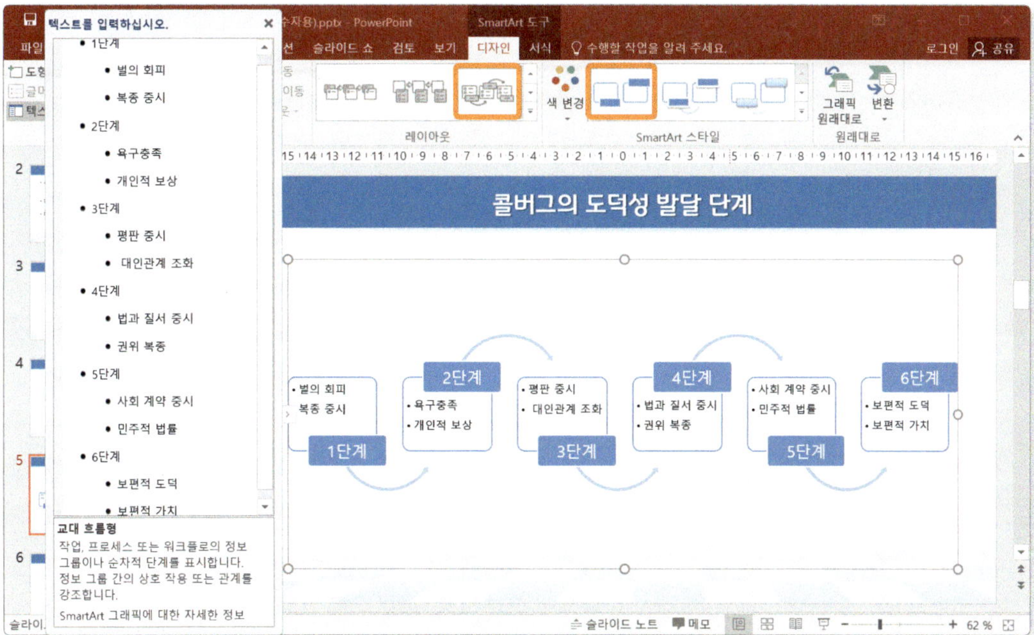

❹ 텍스트 상자에서 모든 텍스트를 선택하고 '경기천년제목 Medium'체, '16pt'로 지정, 제목은 '20pt', 글꼴: '흰색, 배경1', '텍스트 그림자'를 선택한다.

❺ 두 번째 수준의 텍스트 상자만 선택하여 [Shift] + [→] 또는 [SmartArt 도구]–[서식]–[도형]의 '크게/작게'를 클릭하여 텍스트 상자의 크기를 조절한다.

❻ [SmartArt 도구]–[디자인]–[색 변경]에서 '색상형–색상형 강조색'을 선택한다.

❼ [SmartArt 스타일]에서 '보통 효과'를 적용한다.

5 주기형 스마트아트 슬라이드에 테마 색 적용하기

주기형 다이어그램은 일정한 주기로 반복되는 프로세스를 나타낸다. 프로세스의 종료가 곧 시작이므로 다이어그램은 폐곡선의 형태로 그려진다. 폐곡선은 여러 형태로 만들 수 있지만 시각적으로 가장 보기 좋고 안정적인 형태는 원이다. '주기 행렬형'은 중앙의 내용에 대한 관계를 주기적인 진행 방향으로 표시한다.

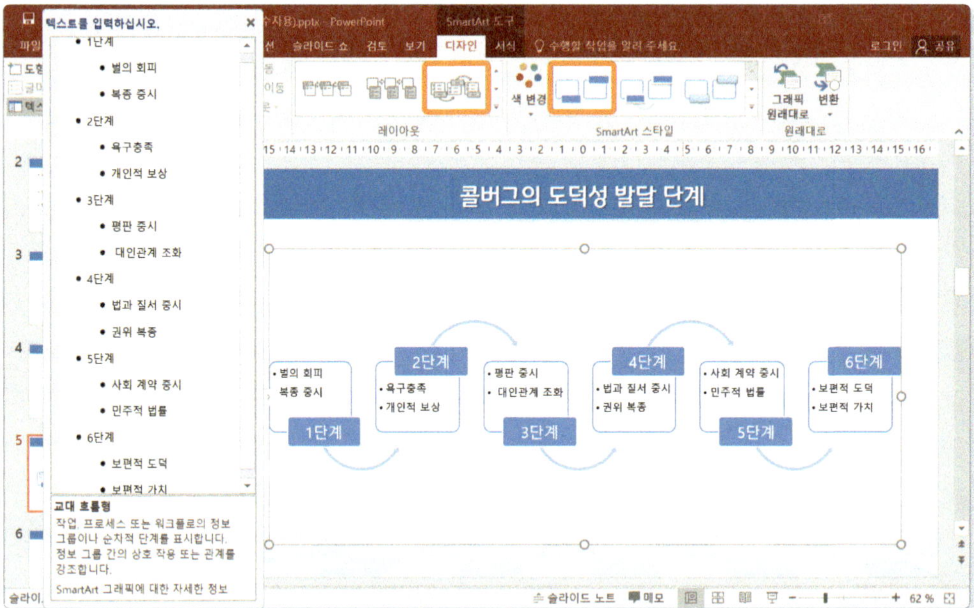

❶ 새로운 슬라이드를 추가하고 슬라이드 제목 '비즈니스를 위한 블록체인의 4가지 기술'을 입력한다. 입력 내용은 다음과 같다.

① 공유원장

비즈니스 네트워크 내에 모든 거래가 기록되고 공유됨

② 스마트 계약

비즈니스 규칙 및 로직은 계약에 함축되어 트랜잭션 수행

③ 합의

원장은 공유되지만 참여자의 개인정보는 암호화 기술을 통해서 보호됨

④ 프라이버시 및 보안

검증된 트랜잭션에 대한 네트워크에 참여한 참여자의 동의가 필요함

❷ [삽입]–[일러스트레이션]–[SmartArt]를 선택하여 '주기형'–'주기 행렬형'을 선택한다.

❸ 아래 결과 화면의 내용을 수준에 맞춰 입력한다. 수준을 조절하려면 Tab 또는 Shift + Tab을 이용하면 쉽다.

❹ 테마 색을 바꿔 적용해보자. 테마 색은 스마트아트에 어울리는 '색 변경'에서 찾기 어려울 때 분위기에 맞는 색을 골라 사용할 수 있다. [디자인]–[적용]–[색]에서 '모양'을 선택한다. 이때 다른 슬라이드에는 테마 색의 영향을 받지 않도록 '모양' 위에서 오른쪽 마우스를 클릭한 후 '선택한 슬라이드에 적용'을 클릭한다. 이 때 [디자인]은 [SmartArt]의 [디자인]이 아니다.

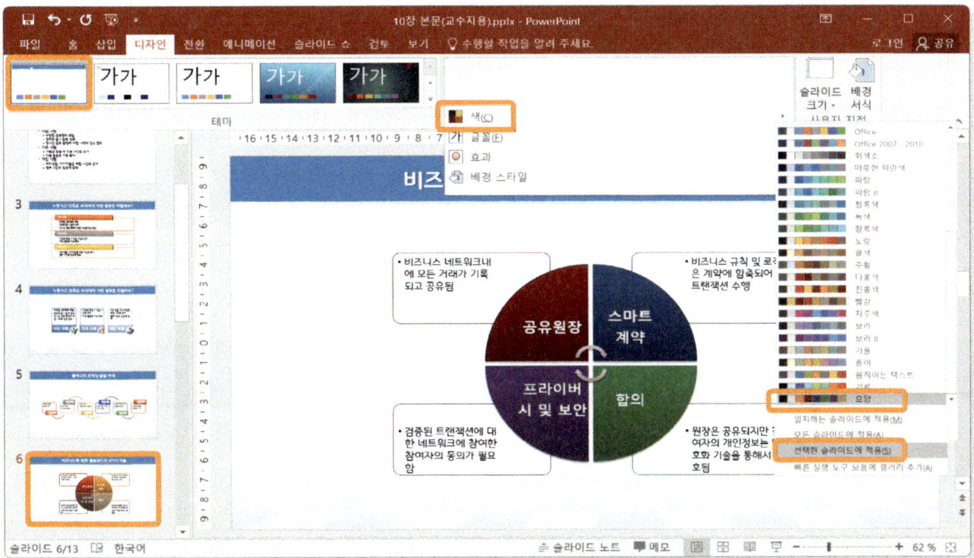

❺ [SmartArt 도구]–[디자인]–[색 변경]에서 '색상형'–'색상형 강조색'을 선택한다.

❻ 텍스트 상자에서 모든 텍스트를 선택하고 '경기천년제목 Light체, 16pt'로 지정, 1 수준은 '22pt', 글꼴: '흰색, 배경1', '텍스트 그림자'를 선택한다.

❼ '스마트 계약'을 강제로 줄 바꾸기 위해서는 Shift + Enter를 한다. '프라이버시 및 보안'에 한 글자를 위로 올리기 위해서는 도형을 선택한 후 [오른쪽 마우스]–[도형 서식]을 선택하여 '텍스트 옵션'–'텍스트 상자'에서 '왼쪽 여백'을 '0cm'로 입력한다.

❽ 두 번째 수준의 텍스트 상자만 선택하여 Shift + → 또는 [SmartArt 도구]–[서식]–[도형]의 '크게/작게'를 클릭하여 텍스트 상자의 크기를 조절한다. 내용 텍스트 상자를 왼쪽/오른쪽으로 이동시킨다.

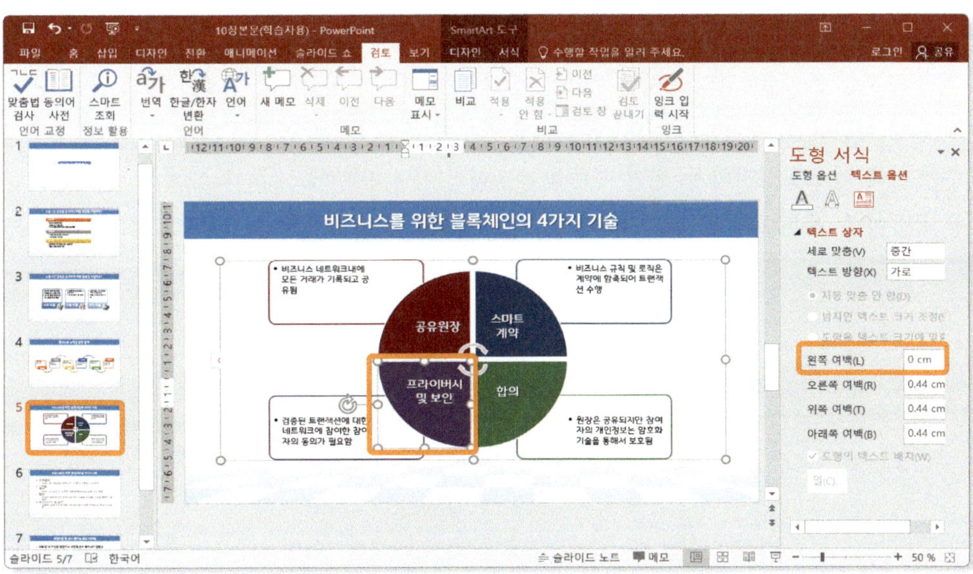

6 계층 구조형 스마트아트 슬라이드

'계층 구조형'은 기본적으로 조직의 계층 정보 또는 보고 관계를 표시하는 데 주로 이용한다. 계층 구조형은 계층 관계를 세로 방향으로(위에서 아래로) 표시한다.

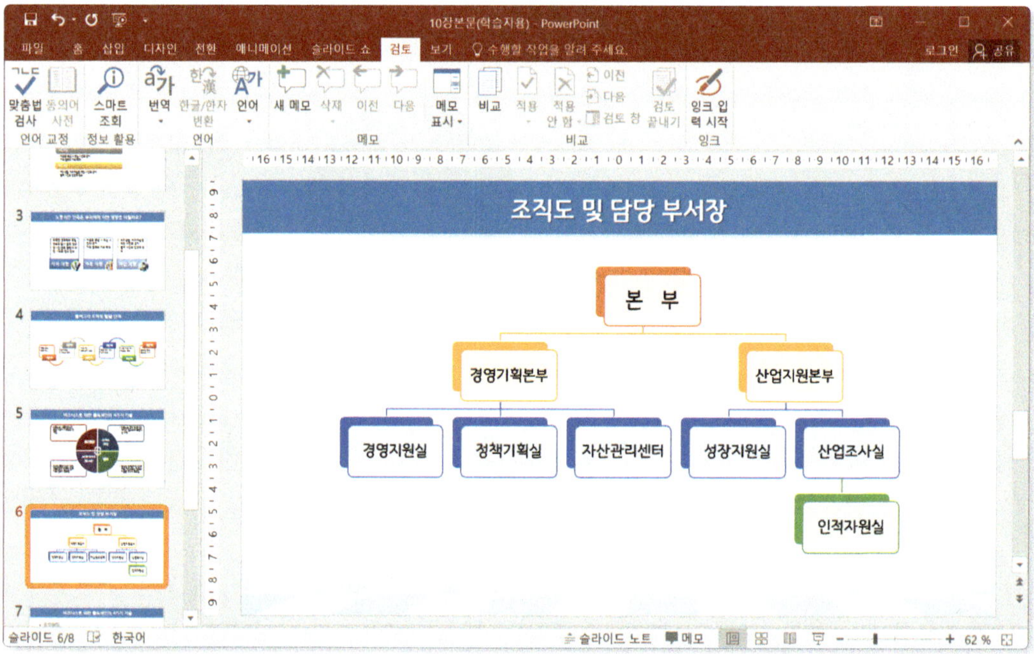

1. 슬라이드를 추가하여 슬라이드 제목에 '조직도 및 담당 부서장'을 입력한다.
2. [SmartArt 도구]–[디자인]–[레이아웃] 또는 내용 텍스트 상자에서 [SmartArt 그래픽 삽입] 아이콘을 클릭한다.
3. [계층 구조형]–[계층 구조형] 스마트아트를 선택한 후 '확인' 버튼을 클릭한다.
4. '계층 구조형' 스마트아트의 모양은 텍스트 상자를 이용하여 입력하면 구조를 쉽게 만들 수 있다. 첫 번째 계층이 한 개이면 텍스트 상자의 첫 번째 수준을 1개로 만들면 된다. 두 번째 계층의 개수에 따라 텍스트 상자의 두 번째 수준을 분리하면 된다. 이때에도 [Tab]과 [Shift] + [Tab] 키를 잘 활용하면 아주 편리하다. 결과 화면의 계층 모양을 텍스트 상자에서 내용을 입력하면서 완성해보자.

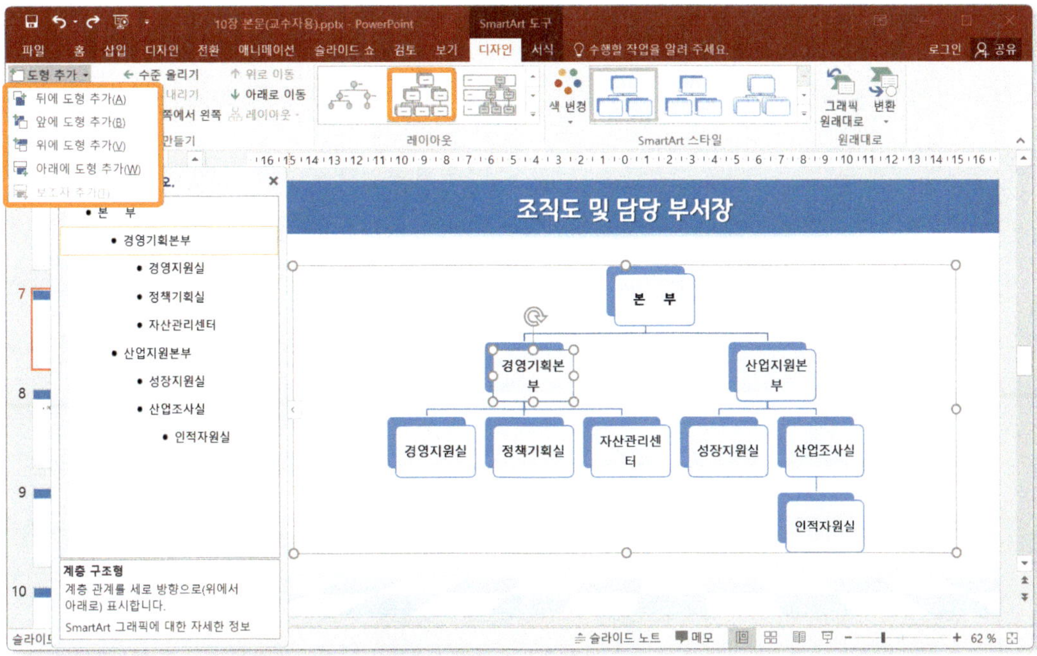

❻ [SmartArt 도구]–[디자인]–[색 변경]에서 '색상형'–'색상형 범위–강조색3 또는 4'를 선택한다.

❼ 텍스트가 한 줄로 들어갈 수 있도록 모든 텍스트 상자를 선택한 후 Shift + → 또는 Shift + ↓ 키를 선택하여 크기를 조절한다.

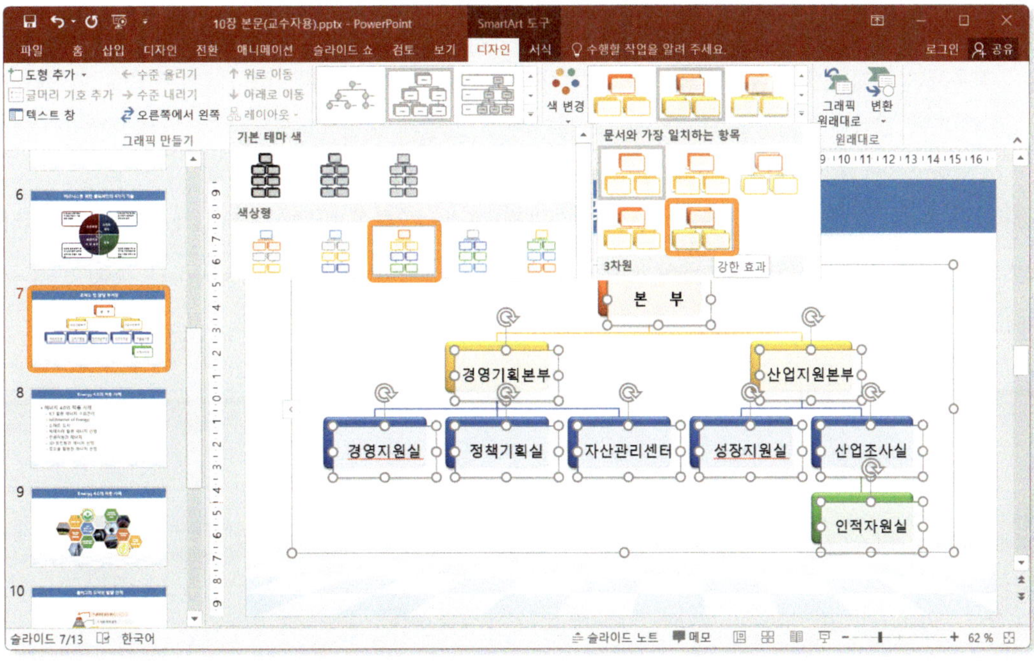

7 그림으로 스마트아트 만들기

스마트아트 그래픽과 텍스트를 이용하여 여러 개의 이미지를 시각적으로 보기 좋게 표현할 수 있다. [슬라이드 7]의 'Energy 4.0의 적용 사례'의 내용을 가지고 '육각형 클러스터형' 스마트아트를 적용해보자. '육각형 클러스터형'은 그림을 연관된 설명 텍스트와 함께 표시한다.

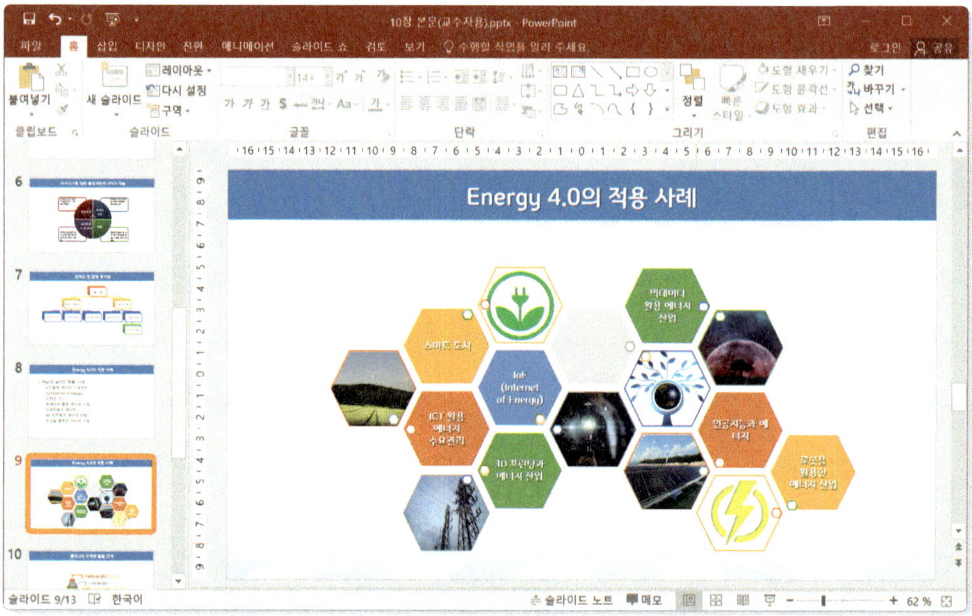

❶ 'Energy 4.0의 적용 사례' 슬라이드를 선택하여 내용을 정리한다. 현재의 내용으로 스마트아트를 적용하면 정확하게 표현되지 않는다. 왜냐하면 '육각형 클러스터형'은 하나의 수준으로 데이터가 정렬되어 있어야 한다. 제목을 제거하고 나머지를 첫 번째 수준으로 조정하기 위해 내용을 전체 선택하고 Shift + ⇆키를 클릭한다.

❷ [홈]–[SmartArt 변환]–[기타 SmartArt 그래픽] 또는 [오른쪽 마우스]–[SmartArt 변환]–[기타 SmartArt 그래픽]에서 '그림–육각형 클러스터형'을 선택한다.

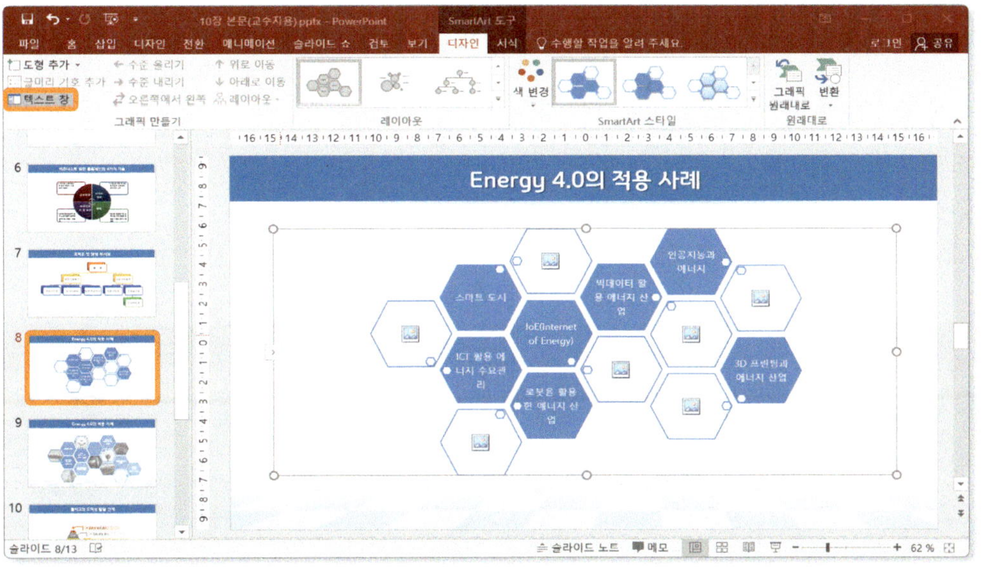

❸ [SmartArt 도구]–[디자인]–[색 변경]에서 '색 변경–색상형–강조색'을 선택한다.

❹ '스마트 도시' 다음에 엔터키를 하나 주어 빈 공간을 만들어준다. 너무 복잡할 경우에는 공간을 하나 두어도 좋다.

❺ 모든 텍스트를 선택하여 '경기천년제목 Medium'체로 바꾼다.

❻ 각 용어들과 어울리는 그림들을 클릭하여 넣어보자. 임의로 추가한 도형은 색을 넣어 비워두자.

❼ 만약 한 번 넣은 이미지가 맘에 들지 않고 새로 넣어야 할 경우에는 처음처럼 클릭으로 되지 않는다. 이때 도형을 선택한 후 [오른쪽 마우스]–[도형 서식]을 클릭하여 '도형 옵션–채우기–그림 또는 질감 채우기–온라인 그림'에서 넣으면 된다.

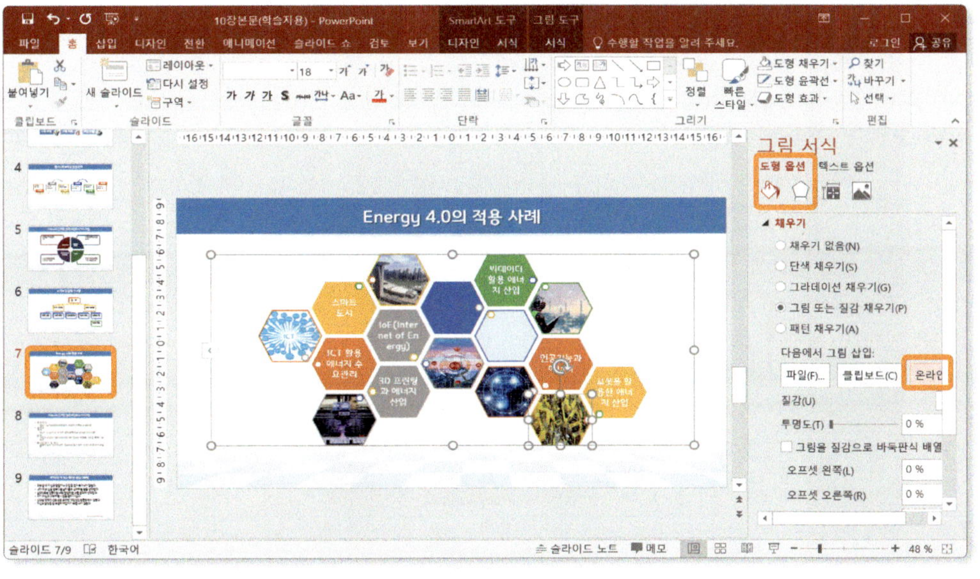

10.2 다이어그램 및 스마트아트 이용한 슬라이드

기존에 제공되는 스마트아트로 부족하면 다양한 다이어그램을 삽입하여 활용할 수 있다. http://templates.office.com에서 또는 [파일]–[새로 만들기]에서 다양한 다이어그램들을 제공하고 있다.

10.2.1 '피라미드' 다이어그램 활용

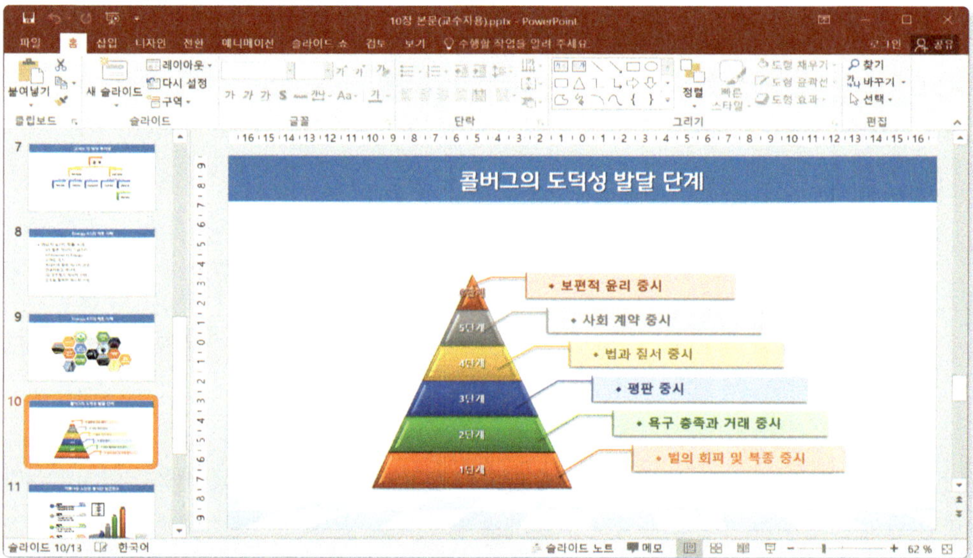

❶ [파일]–[새로 만들기]–[다이어그램]을 선택한다.
❷ '피라미드 다이어그램'을 선택하고 '만들기' 버튼을 클릭한다.

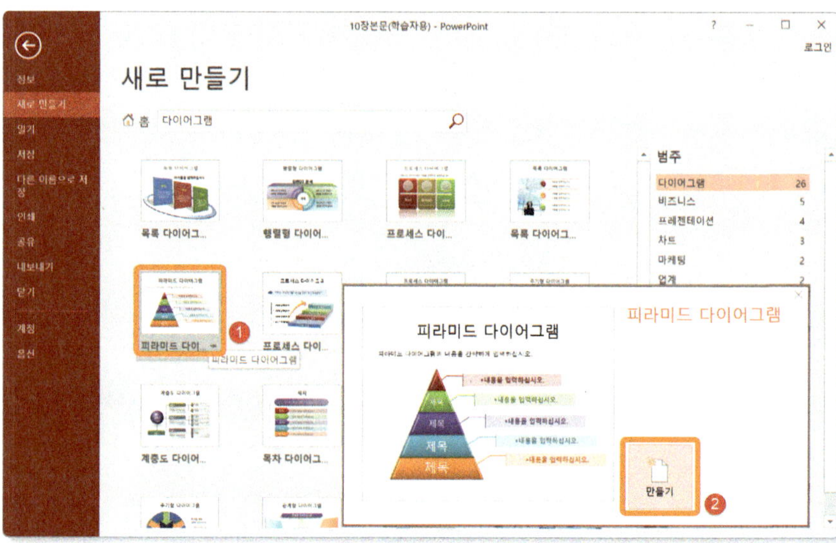

❸ 이때 새로운 파일이 생성된다. 슬라이드를 선택하여 복사한 후 현재 작업 중인 창에 와서 붙여넣기한다. 붙여넣기할 때는 슬라이드와 슬라이드 사이를 클릭하면 마우스 포인터가 생긴다. 그때 붙여넣기하면 슬라이드가 추가된다. 붙여넣기한 후 아래쪽에 붙여넣기 옵션 창이 열리는데, 이때 '대상 테마 사용'을 선택하면 된다.

① '대상 테마 사용'은 현재 작업 중인 테마가 적용된다. 기본 값으로 설정되어 있다.

② '원본 서식 유지'는 다운로드받은 서식을 그대로 유지한 채 적용할 수 있다.

③ '그림'은 그림 형태로 저장된다. 만약 이것을 선택할 경우 수정할 수 없기 때문에 선택을 잘해야 한다.

❹ 슬라이드 제목을 '콜버그의 도덕성 발달 단계'를 입력하고 내용은 결과의 파일과 같게 입력한다. 슬라이드 제목의 글꼴은 복사해온 파일이기 때문에 글꼴이 다르다. 이전 슬라이드의 제목에 클릭한 후 [홈]–[클립보드]–[서식 복사]를 클릭한 후 작업 중인 슬라이드로 와서 드래그하여 같은 제목의 글꼴을 적용한다.

❺ 오른쪽 내용은 6단계가 추가되면서 내용을 복사하여 사용하고 내용을 수정한다. 텍스트 상자의 모든 내용을 '왼쪽 정렬', '텍스트 옵션–텍스트상자–왼쪽 여백–1cm'로 지정한다.

❻ '1단계 ~ 6단계'의 텍스트를 모두 선택하고 '흰색, 배경1, 14pt, 굵게, 텍스트 그림자'를 적용한다. '6단계'를 선택한 후 '텍스트 채우기–진한 빨강, 텍스트 윤곽선–흰색, 배경1, 너비–0.25pt'로 지정한다.

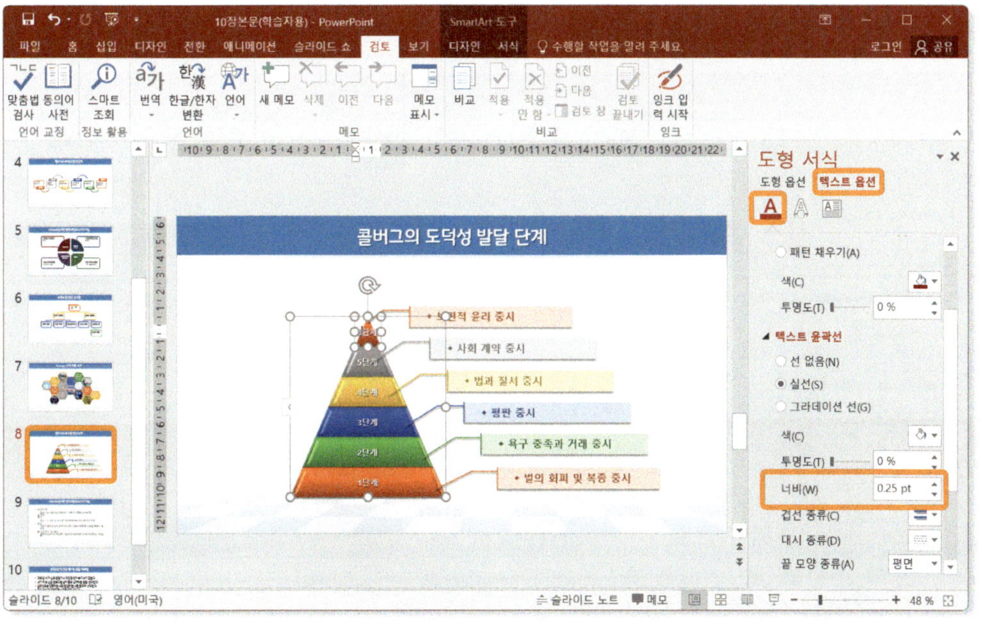

10.2.2 '세로 막대형 차트' 다이어그램 활용

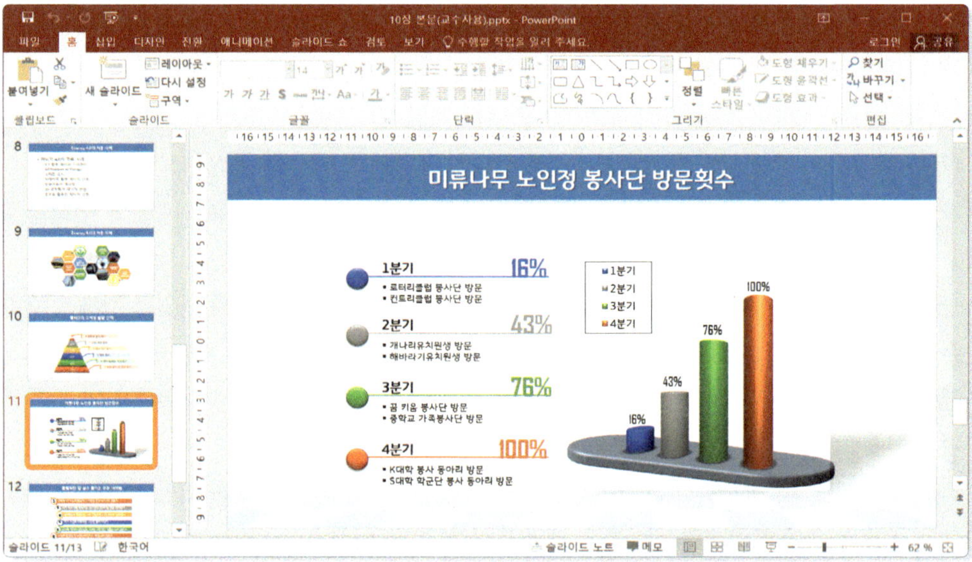

❶ [파일]–[새로 만들기]–[다이어그램]을 선택한 후 '세로 막대형 차트' 다이어그램을 선택하고 '만들기' 버튼을 클릭한다.

❷ 슬라이드를 복사한 후 슬라이드 끝에 붙여넣기한다.

❸ 결과 파일의 데이터를 입력하고 오른쪽 차트는 차트 데이터를 입력하면 수정하여 사용할 수 있다.

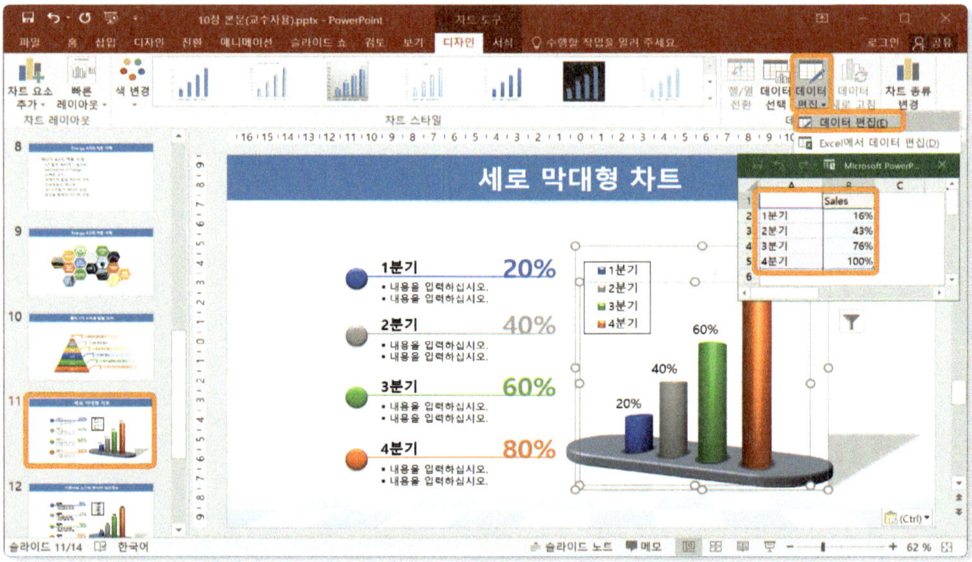

❹ 슬라이드 제목을 '미류나무 노인정 봉사단 방문 횟수'로 입력하고 다른 슬라이드 서식과 동일하게 서식 복사를 한다. 나머지 내용 영역은 결과 파일과 같이 수정한다.

❺ 내용은 모두 글꼴을 '경기천년제목 Light'체, 숫자 글꼴은 'Agency FB'체로 수정한다.

❻ 차트를 선택한 후 [차트 영역 서식]–[차트 옵션]–[효과]–[그림자]를 '흐리게–30pt'로 수정하고 나머지 값은 기본 값을 적용한다.

❼ 차트의 데이터 레이블 글꼴은 'Agency FB'체, '굵게'로 수정한다.

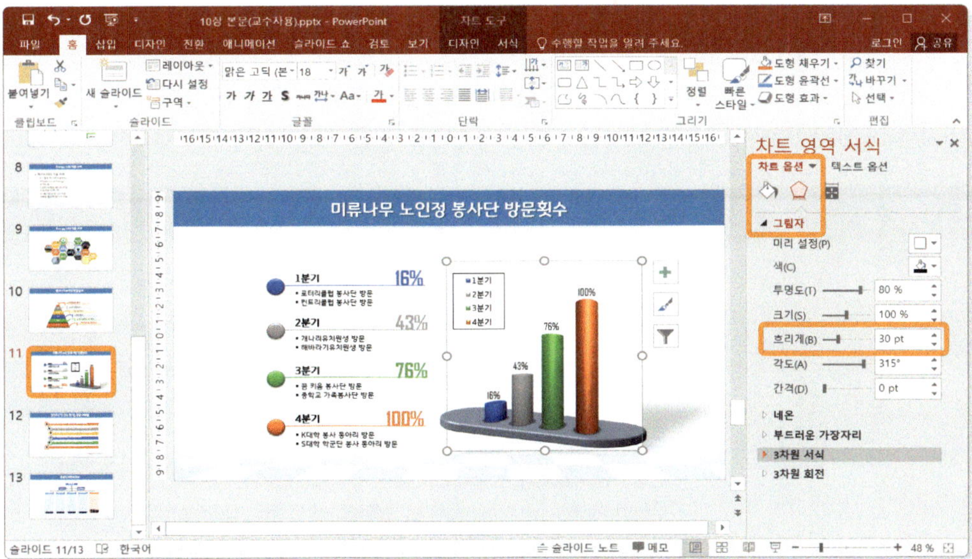

10.2.3 목록형 스마트아트로 시각화하기

목록형 스마트아트는 중요도가 비슷한 내용들을 열거할 경우 가장 많이 사용된다.

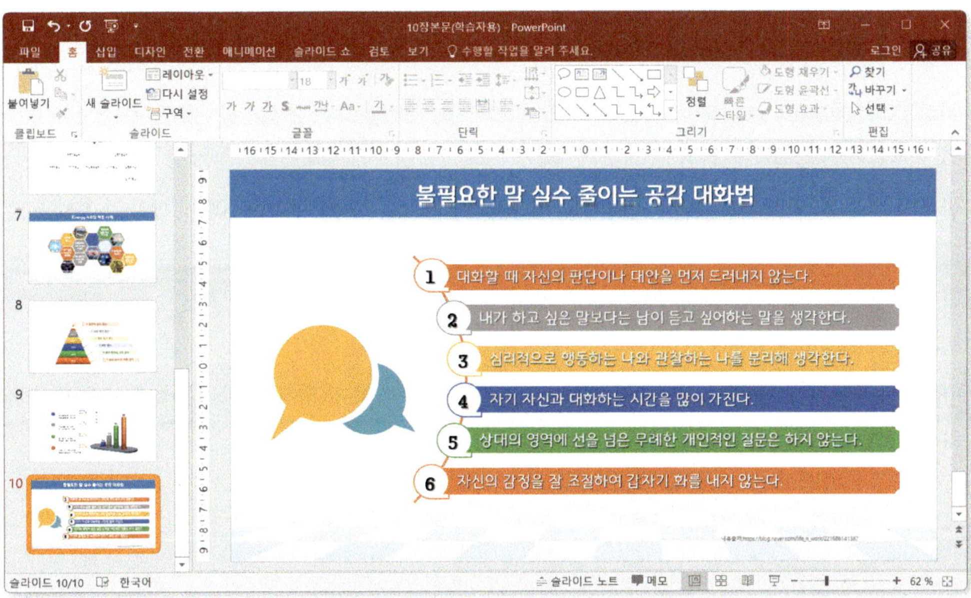

❶ '불필요한 말 실수 줄이는 공감 대화법' 슬라이드를 선택하여 입력된 내용의 텍스트 상자를 선택한다. [홈]–[SmartArt 변환]–[기타 SmartArt 그래픽] 또는 [오른쪽 마우스]–[SmartArt 변환]–[기타 SmartArt 그래픽]에서 '목록형–세로 곡선 목록형'을 선택한다.

❷ [SmartArt 도구]–[디자인]에서 '색상형–강조색'을 선택한다.

❸ 모든 텍스트를 선택하여 글꼴은 '경기천년제목 Medium, 텍스트 그림자, 22pt'를 적용한다.

❹ 텍스트 모든 도형을 선택한 후 [SmartArt 도구]–[서식]–[도형]의 '도형 모양 변경–기본 도형–배지'를 선택하여 도형 모양을 변경한다. 원 도형은 [SmartArt 도구]–[서식]–[도형]의 '도형 모양 변경–순서도–순차적 액세스 저장소'를 선택하여 도형 모양을 변경한다.

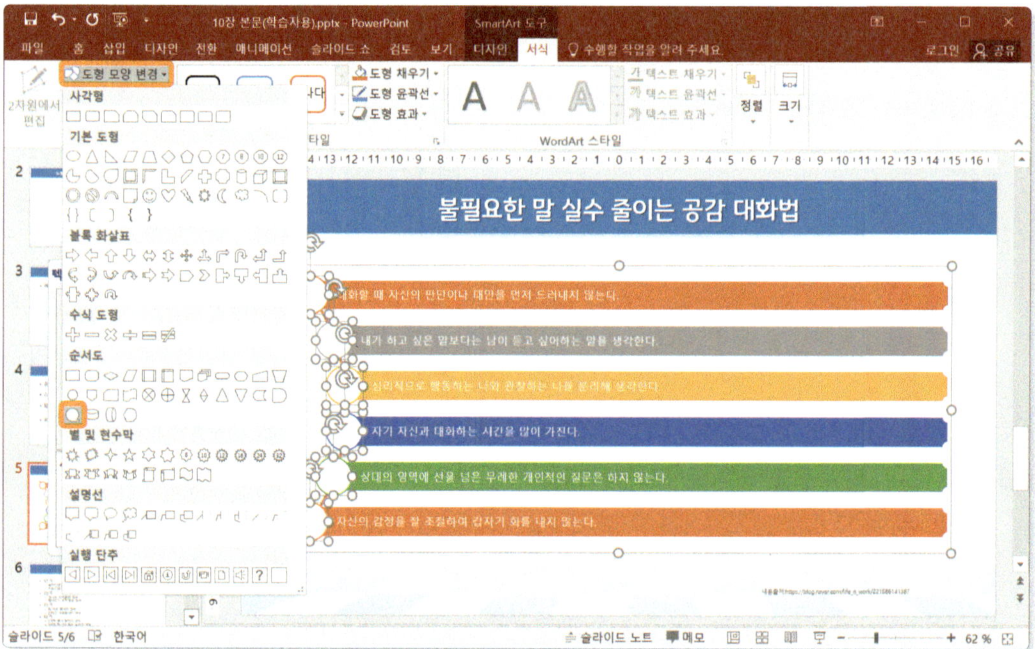

❺ 전체 스마트아트의 크기를 조절하여 왼쪽 영역에 이미지를 추가할 수 있도록 오른쪽으로 이동한다. [SmartArt 도구]–[디자인]–[원래대로]에서 '변환–도형으로 변환'을 선택하여 스마트아트에서 일반 도형으로 편집할 수 있도록 변경한다. [오른쪽 마우스]–[그룹 해제]를 하면 각각의 도형으로 편집 수정할 수 있다.

❻ 각각 원형 도형에 숫자를 입력하고 모든 도형을 선택한다. 글꼴은 'HY궁서B, 24pt, 굵게, 텍스트 그림자'를 적용한다.

❼ 왼쪽에 빈 공간에 [설명선]–[타원형 설명선] 도형을 이용하여 결과 모양과 같이 도형 병합을 이용하여 만들어보자.

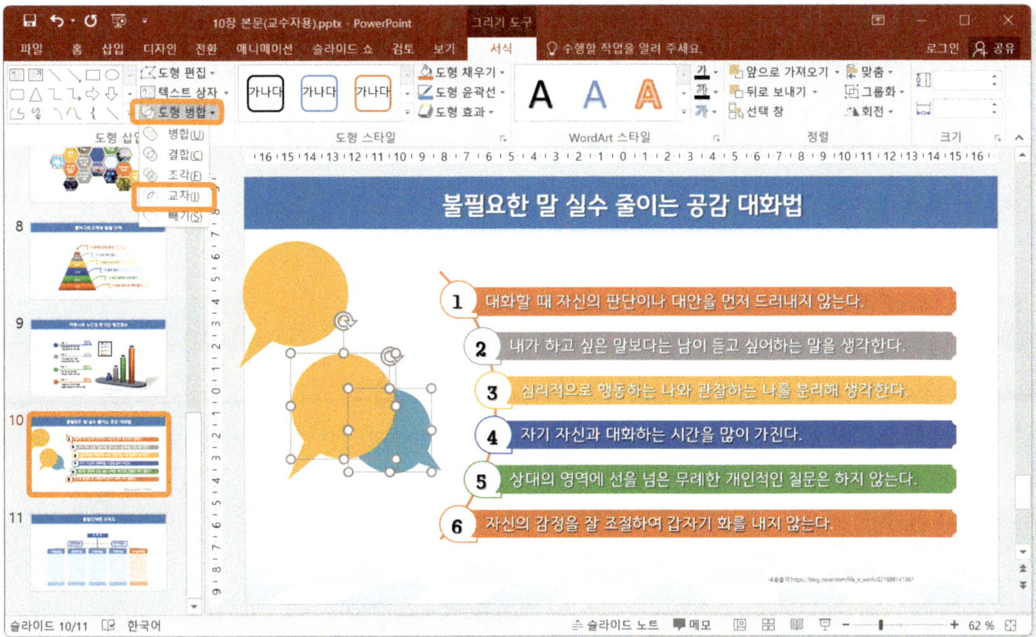

10.2.4 계층 구조형 스마트아트 시각화하기

관계형 스마트아트는 상호 관계를 표시하는 다이어그램으로 핵심 정보를 정리하고 도형을 추가하여 확장된 스마트아트로 시각화한다.

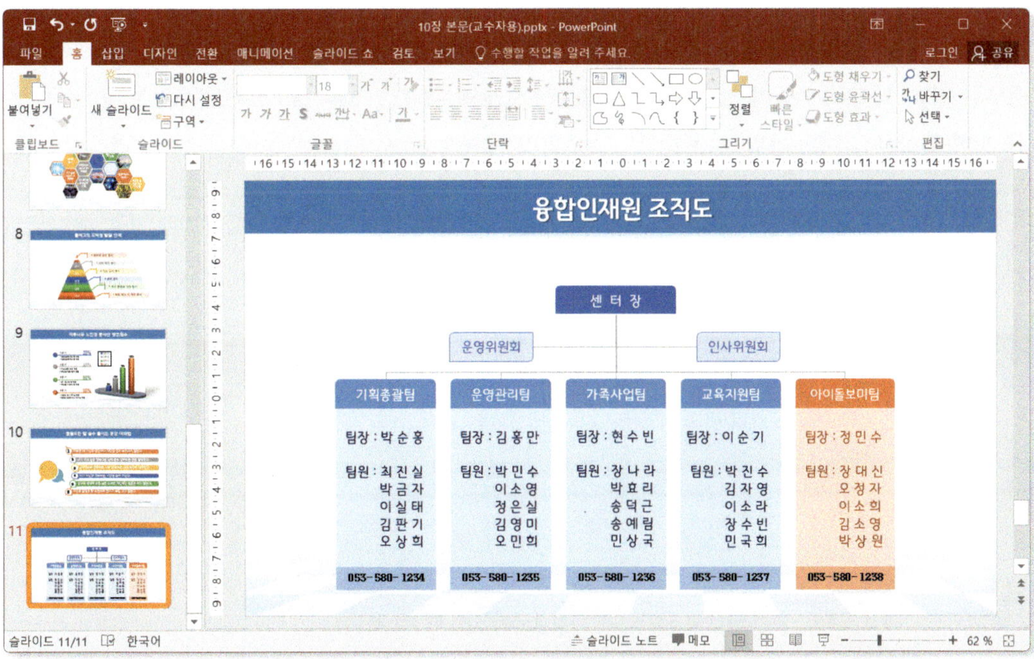

❶ 슬라이드를 1개 추가하고 제목을 '융합인재원 조직도'로 입력한다.

❷ [삽입]–[일러스트레이션]–[SmartArt 그래픽 삽입]–[계층 구조형]에서 '조직도형'을 선택한다.

❸ 텍스트 상자에서 조직도의 위쪽 부분에 해당되는 내용을 입력한다. 글꼴은 '경기천년제목 Light', '18pt'로 적용한다.

❹ 모든 도형 모양을 '양쪽 모서리가 둥근 사각형' 모양으로 변경한다. 보조자는 '대각선 방향의 모서리가 둥근 사각형'으로 변경한다.

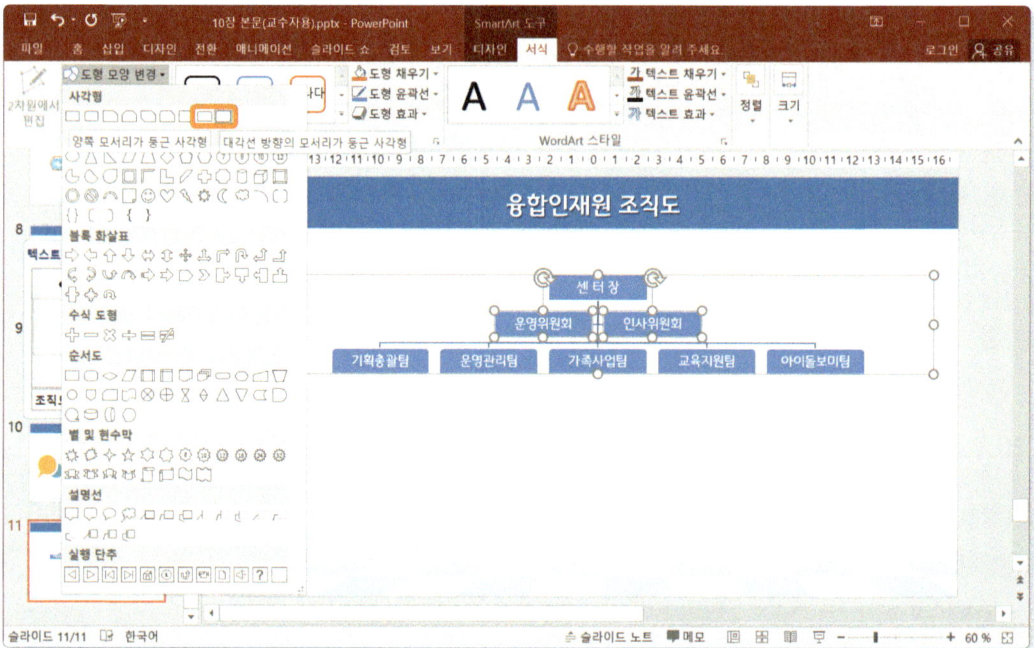

❺ 텍스트가 적당하게 들어가도록 도형의 크기를 Shift + →키로 조절하고 위치도 조절한다.

❻ 도형 색상은 '1수준: 파랑, 강조5', '보조자: 파랑, 강조5, 80% 더 밝게', '아이돌보미: 주황, 강조2'로 적용하고 '도형 윤곽선–윤곽선 없음'을 적용한다.

❼ 스마트아트를 [SmartArt 도구]–[원래대로]–[변환]에서 '도형으로 변환'을 선택하여 그룹을 해제한다. 모든 선을 선택한 후 '회색–50%, 강조3, 1pt'로 적용한다.

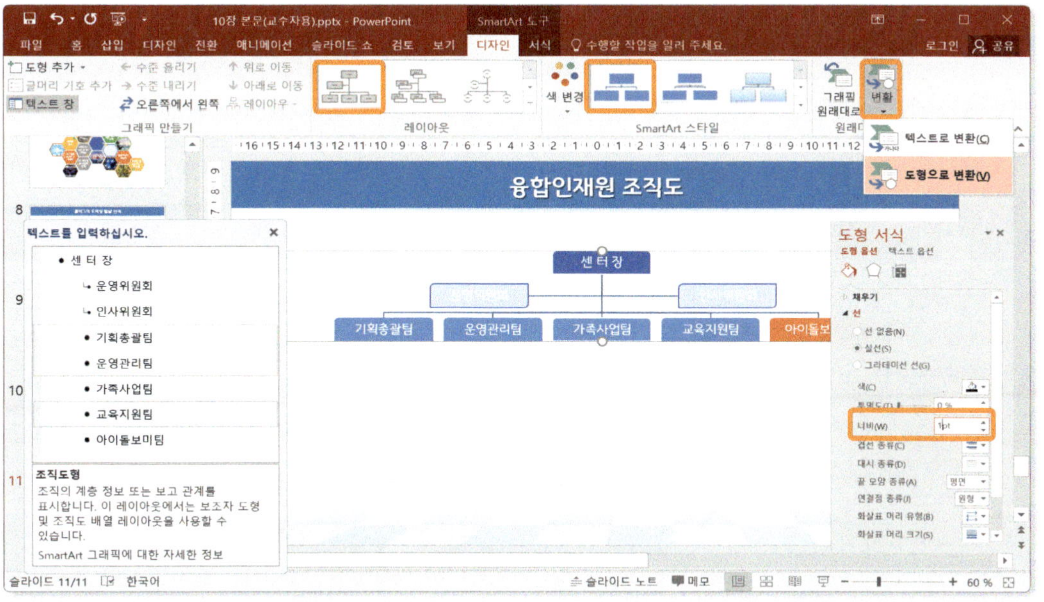

❽ 아래쪽에 직사각형 도형을 3수준의 도형 너비 크기로 세로는 적당한 크기로 지정하여 '도형 채우기–파랑, 강조1, 80% 더 밝게', '도형 윤곽선–윤곽선 없음', 맨 끝의 도형은 '주황, 강조2, 80% 더 밝게'를 적용한다.

❾ 맨 아래 직사각형 도형을 추가하고 '도형 채우기–파랑, 강조1, 40% 더 밝게' 또는 '주황, 강조1, 40% 더 밝게'를 적용한다.

❿ 텍스트 내용은 결과와 같게 한다. 내용: '경기천년제목 Light', '18pt', 전화번호: '24pt', '굵게'로 적용한다.

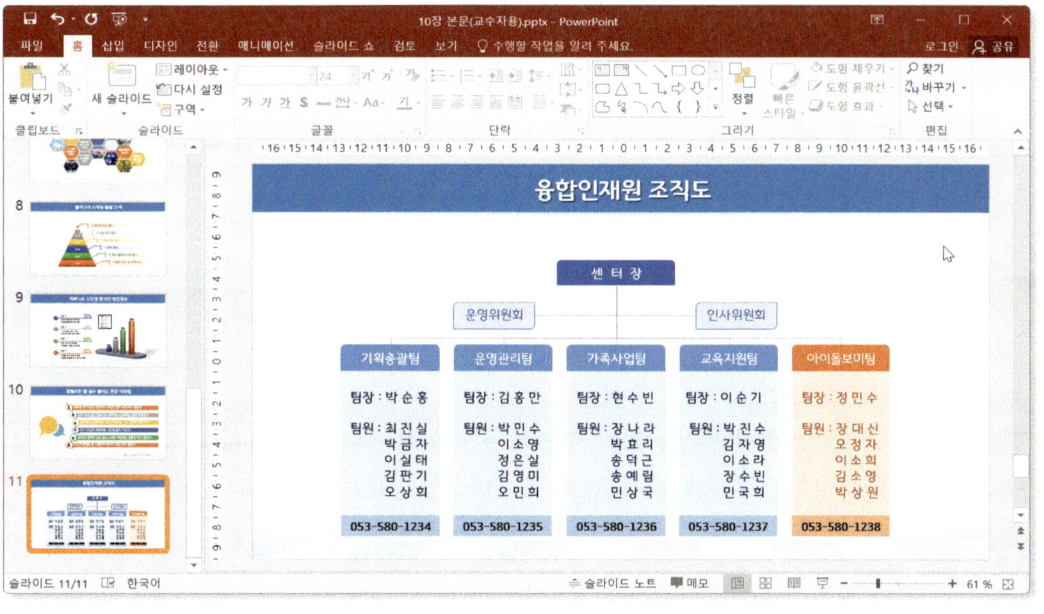

실무 활용 문제 1 스마트아트 기본 활용

결과 화면

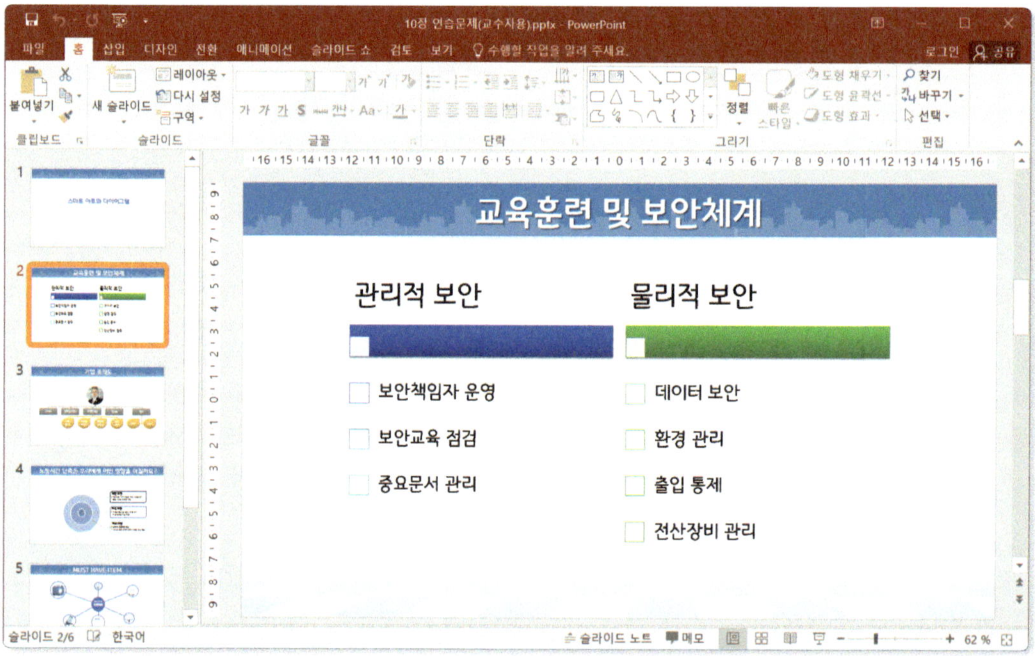

'사각형 강조 목록형' 스마트아트를 이용하여 기본 다루기를 실습해본다. 슬라이드 전체 적용을 위한 슬라이드 마스터를 변경해보자.

슬라이드 마스터

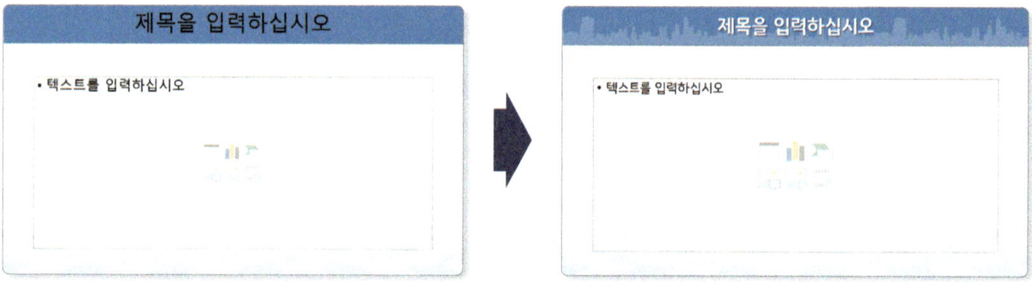

❶ [보기]–[마스터 보기]–[슬라이드 마스터]를 선택한 후 맨 위의 마스터 슬라이드를 선택한다.

❷ 모든 내용 텍스트 상자를 선택하여 글꼴을 '경기천년제목 Light'로 적용하고, 제목은 '경기천년제목 Medium, 40pt, 흰색, 배경1, 텍스트 그림자'를 적용한다.

❸ '직사각형' 도형을 추가한 후 '도형 채우기–그림 또는 질감 채우기–온라인 그림'에서 '빌딩'을 검색하여 추가한다. '도형 윤곽선–윤곽선 없음'으로 지정한다.

❹ 투명도: 80%, [그림 서식]–[그림]에서 '그림 보정'의 '밝기'를 '100%'로 적용하고, 여러 개 복사하여 제목에 붙여넣기한다.

스마트아트

❶ [슬라이드 2]의 제목에 '교육 훈련 및 보안 체계'를 입력하고, [삽입]–[일러스트레이션]–[SmartArt 도형 추가]에서 '목록형–사각형 강조 목록형'을 추가한다.

❷ 모든 텍스트를 선택하여 글꼴을 '경기천년제목 Light, 24pt', 제목은 '36pt'로 적용한다.

❸ [SmartArt 도구]–[디자인]–[SmartArt 스타일]–[색 변경]을 '색상형 범위–강조색5 또는 6'을 선택한다. [SmartArt 스타일]은 '보통 효과'를 적용한다.

실무 활용 문제 2 조직도 스마트아트 활용하기

결과 화면

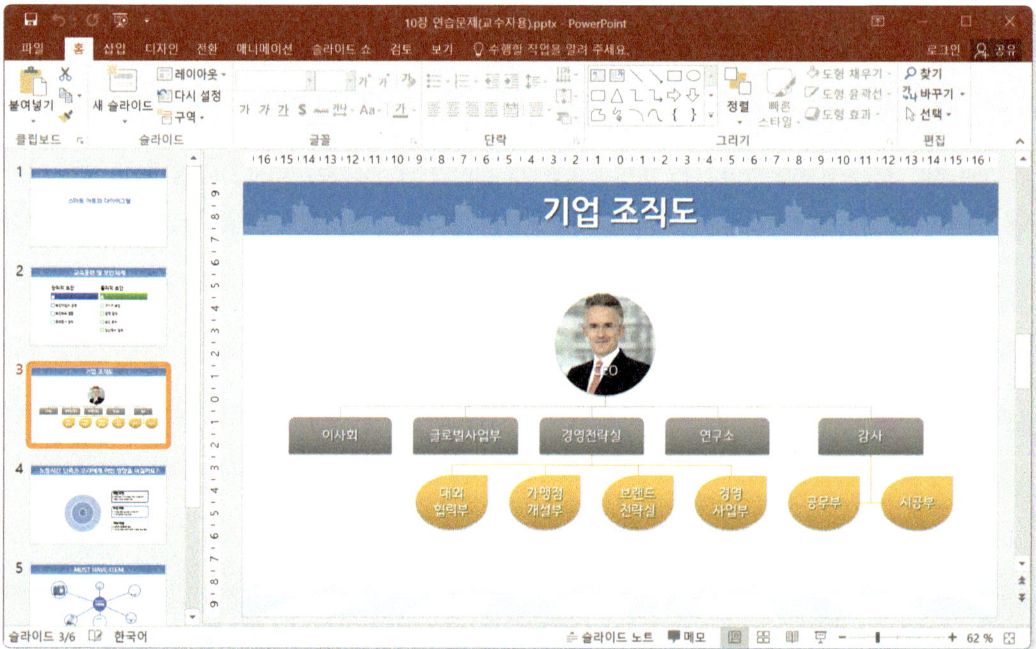

1. 새로운 슬라이드를 삽입한다.
2. [삽입]–[일러스트레이션]–[SmartArt 그래픽 삽입]에서 '계층 구조형–조직도형'을 선택하여 추가한다.
3. 결과의 화면처럼 텍스트를 수준에 맞춰 입력 후, 3수준의 도형 레이아웃은 '표준'으로 지정한다.
4. [SmartArt 도구]–[디자인]–[색 변경]에서 '색상형 범위, 강조색2 또는 3'을 적용, [SmartArt 스타일]은 '보통 효과'를 적용한다.
5. 모든 내용 텍스트 상자를 선택하여 글꼴을 '경기천년제목 Light'를 적용하고, 1수준은 '경기천년제목 Medium, 40pt, 흰색, 배경1, 텍스트 그림자'를 적용한다.
6. 1수준은 '타원'형으로 도형 모양을 변경하고 '도형 채우기'를 '온라인 그림'에서 'CEO'로 검색하여 채우기하고 타원형의 크기는 너비: 4.5cm, 높이: 4.5cm로 적용한다.
7. 2수준은 '양쪽 모서리가 둥근 사각형', 3수준은 '눈물방울'로 도형 모양을 변경하고 크기를 적당히 변경한다.
8. 텍스트 내용은 다음과 같다.

CEO

- 이사회
- 글로벌사업부
- 경영전략실
  - 대외협력부
  - 가맹정개설부
  - 브랜드 전략실
  - 경영 사업부
- 연구소
- 감사
  - 공무부
  - 시공부

실무 활용 문제 3 계층 관계형 스마트아트 활용하기

결과 화면

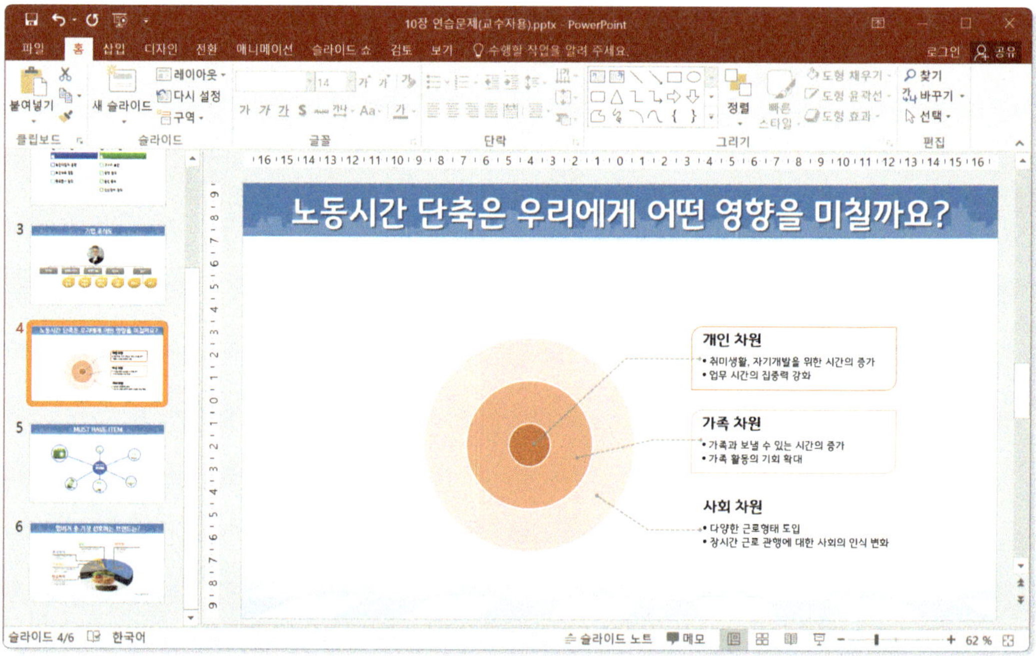

❶ 새로운 슬라이드를 삽입한다.

❷ [삽입]–[일러스트레이션]–[SmartArt 그래픽 삽입]에서 '관계형–기본 과녁형'을 선택하여 추가한다.

❸ 결과의 화면처럼 텍스트를 수준에 맞춰 입력한다.

❹ [SmartArt 도구]–[디자인]–[색 변경]에서 '강조2–투명 그라데이션 범위 강조2'를 적용하고 [SmartArt 스타일]은 '흰색 윤곽선'을 적용한다.

❺ 모든 내용 텍스트 상자를 선택하여 글꼴을 '경기천년제목 Light'를 적용하고, 제목은 '20pt, 굵게', 내용은 '16pt'로 적용하고 크기를 적당하게 조절한다.

❻ 내용 텍스트 상자는 '대각선 방향의 모서리가 둥근 사각형'의 도형 모양을 변경하고 '도형 윤곽선'은 둥근 도형의 색을 스포이드를 이용하여 적용한다.

❼ 연결선을 모두 삭제하고 '자유형' 선을 이용하여 선을 긋는다. '도형 윤곽선–회색–50%, 강조3', '두께: 1 1/2', '대시: 사각 점선', '화살표: 화살표스타일10'으로 적용한다.

❽ 텍스트 내용은 다음과 같다.

개인 차원

- 취미생활, 자기개발을 위한 시간의 증가
- 업무 시간의 집중력 강화

가족 차원

- 가족과 보낼 수 있는 시간의 증가
- 가족 활동의 기회 확대

사회 차원

- 다양한 근로 형태 도입
- 장시간 근로 관행에 대한 사회의 인식 변화

실무 활용 문제 4 기본 방사형 스마트아트 활용하기

결과 화면

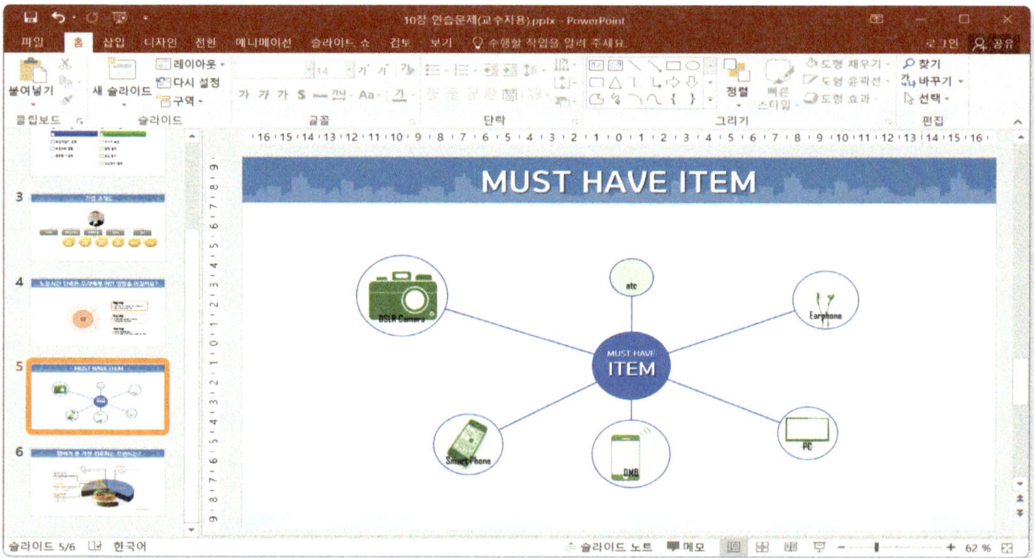

❶ 새로운 슬라이드를 삽입한다.

❷ [삽입]–[일러스트레이션]–[SmartArt 그래픽 삽입]에서 '관계형–기본 방사형'을 추가한다.

❸ 결과의 화면처럼 텍스트를 수준에 맞춰 입력, '글꼴: Agency FB, 16pt, 굵게' 적용한다.

- ① MUST HAVE ITEM, etc, Earphone, PC, DMB, Smart Phone, DSLR CAmera

❹ [SmartArt 도구]–[디자인]–[색 변경]에서 '강조1–색 윤곽 강조1'을 적용한다.

❺ 각각 도형의 위치와 크기를 조절하고 '카메라, 스마트폰, PC, 이어폰'을 검색하여 '도형 채우기' 적용한다.

- ① 각각의 도형의 [그림 서식]–[도형 옵션]–[채우기]에서 오프셋 왼쪽, 오프셋 오른쪽, 오프셋 위쪽, 오프셋 아래쪽을 다음의 값으로 조절한다.
- ② DSLR Camera: 14%, 11%, 20%, 20%
- ③ Smart Phone: 5%, 5%, 5%, 5%
- ④ DMB: 25%, 25%, 10%, 10%
- ⑤ PC: 10%, 10%, 20%, 20%
- ⑥ Earphone: 0%, 0%, 30%, −47%

❻ 모든 도형의 이미지 색을 '녹색, 밝은 강조색6'으로 색 변경한다.

❼ 중간 도형의 '도형 채우기–파랑, 강조5', '도형 윤곽선–윤곽선 없음', etc 도형의 '도형 채우기–녹색, 강조6, 80% 더 밝게' 적용한다.

실무 활용 문제 5 다이어그램 스마트아트 활용하기

결과 화면

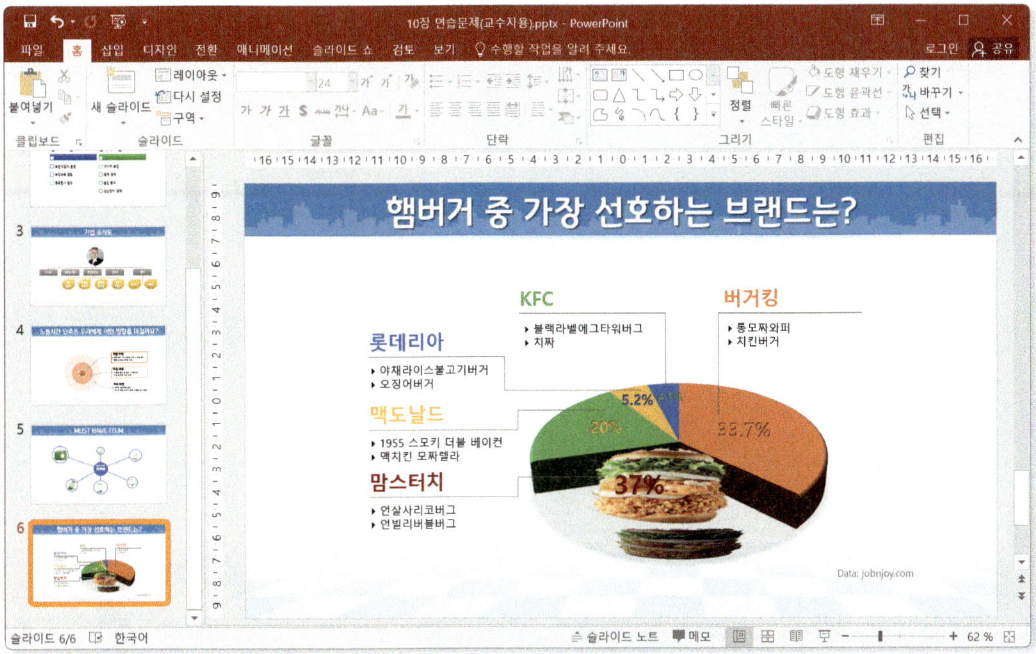

❶ [파일]–[새로 만들기]–[다이어그램]에서 '원형 차트' 추가한다.

❷ 제목 입력 후 서식은 다른 슬라이드와 동일하게 적용한다.

❸ 차트 레이블은 '맑은 고딕, 굵게, 흰색, 배경1', '텍스트 효과–그림자–안쪽–안쪽 대각선 왼쪽 위'를 적용한다.

❹ 각 도형의 색상과 브랜드의 색상을 동일하게 적용한다.

❺ 모든 선은 '도형 윤곽선–색–50%, 강조3, 25% 더 어둡게' 적용한다.

❻ '맘스터치' 도형은 '도형 채우기–햄버거 이미지 적용, 오프셋 왼쪽: 15%, 오프셋 오른쪽:15%, 오프셋 위쪽:0%, 오프셋 아래쪽:–15%' 적용한다.

❼ 그림 영역의 그림자를 없애고 나머지는 결과 이미지와 동일하게 적용한다.

Preview

11 CHAPTER 표/차트/인포그래픽을 이용한 슬라이드

CHAPTER 11

표/차트/인포그래픽을 이용한 슬라이드

- 표와 차트를 삽입한 슬라이드는 명확한 자료를 제시하여 청중을 설득할 수 있는 힘이 있다. 중요한 것은 메시지 전달력이 높은 표와 차트를 만드는 것이다. 표와 차트를 응용한 인포그래픽은 그래픽을 기반으로 시각적 정보를 전달하는 방법으로 슬라이드를 만든다. 이 장에서는 수치 데이터를 더 쉽게 읽을 수 있도록 차트를 작성하는 방법과 시각 정보를 전달하는 인포그래픽에 대해 알아본다.

11.1 표를 이용한 슬라이드

표를 사용하면 많은 양의 문서 내용을 깔끔하게 정리하여 표현할 수 있다. 텍스트로 전달하기에 복잡하거나 양이 많은 경우 표로 정리하면 간단하게 비교할 수 있어 정보 파악을 쉽게 해준다. 이미지를 이용하여 표를 응용하는 방법과 표를 이용하여 간트 차트를 만드는 방법에 대해 알아보자.

11.1.1 표 도구 모음

[표 도구]는 [디자인]과 [레이아웃] 2개의 탭이 있다. [디자인]은 표의 서식과 관련되어 있으며 [레이아웃]은 표의 모양과 관련되어 있다.

[디자인] 탭

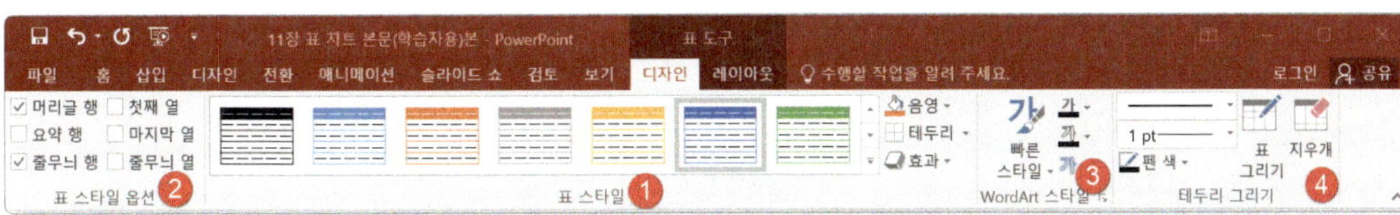

❶ 표 스타일: 표 스타일을 음영, 테두리, 효과를 조합하여 다양한 '표 스타일'을 제공한다. 클릭하여 적용하면 기본으로 제공되는 표보다는 좀 더 세련된 표를 아주 간단하게 적용할 수 있다.

❷ 표 스타일 옵션: 적용된 '표 스타일'을 간단하게 수정할 수 있다. 머리글 행, 첫째 열, 요약 행, 마지막 열, 줄무늬 행, 줄무늬 열을 체크하여 좀 더 표 서식을 변경할 수 있다.

❸ WordArt 스타일: 텍스트에 워드아트 스타일을 적용할 수 있다.

❹ 테두리 그리기: 그려진 표를 수정할 때 '레이아웃'을 이용할 수도 있지만 간단하게 테두리 그리기를 통해 지우고 그리기를 할 수 있다.

[레이아웃] 탭

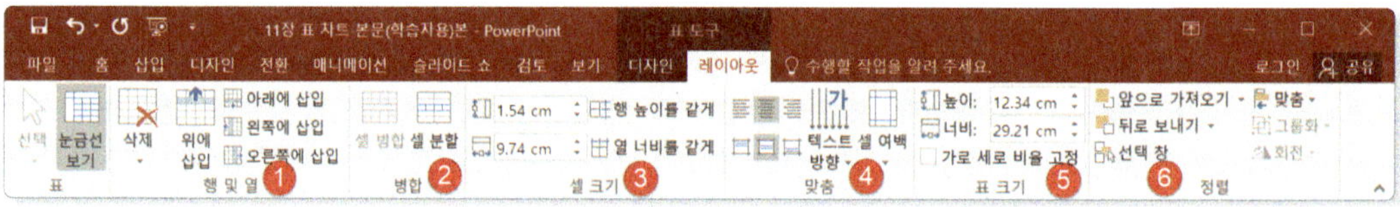

❶ 행 및 열: 표의 작성 과정에서 행과 열을 추가하고자 할 때 또는 삭제하고자 할 때 사용한다.

❷ 병합: 표 내에서 2개 이상을 병합하거나 분할하고자 할 때 사용한다.

❸ 셀 크기: 셀의 크기 값을 설정할 수 있다. '행 높이를 같게', '열 너비를 같게'는 많이 이용하는 기능 중 하나이다.

❹ 맞춤: 표 내의 셀에서 텍스트 맞춤을 설정한다. '가운데 맞춤'은 가로 가운데를 의미하며, '세로 가운데 맞춤'은 셀의 세로에서 정렬되는 기준을 의미한다.

❺ 표 크기: 표 전체의 크기를 값으로 설정한다. '가로 세로 비율 고정'에 체크해 놓으면 가로 값만 지정해도 같은 비율로 키워진다.

❻ 정렬: 개체들 간에 정렬이 필요할 때 앞뒤 정렬, 맞춤에서 다양한 정렬이 가능하다.

11.1.2 표 작성하기

표는 많은 양의 문서 내용을 깔끔하게 정리하여 표현할 수 있기 때문에 슬라이드에 표현해야 하는 내용이 많은 경우, 표를 이용하여 일목요연하게 정리할 수 있다.

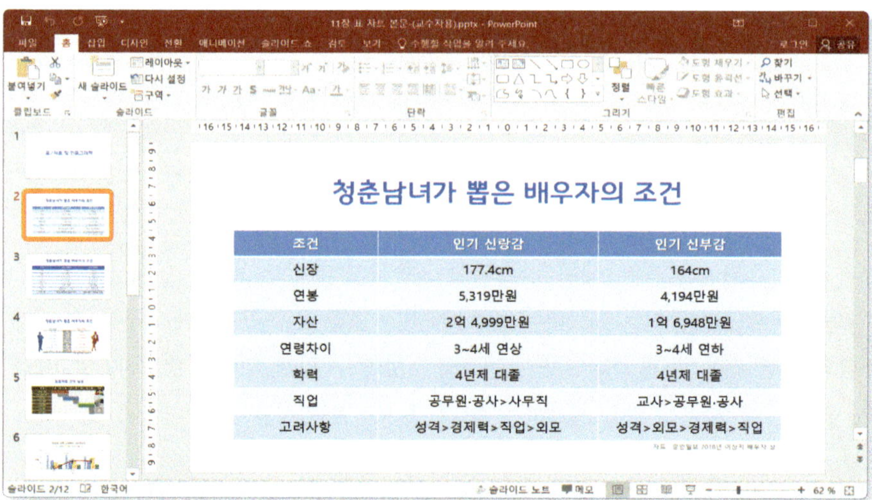

1 표 삽입하고 텍스트 입력하기

❶ [슬라이드 2]를 선택한 후 표를 삽입한다. 표를 삽입하는 방법에는 첫째, [삽입]–[표]–[표 삽입]에서 원하는 행과 열의 수만큼 지정하여 삽입한다. 둘째, 슬라이드의 내용 텍스트의 상자 가운데에 표시되는 [표 삽입] 단추를 클릭하여 행과 열을 지정한다.

❷ 열과 행의 개수(3 × 8)를 선택한다.

방법1: 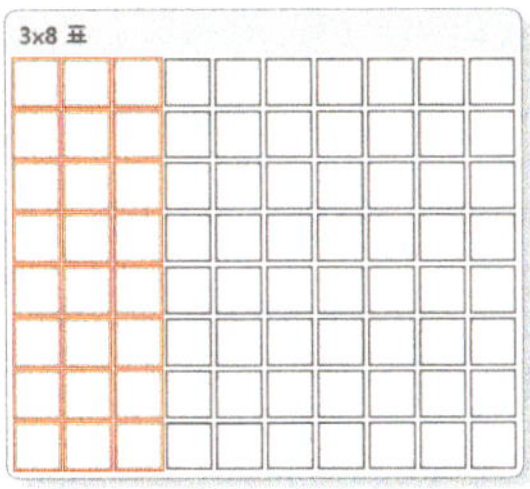

방법2: 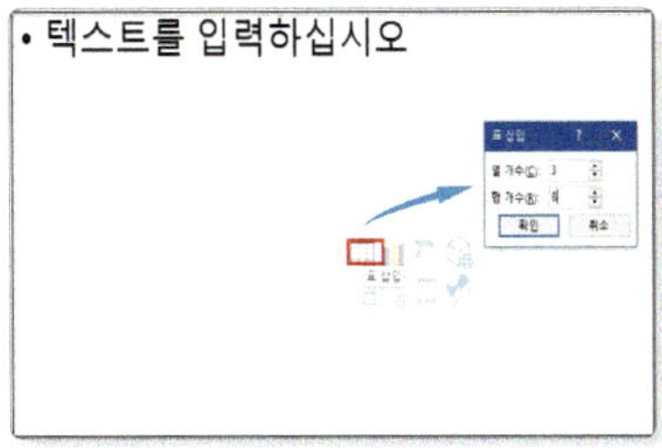

❸ 표가 삽입되면 8개의 조절점이 생성된다. 아래쪽 가운데 조절점을 클릭하여 표의 전체 크기를 키워보자.

❹ 가장 간단한 형태의 기본 표가 완성되었다.

❺ 표에 텍스트를 입력한다. 텍스트를 입력할 때에는 Tab(⭾) 또는 → 키를 눌러 다음 셀로 이동하고 내용을 입력한다. 기본 글꼴은 '맑은고딕, 18pt, 줄 간격 1'이 된다. 본문 내용이 최소한 18pt는 되어야 한다. 텍스트는 클수록 좋다. 장소에 따라서 청중이 잘 보이는 텍스트 크기를 결정해야 한다.

❻ 표 내용의 텍스트 크기를 '20pt'로 지정한다.

❼ 내용을 입력하면 표를 키웠기 때문에 내용이 각 셀의 위쪽/왼쪽으로 치우쳐 있다. 표 전체 셀의 가로 세로 가운데 정렬을 하기 위해 [레이아웃]–[맞춤] '가운데 맞춤', '세로 가운데 맞춤'을 한 번씩 클릭한다. 또는 [홈]–[단락]에서 '가운데 맞춤, 텍스트 맞춤–중간'을 지정해도 된다. 그러면 셀의 '가로–가운데'와 '세로–가운데'로 적용된다. 이때, 텍스트를 드래그하여 선택하지 않아도 개체를 선택하면 텍스트 전체가 적용된다.

2 표 서식 적용하기

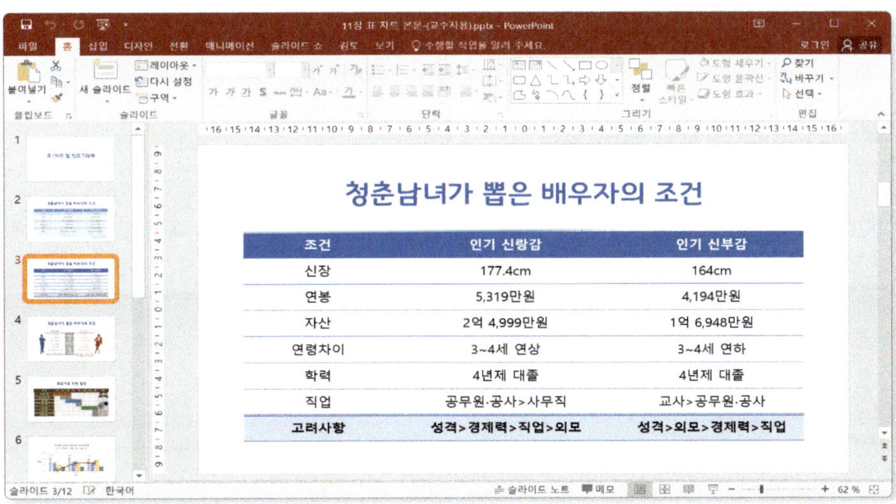

❶ 표를 복사하여 [슬라이드 3]에 붙여넣기한다.

❷ [표 스타일]은 음영, 테두리, 효과를 이용하여 다양한 형태의 표의 서식을 제공하고 있다. 클릭 한 번으로 적용 가능하다. 표를 선택하고 [표 도구]-[디자인]-[표 스타일]에서 '밝게-밝은 스타일2-강조5'를 선택한다.

❸ [표 스타일 옵션]은 [표 스타일]을 조금씩 수정해서 원하는 형태에 가깝게 사용할 수 있다. [표 스타일 옵션]에서 '요약 행'을 체크해보자. 좀 더 섬세한 서식이 적용되었다.

❹ 마지막 '요약 행'에 음영색을 '파랑, 강조5, 80% 더 밝게'로 적용해보자.

❺ 표를 드래그하여 선택한 후, [표 도구]-[디자인]-[테두리 그리기]에서 '테두리 없음'을 지정한 후 [테두리]에서 '왼쪽', '오른쪽'을 선택한다. 표 전체의 왼쪽과 오른쪽 선이 사라진다.

❻ 기본 표에서 클릭 몇 번으로 깔끔한 표를 만들 수 있다.

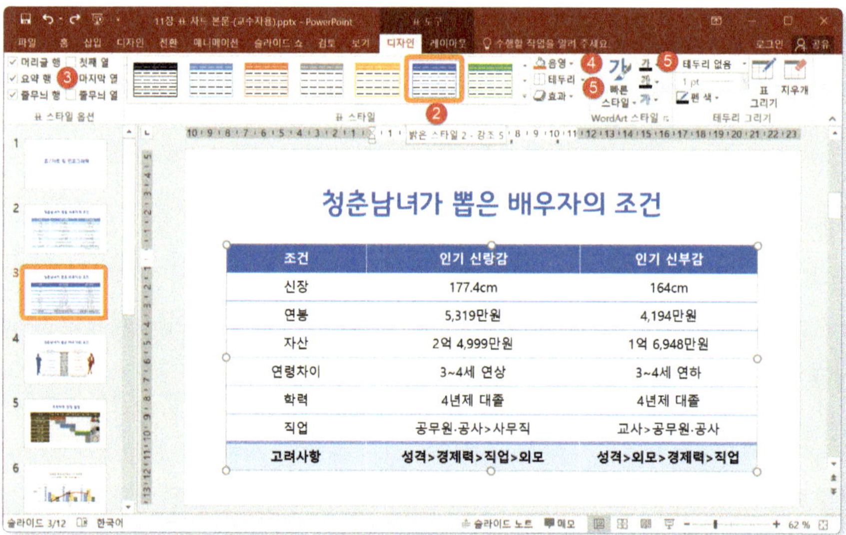

TIP 한 번만에 글꼴과 단락 적용

- 파워포인트에서는 텍스트를 드래그하여 선택하지 않아도 개체를 선택하면 한 번에 글꼴과 단락을 적용할 수 있다. 개체 선택이란 마우스 포인터가 텍스트에 들어 있지 않고 개체의 조절점이 보이는 상태를 말한다.
- 개체를 선택하는 방법은 개체의 선을 클릭하거나, 마우스 포인터가 내용에서 깜박거리고 있을 경우에는 Esc 키를 누르면 마우스 포인터가 사라지고 개체 선택으로 된다.

11.1.3 이미지 이용한 표 응용하기

표는 대부분 특징이 없이 평범하게 보이므로 텍스트가 많이 들어가는 표가 아니면 이미지를 이용하여 인포그래픽으로 만들거나 이미지를 이용하여 좀 더 세련된 표를 만들어 사용한다.

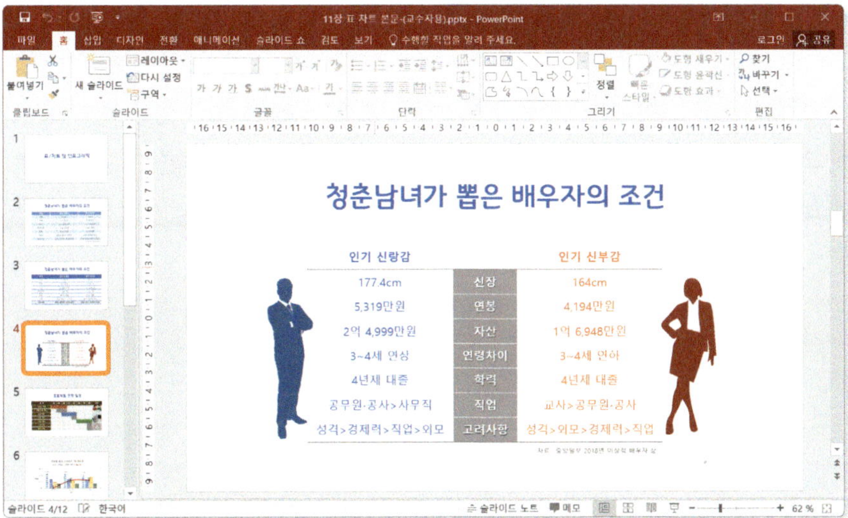

1 [레이아웃]을 이용한 표 변경

❶ [슬라이드 2]를 선택한 후 표를 삽입한다.

❷ [슬라이드 3]의 표를 복사하여 [슬라이드 4]에 내용 텍스트 상자를 클릭하여 붙여넣기한다.

❸ 전체적인 구조를 맞추기 위해 열을 조절해보자. '인기 신부감'을 클릭하여 [표 도구]–[레이아웃]–[행 및 열]에서 '왼쪽에 삽입'을 클릭한다.

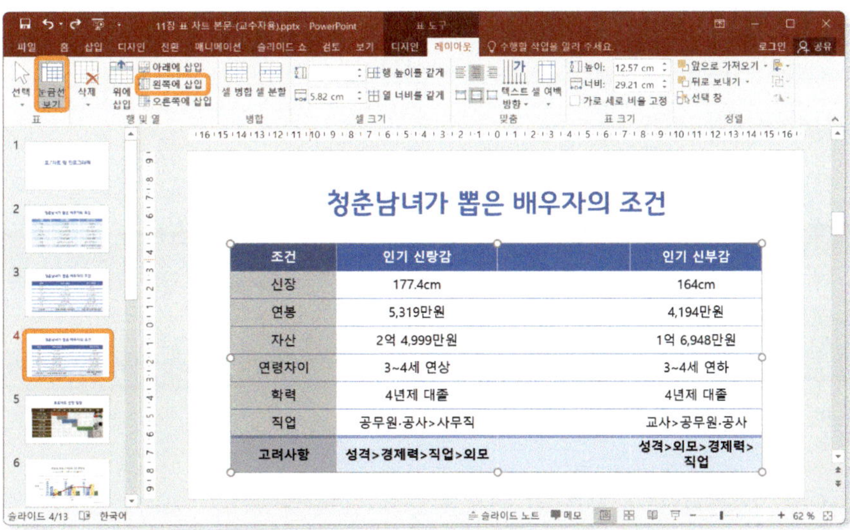

❹ '조건' 열을 드래그하여 잘라내기(Ctrl + X)한다.

❺ 새로 추가된 가운데 열에 붙여넣기한다.

❻ 첫째 열, 둘째 열, 셋째 열의 셀 크기를 각각 너비 [8cm], [3.5cm], [8cm]로 지정하고 표 전체를 가운데 위치시킨다.

❼ 선과 셀 색을 모두 '회색-50%, 강조3'으로 결과와 같게 지정한다.
[표 스타일]을 '스타일 없음, 눈금 없음'을 먼저 적용하면 수정이 쉽다.

❽ '인기 신랑감' 내용은 '파랑, 강조5', '인기 신부감' 내용은 '주황, 강조2', '조건'은 '흰색, 배경1, 굵게, 텍스트 그림자, 18pt'를 적용한다.

❾ 선을 적용할 경우에는 먼저 펜 스타일과 펜 색을 선택한 후에 테두리를 적용해야 한다. 나머지는 그림과 같이 적용해보자.

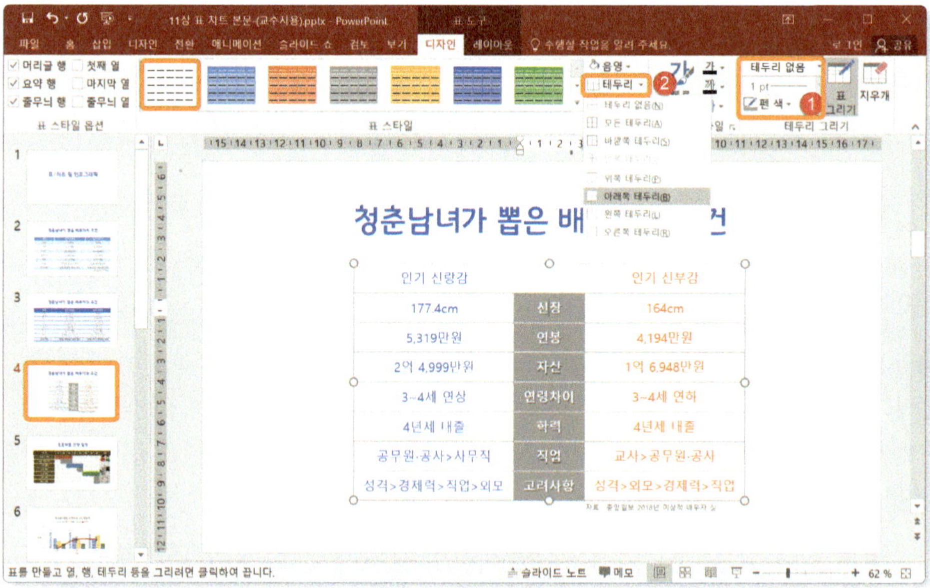

2 그림 색 변경하여 이용하기

❶ [삽입]-[이미지]-[온라인 그림]에서 '신사'와 '여자'를 검색어로 검색하여 필터 조건을 흑백으로 설정해 그림을 다운로드한다. 이때 필터링 조건을 '흑백'으로 하면 찾기가 쉽다.

❷ 남자 그림은 [그림 도구]-[서식]-[조정]-[색]에서 '파랑, 밝은 강조색1'을, 여자는 '주황, 밝은 강조색 2'를 선택한다.

❸ 적당한 크기를 조절하고 표 옆에 각각 배치시킨다. 배경에 흰색이 있어 배치가 어려울 경우에는 [서식]-[배경 제거]를 이용한다.

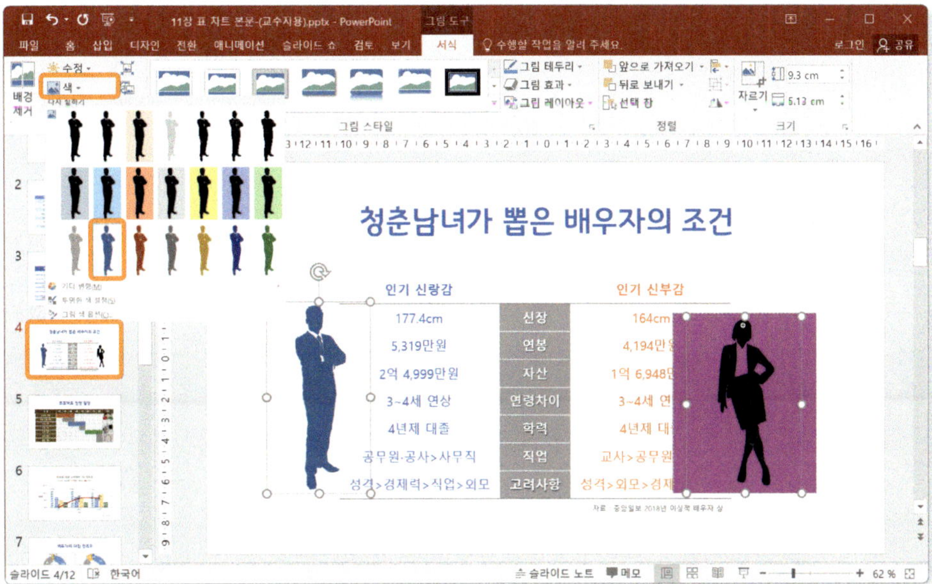

11.1.4 표를 이용한 간트 차트 만들기

기획서 작성이나 프로젝트를 작성할 때 작업 진행 상황은 주로 간트 차트를 이용해 작성한다.

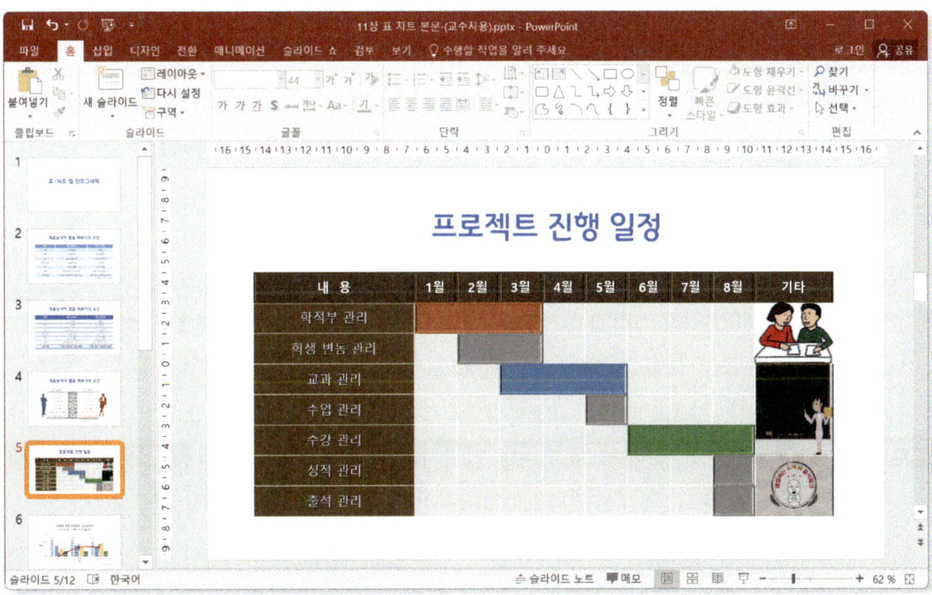

1 표 삽입 및 내용 입력

❶ [삽입]–[표]를 이용하여 열과 행을 10 × 8로 지정한다. 세로로 적당하게 키운다.

❷ 셀 크기를 첫 열은 너비 [8cm], 마지막 열은 너비 [4cm], 나머지는 [레이아웃]–[셀 크기]에서 '열 너비를 같게'를 적용한다.

❸ 텍스트를 모두 입력한다. 개체를 선택한 후 [레이아웃]–[맞춤]에서 '가로 가운데 정렬, 세로 가운데 정렬'을 선택한다.

❹ 텍스트를 선택하여 [홈]–[글꼴]에서 '흰색, 배경1, 텍스트 그림자'를 선택한다.

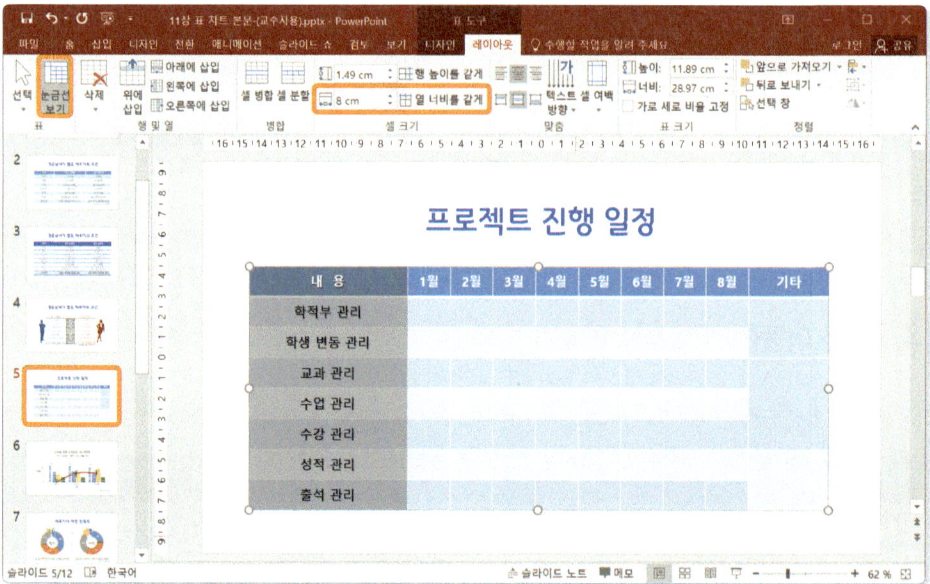

2 표 셀의 효과 적용하기

❶ 1행과 1열의 음영 색을 '황금색, 강조4, 50% 더 어둡게'로 지정한다.

❷ 1행은 [표 도구]–[디자인]–[표 스타일]에서 '효과–셀 입체 효과–십자형으로'를 적용한다.

❸ 나머지 모든 셀에는 음영 색을 '회색–25%, 배경2'를 적용한다.

❹ 내부 셀에 각각 '주황, 강조2, 회색–50%, 강조3, 파랑, 강조1, 녹색, 강조6'을 지정하고, 효과는 [표 도구]–[디자인]–[표 스타일]에서 '효과–셀 입체 효과–딱딱한 가장자리'를 적용한다. 이때 하나의 막대처럼 보이기 위해서는 [표 도구]–[레이아웃]–[병합]에서 '셀 병합'을 선택한다.

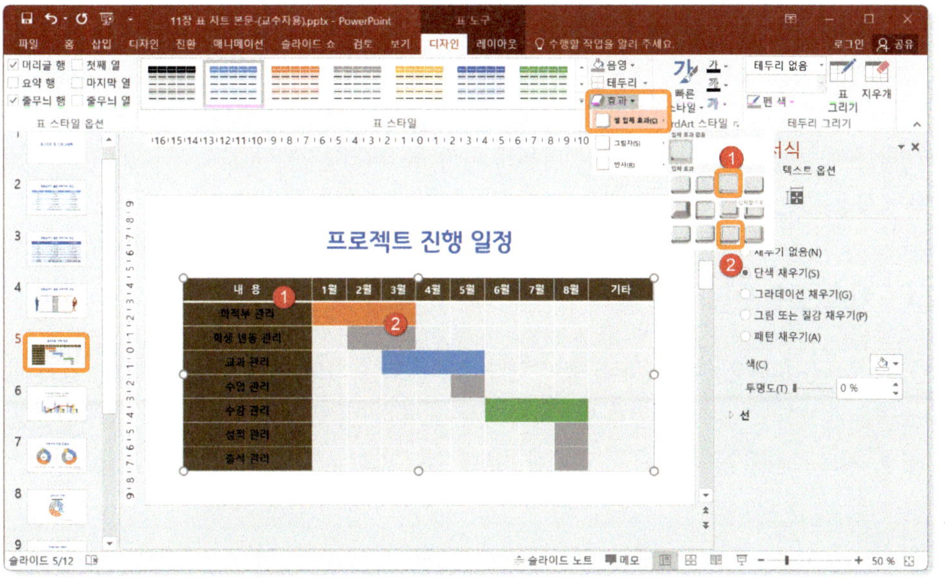

3 표 셀에 그림 넣기

❶ 먼저 그림을 넣고자 하는 셀을 선택하여 병합한다.

❷ 셀을 클릭한 후 [표 도구]–[디자인]–[표 스타일]의 '음영–그림'에서 온라인 그림을 '학생', '수업', '출석'을 검색어로 검색해서 넣는다. 또는 [도형 서식]–[채우기]–[그림 또는 질감 채우기]로도 넣을 수 있다.

❸ 그림의 형태가 정확하게 들어가지 않고 셀의 크기에 맞춰 늘어지는 경우가 있다. 이는 오프셋 값을 조절해 이미지가 모두 보이게 하거나 자르기할 수 있다. 두 번째 셀의 그림을 클릭하여 [도형 서식]–[채우기]에서 '오프셋 왼쪽' 값을 '–30%'로 지정한다.

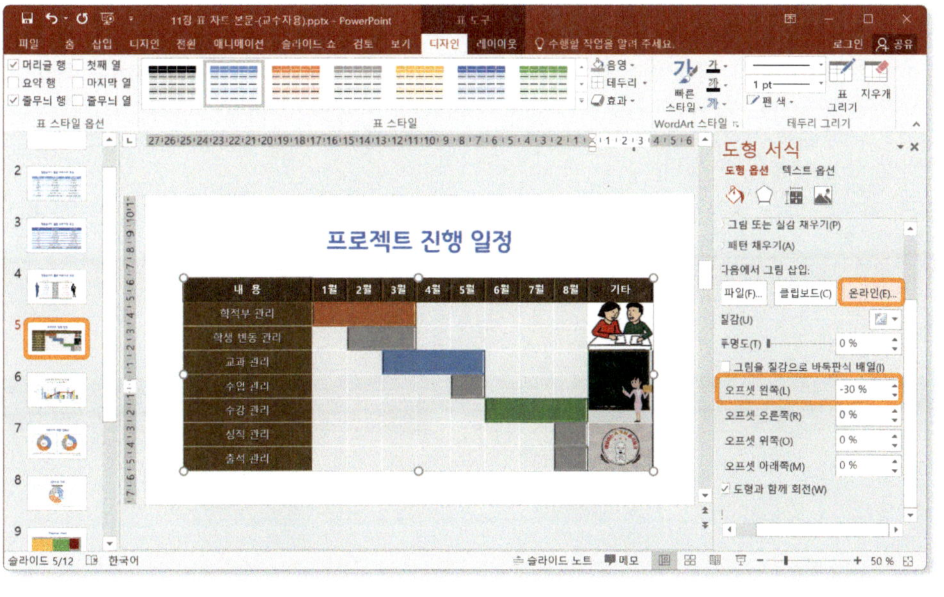

11.2 차트를 이용한 슬라이드

차트는 많은 양의 숫자 데이터 및 데이터 계열 간의 관계를 더 쉽게 이해할 수 있도록 그래픽 형식으로 표현하는 데 사용된다. 차트는 전달 내용에 따라 복잡하고 자세한 차트부터 단순화된 차트까지 다양하게 사용된다.

11.2.1 차트 도구 모음

차트 도구 모음은 [디자인] 탭과 [서식] 탭이 있다. [서식] 탭은 차트 전체의 특징과 관련 없이 각 개체에 속성들을 적용할 수 있으며 많이 사용되지 않는다. [디자인] 탭은 차트의 요소, 데이터 편집, 차트 종류 변경, 차트 스타일 등 차트의 특성과 관련되어 있어 많이 사용하는 부분이다.

[디자인] 탭

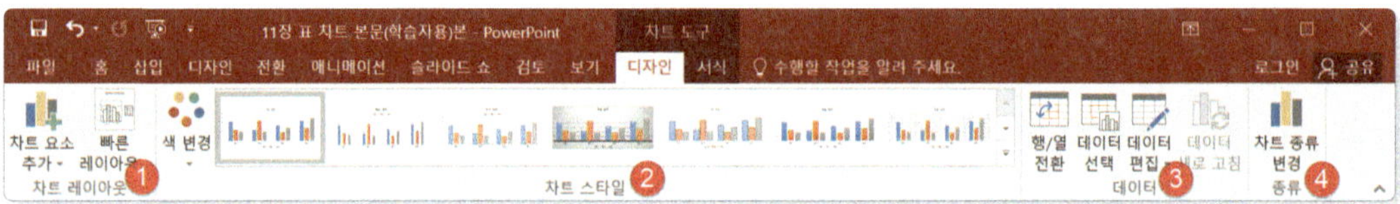

❶ 차트 레이아웃은 '빠른 레이아웃'과 '차트 요소 추가' 기능이 있다. '빠른 레이아웃'은 원하는 모양을 한 번 클릭으로 적용할 수 있다. 적용 후에 특정 부분만 변경하고자 하면 '차트 추가 요소'를 클릭하여 다양하게 변경해 사용할 수 있다.

❷ 차트 스타일: 차트의 스타일을 만들어 제공하고 있다. 각 요소별 스타일을 만들기 어려우면 클릭 한 번으로 적용이 가능하다. 적용 후 '색 변경'은 전체 스타일의 색 구성 요소를 변경하여 적용 가능하다.

❸ 데이터: '행/열 전환'은 처음 적용된 데이터에서 행과 열을 바꾸고자 할 때 사용한다. '데이터 선택'은 데이터의 적용된 범위가 다를 경우 새로 선택할 수 있다. '데이터 편집'은 데이터를 입력하거나 편집할 경우 사용할 수 있다.

❹ 종류: 차트를 다른 종류로 변경할 수 있다. 이때 스타일이나 서식이 적용되어 있으면 그대로 적용된다.

[서식] 탭

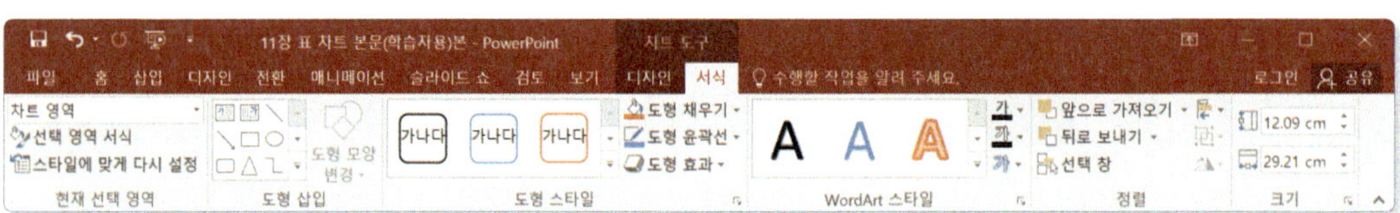

[서식] 탭은 각 일반 도형 서식과 같다. 맨 앞의 [현재 선택 영역]에서 '선택 영역 서식'을 클릭하면 현재 선택된 서식 창 열기를 해준다.

11.2.2 세로 막대 차트

차트는 전달 내용에 따라 복잡하고 자세한 차트에서부터 단순화된 차트까지 다양하게 사용된다. 차트 슬라이드를 작성하면서 차트 종류, 차트 레이아웃 및 차트 스타일에 대해 알아보자.

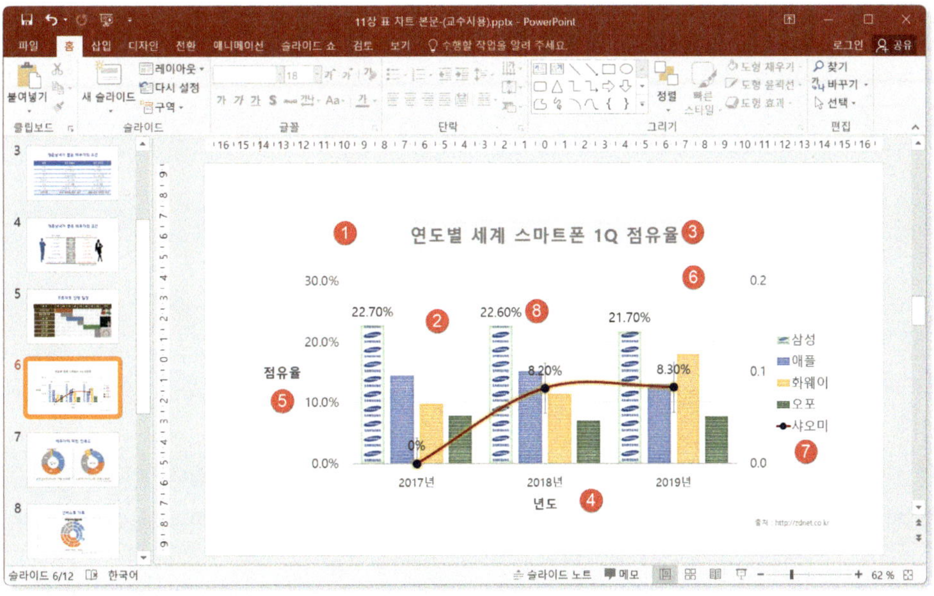

❶ 차트 영역: 그림 영역과 제목, 범례를 포함하는 차트의 전체 영역, 바깥 사각형

❷ 그림 영역: 실제 차트가 그려진 영역, 안쪽 사각형

❸ 제목: 차트의 제목을 표시

❹ x축: 일정한 간격으로 x축 데이터 항목과 눈금을 표시, 가로

❺ y축: 일정한 간격으로 y축 데이터 항목과 눈금을 표시, 세로

❻ 눈금선: 값 축이나 항목 축의 눈금을 표시한 선

❼ 범례: 차트의 데이터 개열이나 항목을 식별할 수 있게 설명

❽ 데이터 계열: 차트에 표시된 데이터 요소로, 일반적으로 같은 계열은 같은 그림이나 같은 색상으로 표시

1 차트 삽입과 데이터 입력하기

차트 종류에는 여러 가지 있다. 내용을 가장 잘 표현할 수 있는 차트 종류를 선택해야 한다.

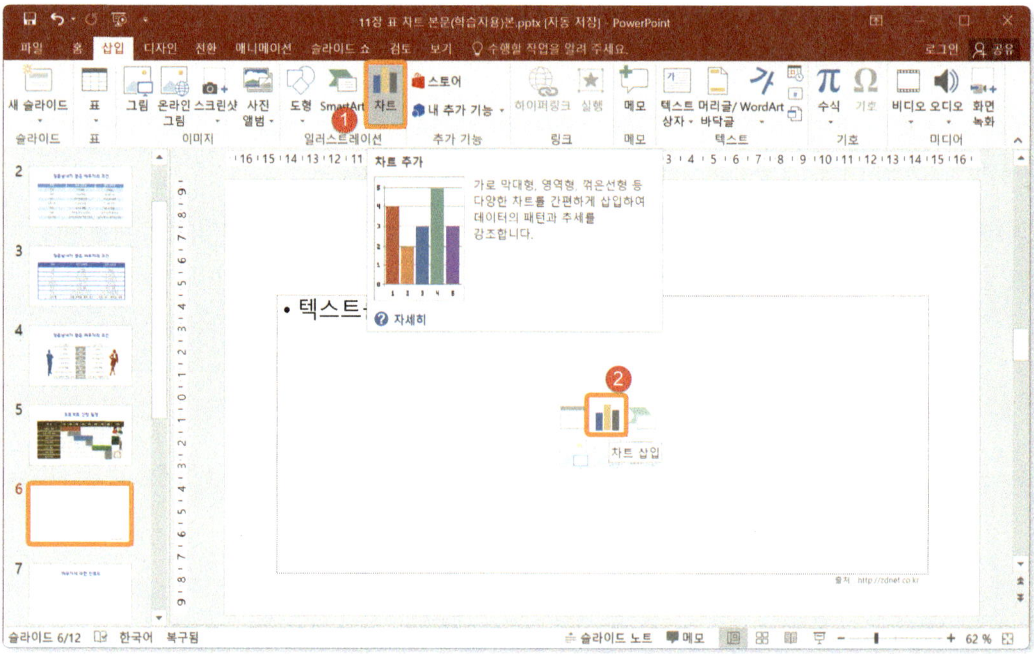

❶ [슬라이드 6]을 선택한 후 [삽입]–[일러스트레이션]–[차트] 또는 슬라이드에서 [차트 삽입]을 클릭한다.

- ① '세로 막대형', '꺾은 선형'은 많이 사용되는데 주로 2차원 데이터가 있을 때 이용한다.
- ② '원형'은 1차원 데이터가 있는 경우 사용한다. 원형이면서 다차원의 데이터를 표현하고자 할 때는 파워포인트 2016 버전에 추가된 '선버스트' 차트를 이용한다.
- ③ '분산형' 차트는 주로 두 숫자 값 사이의 관계를 표시할 때 사용한다. 두 번째 '곡선 및 표식이 있는 분산형'은 랜덤 데이터를 바탕으로 추세를 보기에 편하다. '거품형'은 데이터 요소를 거품으로 바꾸고 거품 '크기'로 제3의 추가 데이터 차원을 나타낸다.
- ④ 파워포인트 2016 버전에 새로 추가된 차트로는 시각화하기 좋은 '트리맵', '선버스트' 차트가 있고 통계에 많이 사용되는 '히스토그램', '상자 수염 그림', '폭포' 등이 있다.

❷ '세로 막대형–묶은 세로 막대형'을 클릭한다. 기본 데이터 값이 열리면 아래의 데이터 값으로 입력한다.

Microsoft PowerPoint의 차트

	A	B	C	D	E
1		계열 1	계열 2	계열 3	
2	항목 1	4.3	2.4	2	
3	항목 2	2.5	4.4	2	
4	항목 3	3.5	1.8	3	
5	항목 4	4.5	2.8	5	
6					

Microsoft PowerPoint의 차트

	A	B	C	D	E
1		2017년	2018년	2019년	
2	삼성	22.70%	22.60%	21.70%	
3	애플	14.40%	15.10%	13.00%	
4	화웨이	9.80%	11.40%	17.90%	
5	오포	7.80%	7%	7.70%	
6	샤오미	0%	8.20%	8.30%	

❸ [차트 도구]–[디자인]–[데이터]의 '행/열 전환'을 클릭하여 가로 축에 년도가 범례에 기업명이 나타나도록 한다. 입력 후, 작업 도중에 행/열의 값을 변경해야 할 경우 새로 입력하지 않고 '행/열 전환'으로 쉽게 바꿀 수 있다. 또한 입력한 데이터의 수정이나 추가해야 되는 경우에는 [차트 도구]–[디자인]–[데이터]의 '데이터 편집'을 클릭하면 엑셀 창이 열려 수정할 수 있다. 이때 엑셀의 함수를 이용해 데이터의 계산이 필요한 경우에는 [차트 도구]–[디자인]–[데이터]의 'Excel에서 데이터 편집'을 클릭하면 엑셀 프로그램이 실행되어 위의 도구들을 모두 사용할 수 있는 상태가 된다.

2 차트 스타일 적용 및 색 변경하기

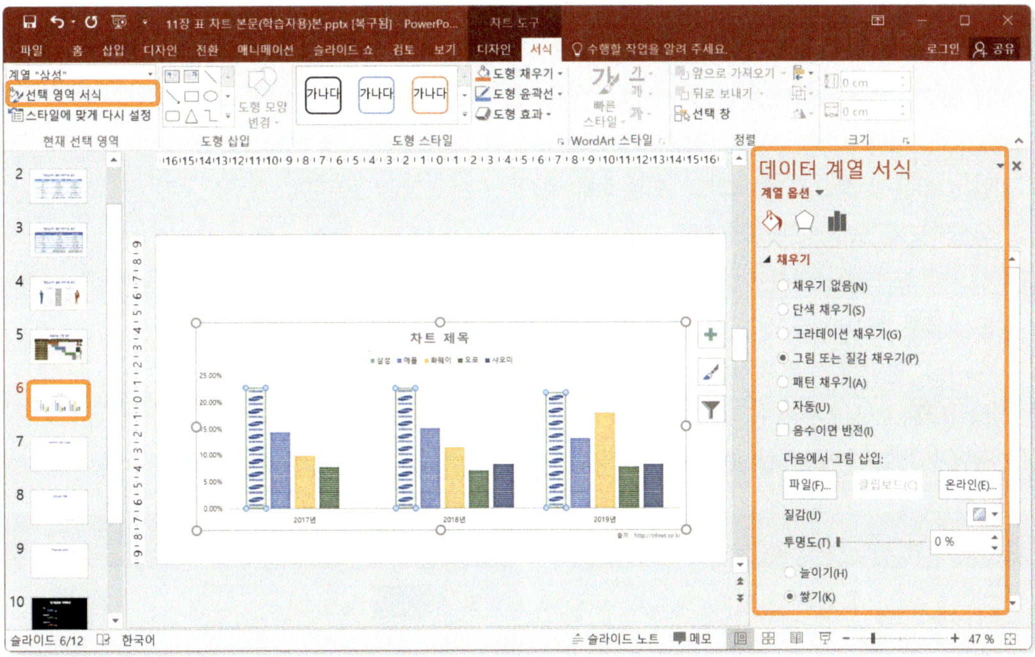

❶ 차트를 선택하고 [차트 도구]–[디자인]–[차트 스타일]의 '스타일 3'을 선택한다. 또는 차트 오른쪽의 [차트 스타일] 을 선택한다. [차트 스타일]은 모두 14가지가 있으면 사용자가 원하는 것과 가장 근접한 것을 선택한다.

❷ [차트 스타일]의 '색 변경'에서 '색 4'를 선택하여 차트의 전체 색상을 바꿔보자. 한 가지 톤으로 변경하고자 하면 아래의 '단색형' 중에서 하나를 선택한다.

❸ '삼성' 요소를 선택하여 이미지로 변경하기 위해 요소를 선택한다. 요소별로 색을 변경하고자 할 때는 요소를 클릭한다. 한 번 클릭하면 요소 전체가 선택되고 한 번 더 클릭하면 요소에서 개별적으로 선택된다.

❹ [차트 도구]–[서식]–[현재 선택 영역]의 '선택 영역 서식'을 선택한다. 그러면 오른쪽에 '데이터 계열 서식'이 나타난다.

❺ [데이터 계열 서식]–[계열 옵션]–[채우기]–[그림 또는 질감 채우기]에서 '온라인 그림'을 선택하여 삼성 로고를 넣어보자. 그림을 한 개로 넣으려면 '늘이기'를 여러 개로 넣으려면 '쌓기'를 선택하면 된다.

3 차트 종류 변경하기

하나의 차트에 한 종류만 할 수 있는 것이 아니고 '콤보' 차트를 적용할 수 있다. 처음부터 차트 종류를 '콤보'로 선택해도 되지만 사용하는 도중에 특정 계열을 다른 차트로 변경할 수도 있다.

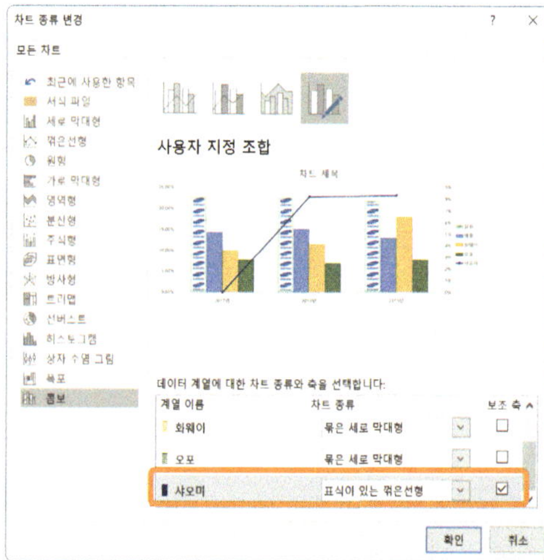

❶ 아무 계열이나 선택한 후 [차트 도구]–[디자인]–[종류]–[차트 종류 변경]을 클릭한다. 이때 각 계열별 차트 종류가 나타난다.

❷ '샤오미' 계열을 '묶은 세로 막대형'에서 '표식이 있는 꺾은 선형'으로 선택하고 오른쪽에 축이 생성되도록 '보조 축'에 체크한다.

❸ '샤오미' 요소를 클릭하여 [차트 영역 서식]–[계열 옵션]에서 '채우기 및 선' 에서 '진한 빨강, 너비–3pt, 완만한 선'을 지정한다.

① '표식–표식 옵션'에서는 '크기: 12pt, 채우기–진한 파랑'

② 효과 옵션 – '네온'에서 '색–주황, 크기: 5pt, 투명도: 60%'를 지정한다.

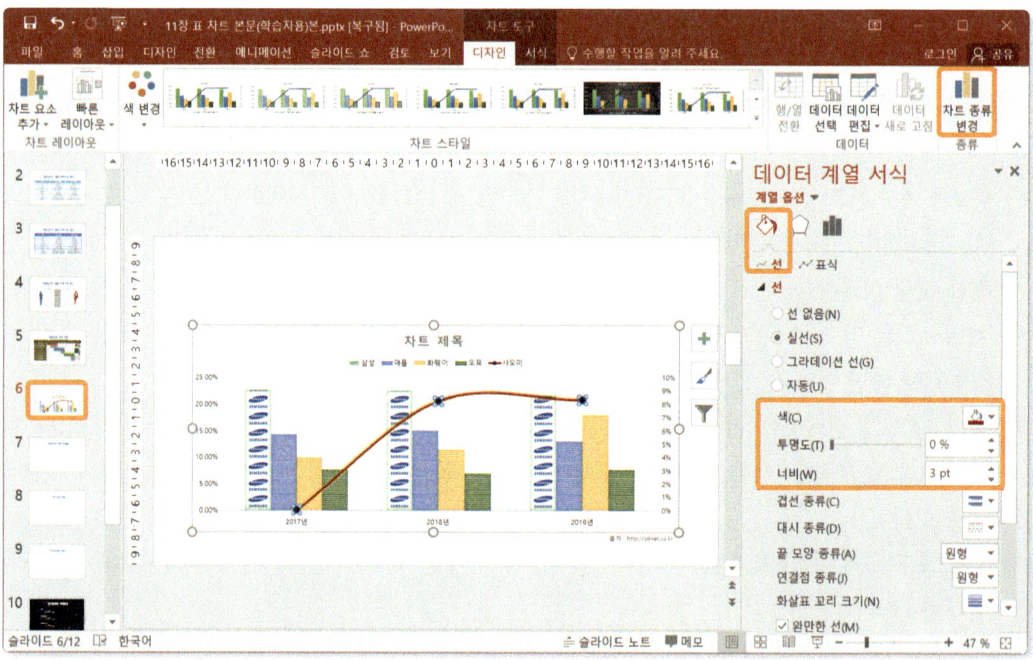

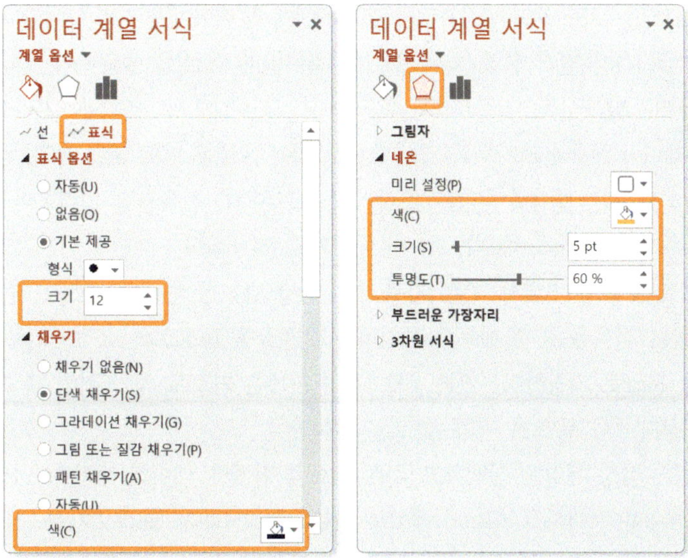

4 차트 요소 추가 변경하기

하나의 차트에 매우 많은 요소들이 포함되어 있다. 11가지 요소들 중에 많이 사용하는 요소들을 추가하고 변경해보자. 요소들을 적용하기 전에 사용자가 원하는 레이아웃을 먼저 적용하고 각각의 요소를 변경하는 것이 쉽다.

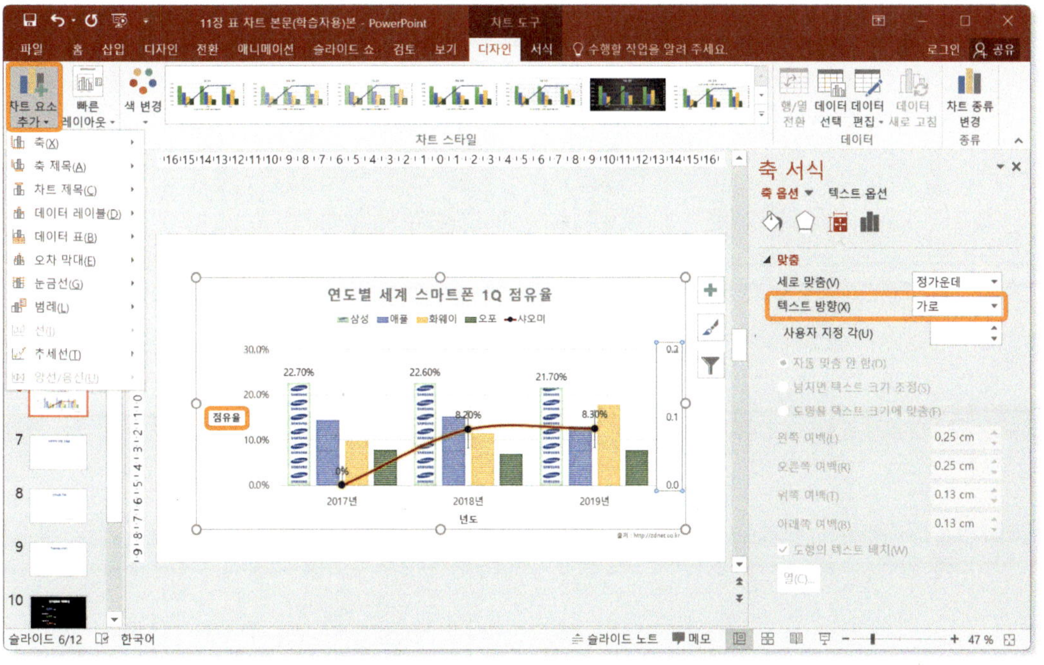

❶ [차트 도구]–[디자인]–[차트 레이아웃]–[빠른 레이아웃]에서 '레이아웃 3'을 선택한다.

❷ 차트의 기본 세로 축을 넣기 위해 [차트 요소]의 [축]–[기본 세로]를 클릭한다. 기본 세로 축이 생겨난 것을 확인할 수 있다.

❸ '차트 제목'은 레이아웃에서 추가되어 있다. 생성시키는 방법은 [차트 요소 추가]에서 '차트 제목–차트 위'를 선택하면 된다. 클릭하여 '연도별 세계 스마트폰 1Q 점유율'을 입력한다. 제목은 '24pt, 채우기–단색 채우기'에서 '흰색, 배경1, 5% 더 어둡게'를 적용한다.

❹ '축 제목'은 [차트 요소 추가]에서 '기본 가로', '기본 세로'를 한 번씩 클릭하여 추가한다. 가로에는 '년도'를 세로에는 '점유율'을 축 제목으로 입력하고 글꼴을 16pt로 한다. 이때 차트 제목을 제외한 모든 텍스트를 16pt로 지정한다. '기본 세로' 축의 제목은 가로로 하기 위해 '축 제목 서식–텍스트 옵션–텍스트 상자'에서 '텍스트 방향–가로'로 선택한다.

❺ '데이터 레이블'은 삼성 계열을 선택하고 [차트 요소 추가]에서 '데이터 레이블–바깥쪽 끝에'를 선택한다. 샤오미 계열을 선택하고 '데이터 레이블–위쪽', '오차 막대–표준오차'를 선택한다.

❻ '범례'는 각각의 계열이 무엇을 나타내는지 알려준다. [차트 요소 추가]에서 '범례–위쪽'을 선택한다.

❼ '축 서식'은 '기본 세로' 축을 선택하면 오른쪽에 '축 서식'이 나타난다. '축 옵션'에서 '최대: 0.3, 주 단위: 0.1, 표시 형식: 소수 자리수 1'로 지정한다. 오른쪽 '보조 축'을 선택한 후 '축 옵션'에서 '최소: 0.0, 최대: 0.2, 주 단위: 0.1, 표시 형식: 숫자, 소수 자리수 1'로 지정한다.

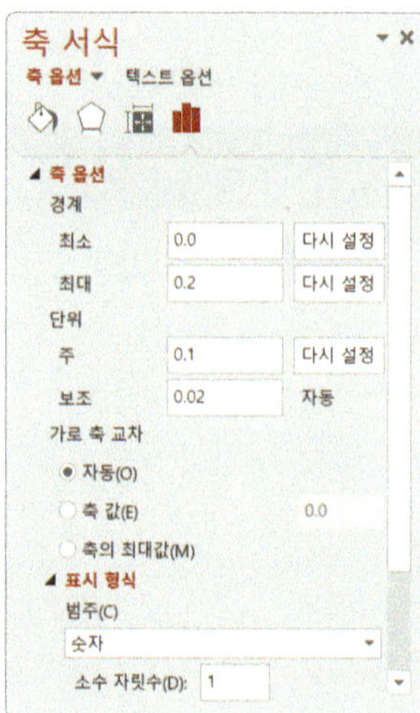

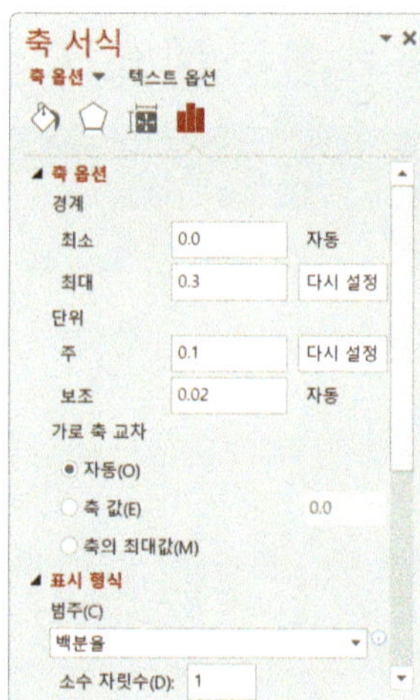

11.2.3 원형 차트를 이용한 데이터 표현

원형 차트는 다른 차트와 다르게 데이터 요소를 전체 원에 대한 백분율로 표시한다. 그러므로 원형 차트는 데이터 계열이 하나뿐인 경우만 사용할 수 있다.

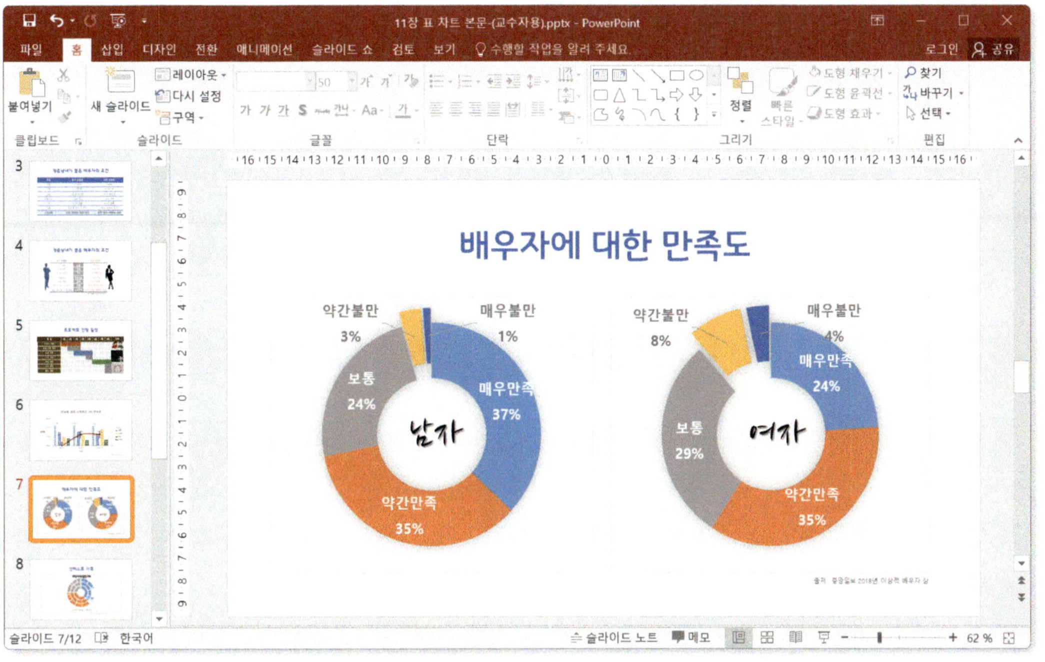

1 차트 삽입하고 스타일 적용하기

❶ [차트 삽입]을 선택하여 '원형–도넛형' 차트를 선택한다. 오른쪽에도 똑같은 차트를 선택한다. 엑셀 창이 나타나면 아래의 데이터를 각각 입력한다.

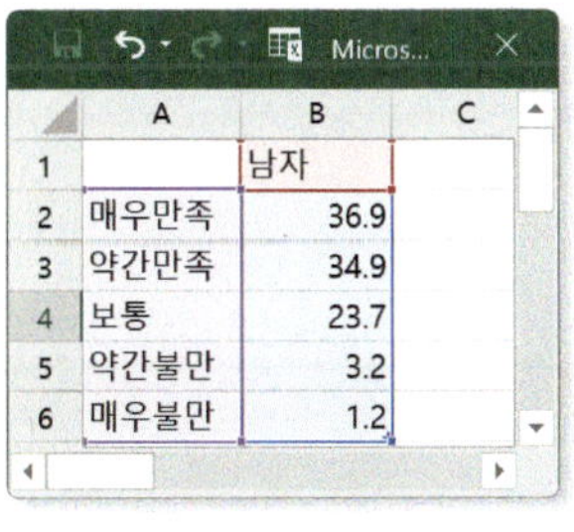

	A	B
1		남자
2	매우만족	36.9
3	약간만족	34.9
4	보통	23.7
5	약간불만	3.2
6	매우불만	1.2

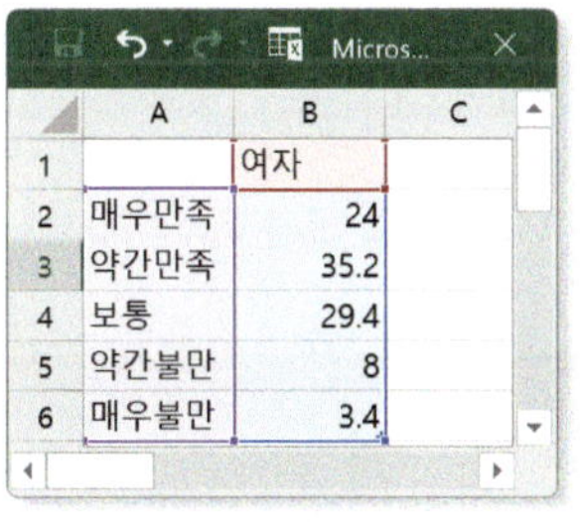

	A	B
1		여자
2	매우만족	24
3	약간만족	35.2
4	보통	29.4
5	약간불만	8
6	매우불만	3.4

❷ [차트 스타일]에서 '스타일 10'을 적용한다.

❸ 차트의 계열을 선택하여 [데이터 계열 서식]의 '계열 옵션' 에서 '도넛 구멍 크기: 50%'로 입력한다. 원형에서 조각들의 위치를 조정하기 위해서는 '계열 옵션'의 '첫째 조각의 각'을 조절하면 된다.

❹ 모든 텍스트 크기를 '16pt'로 지정한다. 각각의 요소별로 선택하여 폰트를 지정하지 않고 차트를 클릭한 후에 폰트를 지정하면 모든 폰트를 한꺼번에 지정할 수 있다.

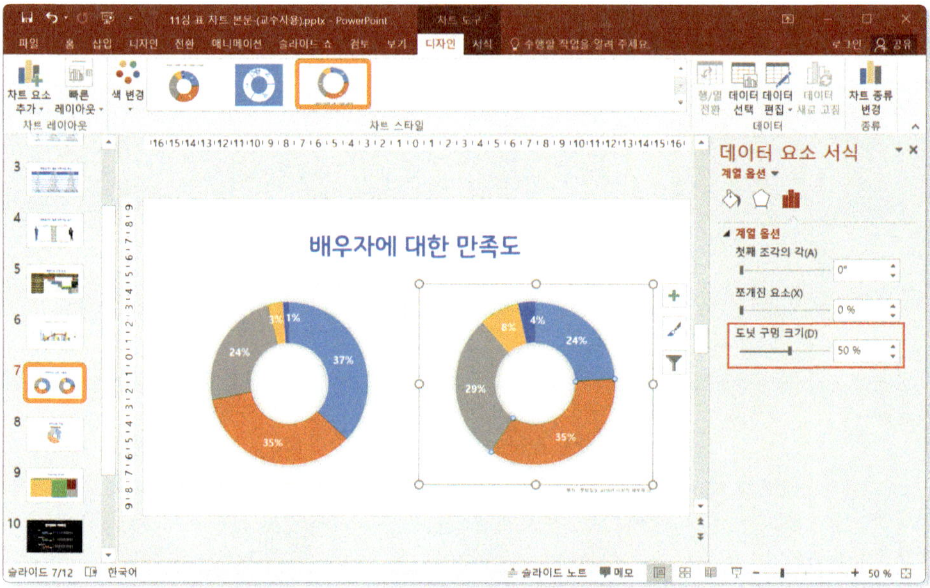

2 차트 요소 수정하기

❶ '차트 제목'과 '범례'를 '없음'으로 지정한다.

❷ 데이터 레이블은 '항목 이름', '백분율'을 표시하고 구분 기호는 '줄 바꿈'으로 지정한다.

❸ '약간 불만', '매우 불만'의 데이터 계열을 각각 선택한 후 빈 공간으로 살짝 잡아당긴다. 이때 한 번 클릭하면 데이터 계열 전체가 선택된다. 한 번 더 클릭하면 하나의 요소만 선택할 수 있다.

❹ 계열의 레이블이 잘 보이지 않을 경우 레이블을 선택하여 바깥쪽으로 드래그한 후 글꼴 색을 '흰색, 배경1, 50% 더 어둡게'를 적용한다.

❺ '남자', '여자' 텍스트를 동그라미 가운데에 추가한다. '글꼴: 나눔손글씨붓, 50pt, 텍스트 그림자'를 적용한다.

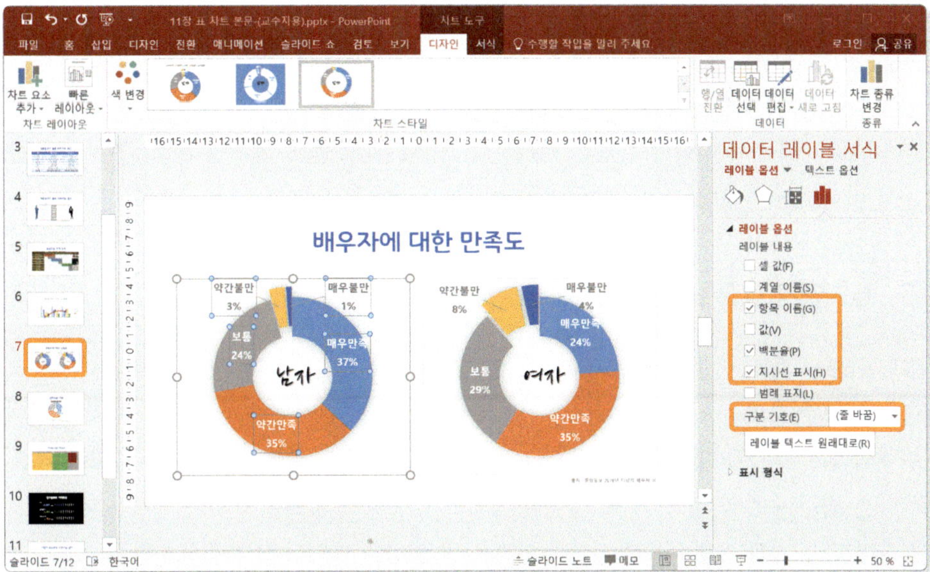

11.2.4 선버스트 차트를 이용한 데이터 시각화

선버스트는 계층 구조를 가진 데이터를 시각화하는 데 적합한 차트이다. 계층 구조가 어떻게 구성되어 있는지 표시하는 데 편리하다. 하나의 고리 또는 원이 계층 구조의 각 수준을 나타내며 가장 안쪽에 있는 원이 계층 구조의 가장 높은 수준을 나타낸다. 계층 구조가 없는 하나의 범주 수준 선버스트 차트는 도넛형 차트와 모양이 유사하다. 하지만 범주 수준이 여러 개인 선버스트 차트는 외부 고리와 내부 고리의 관계를 보여준다. 하나의 고리가 어떤 요소로 구성되어 있는가를 보여주는 데 가장 효과적이다.

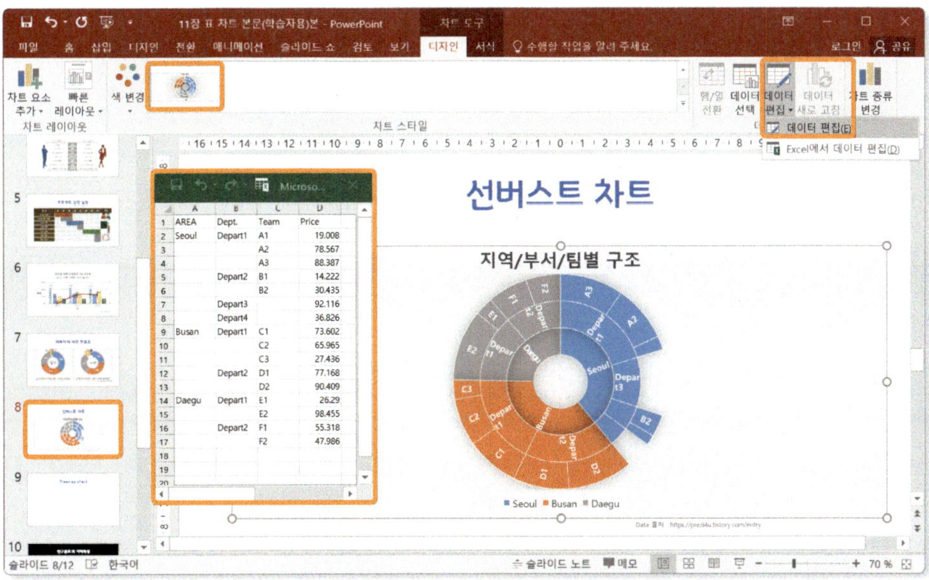

❶ [차트 삽입]을 선택하여 '선버스트' 차트를 선택한다.
❷ 'sunburst chart–data.xlsx' 엑셀 파일을 열어, 내용을 복사하여 붙여넣기한다.
❸ [차트 도구]–[디자인]–[차트 스타일]의 '스타일 8'을 선택한다.
❹ '차트 제목'에 '지역/부서/팀별 구조'를 입력한다. 선버스트 차트는 계층별 데이터를 잘 구조화시켜 옵션이 없으므로 수정할 게 별로 없다.

11.2.5 트리맵 차트를 이용한 데이터 시각화

트리맵(Treemap) 차트는 많은 계층 구조 즉, 트리 구조 데이터를 표시하는 데 적합하다. 가장 큰 상위 계층과 하위 계층의 구조를 쉽게 볼 수 있도록 시각화해준다. 예를 들어 각 지점별로 어떤 항목이 많이 판매되었는지를 트리맵으로 시각화할 수 있다. 트리맵 차트는 데이터를 계층 구조 보기로 제공하므로 다른 범주 수준과 비교하기에 간편한 방법이다. 트리맵 차트는 색과 근접성을 기준으로 범주를 표시하며 다른 차트 유형으로 표시하기 어려운 많은 양의 데이터를 쉽게 표시할 수 있다. 계층 구조 안에 빈(공백) 셀이 있는 경우에만 그릴 수 있으며 계층 안에서 비율을 비교하는 데 유용하다.

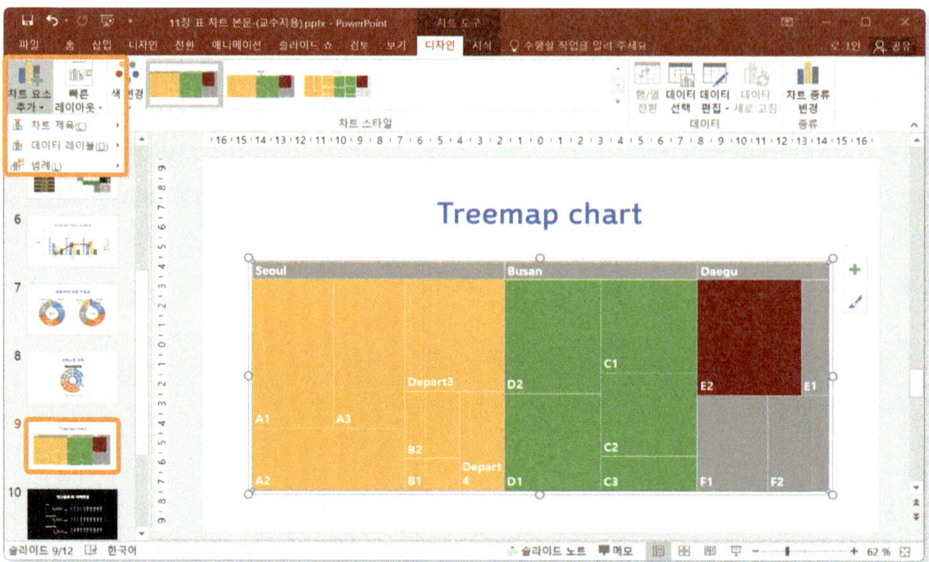

❶ 데이터를 그대로 사용하기 위해 선버스트 차트를 복사하여 [슬라이드 8]의 내용 텍스트 상자를 클릭한 후 붙여넣기한다.
❷ [차트 도구]–[디자인]–[차트 스타일]의 '스타일 4'을 선택한다.
❸ '차트 제목'에 '없음'을 클릭한다.
❹ 색상을 'Seoul'은 '황금색, 강조4', 'Busan'은 '녹색, 강조6', 'Daegu'는 '회색–50%, 강조3', 'Daegu'의 'E2'는 '진한 빨강'으로 한다.
❺ '범례'는 '없음'으로 적용한다.

11.3 인포그래픽을 이용한 슬라이드

인포그래픽은 정보를 시각화하는 것을 말하며, 정보(information)와 그래픽(graphic)의 합성어이다. 주로 신문기사, 잡지, 포스터 등에서 많이 볼 수 있다. 정보를 구체적, 실용적, 직관적으로 전달하고자 할 때 이용한다. 주로 사진, 그림이 포함되지만 정보의 가공이란 의미가 있다. 좋은 인포그래픽은 첫째, 목적과 타겟이 명확해야 한다. 둘째, 정확한 정보와 이야기를 담아내야 한다. 셋째, 한눈에 들어오는 직관적인 디자인이어야 한다. 이러한 요건을 갖추는 몇 가지 인포그래픽 요소를 만들어보자.

11.2.1 '인구 분포의 지역 특성' 슬라이드

슬라이드 제목이 '인구 분포의 지역 특성'으로 인구 분포가 주 내용이다. 주로 표나 차트를 이용해 표현할 것이다. 그러나 사람 픽토그램을 이용해 간단히 비율을 나타내보자.

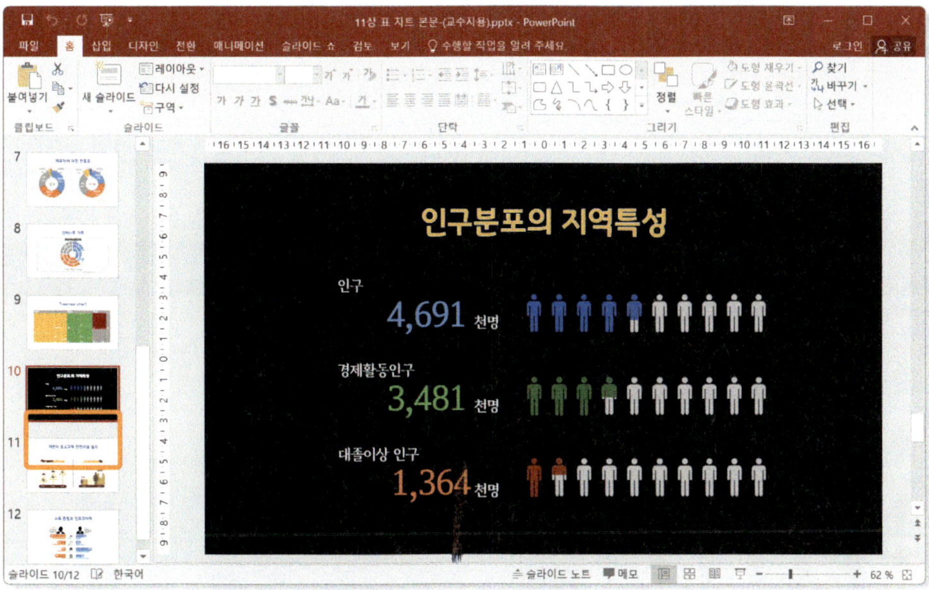

❶ [삽입]–[온라인 그림]에서 '사람'을 검색어로 입력하여 검색한다.

❷ 추가된 사람을 [그림 도구]–[서식]–[크기]의 '자르기'를 통해 필요 없는 부분을 잘라내기한다.

❸ 이미지 크기를 높이 [2cm], 너비 [1cm]로 적용한다. 이때 '가로 세로 비율 고정'의 체크를 해지해야 원하는 크기를 적용할 수 있다.

❹ 이미지 색상을 바꾸기 위해 [그림 도구]–[서식]–[조정]에서 '색–파랑, 밝은 강조색1', '녹색, 밝은 강조색6', '주황, 밝은 강조색2', '희미하게'(회색)를 적용하여 결과처럼 10개씩 배열한다.

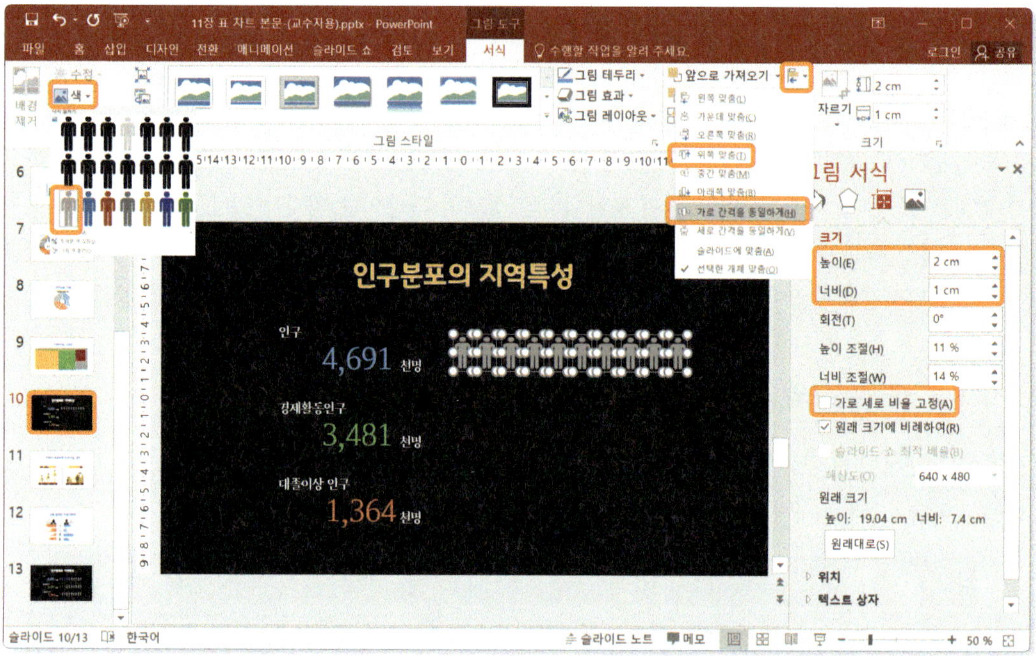

❺ 비율을 맞추기 위해 색상을 잘라내어야 할 경우에는 회색, 파랑 이미지 2개를 겹쳐 놓는다. 앞쪽의 파랑 이미지를 '자르기'를 통해 비율대로 조절할 수 있다.

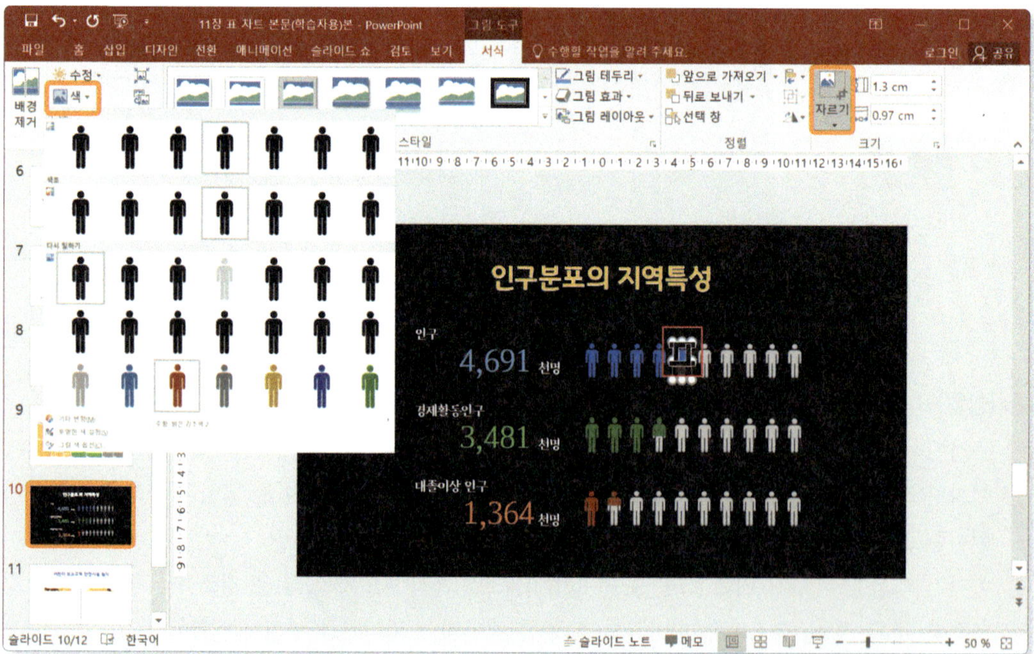

11.2.2 '어린이 보호구역 안전 시설 설치' 슬라이드

슬라이드 제목이 '어린이 보호구역 안전 시설 설치'이다. 어린이, 보호구역, 안전 시설이 키워드이다. 어린이 안전에는 노란색을 주로 이용한다. 그래서 색상과 안전 마크를 활용하여 인포그래픽을 작성할 수 있다.

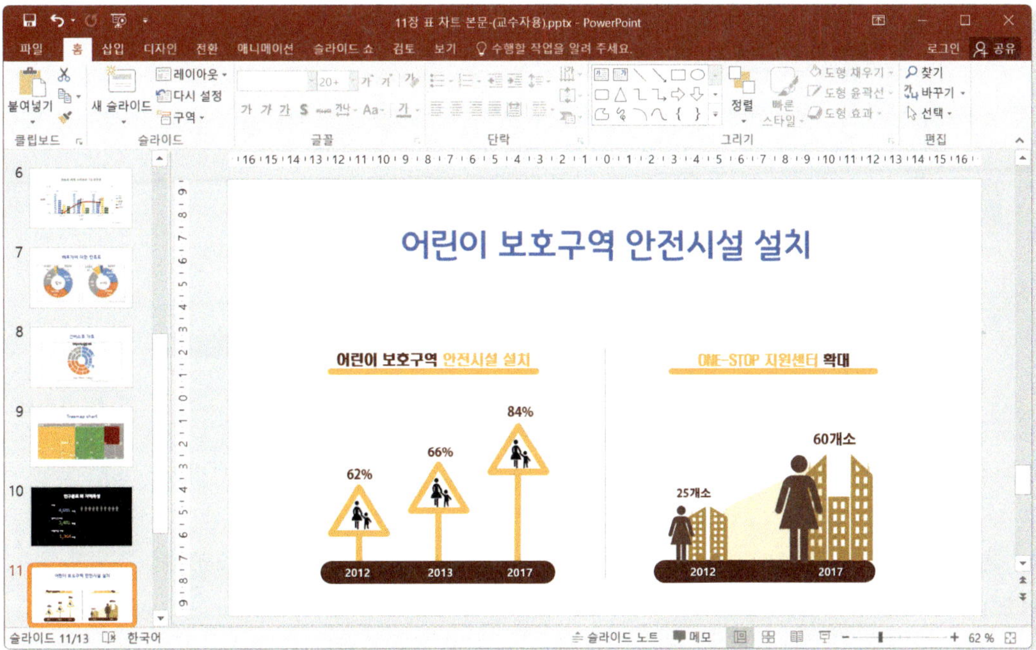

❶ 도형 삽입에서 '모서리가 둥근 직사각형'을 삽입한 후 도형 모양을 결과와 같이 변경한다.
크기: 높이 [1cm], 너비 [10.5cm]

❷ '도형 채우기: 주황, 강조2, 50% 더 어둡게', '글꼴: 14pt, '흰색, 배경1', '굵게, 그림자'를, '도형 윤곽'은 '윤곽선 없음'을 적용한다.

❸ 왼쪽엔 '2012, 2013, 2017'을 오른쪽엔 '2012, 2017'을 텍스트 입력한다. 텍스트 '흰색, 배경1, 14pt, 굵게, 그림자'를 적용한다.

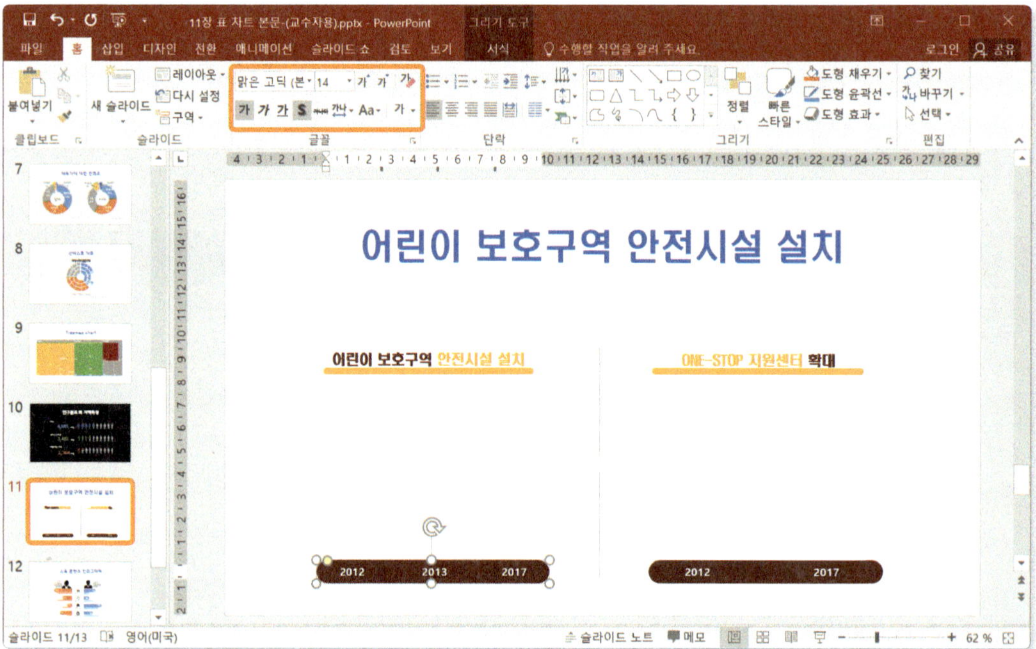

❹ '삼각형'은 도형에서 '이등변 삼각형' 그리기를 선택한다. '크기: 높이 [2cm], 너비 [2.5cm]', '도형 채우기 색–채우기 없음', '도형 윤곽선–황금색, 강조4, 너비: 8pt'를 적용한다. 삼각형 모서리가 둥글게 되기 우해서는 **[도형 서식]–[도형 옵션]–[선]**의 '연결점 종류–원형'으로 적용한다.

❺ '선'은 직선을 그리고 '도형 윤곽선–황금색, 강조4, 너비: 8pt'를 적용한다.

❻ '이미지'는 '온라인 그림'에서 '보행자'를 검색하여 삼각형 안쪽에 넣는다.

❼ 삼각형, 선, 이미지를 모두 선택하여 Ctrl + Shift를 누른 채 드래그하여 복사 후 사용한다.

❽ 텍스트는 삼각형 위에 텍스트를 입력하고 'Adobe 고딕Std B, 16pt, 주황, 강조2, 50% 더 어둡게'를 적용한다. 복사하여 모두 넣어보자.

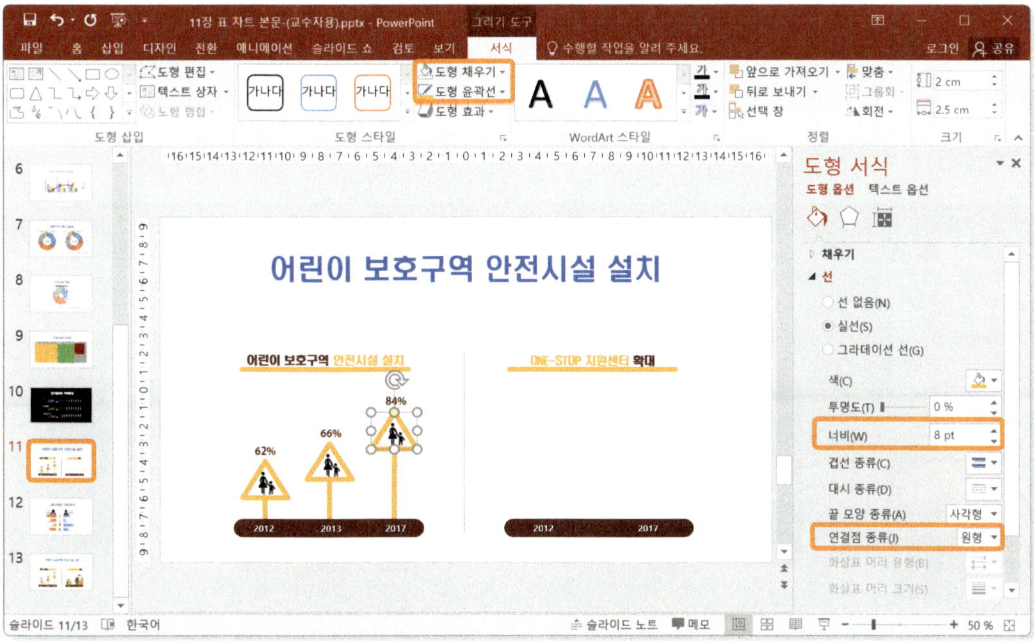

❾ 오른쪽 그림은 '빌딩', '여자'를 검색어로 하여 이미지를 삽입한다.

❿ '빌딩'은 [그림 도구]–[서식]–[조정]–[색]에서 '황금색, 밝은 강조색4'를 적용하여 적당한 크기로 줄인다.

⓫ '여자'는 색상을 [그림 서식]에서 '그림–그림 보정–대비–100%'를 적용하여 적당한 크기로 조절한다.

⓬ 도형의 '자유형'을 이용하여 뒤쪽에 도형을 그린다. '도형 채우기–황금색, 강조4, 80% 더 밝게', '도형 윤곽선–윤곽선 없음'을 적용하고 [정렬]에서 '뒤로 보내기–맨 뒤로 보내기'를 적용한다.

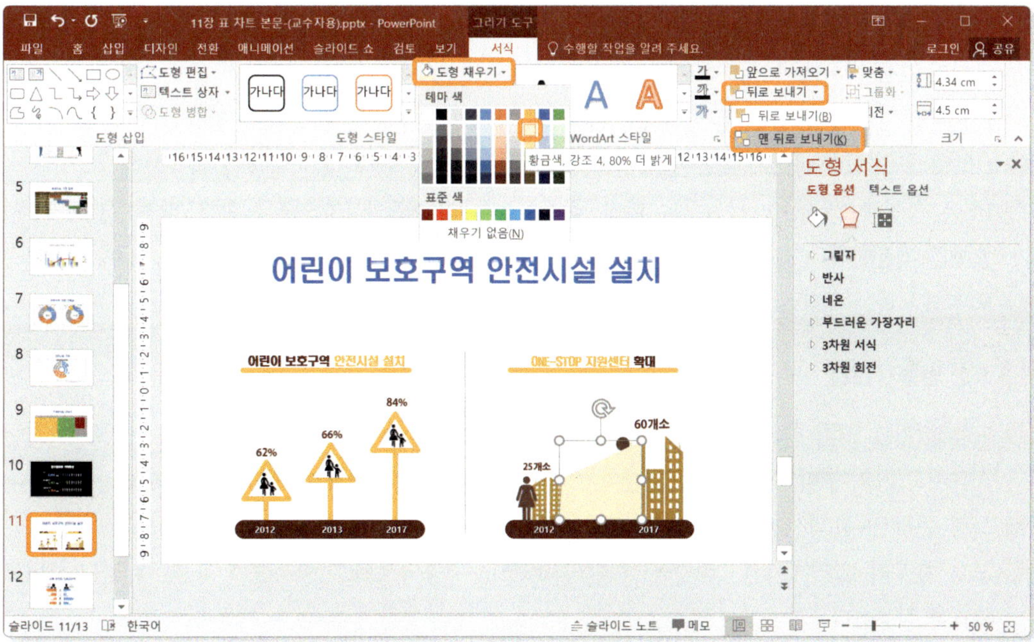

실무 활용 문제 1 입체감 있는 표 만들기

결과 화면

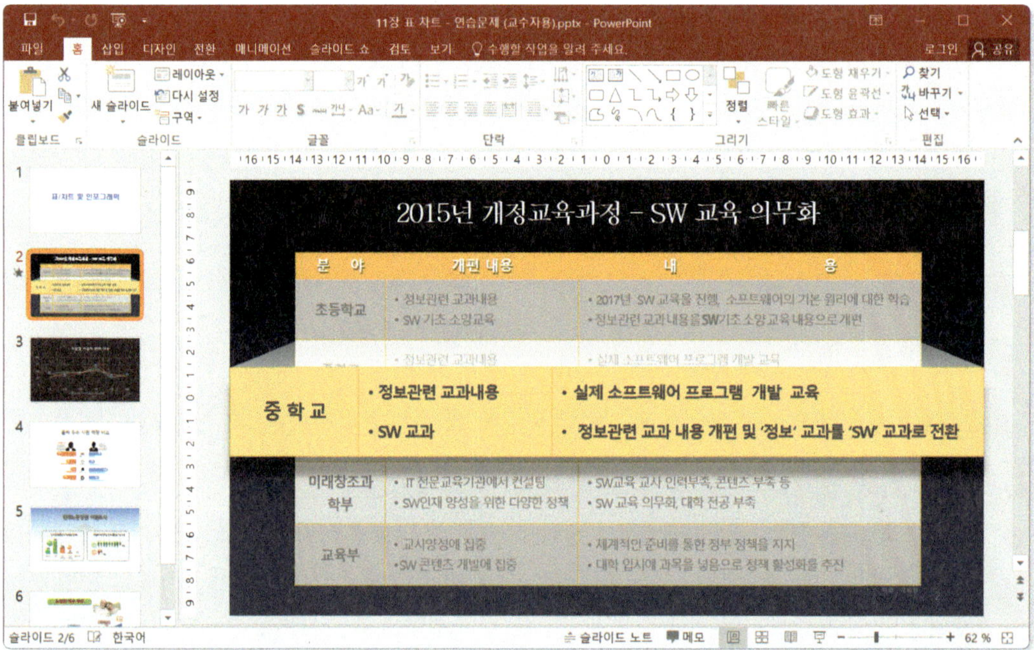

1 배경 표 만들기 조건

❶ 주어진 표를 이용하여 결과대로 수정한다.
❷ 1행은 '글꼴: 18pt', 1열은 '글꼴: 18pt, 흰색, 배경1, 50% 더 어둡게, 굵게'를 적용한다.
❸ 1행 1열을 제외한 나머지 내용은 '글꼴: 16pt, 흰색, 배경1, 50% 더 어둡게'를 적용한다.
❹ 1행은 '음영색–주황', 2, 4, 6행은 '흰색, 배경1, 25% 더 어둡게', 3, 5행은 '흰색, 배경1, 15% 더 어둡게'를 적용한다.
❺ 모든 테두리는 '주황', 1행의 내부 선은 '흰색, 배경1'을 적용한다.

2 도형 만들기 조건

❶ 도형의 [기본 도형]–[사다리꼴]을 이용하여 '중학교' 내용이 돌출 느낌의 도형 만들기, 전체 크기는 슬라이드 크기에 맞게 모양을 조절한다.
❷ '도형 윤곽선–윤곽선 없음'을 적용한다.
❸ '도형 채우기–그러데이션', '중지점 1: 흰색, 배경1, 투명도 42%', '중지점 2: 흰색, 배경1, 투명도 62%'를 적용한다.

3 돌출 표 만들기 조건

❶ 1행 3열 표를 삽입한다.

❷ 표의 '중학교' 내용을 복사해 붙여넣기한다.

❸ '중학교' 내용은 '글꼴: 24pt, 흰색, 배경1, 50% 더 어둡게', '내용'은 '20pt, 흰색, 배경1, 50% 더 어둡게'를 적용한다.

❹ 표의 음영은 '황금색, 강조4, 60% 더 밝게', 테두리는 '주황, 모든 테두리'를 적용한다.

실무 활용 문제 2 꺾은 선형 차트 만들기

결과 화면

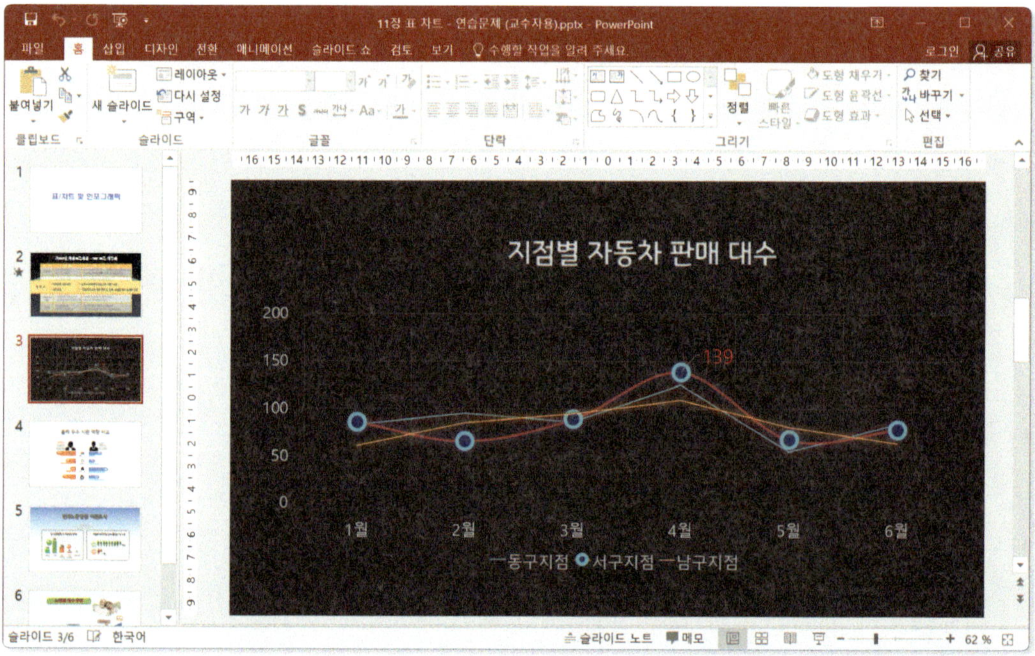

1 차트 만들기 조건

❶ '차트 삽입'을 클릭하여 '꺾은 선형–표식이 있는 꺾은 선형' 차트를 삽입한다.

❷ 데이터는 다음과 같이 입력한다.

월/지점	동구지점	서구지점	남구지점
1월	83	86	61
2월	95	66	85
3월	86	89	95
4월	125	139	109
5월	55	68	81
6월	84	78	64

❸ 차트 크기: 높이 [17cm], 너비 [31cm]로 지정한 후 적당히 가운데로 위치시킨다.

❹ 모든 글꼴을 '20pt, 흰색, 배경1, 15% 더 어둡게'로 적용한다.

❺ 차트 제목은 '지점별 자동차 판매 대수'로 입력한다. '글꼴: 경기천년제목, 36pt, 흰색, 배경1, 15% 더 어둡게', '텍스트 효과–그림자–안쪽 대각선 왼쪽 위'를 적용한다.

❻ '기본 세로' 축을 '축 옵션'에서 '최대: 200, 주 단위: 50'을 적용한다.

❼ '눈금선' '기본 주 가로', '기본 주 세로' 적용 후 '투명도: 60%'를 적용한다.

❽ '서구 지점' 계열에 '선: 진한 빨강, 3pt, 완만한 선', '표식: 크기 20, 단색 채우기–진한 파랑, 텍스트 2'를 적용한다. '테두리: 파랑, 강조1, 너비 4.5pt', '효과: 네온, 크기: 10pt, 투명도: 60%, 빨강, 강조2'를 적용한다.

실무 활용 문제 3 올해 우수사원 역량 비교 인포그래픽 만들기

결과 화면

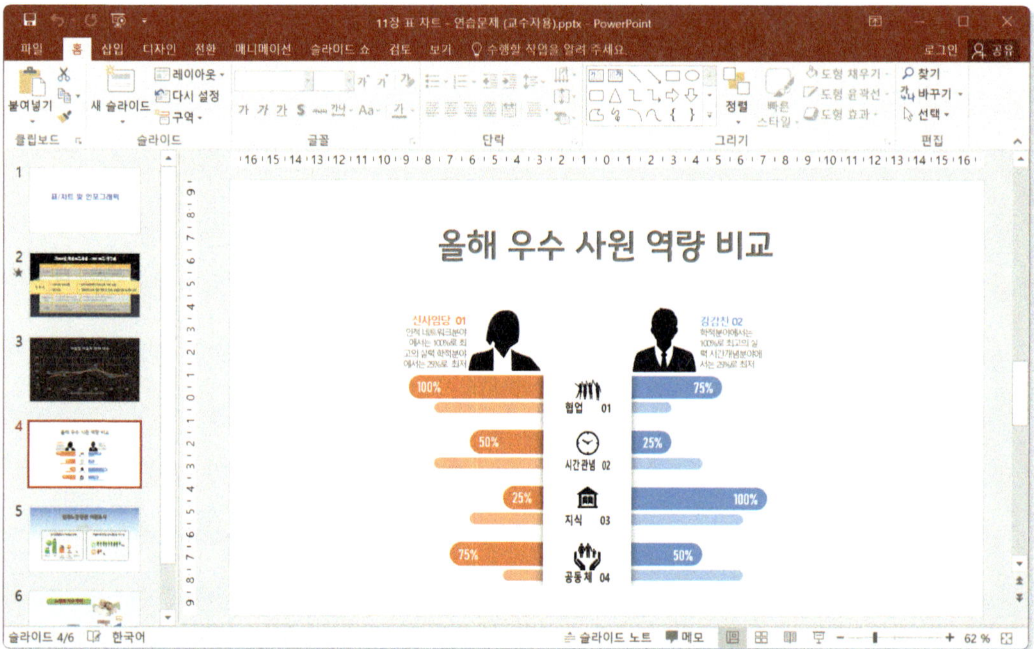

작성 조건

1 텍스트 조건

❶ 제목: 14pt, 굵게, 주황, 강조2, 파랑, 강조1

❷ 내용: 11pt, 흰색, 배경1, 50% 더 어둡게, 문자 간격–좁게

❸ 중간 내용: 맑은 고딕, 굵게, 텍스트 효과–변환–사각형

❹ 차트 위 내용: Bahnschrift Condensed, 18pt

2 이미지 조건

❶ 이미지는 온라인 그림에서 추가

❷ 검색어: 여자, 남자, 사람, 시계, 학교, 봉사

3 도형 조건

❶ 차트 도형: '모서리가 둥근 직사각형'에서 모양 변경

- ❶ 높이 [1cm], 너비 자유롭게, '도형 채우기–주황, 강조2, 파랑, 강조1'
- ❷ 높이 [0.5cm], 너비 자유롭게, '도형 채우기–주황, 강조2, 40% 더 밝게, 파랑, 강조1, 40% 더 밝게'

❷ 가운데 흰 사각형: 직사각형, '도형 윤곽선–없음', '도형 채우기–흰색, 배경1'

- ❶ '도형 효과–그림자–오프셋 가운데'를 설정하고 '투명도: 70%, 크기: 105%, 흐리게: 11pt'

❸ 가운데 흰 사각형의 위쪽과 아래쪽의 그림자를 제거하기 위해 흰 사각형 추가

실무 활용 문제 4 민주노동당원 여론조사 인포그래픽 만들기

결과 화면

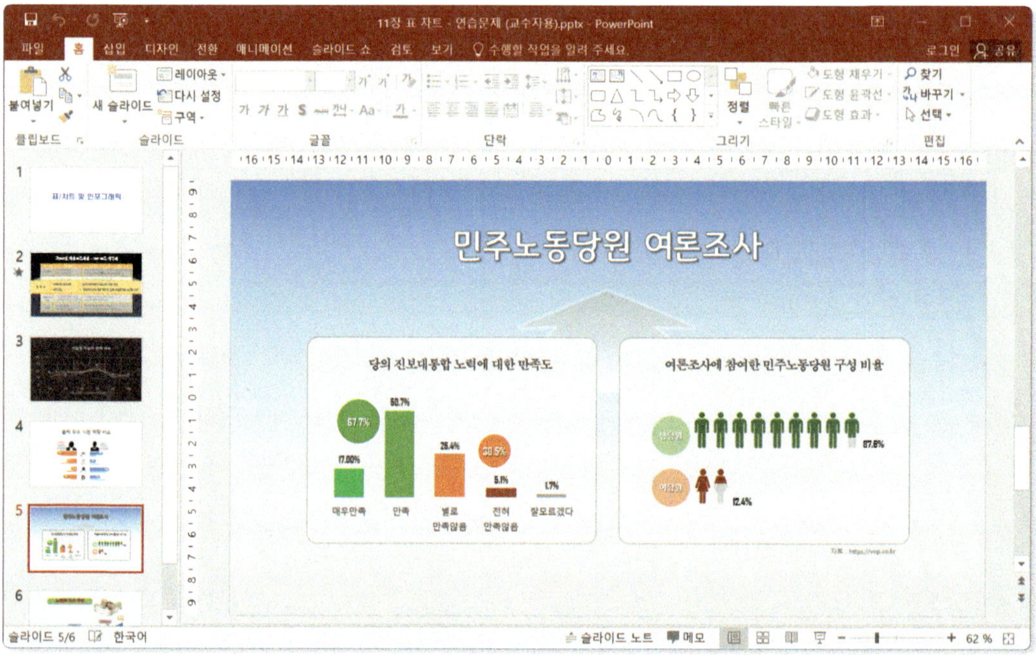

1 도형 작성 조건

❶ 도형 2개: '모서리가 둥근 직사각형', '크기: 높이 [9cm], 너비 [13cm]', 조절점을 이용하여 모양 변경

❷ [도형 채우기] '회색–50%, 강조 3, 80% 더 밝게'

❸ [도형 윤곽선] '회색–50%, 강조 3'

2 세로 막대 그래프 작성 조건

❶ [삽입]–[차트]–[묶은 세로 막대] 차트 삽입

❷ 내용 입력 후 차트 크기를 적당히 조절

❸ 막대 그래프의 색상은 순서대로: '녹색', '녹색, 강조6', '주황, 강조2', '주황, 강조2, 25% 더 어둡게', '회색–50%, 강조3'

❹ [데이터 계열 서식]–[계열 옵션]–[간격 너비]에서 계열의 '간격 너비' 70%로 지정

	계열 1
매우만족	17.0%
만족	50.7%
별로만족않음	25.4%
전혀만족않음	5.1%
잘모르겠다	1.7%

❺ 차트 제목: '글꼴-HY견명조, 16pt, 회색-50%, 강조3, 50% 더 어둡게'

❻ 차트 레이블: '글꼴-Agency FB, 11pt, 굵게'

❼ 동그라미 도형: 높이 [2cm] 너비 [2cn], '도형 스타일-밝은색1 윤곽선, 색 채우기-녹색, 강조6', 높이 [1.5cm] 너비 [1.5cn], '도형 스타일-밝은색1 윤곽선, 색 채우기-주황, 강조2'

➊ 글꼴: Agency FB, 13pt, 굵게, 흰색, 배경1, 텍스트 그림자

3 오른쪽 인포그래픽 작성 조건

❶ 원형 도형 2개: 높이 [1.7cm], 너비 [1.7cm], '반투명-녹색, 강조6, 윤곽선 없음', '반투명-주황, 강조2, 윤곽선 없음', '텍스트: 11pt, 흰색, 배경1, 굵게, 텍스트 그림자'

❷ 텍스트: Agency FB, 12pt, 굵게

Preview

12 CHAPTER 멀티미디어, 애니메이션 슬라이드

CHAPTER

12 멀티미디어, 애니메이션 슬라이드

- 슬라이드에 오디오, 동영상과 같은 멀티미디어를 삽입해서 볼거리가 풍부하고 다이내믹한 프레젠테이션을 진행하면 청중들의 시선을 사로잡을 수 있을 뿐만 아니라 더욱 생생한 프레젠테이션을 진행할 수 있다. 오디오 및 비디오를 추가하여 재생시키고 다양한 애니메이션 효과와 슬라이드 쇼를 진행하는 방법에 대해 알아본다.

12.1 오디오 활용하기

슬라이드에 오디오 파일을 삽입하면 청중들의 시선을 사로잡을 수 있을 뿐만 아니라 더욱 생생한 슬라이드 쇼를 구성할 수 있다. 오디오 파일을 삽입한 후 오디오 아이콘의 모양을 편집하거나 책갈피를 지정하고 원하는 부분만 사용할 수 있는 트리밍 기능 등이 있다.

12.1.1 오디오 파일 도구 모음

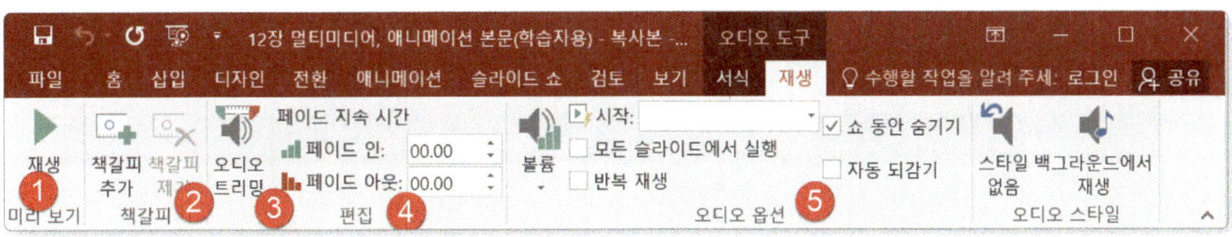

❶ 미리보기: 삽입된 음악을 미리 들어볼 수 있다. 음악을 추가하면 스피커 모양이 추가되는데 스피커 모양 아래 컨트롤이 있어 컨트롤을 이용해도 미리 들어볼 수 있다.

❷ 책갈피: 오디오 특정 지점에 책갈피를 넣어놓고 슬라이드 쇼를 할 때 특정 지점으로 바로 이동하게 할 수 있다.

❸ 오디오 트리밍: 전체 오디오에서 앞뒤 필요 없는 부분을 잘라내고 특정 부분만 재생할 수 있도록 잘라낼 수 있다.

❹ 편집: 오디오의 페이드 인/아웃을 설정하는 부분이다. 서서히 소리가 나오게 하거나 서서히 사라지게 하는 효과이다.

❺ 오디오 옵션: 오디오의 시작, 반복 재생 등을 설정할 수 있다. [오디오 스타일]에서 [백그라운드에서 재생]을 클릭하면 [오디오 옵션]이 자동으로 설정되는 것을 볼 수 있다.

❻ [삽입]–[미디어]–[오디오]를 클릭하면 두 종류의 오디오를 삽입할 수 있다.

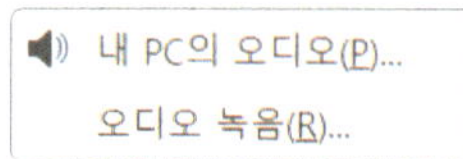

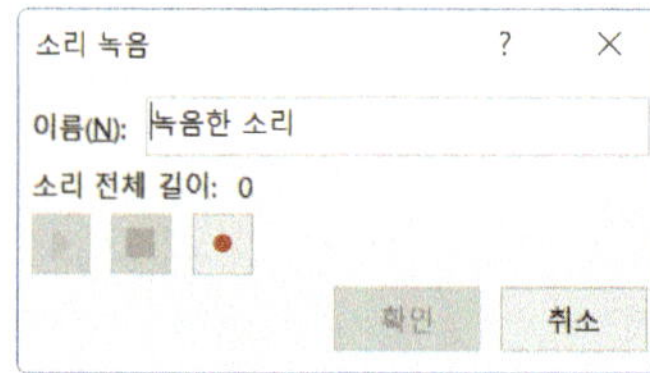

① 내 PC의 오디오: PC 내에 mp3 파일 등 저장된 오디오 파일을 사용하고자 할 때 사용한다.

② 오디오 녹음: [소리 녹음] 컨트롤이 나타나고 실제 내 목소리를 녹음해 사용할 수 있는 기능이다.

❼ 오디오 파일을 삽입하면 슬라이드에 스피커 모양의 아이콘이 생긴다.

이것을 클릭하면 [오디오 도구] 상황 탭이 나타나고 [서식]과 [재생] 2개의 옵션 탭이 나타난다. 오디오 파일 재생과 관련해서 다양한 옵션을 설정할 수 있다.

12.1.2 오디오 파일 삽입하기

오디오 파일 삽입은 [내 PC 오디오], [오디오 녹음]으로 구성되어 있다.

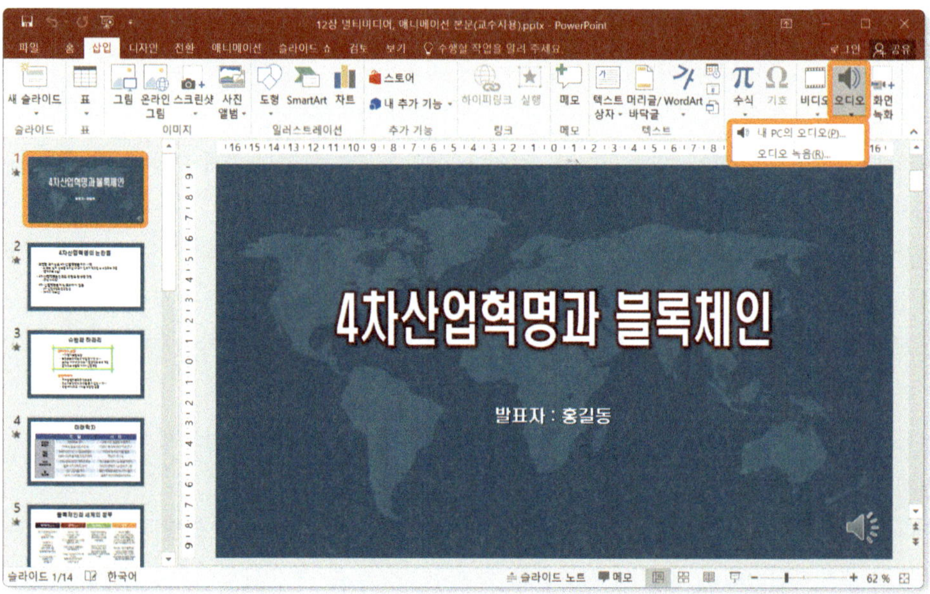

1 전체 슬라이드에 오디오 재생

제목 슬라이드에 mp3 오디오 파일을 배경으로 삽입해보자.

❶ [삽입]–[미디어]–[오디오]를 클릭하여 [내 PC의 오디오]–[Sleep Away.mp3]를 선택한다.

❷ [오디오]–[재생]–[오디오 옵션]에서 시작을 '자동 실행'으로 설정한다.

❸ [오디오]–[재생]–[오디오 스타일]에서 '백그라운드에서 재생'을 클릭한다. 오디오는 전체 슬라이드에서 하나의 음악이 재생된다. '백그라운드에서 재생'을 클릭하면 오디오 옵션과 오디오 재생 값이 변경된다.

❹ 애니메이션 창에서 오디오를 더블 클릭하면 '오디오 재생' 창이 나타난다. 오디오와 관련한 다양한 속성 값들을 지정할 수 있다. '백그라운드에서 재생'하였을 경우, [효과]–[재생 중지]에서 '지금부터 999 슬라이드 후'로 지정되어 있음을 알 수 있다. 이때 하나의 슬라이드에서만 오디오가 재생되게 하려면 '스타일 없음'을 선택한다.

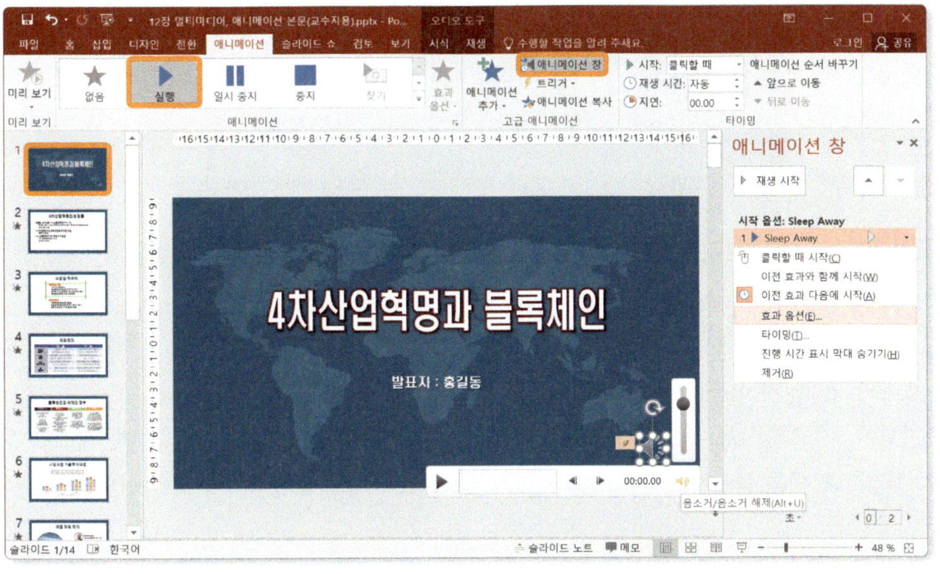

2 특정 슬라이드에 오디오 재생

몇 개의 슬라이드에만 오디오를 설정하고자 할 경우에는 [오디오 재생]–[효과]–[재생 중지]에서 '지금부터 5슬라이드 후'를 선택하면 오디오가 삽입된 슬라이드부터 5개의 슬라이드에만 연속해 오디오가 재생된다. 만약에 '백그라운드에서 재생'을 클릭했으면 '지금부터 999 슬라이드 후'로 설정된다.

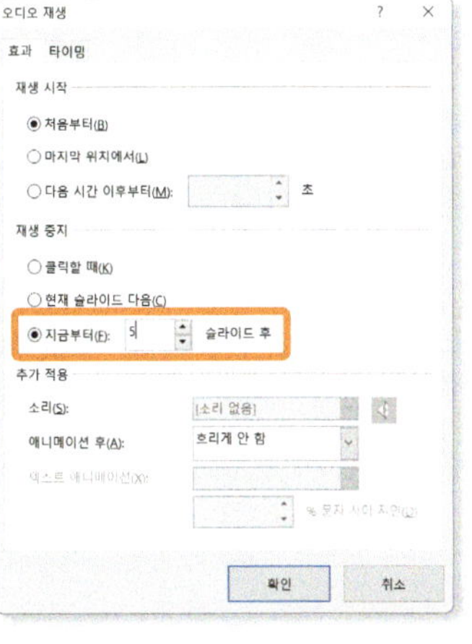

12.1.3 책갈피 및 트리밍

책갈피는 오디오 및 영상의 특정 부분을 바로 이동할 수 있게 표시해두는 것이며, **트리밍**은 오디오 및 영상의 일부분을 잘라내 필요한 부분만 재생되게 하는 것이다.

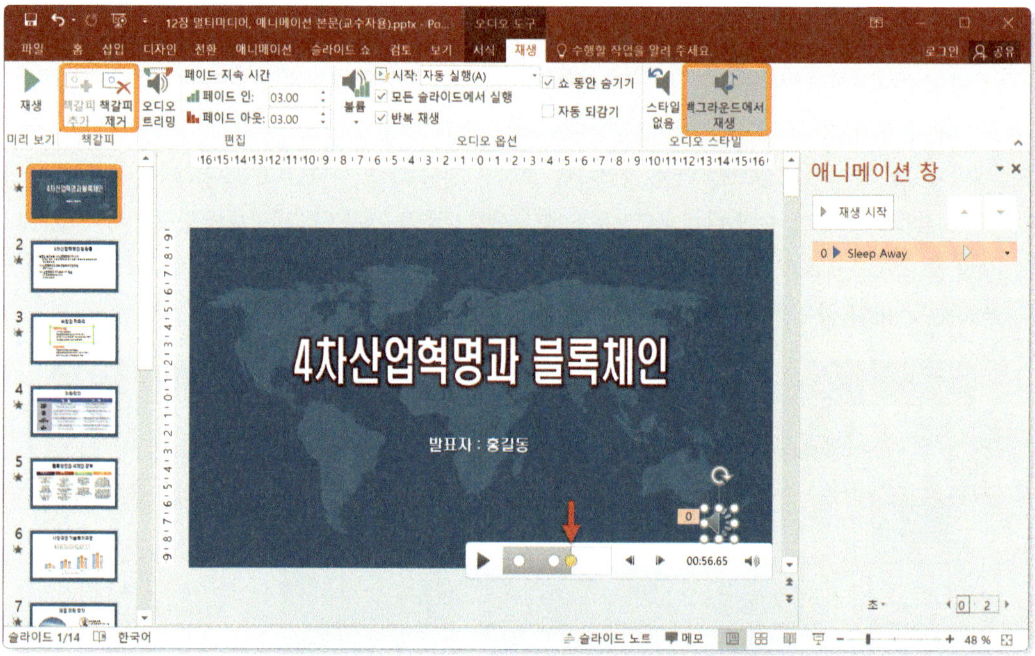

❶ 스피커 컨트롤에서 재생을 39초에 멈추고 [책갈피]를 추가해보자. 이때 ◀ ▶ 부분을 클릭하면 0.25초씩 세밀하게 이동할 수 있다.

책갈피가 추가되었으면 동그라미 모양이 들어간다. 만약 책갈피를 지우고 싶다면, 동그라미 선택 후 [책갈피 제거]를 클릭한다. 여러 개의 동그라미가 있을 경우 노란색이 선택된 상태이다.

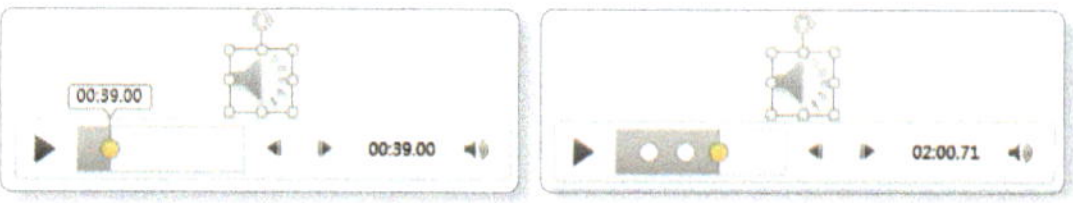

❷ 슬라이드 쇼 보기 후 음악을 재생시키면 컨트롤이 보이고 컨트롤에서 [책갈피]를 선택하면 책갈피 위치에서 바로 음악을 재생시킬 수 있다.

❸ [책갈피 제거]를 통해 모든 책갈피를 제거한다.

❹ 편집에서 [페이드 지속 시간]은 음악이 시작될 때와 끝날 때의 효과를 주는 것이다. 3초씩 효과를 주고 음악을 재생한다.

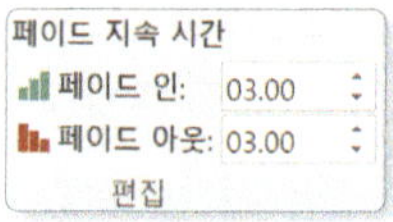

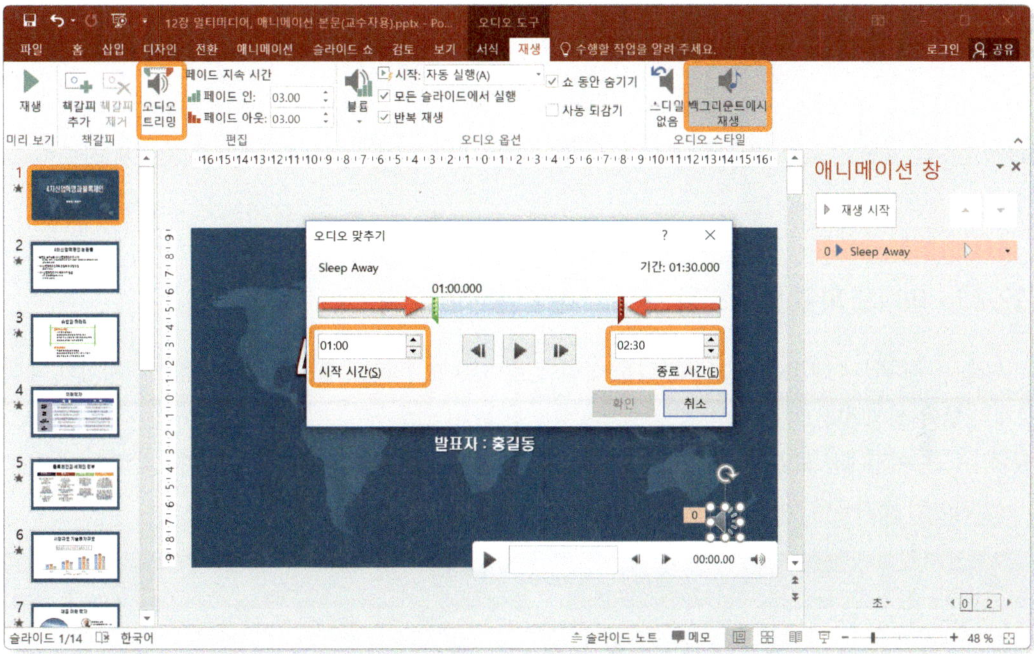

❺ 오디오 클립을 삽입한 후 슬라이드 내용과 관계 없는 설명이 있거나 슬라이드 시간에 맞게 오디오 길이를 줄여야 하는 경우 오디오 클립을 트리밍할 수 있다. 슬라이드에 있는 오디오 클립을 선택한 후 **[오디오 도구]–[재생]–[편집]–[오디오 트리밍]**을 클릭한다.

❻ **[오디오 맞추기]** 대화 상자에서 클립의 처음을 트리밍하려면 **[시작 지점]** 초록색을 드래그하여 원하는 지점으로 이동시킨다. 클립의 끝을 트리밍하려면 **[종료 지점]** 빨간색을 드래그하여 원하는 지점으로 이동시킨 후 **[확인]**을 클릭한다.

❼ 트리밍을 위해 직접 시작 시간과 종료 시간을 설정할 수 있다. 시작 시간은 1분, 종료 시간은 2분 30초를 설정한 후 **[확인]**을 클릭한다.

12.2 비디오 활용하기

청중의 시선을 사로잡는 방법 중 하나가 슬라이드에 비디오나 애니메이션을 삽입하여 역동적으로 슬라이드쇼로 표현하는 것이다. 파워포인트 2016에서는 동영상 및 유튜브 비디오를 손쉽게 삽입할 수 있다.

12.2.1 비디오 파일 도구 모음

비디오는 온라인과 내 PC에 있는 파일을 삽입할 수 있으며, [비디오 도구]의 상황 탭에서 서식과 재생 2개의 탭이 생성된다.
[서식] 탭은 이전에서 보았던 모든 개체의 서식과 동일하지만 미리보기와 조정, 비디오 스타일에서 조금씩 기능이 추가되어 있다.

❶ 미리보기: 재생을 클릭하면 슬라이드 쇼 보기하지 않아도 영상을 재생할 수 있다. 비디오를 클릭하면 아래쪽에 컨트롤이 생기는데, 그것을 클릭해도 재생이 가능하다.

❷ 조정

- ❶ 수정( ): 비디오의 밝기와 대비 값을 수정할 수 있다. 미리 설정되어 있는 값을 사용해도 되고 [비디오 수정 옵션]을 클릭하여 밝기/대비를 직접 값으로 설정해도 된다.
- ❷ 색( ): 비디오의 색을 다시 설정할 수 있는 메뉴이다. 비디오를 회색으로 만들거나 duotone으로 만들 때 사용한다. 컬러의 비디오가 배경이나 기타 주변 색상과 어울리지 않을 때 duotone으로 만들면 고급스런 비디오로 재생시킬 수 있다.
- ❸ 포스터 틀( ): 비디오를 추가하면 비디오 부분이 검정색으로 표현되지만 이것을 비디오 화면 중의 한 장면으로 표현하고자 할 때는 포스터 틀을 이용한다.
- ❹ 디자인 다시 설정( ): 비디오 스타일을 지정한 후 원래 상태로 되돌리고자 할 때 사용한다.

❸ 비디오 스타일: 한 번의 클릭으로 비디오 스타일을 지정할 수 있다. 비디오 셰이프, 비디오 테두리, 비디오 효과가 다양하게 적용되어 쉽게 스타일을 적용할 수 있도록 하였다.

❹ 크기–자르기: 비디오도 마음대로 잘라내기가 가능하다. 불필요한 이미지를 잘라내기하듯이 비디오도 자르기가 가능하다.

[재생] 탭은 이전에 설명되었던 오디오의 [재생] 탭과 동일하다. 이제 비디오 옵션을 살펴보자.

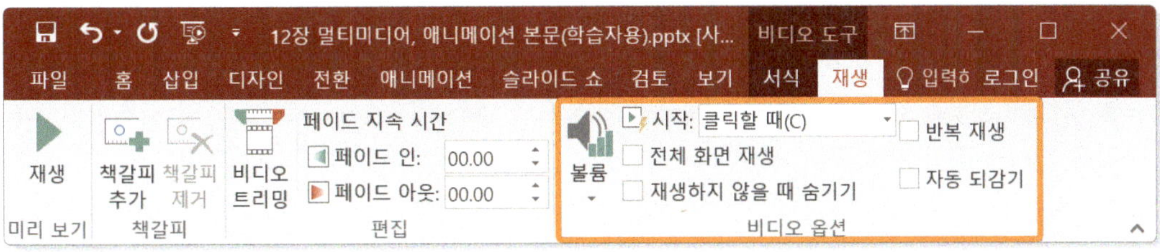

❶ 시작: 비디오의 재생되는 시점을 설정하는 부분이다. 클릭하여 재생하기와 자동 재생 2가지로 설정할 수 있다.

❷ 전체 화면 재생: 슬라이드 내에 비디오 스타일을 이용해 작고 예쁜 모양으로 삽입해 놓더라도 재생될 때는 전체 화면에 재생되게 하는 기능이다.

❸ 재생하지 않을 때 숨기기: 오디오의 스피커 모양과 마찬가지로 비디오도 재생하지 않을 때 숨겨놓을 수 있다.

❹ 반복 재생: 비디오를 재생시켜 놓고 반복적으로 재생되게 한다.

❺ 자동 되감기: 비디오가 모두 재생되면 되감기로 첫 번째 화면으로 되돌아간다.

12.2.2 비디오 파일 삽입 및 스타일 적용

비디오 파일 삽입은 온라인 비디오와 내 PC 파일로 삽입할 수 있다. 파워포인트 2016에서는 유튜브 영상을 손쉽게 추가할 수 있도록 온라인 비디오 삽입에서 바로 검색해 넣을 수 있다. 비디오 파일을 추가하여 편집해보자.

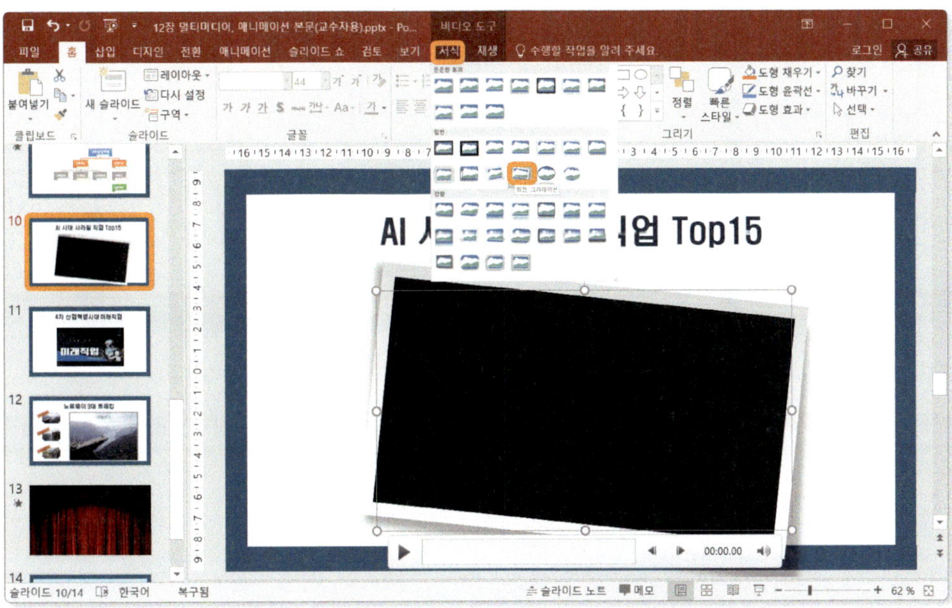

❶ [삽입]–[비디오]–[내 PC의 비디오] 또는 [비디오 삽입] 의 [파일에서] 찾기를 통해 '4차산업혁명.mp4' 파일을 추가한다.

❷ 비디오 크기를 높이 [11cm], 너비 [20cm]로 지정한다. 이때 비율이 고정되어 있으면 [가로 세로 비율 고정]에 체크를 해제한다. 비율 고정을 해제하는 방법은 크기에서 자세히( )를 클릭하면 오른쪽에 비디오 형식 지정 창이 나타난다.

❸ [비디오 스타일]에서 [일반]–[회전, 그라데이션]을 선택한다. 이때 비디오의 더 다양한 모양을 바꾸기 위해서는 비디오 스타일 옆에 있는 비디오 셰이프(비디오 셰이프)를 클릭하여 다양한 모양으로 변경시킬 수 있다.

❹ 비디오 스타일을 적용한 후 원래 상태로 되돌리기 위해서는 [디자인 다시 설정]–[디자인 다시 설정] 또는 [디자인 및 크기 다시 설정]을 통해서 원래 상태로 되돌린다.

❺ 자르기( )는 이미지의 필요 없는 부분을 잘라내기하듯 동영상에서도 이미지 자르기를 실행한다.

12.2.3 비디오 포스터 틀 및 색 지정

동영상을 추가하였을 때 검정색 화면으로 나타나는 경우가 발생한다. 이때 영상의 일부분을 화면으로 사용하고 하면 [포스터 틀]을 적용한다.

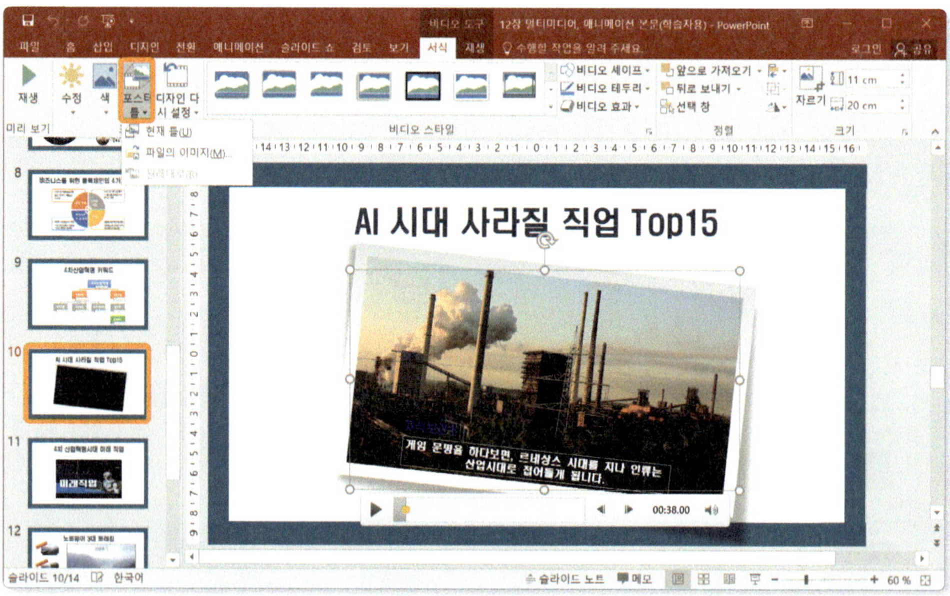

❶ 재생 컨트롤을 이용하여 38.00에 위치시키고 [비디오 도구]–[서식]–[조정]–[포스터 틀]–[현재 틀]을 선택한다.

❷ 영상의 일부분을 화면으로 사용하지 않고 특정 이미지로 대체하고자 하는 경우 [포스터 틀]–[파일의 이미지]를 선택하여 이미지를 선택한다.

❸ 전체적으로 비디오가 너무 밝게 나왔거나, 어둡게 나오면 비디오에서 밝기/대비를 조정할 수 있다. [비디오 도구]–[서식]–[조정]–[수정]에서 기본적으로 설정해놓은 값을 지정할 수도 있고 [비디오 수정 옵션]에서 값을 직접 지정할 수도 있다.

❹ [색]에서는 영상이 컬러로 되어 있을 때 전체적인 슬라이드 분위기에 맞게 색상을 조절할 수 있다. 그러나 영상을 회색 또는 duotone의 효과를 줄 수 있다. [색]–[다시 칠하기]에서 '황갈색, 어두운 강조색5'를 적용한다. 다시 칠하기에 설정되어 있는 색 외의 다른 색을 적용하고자 할 경우 [기타 변형]을 클릭하여 색상을 설정할 수 있다.

12.2.4 비디오 편집 및 전체 화면 재생

비디오의 내용 중 특정 지점을 표시해놓으면 애니메이션을 시작하거나 비디오 클립의 특정 지점을 빠르게 찾아낼 수 있다.

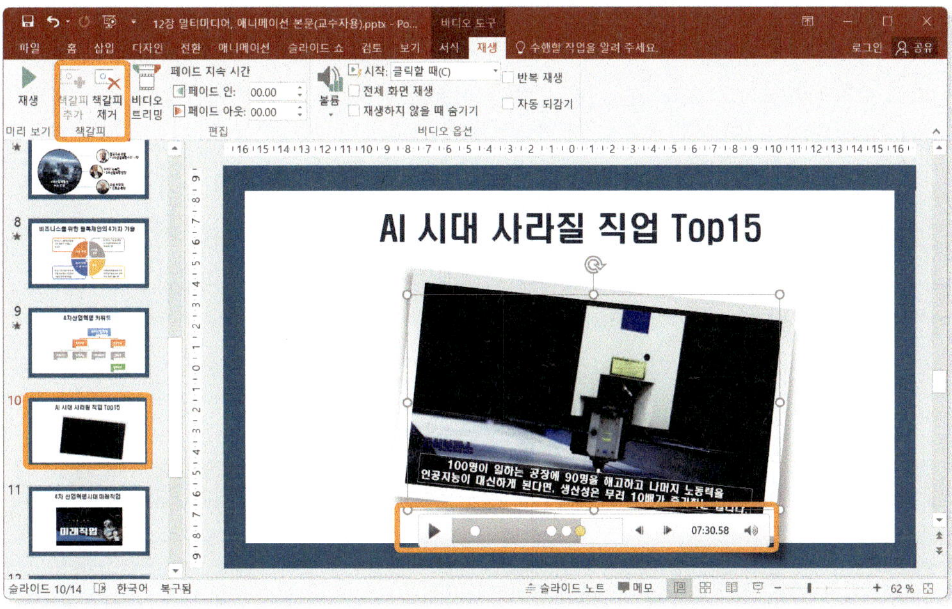

❶ 책갈피를 추가하기 위한 지점까지 비디오를 재생시켜둔다. 20초 21 지점에 위치시키고 [책갈피 추가]를 클릭한다.

❷ 1:20.21 지점, 1:35.16 지점, 1:45.61 지점에 책갈피를 추가한다.

❸ 1:35.16 지점의 책갈피는 [책갈피 제거](책갈피 제거)를 클릭하여 책갈피를 제거한다.

❹ 슬라이드쇼(Shift + F5)를 실행하여 책갈피로 바로 이동하면서 동영상을 재생시킨다.

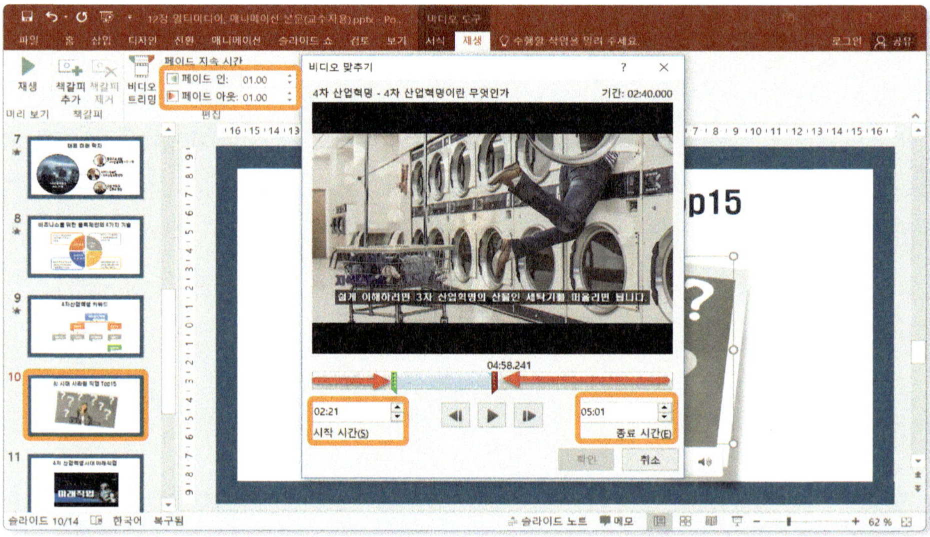

❺ 비디오 트리밍은 오디오 트리밍과 같은 방법을 사용한다. 전체 영상 중에서 일부부만 재생하고자 할 때 사용한다.

① 시작 지점을 트리밍하고자 할 때는 ( ) 부분을 오른쪽으로 당기고, 끝 지점을 트리밍하고자 할 때는 ( ) 부분을 왼쪽으로 끌어당긴다. 비디오를 재생시키면서 확인한다.

② 정확한 시간을 알고 있을 경우에는 시작 시간과 종료 시간을 직접 입력한다.

③ 시작 시간을 02:21, 종료 시간을 05:01로 설정한다.

❻ 비디오 클립 모양의 시작과 끝 부분에 서서히 변화하는 효과를 주기 위해서는 페이드 지속 시간을 조절한다. 페이드 인 01초, 페이드 아웃 01초로 설정한다.

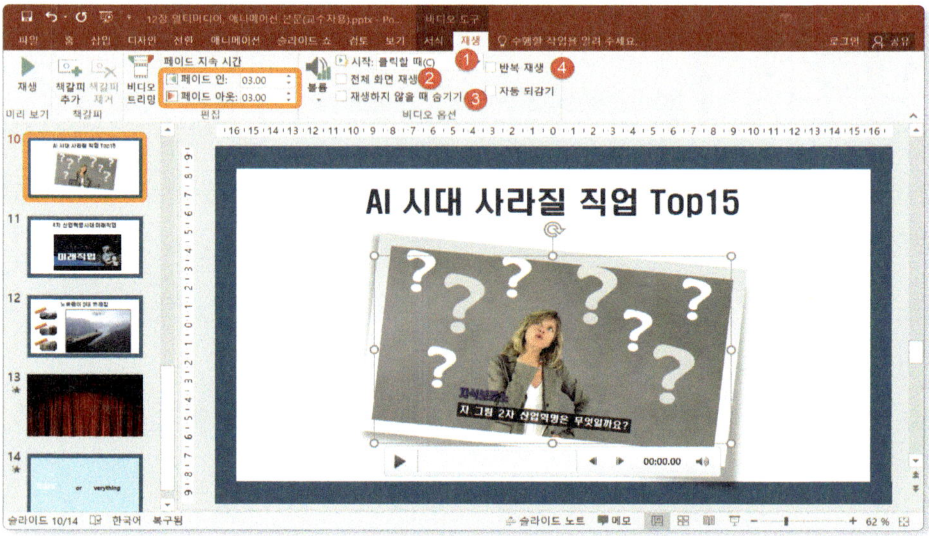

❼ 비디오에서 [비디오 옵션] 기능에서 몇 가지 설정 값을 사용해야 한다. [전체 화면 재생]을 체크한다. 비디오 옵션 중에 가장 많이 사용하는 옵션은 [시작], [전체 화면 재생], [자동 되감기]이다.

① [시작]: 비디오 영상이 재생되는 시점을 의미한다. [클릭할 때]와 [자동 실행]이 있다. [자동 실행]은 슬라이드가 시작되는 동시에 자동으로 비디오가 실행된다. [클릭할 때]는 비디오 영상을 클릭할 때 재생되는 방식이다.

② [전체 화면 재생]: 비디오에 비디오 스타일을 적용하여 다양한 모양으로 변경한 후 그 모양 그대로 재생하는 것이 아니라, 슬라이드 쇼에서는 전체 화면으로 재생하고자 할 경우 [전체 화면 재생]에 체크한다.

③ [자동 되감기]: 영상이 끝까지 재생되고 난 후 그대로 멈춰 있는 것이 아니라 처음으로 되감기한 후 정지해 있다.

④ [반복 재생]: 영상이 끝난 후 반복적으로 재생되도록 한다. 슬라이드 쇼를 진행시켜보면 다음과 같이 전체 화면에 재생되는 것을 볼 수 있다.

슬라이드쇼 보기

비디오 재생

12.2.5 유튜브 영상 삽입

파워포인트 2016에서는 유튜브 동영상을 쉽게 검색하여 삽입할 수 있다. 유튜브에서 동영상을 검색하여 다음과 같이 파워포인트에 삽입해보자.

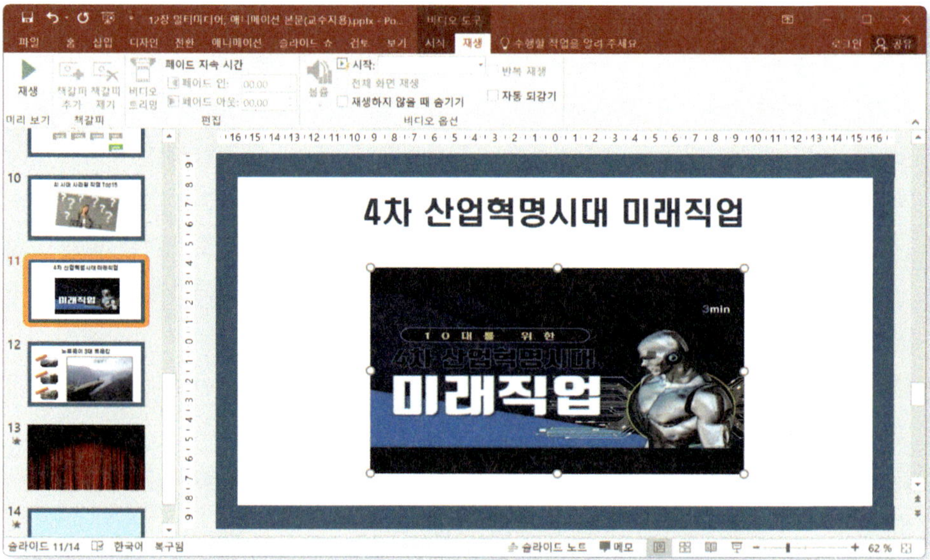

❶ [텍스트 및 내용]에서 [비디오 삽입]을 클릭하여 유튜브 검색어에서 '프레젠테이션'을 검색한다.

❷ '미래 직업' 파일을 선택한 후 [삽입]을 선택한다. 영상 크기를 11cm × 19.56cm로 지정한다.

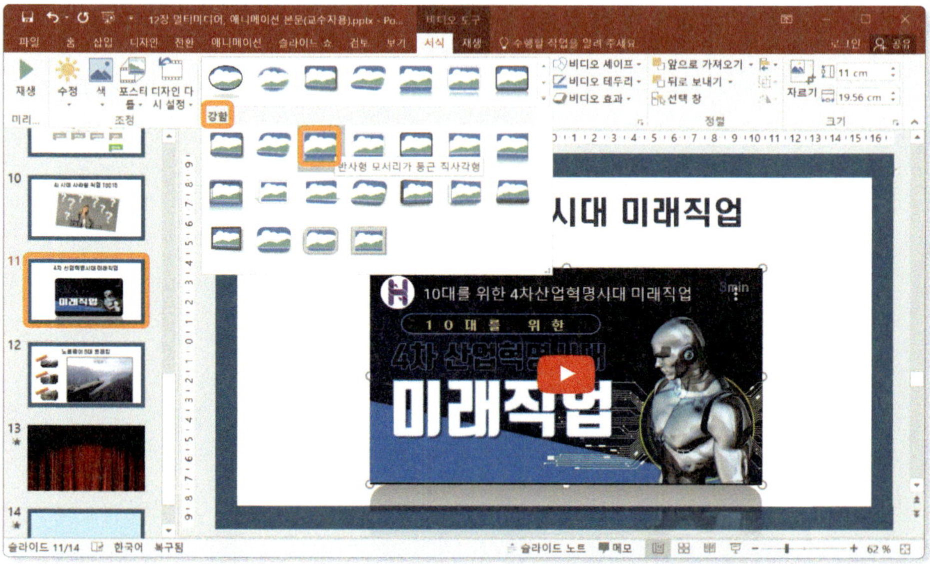

❸ 비디오 스타일을 [강함]–[반사형 모서리가 둥근 직사각형]을 선택한다.

❹ 슬라이드쇼를 실행해보자. 유튜브 영상을 삽입했을 경우, 내 PC 비디오를 삽입한 경우와 다른 점은 '전체 화면 재생'이 안 되기 때문에 전체 화면으로 재생하고자 할 때 크기를 전체로 변경해야 한다는 점이다. 유튜브 영상은 책갈피, 비디오 트리밍도 사용할 수 없다.

12.2.6 미디어 파일 압축과 호환성 최적화하기

슬라이드에 비디오나 오디오 파일을 삽입한 경우 파워포인트 문서에 저장된다. 미디어 파일의 용량이 크면 파워포인트 문서의 용량도 함께 커진다. 따라서 미디어 파일을 압축하여 저장하는 것이 좋다. 단, 파일 압축이 미디어 품질에 영향을 줄 수 있으므로 저장하기 전에 압축된 품질을 저장하는 것이 좋다.

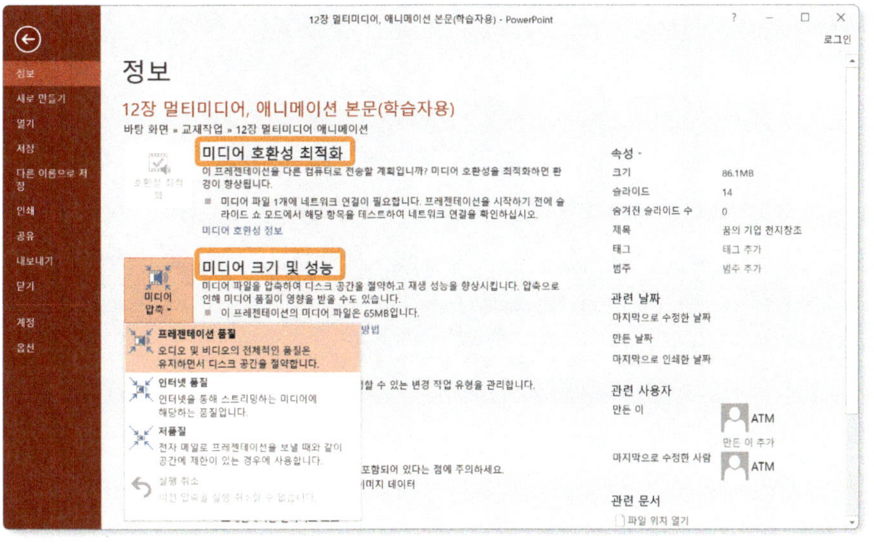

❶ [파일]–[정보]–[미디어 압축]을 클릭한 후 [프레젠테이션 품질]을 선택한다.

① 프레젠테이션 품질: 오디오 및 비디오의 전체적인 품질은 유지하면서 디스크 공간을 절약한다.

② 인터넷 품질: 인터넷을 통해 스트리밍하는 미디어에 해당하는 품질이다.

③ 저품질: 이메일로 프레젠테이션을 보낼 때와 같이 공간에 제한이 있는 경우에 사용한다.

④ 실행 취소: 이전 압축을 실행 취소하여 원래의 상태로 되돌린다.

제작된 파워포인트를 다른 컴퓨터에서 실행시켜 동영상을 재생하고자 할 때 동영상 및 오디오 재생이 안 되는 경우가 발생한다. 이 문제를 해결하기 위해서는 미디어 호환성 최적화를 이용한다.

❷ [파일]–[정보]–[미디어 호환성 최적화]를 클릭한다. 다른 컴퓨터에서 코덱 문제가 발생할 경우 이 방법을 사용하면 해결된다.

12.3 슬라이드 전환 효과

화면 전환 효과는 슬라이드 쇼를 진행할 때 객체 각각에 움직임을 주는 것이 아니라 슬라이드 자체에 효과를 주는 것으로 현재 슬라이드에서 다음 슬라이드로 전환될 때 나타나는 동적인 효과를 말한다. 전환 방향을 변경하거나 기간을 설정하여 속도를 제어하며, 소리를 추가하는 다양한 속성을 설정할 수 있다.

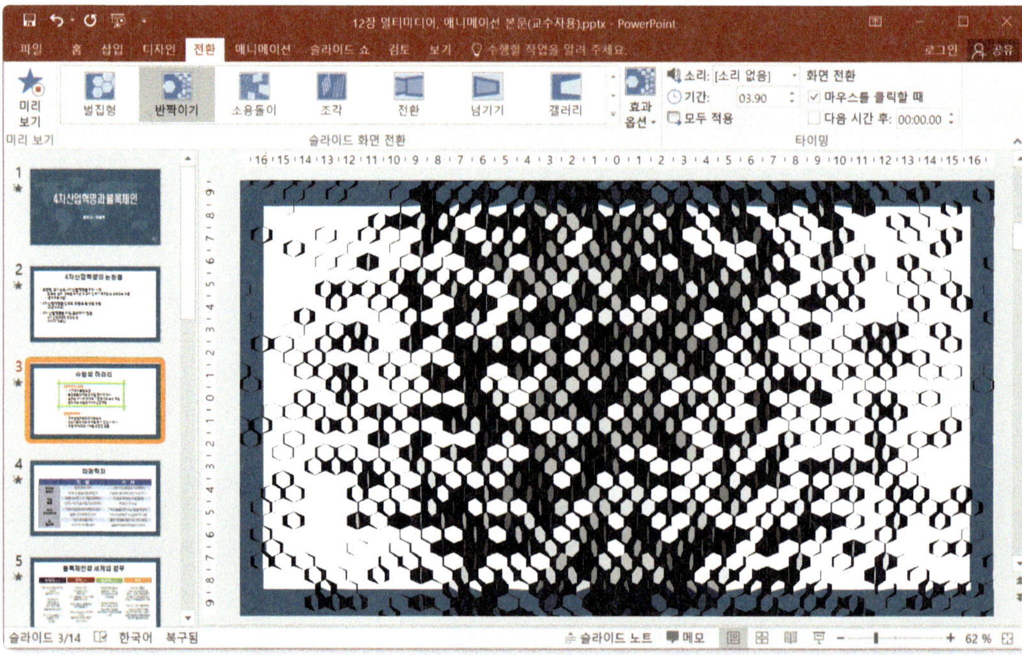

12.3.1 전환 효과의 종류와 설정

슬라이드 전환 효과는 [전환]–[슬라이드 화면 전환] 그룹을 통해 설정한다. 그림과 같이 크게 은은한 효과, 화려한 효과, 동적 콘텐츠로 나눈다. 제목이나 강조하고 싶은 슬라이드인 경우와 내용이 작은 경우에는 움직임이 큰 [화려한 효과]나 [동적 콘텐츠]가 좋고, 내용이 많은 본문의 경우에는 [은은한 효과]가 좋다. [타이밍] 그룹은 전환 효과에 대한 속성들을 나타낸다.

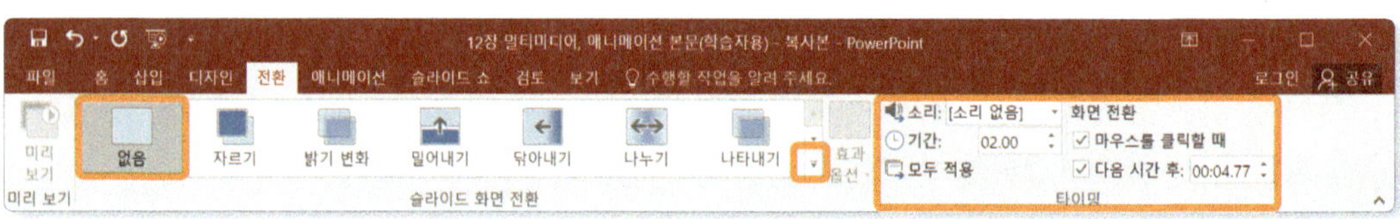

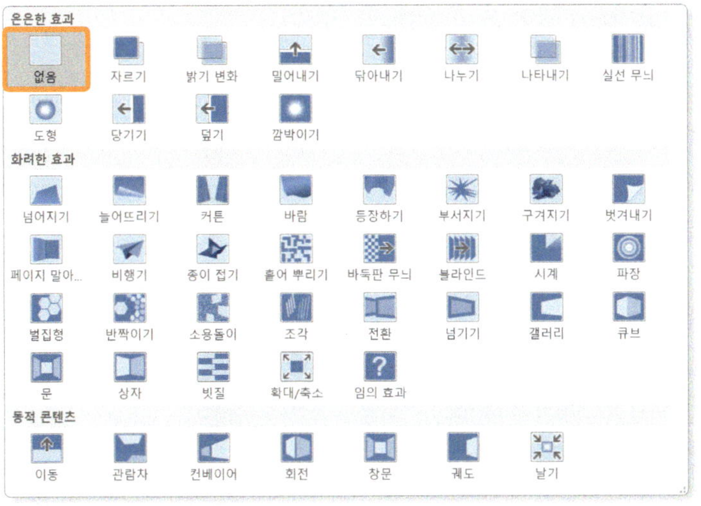

❶ 제목 슬라이드에 [은은한 효과]–[밀어내기]를 적용한다. 이때 [효과 옵션]을 '위에서'를 선택하여 어느 방향으로 밀어내기할 것인지 방향을 선택할 수 있다. [미리보기]를 클릭하여 적용된 전환 효과를 확인해보자.

❷ [타이밍]에서 소리를 '미풍'으로 넣고, 화면 전환은 '마우스를 클릭할 때'로 설정한다. 이때 적용한 전환 효과를 모든 슬라이드에 적용하고자 할 때는 '모두 적용'을 클릭한다.

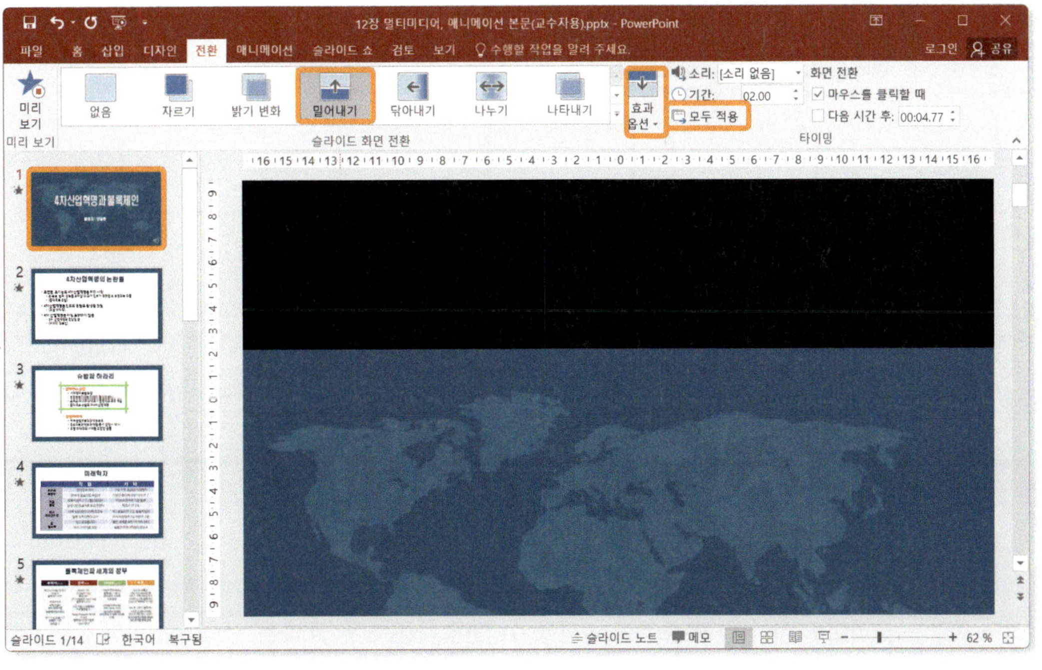

12.3.2 여러 슬라이드에 화면 전환 효과 설정하기

특정 슬라이드 여러 개에 화면 전환 효과를 설정하고자 할 경우, 여러 개의 슬라이드를 한꺼번에 선택하여 화면 전환 효과를 적용한다.

❶ 2, 4, 6번 슬라이드를 선택한다. 이때 떨어져 있는 슬라이드 여러 개를 선택하고자 할 경우, Ctrl 을 누른 채 슬라이드를 클릭한다.

❷ [화려한 효과]–[블라인드] 효과를 적용한다.

❸ 3, 5, 7번 슬라이드를 선택한다.

❹ [동적 콘텐츠]–[회전] 효과를 적용한다. 만약 슬라이드 개수가 많아서 왼쪽 슬라이드 영역에서 선택하기 어렵다면 [보기]–[여러 슬라이드]를 선택하여 적용한다.

❺ 제목 슬라이드를 제외한 모든 슬라이드를 선택한다.

❻ [화려한 효과]–[소용돌이] 효과를 적용하여 수정한다.

❼ [미리보기]를 클릭하여 적용된 화면 효과를 미리보기한다.

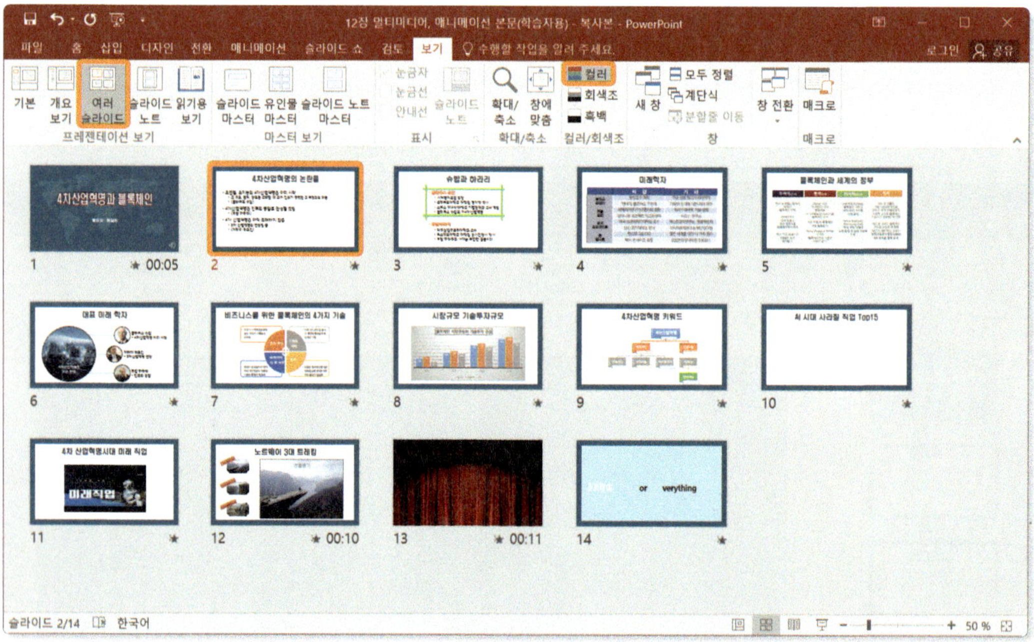

12.3.3 설정한 화면 전환 효과 변경/제거하기

전환 효과는 슬라이드 하나에 한 종류만 설정할 수 있어 다른 전환 효과를 선택하면 이전에 설정한 효과가 제거되고 새로운 효과가 적용된다. 이제 화면 전환 효과를 완전히 제거해보자.

❶ 화면 전환 효과를 제거할 슬라이드를 선택한다.

❷ [전환]–[없음]을 클릭한다. 또는 하나의 슬라이드에 [없음] 효과를 적용한 후 '모두 적용'을 클릭해도 된다. 그러면 별 모양들이 모두 없어지고, 화면 전환 효과가 제거된다.

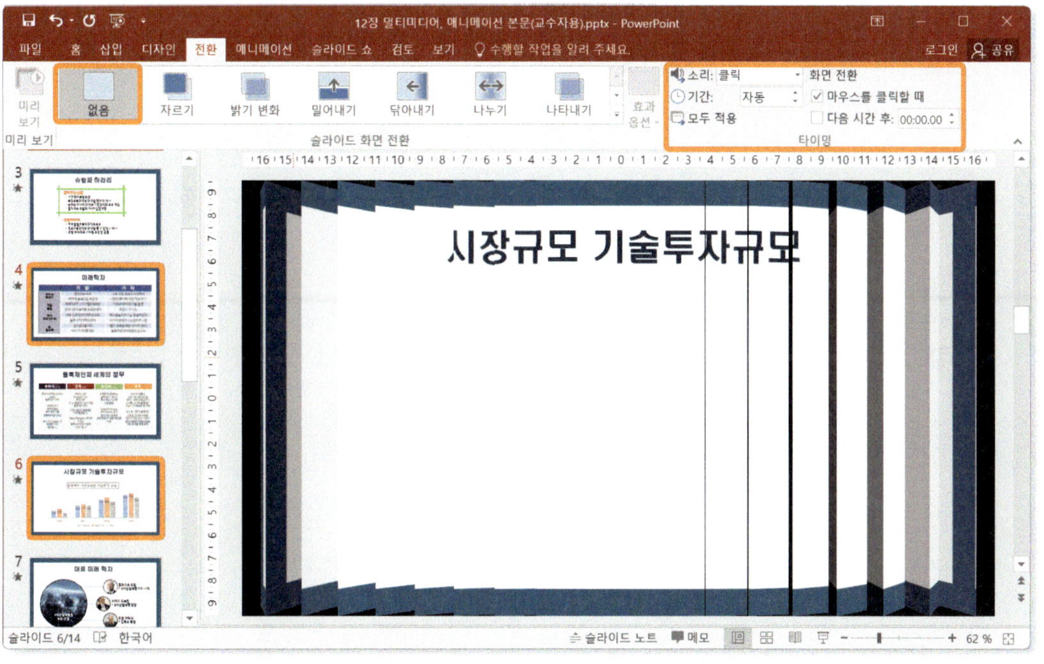

12.3.4 전환 효과 속성

화면 전환 효과도 세부적으로 속성을 설정할 수 있다. 전환 속도, 전환할 때의 소리, 시간 설정을 통해 다음 슬라이드로 자동으로 넘어가기 등의 속성을 설정할 수 있다.

❶ 소리(소리:): 화면 전환 시 소리 효과를 넣을 수 있다. 전환 효과가 적용된 슬라이드를 선택한 후 소리를 클릭하여 슬라이드 분위기에 맞는 소리를 선택한다. 다양한 소리들이 저장되어 있으나 [다른 소리...]를 통해 자신이 원하는 소리를 직접 넣을 수도 있다.

❷ 기간(기간:): 전환되는 시간을 나타낸다. 느리게도 가능하고 빠르게도 조절할 수 있다.

❸ 모두 적용(모두 적용): 하나의 전환 효과를 적용한 후 같은 전환 효과를 모든 슬라이드에 적용하고자 할 경우에 사용한다.

❹ 마우스를 클릭할 때: 다음 슬라이드로 이동할 때 마우스를 클릭하면 다음 슬라이드로 이동하면서 화면 전환 효과를 적용한다.

❺ 다음 시간 후: 지정한 시간이 지난 후에 자동으로 다음 슬라이드로 진행하면서 화면 전환 효과가 적용된다. 자동으로 슬라이드를 진행시킬 때 사용한다.

TIP 슬라이드 쇼 자동 전환 설정/해제

슬라이드 쇼 자동 전환 설정

❶ **[전환]-[타이밍]**에서 **[다음 시간 후]**를 2초 지정한다.

❷ **[슬라이드쇼]-[슬라이드쇼 설정]-[설정된 시간 사용]**을 체크한다.

슬라이드 쇼 자동 전환 해제

❶ **[다음 시간 후]**를 0초로 지정한다. 또는 시간이 설정되어 있을 경우에 수동으로 실행하기 위해서는 **[쇼 설정]**에서 **[화면 전환]**을 **[수동]**에 체크한다.

슬라이드 쇼 반복 진행

슬라이드 쇼가 자동으로 전환되다가 처음부터 다시 반복으로 재생되게 하기 위해서는 **[쇼 설정]**의 **[표시 옵션]**에서 **[Esc 키를 누를 때까지 계속 실행]**을 체크한다. 주로 광고 형식으로 제작할 때 많이 사용한다.

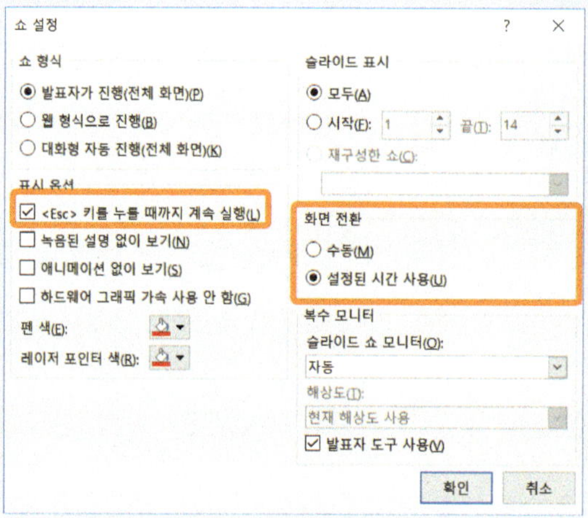

12.4 애니메이션 효과

애니메이션 기능은 전환 효과와 달리 각각의 객체에 움직이는 효과를 주는 것을 의미한다. 모든 개체에 움직임을 주기보다는 중요한 부분에 동적인 움직임을 줘 강조하는 것이 더 효과적이다.

12.4.1 애니메이션 도구 상자

[애니메이션] 탭은 미리보기, 애니메이션, 고급 애니메이션, 타이밍으로 이루어져 있다. 애니메이션 창을 클릭하면 오른쪽에 애니메이션 창을 볼 수 있다.

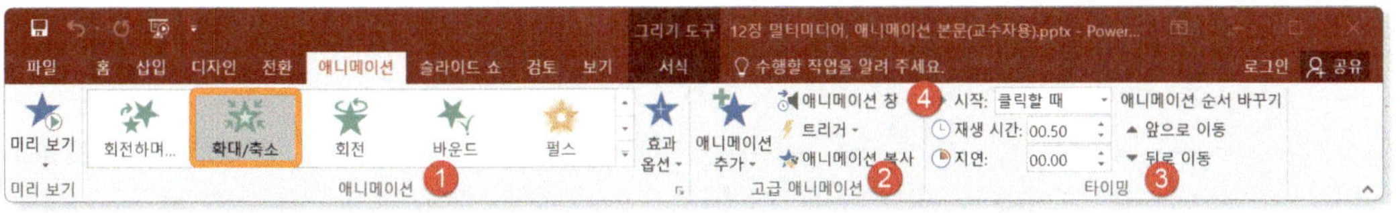

❶ 애니메이션: 없음, 나타내기, 끝내기, 강조, 이동 경로로 분류되어 있다.

❷ 고급 애니메이션

① 애니메이션 추가: 하나의 개체에 여러 개의 애니메이션을 넣을 경우에는 반드시 [애니메이션 추가]에서 넣어야 한다.

② 애니메이션 창: 애니메이션의 순서나 다양한 속성을 지정하고자 할 때는 애니메이션 창을 열어 작성하는 것이 편리하다. 클릭하면 오른쪽에 창이 뜬다.

③ 트리거: 특정 개체를 클릭하면 다른 개체가 애니메이션으로 되도록 할 때 트리거를 이용한다.

④ 애니메이션 복사: 개체를 여러 개 선택해서 애니메이션을 적용해도 되고 하나의 개체를 적용한 후 [애니메이션 복사]를 클릭한 후 다른 개체에 클릭하면 복사된다. 이때 [애니메이션 복사]를 더블 클릭하면 여러 개의 개체에 반복해 붙여넣기가 가능하다.

❸ 타이밍

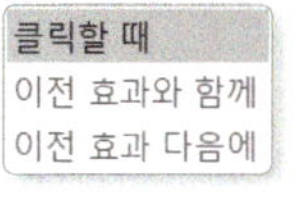

① 시작: 개체의 애니메이션 시작 시점을 나타낸다. '클릭할 때', '이전 효과와 함께', '이전 효과 다음'에 세 가지를 선택할 수 있다. 더 다양하게 시작하고 싶으면 '이전 효과와 함께'를 선택하고 지연 시간을 조절하면 시작 시점을 다양하게 지정할 수 있다.

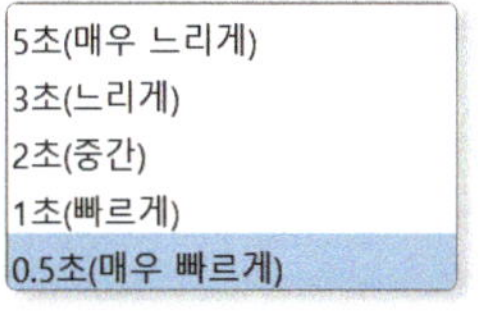

② 재생 시간: 애니메이션이 재생되는 시간을 의미한다. 속성 창에서 기본적으로 다섯 가지 중에 선택할 수 있지만 0.1초, 0.2초 등 섬세하게 값을 직접 입력할 수도 있다.

③ 지연: 여러 개체의 시작 시간을 조절하는 데 편리하다. '이전 효과와 함께'와 '지연 시간'을 조절하면 사용자 임의대로 시작 시간을 조절할 수 있다. 파워포인트에서 애니메이션 효과를 내는 데 이 '지연' 값을 이용한다.

❹ 애니메이션 순서 바꾸기: 애니메이션 창에 나타난 순서대로 애니메이션이 진행된다. 진행 순서를 바꾸기 위해서는 위아래로 위치를 바꾸면 된다.

❹ 애니메이션 창: '애니메이션 창' 버튼을 클릭하면 오른쪽에 창이 나타난다. 하나의 슬라이드에 적용된 모든 애니메이션을 확인할 수 있다. 또한 위/아래 화살표를 움직여 애니메이션의 순서 조절할 수 있으며 오른쪽으로 타임 바가 생성되어 있어 빠른 조절이 가능하다.

12.4.2 애니메이션의 종류와 설정

애니메이션 종류에는 나타내기, 강조, 끝내기, 이동 경로가 있다. 애니메이션 종류에 따라 색상으로 표현되어 있으므로 색상으로 쉽게 구분할 수 있다. 나타내기는 초록색, 강조는 노란색, 끝내기는 빨강색, 이동 경로는 선 모양으로 되어 있다. 각 유형들의 특성을 살려 개체들을 적절히 적용하면 애니메이션 자체가 스토리가 되어 발표를 효과적으로 진행할 수 있다.

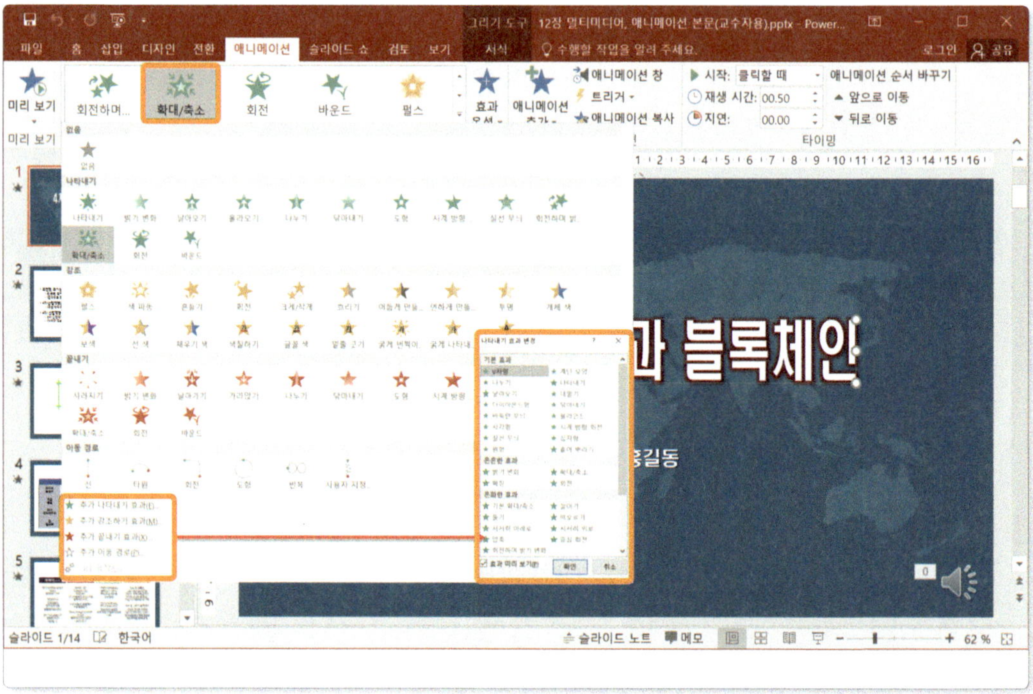

❶ 나타내기 효과: 기본 애니메이션으로, 개체가 안 보이는 곳에서 시작하여 슬라이드에 나타나게 할 때 주는 효과이다. 초록색 별 모양으로 되어 있다.

❷ 강조 효과: 슬라이드에 나타난 개체를 한 번 더 강조하는 효과이다. 노란색으로 되어 있다.

❸ 끝내기 효과: 개체를 슬라이드에서 다시 사라지게 하는 효과이다. 빨강색으로 되어 있다.

❹ 이동 경로 효과: 강조와 같이 나타난 상태에서 설정된 개체가 움직이는 경로를 갖는 효과이다. 선과 2개의 점으로 이루어져 있다. 빨간색 점은 종료점, 초록색 점은 시작점을 나타낸다.

❺ 없음: [없음] 효과를 클릭하면 적용 효과를 제거할 수 있다.

❻ 추가 효과: [추가] 효과를 클릭하면 보이는 효과 외에 더 많은 효과들을 볼 수 있다.

12.4.3 개체 애니메이션 효과

각 개체에 애니메이션 효과를 줄 수 있다. 각 개체에 애니메이션을 설정하기 위해서는 먼저 개체를 선택해야 한다. 개체를 선택하면 애니메이션이 활성화되어 적용할 수 있다.

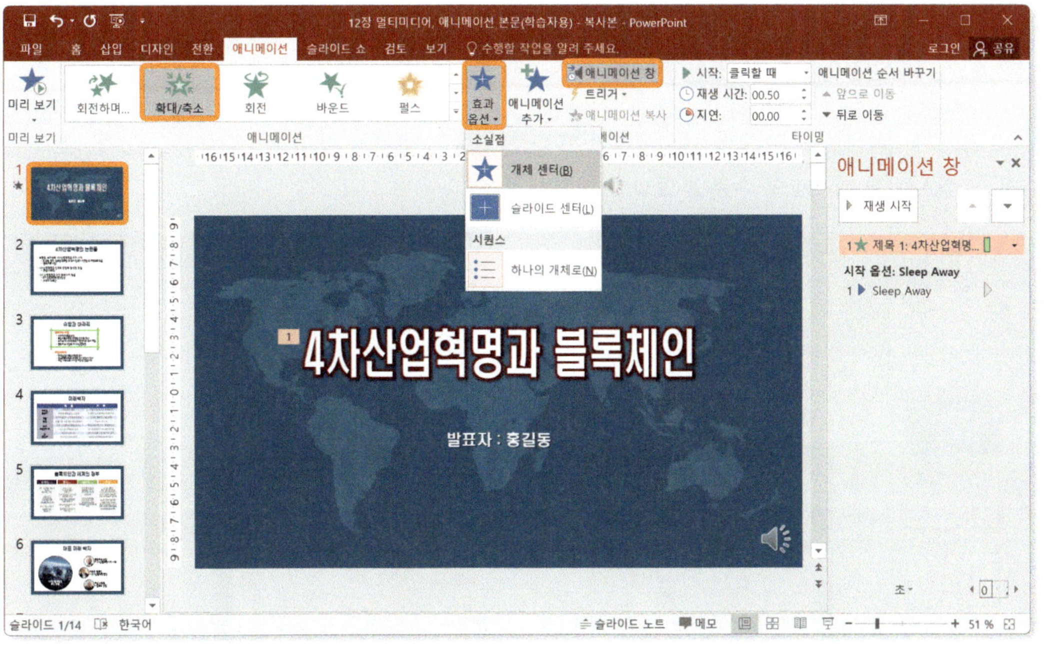

❶ [슬라이드 1]에서 '제목' 개체를 선택한다.

❷ [애니메이션]–[나타내기]–[확대/축소]를 선택한다.

❸ [효과 옵션]–[개체 센터]를 지정한다. [개체 센터]는 개체를 중심으로 확대되고, [슬라이드 센터]는 슬라이드의 중심에서 확대 또는 축소된다.

❹ '발표자' 텍스트 상자를 선택한 후 [나타내기]–[밝기 변화]를 적용한다.

❺ 애니메이션 창에는 추가한 애니메이션들이 나열된다. '이전 효과와 함께'에서 지연을 주지 않았을 경우에는 맨 위에서부터 순서대로 진행된다.

❻ 애니메이션 창에서는 애니메이션 순서 바꾸기, 속성 지정하기, 시간 설정하기, 시작 설정하기 등 다양한 속성들을 수정할 수 있다.

❶은 애니메이션 순서를 바꿀 수 있다.

❷의 애니메이션 이름 위에 마우스를 올리면 애니메이션 이름과 시작 상태를 볼 수 있다.

❸의 초록색 상자는 애니메이션의 시간을 나타낸다. 마우스를 올리면 시작과 끝 시간을 보여주며, 모양으로 바뀌었을 때 드래그하면 시간을 늘리거나 줄일 수 있다.

❹의 모양은 애니메이션의 속성을 상세히 적용할 수 있다.

12.4.4 텍스트 애니메이션 효과

텍스트로 이루어진 슬라이드에 애니메이션 효과를 넣을 경우에는 애니메이션을 추가한 후 [효과 옵션]–[시퀀스]에서 텍스트의 수준별 효과를 지정할 수 있다.

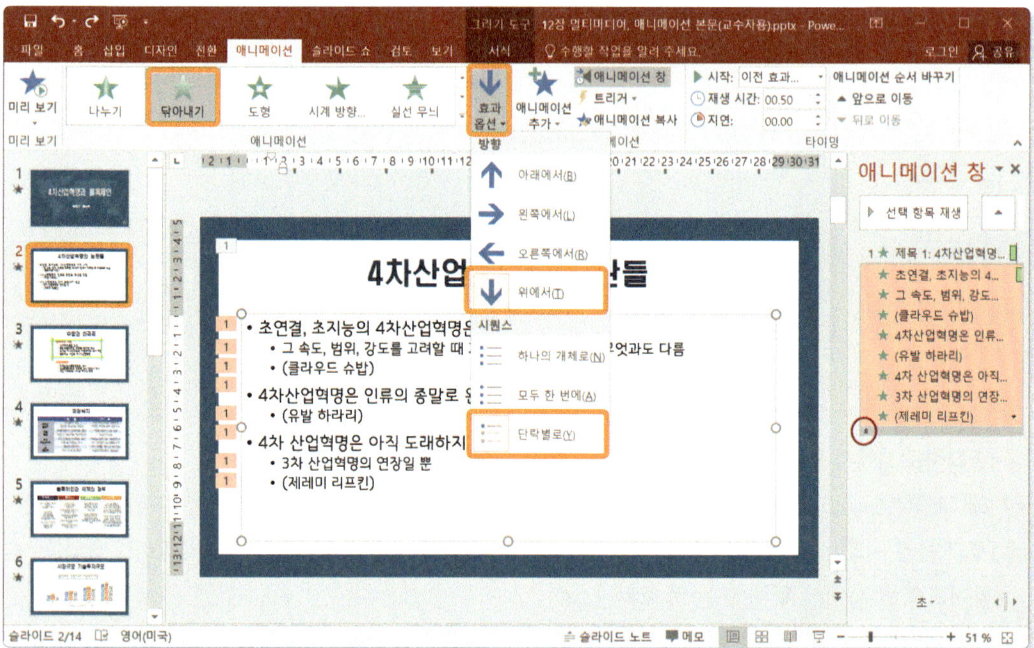

❶ [슬라이드 2]에서 제목 텍스트 상자를 선택한 후 [애니메이션]–[나타내기]–[닦아내기]를 적용한다. 효과 옵션에서 방향을 [위에서]로 선택한다.

❷ 본문 텍스트 상자를 모두 선택한 후 [애니메이션]–[나타내기]–[올라오기]를 적용한다. 효과 옵션에는 방향 [서서히 위로]와 시퀀스 [단락별로]를 선택한다. 시퀀스는 텍스트가 수준별로 되어 있을 경우 다양한 방법으로 애니메이션을 진행할 수 있다.

- ❶ 하나의 개체로: 전체가 하나의 개체로 진행된다.
- ❷ 단락별로: 한 단락(엔터키가 있는 곳)씩 애니메이션이 진행된다.

❸ [타이밍]의 [시작] 시점을 '이전 효과 다음에'로 지정한다. 그러면 애니메이션 창에서 애니메이션이 들어간 순서대로 진행된다. '내용을 확장'을 열어 단락별로 따로 애니메이션을 지정할 수 있다.

12.4.5 도형 애니메이션 효과

애니메이션 순서는 제목(닦아내기)–본문 내용 1(올라오기)–본문 내용 2(올라오기)–직사각형(위)–직사각형(오른쪽)–직사각형(아래쪽)–직사각형(왼쪽)으로 모두 '닦아내기'로 동작된다.

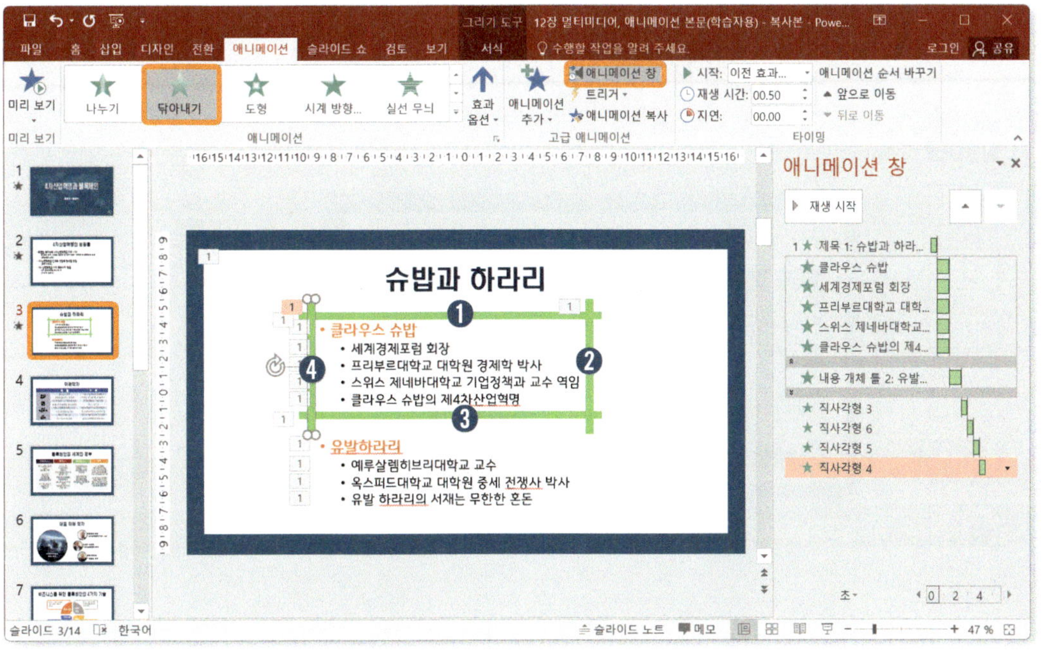

❶ [슬라이드 3]을 열어 제목 텍스트 상자에는 '나타내기–닦아내기' 효과를 적용한다.

❷ '본문 내용 1' 텍스트 상자를 클릭하여 '나타내기–올라오기' 효과를 적용한다.

❸ '본문 내용 2' 텍스트 상자를 클릭하여 '나타내기–올라오기' 효과를 적용한다.

❹ 직사각형은 위/오른쪽/아래쪽/왼쪽 순서대로 4개 모두를 선택한다. 이때 선택한 순서대로 애니메이션 순서가 정해진다. [나타내기]–[닦아내기] 애니메이션을 적용한다. 순서는 위쪽, 오른쪽, 아래쪽, 왼쪽이 방향에 따라 나타나도록 지정할 것이다.

❺ 모든 애니메이션의 시작은 '이전 효과 다음에'로 설정한다.

❻ 효과 옵션은 다음과 같이 지정한다. ❶번은 왼쪽에서 ❷번은 위에서 ❸번은 오른쪽에서 ❹번은 아래에서

12.4.6 하나의 개체에 여러 애니메이션 효과 적용하기

표 애니메이션은 별다른 효과 옵션 없이 지정할 수 있다. 개별로 작성할 수 없어 하나의 개체에 여러 개의 애니메이션을 적용하여 보자.

[슬라이드 4]의 애니메이션 순서는 제목(시계 방향)–표(나타내기–떠오르기)–표(강조–회전 1회)–표(끝내기–확대/축소)로 동작된다.

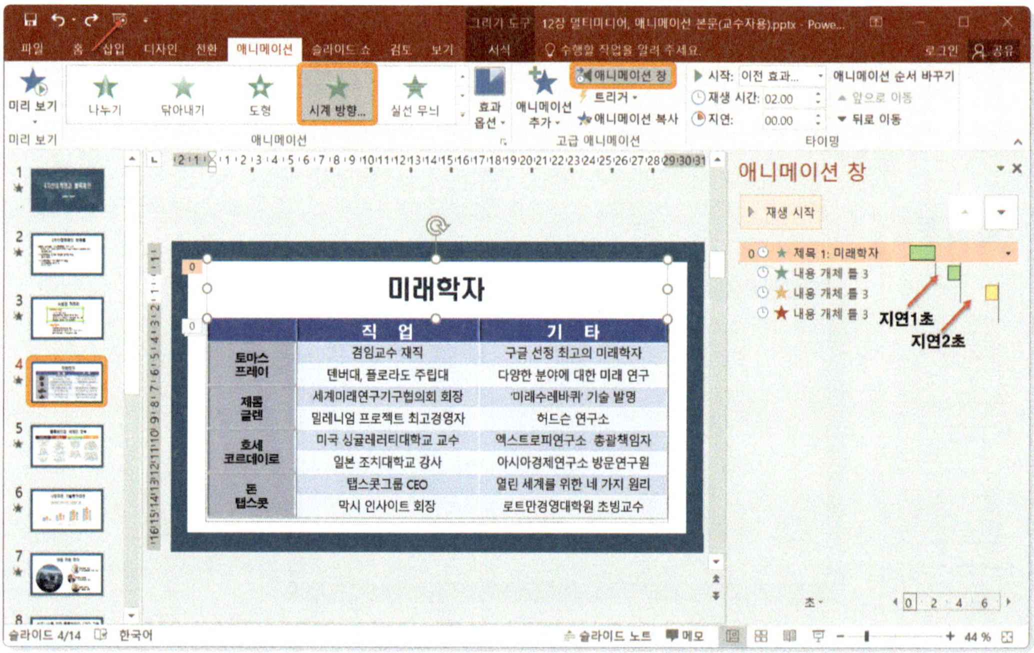

❶ [슬라이드 4]의 '제목'에 '시계 방향' 애니메이션을 적용해보자.

❷ 효과 옵션을 보면 '살 1개, 살 2개, 살 3개, 살 4개, 살 8개'로 다양한 효과 옵션을 줄 수 있다.

❸ 표를 선택하여 '나타내기–떠오르기' 효과를 적용해보자. '떠오르기' 효과는 기본 효과에 없다. '추가 나타내기 효과'를 클릭하면 '온화한 효과'에 있다. 재생 시간:1초, 지연:1초

❹ 표를 선택하여 [애니메이션]–[고급 애니메이션]–[애니메이션 추가]에서 '강조–회전' 효과를 적용해보자. 재생 시간: 1초, 지연: 2초

❺ 표를 선택하여 [애니메이션]–[고급 애니메이션]–[애니메이션 추가]에서 '끝내기–확대/축소' 효과를 적용해보자. 재생 시간:2초, 지연:2초

❻ 모든 효과를 선택하여 '이전 효과 다음'에로 선택한다. 모든 효과들이 별 모양의 색상을 보면 전체적 특징을 알 수 있다.

❼ 표에 여러 개의 효과를 줄 때 처음에는 애니메이션에서 효과를 선택할 수 있으나 두 번째부터는 반드시 [애니메이션]–[고급 애니메이션]–[애니메이션 추가]에서 효과를 적용해야 하나의 개체에 여러 애니메이션들이 추가된다.

12.4.7 선택창 이용과 애니메이션 복사

한 번 적용된 애니메이션을 그대로 복사해 사용할 수 있다.

애니메이션 순서는 제목(시계 방향)–첫 번째 열 직사각형(확대 축소)–본문 내용(닦아내기)–두 번째 열–세 번째 열–네 번째 열을 같은 효과로 반복한다.

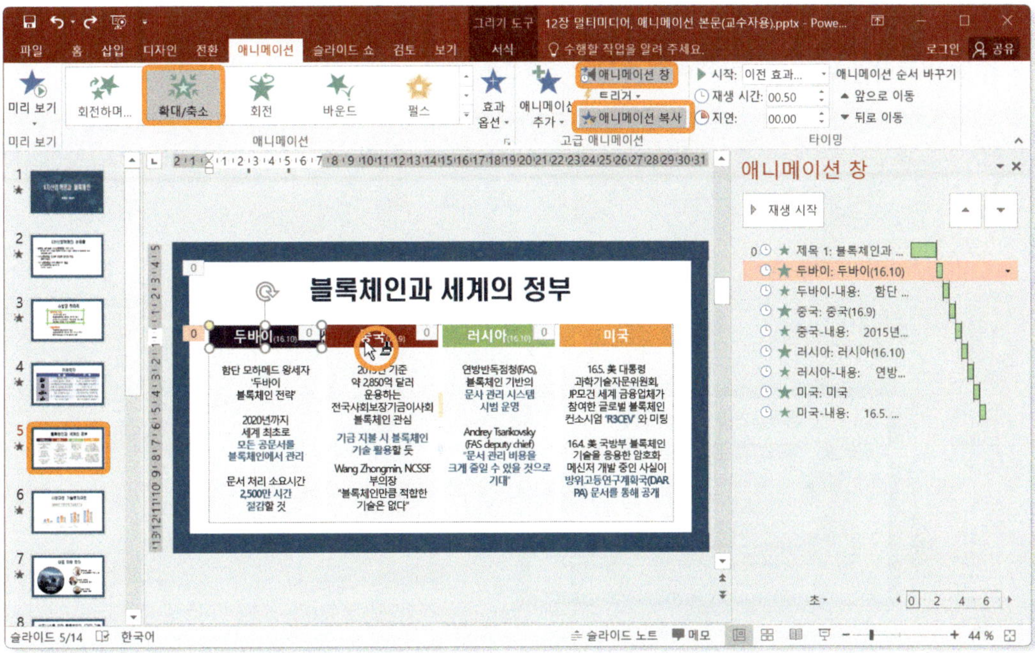

❶ [슬라이드 4]를 열어 제목 텍스트 상자를 클릭하여 [애니메이션]–[고급 애니메이션]–[애니메이션 복사]를 클릭한다. 이때 마우스 포인터가 붓 모양으로 바뀐다.

❷ [슬라이드 5]를 열어 '제목' 텍스트 상자를 클릭한다. 앞 슬라이드의 제목에 적용된 애니메이션이 붙여넣기 된다. 이때 한 번 클릭하고 나면 마우스 포인터가 붓 모양에서 원래의 모양으로 바뀐다.

❸ 첫 번째 제목 직사각형(두바이)을 클릭하여 '나타내기–확대/축소' 효과를 적용한다. 첫 번째 내용 직사각형을 클릭하여 '나타내기–닦아내기', '효과 옵션–위에서' 효과를 적용한다.

❹ 첫 번째 제목 직사각형을 클릭하여 [애니메이션]–[고급 애니메이션]–[애니메이션 복사]를 더블 클릭한다.

❺ 두 번째, 세 번째, 네 번째 제목의 직사각형을 계속해 클릭한다. 이때 마우스 포인터 붓 모양이 변하지 않고 계속해 적용할 수 있다. 취소하려면 Esc 키를 누른다.

❻ 첫 번째 내용 직사각형을 클릭하여 [애니메이션]–[고급 애니메이션]–[애니메이션 복사]를 더블 클릭한다.

❼ 두 번째, 세 번째, 네 번째 내용의 직사각형을 계속해 클릭한다. 이때 마우스 포인터 붓 모양이 변하지 않고 계속해 적용할 수 있다. 취소하려면 Esc 키를 누른다.

8 모든 애니메이션을 선택해 '이전 효과 다음에'를 선택한다.

9 이때 적용하면 원하는 순서대로 적용되지 않는다. 순서를 맞추려면 개체의 이름이 정확하지 않아 순서를 정하기 쉽지 않다. 이때 [그리기 도구]–[서식]–[선택 창]을 이용하면 쉽게 이름도 지정하고 개체의 선택도 쉽다. 두바이, 두바이–내용, 중국, 중국–내용, 러시아, 러시아–내용, 미국, 미국–내용으로 이름을 지어보자.

10 이름이 주어지고 나면 [애니메이션 창]의 화살표를 이용하여 순서를 쉽게 지정할 수 있다. 애니메이션을 이동하여 순서를 지정하고 모든 애니메이션을 '이전 효과 다음에'로 지정한다.

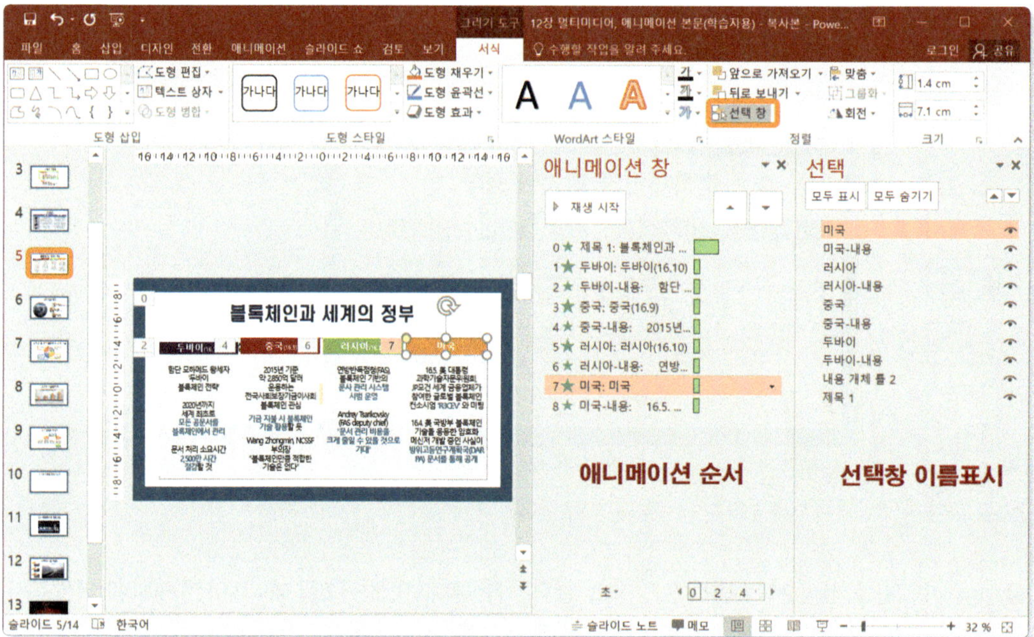

12.4.8 차트에 애니메이션 효과

차트 애니메이션은 계열별로, 항목별로라는 시퀀스를 지정함에 따라 차트의 특성을 이용한 애니메이션 적용이 가능하다.

애니메이션 순서는 제목(시계 방향)–차트 전체(나타내기–닦아내기, 이전 효과 다음에)–2019년 기술투자(강조–펄스), 첫 번째는 클릭할 때, 나머지 3개는 이전 효과와 함께–3번 반복 효과로 동작한다.

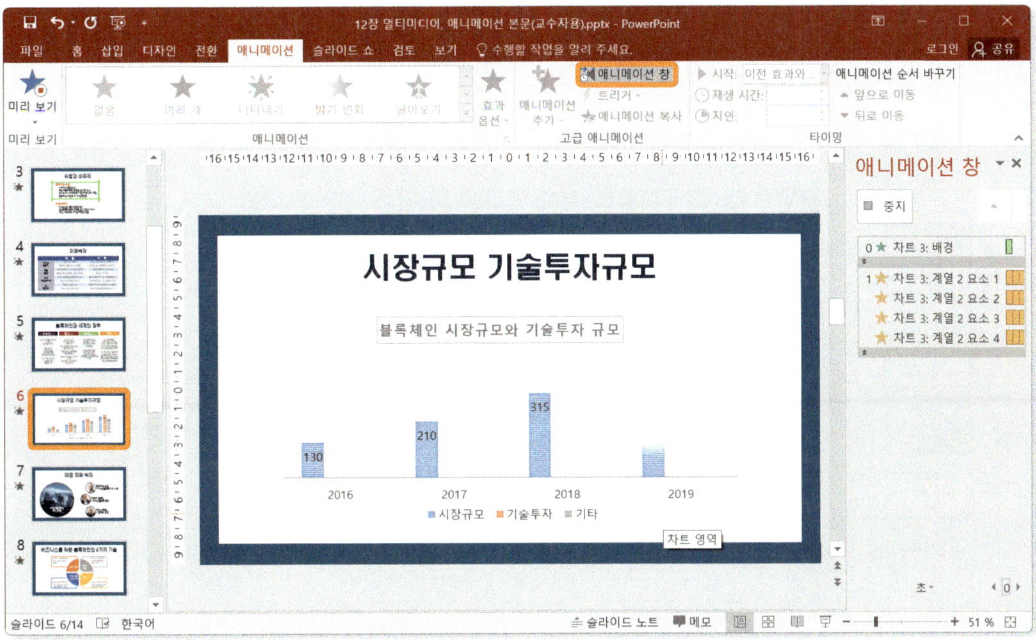

❶ [슬라이드 6]의 제목에 '나타내기–시계 방향' 애니메이션 효과를 적용한다.

❷ 차트에 '나타내기–닦아내기' 효과를 적용한다. 효과 옵션은 '방향–아래'에서, '시퀀스–계열 요소별로'를 선택한다. 애니메이션 시작은 '이전 효과 다음에'를 선택한다. 시퀀스는 [계열별로], [항목별로], [개열 요소별로], [항목 요소별로] 4가지 요소가 있다. 시퀀스는 차트 모양에 따라 어울리는 시퀀스를 적용하는 것이 좋다.

[시퀀스]-계열별

[시퀀스]-항목별

❸ '강조–펄스' 효과를 더블 클릭하면 '효과 옵션'을 상세하게 지정할 수 있다. '타이밍'에서 반복: 3회를 적용한다.

❹ 차트에 [애니메이션]–[고급 애니메이션]–[애니메이션 추가] 선택하여 '강조–펄스'를 선택한다. 애니메이션 시작은 '클릭할 때'를 선택한다. '2019년 기술 투자'만 적용하기 위해 나머지를 모두 제거한다. 제거는 [애니메이션 창]의 애니메이션 위에서 오른쪽 마우스–제거를 클릭한다. 반드시 애니메이션 추가에서 '강조–펄스'를 선택해야 한다.

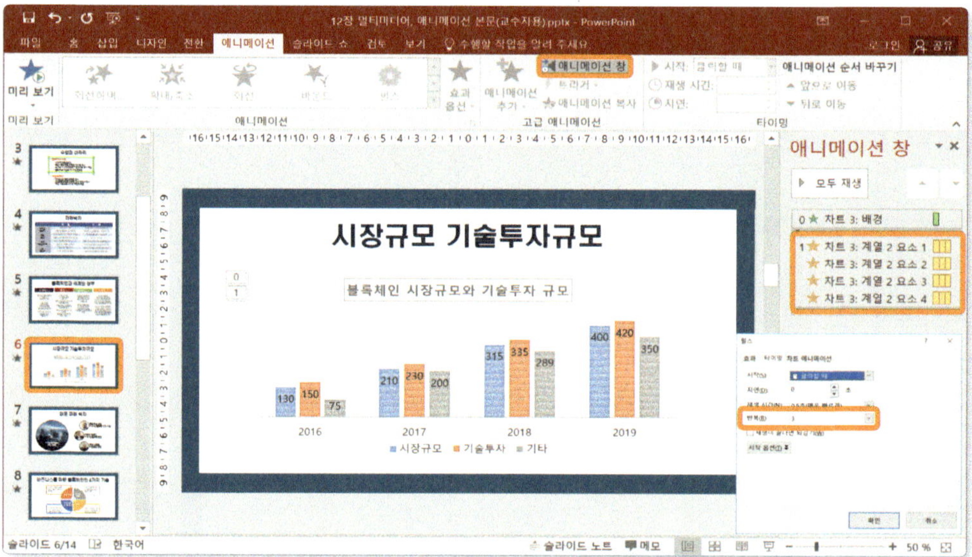

12.4.9 스마트아트 애니메이션 효과

스마트아트를 추가하였을 때 애니메이션을 적용하면 스마트아트의 특성을 이용한 애니메이션을 적용할 수 있다.

애니메이션 순서는 제목(시계 방향)–스마트아트(나타내기–회전하여 밝기 변화) 효과로 동작한다.

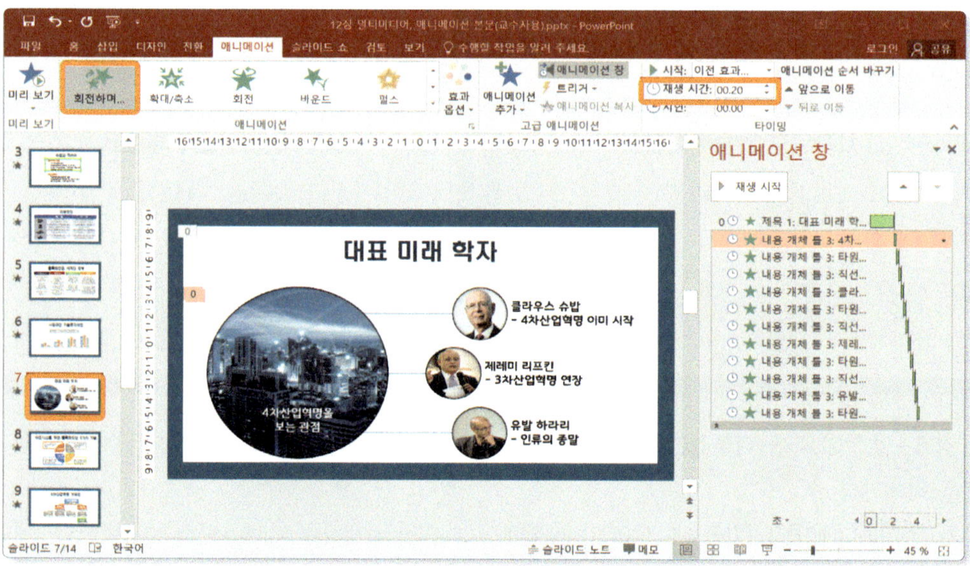

❶ [슬라이드 7]에서 제목 텍스트 상자를 선택한 후 '나타내기–시계 방향' 효과를 적용한다.

❷ 스마트아트 개체를 선택한 후 '나타내기–회전하면 밝기 변화' 효과를 적용하고, 효과 옵션은 [개별

적으로]를 적용한다.

❸ 재생 시간은 00.20초로 지정하여 애니메이션이 빠르게 진행되도록 적용한다.

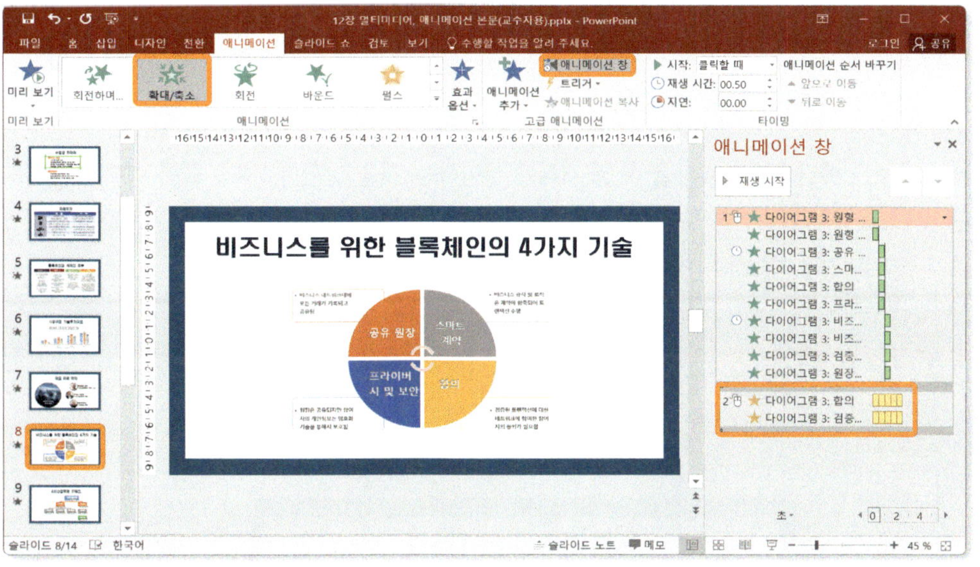

❹ [슬라이드 8]에서 애니메이션 순서는 제목(시계 방향)–스마트아트(나타내기–확대/축소)–'합의' 도형과 내용만(강조–펄스)–5번 반복 효과로 동작한다.

❺ [슬라이드]에서 제목 텍스트 상자를 선택한 후 '나타내기–시계 방향' 효과를 적용한다.

❻ 스마트아트 개체를 선택한 후 '나타내기–회전하면 밝기 변화' 효과를 적용하고, 효과 옵션은 [수준(한 번에)]를 적용한다.

❼ '합의' 도형과 '내용만(강조–펄스)–3번 반복 효과'를 적용한다.

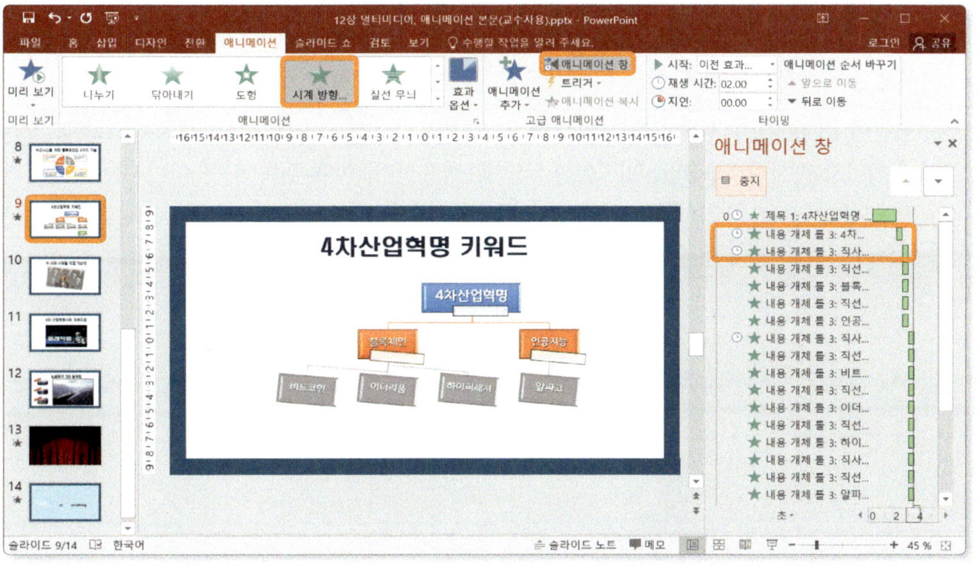

8 [슬라이드 9]에서 애니메이션 순서는 제목(시계 방향, 이전 효과 다음에)–스마트아트(나타내기–돌기, 이전 효과 다음에) 효과로 동작한다.

9 효과 옵션 [수준(한 번에)]를 적용한다.

12.4.10 트리거 애니메이션 효과

트리거 기능은 애니메이션 효과를 특정 개체에 부여하는 것을 말한다. 예를 들어 어떠한 개체를 누르면 정해놓은 애니메이션이 실행되는 것이다. [슬라이드 12]에서 왼쪽의 썸네일 이미지를 클릭하면 오른쪽에 큰 이미지가 보이도록 애니메이션을 추가해보자.

1 먼저 [선택 창]을 열어 이미지들의 이름들을 확인한다. 오른쪽의 눈( ) 모양을 클릭하면 개체가 숨겨지므로 아래쪽에 숨겨져 있는 이미지에 애니메이션을 적용할 때 매우 유용하다.

2 '애니메이션 창'을 열어 기본 애니메이션을 확인한다. '트롤퉁가.big, 프레이케스톨린.big, 쉐락볼튼.big' 이미지 순서대로 [나타내기]–[실선 무늬]를 적용한다. 이때 왼쪽의 큰 이미지들은 겹쳐져 있으므로 아래쪽에 있는 이미지를 선택하기가 쉽지 않다. 이때 [선택 창]의 이미지 이름을 클릭하면 바로 선택할 수 있고 애니메이션을 적용할 수 있다. 또한 '애니메이션 복사'를 이용하여 쉽게 적용할 수 있다.

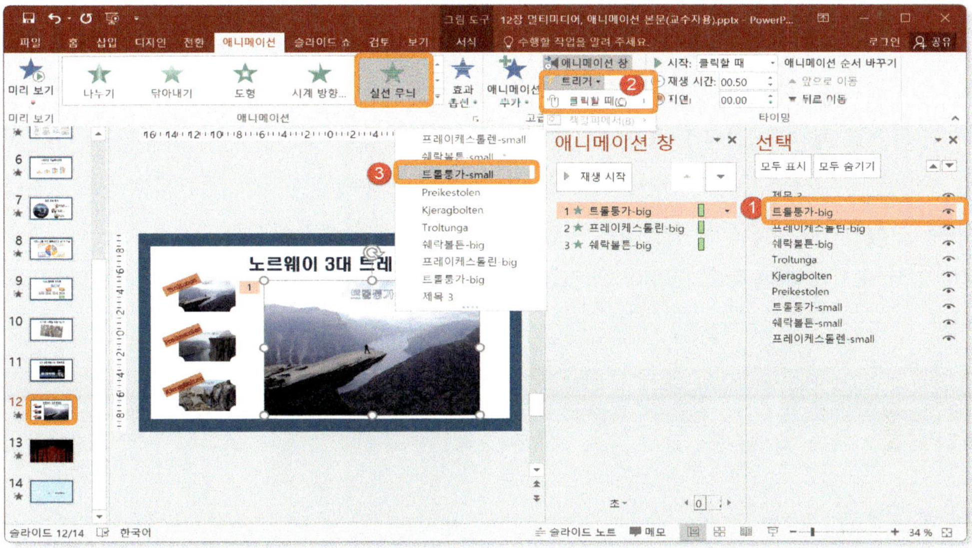

❸ '트롤퉁가_big'의 애니메이션을 선택한 후 [고급 애니메이션]–[트리거]–[클릭할 때]–[트롤퉁가–small]을 선택한다.

❹ '프레이케스톨린–big' 이미지와 '쉐락볼튼_big' 이미지는 [애니메이션 추가]–[사라지기]–[밝기 변화]을 선택하여 둘 다 [시작]은 '이전 효과와 함께'를 지정한다.

❺ 둘 다 '시작 옵션:트롤퉁가–small'로 이동한다.

❻ 3~5를 반복하여 '프레이케스톨린.big'과 '쉐락볼튼.big'에도 똑같이 애니메이션을 적용한다.

❼ 다음과 같은 결과가 되도록 애니메이션을 지정한다.

❽ 슬라이드쇼를 실행시켜 왼쪽 썸네일 이미지를 클릭한다. 오른쪽 큰 이미지들이 왼쪽 이미지와 동일하게 애니메이션이 동작되는지 확인한다.

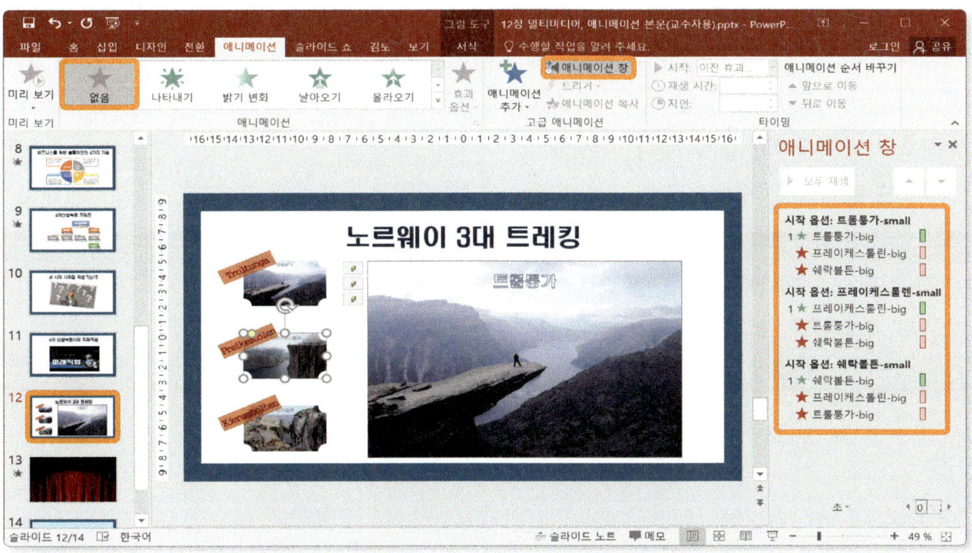

12.4.11 이동 경로 애니메이션 효과

이동 경로 애니메이션은 위치를 이동하는 데 사용하는 애니메이션이며 모두 선 모양으로 되어 있다. 추가 이동 경로 애니메이션에 들어가면 다양한 모양의 이동 경로 애니메이션을 사용할 수 있다. 이동 경로 모양은(•—•) 초록색과 빨간색 점으로 이루어지며 초록색은 시작점, 빨간색은 종료 지점을 나타낸다. '감사합니다' 텍스트를 자유롭게 이동하는 애니메이션을 추가해보자.

애니메이션 순서는 커튼 양쪽 방향으로 이동과 동시에 '감사합니다' 오른쪽에서 나타나기 효과로 동작한다.

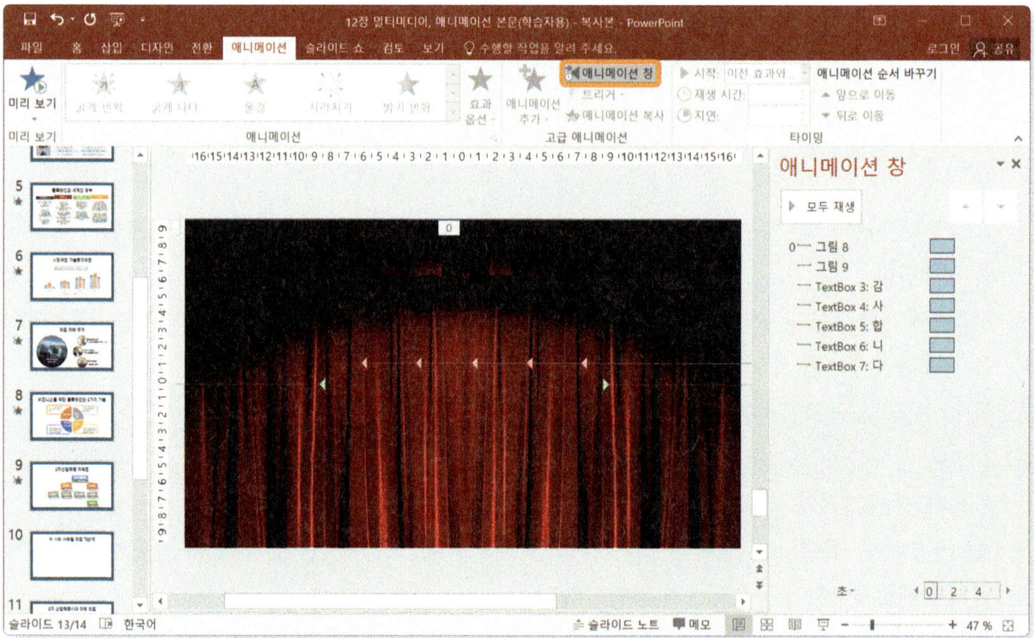

❶ [슬라이드 13]에서 왼쪽 커튼을 선택하고 [애니메이션]–[이동 경로]–[선]을 선택하여 효과 옵션을 [왼쪽]으로 선택한다. 커튼이 왼쪽으로 이동되도록 빨간색 지점을 드래그한다. 이때 Shift 키를 누르면 왼쪽으로 바르게 이동할 수 있다.

❷ 오른쪽도 ❶과 같은 방법으로 하고 효과 옵션을 [오른쪽]을 선택하면 된다.

❸ '감사합니다' 텍스트를 모두 슬라이드 바깥의 오른쪽으로 이동한다.

❹ '감'을 선택하고 [애니메이션]–[이동 경로]–[선]을 선택한다.

❺ 빨간색 지점을 선택하여 '감' 텍스트가 이동 끝 지점이 될 곳으로 이동한다.

❻ [애니메이션 복사]를 더블 클릭하여 '사', '합', '니', '다'에 모두 클릭하여 애니메이션을 복사한다.

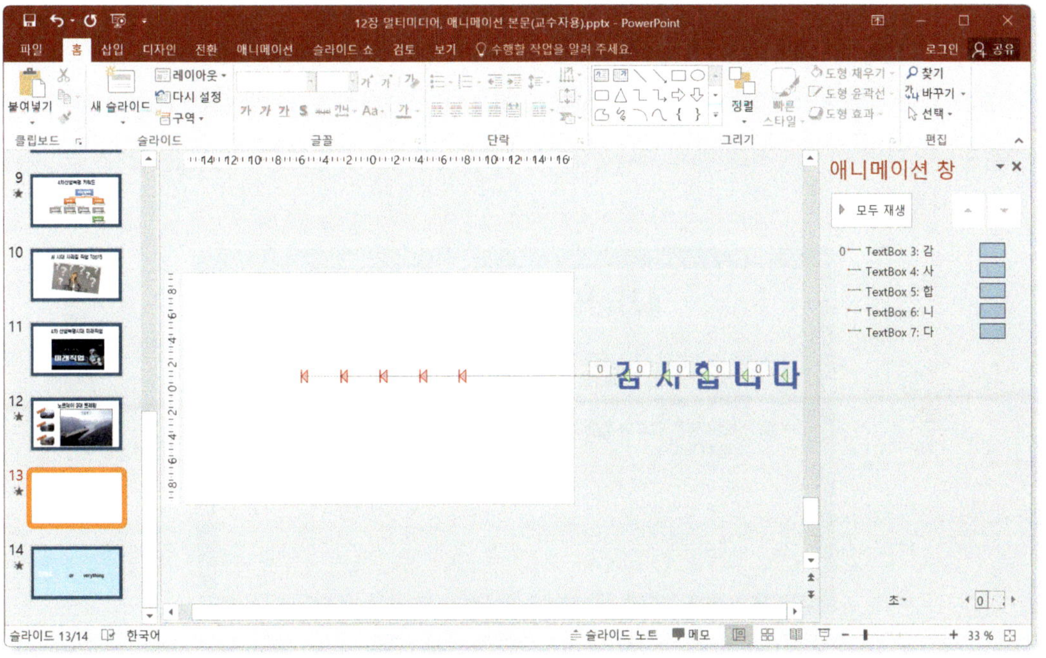
12장 멀티미디어, 애니메이션 본문(교수자용).pptx - PowerPoint
애니메이션 창
모두 재생
TextBox 3: 감
TextBox 4: 사
TextBox 5: 합
TextBox 6: 니
TextBox 7: 다
감 사 합 니 다
슬라이드 13/14
한국어

12.5 슬라이드 쇼 진행하기

프레젠테이션 내용을 작성한 후 효과적인 발표를 위해 화면 전환 효과와 애니메이션을 설정하는 데 중점을 두었다면 이 절에서는 만든 프레젠테이션 파일로 본격적인 발표를 진행하는 슬라이드 쇼와 관련된 기능이다.

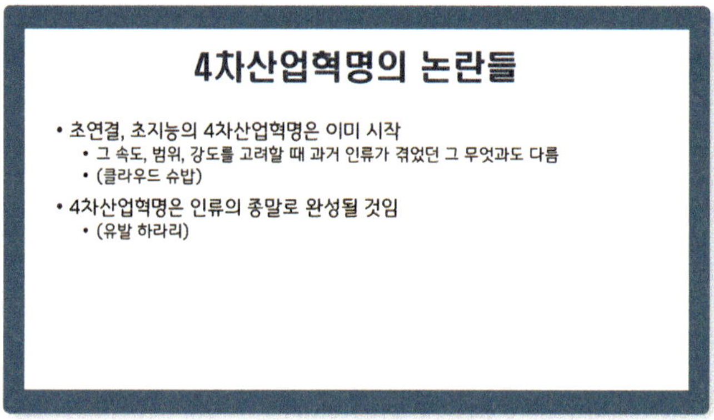

12.5.1 슬라이드 쇼 도구 상자

슬라이드 쇼는 제작 화면에서 슬라이드 화면만 보여주고 애니메이션이나 동영상들이 재생될 수 있게 보여주는 것이다. 슬라이드 쇼의 시작은 '처음부터'와 '현재 슬라이드부터'가 있다.

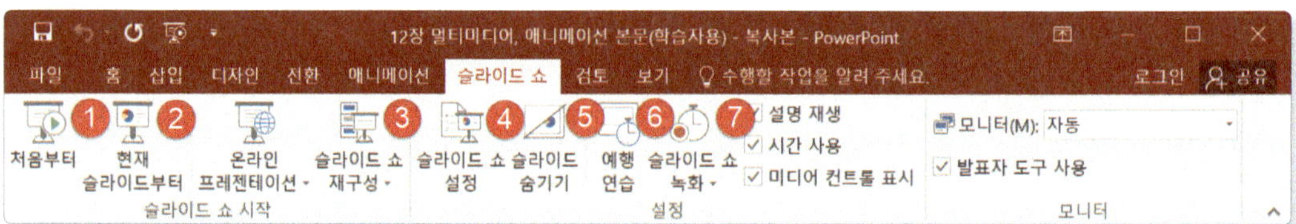

❶ 처음부터: 현재 선택된 슬라이드가 어느 슬라이드이든지 슬라이드 쇼를 처음부터 시작해 준다. 단축 키는 F5 이다. '처음부터'는 실제 발표 장소에서 많이 사용한다.

❷ 현재 슬라이드부터: 현재 선택되어진 슬라이드부터 슬라이드 쇼가 시작된다. 만약 현재 작업 중인 슬라이드가 6번 슬라이드라고 가정한다면 '현재 슬라이드부터'를 클릭하거나 단축키 Shift + F5 를 클릭하면 6번 슬라이드부터 쇼가 실행된다. '현재 슬라이드부터'는 작업 도중에 애니메이션을 테스트하기 위해 많이 사용한다.

❸ 슬라이드 쇼 재구성: 슬라이드 쇼가 슬라이드 1번부터 순서대로 재생되는데 그 순서를 변경하고자 할 때 사용한다.

❹ 슬라이드 쇼 설정: 슬라이드 쇼의 '쇼 형식', '표시 옵션', '펜 색', '레이저 포인터 색' 등을 설정할 수 있다. 특히 자동으로 슬라이드 쇼를 하고자 할 때 설정할 수 있는 곳이다.

❺ 슬라이드 숨기기: 제작해놓은 슬라이드가 이번 발표에는 필요하지 않지만 다음에 필요할 경우 슬라이드를 삭제하는 것이 아니라 숨기기를 해놓으면 편리하게 이용할 수 있다.

❻ 예행 연습: 예행 연습은 발표를 연습할 때 슬라이드별로 걸리는 시간, 전체 시간 등을 체크할 때 유용하다.

❼ 슬라이드 쇼 녹화: 슬라이드 쇼가 진행되는 내용을 그대로 동영상으로 녹화할 수 있는 기능이다. 발표 내용을 그대로 인터넷에 업로드하고 싶을 경우 발표 자료를 동영상으로 만들어 사용하면 된다.

TIP

- 파워포인트에 애니메이션 효과를 넣어 쉽게 동영상으로 만들 수 있다. 슬라이드 쇼 녹화에서는 특정 슬라이드만 녹화할 때 사용하고 전체를 동영상으로 만들 때는 비디오 만들기 기능을 사용한다.
- **[파일]-[내보내기][-비디오 만들기]**를 선택하여 '비디오 만들기 버튼'을 클릭한다.
- 이때 프레젠테이션 품질을 고품질, 인터넷 품질 등을 선택할 수 있다. 결과물은 mp4 파일로 생성된다.

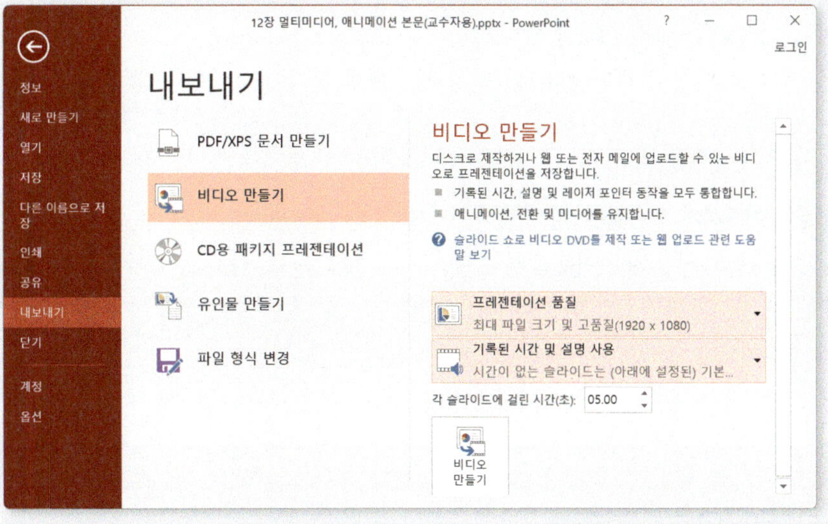

12.5.2 발표 예행연습하기

예행연습은 실전에서 슬라이드 쇼를 하기 전에 사전에 소요 시간을 체크하고 발표를 연습해보는 리허설이다. 예행연습을 통해 프레젠테이션도 연습하고 소요되는 시간도 확인할 수 있어 꼭 필요한 과정이다. 예행연습을 통해 소요되는 시간들을 기록해두었다가 슬라이드 전환 시간으로 사용할 수도 있다.

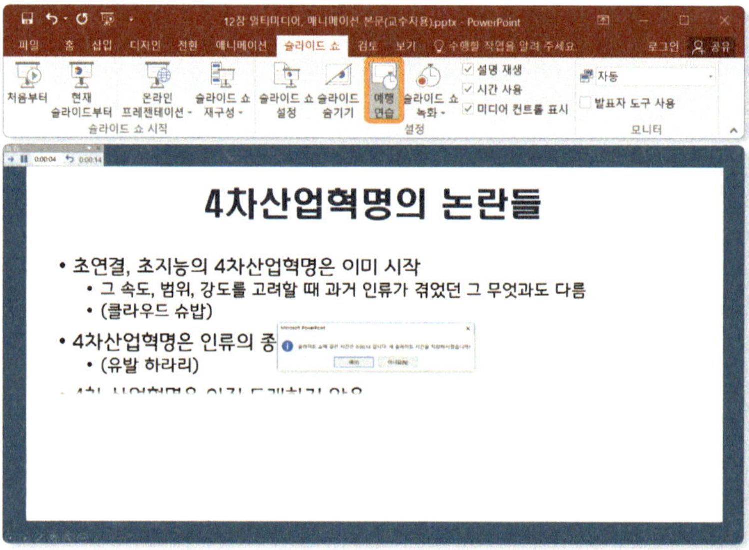

❶ [슬라이드 쇼]–[설정]–[예행연습]을 클릭한다.

❷ 왼쪽 상단에 녹화 창이 나타난다. 왼쪽 시간은 현재 슬라이드 진행 시간이고, 오른쪽은 전체 시간이다. 중간에 잠시 정지하고자 할 경우에는 정지 버튼을 클릭한다.

❸ 마지막 슬라이드까지 연습을 마치고 슬라이드를 클릭하면 슬라이드 시간 저장 여부를 묻는 메시지 상자가 나타난다. [예]를 누르면 [여러 슬라이드 보기]에서 각 슬라이드에 소요된 시간을 표시해준다.

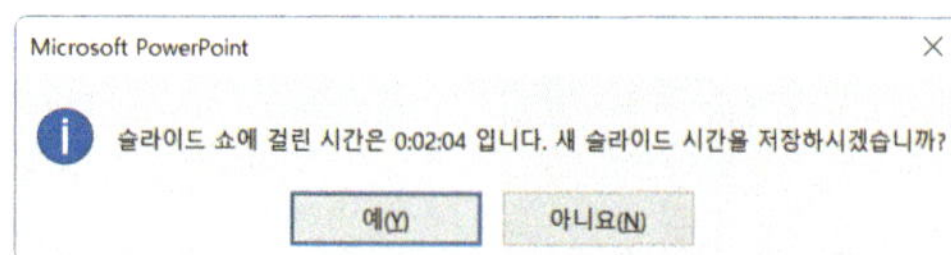

❹ 예행연습 시간을 사용하지 않을 경우 [슬라이드 쇼]–[설정]–[시간 사용]에 체크를 해제하면 된다.

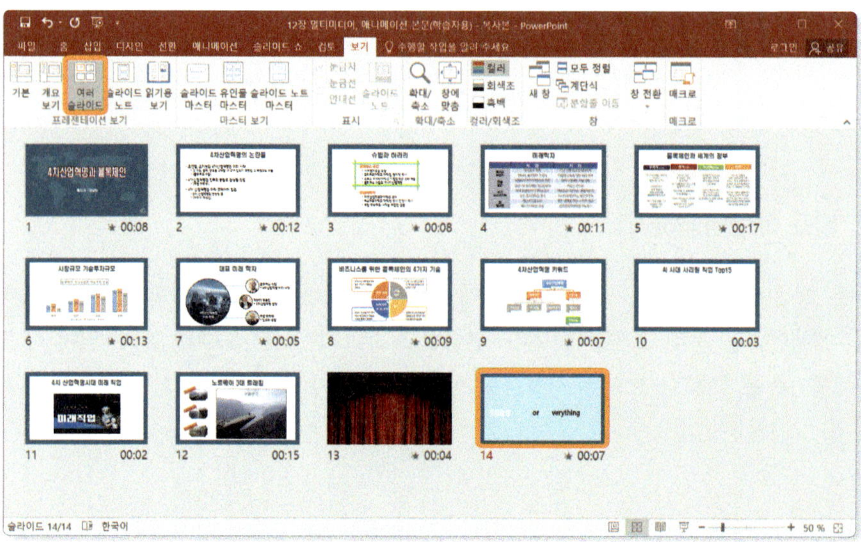

12.5.3 발표자 도구

발표자 도구를 사용하면 프레젠테이션을 전문가처럼 할 수 있다. 컴퓨터에 빔 프로젝트를 연결하면 복수 모니터가 자동으로 인식된다.

❶ 슬라이드 쇼를 진행할 때 발표자의 모니터 화면에서 발표자 도구를 보려면 **[슬라이드 쇼]-[모니터]** 그룹에서 **[발표자 도구 사용]**에 체크되었는지 확인하고 '모니터'에는 슬라이드 쇼를 표시할 모니터로 **[자동]**을 지정한다.

❷ **[슬라이드 쇼]** 단추를 클릭하거나 F5를 눌러 슬라이드 쇼를 실행하면 청중에게는 슬라이드만 표시되지만, 발표자는 화면에 표시되는 발표자 도구를 이용해 슬라이드 노트를 볼 수 있다. 단일 모니터에서 발표자 도구를 보려면 슬라이드 쇼에서 마우스 오른쪽 단추를 눌러 **[발표자 도구 표시]**를 선택하면 된다.

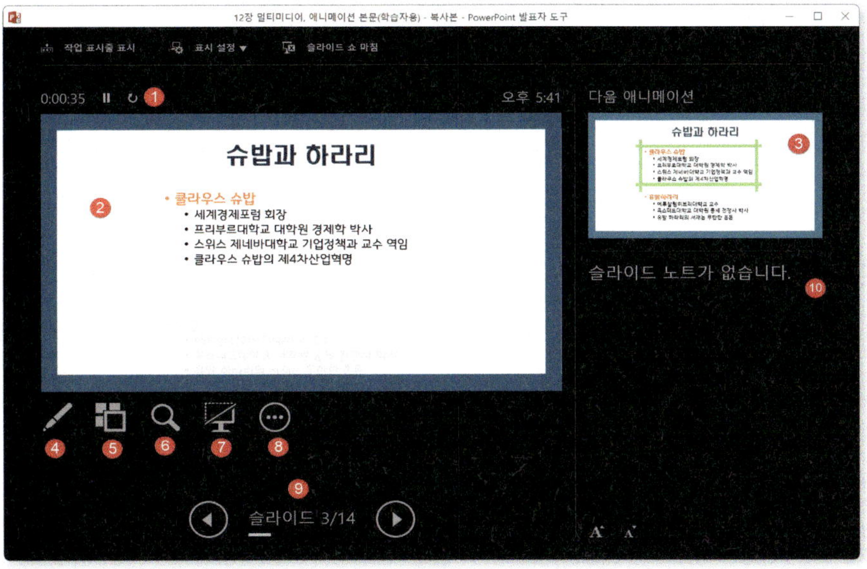

❶ 타이머 시간 표시, 타이머 일시 중지 도구, 타이머 다시 시작 도구

❷ 현재 청중에게 보여주는 슬라이드

❸ 다음에 나올 슬라이드

❹ 펜 및 레이저 포인터 도구

❺ 모든 슬라이드 보기 도구

❻ 슬라이드 확대 도구

❼ 슬라이드 쇼를 검정으로 설정/취소

❽ 슬라이드 쇼 옵션 더 보기

❾ 이전 슬라이드, 모든 슬라이드 보기 도구, 다음 슬라이드

❿ 현재 슬라이드의 슬라이드 노트

12.5.4 펜 도구를 사용한 슬라이드 쇼 화면에 기록/표시

파워포인트는 발표 도중에 필요한 여러 기능들을 제공하고 있다. 슬라이드 쇼 도중에 오른쪽 마우스를 선택하면 확대, 화면 어둡게 하기, 포인터 옵션 등 여러 가지 기능이 있다. 몇 가지 자주 사용하는 기능을 살펴보면 다음과 같다.

❶ 확대: 슬라이드쇼 시에 특정 영역을 확대하고자 할 때 [확대]를 선택하면 밝게 보이는 부분을 확대할 대상으로 클릭하면 화면이 확대된다. 다시 원래 상태로 되돌리고자 할 경우 Esc 키를 누른다.

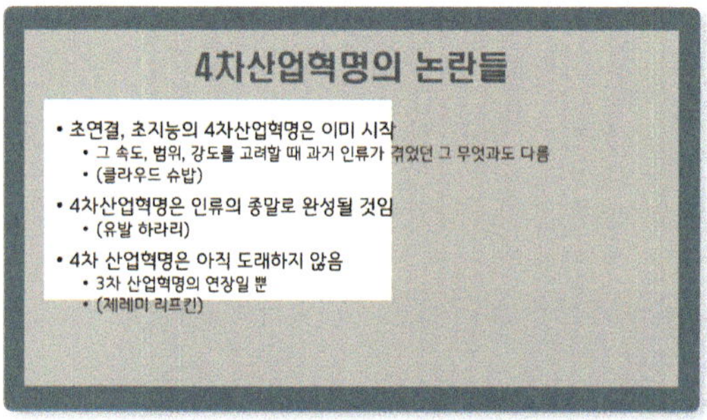

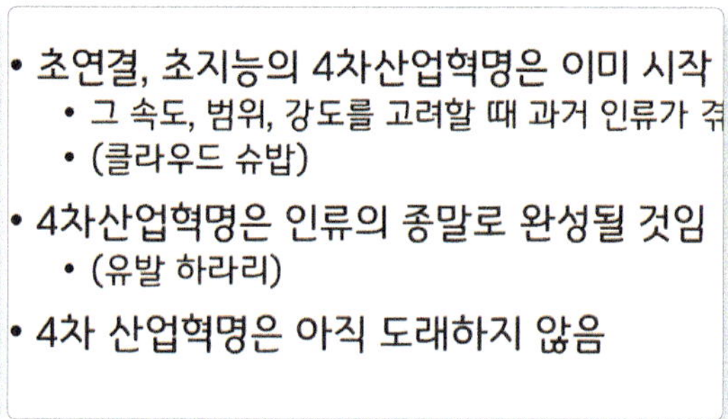

❷ 화면: 슬라이드 쇼 시에 화면을 어둡게 하거나 흰색으로 할 수 있다. 발표 중간에 청중의 집중도가 떨어질 경우 화면을 어둡게 하면 집중도를 높일 수 있다.

❸ 포인트 옵션: 화면 하단의 펜 도구 또는 오른쪽 마우스에서 펜 도구를 선택하면 다양한 색상의 포인터를 사용할 수 있다. 레이저 포인터 효과를 나타내는 펜 도구와 일반 펜, 형광펜을 선택하여 설명하고 있는 곳에 포인트를 줄 수 있다.

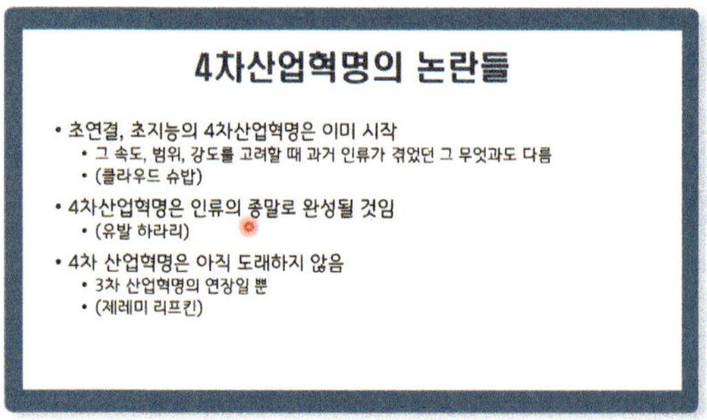

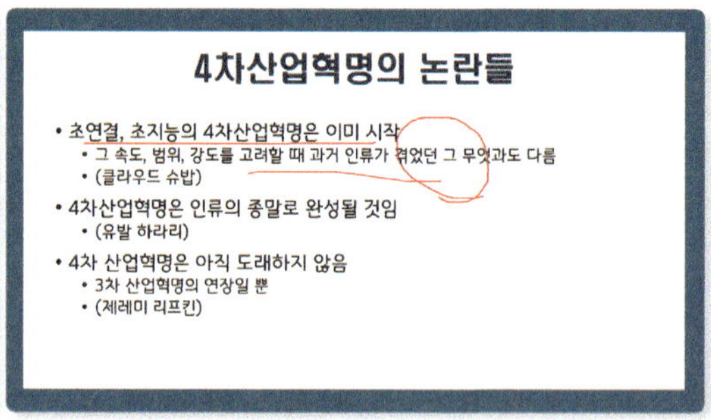

실무 활용 문제 애니메이션을 이용한 '탭 프로젝트' 소개 자료 만들기

아래의 슬라이드를 조건에 맞게 또는 결과 파일과 같이 재생되도록 애니메이션을 적용해보자.

슬라이드 1

텍스트 '확대/축소' 애니메이션을 이용하여 [나타내기] 및 [끝내기] 애니메이션

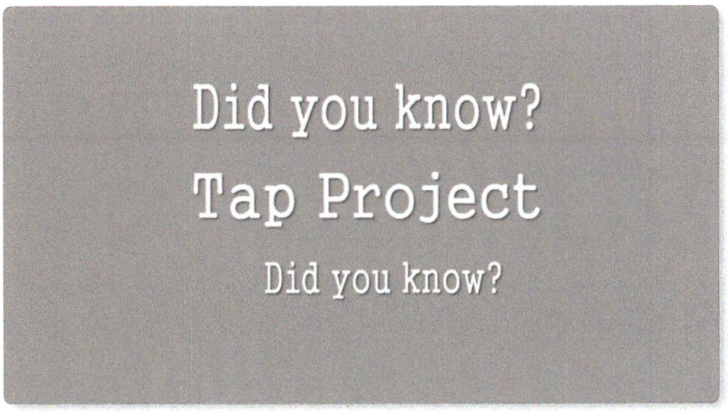

❶ TextBox1

- ❶ [나타내기]–[확대/축소], [이전 효과 다음에]
- ❷ [끝내기]–[확대/축소], [이전 효과 다음에], [지연] 1초

❷ TextBox2

- ❶ [나타내기]–[확대/축소], [이전 효과와 함께], [지연] 2초
- ❷ [끝내기]–[확대/축소], [이전 효과 다음에], [지연] 1초

❸ TextBox3

- ❶ [나타내기]–[회전], [이전 효과 다음에]

슬라이드 2

타원으로 시계 방향 닦아내기 및 움직이는 시계 애니메이션

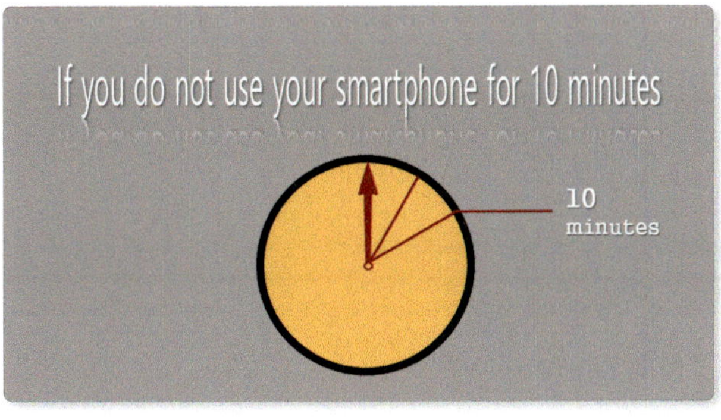

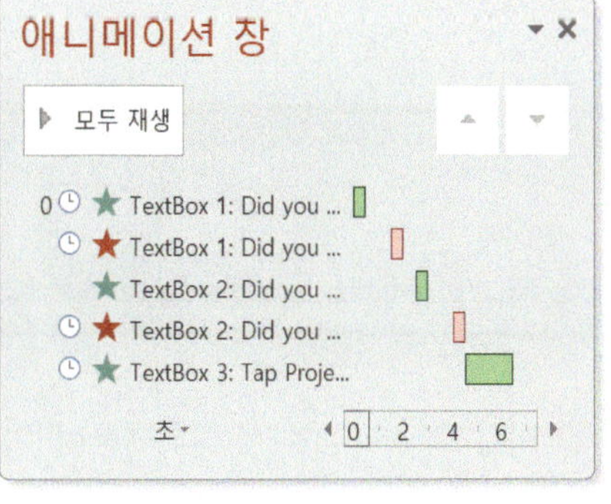

❶ TextBox1 [나타내기]–[닦아내기], [왼쪽에서], [이전 효과 다음에]
❷ 타원, 그룹 [나타내기]–[시계 방향], [이전 효과 다음에], [이전 효과와 함께]
❸ 선1 [나타내기]–[나타내기], [이전 효과 다음에], [지연] 0.5초
[끝내기]–[사라지기], [이전 효과 다음에], [지연] 1.5초
❹ 선2 [나타내기]–[나타내기], [이전 효과 다음에]
❺ 선3 [나타내기]–[닦아내기], [이전 효과 다음에], [지연] 1초
❻ TextBox2 [나타내기]–[닦아내기], [이전 효과 다음에]

슬라이드 3

'click'을 누르면 잔이 채워지고 '='을 누르면 텍스트를 나타내는 애니메이션

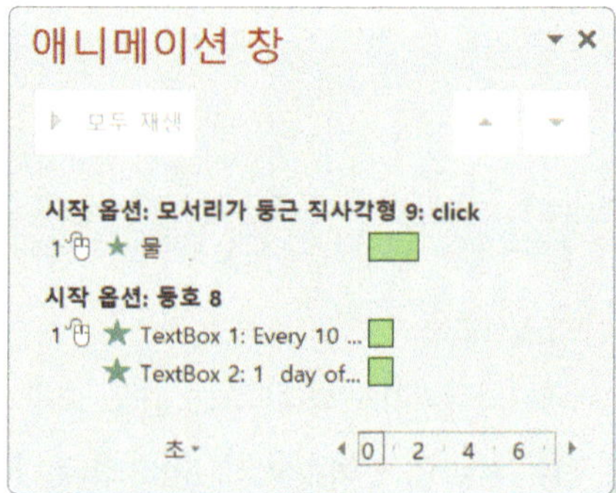

❶ 'click'을 클릭하면 오른쪽 흰 컵에 물이 아래쪽에서 위쪽으로 채워지도록 지정한다.
❷ 등호(=) 버튼을 클릭하면 왼쪽과 오른쪽에 텍스트가 [나타내기]–[떠오르기]로 애니메이션되도록 지정한다.

슬라이드 4

텍스트 [밝기 변화]와 아이의 웃는 얼굴 이미지에 대한 [닦아내기] 애니메이션

❶ '이전 효과 다음'에 제목과 내용이 [밝기 변화]로 나타난다. 재생 시간 각각 2초씩
❷ 클릭하면 '아이' 이미지가 [나타내기]–[밝기 변화]로 [재생 시간] 3초로 나타난다.

❸ 클릭하면 '아이' 이미지가 [닦아내기]를 [오른쪽에서], [끝내기]를 [재생 시간] 2초로 하고 이어서 바로 '웃는 얼굴' 이미지가 [오른쪽에서], [닦아내기], [재생 시간] 2초로 나타난다. 이때 '웃는 얼굴'은 '이전 효과와 함께'로 지정하고 [지연]을 0.5초로 지정한다.

슬라이드 5

지도를 이용한 [회전], [확대 축소], [도형]에 [닦아내기] 애니메이션

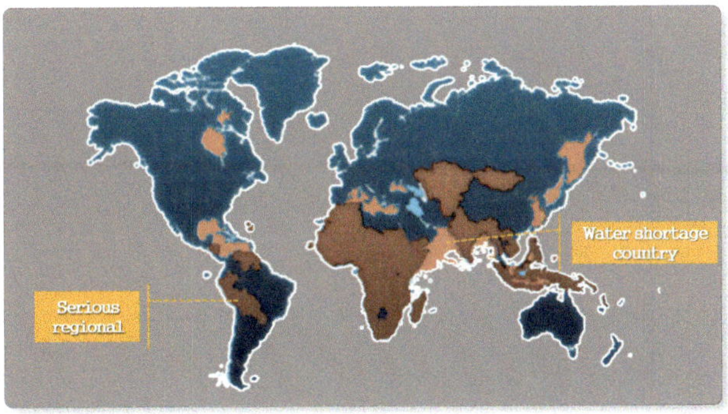

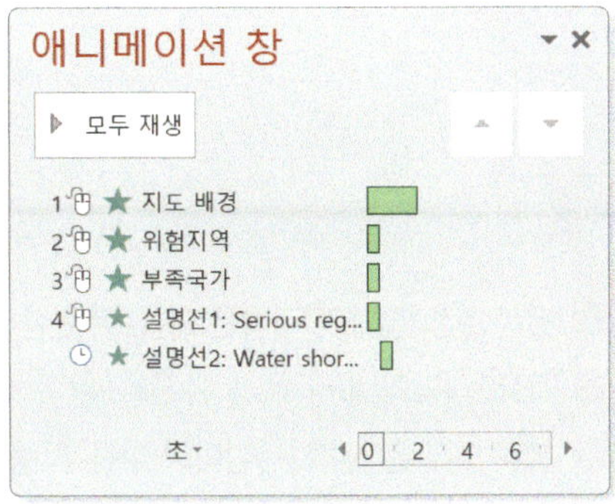

❶ '지도 배경'은 [나타내기]–[회전]으로 나타내고, '위험 지역'과 '부족국가'는 [나타내기]–[확대/축소]로 나타낸다.

❷ 설명선은 선에서부터 시작하여 [나타내기]–[닦아내기]를 적용한다. 설명선 2는 설명선 1이 재생된 후 바로 재생되도록 지정한다.

슬라이드 6

텍스트 상자 애니메이션

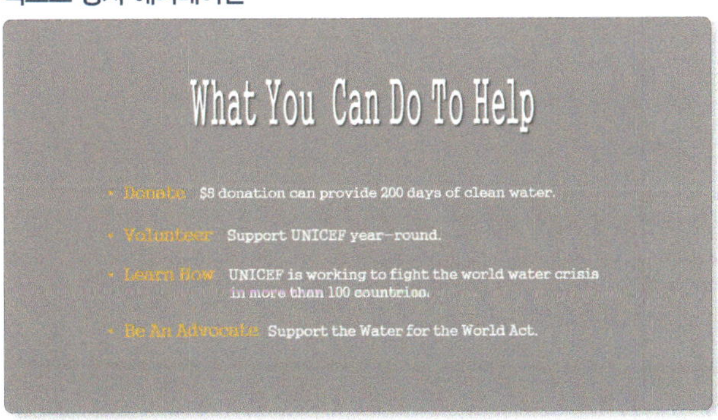

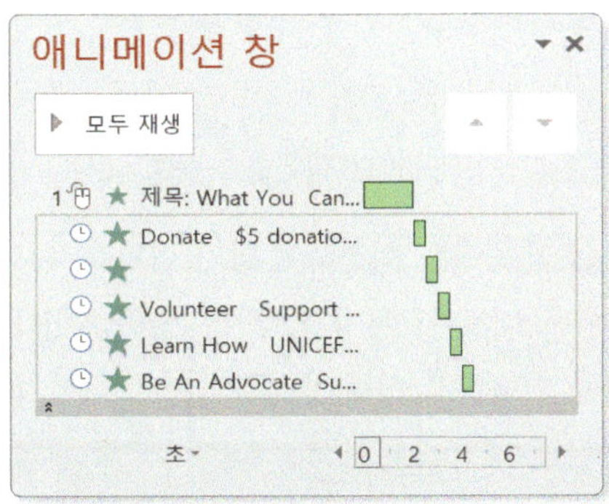

❶ 제목은 [나타내기]–[도형]을 적용하고 효과 옵션은 [바깥쪽], 도형은 [상자]를 적용한다.

❷ 내용은 [나타내기]–[올라오기]를 적용하고 텍스트 묶는 단위를 [첫째 수준까지를]로 설정한다. 단 [시작]은 '이전 효과 다음에'로 설정하여 한 문단 한 문단 자동으로 올라오게 한다.

슬라이드 7

차트에 [닦아내기] [깜박이기] 애니메이션

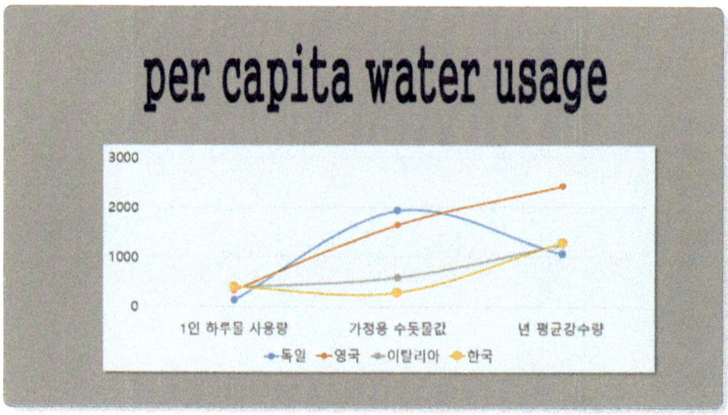

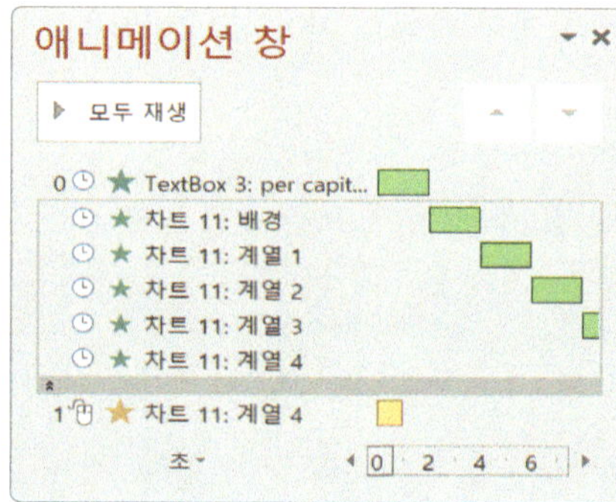

❶ 제목은 [나타내기]–[바운드]를 적용한다.

❷ 차트는 [닦아내기] 효과 옵션을 왼쪽에서, 계열별로, 재생 시간은 2초로 지정한다.

❸ 한국 계열은 [강조]–[깜박이기]를 지정한다. 강조는 마우스가 클릭될 때 실행된다.

슬라이드 8

스마트아트 애니메이션

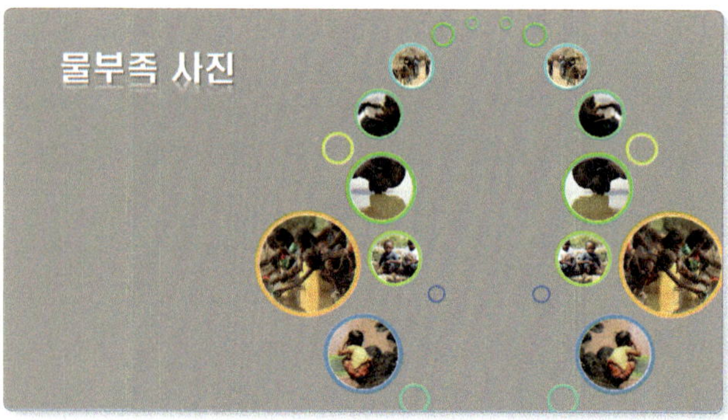

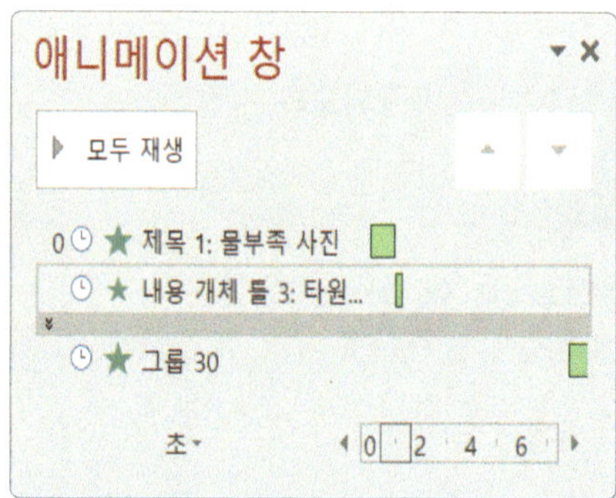

❶ 제목에는 '회전하여 밝기 변화'를 '이전 효과 다음에'에 시작을 설정한다.

❷ 스마트아트는 [나타내기]–[닦아내기]를 '이전 효과 다음에', [재생 시간] 0.3초로 지정한다.

❸ 그룹은 [나타내기]–[확장]으로 '이전 효과 다음에' 바로 재생되게 지정한다.